Pandemie als nicht alltägliches Event-Risk

Tatiana Nikitina · Clemens Renker
Hrsg.

Pandemie als nicht alltägliches Event-Risk

Auf der Suche nach Resilienz für Staaten, Unternehmen, Banken und Vermögen

Hrsg.

Tatjana Nikitina
St. Petersburger Staatliche
Wirtschaftsuniversität,
St. Petersburg, Russland

Clemens Renker
Hochschule Zittau-Görlitz,
Bamberg, Deutschland

ISBN 978-3-658-36503-5   ISBN 978-3-658-36504-2 (eBook)
https://doi.org/10.1007/978-3-658-36504-2

Die Deutsche Nationalbibliothek verzeichnet diese Publikation in der Deutschen Nationalbibliografie; detaillierte bibliografische Daten sind im Internet über http://dnb.d-nb.de abrufbar.

Springer Gabler
© Der/die Herausgeber bzw. der/die Autor(en), exklusiv lizenziert durch Springer Fachmedien Wiesbaden GmbH, ein Teil von Springer Nature 2022

Das Werk einschließlich aller seiner Teile ist urheberrechtlich geschützt. Jede Verwertung, die nicht ausdrücklich vom Urheberrechtsgesetz zugelassen ist, bedarf der vorherigen Zustimmung des Verlags. Das gilt insbesondere für Vervielfältigungen, Bearbeitungen, Übersetzungen, Mikroverfilmungen und die Einspeicherung und Verarbeitung in elektronischen Systemen.
Die Wiedergabe von allgemein beschreibenden Bezeichnungen, Marken, Unternehmensnamen etc. in diesem Werk bedeutet nicht, dass diese frei durch jedermann benutzt werden dürfen. Die Berechtigung zur Benutzung unterliegt, auch ohne gesonderten Hinweis hierzu, den Regeln des Markenrechts. Die Rechte des jeweiligen Zeicheninhabers sind zu beachten.
Der Verlag, die Autoren und die Herausgeber gehen davon aus, dass die Angaben und Informationen in diesem Werk zum Zeitpunkt der Veröffentlichung vollständig und korrekt sind. Weder der Verlag noch die Autoren oder die Herausgeber übernehmen, ausdrücklich oder implizit, Gewähr für den Inhalt des Werkes, etwaige Fehler oder Äußerungen. Der Verlag bleibt im Hinblick auf geografische Zuordnungen und Gebietsbezeichnungen in veröffentlichten Karten und Institutionsadressen neutral.

Planung/Lektorat: Stefanie Eggert
Springer Gabler ist ein Imprint der eingetragenen Gesellschaft Springer Fachmedien Wiesbaden GmbH und ist ein Teil von Springer Nature
Die Anschrift der Gesellschaft ist: Abraham-Lincoln-Str. 46, 65189 Wiesbaden, Germany

Geleitworte

Die Saint Petersburg State University of Economics – Staatliche Universität für Wirtschaft Sankt Petersburg – zählt zu den großen führenden Universitäten Russlands. Gerne bezieht sie sich in ihren Wurzeln auf ihr prachtvolles Universitätsgebäude als der ersten Zentralbank Russlands (gegründet von der deutschstämmigen Zarin Katharina die Große), auf den Petersburger Studenten und späteren Nobelpreisträger für Wirtschaftswissenschaften Prof. Wassily Wassilyevich Leontief und den zahlreichen Absolventen, die in Wissenschaft und der internationalen Wirtschaft und Politik herausragende Karriere machten.

Ab den Jahren nach 1990 begannen die Rektoren und Professoren der Petersburger Universität sehr schnell und erfolgreich intensive Zusammenarbeiten mit deutschen Universitäten und Hochschulen und unterschrieben mehr als 60 Kooperationsverträge. Neben der Zusammenarbeit von Professoren und Dozenten nahm der Austausch von Studenten*Innen sehr großen Raum ein. Unter den Einschränkungen des Corona-Virus pflegt unsere Universität mit 40 führenden Hochschulen Deutschlands regelmäßige Kontakte. Das Netzwerk internationaler Kooperationen mit der Schweiz, Frankreich, Italien, China, Kasachstan, USA und Lateinamerika wächst Jahr für Jahr. Zu den derzeit wichtigsten aktiven Partnern unserer Universität zählen in Deutschland die TU München, TU Darmstadt, Hochschule für Wirtschaft und Recht Berlin, Hochschule Zittau/Görlitz in Kooperation mit TU Dresden IHI, Friedrich-Alexander-Universität Erlangen-Nürnberg, Goethe-Universität Frankfurt am Main, Universität Potsdam und Hochschule für angewandte Wissenschaften Landshut. Neben dem kooperativen Master mit der Universität Hamburg seit dem Jahre 2000 und fortgesetzt durch die Technische Universität Braunschweig befruchteten die wissenschaftlichen Leistungen der renommierten Wirtschaftsfakultäten der Universitäten Münster und Mannheim unsere Universität.

Trotz Corona und damit geschlossenen Grenzen, trotz politischer Diskurse und trotz wirtschaftlicher Friktionen zeigt unsere Universität nachhaltig hohes Interesse für internationale Zusammenarbeit im Bildungs- und Forschungsbereich. Davon zeugt das während der Pandemie auf Initiative der Leiterin des Russisch-Deutschen Zentrums Prof. Tatjana Nikitina und mit Förderung der Arbeitsgruppe „Bildung und Wissenschaft" des Petersburger Dialogs organisierte Internationale Online-Seminar vom Herbst 2020 bis zum Sommerbeginn 2021.

Über Hürden und Zeiten hinweg wollen und werden Wissenschaftler zur Generierung neuer Erkenntnisse, zum Vermitteln von Wissen an unsere Jugend und zum Transfer des Wissens in die Praxis zum Fortschritt und zur Wohlfahrt unserer Länder und Mitmenschen beitragen.

Wir bedanken uns herzlich bei allen Partnern und Teilnehmern der Seminare und freuen uns, Sie als unsere Freunde gerne und bald wieder in unserer Universität in Sankt Petersburg begrüßen zu können.

Prof. Dr. Igor Anatoljevitch Maximtsev   Sankt Petersburg, Sommer 2021

Rektor der Staatlichen Universität für Wirtschaft Sankt Petersburg
Russischer Koordinator der Arbeitsgruppe „Bildung und Wissenschaft"
des Forums „Petersburger Dialog"

Vorworte

Seit vielen Jahren arbeitet die Staatliche Universität für Wirtschaft Sankt Petersburg aktiv mit deutschen Hochschulen zusammen. Als Grundlage für interuniversitäre Partnerschaften dienen bilaterale Abkommen, die Programme der akademischen Mobilität für Studierende und Lehrkräfte und gemeinsame wissenschaftliche Forschungsprojekte vorsehen.

2002 wurde vom Rektorat für Internationale Zusammenarbeit der Staatlichen Universität für Wirtschaft Sankt Petersburg das Russisch-Deutsche Zentrum unter Leitung von Tatjana Nikitina, Professorin am Lehrstuhl für Banken, Finanzmärkte und Versicherung, gegründet, um für Studenten und Lehrkräfte Austauschprogramme zu koordinieren sowie gemeinsame Konferenzen und Seminare zu organisieren.

2013 wurde das International Centre for Financial Markets Research (ICFMR) gegründet – mit dem Ziel, die Wettbewerbsfähigkeit der russischen Finanzsystems zu steigern und die durch das Russisch-Deutsche Zentrum etablierten Kontakte mit ausländischen Partnern im Bereich Bankwesen, Finanzen und Versicherung effizienter zu nutzen.

Es wurden bisher zahlreiche wissenschaftliche Konferenzen und Symposien und Vorlesungen organisiert – auch im Jahr der Pandemie. Trotz der Einschränkungen durch den Corona-Virus und geschlossener Grenzen fand zwischen Oktober 2020 und bis Sommersemester 2021 das durch die Staatliche Wirtschaftsuniversität Sankt Petersburg initiierte Online-Seminar statt. Dessen Teilnehmer haben jeden Dienstag die Vorträge von Professoren aus renommierten Hochschulen Russlands, Deutschlands, Polens und der Schweiz zu aktuellen Themen rund um die bankenbezogenen, rechtlichen und finanziellen Aspekte der Geschäftstätigkeit sowie Probleme der Stadtlogistik, der Besteuerung internationaler Konzerne, Beschäftigung, Migrations- und Umweltpolitik diskutiert. Durch diese Seminare konnte nicht nur die internationale Zusammenarbeit zu Pandemiezeiten aufrechterhalten werden, sondern auch neue partnerschaftliche Beziehungen zwischen russischen Hochschulen und einzelnen Lehrstühlen geknüpft sowie Ideen für neue Studiengänge, Bildungs- und Forschungsprojekte entwickelt werden.

Die im Rahmen der internationalen wissenschaftlichen Seminare zu wirtschaftlichen, finanziellen und rechtlichen Aspekten gehaltenen Vorträge sind in der vorliegenden Monografie veröffentlicht. Besonderer Dank der Organisatoren und Teilnehmer des Seminars gelten dem von der deutschen und russischen Regierung gegründeten Forum „Petersburger Dialog" für die Förderung des Seminars und Übersetzung aller Vorträge. Maria Skalaban vom ICFMR an der Staatlichen Wirtschaftsuniversität Sankt Petersburg danken wir für ihre aktive Beteiligung an der Erstellung dieser Schrift.

Prof. Dr. Tatjana Viktorovna Nikitina   Sankt Petersburg, Sommer 2021

Professorin am Lehrstuhl für Banken, Finanzmärkte und Versicherung
Leiterin des Internationalen Zentrums zur Untersuchung
aktueller Probleme der Finanzmärkte
Leiterin des Russisch-Deutschen Zentrums
der Staatlichen für Wirtschaft Sankt Petersburg

Event-Risk als keine alltägliche Geschichte

Ivan Alexandrowitsch Gontscharow hat uns in seinem Roman von Weltrang „Oblomov" mit den feinsinnigen Charakterstudien verschiedener Menschen zentrale Fragen aufgeworfen: Wie gelingt ein Leben? Und wo bleibt der Mensch in seiner Ganzheitlichkeit in einer Welt von Regeln, Institutionen, Ökonomisierung, Kontingenzen, Event Risks und in den Niederungen des Alltags. Der brave Held des Romans, Ilia Iljitsch Oblomov, sei wegen Nichts und wieder Nichts zu Grunde gegangen und gestorben, stellt sein Freund Andrej Ivanovitch Stolz am Ende des Buches verwundert fest. Oder: War doch die „Oblomoverei" als teilnahmslose Unwilligkeit die Lösung von Problemen anzugehen, schließlich der Grund, fügte Stolz hinzu.

Ganz entgegen diesem Geiste und bewusst der Gestaltungskraft der Wissenschaftler diskutierten wir ab Herbst 2019 die möglichen Themen für die nächste Internationale Finanzkonferenz im Frühjahr 2020 in Sankt Petersburg: Haben die Kreditinstitute den Wandel verschlafen? Ist eine totale Transformation ihrer Geschäftsmodelle noch möglich? Generieren die vielfältigen Disruptionen vollkommen neue Finanz-Institutionen? Welche Geschäftsmodelle von Unternehmen haben eine Zukunft, sind resilient, robust, agil, schnell und flexibel? Welche Sektoren und Strukturen der Volkswirtschaften – ob Steuerpolitik, Geldpolitik, Energie, Logistik, Gesundheit, Bildungssysteme, Infrastruktur oder Rentensysteme – müssen wir effektiv und effizient transformieren?

Doch ab März 2020 zeichnete sich ab, dass unsere geplante Konferenz nicht wie der zweite Roman von Gontscharow „Eine alltägliche Geschichte" oder ein gewöhnliches Symposium werden würde. Der Corona-Virus zwang uns zunächst die Konferenz zu vertagen, dann mehrmals neu zu planen bis wir im Oktober eben „Keine alltägliche Geschichte" starteten.

Die Pandemie forderte von uns allen eine Resilienz, als die Fähigkeit sich diesem Event-Risk als seltene, aber einzigartige Herausforderung mit sehr großem Schadenspotential so zu stellen, dass unser Leben weiter gelingen kann. Aus der abgesagten Präsenzkonferenz wurden ab dem Oktober 2020 bis Sommersemester 2021 jeden Dienstag internationale wirtschaftswissenschaftliche Seminare per Zoom. In Analogie zum psychologischen Begriff der Resilienz lieferten die Referenten in der Pandemie zu relevanten Fragen der Wirtschaft Entwürfe und Anregungen, die praxiswirksam Widerstandskraft entfalten sollen und teils auch schon taten.

Zwischen Deutschland und Russland fanden durch die neuen digitalen Kommunikationsmedien verbindende menschliche Begegnungen statt: Im Geiste von respektvoller und aufmerksamer Partnerschaft und Humanismus stets die Prinzipien des Anstandes, der Vernunft und des wissenschaftlichen Fortschrittes gemeinsam bewahrend. Als entwicklungsfähige Individuen sind wir Menschen die einzigen Lebewesen auf der Erde, die jederzeit an jedem Ort und nun online von jedem Ort aus kommunizieren und kooperieren können. Dies gelingt selbst unter den Einschränkungen des Corona-Virus, wenn wir es nur im offenen, freien und kritisch-rationalen Diskurs wollen. So erlebte jeder Teilnehmer an den Dienstagen „keine alltägliche Geschichte", aber Stärkung seiner Säulen der Resilienz: Die Wirklichkeit annehmen wie sie ist; fundiert die Realität diagnostizieren; Selbstverantwortung für das eigene Denken, Fühlen und Handeln übernehmen; lösungsorientiert mit Optimismus vorgehen; offen den Kontakt zu Mitmenschen suchen und pflegen; ohne Trauer, Wut und Angst mit Freude die Nahrung für die Seele von der russischen Seele in den fordernden Zeiten der Pandemie annehmen. Resilienz – und auch Frieden und Stabilität zwischen den Ländern – brauchen wir nicht nur, um die Pandemie gemeinsam zu bewältigen, sondern auch, um den weiteren großen globalen Herausforderungen des Klimawandels und der Digitalisierung gemeinsam zu begegnen. Im Bewusstsein der Sicherung des friedlichen Fortschritts fanden die Vorträge als nicht alltägliche Geschichte statt.

Prof. Dr. Dr. h.c. Clemens A. Renker   Bamberg, Sommer 2021

University of Applied Sciences Zittau/Görlitz
in Kooperation mit Technische Universität Dresden IHI

Die immer noch nicht beendete Corona-Pandemie hat vieles im gesellschaftlichen Leben in Deutschland wie in Russland verändert: nicht nur die regelmäßigen Veranstaltungen Gespräche und Beratungen sind weitestgehend auf die on-line-Kommunikation beschränkt, sondern die gesellschaftlichen Diskussions- und Entscheidungsprozesse haben an Bedeutung verloren.

Es gibt jedoch zahlreiche Berichte, die zeigen, dass die russisch-deutsche Zusammenarbeit während der Pandemie nicht nur fortgesetzt, sondern auch weiterentwickelt wurde. Ein Beispiel dafür ist das internationale wissenschaftliche Seminar zu wirtschaftlichen, finanziellen und rechtlichen Aspekten, das vom Internationalen Zentrum zur Untersuchung aktueller Probleme der Finanzmärkte an der Staatlichen Wirtschaftsuniversität St. Petersburg mit Unterstützung des Forums „Petersburger Dialog" organisiert wurde.

Das Ergebnis der gemeinsamen Arbeit von Professoren führender Universitäten in Russland, Deutschland und Polen, die sich von Oktober bis März 2021 wöchentlich auf der Zoom-Plattform getroffen haben, ist diese Monographie „Pandemie als nicht alltägliches Event-Risk. Auf der Suche nach Resilienz für Staaten, Unternehmen, Banken und Vermögen in russisch-deutschen Seminaren".

Allerdings war das internationale Online-Seminar nicht das einzige Projekt, das während der Pandemie durchgeführt wurde. Um russische und deutsche Jugendliche in Diskussionen über aktuelle Fragen des wirtschaftlichen und sozialen Wandels einzubinden, hat die Staatliche Wirtschaftsuniversität St. Petersburg mit Unterstützung des Forums „Petersburger Dialog" das erste deutsch-russische Jugendforum zum Thema „Wirtschaft und Gesellschaft: Wiederaufbau nach der Pandemie" organisiert. Dabei wurden mögliche Szenarien für die Entwicklung der modernen russischen und deutschen Gesellschaft diskutiert.

Durch solche Veranstaltungen wird ein wichtiger Beitrag zur Schaffung einer besseren Zukunft geleistet. Sie erweitern die Expertengemeinschaft, entwickeln neue Lösungen und erörtern Möglichkeiten der gegenseitigen Zusammenarbeit trotz geschlossener physischer Grenzen.

Da die deutschen und russischen Teilnehmer an unseren Veranstaltungen jedoch aus unterschiedlichen akademischen und wissenschaftlichen Bereichen kommen, ihre eigenen wissenschaftlichen Ansichten, Überzeugungen und Forschungs- und Weltanschauungen haben, verlaufen unsere Treffen nicht immer einfach. Die Hauptaufgabe unserer gemeinsamen Arbeit – die gesammelten Erfahrungen zusammenzufassen, bestehende Probleme zu identifizieren, Vorschläge zu ihrer Lösung zu erarbeiten und neue Richtungen und Formen unserer Beziehungen zu entwickeln – wurde jedoch erfüllt und in unserer gemeinsamen Monographie dargestellt.

Zum Schluss möchte ich noch einmal unseren Kolleginnen und Kollegen von Partneruniversitäten und anderen Forschungseinrichtungen danken, die aktiv an unseren Veranstaltungen teilgenommen haben und der Einladung zur Veröffentlichung ihrer Beiträge in der Monographie gefolgt sind, sowie allen Mitarbeitern und Übersetzern des Forums „Petersburger Dialog", ohne deren Unterstützung unsere gemeinsame Arbeit nicht möglich gewesen wäre.

Wir hoffen, dass diese Monographie von großem Interesse für russische und deutsche Leser sein wird und dazu dient, unsere gemeinsamen Ideen und Forschungen weiterzuentwickeln.

Bei diesem Erkenntnisprozess wünsche ich Ihnen viel Freude und Erfolg!

Professor Dr. iur. Dr. h.c. mult Wilfried Bergmann

Vize-Präsident der Alma Mater Europaea der Europäischen Akademie
der Wissenschaften und Künste
Deutscher Koordinator der Arbeitsgruppe „Bildung und Wissenschaft"
des Forums „Petersburger Dialog"

Предисловия

Санкт-Петербургский государственный экономический университет является одним из ведущих крупных университетов России. Университет по праву гордится роскошным главным зданием, в котором располагался первый центральный банк России, основанный Императрицей немецкого происхождения Екатериной Великой, а также студентом и будущим лауреатом Нобелевской премии в области экономических наук профессором Василием Васильевичем Леонтьевым и многочисленными выпускниками, сделавшими карьеру в научной сфере, в международной политике и экономике.

В 1990е годы ректоры и профессора университета начали активно и успешно сотрудничать с университетами Германии, заключив более 60 договоров о кооперации. Наряду с сотрудничеством на уровне профессоров и доцентов важную роль в процессе взаимодействия играли студенческие обмены. В условиях пандемии COVID-19 наш университет продолжал поддерживать регулярные контакты с 40 ведущими вузами Германии. Сеть международных контактов со Швейцарией, Францией, Италией, Китаем, Казахстаном и США расширяется с каждым годом. Среди ключевых партнёров нашего университета в Германии можно выделить Технический университет г. Дармштадт, Высшую школу экономики и права г. Берлин, Университет прикладных наук Циттау/Гёрлитц в сотрудничестве с Техническим университетом г. Дрезден, Университет Фридриха-Александра г. Эрланген-Нюрнберг, Гёте-Университет г. Франкфурт-на-Майне, Технический университет г. Мюнхен, Университет г. Потсдам и Университет прикладных наук г. Ландсхут. Научная деятельность нашего университета обогатилась благодаря магистерской программе, запущенной в 2000 году совместно с Университетом г. Гамбург, а также последовавшими за ней программами с университетами г. Брауншвейг, Мюнстер и Маннгейм.

Даже в условиях закрытых границ и экономико-политической турбулентности наш университет демонстрирует большой интерес к международной кооперации в сфере образования и науки. Свидетельством тому стал проведенный в условиях пандемии Международный онлайн-семинар в период с осени 2020 г. до лета 2021 г., организованный по инициативе Директора российско-немецкого центра проф. Никитиной Т.В. при поддержке рабочей группы «Наука и образование» форума «Петербургский диалог».

Несмотря на вызовы времени, деятели науки будут и впредь вносить посильный вклад в развитие научного познания, процесс передачи знаний представителям молодёжи и применении теоретических изысканий на практике для достижения прогресса и процветания наших стран и граждан.

Мы сердечно благодарим всех наших партнеров-участников семинара и будем рады приветствовать наших друзей в стенах нашего Университета!

Д.э.н., профессор И.А. Максимцев　　　　　*Санкт-Петербург, Лето 2021 года*

Ректор Санкт-Петербургского государственного экономического университета

На протяжении многих лет Санкт-Петербургский государственный экономический университет активно сотрудничает с немецкими высшими учебными заведениями. Межвузовские партнёрства основываются на двусторонних соглашениях, направленных на реализацию программ академической мобильности студентов и профессорско-преподавательского состава, а также на проведение совместных научно-исследовательских проектов.

В 2002 году с целью координации студенческого и преподавательского обмена, организации совместных конференций и семинаров на базе Управления международного сотрудничества СПбГЭУ был создан Российско-немецкий Центр (РНЦ) под руководством профессора кафедры банков, финансовых рынков и страхования Никитиной Т.В.

В 2013 году для усиления конкурентоспособности российской финансовой науки с возможностью использования установленных Российско-немецким центром контактов с зарубежными партнерами в сфере банковского, инвестиционного, страхового бизнеса был основан Международный центр научных исследований актуальных проблем финансовых рынков.

За время работы Центра было организовано множество научных конференций, симпозиумов и семинаров. Последний год не стал исключением.

Несмотря на пандемию COVID-19 и закрытые границы, в период с октября 2020 г. по март 2021 г. на базе СПбГЭУ (в дистанционном формате) состоялся онлайн-семинар, в рамках которого каждый вторник участники слушали и обсуждали доклады профессоров ведущих вузов России, Германии, Швейцарии и Польши на актуальные темы, связанные с финансовыми, правовыми, социальными, демографическими вопросами, а также проблемами городской логистики, экологии, налогообложения, занятости, миграционной политики и т.п. Проведение данного семинара способствовало не только сохранению международного сотрудничества в условиях пандемии, но и появлению и развитию новых партнерских отношений между университетами России и кафедрами вуза, что привело к возникновению идей новых проектов в сфере науки и образования.

Материалы Международного научного семинара по вопросам экономики, финансов и права представлены в настоящей монографии. Организаторы и участники семинара выражают особую благодарность Форуму «Петербургский диалог» за поддержку семинара и организацию переводов докладов участников, а также сотруднику Международного центра научных исследований актуальных проблем финансовых рынков Санкт-Петербургского государственного экономического университета Скалабан М.П. за активное участие в подготовке монографии.

Д.э.н., профессор Т.В. НикитинаСанкт-Петербург, Лето 2021 года

Профессор кафедры банков, финансовых рынков и страхования Санкт-Петербургского государственного экономического университета, Директор Международного центра научных исследований актуальных проблем финансовых рынков (МЦИФР) СПбГЭУ, Директор Российско-немецкого центра СПбГЭУ

«Необыкновенная история»

В ходе тонких наблюдений за характерами своих персонажей Иван Александрович Гончаров поднимает в романе мирового значения «Обломов» фундаментальные вопросы: Как складывается человеческая жизнь? И где место человека во всей его целостности в мире правил, институций, экономизации и тягот бытовой жизни? В самом конце книги Андрей Иванович Штольц, друг главного героя романа Ильи Ильича Обломова, приходит к выводу, что его приятель «погиб, пропал ни за что». И размышляя над причиной его смерти, добавляет: «Причина … какая причина! Обломовщина!».

Примерно в таком духе с осени 2019 года мы и обсуждали потенциальные темы для следующей Международной финансовой конференции, которая была запланирована на весну 2020 года в Санкт-Петербурге: Не «проспали» ли кредитные учреждения происходящие изменения? Возможна ли полная трансформация их бизнес-модели? Приведут ли разнообразные встряски современности к появлению кардинально новых финансовых институтов? Какие бизнес-модели имеют будущее, являются устойчивыми, надежными и гибкими?

Однако к марту 2020 года выяснилось, что наша конференция не будет похожа ни на второй роман И.А. Гончарова «Обыкновенная история», ни на обычный симпозиум. Коронавирус заставил нас сначала перенести конференцию, а затем целиком её переформатировать – в итоге в октябре 2020 года началась наша «Необыкновенная история».

Отменённая конференция трансформировалась в международный научно-практический семинар, который проводился каждый вторник с октября 2020 года по март 2021 года. Каждую неделю учёные-теоретики и эксперты-практики выступали онлайн с докладами по своим профильным темам.

На платформе Zoom выстраивались человеческие отношения между представителями России и Германии: общими усилиями, в духе гуманизма, взаимоуважения и внимания к партнёрам, с соблюдением принципов приличия, здравого смысла и научного прогресса. Люди обладают способностью к саморазвитию и, следовательно, являются единственными существами на Земле, способными взаимодействовать и сотрудничать друг с другом в любой момент времени и откуда угодно. Это удалось нам и в условиях коронавирусных ограничений – главное было захотеть. Таким образом, каждый участник встреч по вторникам становился свидетелем «необыкновенной истории», а также получал пищу духовную во время пандемии. Устойчивость в условиях пандемии означает: принятие реальности такой, какая она есть; обоснованный диагноз реальности; принятие на себя ответственности за свои мысли, чувства и поступки; оптимистичный подход к решению проблем; открытый поиск и поддержание контактов с ближними; без печали, гнева и страха, с радостью принимать от русской души пищу для души в сложные времена пандемии. Устойчивость – а также мир и стабильность между странами – это то, что нам необходимо не только для совместного преодоления пандемии, но и для совместного решения других крупных глобальных проблем, таких как изменение климата и цифровизация. Сознавая необходимость сохранения мирного прогресса, презентации проходили как необыкновенная история

Проф., д-р, почетный доктор Клеменс Ренкер
Санкт-Петербург, Лето 2021 года

Профессор Университета Прикладных наук Циттау/Гёрлитц, Технического Университета г. Дрезден, Директор Института среднего предпринимательства Германии, Institut für Mittelstands-Erfolg (IFME)

Пандемия COVID-19, которая на сегодня так и не закончилась, обусловила многочисленные изменения в общественной жизни как в Германии, так и в России: с одной стороны, регулярные мероприятия, встречи, консультации проводятся практически только в режиме онлайн, а с другой – сокращается значение общественных дискуссий и процессов принятия решений.

В то же время есть множество примеров, свидетельствующих о том, что в период закрытых границ российско-немецкое сотрудничество не просто продолжилось, но и получило развитие. Одним из таких является Международный научно-практический семинар по вопросам экономики, финансов и права, организованный Международным центром научных исследований актуальных проблем финансовых рынков Санкт-Петербургского государственного экономического университета при поддержке Форума гражданских обществ России и Германии «Петербургский диалог».

Результатом совместного труда профессоров ведущих вузов России, Германии и других европейских государств, еженедельно встречавшихся на платформе Zoom в течение предыдущего учебного года, стала настоящая монография «Пандемия как чрезвычайный риск. В поисках устойчивости для государств, компаний, банков и активов в рамках российско-немецких семинаров».

Однако Международный онлайн-семинар был не единственным проектом, осуществленным в период пандемии. Для привлечения российской и германской молодежи к обсуждению актуальных вопросов трансформации экономики и социального сектора Санкт-Петербургским государственным экономическим университетом при поддержке Форума «Петербургский диалог» был организован I Молодежный российско-немецкий Форум «Экономика и общество на пути восстановления после пандемии», в рамках которого обсуждались возможные сценарии развития современного общества, пути восстановления и направления повышения устойчивости российской и немецкой экономик после пандемии.

Подобные мероприятия помогают внести существенный вклад в создание лучшего будущего, расширить экспертное сообщество для поиска и генерации новых решений, обсудить возможности взаимного сотрудничества, несмотря на закрытые границы и отсутствие возможности перемещаться между странами. При этом, так как германские и российские участники наших мероприятий являются представителями разных научных и исследовательских школ, имеют собственные научные взгляды, убеждения и устоявшиеся исследовательские и мировоззренческие позиции, наши встречи не всегда бывают просты. Однако главная задача нашей совместной работы – обобщение накопившегося опыта сотрудничества, выявление имеющихся проблем, подготовка предложений по их преодолению, а также выработка рекомендаций по новым направлениям и формам наших связей была выполнена и представлена в нашей общей совместной монографии.

В заключение хочу еще раз выразить признательность нашим коллегам из университетов-партнеров и других научно-исследовательских организаций, принимавших активное участие в наших мероприятиях и откликнувшихся на приглашение опубликовать свои статьи в монографии, а также всем сотрудникам и переводчикам Форума «Петербургский диалог», без поддержки которых наша совестная работа была бы невозможна.

Мы надеемся, что данная совместная монография будет представлять большой интерес для российских и германских читателей и послужит дальнейшему развитию наших общих идей и научных исследований.

Желаю Вам радости и успехов в этом процессе познания!

Профессор, доктор юридических наук Вильфрид Бергманн
Санкт-Петербург, Лето 2021 года

Вице-президент Alma Mater Europaea Европейской академии наук и искусств, Координатор рабочей группы «Образование и наука» форума «Петербургский диалог» с немецкой стороны

About the Authors

Marcus Conrad, M.Sc. Teaching and Research Associate; Friedrich-Alexander-University Erlangen-Nürnberg, Germany; Department of International Management; marcus.conrad@fau.de

Marcus Conrad is a PhD Candidate at the Department of International Management, School of Business and Economics, Friedrich-Alexander-University Erlangen-Nürnberg. During his studies, he gained experience at the University of Seville (Seville, Spain) and at the University of Queensland (Brisbane, Australia). His research interests unclude Corporate Misconduct, Corporate Scandals, Corporate Social Irresponsibility, Business Ethics.

Johannes de Wall Student, Department of Corporate Finance; Technical University of Darmstadt, Darmstadt, Germany; johannes-dewall@web.de

Johannes de Wall has been a student at TU Darmstadt since September 2017. Besides his studies, he volunteers in church youth and social organizations.

Dr. Victor Dostov Lecturer, Academic Director of Distributed Ledgers Center of Expertise; Saint-Petersburg State University, St. Petersburg, Russia; greygato@gmail.com

President of the Russian Electronic Money and Remittance Association (since 2009); Academic Director of the Distributed Ledgers Center of Expertise, St. Petersburg State University; Lecturer at St. Petersburg State University; Lecturer at the International Banking Institute (St. Petersburg, Russia); Lecturer at the ITMO University (St. Petersburg, Russia); Vice-President of the Russian Microfinance Center.

Prof. Dr. h.c. Rudolf Faltermeier Prof. Dr. h.c., Law and Banking; Technical University of Munich, Munich, Germany; ra_faltermeier@gmx.de

Rudolf Faltermeier studied law and political science at Ludwig-Maximilians-University Munich and at the University of Geneva, Switzerland. He is an honorary professor and member of the Advisory Board of the TUM School of Management at the Technical University of Munich. As a Doctor h.c. of the State University of Economics in St. Petersburg, Russia, he has been teaching there for over a decade on the subject of capital markets and finance and is a member of the International Advisory Board of UNECON. As a lawyer, tax advisor and auditor, he initially specialized in advising and auditing credit institutions. After his appointment as Chairman of the Board, he managed the business of Kreissparkasse Garmisch-Partenkirchen for 15 years. He was then appointed Vice President on the Board of the Bavarian Savings Bank Association. This position was associated with numerous mandates on supervisory boards in the banking, insurance and real estate industries. As a lawyer, he is still entrusted with mandates in the international real estate industry.

About the Authors

Prof. Dr. Grigoriy Feigin Professor, Department of General Economic Theory and History of Economic Thought; St. Petersburg State University of Economics, St. Petersburg, Russia; fgrig@list.ru

Grigoriy Feigin is a professor at the Department of General Economic Theory and History of Economic Thought, Doctor of Economics, Doctor of Management (Graduate School of Management, Speyer, Germany), participant of international conferences and international scientific projects. International activity of G.F. Feigin was supported by a number of German foundations (DAAD, Hanns-Seidel-Stiftung, KAAD, Anna Ruts-Stiftung). For a long time, he has been a visiting professor at a number of German Universities. In addition, he is an author of more than 120 scientific papers in Russian, German and English (including monographs, textbooks and articles).

Prof. Dr. Christoph Freichel Professor, Department of Accounting, Auditing and Taxation; University of Applied Sciences in Saarbrücken, Saarbrücken, Germany; christoph.freichel@htwsaar.de

Professor for Accounting, Auditing and Taxation at University of Applied Sciences in Saarbrücken; German Tax Adviser, German Certified Public Auditor; Partner of Moore Treuhand Kurpfalz GmbH Wirtschaftsprüfungsgesellschaft Steuerberatungsgesellschaft Mannheim, Merzig and Berlin

Eduard Gaar, M.Sc. Research Associate, Department of Corporate Finance; Technische Universität Darmstadt, Darmstadt, Germany; eduard.gaar@tu-darmstadt.de

Eduard Gaar has been a research associate at the Department of Corporate Finance at TU Darmstadt since 2017. His research activities focus on issues in the fields of textual analysis and data mining. Furthermore, he has a special interest in topics related to private equity and venture capital.

Prof. Dr. Elena Gorbashko Professor; Vice-rector on Scientific Affairs; Saint-Petersburg State University of Economics, St. Petersburg, Russia; gorbashko.e@unecon.ru

1986–1999 – worked at the Department of Enterprise Economics and Production Management at St. Petersburg State University of Economics and Finance as an assistant, senior lecturer, associate professor, professor. 1999–today – Head of Department of Economics and Quality Management at St. Petersburg State University of Economics. 2007–2009 – Vice Rector for International Educational Projects and Programs at St. Petersburg State University of Economics and Finance. 2009–2016 – Vice Rector for Quality at St. Petersburg State University of Economics. 2016–today – Vice Rector for Science at St. Petersburg State University of Economics.

Prof. Dr. Dirk Holtbrügge Professor, Department of International Management; Friedrich-Alexander-University Erlangen-Nürnberg; dirk.holtbruegge@fau.de

Dirk Holtbrügge is a professor at the Department of International Management, FAU Erlangen-Nürnberg. He studied business administration, economics and social science at the University of Dortmund from 1983 to 1989, and received his doctoral degree (1995) and his habilitation (2000) from the same university. In 2001, he was appointed professor of international management at RWTH Aachen. Professor Dirk Holtbrügge has been Chair of International Management at the School of Business and Economics at Friedrich-Alexander-University Erlangen-Nürnberg (FAU) since 2002. Since 1995, he has spent numerous teaching and research stays abroad in countries including China, France, India, Japan, Russia, South Africa, the United Kingdom, and the USA. His main research interests are management in multinational corporations, intercultural management, management in emerging markets (China, India, Russia), international human resources management, corporate social and environmental responsibility, and internationalization in SMEs. He has published 7 books, 8 edited volumes and more than 70 articles in refereed international journals. He is dean of international programs and contributed to the design of the MBA program at the School of Business and Economics. He has large experience in executive education and works as a consultant for firms in Germany and abroad. In 2010, 2012 and 2014 he was listed in a research-related ranking of the newspaper Handelsblatt as one of the top-100 professors of business administration in Germany, Austria and the German-speaking Switzerland.

Dr. Barbara Kaschützke Assistant Professor, Department of Investment, Portfolio Management and Retirement Planning; Goethe University Frankfurt am Main, Germany; kaschuetzke@finance.uni-frankfurt.de

Barbara Kaschützke is an Assistant Professor at the Department of Investment, Portfolio Management and Retirement Planning, Goethe University Frankfurt am Main. Her main research interests are valuation of insurance companies, payout phase of funded pensions.

Prof. Dr. habil. Sabina Kauf Professor, Institute of Management and Quality Sciences; University of Opole, Opole, Poland; skauf@uni.opole.pl

Sabina Kauf has been teaching Marketing and Logistics at the Faculty of Economics of the University of Opole, where she received her doctoral degree, since 1994. She also heads the Institute of Management and Quality. For over thirty years she has maintained contacts with the Faculty of Social Sciences at the University of Wroclaw, where she obtained her postdoctorate degree (habilitation). Her research interests are: city logistics and supply chain management. She is the author (or co-author) of 14 books and over 130 papers.

Dr. Gabriele Kötschau Business Consultant, "Economic Cooperation East-West", Glücksburg, Germany; info@koetschau.com

Own company "Economic Cooperation East-West", Glücksburg, Germany. Since 2021 – Chairperson of the Council of the University of applied sciences, Flensburg, Germany. Since 2017 – Member of the International Advisory Board of the St. Petersburg State University of Economics St. Petersburg, Russia. 2011–2016 – Head of the Representation of the Hamburg Chamber of Commerce in North/West Russia, St. Petersburg, Russia. Since 2011 – Lecturer at the Polytechnic University "Peter the Great", St. Petersburg, Russia (since 2015), the European Institute Klaus Mehnert, Kaliningrad (2011–2015). June 2006 – Awarded the Cross of the Order of Merit of the Federal Republic of Germany. 2005–2010 – Director General, Secretariat of the Council of the Baltic Sea States (CBSS), Stockholm, Sweden. 1988–2005 Member of the Schleswig-Holstein Parliament, Kiel, Germany. 1996–2005 Vice-President of the Schleswig-Holstein Parliament. 1977–1988 Lawyer; Partner in a Law Firm, Flensburg, Germany

Prof. Dr. Vyacheslav Kruglov Professor, Department of General Economic Theory and History of Economic Thought; St. Petersburg State University of Economics, St. Petersburg, Russia; kruglov-1942@mail.ru

Vyacheslav Kruglov is a professor at the Department of General Economic Theory and Economic Thought. For a long time, he held the position of vice-rector for international relations. He has published over 120 scientific papers, including 7 abroad. Raised 65 PhDs (including 10 foreign citizens), 3 Doctors of Economics (including 1 foreign citizen). Has governmental awards of Russia and France, commemorative medals, certificates of gratitude from the State Duma and other governmental authorities, certificates of gratitude from a number of foreign universities. His research interests include agrarian relations in the West and Russia, history of national economy and economic sectors, state of higher humanities education, history of economic thought, world economy.

Prof. h.c. Barbara Lachhein Professor, Occupational health, Intercultural communication; University of Duisburg-Essen, Essen, Germany; post@schellenberg17.de

Barbara Lachhein is a lecturer at the University of Duisburg-Essen, teaching Russian Country Studies for German speakers. She studied at the Technical University of Dresden and then at the University of Essen, where she received her master's degree in medical management. She also studied at the North-Western State Medical University named after I.I. Mechnikov, St. Petersburg. Since 2015 Barbara Lachhein has been the President of the German-Russian Encounters Society of Essen. In 2016 she was awarded the title "Honorary Professor" of Nizhny Novgorod State Linguistic University (LUNN) for her significant contribution to the development of Russian-German relations in education and culture.

Dr. Elena Leonova Lecturer, Department of Civil Law and Civil Procedure; St. Petersburg University of Ministry of Internal Affairs of Russia, St. Petersburg, Russia; lvelena@mail.ru

Docent of Civil Law and Civil Procedure Department of St. Petersburg University of Ministry of Internal Affairs of Russia

Lesnykh Olga, M.Sc. M.Sc., Department of Banking, Financial Markets and Insurance; St. Petersburg State University of Economics, St. Petersburg, Russia; OA-Lesnih@gmail.com

Graduate of the master's degree program "Banking and Asset Management" at the Department of Banking, Financial Markets and Insurance at St. Petersburg State University of Economics

Dr. Tatiana Ljasovich Lecturer, Department of Social, Economic and Human Sciences; Leningrad regional branch of St. Petersburg, University of Ministry of Internal Affairs of Russia, Murino, Russia; vyaznikova@mail.ru

Docent of Social, Economic and Human Sciences Department of Leningrad regional branch of St. Petersburg University of Ministry of Internal Affairs of Russia

Lauritz Luttermann, B.Sc. Master's Student, Business Administration; Catholic University of Eichstätt-Ingolstadt, Ingolstadt, Germany; Lauritz.luttermann@gmx.de

Lauritz Luttermann studies for a master's degree in business administration at the Faculty of Economics at the Catholic University of Eichstätt-Ingolstadt. He also works as a student trainee at a leading medium-sized company in the field of process and valve technology in Ingolstadt. Stays abroad have taken him beyond the European Union to the USA as well as to Australia, Russia and China.

About the Authors

Vladislav Luzgin, M.Sc. PhD student, Project and Quality management department; Saint-Petersburg State University of Economics, Russia

Vladislav Luzgin is a postgraduate student in Economics, Department of Project and Quality management at St. Petersburg State University of Economics. In 2018 he graduated from the National Research University "Higher School of Economics" (Master's degree).

Dr. hab. Marta Maciejasz Assistant professor, Department of Economics; Opole University, Poland; marta.ms@uni.opole.pl

Marta Maciejasz is an Assistant Professor, graduated from the Wrocław Academy of Economics (University of Economics) in 1997. Currently she represents Univeristy of Opole, Institute of Economics and Finance, which she manages. In her research work, she deals with the issues of personal finance (including financial exclusion) and behavioural economics. She is an author of numerous scientific papers in the field of personal finance, household economics and behavioral economics.

Prof. Dr. Igor Maksimtsev Professor, Rector; Saint-Petersburg State University of Economics, St. Petersburg, Russia; rector@unecon.ru

Igor Maksimtsev is a rector of St. Petersburg State University of Economics, Doctor of Economic Sciences, Professor. In 1995, he joined St. Petersburg State University of Economics and Finance. In December 2006, he was elected Rector of this university. After the merger of three leading economic universities (St. Petersburg State University of Economics and Finance, St. Petersburg State University of Engineering and Economics, and St. Petersburg State University of Services and Economics) in 2012, he became the head of St. Petersburg State University of Economics. I. A. Maksimtsev is a laureate of the Russian Government Prize in Education and a laureate of the St. Petersburg Government Prize. He was awarded the Order of Honor of the Russian Federation, the Order of Friendship of the Russian Federation, the Commander's Cross of the Order of Merit of the Republic of Poland, the Governmental Award of China "For Outstanding Contribution to Chinese-Russian Relations", the Governmental Award of France – Ordre des Palmes Académiques, the Order of the Star of Italy, Commander's Order. For his achievements in the development of international ties, I. A. Maximtsev has also been awarded academic badges of honor of a number of foreign universities.

Prof. Dr. Raimond Maurer Professor, Department of Investment, Portfolio Management and Retirement Planning; Goethe University Frankfurt am Main, House of Finance, Germany; investment@finance.uni-frankfurt.de

Raimond Maurer is dean of Goethe University's Faculty of Economics. He studied business administration at the University of Mannheim, where he also received his doctorate and habilitation. Since 2000, he has been Professor of Investment, Portfolio Management and Retirement Planning at the Department of Economics at Goethe University Frankfurt am Main. His research interests are in the areas of portfolio and risk management of institutional investors and the life-cycle savings and investment decisions of households. In this regard, he has published 7 books and over 120 articles in international journals. In 2012, the Saint Petersburg University of Economics and Finance awarded him the title of Doctor Honoris Causa. Furthermore, Raimond Maurer is the academic director of the international postgraduate program Certified International Investment Analyst (CIIA) at DVFA as well as the academic director of the AFIR specialist group at the German

Actuarial Association. He is also a member of the Advisory Board of the Pension Research Council at the Wharton School, an editor in the Journal of Pension Economics and Finance, and a member of the Supervisory Board of Union Real Estate.

Prof. Dr. Bernd Mühlfriedel CFA Professor, Department of Entrepreneurship, SME Management and General Business Administration; Landshut University of Applied Sciences, Landshut, Germany; bernd.muehlfriedel@haw-landshut.de

Bernd Mühlfriedel is professor of Entrepreneurship, SME Management and General Business Administration at the Landshut University of Applied Sciences in Landshut near Munich, and co-founder and managing partner of Zenon Investments GmbH, Gräfelfing. For several years, he has been a member of the supervisory boards of Aurelius Equity Opportunities SE & Co. KGaA and Deutsche Kautionskasse AG. Previously, he was entrepreneurial as co-founder and CFO of 12snap AG and a consultant at McKinsey & Company. He teaches bachelor, master and executive students on a national and international level on topics of finance, investment management and entrepreneurship. In addition to his home university, he teaches at the Technical University of Munich and the State University of Economics in St. Petersburg, Russia, among others. As an author, Prof. Dr. Mühlfriedel regularly appears with book contributions or articles in professional journals. Prof. Dr. Mühlfriedel holds a doctorate from the Technical University of Munich, a degree in business administration (Diplom-Kaufmanns) from the Friedrich Alexander University of Erlangen-Nuremberg and an MBA from the University of Georgia, USA. He is also a CFA charterholder.

Prof. Dr. Tatiana Nikitina Professor, Department of Banking, Financial Markets and Insurance; St. Petersburg State University of Economics, St. Petersburg, Russia; t_nikitina2004@mail.ru

Professor at the Department of Banking, Financial Markets and Insurance at St. Petersburg State University of Economics; Director of the International Center for Financial Markets Research (ICFMR); Director of the Russian-German Center at St. Petersburg State University of Economics; Guest professor at the Goethe-University of Frankfurt am Main, Friedrich-Alexander-University Erlangen-Nürnberg University and the University of Jena. Director of the Master's program "Banking and Asset Management"; Coordinator of the Russian-Swiss MBA program "Digital Finance" from the Russian side; Coordinator of the dual degree program with the University of Hagen (Germany) from the Russian side; Head of the Alexander von Humboldt Alumni Association in Russia

Pavel Pimenov, M.Sc. Saint-Petersburg State University, St. Petersburg, Russia; pavpimenov@gmail.com

Pavel Pimenov is 1st year post-graduate student of the direction "Economics", analyst at the Russian Electronic Money and Remittance Association.

Dr. Evgeniya Popova Senior Lecturer, Department of World Economy, Entrepreneurship and Humanities; Chita Branch of Baikal State University, Chita, Russia; p_e_m_2013@mail.ru

Evgeniya Popova is Senior Lecturer at the Department of World Economy, Entrepreneurship and Humanities at Chita Branch of Baikal State University

Dr. Robert Poskart Assistant professor, Department of Finance and Accounting, Lecturer; Opole University, Opole, Poland; rposkart@uni.opole.pl

Robert Poskart is Assistant Professor at the Department of Accounting and Finance, graduated from the Faculty of Economics at the Opole University in 1997. During his studies he completed an internship at the Department of Foreign Affairs and Trade in Dresdner Bank Heidelberg. In 1995, as a part of academic exchange, he studied economics (BWL) at FH Trier (Germany). Since 2005, doctor of economic sciences. Currently, he is a member of the Polish Economic Society (PTE). His scientific interests are in the area of e.g., the theory of money, financial markets and their connections with other segments of the global economy. He is the author of several dozen scientific articles and co-author of several books in these fields.

Prof. Dr. Bernd Reissert Professor Department of Economics; Berlin School of Economics and Law/ HWR Berlin, Berlin, Germany; bernd.reissert@hwr-berlin.de

Bernd Reissert is a professor (em.) of political science at the Berlin School of Economics and Law (HWR Berlin). He holds a doctorate in economics and social sciences from the Free University Berlin. He was President of the Berlin School of Economics and Law (HWR Berlin) from 2010 to 2016. Previously he held positions as Rector of the University of Applied

Labour Studies of the German Federal Employment Agency (HdBA), as Konrad Adenauer Visiting Professor at the BMW Center for German and European Studies of Georgetown University (Washington DC), as professor of political science at HTW Berlin University of Applied Sciences, and as research fellow at WZB Berlin Social Science Centre. His publications include 17 books and around 100 articles focusing on institutional and comparative aspects of labour market and social policy and issues of multi-level governance.

Prof. Dr. Dr. h.c. Clemens Renker Professor, Marketing, Bank Management and Commerce; University of Applied Sciences Zittau/Görlitz and at TU Dresden IHI; Institut für Mittelstands-Erfolg IFME®, www.ifme-institut.de; clemens.renker@t-online.de

Clemens Renker has been teaching Marketing, Banking, Finance and Commerce at the University of Applied Sciences Zittau/Görlitz and at the TU Dresden IHI since 1994. Since 1984, he has been a lecturer, visiting professor and honorary professor at six other universities and colleges. In addition, he has four decades of successful experience as a manager, director, CEO and supervisory board member in banks, savings banks, in a world leading industrial company and a world leading trade fair. He published 12 books and more than 70 papers. For his successful transfer into practice, he was awarded, among others, the Federal Cross of Merit and as Entrepreneur of the Year Germany. Moreover, he is involved on a voluntary basis in the management of scientific, economic and cultural organizations.

Prof. Dr. Dirk Schiereck Professor, Department of Corporate Finance; Technical University of Darmstadt, Darmstadt, Germany; dirk.schiereck@tu-darmstadt.de

Dirk Schiereck has been Head of the Department of Corporate Finance at TU Darmstadt since August 2008. His current research focus at this leading technical university is on (capital market-oriented) corporate finance, asset management and the digitalization of the finance industry. With his academic experience in the field of capital investments, he became a supervisory board member of BayernInvest and Creditshelf as well as a member of the Scientific Advisory Board of the German Investor Relations Association, the German Credit Market Standard e. V. and the German Derivatives Association (DDV). Wirtschaftswoche currently ranks him among the 20 most research-intensive business economists in the German-speaking world, and the FAZ lists him as one of the most influential German economists. Before arriving at his current place of work, he completed his doctorate (1995) and habilitation (2000) at the University of Mannheim, established the Institute for Mergers & Acquisitions as Chair of Capital Markets and Corporate Governance at the University of Witten/Herdecke (2000–2002) and was Professor of Banking and Financial Management at the European Business School in Oestrich-Winkel (2002–2008).

Prof. Dr. Dr. h.c. Uwe H. Schneider Professor (emer.), Law and Banking; Technical University of Darmstadt, Darmstadt, Germany; Uwe.H.Schneider@jus.tu-darmstadt.de

Uwe H. Schneider is University Professor (emer.) at the Technical University of Darmstadt and Director of the Institute for German and International Savings, Giro and Credit Law at the Johannes Gutenberg University Mainz. He is Corporate Governance Officer of the Deutsche Bundesbank and the Kreditanstalt für Wiederaufbau in Frankfurt am Main. He is also Off Counsel at Schmitz und Partner Rechtsanwälte, Frankfurt am Main. Professor Schneider has published a number of books and contributed to numerous commentaries on corporate and capital market law. He has published around 350 articles on topics of banking and corporate law.

Prof. Dr. Juergen Seitz Professor, Department of Business Information Systems; Baden-Wuerttemberg Cooperative State University Heidenheim, Germany; seitz@dhbw-heidenheim.de

Juergen Seitz is professor for business information systems and head of the business information systems department at Baden-Wuerttemberg Cooperative State University Heidenheim, Germany. Prof. Dr. Seitz is editor, associate editor and editorial board member of several international journals, e.g. Journal of Ecommerce Research, International Journal on Networking and Virtual Organizations (IJNVO), Journal of Cases on Information Technology (JCIT), Journal of Internet Banking and Commerce (JIBC). He is member of Gesellschaft für Informatik (German association) and Association for Information Systems (AIS). He served as an executive council member of Information Resource Management Association. He is member of program and/or organizing committees of several international conferences. He is co-chair of the Wuhan International Conference on E-Business, co-chair of the special interest track on e-health and research chair of the Bled eConference, Slovenia, and international liaison chair of the International Conference on Data Management, Analytics and Innovation (ICDMAI). His research focusses on e-finance, e-health, IT security from a business perspective, business modelling and systems modelling.

Ekaterina Sergeeva, M.Sc. Head of the Protocol Service; Saint-Petersburg State University of Economics, St. Petersburg, Russia; e.a.sergeeva.3@gmail.com

Ekaterina Sergeeva is the head of the protocol service. She graduated from St. Petersburg State University of Economics (M.Sc.).

Dr. Pavel Shoust Executive Director at the Russian Electronic Money and Remittance Association; Saint-Petersburg State University, St. Petersburg, Russia; paul.shoust@gmail.com

Executive Director at the Russian Electronic Money and Remittance Association; Consultant for the International Finance Corporation; Senior fellow at the St. Petersburg State University, Deputy Research Director for Center of Distributed Ledger Technologies; Docent at the St. Petersburg State University of Economics.

Dr. Natalia Sirota Vice-Rector for Organizational and Personnel Work; Saint-Petersburg State University of Economics, St. Petersburg, Russia; sirota.n@unecon.ru

Natalia Sirota is a Vice-Rector for Organizational and Personnel Work at the St. Petersburg State University of Economics. In 2001, she graduated from St. Petersburg State University of Economics and Finance, Department of Enterprise Economics and Production Management. She defended her PhD thesis at the Department of Forecasting and Planning of Economic and Social Systems, St. Petersburg State University of Economics and Finance. Her fields of scientific interests are economic security, Russian foreign economic policy, Russia-European Union cooperation, Russian foreign trade.

Maria Skalaban, B.Sc. Department of Banking, Financial Markets and Insurance; St. Petersburg State University of Economics, St. Petersburg, Russia; skalaban-mariya@mail.ru

Maria Skalaban is a Master's student ("Banking and Asset Management") at the St. Petersburg State University of Economics, where she previously earned a bachelor's degree in Economics ("Mathematical Methods and Statistical Analysis"). She also studies Finance at the FernUniversität in Hagen. During 2018–2019, she was a volunteer at the Russian-German Center. Then she gained experience as an exchange student at the Technical University of Darmstadt. Since 2020, she has been working at the International Centre for Financial Market Research (ICFMR), St. Petersburg State University of Economics. Her main research interests are household finance, retirement planning and wealth management. She is an author (co-author) of 15 papers on financial literacy, pension finance, and banking.

Prof. Dr. Elena Vasilieva Professor, Project and Quality management department; Saint-Petersburg State University of Economics, St. Petersburg, Russia; vasselena@mail.ru

Elena Vasilieva is a director of the Center for International and Scientific Research and Projects, St. Petersburg State University of Economics. She is an author and coordinator of more than 50 international projects. 2005–today – board member of St. Petersburg Association for International Cooperation (Friendship House). 2010–today – expert of EU Erasmus+ program (TEMPUS).

Dr. Jörg Wasmuth, LL.M. Post Doc, Department of Business Administration, in particular Auditing; FernUniversität in Hagen, Germany; joerg.wasmuth@fernuni-hagen.de

Post Doc at the department of Business Administration, in particular Auditing, at FernUniversität in Hagen. Freelancer at Moore Treuhand Kurpfalz GmbH Wirtschaftsprüfungsgesellschaft Steuerberatungsgesellschaft Mannheim, Merzig and Berlin

Dr. Vladlena Zarembo Associate Professor, Department of Management and Innovations; St. Petersburg State University of Economics, St. Petersburg, Russia; dr.zarembo@gmail.com

PhD in Economics. Master of Laws. Associate Professor at the Department of Management and Innovations at St. Petersburg State University of Economics. Freelance council of concluding contracts with international customers (Europe), negotiations and conflict management. Invited Trainer of Presidential Retraining Programs at the Higher School of Economics, St. Petersburg State University of Economics. Invited Lecturer of uniquely designed courses in English at the International Department of the St. Petersburg State University of Economics

Prof. Dr. Yury Zinchenko Professor, Department of Psychological Methodology; Lomonosov Moscow State University (MSU), Moscow, Russia; zinchenko_y@mail.ru

Dean of Faculty of Psychology at Lomonosov Moscow State University (MSU); Director of the Psychological Institute RAE; Head of the Department of Psychological Methodology at Lomonosov Moscow State University (MSU); President of the Russian Psychological Society; Chief Medical psychologist at Russian Ministry of Health; Full Member at Russian Academy of Education; Honorary professor at Sorbonne University Paris III (France); Honorary professor at University Fernando Pessoa (Portugal)

Inhaltsverzeichnis

"Fair Burden Sharing" während der Covid-19 Pandemie:
Eine sozioökonomische und ethische Betrachtung von
Steuervermeidung durch multinationale Unternehmen 1
Marcus Conrad M.Sc. und Prof. Dr. Dirk Holtbrügge

**Kapitalmarktreaktionen auf Ankündigungen
von Kapitalerhöhungen nach Ausbruch der Corona-Pandemie** 11
Johannes de Wall, Eduard Gaar M.Sc., Prof. Dr. Dirk Schiereck

Gewerbliche Immobilienmärkte vor, während, nach Covid-19 21
Prof. Dr. h. c. Rudolf Faltermeier

Die Rentenreform in Russland: Trends und Widersprüche 27
Prof. Dr. Grigoriy Feigin

**Umsatzerlösrealisierung von Dauerschuldverhältnissen
in Pandemiezeiten nach deutschen Rechnungslegungsgrundsätzen** 35
Prof. Dr. Christoph Freichel, Dr. Jörg Wasmuth LL.M.

Einsatz digitaler Dienstleistungen bei der Projektarbeit 47
Prof. Dr. Elena Gorbashko, Prof. Dr.
Elena Vasilieva, Vladislav Luzgin M.Sc.

**Staatliche Sicherung und Eigenvorsorge in der sozialen
Marktwirtschaft der Bundesrepublik Deutschland** 57
Dr. Barbara Kaschützke, Prof. Dr. Raimond Maurer

Shared Space – ein Weg zur Fußgänger-Stadt 67
Prof. Dr. habil. Sabina Kauf

Sicherheit und Wohlstand durch internationale regionale
Zusammenarbeit... 77
Dr. Gabriele Kötschau

Aus kleinen Quellen entspringt ein großes Meer der Freundschaft 89
Prof. Dr. Vyacheslav Kruglov

Aktuelle Probleme der Wirtschaft: Gesundheit – ein Wirtschaftsfaktor? 93
Prof. h.c. Barbara Lachhein

Die Pandemie und die Fruchtbarkeit: Neue Herausforderungen
und Perspektiven (am Beispiel der Volksrepublik China)............. 111
Dr. Elena Leonova, Dr. Tatiana Ljasovich

Auswirkungen der Covid-19-Pandemie auf die Entwicklung der
Finanz- und Kreditinstitute in Russland 117
Olga Lesnykh M.Sc., Prof. Dr. Tatiana Nikitina, Maria Skalaban B.Sc.

Corporate Governance: Regulatory Fit als strategisches Marketing
für den Automobilmarkt 129
Lauritz Luttermann B.Sc.

Hochschulmanagement in unsicheren Zeiten: Ein
Erfahrungsbericht der staatlichen Universität für Wirtschaft Sankt
Petersburg... 141
Prof. Dr. Igor Maksimtsev, Dr. Natalia Sirota, Ekaterina Sergeeva M.Sc.

Mit einem digitalisierten Geschäftsmodell durch die Krise:
Fallstudie Flixmobility.. 147
Prof. Dr. Bernd Mühlfriedel CFA

Banking-Ökosysteme im wissenschaftlichen Diskurs Russlands 159
Pavel Pimenov M.Sc., Dr. Victor Dostov, Dr. Pavel Shoust

Staatsfonds der Ölexportierenden Länder: Bedeutung während
der Covid-19-Pandemie 171
Dr. Evgeniya Popova

Zwei „Jobwunder"? Auswirkungen der Finanzkrise 2008/2009
und der Covid-Krise 2020/2021 auf den Arbeitsmarkt – Deutschland
im internationalen Vergleich 181
Prof. Dr. Bernd Reissert

Banken vor epochalen Herausforderungen – was tun?................ 191
Prof. Dr. Dr. h. c. Clemens Renker

Mit Portfolio-Management genial einfach in der Pandemie bestehen
– mehr Werte, Erträge und Resilienz im Leben, für Unternehmen
und Vermögen 203
Prof. Dr. Dr. h. c. Clemens Renker

Sicherheit als Aufgabe und Rechtsproblem 225
Prof. Dr. Dr. h. c. Uwe H. Schneider

Auswirkungen der Pandemie auf die Digitalisierung der KMU
in Russland, betrachtet durch das Prisma der digitalen Indizes 233
Dr. Vladlena Zarembo

Psychologische Betreuung der Bevölkerung
während der Covid-19-Pandemie 243
Prof. Dr. Yury Zinchenko

Cryptocurrencies in Poland and Russia – Similarities and Differences .. 251
Dr. hab. Marta Maciejasz, Dr. Robert Poskart

Cryptocurrencies or Digital Money – How do we pay in the Future? ... 261
Prof. Dr. Jürgen Seitz

«Справедливое распределение финансового бремени» во время
пандемии коронавируса: социоэкономический и этический
взгляд на оптимизацию налогов транснациональными
компаниями 271
Marcus Conrad M.Sc., Prof. Dr. Dirk Holtbrügge

Реакция рынка капитала на сообщения о дополнительном
размещении акций после начала пандемии коронавируса 283
Johannes de Wall, Eduard Gaar M.Sc., Prof. Dr. Dirk Schiereck

Рынок коммерческой недвижимости до, во время и после
пандемии Covid-19 293
Prof. Dr. h. c. Rudolf Faltermeier

Реформирование пенсионной системы в России: тенденции и
противоречия 299
Prof. Dr. Grigoriy Feigin

Реализация выручки с оборота в рамках долгосрочных
договорных обязательств в соответствии с немецкими
стандартами ведения бухгалтерского учета 307
Prof. Dr. Christoph Freichel, Dr. Jörg Wasmuth LL.M.

Возможности цифровых услуг для организации проектной
деятельности 319
Prof. Dr. Elena Gorbashko, Prof. Dr. Elena Vasilieva,
Vladislav Luzgin M.Sc.

Государственное социальное обеспечение и самообеспечение
в социальной рыночной экономике Федеративной Республики
Германия 331
Dr. Barbara Kaschützke, Prof. Dr. Raimond Maurer

«Общее Пространство» (shared space) – путь к пешеходному городу 343
Prof. Dr. habil. Sabina Kauf

Достижение безопасности и благосостояния путём
международного регионального сотрудничества 355
Dr. Gabriele Kötschau

Из маленьких родников – большое море дружбы 369
Prof. Dr. Vyacheslav Kruglov

Актуальные проблемы экономики: здоровье – экономический
фактор? 373
Prof. h.c. Barbara Lachhein

Пандемия и рождаемость: новые вызовы и перспективы (на
примере Китайской Народной Республики) 395
Dr. Elena Leonova, Dr. Tatiana Ljasovich

Влияние пандемии Covid-19 на развитие финансово-кредитных
институтов в России 401
Olga Lesnykh M.Sc., Prof. Dr. Tatiana Nikitina, Maria Skalaban B.Sc.

Корпоративное управление: регуляторное совпадение как
методика стратегического маркетинга для автомобильного рынка 413
Lauritz Luttermann B.Sc.

Управление университетом в условиях неопределенности: опыт
СПбГЭУ 425
Prof. Dr. Igor Maksimtsev, Dr. Natalia Sirota, Ekaterina Sergeeva M.Sc.

Цифровая бизнес-модель в кризисные времена: на примере
компании Flixmobility 433
Prof. Dr. Bernd Mühlfriedel CFA

Проблема банковских экосистем в российском научном дискурсе . . 445
Pavel Pimenov M.Sc., Dr. Victor Dostov, Dr. Pavel Shoust

Суверенные фонды стран-экспортеров нефти: значение в
период пандемии Covid-19 457
Dr. Evgeniya Popova

Два «чуда на рынке труда»? Влияние финансового кризиса
2008-09 гг. и пандемии коронавируса 2020-21 гг. на рынок труда:
Германия в сравнении с другими странами 467
Prof. Dr. Bernd Reissert

Банки на пороге исторических перемен: что делать? 477
Prof. Dr. Dr. h. c. Clemens Renker

Как принципы портфельного менеджмента помогают пережить
пандемию: больше ценности, больше дохода и больше
устойчивости для жизни, бизнеса и капитала 487
Prof. Dr. Dr. h. c. Clemens Renker

Безопасность как ключевая задача руководства 509
Prof. Dr. Dr. h. c. Uwe H. Schneider

Влияние пандемии на цифровизацию малого и среднего бизнеса
в России через призму цифровых индексов 517
Dr. Vladlena Zarembo

Психологическое сопровождение населения в период борьбы
с пандемией Covid-19 529
Prof. Dr. Yury Zinchenko

"Fair Burden Sharing" während der Covid-19 Pandemie: Eine sozioökonomische und ethische Betrachtung von Steuervermeidung durch multinationale Unternehmen

Marcus Conrad M.Sc. und Prof. Dr. Dirk Holtbrügge

Zusammenfassung

Steuervermeidung durch Multinationale Unternehmen wie Amazon, Delivery Hero, Netflix oder Zalando stellen eine Bedrohung für staatliche Investitionen in öffentliche Dienstleistungen wie Bildung, Infrastruktur oder Gesundheitswesen dar. Insbesondere in Zeiten globaler Krisen wie der COVID-19 Pandemie wird es häufig nicht als fair angesehen werden, wenn Unternehmen, die erheblich von der verminderten Mobilität der Menschen profitieren, ihren „fairen Anteil" an Steuern nicht zahlen. Diese Steuern werden zur Unterstützung des Wirtschaftssystems benötigt, um die schwerwiegenden negativen Folgen von COVID-19 abzumildern. Auch wenn die weltweite Minimierung von Unternehmenssteuern durch Gewinnverlagerung nicht illegal ist, wird sie von Bürgern und kleineren Unternehmen, die die Vorteile länderspezifischer Gesetze im internationalen Steuersystem nicht nutzen können, häufig als unethisch angesehen. Basierend auf dem oben genannten Phänomen analysiert unser Beitrag, was die Gesellschaft im Hinblick auf die Steueraktivitäten internationaler Unternehmen genau kritisiert und welche sozialen und ökonomischen Folgen diese haben können. Ferner analysieren wir das Phänomen aus ethischer Sicht. Die Implikationen unseres Beitrags verdeutlichen, wie das internationale Steuersystem geändert werden könnte, um eine gerechte Lastenteilung sicherzustellen. Es werden Methoden zur Wahrung der Legitimität von MNU erläutert und Ansätze zur weiteren Erforschung dieses Themas aufgezeigt.

© Der/die Autor(en), exklusiv lizenziert durch Springer Fachmedien Wiesbaden GmbH, ein Teil von Springer Nature 2022
C. Renker, T. Nikitina (Hrsg.), *Pandemie als nicht alltägliches Event-Risk*,
https://doi.org/10.1007/978-3-658-36504-2_1

Abstract

"Fair Burden Sharing" in Times of Covid-19: Socio-Economic and Ethical Considerations on Corporate Tax Avoidance of MNCs

Corporate Tax Avoidance of Multinational Corporations like Amazon, Delivery Hero, Netflix or Zalando is considered a menace to governmental investments into public services like education, infrastructure or health care. Especially, in times of global crises like the COVID-19 pandemic, it is often considered unfair if corporations that benefit tremendously from the decreased mobility of people do not pay their fair share of taxes. These taxes are needed to support the economic system in order to diminish the severe negative consequences of COVID-19. Even if this tax strategy that aims to minimize the corporate tax globally is not illegal, it is often considered as unethical by other tax payers like citizens and smaller corporations that cannot leverage the advantages of country-specific legislations in the international tax system. Our paper analyses what society criticizes in regards to MNCs' tax strategies from a socio-economic and an ethical perspective. We present policy implications about how the international tax system could be reformed to ensure "fair burden sharing." Moreover, we discuss strategies of MNCs to maintain their legitimacy and offer avenues for future research in regards to this topic.

Schlüsselwörter/Keywords

Unternehmenssteuervermeidung, Multinationale Unternehmen, COVID-19, Steuerfairness, Steueroasen, Internationales Steuersystem, Fair Share, Fair Burden Sharing, Corporate Tax Avoidance, Multinational Corporations, COVID-19, Fair Share, Fair Burden Sharing, Tax Fairness, Tax Havens, International Tax System.

Die aktuelle COVID-19 Pandemie führt zu sozioökonomischen Umwälzungen in unserer Gesellschaft und verändert das Verhalten von Konsumenten weitreichend. Großhändler wie Amazon, Lieferdienste wie Delivery Hero und Streaming-Anbieter wie Netflix profitieren davon, dass COVID-19 die individuelle Mobilität einschränkt, aber mehr Bildschirmzeit ermöglicht. Im Gegensatz dazu leiden viele kleine und mittlere Unternehmen (KMU), wie lokale Einzelhandelsgeschäfte, Restaurants oder Kinos erheblich unter den Folgen dieser globalen Pandemie. Sie haben keine oder deutlich geringere Einnahmen, müssen aber dennoch ihren Verpflichtungen, wie der Zahlung von Steuern an den Staat, nachkommen. Viele Multinationale Unternehmen (MNU), die Profiteure von Covid-19 sind, können dagegen ihre globale Steuerlast durch Steueroasen minimieren. Ein Einzelhandelsgeschäft, ein inhabergeführtes Kino, das Restaurant in der Nachbarschaft oder ein Arbeitnehmer können diese steuerlichen Vorteile der Internationalität dagegen nicht nutzen.

1 Steuervermeidung von Großunternehmen

International tätige Unternehmen können Steuern vermeiden, indem sie Gewinne in Länder mit einem niedrigeren effektiven Steuersatz als am Hauptsitz des Unternehmens verlagern. Diese Unternehmenssteuervermeidung wird in Politik, Wirtschaft und Wissenschaft kontrovers diskutiert und teilweise heftig kritisiert. Die OECD [1] schätzt den Steuereinnahmenverlust durch dieses *Base Erosion and Profit Shifting (BEPS)* für die Europäische Union auf bis zu 240 Mrd. US-Dollar pro Jahr und weltweit auf bis zu 650 Mrd. US-Dollar pro Jahr [2, 3]. Dieser Wert liegt im Bereich des BIP von Ländern wie der Türkei, der Schweiz oder Polens. Daher ist die Frage, ob MNU an einer gerechten Lastenteilung teilhaben oder öffentliche Güter gratis nutzen (dürfen), von erheblicher wirtschaftlicher und gesellschaftlicher Relevanz. Niedrigere Steuereinnahmen führen zu fehlenden Investitionen in das Bildungssystem, das Gesundheitswesen oder die Infrastruktur und können die Ungleichheit weiter vergrößern. Gleichzeitig können internationale Unternehmen, die in großem Maße Steuervermeidung betreiben, an Legitimität in der Gesellschaft, bei Kunden und Arbeitnehmern einbüßen [4–6].

2 Steuerhinterziehung versus Steuervermeidung

Juristisch gibt es eine klare Grenze zwischen Steuerhinterziehung und Steuervermeidung, die sich durch die Recht- bzw. Unrechtmäßigkeit ergibt. Steuerhinterziehung ist illegal und strafbar, was bedeutet, dass Steuergesetze durch Betrug oder Unehrlichkeit verletzt werden und daher strafrechtliche Sanktionen durch die Gesetzgebung nach sich ziehen [7]. Steuervermeidung hingegen ist legal und beinhaltet die Reduzierung, Beseitigung oder Aufschiebung einer Steuerschuld [8]. Beispiele dafür sind Fehlbewertungen bei Überweisungen, Verlagerungen internationaler Schulden, verzwickte Finanzvertragsabschlüsse, Steuerstundungen oder Lizenzverlagerungen. Wichtige Voraussetzungen sind die Möglichkeiten zur Ausnutzung der technischen Aspekte eines Steuersystems oder von Inkongruenzen zwischen zwei oder mehreren Steuersystemen. Aggressive Steuerplanung kann eine Vielzahl von Formen annehmen, wie doppelte Abzüge (z. B. wird derselbe Verlust sowohl im Herkunfts- als auch im Wohnsitzstaat abgezogen) oder doppelte Nichtbesteuerung

(z. B. Einkommen, das im Herkunftsstaat nicht besteuert wird, ist am physikalischen Standort steuerbefreit) [9, 10]. Steuervermeidung erfolgt zumeist durch die künstliche Verlagerung von Unternehmensgewinnen in Länder mit einem niedrigeren Steuersatz, d. h. das Steuern dort künstlich geschaffen werden, wo operativ kein Profit oder Umsatz angefallen ist. In Deutschland gilt etwa ein Steuersatz für Unternehmensgewinne von 30 %. Unternehmen wie BASF und E.on wurden im Jahre 2020 jedoch lediglich mit einem Steuersatz von sechs bzw. sieben Prozent belastet. Insgesamt sank die effektive Steuerlast vieler MNU in Deutschland von den gesetzlichen 30 % auf 20 % oder weniger. Dazu verlagern diese Unternehmen Aktivitäten in Länder mit einem niedrigen Steuersatz wie etwa Irland. Die irische Tochtergesellschaft stellt der Muttergesellschaft Dienstleistungen wie Software oder Lizenzen in Rechnung, welche die Gewinne in Deutschland schmälern und in Irland erhöhen. Als Ergebnis sinkt die gesamte Steuerbelastung beträchtlich. Noch lukrativer ist es, wenn die Gewinne nicht nach Irland, sondern in Steuerparadiese wie Bermudas oder Cayman Islands verlagert werden, in denen ausländische Konzerne gar nicht besteuert werden. Schaltet man noch die Niederlande als eines der wenigen EU-Länder dazwischen, die keine Quellensteuer bei Auslandsüberweisungen abziehen („Double Irish, Dutch Sandwich"), so liegt die weltweite Steuerbelastung bei nahezu Null. Viele amerikanische Digitalkonzerne wie Apple, Amazon oder Alphabet beherrschen dieses Spiel in Perfektion. Aber auch deutsche Unternehmen wie BASF, Volkswagen und Siemens sind daran beteiligt.

3   Staatliche Maßnahmen

Die Europäische Kommission betrachtet eine faire und wirksame Besteuerung als oberste politische Priorität und bestätigt den zunehmenden Druck sowohl von EU-Bürgern als auch von Unternehmen, die geltenden Steuervorschriften zu ändern, um Steuervermeidung zu verhindern [11]. Untersuchungen zeigen jedoch eine erhebliche Lücke zwischen den Erwartungen der Bürger und den tatsächlichen Maßnahmen der EU auf. Als Reaktion auf den wachsenden öffentlichen Druck startete die Europäische Kommission 2015 deshalb eine Kampagne für faire Steuern mit einem Steuertransparenzpaket [11] sowie einem Aktionsplan gegen BEPS, um die Steueraktivitäten von MNU zu targetieren [1]. Das Ziel beider Initiativen ist unter anderem, eine erhöhte Steuerfairness aus Sicht der KMU und der Bürger zu erreichen. Neben der EU und den USA hat die Stärkung von Steuerkonformität seit der Finanzkrise von 2008 auch in vielen aufstrebenden Volkswirtschaften wie Russland, China oder Indien eine höhere Priorität eingenommen [12]. Durch die COVID-19 Pandemie wird dieses Bestreben wahrscheinlich weiter an Bedeutung gewinnen.

4 Ethische Perspektive der Steuervermeidung

Aufgrund dieser gesellschaftspolitischen und sozioökonomischen Relevanz hat die öffentliche Aufmerksamkeit für die Steuerpolitik von MNU in den letzten Jahren stark zugenommen [13]. Dabei können unterschiedliche Positionen und Argumente von Medien [14], Nichtregierungsorganisationen [15], Beratungsunternehmen [16, 17] und Politikern [18] identifiziert werden. Einerseits werden Strategien der Steuervermeidung von Marktakteuren wie Beratungsunternehmen, Steuerberatern oder Aktionären begrüßt, da diese aus wirtschaftlicher Sicht den *Shareholder Value* durch höhere Gewinne steigern [19]. Ferner ist eine Steuerreduzierung aus ökonomischer Sicht häufig unumgänglich, um Wettbewerbsnachteile für das eigene Unternehmen zu vermeiden. Andererseits wird aggressive Steuerplanung häufig wegen der Ausnutzung gesetzlicher Lücken kritisiert und als unmoralisch eingestuft, da sie gegen das Konzept einer fairen Lastenteilung verstößt. Payne und Raiborn [20] stellen fest, dass Steuervermeidung durch MNU als Instrument rationaler Geschäftsplanung und die damit einhergehende Ausnutzung von Gesetzeslücken moralisch fragwürdig ist. Lenz [21] betont, dass die Vermeidung der Steuern „die moralische Pflicht dem Gesetz zu gehorchen" untergräbt und stuft Unternehmenssteuervermeidung auf der Grundlage des Kantischen Rationalitätsgedankens deshalb als unmoralisch und unethisch ein.

5 Fairness im Steuersystem

In der Vergangenheit haben sich im Hinblick auf das Steuerverhalten zwei Forschungsrichtungen entwickelt. Die erste Forschungsrichtung stützt sich auf die ökonomische Theorie der Steuerkonformität, die sich auf Abschreckung als Hauptdeterminante für die Steuergestaltung konzentriert [22, 23]. Der Steuerzahler wird als risikoaverser Nettoeinkommensmaximierer angesehen, der die Möglichkeit hat, sein Einkommen geringer anzugeben, dabei jedoch (mit einer bestimmten Wahrscheinlichkeit) mit einer Geldstrafe belegt wird (zusätzlich zur Zahlung der vollen Steuerschuld).

Die zweite Forschungsrichtung, z. B. vertreten durch Andreoni, Erard und Feinstein [24], identifiziert drei moralische und soziale Faktoren, die in diesem Zusammenhang relevant sind:

- moralische Regeln und Gefühle;
- die Wahrnehmung des Steuerzahlers zur Fairness des Steuersystems und der Belastung;
- sowie die Zufriedenheit der Steuerzahler mit der Bereitstellung öffentlicher Güter und Dienstleistungen.

Basierend auf diesen Beobachtungen wurde der Begriff *Fair Share* in der Fachliteratur eingeführt und in der Wissenschaft häufig verwendet. Seitdem wurde die Unternehmenssteuervermeidung von einer Vielzahl von Wissenschaftlern analysiert – hauptsächlich aus Unternehmens- und Gesetzgebungssicht [4, 6, 25–27]. Neben Unternehmen gibt es jedoch weitere Akteure, welche Steuern zahlen müssen, wie beispielsweise Arbeitnehmer. Diese tragen durch ihre Einkommensteuer in den meisten Ländern wesentlich mehr zum Staatshaushalt bei als Unternehmen durch Unternehmenssteuern. Die individuelle Einkommensteuer, Körperschaftsteuer, Lohnsteuer, Umsatzsteuer, Grundsteuer und Kapitalertragsteuer dienen als größte staatliche Einnahmequelle, die zur Finanzierung des Gesundheitswesens, der Infrastruktur und der Bildung dienen. Steuern werden auch für Entwicklungshilfe, Umverteilungsmaßnahmen, Fiskalföderalismus oder – wie aktuell in der COVID-19 Pandemie – zur Subvention angeschlagener Unternehmen genutzt [9, 28]. Ein faires Steuersystem, in dem alle Beteiligten (Arbeitnehmer, Selbstständige, KMU, MNU sowie der Staat) verantwortungsbewusst handeln, würde eine starke und nachhaltige Wirtschaft, ein prosperierendes Geschäftsumfeld sowie die soziale Gerechtigkeit fördern. Zudem ist eine faire Besteuerung aller Einheiten für die Gewährleistung nachhaltiger Einnahmen, des Wettbewerbs der Unternehmen, der sozialen Fairness und der Einhaltung von wesentlichen ethischen Grundsätzen (wie dem des „ehrbaren Kaufmanns") von wesentlicher Bedeutung [11]. Ferner erlaubt sie es, die soziale Kluft zwischen den Klassen zu reduzieren [29]. Die Frage nach einem für alle Akteure fairen Steuersystem ist deshalb von großer gesellschaftlicher Relevanz und kann nicht ohne eine internationale Perspektive beantwortet werden.

6 Verbesserungsmöglichkeiten im internationalen Steuersystem

Es gibt mehrere Möglichkeiten, das internationale Steuersystem fairer zu gestalten. Erstens könnten internationale Großunternehmen von ihren Interessensgruppen wie Kunden, Nichtregierungsorganisationen oder der Gesellschaft unter Druck gesetzt werden, ihren Verpflichtungen nachzukommen und lokale Steuern zu zahlen. Ähnliches hat bereits im Bereich der Arbeitssicherheit und der Arbeitnehmerrechte funktioniert. Öffentlicher Druck stellt die Frage nach der Legitimität von Unternehmen und deren Steuerpolitik und hat bereits erste positive Resultate hervorbringen können [6–8, 30].

Zweitens suchen Akademiker und Praktiker zunehmend nach Möglichkeiten zur Umstrukturierung des globalen Steuersystems, um zu verhindern, dass Unternehmen Schlupflöcher oder Steueroasen nutzen. McGaughey und Raimondos [5] schlagen vor, das globale Unternehmenseinkommen als Grundlage für die Besteuerung zu verwenden. Alternativ ziehen es Foss, Mudambi und Murtinu [4] vor, die Besteuerung von Unternehmensgewinnen vollständig abzuschaffen und stattdessen die Besteuerung von Dividenden, Verbrauchsgütern oder Verkäufen einzuführen. Ting und Gray [27] kritisieren allerdings, dass diese Vorschläge erhebliche theoretische und praktische Hindernisse aufweisen und argumentieren, dass eine umsatzbasierte Allokation der konsolidierten weltweiten Gewinne erforderlich ist, um die Praxis von *Base Erosion and Profit Shifting* zu überwinden. Sie betonen jedoch auch, „dass die Identifizierung des Problems einfach ist, das Lösen jedoch ungleich schwerer." Dies deckt sich mit den Beobachtungen, dass regulatorische Änderungen im globalen Steuersystem aufgrund (1) der Komplexität des Systems, (2) der mangelnden Bereitschaft von Unternehmen zur Verhaltensänderung, (3) der Kosten für die Schaffung und Durchsetzung eines neuen globalen Steuersystems und (4) der mangelnden Unterstützung vieler Regierungen und Staaten schwer umzusetzen sind. Akamah, Hope und Thomas [25] stellen sogar fest, dass MNU, die Steuervermeidungstechniken anwenden, ihre Transparenz für alle Beteiligten verringern, indem sie ihre steuerlich-relevanten geografischen Angaben stark vereinfachen und zusammenfassen. Devereux und Vella [26] glauben, dass die durch die *Base Erosion and Profit Shifting*-Initiative der OECD und den damit umgesetzten Maßnahmen weder das Problem der Gewinnverlagerung beseitigt, noch ein neues globales Steuersystem geschaffen werden kann. Ferner basieren die Geschäftsmodelle vieler MNU, die von COVID-19 profitieren, auf digitalen Technologien. Die Besteuerung von Transkationen im Internet ist jedoch eine besondere Herausforderung und daher sprechen sich Foss et al. [4] für eine Digitalsteuer aus. Olbert und Spengel [31] ergänzen, dass digitale Waren und Dienstleistungen eine „große Herausforderung für das internationale Steuersystem" darstellen, da die geltenden Vorschriften und Gesetze immer noch aus der Zeit stammen, in der besteuerte Waren physisch und ortsabhängig waren.

7 Zukünftige Forschungsfelder

Die dritte Möglichkeit zur Verbesserung des Steuersystems könnte ein empirischer Ansatz sein. Dieser geht der Frage nach, was Bürger als Stakeholder eines MNU unter einem *Fair Share* genau verstehen. Die Forschung hat bisher in erster Linie die Auswirkungen aggressiver Steueraktivitäten von MNU auf Kunden und Aktionäre analysiert – darunter Aktienkurse [32], Absatz [33], Kundenboykott und Reputation [34], CSR-Wahrnehmungen [35] sowie die Bereitschaft, mehr für steuer-faire Produkte zu zahlen [36–38]. Die Unternehmenssteuervermeidung beeinflusst jedoch nicht nur direkte Stakeholder wie Kunden und Aktionäre, sondern insbesondere Gesellschaften, ihre Bürger und Arbeitnehmer sowie den Staat. Wenn diese verschiedenen Stakeholder die MNU nicht nur als große Arbeitgeber und angesehene Marken, sondern auch als Unterstützer des institutionellen und gesellschaftlichen Systems in Zeiten von Krisen wahrnehmen, wird die gesellschaftliche Norm, dass „jeder seinen gerechten Anteil zahlen muss" von herausragender positiver Bedeutung sein können [4, 6, 25–27]. Während sich die Höhe von *Base Erosion and Profit Shifting* für verschiedene geografische Einheiten bis zu einem gewissen Grad ökonometrisch quantifizieren lässt [39], so muss die Forschung noch spezifischer analysieren, was Individuen als *Fair Share* verstehen und welche sozioökologischen und kulturell-kognitiven Aspekte darauf Einfluss haben könnten. Ergebnisse dazu würden dem Staat ermöglichen, die Unternehmensbesteuerung so zu gestalten, dass sich Bürger, Arbeitnehmer sowie kleine Betriebe in Zeiten einer globalen Pandemie nicht zurückgelassen oder ungerecht behandelt fühlen.

8 Zusammenfassung und Fazit

COVID-19 stellt die Gesellschaften in aller Welt vor eine schwerwiegende Belastungsprobe. Zu deren Bewältigung sollten wir sicherstellen, dass die anfallenden Lasten fair verteilt werden. Ein wichtiges Instrument dafür ist ein Steuersystem, das dafür sorgt, dass die Profiteure dieser Pandemie ihrer gesellschaftlichen Verantwortung durch angemessene Steuerzahlungen nachkommen. Eine als fair wahrgenommene Steuerbelastung ist nicht nur aus ökonomischen Gründen wichtig, sondern erhöht auch die Legitimität unternehmerischen und staatlichen Handelns. Mit diesem Beitrag wollen wir auf die Herausforderungen des *Fair Burden Sharing* aufmerksam machen, Ansatzpunkte für die Gestaltung eines gerechten Steuersystems aufzeigen sowie der akademischen Forschung Optionen darlegen, wie diese Thematik weiter analysiert werden kann.

Literatur

[1] OECD (2015). BEPS 2015 final reports. https://www.oecd.org/ctp/beps-2015-final-reports.htm
[2] Crivelli, E. (2016a). Base erosion, profit shifting and developing countries. *IMF Working Papers.*, *Vol. 72. No.3*, pp. 268-30. https://www.jstor.org/stable/24807496
[3] Crivelli, E. (2016b). Trade liberalization and tax revenue in transition: an empirical analysis of the replacement strategy. *Eurasian Economic Review*, 6(1), 1–25.

[4] Foss, N. J., Mudambi, R., & Murtinu, S. (2019). Taxing the multinational enterprise: On the forced redesign of global value chains and other inefficiencies. *Journal of International Business Studies, 50*(9), 1644–1655. https://doi.org/10.1057/s41267-018-0159-3.

[5] McGaughey, S. L., & Raimondos, P. (2019). Shifting MNE taxation from national to global profits: A radical reform long overdue. *Journal of International Business Studies, 50*(9), 1668–1683. https://doi.org/10.1057/s41267-019-00233-9.

[6] Nebus, J. (2019). Will tax reforms alone solve the tax avoidance and tax haven problems? *Journal of International Business Policy, 2*(3), 258–271. https://doi.org/10.1057/s42214-019-00027-8.

[7] Panayi, C. H. (2015). Is aggressive tax planning socially irresponsible? *Intertax, 43*(10), 544–558.

[8] Freedman, J. (2004). Defining taxpayer responsibility: In support of a general anti-avoidance principle. *British Tax Review, No. 4*, 332–357.

[9] Europäische Kommission (2013). *Fighting tax evasion and avoidance: a year of progress*. European Commission.

[10] Ramboll Management Consulting and Corit Advisory (2015). *Study on structures of aggressive tax planning and indicators final report*. https://doi.org/10.2778/240495.

[11] Europäische Union (2018). *A fair share: taxation in the EU for the 21st century*. Publications Office of the European Union.

[12] International Monetary Fund (2015). *Current challenges in revenue mobilization: improving tax compliance*. International Monetary Fund.

[13] Oats, L., & Tuck, P. (2019). Corporate tax avoidance: is tax transparency the solution? *Accounting and Business Research, 49*(5), 565–583.

[14] Bergin, T. (2012). Reuters special report: how Starbucks avoids UK taxes. https://www.reuters.com/article/us-britain-starbucks-tax/special-report-howstarbucks-avoids-uk-taxes-idUSBRE89E0EX20121015 (Erstellt: 15. Okt. 2012).

[15] Jamaldeen, M. (2016). *The hidden billions: how tax havens impact lives at home and abroad*. Oxfam.

[16] Deloitte (2013). *Responsible tax sustainable tax strategy*

[17] PricewaterhouseCoopers (2013). 6th annual global CEO survey: dealing with disruption focus on tax. www.pwc.com/ceosurvey

[18] House of Commons Committee of Public Accounts (2013). *Tax avoidance: the role of large accountancy firms*. House of Commons.

[19] Khurana, I. K., & Moser, W. J. (2013). Institutional shareholders' investment horizons and tax avoidance. *Journal of the American Taxation Association, 35*(1), 111–134. https://doi.org/10.2308/atax-50315.

[20] Payne, D. M., & Raiborn, C. A. (2018). Aggressive tax avoidance: A conundrum for stakeholders, governments, and morality. *Journal of Business Ethics, 147*(3), 469–487.

[21] Lenz, H. (2018). Aggressive tax avoidance by managers of multinational companies as a violation of their moral duty to obey the law: a kantian rationale. *Journal of Business Ethics, 165 (1)*, 1–17. DOI:10.1007/s10551-018-4087-8

[22] Becker, G. S. (1968). Crime and punishment: an economic approach. *Journal of Political Economy, 76*(2), 1–13. https://doi.org/10.1086/259394.

[23] Allingham, M. G., & Sandmo, A. (1972). Income tax evasion: a theoretical analysis. *Journal of Public Economics, 1*(3–4), 323–338.

[24] Andreoni, J., Erard, B., & Feinstein, J. (1998). Tax compliance. *Journal of Economic Literature, 36*(2), 818–860.

[25] Akamah, H., Hope, O. K., & Thomas, W. B. (2018). Tax havens and disclosure aggregation. *Journal of International Business Studies*, *49*(1), 49–69. https://doi.org/10.1057/s41267-017-0084-x.

[26] Devereux, M. P., & Vella, J. (2014). Are we heading towards a corporate tax system fit for the 21st century? *Fiscal Studies*, *35*(4), 449–475. https://doi.org/10.1111/j.1475-5890.2014.12038.x.

[27] Ting, A., & Gray, S. J. (2019). The rise of the digital economy: Rethinking the taxation of multinational enterprises. *Journal of International Business Studies*, *50*(9), 1656–1667. https://doi.org/10.1057/s41267-019-00223-x.

[28] Szarowská, I. (2014). Personal income taxation in a context of a tax structure. *Procedia Economics and Finance*, *12*, 662–669.

[29] Setyonugroho, H., & Sardjono, B. (2012). Factors affecting willingness to pay taxes on individual taxpayers at pratama surabaya tegalsari tax office. *The Indo Accounting Review*, *3*(1), 77–88.

[30] Dyreng, S. D., Hoopes, J. L., & Wilde, J. H. (2016). Public pressure and corporate tax behavior. *Journal of Accounting Research*, *54*(1), 147–186. https://doi.org/10.1111/1475-679X.12101.

[31] Olbert, M., & Spengel, C. (2017). International taxation in the digital economy: challenge accepted. *World tax journal*, *9*(1), 3–46.

[32] Hanlon, M., & Slemrod, J. (2009). What does tax aggressiveness signal? Evidence from stock price reactions to news about tax shelter involvement. *Journal of Public Economics*, *93*(1–2), 126–141. https://doi.org/10.1016/j.jpubeco.2008.09.004.

[33] Gallemore, J., Maydew, E. L., & Thornock, J. R. (2014). The reputational costs of tax avoidance. *Contemporary Accounting Research*, *31*(4), 1103–1133. https://doi.org/10.1111/1911-3846.12055.

[34] Graham, J. R., Hanlon, M., Shevlin, T., & Shroff, N. (2014). Incentives for tax planning and avoidance: evidence from the field. *Accounting Review*, *89*(3), 991–1023. https://doi.org/10.2308/accr-50678.

[35] Hardeck, I., Harden, J. W., & Upton, D. R. (2019). Consumer reactions to tax avoidance: evidence from the United States and Germany. *Journal of Business Ethics*. https://doi.org/10.1007/s10551-019-04292-8.

[36] Hardeck, I., & Hertl, R. (2014). Consumer reactions to corporate tax strategies: effects on corporate reputation and purchasing behavior. *Journal of Business Ethics*, *123*(2), 309–326. https://doi.org/10.1007/s10551-013-1843-7.

[37] Asay, H. S., Hoopes, J. L., Thornock, J. R., Wilde, J. H., Klassen, K., Holley, C., Lang, M., Llewelyn, C., Omer, T., Pickerd, J., Spilker, B., & Williams, B. (2018). Consumer responses to corporate tax planning. https://krannert.purdue.edu/academics/Accounting/bkd_speakers/papers/asay.pdf

[38] Antonetti, P., & Anesa, M. (2017). Consumer reactions to corporate tax strategies: The role of political ideology. *Journal of Business Research*, *74*, 1–10. https://doi.org/10.1016/j.jbusres.2016.12.011.

[39] Álvarez-Martínez, M., Barrios, S., d'Andria, D., Gesualdo, M., Nicodeme, G., & Pycroft, J. (2018). *How large is the corporate tax base erosion and profit shifting? A general equilibrium approach*. Munich Society for the Promotion of Economic Research – CESifo.

Kapitalmarktreaktionen auf Ankündigungen von Kapitalerhöhungen nach Ausbruch der Corona-Pandemie

Johannes de Wall, Eduard Gaar M.Sc., Prof. Dr. Dirk Schiereck

Zusammenfassung

Die Corona-Pandemie erschüttert seit Anfang des Jahres 2020 durch ein weitgehendes Herunterfahren des öffentlichen Lebens die Weltwirtschaft. Die Kapitalmärkte verzeichneten aufgrund der Reduktion der Wirtschaftsleistung auf der ganzen Welt einen sehr starken Rückgang. Diese Arbeit untersucht anhand einer Ereignisstudie, ob die Pandemie auch einen Einfluss auf die Kapitalmarktreaktion nach Kapitalerhöhungen hat. Dafür werden die kumulierten abnormalen Renditen von 178 Unternehmen aus Europa und den USA nach Ankündigung einer Kapitalerhöhung seit dem 20. Februar 2020 untersucht. Nach Durchführung der Studie lässt sich dabei keine starke Änderung der Reaktionen durch die Pandemie feststellen. Allerdings wird ein signifikanter Einfluss von anderen Nebenbedingungen, namentlich der Branche, des Marktes, dem Zeitpunkt der Ankündigung und von beschleunigten Kapitalerhöhungen, auf die abnormalen Renditen nach Ankündigung gezeigt.

Abstract

Market Impact of Seasoned Equity Offerings Following the Outbreak of the Corona-Pandemic

The Corona pandemic has been shaking up the global economy since the beginning of 2020 with a widespread shutdown of public life. Capital markets experienced a very sharp decline due to the reduction of economic output around the world. This paper uses an event study to investigate whether the pandemic also has an impact on the capital market reaction after capital increases. For this purpose, the cumulative abnormal returns of 178 companies from Europe and the U.S. after announcing a seasoned equity offering since February 20, 2020 are examined. The study does not reveal a strong change in responses due to the pandemic. However, a significant impact of other ancillary conditions, namely the industry, the market, the timing of the announcement and of accelerated capital increases on the post-announcement abnormal returns is shown.

Schlüsselwörter/Keywords

Kapitalerhöhungen, Beschleunigte Kapitalerhöhungen, Accelerated Bookbuilt Offerings, Block Trades, Keywords. Seasoned Equity Offerings, Accelerated Transactions, Accelerated Bookbuilt Offerings, Block Trades.

1 Die Corona-Pandemie und die wirtschaftlichen Auswirkungen

Die Corona-Pandemie, die Anfang des Jahres 2020 auf der ganzen Welt ausbrach und seitdem die Welt in Atem hält, hat bis heute einen starken Einfluss auf die Wirtschaft. Bereits im ersten Quartal 2020, in dem nur ein voller Monat von den Einschränkungen betroffen war, sank das deutsche Bruttoinlandsprodukt um 2,2 %. „Insgesamt lag die Produktion im März preisbereinigt um 9,2 % niedriger als im Februar" [1]. In den USA betrug der Einbruch der Wirtschaft im ersten Quartal etwa 4,8 %. Auch im Rest der Welt war ein signifikanter Rückgang der Wirtschaftsleistung zu erkennen. Die Anzahl an Arbeitslosen stieg stark an. In den USA verloren allein im März 2020 etwa 10 Mio. Menschen ihren Arbeitsplatz. In Spanien wurden mehr als 300.000 Anträge auf Arbeitslosenhilfe gestellt, Österreich erreichte mit 504.000 Arbeitslosen einen historischen Höchststand [2]. Insgesamt verlor der Dow Jones im ersten Quartal 2020 etwa 23 %, was der stärkste Quartalsverlust seit 1987 ist. Der DAX verlor im ersten Quartal sogar 25 % an Wert [3].

Als Kompensation für die starken wirtschaftlichen Rückgänge durch die Pandemie wurden in vielen Ländern Konjunkturpakete verabschiedet, um die Wirtschaft anzukurbeln und zu stabilisieren. Diese zeigten deutliche Wirkung, auch auf den Kapitalmärkten. Der DAX stieg nach dem Tiefpunkt Mitte März in den nächsten zwei Monaten um 23 % an [4]. Der NASDAQ Composite lag bereits Anfang Juni bei einem höheren Wert als vor Beginn der Krise. Insgesamt erholten sich die US-amerikanischen Indizes schneller als die europäischen. Viele Unternehmen mussten im Zuge dieser Krise Finanzierungsmöglichkeiten nutzen, um ihre Zahlungsfähigkeit zu sichern. Kapitalerhöhungen sind ein bewährtes Mittel für Unternehmen, um nachhaltig an liquide Mittel zu gelangen. Wir führen eine Ereignisstudie durch, um zu ermitteln, ob sich die Marktreaktionen auf die Ankündigungen von Kapitalerhöhungen nach Ausbruch der Corona-Pandemie verändert haben. Dies wird sowohl für die gesamte Stichprobe von Unternehmen als auch zusätzlich für verschiedene Untergruppen untersucht, um die Leitfrage dieser Arbeit zu beantworten: „Hat die Corona-Pandemie einen Einfluss auf die Kapitalmarktreaktion nach Kapitalerhöhungen?". Eine dieser Untergruppen sind Unternehmen, die beschleunigten Kapitalerhöhungen durchgeführt haben, eine moderne Variante von Kapitalerhöhungen.

2 Kapitalerhöhungen

Kapitalerhöhungen von Unternehmen können unterschiedlichste Gründe haben, wie zum Beispiel die Finanzierung von Investitionen, das Optimieren des Verschuldungsgrades (das Verhältnis Fremdkapital/Eigenkapital) oder die Sicherstellung von Liquidität. Die Corona-Pandemie brachte für viele Unternehmen deutliche Umsatz- und Ergebniseinbußen, die in der Folge häufig zu Liquiditätsengpässen führten. Um die Zahlungsfähigkeit sicherzustellen, griffen Unternehmen, neben anderen Maßnahmen wie Darlehensaufnahmen, auch auf Kapitalerhöhungen zurück.

Eine Theorie zur Erklärung des Zeitpunkts der Emission ist die sogenannte Market Timing Hypothese. Sie beruht auf der Annahme, dass das Management den Wert des Unternehmens jederzeit kennt und bei einer tendenziellen Überbewertung am Kapitalmarkt die Kapitalerhöhung durchführt, um den maximalen finanziellen Nutzen zu erzielen. Speziell in Krisenzeiten, wie beispielsweise der Corona-Pandemie, kann es allerdings auch dazu kommen, dass Unternehmen Kapital aufnehmen müssen, um zahlungsfähig zu bleiben. Es kommt dadurch jedoch vor, dass das Unternehmen nicht die Möglichkeit hat, auf einen optimalen Zeitpunkt zur Durchführung zu warten.

2.1 Kapitalmarktreaktionen auf Kapitalerhöhungen

Zu Marktreaktionen bei Kapitalerhöhungen existieren zahlreiche Studien in der Literatur, deren Ergebnisse sich stark ähneln. Dabei wird die abnormale Rendite (AR) betrachtet. Diese beschreibt den Unterschied der tatsächlich beobachteten Rendite zu einem Erwartungswert der Rendite, der durch unterschiedliche Methoden berechnet werden kann.

Für den kurzfristigen Zeitraum nach der Ankündigung wird eine klar negative kumulierte durchschnittliche abnormale Rendite (CAAR) beobachtet. Diese liegt bei einer Studie von Eckbo, Masulis und Norli in einem Bereich von -3% im Zeitfenster $[-1; +1]$ um das Ereignis [5]. Die Beobachtung beginnt hierbei einen

Tag vor dem Ereignis und endet am Tag danach. Asquith und Mullins beobachten eine negative abnormale Rendite von 1 % im gleichen Zeitraum [6]. Elliot, Prevost und Rao ermittelten einen Wert von −2,34 % [7]. Die bisher genannten Ergebnisse beruhen lediglich auf Daten von US-amerikanischen Unternehmen. Für Europa gibt es Studien, die eine ähnliche kurzfristige Reaktion von −2,2 % bei Ankündigung belegen [8]. Bei einer Studie von Bortolotti, Megginson und Smart liegt die durchschnittliche kumulierte abnormale Rendite im europäischen Raum jedoch nur bei −0,23 % [9]. Außerdem belegt die Studie von Wengner et al., welche die Finanzkrise 2008 einbezieht, dass die Krisenzeit langfristig eine stärkere abnormale Rendite fördert, da bei riskanten Kapitalstrukturen eine restriktive Kreditvergabe das Unternehmen zu einer Kapitalerhöhung zwingen kann, auch wenn dafür kein optimaler Zeitpunkt vorliegt, zum Beispiel, um Ratingabstufungen zu verhindern [8].

2.2 Beschleunigte Kapitalerhöhungen

Eine besondere Form von Kapitalerhöhungen, die in jüngerer Zeit immer beliebter geworden ist, wird als sogenannte beschleunigte Kapitalerhöhung (Accelerated Transactions) bezeichnet. Diese legen ihren Fokus insbesondere auf die Geschwindigkeit der Transaktion. Während der Median der Zeitspanne einer traditionellen Kapitalerhöhung etwa 15 Tage nach Ankündigung beträgt, liegt dieser bei nur einem einzigen Tag für die beschleunigten Transaktionen [9]. Zudem sind die Underwriter-Syndikate deutlich kleiner. Während diese Syndikate bei traditionellen Methoden durchschnittlich aus über 3,1 Banken bestehen, bestehen sie bei Block Trades, eine besondere Form der beschleunigten Verfahren, durchschnittlich aus 1,09 Banken [9]. Ein weiterer Unterschied liegt beim Underpricing. Während dieses bei traditionellen Verfahren bei durchschnittlich etwa 4,8 % liegt, beträgt es bei modernen Verfahren etwas weniger als 3 % [9].

Die beschleunigten Kapitalerhöhungen lassen sich dabei in zwei Varianten unterscheiden. Bei Block Trades, die sich bereits in den 1980er Jahren entwickelt haben [9] verkauft ein Unternehmen eine festgelegte Menge an Aktien, einen sogenannten „Block", an die höchstbietende Bank. Dafür wendet es sich nach dem Entschluss zu einer Kapitalerhöhung selbst an die Banken und teilt die Informationen zur Ausgabe mit. Wenn der Partner (Underwriter) ausgewählt wurde, werden die Aktien sofort verkauft. Die Bank kann diese daraufhin mit einem Profit an den Markt verkaufen, wobei sie das Marktrisiko übernimmt [9]. In Kanada entwickelte sich gleichzeitig ein sehr ähnliches System, welches Bought Deal genannt wird. Beide Bezeichnungen werden in der Literatur häufig gleich verwendet, obwohl Bought Deals eigentlich auf den kanadischen Markt beschränkt sind.

Das zweite beschleunigte Verfahren heißt Accelerated Bookbuilt Offering und entstand Mitte der 1990er Jahre. Bei dieser Art der Kapitalerhöhung wird, anders als bei den ersten beiden Verfahren, kein Fixpreis für den Verkauf festgelegt. Stattdessen erhalten die Banken einen kurzen Zeitraum (2 Tage oder weniger), in welchem sie auf die Aktien bieten können. Nachdem eine Bank das Bieterrennen gewonnen hat, muss sie ein Orderbuch anlegen und kann den Preis des finalen Angebots an den Markt festlegen [9]. Dadurch wird das Preisrisiko zwischen der Bank und dem Unternehmen aufgeteilt, und das Unternehmen kann eine größere Menge an Aktien ausgeben.

Für die Unternehmen besteht der Vorteil, dass sie ihr Kapital deutlich schneller und günstiger erhöhen können, wie die Unterschiede beim Underpricing und zeitlichen Umfang zeigen. Außerdem wird das Preisrisiko verringert, da dieses an die Underwriter weitergegeben wird und sich der Preis aufgrund der kurzen Dauer bis zur Transaktion nicht stark verändern wird. Investmentbanken müssen wegen der kleineren Syndikate die Vorteile des Underwritings mit weniger Konkurrenten teilen. Allerdings ist das Underwriting bei diesen Verfahren auch riskanter, da mehr Preisrisiko durch die Banken übernommen wird.

In der Untersuchung von Megginson, Bortolotti und Smart [9] ergab sich für die beschleunigten Kapitalerhöhungen im 3-Tages-Fenster [− 1; + 1] eine durchschnittliche kumulierte abnormale Rendite von −1,22 %. Bei den nicht beschleunigten Verfahren lag der Durchschnitt bei −1,16 %. Der Unterschied beträgt also nur 0,06 Prozentpunkte, welche statistisch nicht signifikant sind. Die Zahlen unterscheiden sich zudem zwischen dem US-amerikanischem Markt, mit CAAR für beschleunigte Kapitalerhöhungen von −1,34 %, und dem europäischen, mit CAARs von −0,79 %. Trotzdem gilt für beide Märkte, dass die kurzfristige Marktreaktion für beschleunigte Kapitalerhöhungen nicht signifikant anders ist als bei traditionellen.

3 Datensatz und Methode

Der Datensatz für die Ereignisstudie besteht aus 43 europäischen und 135 US-amerikanischen Unternehmen, die nach dem 19.02.2020 eine Kapitalerhöhung durchgeführt haben und für die Daten zwischen der Ankündigung der Kapitalerhöhung und einem Jahr davor vorliegen.

Als Kurse für die Berechnung der täglichen Renditen wurden die täglichen Schlusskurse (Closing Prices) der Unternehmen verwendet, wobei die Daten der Kurse der Unternehmen sowie die des Vergleichsmarktes (S&P 500, EuroStoxx 50, DAX 30) von finance.yahoo.com stammen.

Die abnormale Rendite wird in drei Zeiträumen um die Ankündigung ermittelt, zum einen der direkte Zeitraum von einem Tag vor Ankündigung bis einen Tag nach Ankündigung [− 1; + 1], und zum anderen die längeren Zeiträume [− 3; + 3] und [− 5; + 5].

Zur Durchführung der Ereignisstudie wird für jedes Unternehmen die abnormale Rendite für jeden Tag des Zeitraums [− 5; + 5] berechnet, also die Renditen für die fünf Tage vor Ankündigung der Kapitalerhöhung, dem Tag der Ankündigung selbst (Tag 0) sowie der fünf darauffolgenden Tage. Im zweiten Teil der Auswertung wurden die Unternehmen nach unterschiedlichen Nebenmerkmalen aufgeteilt und wieder überprüft, ob diese Eigenschaften einen Einfluss auf die kumulierten abnormalen Renditen haben. Dabei wurden vier Merkmale untersucht: Ort, Branche, Zeitpunkt und Methode. Für den Ort wird zwischen Europa und den USA unterschieden für die Methodik zwischen beschleunigten und traditionellen Durchführungen. Bei Unterteilung in Zeitpunkte wurden die Unternehmen, die unmittelbar nach oder während des Börseneinbruchs ihr Kapital erhöht haben (20.02.2020 bis 20.04.2020), von denen getrennt, die die Kapitalerhöhung später durchgeführt haben. Für die Branche der Unternehmen werden mehrere Branchen in Gruppen zusammengefasst. Diese Gruppen sind Tourismus und Luftfahrt, Automobilindustrie, Finanzindustrie, Immobilienbranche, Gesundheitsbranche und Energieversorger.

4   Ergebnisinterpretation und Fazit

Der Einfluss von Kapitalerhöhungen auf die Rendite von Unternehmen ist nach Ausbruch der Corona-Pandemie weiterhin messbar. In Tab. 1 können die durchschnittlichen kumulierten abnormalen Renditen und die durchschnittlichen abnormalen Renditen der einzelnen Ereignistage für alle Unternehmen und die unterschiedlichen Nebenbedingungen eingesehen werden.

In der Untersuchung der gesamten Stichprobe fällt auf, dass die durchschnittliche kumulierte abnormale Rendite im 3-Tages-Fenster auch nach Ausbruch der Pandemie negativ ist, jedoch ist die Reaktion im Mittel nicht so stark wie bei älteren Untersuchungen. Ein t-Test kann keinen statistisch signifikanten Unterschied dieser Untersuchung zu den Ergebnissen von Asquith und Mullins zeigen. Vor allem im Ereigniszeitraum [− 1; + 1] ist die Kapitalmarktreaktion von Unternehmen, die die Kapitalerhöhungen näher am Corona-bedingten Einbruch der Börsen durchgeführt haben, deutlich schlechter. Dies könnte daran liegen, dass die Kapitalerhöhung hier als zwingend nötig angesehen wird, um die Zahlungsfähigkeit aufrecht zu erhalten. Positive Gründe für Kapitalerhöhungen werden dabei vom Markt nicht oder seltener gesehen. Auch die starke Marktreaktion am ersten Tag nach der Ankündigung ist

Kapitalmarktreaktionen auf Ankündigungen von Kapitalerhöhungen

Tab. 1 Ergebnisse der Untersuchung

Aufteilung nach Branchen

	CAAR [-1;1]	CAAR [-3;3]	CAAR [-5;5]	-5	-4	-3	-2	-1	AAR 0	1	2	3	4	5	Davor	Tag 0	Danach
Gesamtuntersuchung	-0,657%	0,294%	1,099%	0,077%	0,414%	0,252%	0,311%	0,621%	-0,036%	-1,242%	0,387%	0,350%	-0,442%	0,406%	1,675%	-0,036%	-0,540%
Immobilien	-0,688%	0,099%	-1,142%	-0,076%	0,632%	0,701%	0,414%	-0,047%	0,282%	-0,923%	-0,328%	-0,323%	-0,637%	-0,837%	1,623%	0,282%	-3,047%
Automobil	-3,759%	-1,511%	5,662%	1,920%	3,286%	-1,958%	3,905%	1,927%	-3,007%	-2,679%	0,302%	1,499%	0,266%	0,201%	9,080%	-3,007%	-0,410%
Tourismus und Luftfahrt	2,697%	4,070%	10,652%	1,507%	0,659%	1,335%	-1,123%	6,141%	-2,199%	-1,245%	1,161%	1,792%	1,119%	1,505%	8,519%	-2,199%	4,332%
Gesundheit	0,519%	1,006%	0,631%	-0,341%	-0,364%	-0,201%	-0,418%	-0,346%	1,032%	-0,167%	1,106%	0,105%	-0,735%	0,960%	-1,669%	1,032%	1,268%
Finanzen	-4,364%	-5,537%	-7,792%	0,256%	-1,293%	0,535%	-1,100%	1,139%	-1,063%	-4,441%	-0,608%	-1,908%	-0,321%	1,010%	-0,462%	-1,063%	-6,267%
Energie	-2,325%	-1,185%	-0,934%	-0,071%	1,034%	-0,475%	2,759%	0,429%	-2,617%	-0,136%	-1,145%	0,462%	-1,019%	-0,154%	3,676%	-2,617%	-1,993%

Aufteilung nach Markt

	CAAR [-1;1]	CAAR [-3;3]	CAAR [-5;5]	-5	-4	-3	-2	-1	AAR 0	1	2	3	4	5	Davor	Tag 0	Danach
Gesamtuntersuchung	-0,657%	0,294%	1,099%	0,077%	0,414%	0,252%	0,311%	0,621%	-0,036%	-1,242%	0,387%	0,350%	-0,442%	0,406%	1,675%	-0,036%	-0,540%
Europa	1,864%	0,211%	1,269%	-0,283%	0,641%	-0,914%	0,458%	1,129%	0,302%	0,433%	-1,197%	0,100%	0,220%	0,380%	1,031%	0,302%	-0,064%
USA	-1,454%	0,320%	1,045%	0,191%	0,342%	0,621%	0,265%	0,460%	-0,143%	-1,771%	0,888%	0,429%	-0,652%	0,414%	1,879%	-0,143%	-0,691%

Aufteilung nach Zeitraum

	CAAR [-1;1]	CAAR [-3;3]	CAAR [-5;5]	-5	-4	-3	-2	-1	AAR 0	1	2	3	4	5	Davor	Tag 0	Danach
Gesamtuntersuchung	-0,657%	0,294%	1,099%	0,077%	0,414%	0,252%	0,311%	0,621%	-0,036%	-1,242%	0,387%	0,350%	-0,442%	0,406%	1,675%	-0,036%	-0,540%
20.02.20 - 20.04.20	-3,233%	-2,370%	-1,327%	-1,218%	1,078%	-0,304%	0,551%	-1,133%	0,101%	-2,201%	0,616%	0,021%	-0,485%	1,646%	-1,026%	0,101%	-0,402%
Ab 21.04.2020	-0,005%	0,965%	1,699%	0,391%	0,253%	0,388%	0,253%	1,047%	-0,069%	-1,099%	0,332%	0,430%	-0,432%	0,105%	2,332%	-0,069%	-0,574%

Aufteilung nach Verfahren

	CAAR [-1;1]	CAAR [-3;3]	CAAR [-5;5]	-5	-4	-3	-2	-1	AAR 0	1	2	3	4	5	Davor	Tag 0	Danach
Gesamtuntersuchung	-0,657%	0,294%	1,099%	0,077%	0,414%	0,252%	0,311%	0,621%	-0,036%	-1,242%	0,387%	0,350%	-0,442%	0,406%	1,675%	-0,036%	-0,540%
Traditionell	-0,834%	-0,679%	-0,052%	0,595%	0,323%	-0,817%	0,524%	0,135%	0,746%	-1,715%	0,448%	0,541%	-0,711%	-0,121%	0,761%	0,746%	-1,559%
Beschleunigt	0,230%	0,094%	3,687%	1,231%	0,554%	0,807%	-0,737%	1,582%	-0,801%	-0,550%	-0,206%	0,067%	0,238%	1,502%	3,437%	-0,801%	1,051%

in den ersten zwei Monaten nach dem Einbruch 2020 durchschnittlich mehr als doppelt so stark ausgeprägt.

Je länger der Zeitraum der Beobachtung gewählt wird, desto positiver werden die CAAR. Die Tage vor der Ankündigung weisen im Durchschnitt eine positive abnormale Rendite auf, bei den folgenden fünf Tagen ist diese hingegen negativ. Die Ankündigung wird also noch immer als schlechte Nachricht aufgefasst. Bei der Unterscheidung nach Märkten zwischen den USA und Europa ergeben sich große Unterschiede für die CAAR. Der Wert ist für die USA klar negativ, in Europa hingegen leicht positiv. Die Reaktion des Kapitalmarktes auf Kapitalerhöhungen in den ersten zwei Monaten nach dem Einbruch des Marktes ist in allen Zeitfenstern klar negativ und deutlich negativer als bei Unternehmen, die danach ihr Kapital erhöht haben, was die Ergebnisse von Wengner et al. [8], die eine stärkere negative Reaktion in Krisenzeiten ermittelten, bestätigt.

Auch bei den Branchen gibt es Unterschiede, besonders positive Werte zeigen hier Unternehmen aus der Gesundheitsbranche sowie Tourismus und Luftfahrt. Die stärksten negativen Reaktionen zeigen sich in der Finanz-, Energie- und Immobilienbranche. Diese haben niedrige CAAR in allen Zeitfenstern, und die Summe der AAR von Tag 0 bis Tag 5 ist auch stark negativ, besonders bei der Finanzbranche. Bei den traditionellen Verfahren erscheint die CAAR niedriger als bei den beschleunigten Verfahren, allerdings ist der Unterschied dabei nicht statistisch signifikant. Die beschleunigten Kapitalerhöhungen unterscheiden sich, wie bereits in älteren Studien gezeigt, statistisch nicht signifikant von den traditionellen Methoden. Der Fakt, dass die beschleunigten Kapitalerhöhungen also viele Vorteile mitbringen und die Reaktion ähnlich der Reaktion des traditionellen Verfahrens ist, erklärt die große Beliebtheit dieser modernen Verfahren.

Insgesamt wird die Ankündigung einer Kapitalerhöhung noch immer als schlechte Nachricht aufgefasst, was negative abnormale Renditen verursacht. Als Ergebnis dieser Ereignisstudie kann davon ausgegangen werden, dass die Corona-Pandemie keinen Einfluss auf die abnormale Rendite nach Kapitalerhöhungen hat, zumindest nicht über die bereits bekannten negativeren Reaktionen des Marktes auf Kapitalerhöhungen in Folge von Wirtschaftskrisen hinaus.

Literatur

[1] Zeit.de (2020). Deutschlands Wirtschaft stürzt in Rezession. https://www.zeit.de/wirtschaft/2020-05/statistisches-bundesamt-bip-sinkt-im-ersten-quartal-um-2-2-prozent-coronavirus-krise. Zugegriffen: 30. März 2021.
[2] Tagesspiegel.de (2020). Fast 10 Millionen Amerikaner beantragen binnen zwei Wochen Arbeitslosenhilfe. https://www.tagesspiegel.de/politik/corona-loest-historische-krise-

am-us-arbeitsmarkt-aus-fast-10-millionen-amerikaner-beantragen-binnen-zwei-wochen-arbeitslosenhilfe/25677474.html. Zugegriffen: 30. März 2021.
[3] manager magazin (2020). Dax und Dow beschließen historisch schwache Quartale. https://www.manager-magazin.de/finanzen/boerse/dax-aktueller-bericht-von-der-boerse-mit-aktien-und-eurokurs-a-1305844.html. Zugegriffen: 30. März 2021.
[4] Spiegel.de (2020). Warum in dieser Krise die Aktionäre gewinnen. https://www.spiegel.de/wirtschaft/service/corona-warum-in-dieser-krise-die-aktionaere-gewinne n-a-00000000-0002-0001-0000-000170923509. Zugegriffen: 30. März 2021. (Abruf kostenpflichtig (Spiegel+)).
[5] Eckbo, B. E., Masulis, R. W., & Norli, Ø. (2000). Seasoned public offerings: resolution of the ‚new issues puzzle'. *Journal of Financial Economics, 56*(2), 251–291.
[6] Asquith, P., & Mullins, D. W. (1986). Equity issues and offering dilution. *Journal of Financial Economics, 15*(1–2), 61–89.
[7] Elliott, W. B., Prevost, A. K., & Rao, R. P. (2009). The announcement impact of seasoned equity offerings on bondholder wealth. *Journal of Banking & Finance, 33*(8), 1472–1480.
[8] Wengner, A., Burghof, H.-P., Steurer, E., & Tennert, J. (2014). *Die kurz- und langfristige Aktienkursentwicklung nach Kapitalerhöhungen: Eine empirische Studie für europäische Unternehmen [The short-and long-term stock returns following seasoned equity offerings-empirical study for European firms]*. https://doi.org/10.2139/ssrn.2378026.
[9] Megginson, W., Bortolotti, B., & Smart, S. B. (2007). *The rise of accelerated seasoned equity underwritings*

Gewerbliche Immobilienmärkte vor, während, nach Covid-19

Prof. Dr. h. c. Rudolf Faltermeier

Zusammenfassung
Der Aufsatz betrachtet verschiedene Möglichkeiten, in Gewerbeimmobilien zu investieren. Besonderes Augenmerk wird auf die Arten der Investitionsobjekte (Hotels, Wohnungen, Büros, Einkaufszentren) gelegt. Geografische und zeitliche Aspekte von Investitionen in Gewerbeimmobilien werden berücksichtigt. Darüber hinaus werden die durch COVID-19 verursachten Veränderungen auf dem gewerblichen Immobilienmarkt diskutiert.

Abstract
Commercial Real Estate Markets Before, During, After Covid-19
The article discusses different ways to invest in commercial real estate. Particular attention is paid to the types of investment objects (hotels, apartments, offices, shopping centers). Geographical and temporal aspects of investing in commercial real estate are considered. In addition, the changes in the commercial real estate market caused by COVID-19 are discussed.

Schlüsselwörter/Keywords
Immobilienmärkte, Immobilienuhr, Investitionszyklen, Vermögensportfolio, Keywords. Real estate markets, real estate clock, investment cycles, asset allocation.

© Der/die Autor(en), exklusiv lizenziert durch Springer Fachmedien Wiesbaden GmbH, ein Teil von Springer Nature 2022
C. Renker, T. Nikitina (Hrsg.), *Pandemie als nicht alltägliches Event-Risk*,
https://doi.org/10.1007/978-3-658-36504-2_3

Am Anfang ein genauer Blick auf die Bedeutung des Wortes: „**Immobilie**" (lateinisch ebenso wie russisch: = unbeweglich).

Das Investitionsobjekt kann also nicht schnell von einem Ort an einen anderen verlegt werden. Auf Grund der Notwendigkeit der Verbriefung bei einem Notar und der Registrierung in einem öffentlichen Grundbuch ist zumindest gegenüber dem Staat auch eine totale Transparenz gegeben. Dies ist um so bedeutsamer, als es sich bei der Immobilieninvestition, sei es nun privat oder gewerblich, um die Kapitalbindung großer Beträge handelt. Darüber hinaus fallen noch Nebenkosten an, wie Maklergebühren, Due Dilligence Honorare und Grunderwerbsteuern, alles zusammen je nach Land, oft bis zu 10 %.

Als Zwischenfazit ist also festzuhalten, dass es sich bei der Immobilieninvestition um eine betrags- und kostenintensive sowie transparente Kapitalbindung handelt, weshalb ein langfristig positiver Investitionshorizont erforderlich ist.

Bevor wir uns im Detail die Assetklasse Immobilien ansehen, sollten wir uns die Anlagealternativen (= **Asset Allocation**) ansehen, mit denen wir alternativ oder kumulativ ein **Vermögensportfolio** gestalten. Grundsätzlich bieten sich folgende Optionen an: Einlagen bei Banken, Staats- oder Unternehmensanleihen, Aktien, Immobilien, Rohstoffe, insbesondere Edelmetalle wie Gold und Silber, auch die Investition in Humankapital, Fremdwährungen und seit neuestem durchaus auch Kryptowährungen.

Diese Optionen sind dann in einem **Risk-Return-Diagramm** aufzubereiten. Eine Bewertung unter diesen Gesichtspunkten führt zur jetzigen Zeit zu folgendem Ergebnis (Abb. 1).

Bankeinlagen und viele Staatsanleihen gehobener Bonität führen zurzeit zu Negativzinsen oder bestenfalls zu keinem Ertrag. Des Weiteren lassen sich die verschiedenen Assetklassen auf zwei Gruppen reduzieren, nämlich solche, die ein **Gegenparteirisiko** tragen, und andere, welche kein solches Risiko bergen. Zur ersteren Gruppe zählen Bankeinlagen und Schuldverschreibungen von Staaten oder

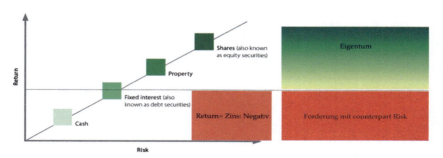

Abb. 1 Asset Allocation. Das Risk-Return Diagramm

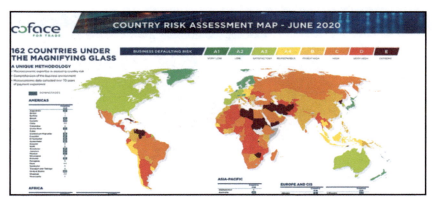

Abb. 2 Country risk assessment map, 2020

Unternehmen. Der Investor hat also einen schuldrechtlichen Anspruch auf einen Geldbetrag. Zur letzten Gruppe gehören Immobilien, Gold und Aktien, bei denen der Investor eine Eigentumsposition an einer Sache hat, also eine rechtlich viel stärkere Position hat. Als Ergebnis lässt sich also festhalten, dass in den jetzigen Zeiten sinkender Renditen und steigender Risiken die Investitionen in Assets ohne Gegenparteirisiken an Bedeutung gewinnen, damit also auch die Investition in Immobilen.

Nachdem diese Grundsatzentscheidung für die Immobilie zumindest als relevante Beimischung zu einem Portefolio gefallen ist, stellt sich die Frage:

Wo in einem grundsätzlich globalen Anlagespektrum ist zu investieren?

Aus der globalen Risikolandkarte des internationalen Kreditversicherers Coface [1] (Abb. 2) können zwei Informationen entnommen werden. Zum einen ist klar zu erkennen, dass es trotz ca. 160 Länderoptionen nur einen sehr kleinen Kreis von Staaten (grün) gibt, die eine langfristige und rechtssichere Großinvestition unter Risikogesichtspunkten rechtfertigen. Der Zeitvergleich zwischen den Jahren 2016 (Abb. 3) und 2020 (Abb. 2) zeigt zum anderen eine tendenzielle Verschlechterung der globalen Risikosituation im Zeitverlauf von nur vier Jahren.

Wenn die Entscheidung für einen Staat gefallen ist, in dem eine langfristige und rechtssichere Kapitalbindung im Investoreninteresse gerechtfertigt werden kann, stellt sich die Frage:

Was ist die richtige Nutzungsart, insbesondere unter den neuesten Erkenntnissen der Pandemie?

Als klassische Nutzungsarten unterscheidet man zwischen Hotels, Büros, Wohnen, Einkaufszentren und Logistik. Dabei gibt es derzeit folgende Einschätzungen der Marktteilnehmer:

Abb. 3 Country risk assessment map, 2016

Die Nachfrage nach **Hotels** schien in Zeiten der Globalisierung ungebrochen. Durch die Pandemie brachen die Buchungen durch die Reisebeschränkungen massiv ein. Für die Zukunft ist wohl zwischen Businesshotels und Tourismushotels zu unterscheiden. Der Tourismus glaubt nach dem Ende der Pandemie an eine ungebremste Reiselust und an eine weitgehende Normalisierung auf dem Niveau vor COVID-19. In den COVID Lockdowns machten die Unternehmen, die bisher die Businesshotels belegten, auch positive Erfahrungen mit den kostengünstigen und zeitsparenden Videokonferenzen. Deshalb wird davon ausgegangen, dass nach der Pandemie eine neue Mischung aus Präsenz- und Videokonferenzen entstehen wird, was wohl einen moderaten Rückgang der Kapazitäten für Businesshotels nach sich ziehen wird.

Der Bedarf nach **Wohnungen** wird durch die Pandemie grundsätzlich wohl nicht verändert werden. Es könnte allerdings sein, dass mit den Erfahrungen des Homeoffice (siehe unten) sich die Aufteilung des individuellen Wohnraumes verändert und sich auch eine Verlagerung von den Innenstädten in den ländlichen Raum vollzieht.

Die Nachfrage nach **Büros** wird wohl nach der Pandemie zu überdenken sein. Der bisherige Trend zu immer kleineren Büros, Officesharing und Open Spaces bekommt durch die Erfahrungen mit dem Homeoffice eine völlig neue Dimension. Je nach Unternehmensbranche und Position des Mitarbeiters im Unternehmen wird jetzt in der Pandemie die Erfahrung gemacht, dass der Spielraum für Homeoffice

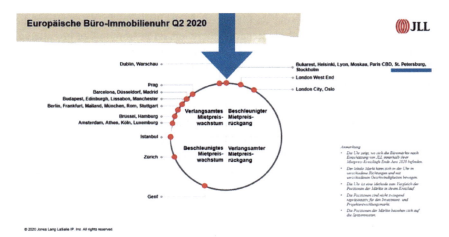

Abb. 4 Der Investitionshorizont: die Immobilienuhr

weitaus größer ist, als noch vor der Pandemie angenommen. Deshalb ist wohl auf Sicht eine reduzierte Nachfrage für Büroimmobilien zu unterstellen.

Einkaufszentren wurden durch die Lockdowns am massivsten betroffen. Auch nicht internetaffine Kunden kaufen während der Pandemie über das Internet ein und werden über diese Erfahrung zumindest teilweise dabeibleiben. Deshalb werden Betreiber von Shoppingmalls dazu übergehen, ihr bisheriges Konzept zu überdenken. Mehr Lifestyle (Food & Beveridge & Family), mehr Action (Fitnesscenter), mehr blended working (coworking Spaces) sind die Stichworte für neue Shopping-Center oder die Restrukturierungen von bestehenden Einheiten.

Was ist das richtige Timing für eine Immobilieninvestition in der heutigen Zeit?

Die sogenannte **„Immobilienuhr"** von *Jones, Lang, Lasalle* [2] mag darüber Aufschluss geben. Sie basiert auf den langjährigen Erfahrungen *von* **Investitionszyklen für Immobilen** und den konkreten Kenntnissen der regionalen Immobilienmärkte, die sich sehr wohl unterscheiden.

REITS und Immobilienaktiengesellschaften als alternative Rechtsformen

Immobilienfonds werden meist in der Rechtsform von Personenhandelsgesellschaften betrieben. Das hat den Vorteil, dass der Investor, zusammen mit den anderen Mitinvestoren, unmittelbares Eigentum an der Immobilie hält und, insbesondere aus steuerlichen Gründen, Einkünfte aus Vermietung und Verpachtung erzielt. Dem steht der Nachteil gegenüber, dass der Miteigentumsanteil nur schwerfällig zu verkaufen ist.

Eine Alternative dazu sind REITS (Real Estate Investment Trusts) oder die Beteiligung an Aktiengesellschaften, die überwiegend in Immobilien investieren. Hier erzielt der Investor Einkünfte aus Kapitalvermögen, kann seinen Kapitalanteil beliebig an den Börsen veräußern, ist aber primär an der Gesellschaft beteiligt und nur mittelbar an der Immobilie.

Der Text gibt die Zusammenfassung eines Vortrags vom 02.02.2021 an der Saint Petersburg State University of Economics im Rahmen der Reihe „Wirtschaft und Finanzen" des International Center For Financial Market Research (ICFMR) und des Deutsch-Russischen Zentrum unter der Leitung von Prof. Dr. Tatjana V. Nikitina wieder.

Literatur

[1] Coface Risikolandkarte des internationalen Kreditversicherers. www.coface.com. Zugegriffen: 1. Febr. 2021.
[2] JLL Immobilienuhr von *Jones, Lang, Lasalle*. www.jll.de. Zugegriffen: 1. Febr. 2021.

Die Rentenreform in Russland: Trends und Widersprüche

Prof. Dr. Grigoriy Feigin

Zusammenfassung

Der Artikel thematisiert die Gründe für eine notwendige Rentenreform in Russland. In erster Linie werden die Parameter betrachtet, welche den Lebensstandard russischer Rentner beschreiben: Höhe der Renten, Anpassung an die Inflation, Vergleich der Renten mit anderen Staaten. Der Artikel skizziert mögliche Ansätze einer Rentenreform in den kommenden Jahren.

Abstract

Reforming the Pension System in Russia: Trends and Contradictions

In the article the main causes of actuality of pension system reform are considered. The focus is on the indexes characterizing the welfare of pensioners: the level of pension payments, dynamic of pension payments, comparison of pension payments in Russia with other countries. Some directions of pension payments in the next future are pointed out.

Schlüsselwörter/Keywords

Rentensystem, Rentenreform, Rentenzahlungen, öffentliche und private Rentenfonds, Keywords. Pension system, pension reform, pension benefits, public and private pension funds.

Seit in Russland die Marktreformen begannen, gibt es Bemühungen, das Rentensystem zu optimieren [1]. Um das Rentensystem zu modernisieren, müssen mehrere miteinander verbundene Herausforderungen bewältigt werden [2, 3]. Im ersten Schritt muss ein System entwickelt werden, welches eine ausreichende Finanzierung der Altersrente sicherstellt. Obwohl das Einkommen der Bevölkerung sehr differenziert ist, sind die Renten niedrig. Rentner, die nicht arbeiten und keine anderen Einkommensquellen haben, sind praktisch zur Armut verurteilt. Im Laufe der Rentenreformen wird das Bestreben sichtbar, die neuesten Trends des Altersvorsorgemarktes in verschiedenen Staaten zu berücksichtigen. Dazu gehören Kapitalbildungsansätze zum Aufbau einer Altersvorsorge und private Rentenversicherungsprogramme. Außerdem müssen bei der Verabschiedung von Verordnungen über das Rentenalter und die Berechnung der Rentenansprüche die aktuelle Situation der Pensionskasse und die Haushaltslage berücksichtigt werden. Eine Anpassung der Renten an die Inflation ist ebenfalls von größter Bedeutung.

Wie dringend das russische Rentensystem modernisiert werden muss, wird deutlich, wenn man die Höhe der Renten seit dem Beginn der Einführung der Marktwirtschaft betrachtet. Die Abb. 1 und 2 zeigen die Dynamik der Mindest- und Durchschnittsrenten zwischen 1999 und 2019. Wie aus diesen Zahlen hervorgeht, lag die Mindestrente im Jahr 2019 leicht über 8000 Rubel, während die Durchschnittsrente 14.000 Rubel betrug. Diese Situation deutet auf eine unzureichende materielle Absicherung der russischen Rentner hin.

Die Abb. 3 zeigt die um den Inflationsfaktor bereinigte Dynamik der Renten, woraus ersichtlich wird, dass die Höhe der Renten seit 2010 im Grunde unverändert geblieben ist.

Wie niedrig die Renten in Russland sind, zeigt sich auch im Vergleich mit anderen Ländern (Abb. 4). In entwickelten Industrieländern (Niederlande, Österreich, Schweiz, Schweden, USA, Deutschland) sind die Renten um ein Vielfaches höher als in Russland. In einer Reihe von ehemals sozialistischen Ländern (Tschechische Republik, Polen) sind die Durchschnittsrenten ebenfalls viel höher. Obwohl das

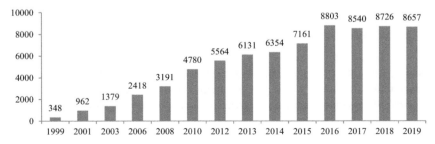

Abb. 1 Mindestrente in Russland zwischen 1999 und 2019 in Rubel. (Quelle: www.goskomstat.ru)

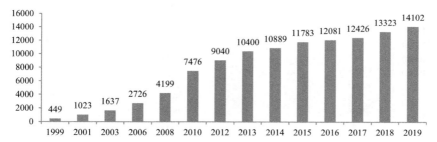

Abb. 2 Durchschnittsrente in Russland zwischen 1999 und 2019 in Rubel. (Quelle: www.goskomstat.ru)

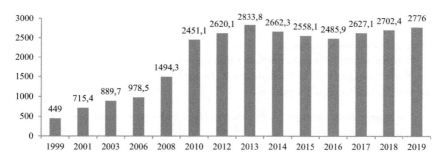

Abb. 3 Durchschnittsrente inflationsbereinigt (1999–100 %). (Quelle: www.goskomstat.ru, eigene Berechnungen)

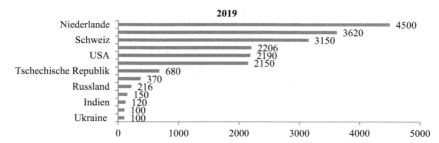

Abb. 4 Durchschnittsrenten in US-Dollar in ausgewählten Ländern in 2019. (Quelle: www.goskomstat.ru)

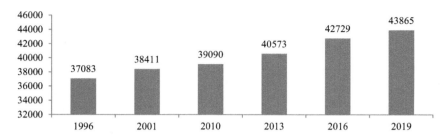

Abb. 5 Anzahl der registrierten Rentner in Russland in Tausend. (Quelle: www.goskomstat.ru)

Rentenniveau in Russland höher ist als in einer Reihe anderer Länder (Weißrussland, Indien, Armenien, Ukraine), bedarf der Lebensstandard der russischen Rentner dringend einer Verbesserung.

Darüber hinaus steht das russische Rentensystem vor einer Reihe spezifischer Probleme, die die Wahl eines richtigen Reformansatzes erheblich erschweren. Zu diesen Herausforderungen gehören:

- *Die angespannte demografische Situation im Land.* Immer mehr Rentner stehen immer weniger Erwerbstätigen gegenüber, so dass die Rentenbeitragszahler immer stärker belastet werden. Abb. 5 zeigt, dass die Zahl der registrierten Rentner 2019 um mehr als 6 Mio. höher war, als 1996.

Die Zahl der Menschen im Rentenalter wird in den kommenden Jahrzehnten voraussichtlich weiter steigen. Bis 2050 könnte die Anzahl der Rentner 50 Mio. übersteigen, was mehr als 30 % der Gesamtbevölkerung sind (Abb. 6).

- *Der Pensionsfonds der Russischen Föderation (PFRF) weist ein Defizit auf.* Der Pensionsfonds finanziert sich aus Beiträgen der Erwerbstätigen. Zurzeit dominiert in Russland das Umlageverfahren (pay as you go) bei festen Rentenzahlungen. Abb. 7 zeigt, dass in den letzten Jahren (seit 2013) die Ausgaben des Pensionsfonds seine Einnahmen stetig überstiegen haben (außer in 2019). Die Differenz wurde aus dem Staatshaushalt finanziert, was diesen stark belastete.

Somit ist eine Reform des russischen Rentensystems hochaktuell und erfordert dringende Maßnahmen. 2018 wurde im Rahmen der Rentenreform eine Entscheidung getroffen, die auf ein breites öffentliches Echo stieß: die Verabschiedung des Föderalen Gesetzes Nr. 350 vom 03.10.2018 „Über die Erhöhung des Renteneintrittsalters". Das Gesetz sieht eine schrittweise Anhebung des Renteneintrittsalters ab

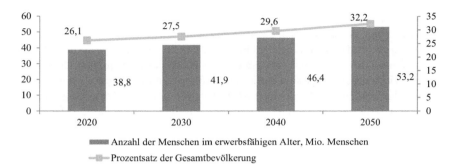

Anzahl der Menschen im erwerbsfähigen Alter, Mio. Menschen
Prozentsatz der Gesamtbevölkerung

Abb. 6 Prognostizierte Werte der Anzahl der Menschen Rentenalter in Russland. (Quelle: www.goskomstat.ru)

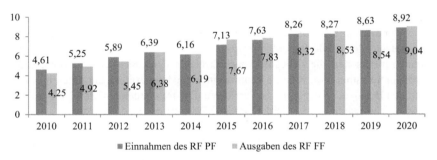

■ Einnahmen des RF PF   ■ Ausgaben des RF FF

Abb. 7 Einnahmen und Ausgaben des Pensionsfonds der Russischen Föderation. (Quelle: www.goskomstat.ru)

dem 01.01.2019 vor. Langfristig sollte ein Renteneintrittsalter von 65 Jahren für Männer und 60 Jahren für Frauen erreicht werden. Das Gesetz verfolgt mehrere Ziele. Erstens soll das Verhältnis zwischen der Anzahl der Rentner und der Anzahl der erwerbstätigen Rentenbeitragszahler verändert werden. Die Rentenbeitragszahler werden dadurch entlastet, der negative Einfluss der demografischen Entwicklung wird abgeschwächt und es werden Voraussetzungen für eine Verbesserung der finanziellen Lage des Pensionsfonds geschaffen. Dank dieser Maßnahmen können die Renten erhöht werden.

Was war der Grund für die negative öffentliche Resonanz? In entwickelten Industrieländern und vielen Entwicklungsländern (auch im GUS-Raum) ist das Renteneintrittsalter seit vielen Jahren deutlich höher. In vielen Ländern variiert es zwischen 65 und 68 Jahren für Männer und Frauen. Bei der Verabschiedung des

Gesetzes über die Anhebung des Renteneintrittsalters hat Russland globale Trends berücksichtigt, da die Beibehaltung des Renteneintrittsalters auf dem bisherigen Niveau angesichts der oben skizzierten Probleme extrem ineffizient geworden ist. Die Situation auf dem russischen Arbeitsmarkt hat jedoch ihre eigenen Besonderheiten. Sehr viele Arbeitsverträge sind befristet und können auf Initiative des Arbeitgebers gekündigt werden. Die Lage vieler Menschen, die sich dem Rentalter nähern, wird immer riskanter und instabiler. Menschen, die ihren Arbeitsplatz 2–3 Jahre vor Erreichen des Rentenalters verlieren, finden nur schwer eine neue Stelle. Ihr Einkommen wird somit instabil. Dieser Faktor trug zu einer massiven Unzufriedenheit der Öffentlichkeit mit dem Gesetz über die Anhebung des Renteneintrittsalters bei.

Meiner Meinung nach gibt es zwei Möglichkeiten für eine Erhöhung der Finanzierung der Renten in den kommenden Jahren. Die erste Möglichkeit ist ein schrittweiser Übergang zum „Bedürftigkeitsprinzip" in der Rentenpolitik. Gegenwärtig ist es offensichtlich, dass viele Menschen Renten beziehen, diese aber nicht wirklich benötigen, da sie über andere Einkommensarten verfügen. Dabei ist es nicht immer einfach, solche Personen zu identifizieren. Ein möglicher Schritt zur Umsetzung des „Bedürftigkeitsprinzips" wäre die gesetzliche Erhöhung der Grundrente für Personen, die nicht sofort nach Erreichen der Altersgrenze in Rente gehen wollen. So hätten erwerbstätige Rentner einen gewissen Anreiz, um für einige Jahre auf den Bezug der Altersrente zu verzichten. Die freiwerdenden Mittel könnten für zusätzliche Zahlungen an nicht arbeitende Rentner verwendet werden.

Eine zweite Möglichkeit wäre eine schrittweise Rückkehr zum kumulativen Modell der Altersvorsorge, das 12 Jahre lang (2002–2013) angewandt wurde und Personen betraf, die nach 1967 geboren wurden. Individuelle Rentensparpläne stellen zweifelsfrei eine Möglichkeit dar, den Wohlstand der Rentner zu erhöhen.

Es ist also davon auszugehen, dass auch in den nächsten Jahren weiter nach Möglichkeiten gesucht werden wird, das russische Rentensystem zu optimieren. Die derzeit sehr niedrigen Renten geben Anlass zur Sorge. Offensichtlich braucht die russische Wirtschaft einige Zeit, um sich auf die Erhöhung des Renteneintrittsalters einzustellen, die 2018 begann. Dieser Prozess verändert die strukturellen Verhältnisse im russischen Rentensystem erheblich, ist aber für ein relevantes Wohlstandswachstum der russischen Rentner nicht ausreichend. Diese erfordert tiefgreifende Reformen, die auf einer Kombination aus staatlicher Finanzierung und Instrumenten der Kapitalbildung basieren.

Literatur

[1] Gurvich, E. T. Entwicklungen der Rentenreform: internationale und russische Erfahrungen. *Voprosy ekonomiki N*, *9*, 5–39. (2020)
[2] Feigin, G. F., Dyatlov, S. A., & Lebedeva, L. F. (2017). Transformation der Rentensysteme der Länder der Eurasischen Wirtschaftsunion. *Wirtschaft in der Region*, *4*, 1151–1163.
[3] Feiguine, G., Lebedeva, L., & Emelianov, S. (2016). Investing pension funds facilities: world and Russian practice. *Indian Journal of Science and Technology*, *9*, 403–410.

Umsatzerlösrealisierung von Dauerschuldverhältnissen in Pandemiezeiten nach deutschen Rechnungslegungsgrundsätzen

Prof. Dr. Christoph Freichel, Dr. Jörg Wasmuth LL.M.

Zusammenfassung

In der Corona-Pandemie hat die Erhaltung der Zahlungsfähigkeit bei vielen Unternehmen eine existenzielle Bedeutung erlangt. Häufig erfolgen solche Mittelzuflüsse aufgrund von Dauerschuldverhältnissen zwischen Abnehmer und Unternehmer. Dieser Beitrag analysiert die bilanzielle Abbildung solcher Zuflüsse für den Fall, dass der Unternehmer seine Leistung pandemiebedingt nicht erbringen kann oder erbringen darf.

Abstract

Revenue Recognition of the Long-Term Obligations in Pandemic Periods Under German Accounting Principles

In the corona pandemic, maintaining solvency has become of existential importance for many companies. Payments often take place on the basis of long-term obligations between customer and entrepreneur. This article analyzes the accounting of such payments in the event that the entrepreneur cannot or is not allowed to provide his obligations due to the pandemic.

Schlüsselwörter/Keywords

Bilanzierung, Dauerschuldverhältnisse, Leistungsstörung, Accounting, long-term obligations, impaired performance.

© Der/die Autor(en), exklusiv lizenziert durch Springer Fachmedien Wiesbaden GmbH, ein Teil von Springer Nature 2022
C. Renker, T. Nikitina (Hrsg.), *Pandemie als nicht alltägliches Event-Risk*,
https://doi.org/10.1007/978-3-658-36504-2_5

1 Aktualität

Dauerschuldverhältnisse sind solche Verträge, die in der Regel auf eine bestimmte (oder auch unbestimmte) Zeit eingegangen werden und sich ggf. automatisch verlängern. Bei diesen Verträgen erneuern sich die gegenseitigen Leistungspflichten permanent. Sofern keine Störungen vorliegen, sichern solche Schuldverhältnisse dem Unternehmer einen regelmäßigen Zufluss finanzieller Mittel und bringen ihm eine Planungssicherheit. Beispiele für solche Verträge im B2C-Bereich sind Verträge von Verbrauchern mit Fitnessstudios, die über eine längere Vertragslaufzeit verfügen und entweder jährlich im Voraus oder monatlich bezahlt werden. Im B2B-Bereich existieren ebenfalls eine Vielzahl von Dauerschuldverhältnissen wie beispielsweise Softwarenutzungsverträge mit Wartungs- und Servicekomponenten (speziell Software as a Service [SaaS][1]) oder aber auch die Verträge mit Reinigungsfirmen.

Aufgrund der anhaltenden Pandemielage stellt sich die Frage, wie eine bilanzielle Abbildung erfolgen soll, sofern der Unternehmer seine (Sach-)Leistung nicht mehr erbringen kann, weil sein Unternehmen z. B. aufgrund behördlicher Anordnungen geschlossen ist bzw. seine Leistungserbringung anderweitig gestört ist (im Folgenden auch „gestörte Dauerschuldverhältnisse" genannt). Im Detail ist dabei zu untersuchen, ob und wann der Unternehmer nach dem Realisationsprinzip „Umsatzerlöse" ausweisen darf bzw. wie ein den Grundsätzen ordnungsmäßiger Buchführung (GoB) entsprechender Ausweis zu erfolgen hat.

2 Gesetzliche Regelung gestörter Dauerschuldverhältnisse

Wenn der Schuldner seine Leistung nicht mehr erbringen kann, wird dieser nach § 275 Abs. 1 BGB aufgrund der Unmöglichkeit der Leistungserbringung von der (Sach-)Leistung frei.[2] Für den Untergang der ursprünglichen Leistungsverpflichtung (sog. Hauptleistungspflicht) ist es unerheblich, ob den Schuldner ein Verschulden trifft oder nicht.[3] Gleichzeitig wird der Gläubiger der (Sach-)Leistung nach § 326

---

[1] Zur Erläuterung vgl. [1, Rn. 109a].

[2] Vgl. einführend [2 Rn. 5 ff.]. Auch eine vorübergehende Unmöglichkeit ist der Unmöglichkeit gleichgestellt, vgl. [2, Rn. 141]. Durch die Schuldrechtsreform 2002 ist das subjektive Unvermögen, also wenn nur der Schuldner die Leistung nicht erbringen kann, der objektiven Unmöglichkeit, also wenn niemand die geschuldete Leistung erbringen kann, gleichgestellt, vgl. [3, Rn. 31]. Vgl. zum Unvermögen [4, Rn. 45–51].

[3] Vgl. [2, Rn. 60]; [4, Rn. 56].

Abs. 1 BGB von seiner Gegenleistung – die vereinbarte Vergütung zu zahlen – frei, sofern nicht die Ausnahme nach § 326 Abs. 2 BGB eingreift, was aber bei einer Pandemielage nicht der Fall sein dürfte.

Mögliche Schadensersatzansprüche als Sekundäransprüche werden im Folgenden nicht weiter betrachtet, weil diese mangels Verschuldens des Schuldners in der Corona-Krise keine Anwendung finden dürften. Der Unternehmer muss also seine Leistung bei Unmöglichkeit nicht erbringen.

Aufgrund eines erteilten, aber nicht widerrufenen Dauerauftrags oder eines erteilten Lastschriftmandats kann es aber dennoch zu einem Zahlungsmittelzufluss bei dem Unternehmer kommen. Der Unternehmer darf diesen Betrag nicht behalten; dem Zahlungsschuldner steht ein Rückzahlungsanspruch entweder aus § 326 Abs. 4 BGB oder aus § 812 Abs. 1 BGB zu.[4]

In der praktischen Anwendung schwieriger sind solche Fälle, in denen der Schuldner seine Leistung nur eingeschränkt erbringen kann, sofern eine Teilbarkeit der (Sach-)Leistung möglich ist.[5] Nach §§ 326 Abs. 1, 441 Abs. 3 BGB besteht für die erbrachte Teilleistung ein anteiliger Vergütungsanspruch.[6] Ein Beispiel hierfür ist SaaS, sofern die Software vertragskonform bereitgestellt wird, die Wartung vor Ort aber aufgrund bestehender Kontaktbeschränkungen entfallen muss. Für den Teil, der teilweise erbracht wird, liegt eine „normale" unternehmerische Tätigkeit vor und besteht somit ein Vergütungsanspruch. Ob im Einzelfall eine Unmöglichkeit oder inwieweit eine Teilunmöglichkeit vorliegt, bedarf einer individuellen Betrachtung und kann hier nicht generell geklärt werden.

Im Rahmen der Corona-Krise sind einige Vertragsklauseln in den Fokus getreten. Hierzu zählen vor allem sog. Force-Majeure-Klauseln und sog. Material-Adverse-Change-Klauseln. Diese müssen vertraglich ausdrücklich formuliert werden und ihre Anwendung ist deshalb eine Frage des Einzelfalls. Sie werden deshalb hier nicht weiter betrachtet.

Mögliche vertragliche oder gesetzliche Beendigungsmöglichkeiten aufgrund der eingetretenen Leistungsstörung bleiben bei der folgenden Analyse unberücksichtigt, denn diese wirken in aller Regel nur für die Zukunft. Rücktrittsrechte scheiden ebenfalls aus, weil diese bei Dauerschuldverhältnissen als nicht praktikabel angesehen werden, wie es auch § 313 Abs. 3 BGB zum Ausdruck bringt.[7]

---

[4] Der Streit um die jur. Begründung des Rückzahlungsanspruch soll hier nicht weiter vertieft werden; vgl. [5, Rn. 103]; [6, Rn. 11]. Die Anwendung dieser Vorschriften in Zeiten der Corona-Krise bleibt insoweit abzuwarten. Der Rückzahlungsanspruch aus § 812 BGB kann aufgrund § 814 juristisch problematisch sein. Vgl. ausführlich [7, S. 1141 f.].

[5] Vgl. BGH NJW 1992, S. 1036 (1037). Vgl. auch [2, Rn. 130 m. w. N.].

[6] Vgl. weiterführend [5, Rn. 19–34]; [6, Rn. 29–32].

[7] Vgl. insgesamt zu § 313 BGB [8].

3 Bilanzielle Erfassung der Pandemiestörung

3.1 Problemeinordnung

In den dargestellten Fallkonstellationen stellt sich die Frage, ob (Ausweis dem Grunde nach) und wie (Ausweis der Stelle nach) diese in der Bilanz abzubilden sind.[8] Damit verbunden ist die Fragestellung, ob und wann der Unternehmer insbesondere unter der Beachtung des Realisationsprinzips einen Ertrag GoB-konform ausweisen darf.[9] Als mögliche Ausweispositionen kommen einerseits eine erfolgswirksame Erfassung als Umsatzerlöse oder sonstige (betriebliche) Erträge in Betracht. Auf der anderen Seite ist ein erfolgsneutraler Ausweis als erhaltene Anzahlungen, (sonstige) Verbindlichkeiten oder passiver Rechnungsabgrenzungsposten (PRAP) im Bereich des Möglichen. Abstrahiert man von eventuellen Abgrenzungsproblematiken, bereitet die Frage der Bewertung (Ausweis der Höhe nach) in aller Regel keine großen Probleme.[10] Vereinfachend wird unterstellt, dass der Leistungsaustausch zwischen den Vertragspartnern monatlich erfolgt („Normalfall").

3.2 Einhaltung des Realisationsprinzips

Durch das in § 252 Abs. 1 Nr. 4 HGB kodifizierte Realisationsprinzip soll ein Ausweis (noch) nicht realisierter Gewinne unterbunden werden. Dessen Beachtung gewinnt bei gestörten Dauerschuldverhältnissen eine besondere Bedeutung für einen erfolgswirksamen Ausweis.

Zu den Umsatzerlösen zählen gem. § 277 Abs. 1 HGB die Erlöse aus dem Verkauf und der Vermietung oder Verpachtung von Produkten sowie aus der Erbringung von Dienstleistungen, wobei die Vermietung und Verpachtung von Produkten deren abschließende Veräußerung mit umfasst.[11] Den Umsatzerlösen können auch Erlöse aus Patent- und Lizenzeinnahmen subsumiert werden.[12]

Nach der Begründung zum Regierungsentwurf des BilRUG kann bei der Umsatzgenerierung durch den Absatz von Produkten an die Definition der Erzeugnisse und Waren aus der Zeit vor dem BilRUG zurückgegriffen werden.[13] Erbrachte

---

[8] Vgl. allgemein zum Ausweis [9, S. 262 ff.].
[9] Vgl. zu den GoB [10, S. 11 ff.].
[10] Vgl. zur Bewertung nach § 253 HGB [11].
[11] Vgl. [12, § 277 Rn. 52], [13, Rn. 47–53].
[12] Vgl. [13, Rn. 55].
[13] Vgl. [13, Rn. 49 m. w. N.].

Dienstleistungen sind – je nach Geschäftsmodell – immer als Umsatzerlöse auszuweisen, sofern mit der jeweiligen Dienstleistung ein am Markt erzieltes Leistungsentgelt erwirtschaftet wurde.[14] Entscheidend für die Frage des Realisationszeitpunktes ist, ob die vertragsgemäß zu erbringende (Sach-)Leistung vollständig bewirkt wurde und damit schuldrechtlich ein Anspruch auf Erhalt der Zahlung als Gegenleistung besteht.[15] Bei komplexeren Geschäften ist für die Bestimmung des Realisierungszeitpunkts auf den Zeitpunkt der Leistungserbringung abzustellen.[16] Entscheidendes Kriterium ist generell, wann die Übertragung der Verfügungsmacht – der sog. Gefahrenübergang – stattgefunden hat, wobei sich dieser aus den vertraglichen Vereinbarungen ergibt und im Einzelfall problematisch sein kann.[17] Das Institut der Wirtschaftsprüfer vertritt die Auffassung, dass eine Gewinnrealisierung dann anzunehmen ist, wenn das Schuldverhältnis durch Lieferung oder Leistung wirtschaftlich erfüllt wurde.[18]

In der Praxis wird die Umsatzrealisation oftmals mit der Einbuchung der ausgestellten Rechnung verbunden. Eine solches Vorgehen ist allerdings nur dann mit dem Realisationsprinzip vereinbar, sofern der buchhalterisch betroffene Umsatz tatsächlich nach den vertraglichen Vereinbarungen im Buchungszeitpunkt erbracht wurde. Vorfakturierungen und Scheinumsätze dürfen deshalb nicht als Umsatzerlöse ausgewiesen werden. Die Stellung einer Rechnung für sich genommen ist also für die Bestimmung des Realisationszeitpunkts nicht entscheidend.[19] Zudem sind die Fälligkeit und die Zahlungsfähigkeit des Schuldners für die Gewinnrealisierung und einen damit verbundenen Erfolgsausweis nicht relevant.[20]

Bei Dienstleistungen besteht aufgrund der Immaterialität der Leistung ein erheblicher Gestaltungsspielraum, wodurch die Bestimmung des Realisationszeitpunkts generell schwierig ist.[21] Bei den hier untersuchten gestörten Dauerschuldverhältnissen findet eine Gewinnrealisierung fortlaufend statt, weil sich die Leistungspflichten jeden Monat „erneuern".[22]

---

[14] Vgl. [13, Rn. 52].
[15] Vgl. [14, S. 233]; ähnlich *Krumm* [15, Rn. 939].
[16] Vgl. [16,§ 252 HGB, Rn. 82].
[17] Vgl. [14, S. 233].
[18] Vgl. IDW ERS HFA 13, Tz. 6 ff..
[19] Vgl. mit zahlreichen Nachweisen zur Rechtsprechung des BFH [15, Rn. 940a].
[20] Vgl. [15, Rn. 940a].
[21] Vgl. [14, S. 234].
[22] Vgl. [15, Rn. 944].

3.3 Analyse erfolgswirksamer möglicher Ausweispositionen

3.3.1 Bilanzposition Umsatzerlöse

Durch die Pandemielage ist es dem Unternehmer annahmegemäß nicht möglich, seiner eigentlichen unternehmerischen Tätigkeit nachzugehen. Infolge der nicht erbrachten (Sach-)Leistung ist ein Ausweis als „Umsatzerlöse" nicht möglich.

Kann der Unternehmer einen Teil der vertragsgemäß geschuldeten Leistung erbringen, liegen für diesen Teil der Leistung Umsatzerlöse vor, welche erfolgswirksam auszuweisen sind. Nicht als Umsatzerlöse ausgewiesen werden darf der Teil der Leistung, den der Unternehmer nicht erbringen kann. Sollte dieser nicht erbrachte Teil aus Wesentlichkeitsgründen nahezu völlig in den Hintergrund treten, ist auch ein kompletter Ausweis als Umsatzerlöse möglich, obwohl ein Teil der vertraglich vereinbarten Leistung nicht erbracht wurde.

3.3.2 Bilanzposition sonstige (betriebliche) Erträge

Denkbar ist auch ein erfolgswirksamer Ausweis über die Bilanzposition „sonstige (betriebliche) Erträge". In Abhängigkeit von der Unternehmensgröße sind die Erträge gem. § 275 Abs. 2 Nr. 4, § 275 Abs. 3 Nr. 6 HGB bzw. § 275 Abs. 5 Nr. 2 HGB auszuweisen.

Den sonstigen (betrieblichen) Erträgen sind die Erträge zu subsumieren, die nicht in den jeweils vorhergehenden Positionen des § 275 Abs. 2 bzw. 3 HGB enthalten sind. Sie dürfen auch nicht in den jeweils nachfolgenden Ertragspositionen als Erträge auszuweisen sein.[23]

Verzichtet der Zahlungsschuldner „bewusst" auf die zu erbringende (Sach-)Leistung, ist wesentlich auf das Verhalten des Zahlungsschuldners abzustellen. Beispiele hierfür sind solche Fälle, bei denen der Kunde erklärt, dass er auf die (Sach-)Leistung verzichtet und von der Geltendmachung der Rückzahlung der von ihm gezahlten Beträge ausdrücklich absieht. Entscheidend ist hier, wann dieser „Verzicht" erklärt wurde und ob eine Zahlung an den Unternehmer bereits erfolgt ist.

Erfolgt die Verzichtserklärung erst nach der Zahlung, ist dies juristisch als ein Erlassvertrag nach § 397 BGB zu qualifizieren. Für die Wirksamkeit eines solchen Vertrags sind zwei übereinstimmende Willenserklärungen erforderlich.[24] In Praxi liegen diese in der Verzichtserklärung des Zahlungsschuldners und in der Annahme des Verzichts nach § 151 BGB durch den (Sach-)Leistungsverpflichteten. Ein Erlassvertrag setzt vor dem Erlass eine Schuld des Unternehmers voraus, denn gerade

---

[23] Vgl. [13, Rn. 90].
[24] Vgl. [17, Rn. 1].

diese wird ja erlassen. Die Schuld des Unternehmers liegt in dem bereits oben dargelegten Rückzahlungsanspruch des ursprünglichen Zahlungsschuldners. Anders sind solche Fallgestaltungen zu beurteilen, bei denen der Kunde bereits vor oder mit der Zahlung erklärt, dass er auf eine Rückzahlung verzichtet. Juristisch kann dann einerseits eine Abbedingung des § 326 Abs. 1 BGB oder anderseits eine vollzogene Schenkung nach §§ 516, 518 BGB vorliegen.[25] Unabhängig von dieser rechtlichen Einordnung hat der sachleistungsverpflichtete Unternehmer in diesen Fällen ein Recht, die erhaltenen Zahlungen ohne die Erbringung seiner (Sach-) Leistung zu behalten.

Im Ergebnis schuldet in beiden Fällen des „Verzichts" der Unternehmer keine Rückzahlung des erhaltenen Betrags, obwohl er seine (Sach-)Leistung nicht erbringt.[26] Die getroffene Fallunterscheidung ist aber in Bezug auf den Zeitpunkt, zu dem der Unternehmer einen Ertrag ausweisen darf, entscheidend. Im Fall des Erlassvertrages darf ein solcher Ausweis erst dann erfolgen, wenn der ursprüngliche Zahlungsschuldner seinen Verzicht auf die Rückzahlung erklärt; davor ist ein erfolgswirksamer Ausweis nicht statthaft. In dem Fall, wenn bereits im Moment des Zahlungseingangs (bzw. zuvor) feststeht, dass der Unternehmer die Zahlung ohne (Sach-)Leistung behalten darf, tritt die Vermögensmehrung allerdings mit Zahlungseingang ein. Damit ist allerdings nur der Realisationszeitpunkt bestimmt und die Frage eines ordnungsgemäßen Ausweises noch nicht beantwortet.

Keine der betrachteten Fallgestaltungen erfüllen aber die Anforderungen an den Umsatzerlösausweis für Produkte oder Dienstleistungen, denn in allen Fällen fehlt die erbrachte (Sach-)Leistung des Unternehmers. Somit verbleibt bzgl. einer möglichen erfolgswirksamen Behandlung lediglich ein Ausweis als sonstige (betriebliche) Erträge.[27]

3.4 Analyse erfolgsneutraler möglicher Ausweispositionen

3.4.1 Bilanzposition erhaltene Anzahlungen

Eine denkbare Ausweismöglichkeit stellt die Bilanzposition „erhaltene Anzahlungen auf Bestellungen" gem. § 266 Abs. 3 C Nr. 3 HGB dar. Die Mittelzuflüsse, welche im Zusammenhang mit dem Abschluss eines Kaufvertrages oder der Abgabe eines bindenden Vertragsangebots vom Geschäftspartner an das (zukünftig) leistende Unternehmen gezahlt wurden, werden solange unter den erhaltenen Anzahlungen

---

[25] Auf eine vertiefende Betrachtung des juristischen Anknüpfungsmoments wird hier verzichtet.

[26] Vgl. für die Schenkung [18, Rn. 58] und für den Erlass [11, Rn. 124].

[27] Vgl. für den Schuldenerlass auch [13, Rn. 91].

auf Bestellungen ausgewiesen, wie das bilanzierende Unternehmen seine (Sach-)Leistung noch nicht erbracht hat und keine streng zeitbezogene Leistung vorliegt.[28] Alternativ gewährt § 268 Abs. 5 Satz 2 HGB das Recht, die Anzahlungen, die sich auf Vorräte beziehen, offen von diesen abzusetzen.

Das Charakteristische an den hier betrachteten Verträgen liegt darin, dass die gegenseitigen Leistungspflichten über einen längeren Zeitraum bestehen bzw. sich immer wieder erneuern. Somit ist ein Nachholen einer nicht erfolgten (Sach-)Leistung in aller Regel ausgeschlossen und würde ein Interesse des Schuldners an einer Nachholung voraussetzen. Für den Fall gestörter Dauerschuldverhältnisse ist ein Ausweis des Zahlungsmittelzuflusses als erhaltene Anzahlungen auf Bestellungen deshalb in dem Sonderfall denkbar, wenn sich die Parteien bei Eintritt der Störung über eine „Entschädigungsleistung" einigen, die nicht streng zeitraumbezogen ist. Ein Beispiel hierfür liegt bei einem Fitnessstudio in dem „Zugeständnis" des Unternehmers, der seinem Kunden, welcher trotz der Störung weiter Zahlungen leistet, einen Gutschein für eine 10er-Karte auf der Sonnenbank oder zum Saunabesuch ausstellt, sofern diese Entschädigungen über die normalen vertraglichen Pflichten des Unternehmers hinausgehen. In dem Zeitpunkt der Inanspruchnahme des Gutscheins sind die erhaltenen Anzahlungen gegen Umsatzerlöse auszubuchen, weil nun die Umsatzerlöse realisiert sind. Hat dieser Gutschein ein Verfallsdatum und ist eine Barauszahlung ausgeschlossen, liegen ab dem Verfallsdatum sonstige (betriebliche) Erträge vor.

3.4.2 Bilanzposition PRAP

Für einen Ansatz als „PRAP" ist erforderlich, dass einerseits gegenseitige Verträge mit streng zeitbezogenen Leistungen vorliegen sowie andererseits der zur (Sach-)Leistung verpflichtete Unternehmer bereits im abgelaufenen Geschäftsjahr Zahlungen erhalten hat, die sich auf (Sach-)Leistungen im nächsten Geschäftsjahr bzw. in den nächsten Geschäftsjahren beziehen.[29]

Bei einer jährlichen Zahlweise im Voraus ist ohne den Eintritt einer Störung der Erfolgsausweis bei Dauerschuldverhältnissen auf die einzelnen Monate zu verteilen. Zur Abgrenzung wird der Zahlungseingang als PRAP erfasst, der dann monatlich über die Umsatzerlöse aufgelöst wird.

Tritt nun bei dem Dauerschuldverhältnis die Leistungsstörung ein, ist die Auflösung des PRAP über die Umsatzerlöse aufgrund fehlender Leistungserbringung des Unternehmers unzulässig. Insofern stellt sich die Frage, was mit dem als PRAP ausgewiesenen Mittelzufluss bei gestörten Dauerschuldverhältnissen passieren soll.

---

[28] Vgl. [9, S. 290].
[29] Vgl. [9, S. 232].

Der fortgeführte Ausweis als PRAP wäre nur dann korrekt, wenn eine Möglichkeit für die Nachholung der ursprünglichen zeitraumbezogenen (Sach-)Leistung besteht. Dies ist nur dann ausnahmsweise möglich, wenn das betroffene Dauerschuldverhältnis bereits gekündigt ist und nach der Kündigung, aber noch während der Restlaufzeit des Vertrages eine Leistungsstörung eintritt und die Parteien sich auf eine Verlängerung des Dauerschuldverhältnisses um den gestörten Zeitraum einigen. Ein Beispiel wäre ein Dauerschuldverhältnis, das bereits zum 30.06. gekündigt wurde. Kommt es nun zu einer behördlichen Schließung in der Zeit vom 01.04. bis 30.06. ist die Leistungserbringung unmöglich. Verständigen sich die Parteien nun darauf, dass der Schuldner berechtigt ist, die ursprünglich vertraglich vereinbarte (Sach-)Leistung für die Zeit vom 01.07. bis 30.09. kostenfrei zu erhalten, wird das bereits gezahlte zeitraumbezogene Nutzungsrecht „nachgeholt".

3.4.3 Bilanzposition sonstige Verbindlichkeiten

Wird ein Unternehmer von der Erbringung seiner (Sach-)Leistung nach § 275 BGB frei und verliert er gleichzeitig nach § 326 Abs. 1 BGB seinen Anspruch auf die Zahlung der Vergütung als Gegenleistung, hat er im Fall einer Zahlung durch den Schuldner den erhaltenen Betrag zurückzuzahlen, sofern nicht ein zuvor beschriebener Fall einschlägig ist. Sofern also eine Einordnung des Geschäftsvorfalls nicht als Ertrag (vgl. 3.3), nicht als erhaltene Anzahlungen (vgl. 3.4.1) bzw. nicht als PRAP (vgl. 3.4.2) möglich ist, liegt eine Rückzahlungsverpflichtung des Unternehmers vor, die als Verbindlichkeit nach § 266 Abs. 3 C HGB zu qualifizieren ist.

Der Bilanzposten Verbindlichkeiten aus Lieferungen und Leistungen nach § 266 Abs. 3 C Nr. 4 HGB kann allerdings nicht einschlägig sein, denn diese setzen die Erbringung einer (Sach-)Leistung des Unternehmers voraus. Genau diese ist ja gerade nicht erfolgt.

Als einschlägige Ausweismöglichkeit verbleiben nur die sonstigen Verbindlichkeiten gemäß § 266 Abs. 3 C Nr. 8 HGB. Hierzu zählen zugeflossene Zahlungen, die nicht den Lieferungen und Leistungen der eigentlichen Unternehmenstätigkeit zuzuordnen sind oder bei denen eine Erfüllung des mit der Zahlung verbundenen Geschäftes nicht mehr möglich ist.[30] Der Unternehmer als Zahlungsempfänger ist bei gestörten Dauerschuldverhältnissen in Ermangelung anderer Vereinbarungen mit seinem Vertragspartner – wie dargelegt – ungerechtfertigt bereichert. Dieser Rückzahlungsanspruch stellt eine Verbindlichkeit des Unternehmers dar, die aufgrund der Unmöglichkeit der Leistungserfüllung durch den Unternehmer als sonstige Verbindlichkeit eingeordnet werden muss.

---

[30] Vgl. [9, S. 291 f.].

Sofern bei jährlicher Zahlweise die Zahlung im Voraus erfolgte und ursprünglich als PRAP erfasst wurde, ist dieser für den Zeitraum der Störung des Dauerschuldverhältnisses aufzulösen und in die sonstigen Verbindlichkeiten umzubuchen, sofern – wie oben dargelegt – keiner der in den Abschn. 3.3, 3.4.1 oder 3.4.2 Fälle eingreift.

4 Fazit

Für die Bilanzierung von Zahlungsmittelzuflüssen bei gestörten Dauerschuldverhältnissen muss bei dem zur eigentlichen (Sach-)Leistung verpflichteten Unternehmer, der seine Leistung (in der Corona-Krise) nicht erbringen kann, folgende Unterscheidung getroffen werden:

- Zahlt der Vertragspartner weiter auf das Dauerschuldverhältnis ohne das die Vertragsparteien eine Abrede über die Zahlungen treffen, sind diese Zahlungen als eine sonstige Verbindlichkeit aufgrund des Rückzahlungsanspruchs auszuweisen.
- Gewährt der Unternehmer eine Entschädigung in Form von Gutscheinen, die sich auf nicht streng zeitraumbezogene Leistungen beziehen, und akzeptiert der Vertragspartner diese Regelung, sind die zugeflossenen Beträge als erhaltene Anzahlungen auszuweisen. Bei einer Inanspruchnahme der Gutscheine führt diese zu Umsatzerlösen. Verfallen diese Gutscheine sind die Anzahlungen gegen sonstige (betriebliche) Erträge auszubuchen.
- Bei einem Verzicht auf eine Rückerstattung der erhaltenen Zahlungen liegen in Abhängigkeit vom Zeitpunkt der Abgabe der Verzichtserklärung sonstige (betriebliche) Erträge vor.
- Soweit die (Sach-)Leistung trotz der Leistungsstörung (teilweise) erbracht werden konnte, muss ein Ausweis als Umsatzerlöse in Höhe der erbrachten Leistung erfolgen.
- Kann die (Sach-)Leistung durch den Unternehmer zeitraumbezogen nachgeholt werden, sind die erhaltenen Zahlungen weiter als PRAP fortzuführen.

Literatur

[1] Brösel, G., Freichel, C., & Wasmuth, J. (2019). Informationstechnik – Hardware, Software und Internet in der Rechnungslegung (73/1). In H. Kußmaul & S. Müller (Hrsg.), *Handbuch der Bilanzierung, 206. EL.*
[2] Ernst, W. (2019a). § 275 BGB. In F. J. Säcker, R. Rixecker, H. Oetker & B. Limperg (Hrsg.), *Schuldrecht Allgemeiner Teil I (§§ 241–310)* 8. Aufl. Münchener Kommentar zum Bürgerlichen Gesetzbuch, Bd. 2.

[3] Dörner, H., & Staudinger, A. (2002). *Schuldrechtsmodernisierung.* Bd. 2002.
[4] Lorenz, S. (2020). § 275 BGB. In W. Hau & R. Poseck (Hrsg.), *Beck'scher Online-Kommentar BGB, 56. Ed. 1.11.2020.*
[5] Ernst, W. (2019b). § 326 BGB. In F. J. Säcker, R. Rixecker, H. Oetker & B. Limperg (Hrsg.), *Schuldrecht Allgemeiner Teil II (§§ 311–432)* 8. Aufl. Bd. 3.
[6] Schmidt, H. (2020). § 326 BGB. In W. Hau & R. Poseck (Hrsg.), *Beck'scher Online-Kommentar BGB, 56. Ed. 1.11.2020.*
[7] Freichel, C., & Wasmuth, J. (2020). Die Bilanzierung gestörter Dauerschuldverhältnisse – Umsatzrealisation in Zeiten der Corona-Krise. *Deutsches Steuerrecht, 58,* 1141–1146.
[8] Finkenauer, T. (2019). § 313 BGB. In F. J. Säcker, R. Rixecker, H. Oetker & B. Limperg (Hrsg.), *Schuldrecht Allgemeiner Teil II (§§ 311–432)* 8. Aufl. Bd. 3.
[9] Schildbach, T., Stobbe, T., Freichel, C., & Hamacher, K. (2019). *Der handelsrechtliche Jahresabschluss* (11. Aufl.).
[10] Mindermann, T., & Brösel, G. (2020). *Buchführung und Jahresabschlusserstellung nach HGB* (7. Aufl.).
[11] Brösel, G., Freichel, C., & Wasmuth, J. (2020). § 253 HGB. In K. Petersen & C. Zwirner (Hrsg.), *Systematischer Praxiskommentar Bilanzrecht* 4. Aufl.
[12] Baumbach, A., & Hopt, K. J. (2021). *Handelsgesetzbuch* (40. Aufl.).
[13] Schmidt, S. F., & Kliem, B. (2020). § 275 HGB. In B. Grottel, S. Schmidt, W. J. Schubert & U. Störk (Hrsg.), *Beck'scher Bilanz-Kommentar* 12. Aufl.
[14] Freichel, C. (2016). *Skalierte Jahresabschlussprüfung*
[15] Krumm, M. (2020). § 5 EstG. In W. Blümich (Hrsg.), *Einkommensteuergesetz, 154. EL.*
[16] Adler, H., Düring, W., & Schmaltz, K. (2001). *Rechnungslegung und Prüfung der Unternehmen Teilband 1* (6. Aufl.).
[17] Schlüter, M. (2019). § 397 BGB. In F. J. Säcker, R. Rixecker, H. Oetker & B. Limperg (Hrsg.), *Schuldrecht Allgemeiner Teil II (§§ 311–432)* 8. Aufl. Bd. 3.
[18] Richter, L., Künkele, K. P., & Zwirner, C. (2020). § 255 HGB. In K. Petersen & C. Zwirner (Hrsg.), *Systematischer Praxiskommentar Bilanzrecht* 4. Aufl.

Einsatz digitaler Dienstleistungen bei der Projektarbeit

Prof. Dr. Elena Gorbashko, Prof. Dr. Elena Vasilieva, Vladislav Luzgin M.Sc.

Zusammenfassung
Der Artikel beschäftigt sich mit den Auswirkungen der Digitalisierung auf die Projektarbeit. Der Beitrag analysiert die Möglichkeiten digitaler Dienstleistungen für das Projektmanagement.

Abstract
Opportunities of Digital Services for the Organization of Project Activities
The article devoted the impact of digitalization on the development of project activities. This paper analyzed the possibilities of user digital services for conducting the project management.

Schlüsselwörter/Keywords
Projekttätigkeit, Projektmanagement, digitale Dienstleistungen, Project activities, project management, digital services.

Die Dritte industrielle Revolution gipfelte in der Globalisierung und der Entstehung multinationaler Konzerne, die Vierte industrielle Revolution (Industrie 4.0) jedoch bedarf keiner weltweiten Präsenz mehr, im Gegenteil – Präsenz würde die Möglichkeiten der Aktivitäten, Produkte und Dienstleistungen beschränken. Die Industrie 4.0 basiert auf digitalen Plattformen, „Plattform"-Unternehmen beginnen, die multinationalen Unternehmen mit ihren riesigen bürokratischen Systemen abzulösen, da sie mobiler und anpassungsfähiger sind.

© Der/die Autor(en), exklusiv lizenziert durch Springer Fachmedien Wiesbaden GmbH, ein Teil von Springer Nature 2022
C. Renker, T. Nikitina (Hrsg.), *Pandemie als nicht alltägliches Event-Risk*,
https://doi.org/10.1007/978-3-658-36504-2_6

Es sind die digitalen Technologien, die nun die Struktur der wirtschaftlichen Beziehungen bestimmen. Daraus ergeben sich Veränderungen in vielen Bereichen – Veränderungen der Humanressourcen, der Bedürfnisse und Bedarfe, Veränderungen in den Bereichen Logistik, Finanzen und vielen anderen mehr. Infolgedessen kommt es zu einem Paradigmenwechsel in der Beziehung zwischen den Anbietern und Verbrauchern von Dienstleistungen, vor allem betrifft dies digitale Dienstleistungen.

Eine digitale Dienstleistung ist eine Interaktion zwischen einem Anbieter und einem Verbraucher über das Internet auf einer speziell dafür entwickelten digitalen Plattform.

Eine digitale Plattform ist ein digitaler Raum, der auf bestimmte Aufgaben zugeschnitten ist, insbesondere auf die Erfüllung der Bedürfnisse der Marktteilnehmer, die Verbesserung der Qualität der Dienstleistungen und die Schaffung einer einheitlichen Informationsumgebung (digitales Ökosystem). Auf der aktuellen Entwicklungsstufe der Wirtschaftsbeziehungen fungiert die digitale Plattform auch als Einstiegspunkt in die digitale Wirtschaft [1].

In der neuen Wirtschaft sind Datenbanken die Ressource für die Erstellung von Dienstleistungen, digitale Plattformen sind der Integrator dieser Dienste.

Obwohl die digitalen Dienstleistungen in alle alltäglichen Prozesse Einzug gehalten haben, existiert noch keine einheitliche Definition des Begriffs digitaler Dienst. V. I. Luzgin betrachtet eine digitale Dienstleistung als eine nützliche Aktion, die in einer digitalen Umgebung durchgeführt wird und folgende Ziele hat:

- Bedürfnisse erfüllen;
- Synchronisation von verschiedenen Prozessen;
- Reduktion von Zeitverlusten und des menschlichen Faktors;
- Schaffung eines einheitlichen (aggregierten) digitalen Porträts eines Prozesses, Kunden, Unternehmens etc.
- Erreichung materieller und immaterieller Effekte [2].

Anhand dieser Zielsetzung wird die folgende Definition einer digitalen Dienstleistung vorgeschlagen. Eine digitale Dienstleistung ist ein Mechanismus, der darauf abzielt, die Bedürfnisse verschiedener Personen zu befriedigen, Prozesse der Herstellung von materiellen und immateriellen Werten zu synchronisieren, wobei temporäre, produktionstechnische und andere Risiken durch den Einsatz von digitalen Technologien reduziert werden.

Die digitalen Dienstleistungen haben sich in den letzten Jahren dynamisch entwickelt und werden zunehmend in die sozioökonomischen Beziehungen integriert. Die Autoren schlagen vor, digitale Dienstleistungen in zwei Kategorien zu klassifizieren:

1. Digitale Infrastrukturdienste (Infrastrukturebene);
2. Digitale Dienste für Verbraucher (Anwendungsebene).

Unter digitalen Infrastrukturdiensten verstehen wir die Bereitstellung des Zugangs zur notwendigen digitalen (Rechenleistungs-, Netzwerk- und anderen) Infrastruktur. Ein Beispiel dafür ist die Tatsache, dass die Signalübertragung von einem Punkt zum anderen heute nicht mehr von klassischen Telekommunikationsnetzen abhängig ist (außer in abgelegenen, schwer zugänglichen Gebieten) und sich vollständig in CDN-Netze (Breitband-Internetzugang) verlagert hat.

Die digitalen Infrastruktur-Services umfassen:

- Datenverarbeitung (SBCloud Business Data (SBData));
- Internetzugang (Breitband-Internetzugang, mobiles Internet);
- Hosting (Google);
- IT-Infrastruktur (Cloud-Computing: SaaS, PaaS, IaaS).

Unter digitalen Verbraucherdiensten verstehen wir traditionelle Dienste, die über das Internet bereitgestellt werden und den Großteil der heutigen digitalen Dienste ausmachen. Dazu gehören Online-TV incl. Video-on-demand, Online-Spiele, Online-Kredite, Online-Zahlungen und Vieles mehr. Digitale Dienstleistungen können allen Sektoren der traditionellen Dienstleistungen im Sinne des im Januar 1995 in Kraft getretenen Allgemeinen Abkommens über den Handel mit Dienstleistungen der WTO zugerechnet werden [3].

Aufgrund der Tatsache, dass digitale Dienstleistungen immateriell sind, jedoch wichtige Informationen enthalten, ist es möglich, die digitalen Dienstleistungen in die Projektaktivitäten zu integrieren, wobei eines der wichtigsten Elemente der digitale Standort der Bereitstellung des Services ist. Zurzeit nehmen diese Rolle die digitalen Plattformen wahr, die sowohl, basierend auf digitalen Technologien, separate Funktionen ausführen, als auch Elemente der digitalen Infrastruktur enthalten.

Die Nutzung digitaler Plattformen und die Entwicklung digitaler Infrastrukturen ist ein wesentlicher Vorteil der vierten industriellen Revolution. Sie spiegelt die Fähigkeit wider, riesige Datenmengen zu erheben, zu verarbeiten, zu speichern und zu nutzen, um die Qualität und Effizienz digitaler Dienstleistungen zu verbessern, finanzielle und zeitliche Kosten zu reduzieren, eine nachhaltige Entwicklungspolitik umzusetzen und die Wettbewerbsfähigkeit zu steigern [4].

Derzeit ist das Schlüsselelement der Implementierung digitaler Dienste die Entwicklung digitaler Plattformen. Die Plattform, auf der der digitale Dienst basiert, löst mehrere Aufgaben auf einmal: Zugang, Authentifizierung und Autorisierung, Gewährleistung der Datensicherheit, funktionale Entwicklung des digitalen Dienstes, Verbesserung der Qualität des angebotenen Dienstes und viele andere mehr. Die Plattformisierung digitaler Dienste kann als eine Stufe der digitalen Transformation betrachtet werden, welche die Position und Funktionalität des digitalen Dienstes im digitalen Raum bestimmt und eine effektive Interaktion zwischen den Teilnehmern digitaler Prozesse sicherstellt. Der hohe Grad der Plattformisierung von sozioökonomischen Prozessen hat bereits zur Verbesserung der Qualität von Dienstleistungen, der Erhöhung der Mobilität und der Zugänglichkeit von Dienstleistungen sowie der Schaffung digitaler Ökosysteme geführt [5]. Welche digitale Plattform für ein bestimmtes Projekt gewählt wird, hängt ab von den Zielen, der fachlichen Spezifik, den verfügbaren Ressourcen und dem Projektmanagement-Ansatz. Einige der beliebtesten digitalen Plattformen sind folgende:

„Bitrix24" ist eine digitale Plattform, die den Prozess der Geschäftsabwicklung und -steuerung optimiert und automatisiert. Kann für interne Prozesse und für die Kundeninteraktion verwendet werden.

Trello ist eine digitale Projektmanagement-Plattform, deren Funktionalität auf dem Prinzip des Kanban-Ansatzes beruht, d. h. der effizienten Verteilung von Aufgaben unter den Mitarbeitern.

Basecamp ist ein Projektmanagement-Plug-in, das Aufgaben, Kalender, Diskussionen, Profile, Wiki-Dokumente, Dateien und Projektprotokolle enthält.

Asana ist eine digitale Plattform, die sich auf das Management von Projekten konzentriert, an denen ein großes Team arbeitet. Innerhalb der Plattform können mehrere Arbeitsräume gebildet werden, der Status der Aufgaben wird in Echtzeit aktualisiert.

Wrike ist eine digitale Plattform, die sich auf die Gestaltung von Arbeitsabläufen konzentriert, indem sie Aufgaben formuliert, sie in Projekten gruppiert und ihren Fortschritt verfolgt.

Genius Project ist eine digitale Projektmanagement-Plattform mit umfangreichen Anpassungsmöglichkeiten (teamspezifische Anpassung).

MS Project ist eine umfassende Projektmanagement-Plattform, die nicht nur Planungs- und Kollaborationsfunktionen, sondern auch ein leistungsstarkes Analysewerkzeug enthält.

Jira ist eine digitale Plattform, die durch Transparenz und Benutzerfreundlichkeit besticht. Aufgabenstellungen können einfach formuliert und verfolgt werden.

Notion ist eine digitale Plattform, die zahlreiche Werkzeuge und Anwendungen integriert, einschließlich der Möglichkeit, Tabellenkalkulationen, Datenbanken, Aufgaben, Kanban-Boards, Notizen etc. zu bearbeiten.

Favro ist eine digitale Plattform, die in ihrer Funktionalität Bitrix 24 ähnelt. Sie bietet die Möglichkeit, Gruppen und Teams zu erstellen, mit Zeitplänen und Projekttafeln zu arbeiten und Geschäftskorrespondenz zu führen.

Tab. 1 zeigt, welche Vor- und Nachteile bei der Auswahl einer Plattform für ein bestimmtes Projekt beachtet werden sollten.

Somit können dank professioneller Plattformen Projekte in virtuellen Räumen organisiert und gemanagt werden.

Tab. 1 Vor- und Nachteile von digitalen Projektmanagement-Plattformen

Nr.	Werkzeug	Vorteile	Nachteile	Bevorzugter Ansatz
1.	Bitrix	multifunktional; Arbeiten mit Dokumenten innerhalb der Plattform (doc, pdf, xls etc.) Video-Chats; Gamification-Elemente (Badges); Integration mit sozialen Netzwerken, Google Calendar und anderen Diensten; Integration mit 1C-Bitrix und anderen bekannten CRM-Systemen	Lernt langsam; Überladenes Interface; Schwaches CRM (keine Möglichkeit, Verträge zu bearbeiten, Dokumente aus Vorlagen zu erstellen usw.)	Kanban, Klassisches Projektmanagement, PRINCE2
2.	Trello	Sicherheit; Einfaches Lernen; Einfaches Interface; Flexible Einstellungen	Eingeschränkte CRM-Funktionalität	Kanban, klassisches Projektmanagement
3.	Basecamp	Einfache Schnittstelle; Einfache Einrichtung und schneller Support; Automatische check ins; Integration mit Google Docs	keine Möglichkeit, die Dauer der Bearbeitung einer Aufgabe zu verfolgen; Schwierigkeiten bei der Handhabung von Dokumenten und Anhängen; Keine tags	Agil, Scrum
4.	Asana	Die Möglichkeit, einzelne Arbeitsbereiche, Projekte, Abschnitte, Aufgaben und Unteraufgaben zu bearbeiten, erleichtert die Organisation von Prozessen erheblich Einfache Erstellung sich wiederholender Aufgaben Ein bedienungsfreundlicher Kalender, der mit allen Aufgaben synchronisiert werden kann	mehreren Benutzern können nicht gleichzeitig Aufgaben zugewiesen werden; bei einer großen Anzahl von Aufgaben sinkt die Leistung keine Möglichkeit, die Dauer der Bearbeitung einer Aufgabenstellung zu verfolgen;	Agil, Scrum, Lean

Tab. 1 (*Fortsetzung*)

Nr.	Werkzeug	Vorteile	Nachteile	Bevorzugter Ansatz
5.	Wrike	Offline-Funktionalität; Automatisierte Funktionalität; Einfaches Interface; Hohe Funktionalität bei mehreren Teilnehmern	Eingeschränkte CRM-Funktionalität	Klassisches Projektmanagement, PRINCE2
6.	Genius Project	Sicherheit; Zahlreiche Funktionen; Flexibel anpassbar; Chats; grafische Elemente können bearbeitet werden	Eingeschränkte CRM-Funktionalität	Klassisches Projektmanagement, Kanban
7.	MS Projekt	Leistungsstarke analytische Werkzeuge; Visualisierung von Prozessen und Aufgaben; Automatisierte Funktionalität	Lernt langsam; Überladenes Interface;	PRINCE2, Kanban
8.	Jira	Einfaches Interface; Funktionen zur Kontrolle von Aufgabenstellung und -erledigung; Die Dauer der Bearbeitung einer Aufgabe kann verfolgt werden	Eingeschränkte allgemeine Funktionalität; Eingeschränkte CRM-Funktionalität	Agil, Scrum, Lean
9.	Begriff	Einfaches Interface; Funktionen zur Kontrolle von Aufgabenstellung und -erledigung; Tabellen und grafische Elemente können bearbeitet werden	Geringe Funktionalität; Eingeschränkte CRM-Funktionalität	Agil, Scrum, Kanban, Lean
10.	Favro	Fähigkeit, andere Dienste zu integrieren: Google Drive/Kalender, Slack, Dropbox, Jira, etc; Dokumente können innerhalb der Plattform bearbeitet werden (doc, pdf, xls, etc.) Viele Funktionen	Lernt langsam; Überladenes Interface	Klassisches Projektmanagement, PRINCE2

Gleichzeitig ermöglichen digitale Dienste die Durchführung diverser Projektaktivitäten, wie z. B. die Analyse, Suche, Recherche, Arbeit mit Texten, Bildern, Tabellen usw. auch mit allgemein zugänglichen Internetdiensten, wie z. B. Wikipedia-Technologien.

Wikis – kollaborative Internet-Seiten werden von mehreren Nutzern gemeinsam erstellt und verwaltet. Charakteristische Merkmale von Wikis sind:
1. Die Möglichkeit, mehrere Teilnehmer einzeln oder in Gruppen in ein Wiki-Projekt einzubeziehen.
2. Die Fähigkeit zur wiederholten Bearbeitung von Inhalten in einer Wiki-Umgebung ohne den Einsatz von Programmiertechniken.
3. Die Fähigkeit, Inhalte in Blöcke (Seiten) zu strukturieren
4. Die Möglichkeit, Fotos zu veröffentlichen und Dateien hochzuladen.
5. Die Möglichkeit, alle Änderungsprozesse von Inhalten nachzuvollziehen und bei Bedarf Änderungen zurückzunehmen und zu einer früheren Version des Projekts zurückzukehren [6].

Wikis eignen sich auch hervorragend für Gruppenarbeiten, Projektplanung, den Austausch von Forschungsergebnissen, die Erhebung von Informationen, das Erstellen von Verzeichnissen usw. Zahlreiche Web-2.0-Dienste einschließlich der Cloud-Systeme Yandex, Mail, Google Maps, Timelines (Free TimeKine, TimeRime), virtuelle Boards (JamBoard, Miro, Idroo) etc. ermöglichen es, Projektdokumente gemeinsam zu bearbeiten und eine virtuelle Umgebung für die gemeinsame Projektumsetzung zu schaffen. Soziale Netzwerke, Messenger, Widgets usw. ermöglichen die Schaffung von Kommunikationsumgebungen für Netzwerkprojekte. Für die Veröffentlichung der Projektergebnisse sind die sozialen Medien von großer Bedeutung. Digitale Designer wie Google Site, Tilda, WorldPress, Wix etc. ermöglichen die Schaffung von Informationsumgebungen für zahlreiche Projektteilnehmer [7].

Mit Twiddla können online-Meetings durchgeführt werden. Dieser Dienst ermöglicht es, gleichzeitig per Sprache zu kommunizieren, Texte zu bearbeiten, Schemata zu erstellen, Illustrationen, Texte und andere Dateien in Foren zu posten, andere Websites zu besuchen und schnell Notizen und Dateien zu teilen. Obwohl Twiddla nur in englischer Sprache verfügbar ist, ist es einfach und leicht zu bedienen. Vyew und ZOOM wurden für Seminare, Online-Diskussionen und Konferenzen konzipiert. Diese Dienste ermöglichen es allen Projektteilnehmern, Inhalte zu teilen. Die kostenlose Version von Vyew ermöglicht bis zu 20 Personen einen virtuellen Präsenz-Effekt, die kostenlose Version von ZOOM hat keine Begrenzung der Anzahl der Teilnehmer. Für den Massenversand von Informationen im Internet werden häufig Usenet und Mailing-Listen verwendet [8].

Mit Usenet werden Projektinformationen an alle Teilnehmer von Usenet-Telekonferenzen vervielfältigt und über das Internet versandt. Laut einer Analyse von UUNET technologies erreicht die Anzahl der Benachrichtigungen in Telefonkonferenzen täglich ca. eine Million.

Mailinglisten sind ein Mailing-Tool, das kein eigenes Protokoll und keine eigene Client-Software hat, sondern über E-Mail funktioniert. Das Konzept der Mailinglisten besteht darin, dass eine bestimmte E-Mail-Adresse existiert, die als Sammeladresse für mehrere Personen, die die Mailingliste abonnieren, fungiert.

Für Brainstormings wird der Browser „MindMeister" von den Anwendern als am bequemsten empfunden. Sie verweisen auf die einfache Bedienung, die Online-/Offline-Verfügbarkeit in Echtzeit und die Möglichkeit des gemeinsamen Zugriffs. Mit diesem Dienst können Projekte geplant werden, indem Brainstorming-Gruppenarbeitsnotizen rationalisiert werden. Die kostenlose Version enthält nur 3 Projektkarten. Ein weiterer sehr einfacher Dienst für die Projektarbeit im Team ist „Teamer". Dieser Dienst ist auch in russischer Sprache verfügbar. Das Projekt wird von Projektmanagern geleitet, die die entsprechenden Aufgaben für Führungskräfte und Mitarbeiter formulieren. Diese haben lediglich Zugriff auf ihren eigenen Zuständigkeitsbereich innerhalb des Projekts. Alle Projektteilnehmer können Nachrichten schreiben und Dokumente anhängen. Wichtig ist, dass dieser Dienst die Führung eines Projektkalenders ermöglicht [9].

Blogs werden häufig verwendet, um Projektinformationen auszutauschen und zu diskutieren. Die Vorteile von Blogs sind, dass es einfach ist, Informationen zu aktualisieren und in Journalen zu organisieren [10].

Die virtuellen Desktops des STIXY-Dienstes ermöglichen es einer unbegrenzten Anzahl von Anwendern, an einem Projekt zusammenzuarbeiten. Kostenlose und einfach zu bedienende Office-Dienste wie Google Docs, welches einen Texteditor, eine Tabellenkalkulation und einen Präsentationseditor enthält, können für die Projektarbeit genutzt werden. Außerdem können innerhalb eines einheitlichen Systems Projektdokumente gespeichert und Dateien veröffentlicht werden.

Viel zu selten wird „Zoho Online Office" für die Projektarbeit genutzt, ein Dienst, der 19 kostenlose Office-Anwendungen enthält. Zoho ähnelt in seinem Stil iGoogle, in dem Blöcke mit Dokumentenlisten, einem Kalender, einem Terminplaner und anderen für das Projektmanagement notwendigen Elementen eingestellt werden können. „Zoho Office Online" enthält weiterhin solche benutzerfreundlichen Anwendungen wie ein Projektmanagementsystem, ein persönliches Zeitmanagementsystem, ein CRM-Kundenmanagementsystem, ein Umfrage- und Abstimmungstool, einen Online-Chat, ein Statistiktool für die Website und ein Datenbankmanagementsystem. Natürlich enthält das Basispaket ebenfalls einen Texteditor, einen Editor für Präsentationen und Tabellenkalkulationen. Der Dienst ermöglicht die Konvertierung von Tabellenkalkulationen in die Datenbank, die Erstellung von Verknüpfungen durch Drag-and-Drop, die Unterstützung der SQL-Syntax und eine gemeinsame Bearbeitung der Datenbank. Anwender schätzen die hohe Qualität von „Zoho Office" und die in der Praxis gut funktionierende Integration der 19 Anwendungen.

Analysiert man die digitalen Dienste in Bezug auf Ergonomie und Nutzerfreundlichkeit im Internet unter dem Blickwinkel der Erstellung eines virtuellen Büros, so lässt sich mit dem „Desktop"-Paket von „ThinkFree Office" und der Serverversion ein Projektbüro im eigenen Netzwerk erstellen. ThinkFree Online verfügt über alle für die Projektarbeit notwendigen Editoren. Das Interface ist dem von Microsoft Office sehr ähnlich.

Es existieren zahlreiche weitere Internetdienste. In diesem Beitrag wurden die digitalen Dienste vorgestellt, die am häufigsten für die online-Projektarbeit eingesetzt werden.

Die Auswahl und Anwendung des konkreten digitalen Service für ein konkretes Projekt hängen davon ab, welche Aufgaben der Projektmanager dem Team zuweist. Die in diesem Bericht besprochenen digitalen Dienste erfordern keine besonderen Kenntnisse und Fähigkeiten. Somit können digitale Dienste inzwischen nicht nur für die offline-Projektarbeit genutzt werden, sondern stehen auch in der virtuellen sozioökonomischen Umgebung zur Verfügung stehen.

Literatur

[1] Jacobides, M. G., Lang, N., & von Szczepanski, K. Wie sieht ein erfolgreiches digitales Ökosystem aus? https://www.bcg.com/de-ru/publications/2019/what-does-successful-digital-ecosystem-look-like. Zugegriffen: 2. Juni 2021.

[2] Wassiljewa, E. V., & Luzgin, V. I. (2020g). Digitale Dienstleistungen und Projektarbeit unter den Bedingungen der „Industrialisierung 4.0", Eurasian Law Journal. https://eurasialaw.ru/2020g/11-150-2020g/. Zugegriffen: 27. Mai 2021.

[3] Allgemeines Abkommen über den Handel mit Dienstleistungen. https://www.wto.org/english/docs_e/legal_e/26-gats.pdf. Zugegriffen: 17. Mai 2021.

[4] Bericht des UNCTAD-Sekretariats. Digitale Plattformen und Wertschöpfung in Entwicklungsländern: nationale und internationale politische Implikationen. https://unctad.org/meetings/de/SessionalDocuments/tdb_ede4d2_ru.pdf. Zugegriffen: 3. Juni 2021.

[5] Mesropyan, V. R. Digitale Plattformen – die neue Marktmacht. https://www.econ.msu.ru/sys/raw.php?o=46781&p=attachment. Zugegriffen: 1. Juni 2021.

[6] Belolobova, A. A. Netzwerk-Projektarbeit und digitale Werkzeuge. https://cyberleninka.ru/article/n/setevaya-proektnaya-deyatelnost-i-tsifrovye-instrumenty-dlya-eyo-realizatsii/viewer. Zugegriffen: 29. Mai 2021.

[7] Strommen-Bakhtiar, A. Digitale Wirtschaft, Geschäftsmodelle und Cloud Computing. IGI Global. https://www.researchgate.net/publication/329416432_Digital_economy_business_models_and_cloud_computing. Zugegriffen: 3. Juni 2021.

[8] Bughin, J., Catlin, T., & Dietz, M. Die richtige Strategie für digitale Plattformen. https://www.mckinsey.com/business-functions/mckinsey-digital/our-insights/the-right-digital-platform-strategy. Zugegriffen: 25. Mai 2021.

[9] Projektmanagement im Zeitalter der Digitalisierung. Konferenz des Analytischen Zentrums bei der Regierung der Russischen Föderation „Praktische Anwendung des Projektmanagements: Projekt OLYMPUS 5.0". https://www.itweek.ru/gover/article/detail.php?ID=204420. Zugegriffen: 3. Juni 2021.

[10] IMCO-Ausschuss Neue Entwicklungen bei digitalen Diensten. https://www.europarl.europa.eu/RegData/etudes/BRIE/2020/652716/IPOL_BRI(2020)652716_DE.pdf. Zugegriffen: 16. Mai 2021.

Staatliche Sicherung und Eigenvorsorge in der sozialen Marktwirtschaft der Bundesrepublik Deutschland

Dr. Barbara Kaschützke, Prof. Dr. Raimond Maurer

Zusammenfassung

Dieser Artikel behandelt das Zusammenspiel von staatlich organisierten sozialen Sicherungssystemen und der privaten Eigenvorsorge durch Vermögensbildung als Grundpfeiler der sozialen Marktwirtschaft in Deutschland. Die jährlichen Ausgaben der verschiedenen staatlichen Sicherungssysteme belaufen sich auf rund ein Drittel des erwirtschafteten Bruttosozialprodukts, wobei die umlagefinanzierten Alterssicherungssysteme für die Arbeitnehmer den größten Anteil ausmachen. Sachvermögen in Form von selbst genutzten Wohnungen sowie Finanzvermögen in Form von Bankeinlagen und Ansprüche gegen private Versicherungen machen den größten Anteil der Eigenversorge aus. Aufgrund des niedrigen Zinsniveaus sowie des demografischen Wandels der Gesellschaft wird die Eigenvorsorge durch Anlagen an den internationalen Wertpapiermärkten sowohl für Selbständige als auch Arbeitnehmer immer bedeutender.

Abstract

Social Security Programs and Individual Provision in the Social Market Economy of Germany

This article considers the interaction between the of statutory social security systems and individual wealth-creating provisions as a cornerstone of the social market economy in Germany. The annual expenditures of several statutory social security systems amount to about a third of the gross national product, whereby the pay-as-you-go pension systems for employees make up the largest part of these expenditures. Real assets in the form of owner-occupied property as well as financial assets in the form of bank deposits and claims against private insurance companies make up the largest share of individual wealth-creating provisions. Due to the low interest rate levels and the demographic change in the society, provisions by means of investments in the international capital markets gain more and more importance for both the self-employed and the employees.

Schlüsselwörter/Keywords
Soziale Marktwirtschaft, staatliche Sozialversicherung, private Vermögensbildung, demographischer Wandel, Social market economy, social security and public pensions, individual wealth provision, demographic changes.

1 Grundelemente der Sozialen Marktwirtschaft

Die Wirtschafts- und Gesellschaftsordnung der Bundesrepublik Deutschland ist durch die sogenannte Soziale Marktwirtschaft gekennzeichnet. Die wichtigsten politischen Parteien in Deutschland bekennen sich in ihren Grundsatzprogrammen zur Sozialen Marktwirtschaft, wenngleich mit verschiedenen Akzenten. Auch in den Lissabonner Verträgen für die Mitgliedländer der Europäischen Union wird die Soziale Marktwirtschaft als anzustrebende Wirtschaftsordnung genannt.

Für die Deutschen ist die Konzeption der Sozialen Marktwirtschaft eng mit dem Namen Ludwig Erhard verbunden, der 1949 bis 1963 Wirtschaftsminister und anschießend von 1963 bis 1966 Bundeskanzler war. In seinem Buch „Wohlstand für Alle (1957)" postuliert er seine Überzeugung, „[..] daß nur über den freien Wettbewerb die Kräfte lebendig werden, die dahin wirken, daß jeder wirtschaftliche Fortschritt und jede Verbesserung in der Arbeitsweise sich nicht in höheren Gewinnen, Renten oder Pfründen niederschlagen, sondern daß alle diese Erfolge an den Konsumenten weitergegeben werden. Das ist der soziale Sinn der Marktwirtschaft, daß jeder wirtschaftliche Erfolg wo immer er entsteht, daß jeder Vorteil aus der Rationalisierung, jede Verbesserung der Arbeitsleistung dem Wohle des ganzen Volks nutzbar gemacht werden und einer besseren Befriedigung des Konsums dient" [1, S. 169]. Weiterhin führt er zum Aspekt der sozialen Sicherung aus: „Eine freiheitliche Wirtschaftsordnung kann auf die Dauer nur dann bestehen, wenn und solange auch im sozialen Leben der Nation ein Höchstmaß an Freiheit, an privater Initiative und Selbstvorsorge gewährleistet ist" [1, S. 246].

Grundpfeiler der Sozialen Marktwirtschaft ist damit die Teilhabe am wirtschaftlichen Erfolg für breite Bevölkerungsschichten durch einen marktwirtschaftlichen Leistungswettbewerb, der Schutz des freiheitlichen Wettbewerbs durch Vermeidung wirtschaftlicher Machtkonzentration sowie ein System der sozialen Sicherung.

Kernziel der in diesem Beitrag betrachteten sozialen Sicherung ist die Vermeidung von Armut in der Bevölkerung, sei es durch Hilfen für Einzelne in wirtschaftlichen Notlagen sowie die Reduktion der finanziellen Konsequenzen zentraler Lebensrisiken wie Alter, Arbeitslosigkeit, Krankheit, Unfall und Pflegebedürftigkeit. Neben der Unterstützung durch die eigene Familie können diese Lebensrisiken durch *staatliche Leistungen* oder im Wege der *Eigenvorsorge* durch Vermögensbildung abgesichert werden. Beide Elemente sollen im Folgenden dargestellt werden und auf grundlegende Herausforderungen eingegangen werden.

2 Staatliche soziale Sicherungssysteme

Die sozialen Sicherungssysteme sind in Deutschland weit ausgebaut und umfassen zahlreiche Leistungsbereiche, die entweder aus allgemeinen Steuermitteln oder aus speziellen lohnabhängigen Mitgliedsbeiträgen finanziert werden. Wesentliche Grundlage ist das Sozialgesetzbuch (SGB), das eine Vielzahl von konkreten Rechten benennt, auf die die Bürger unter bestimmten Voraussetzungen einen Anspruch haben. Zielsetzung ist die Verwirklichung sozialer Sicherheit und sozialer Gerechtigkeit in der Bevölkerung. Die verschiedenen Leistungen können in *Grundsicherung,* gesetzliche *Sozialversicherung* und *sonstige Sozialleistungen* eingeteilt werden.

A. *Grundsicherung:* Die Leistungen der Grundsicherung erfolgen grundsätzlich nach Bedürftigkeit, d. h. es wird geprüft, ob bei einer Person das vorhandene Vermögen, das Einkommen und Ansprüche gegenüber unterhaltspflichtigen Angehörigen (Ehepartner, Eltern, Kinder) nicht ausreichen, um ein bestimmtes *Existenzminium* zu finanzieren. In einem solchen Fall erhält diese Person staatliche Geld- und Sachleistungen, die aus Steuermitteln finanziert werden. Wichtigste Positionen sind die Sozialhilfe, die Grundsicherung für Arbeitssuchende sowie das Wohngeld für einkommensschwache Haushalte. Im Jahr 2019 beliefen sich die Ausgaben für diese drei Positionen auf insgesamt € 77 Mrd.

B. *Gesetzliche Sozialversicherung und Beamtenversorgung*: Die gesetzlichen Sozialversicherungssysteme mit den Teilbereichen der Arbeitslosen-, Kranken-, Unfall-, Renten- und Pflegeversicherung, sind traditioneller Kernbereich der sozialen Sicherung. Für die meisten Arbeitnehmer besteht Versicherungspflicht, womit ein großer Teil der Erwerbstätigen erreicht wird. So waren nach Angaben des statistischen Bundesamts im Jahr 2019 von den 44,3 Mio. Erwerbstätigen rund 81 % Pflichtmitglied der gesetzlichen Sozialversicherung. Weitere 3,7 % der Erwerbstätigen sind freiwilliges Mitglied in einer Sozialversicherung (etwa Selbständige). Dazu kommen beitragsfrei mitversicherte Familienmitglieder sowie über 21 Mio. Rentner, die Leistungen aus der gesetzlichen Sozialversicherung beziehen.

Ein Leistungsanspruch besteht bei Eintritt des Versicherungsfalls, eine Bedürftigkeitsprüfung wie bei der Grundsicherung findet nicht statt. Die Leistungen erfolgen in der gesetzlichen Kranken-, Unfall- und Pflegeversicherung überwiegend als Sach- und Dienstleistungen, die für alle Mitglieder gleich sind (*Solidaritätsprinzip*). In der Krankenversicherung sind Familienmitglieder ohne Zusatzbeiträge mitversichert. In der Renten- und Arbeitslosenversicherung werden die Leistungen grundsätzlich als Geldzahlungen erbracht und hängen von persönlich erworbenen Ansprüchen ab (*Leistungsfähigkeitsprinzip*), wie etwa Versicherungszeiten, gezahlten Beiträgen, oder dem Arbeitseinkommen. Allerdings sind auch solidarische Elemente vorhanden, etwa die beitragsfreie Anrechnung von Ausbildungs- und Kindererziehungszeiten in der Rentenversicherung.

Die Finanzierung der gesetzlichen Sozialversicherung erfolgt im Rahmen eines Umlageverfahrens durch Mitgliedsbeiträge (und teilweise auch aus Steuern), die unabhängig von individuellen Faktoren (Alter, Geschlecht, Familienstand, Gesundheit, u. a.) als Prozentsatz vom Bruttoarbeitslohn bis zu einer Höchstgrenze berechnet werden. Die aktuellen Beitragssätze per Ultimo 2020 betragen für die Krankversicherung 14,3 %, Rentenversicherung 18,6 %, Arbeitslosenversicherung 2,4 %, Pflegeversicherung 3,05 % (3,30 % für kinderlose Mitglieder) und Unfallversicherung 1,3 %, d. h. in Summe 39,65 % des Bruttolohns. Mit Ausnahme der Unfallversicherung sind die Beiträge von Arbeitgebern und Arbeitnehmern paritätisch zu zahlen. Die Arbeitgeber müssen die jeweiligen Sozialversicherungsbeiträge vom Monatslohn einzubehalten und an die Sozialversicherungsträger abzuführen.

Nach Angaben des Statistischen Bundesamt [2] betrugen im Jahre 2019 (vor Ausbruch der Corona-Pandemie) die Ausgaben der gesetzlichen Sozialversicherungen insgesamt € 720 Mrd., was etwa 20 % des in diesem Jahr erwirtschafteten Bruttosozialprodukts von 3450 Mrd. entspricht. Die größten Posten umfassen dabei die Ausgaben für die Renten- und Krankenversicherung in Höhe € 330 Mrd. bzw. € 255 Mrd. Im Jahr 2020 sind die Ausgaben auf € 778 Mrd. angewachsen, vor allem aufgrund der deutlichen Zunahme der Ausgaben für Arbeitslosen-/Kurzarbeitergeld in Folge der Corona-Krise.

Hinzu kommen € 66 Mrd. an Ausgaben für die Versorgung der 1,9 Mio. im aktiven Dienst und 1,3 Mio. im Ruhestand befindlichen Beamten, Richter und Soldaten und € 2,8 Mrd. für die Alterssicherung der rund 0,6 Mio. Landwirte. In beiden Fällen handelt es sich um eigenständische Sondersysteme mit vergleichbaren Leistungen wie die der gesetzlichen Sozialversicherung, allerdings mit unterschiedlicher Finanzierung. Insgesamt erreichen die gesetzliche Sozialversicherung (inklusive vergleichbare Sondersysteme) sowie die Beamtenversorgung rund 90 % der erwerbsstätigen Bevölkerung (inkl. deren Familien).

Für die rund 4 Mio. selbständigen Erwerbspersonen besteht keine Versicherungspflicht in der gesetzlichen Sozialversicherung, sie können jedoch freiwilliges Mitglied werden. Allerdings besteht für bestimmte selbstständige Erwerbspersonen, den sogenannten feien Kammerberufen (Ärzte, Apotheker, Rechtsanwälte, Wirtschaftsprüfer, Architekten, u. a.), Versicherungspflicht in speziellen berufsständischen Versorgungswerken mit rund 1,4 Mio. Mitgliedern (vgl. [3])

C. *Sonstige Sozialleistungen:* Die Grundsicherung und die gesetzlichen Sozialversicherungen (inkl. der Beamtenversorgung) versuchen das Ziel der sozialen Sicherheit zu verwirklichen. Die sonstigen Sozialleistungen zielen eher auf das weitere Ziel der Herstellung sozialer Gerechtigkeit ab, obgleich die Abgrenzung nicht trennscharf erfolgen kann. Darunter fallen Unterstützungen für behinderte Menschen, für Familien (Kindergeld, Erziehungsgeld, Elternteilzeit, Unterhaltsvorschuss), die Jugendhilfe, die Ausbildungsförderung, Rehabilitationsmaßnamen oder Entschädigungen von Kriegs-/Gewaltopfern. Insgesamt wurden dafür im Jahr 2019 rund € 111 Mrd. ausgegeben.

In der nachfolgenden Tab. 1 sind für das Jahr 2019 die gesamten staatlichen Sozialleistungen in Mrd. Euro sowie als Prozent des erwirtschafteten Bruttoinlandsproduktes von rund € 3500 Mrd. dargestellt.

Fast 30 % des in Deutschland erwirtschafteten Bruttosozialprodukts wird für soziale Sicherungsmaßnamen ausgegeben Wesentliche Herausforderung ist die Finanzierung der gesetzlichen Renten- und Pflegeversicherung in Zeiten des demografischen Wandels. Die OECD [5] prognostiziert, dass aufgrund geringer Geburtenraten und steigender Lebenserwartung der Altenquotient (15 bis 64-jährige/ +65jährige Personen) von derzeit 39 % bis zum Jahr 2050 auf 59 % ansteigen wird. Folglich werden Beiträge und Steuerzuschüsse ansteigen, das Leistungsniveau sinken oder das abschlagsfreie Renteneintrittsalter ansteigen.

Tab. 1 Ausgaben für staatliche Sozialleistungen im Jahre 2019

	Ausgaben in Mrd. Euro	Ausgaben in Prozent des BIP
	–	–
Grund-/Existenzsicherung	77	2,2
Gesetzl. Sozialversicherung	758	21,7
Beamtenversorgung	66	1,9
Sonstige Sozialleistungen	111	3,1
Summe	1011	28,9

Anmerkungen: Die gesetzliche Sozialversicherung umfasst die Arbeitslosen-, Kranken-, Pflege-, Renten- und Unfallversicherung für sozialversicherungspflichtige Arbeitnehmer (inkl. Sondersystem). Beamtenversorgung umfasst Pensions- und Beihilfezahlungen. Quelle: Deutschland in Zahlen [4].

3 Eigenvorsorge durch Vermögensbildung

Im Rahmen der Eigenversorge bauen die Bürger einen individuellen Kapitalstock bestehend aus Finanz- und Sachvermögen auf, der im Bedarfsfall verwendet werden kann, um allgemeine Lebensrisiken (Arbeitslosigkeit, Krankheit, Pflege, Sachschäden, u. a.) und den Altersruhestand zu finanzieren. Zum Finanzvermögen gehören Bargeld, Bankguthaben, Beteiligungen an Unternehmen Wertpapiere, Ansprüche gegenüber privaten Versicherungen und Einrichtungen der betrieblichen Altersversorgung. Dem *Sachvermögen* zuzurechnen sind vor allem Wohn-/Gewerbeimmobilien, bewegliche Sachen (Fahrzeuge, Möbel, Edelmetalle und Schmuck) sowie Patente. Sowohl aus Finanz- und Sachvermögen lassen sich Einnahmen in Form von Dividenden, Mieten, Zinsen, Rentenzahlungen oder durch Verkauf erzielen. Im Gegensatz zum Finanzvermögen kann das Sachvermögen, etwa das selbstgenutzte Wohnungseigentum oder Gebrauchsvermögen wie Fahrzeuge, auch direkt für den Eigenkonsum genutzt werden (siehe [6]). Von den Vermögenswerten sind die Schulden der privaten Haushalte abzuziehen, vor allem in Form von Konsum- und Wohnungskrediten.

Quantitative Information über das Vermögen der privaten Haushalte in Deutschland stellen das Statistische Bundesamt [2] für das Sachvermögen sowie die Deutsche Bundesbank [7] für das Finanzvermögen bereit (siehe Tab. 2).

Aus der Tabelle ist zu entnehmen, dass im Jahr 2019 das Reinvermögen der deutschen Privathaushalte rund € 15.000 Mrd. betrug, davon 69 % in Form von Sachvermögen. Innerhalb des Sachvermögens sind Wohnimmobilien die wichtigste Kategorie. Dabei gilt es zu bedenken, dass die Eigentumsquote an selbstgenutzten Wohnimmobilien nur rund 45 % beträgt. Das bedeutet, dass die meisten Haushalte

Tab. 2 Finanz- und Sachvermögen der privaten Haushalte im Jahre 2019. (Quelle: [2, 7] sowie eigene Gruppierungen)

	Gesamt Mrd. €	In Prozent von Reinvermögen
1. Sachvermögen – Wohnungen – Nichtwohnbauten – Gebrauchsvermögen – Sonstiges	10.479 8334 704 1095 346	69 %
2. Finanzvermögen – Bargeld und Bankeinlagen – Schuldverschreibungen – Aktien/Unternehmensanteile – Investmentanteile – Ansprüche an Versicherungen & Pensionseinrichtungen – Sonstige Forderungen	6505 2597 121 702 680 2374 30	43 %
3. Kredite und sonstige Verbindlichkeiten	1858	−12 %
4. Reinvermögen (= 1 + 2 − 3)	15.126	100 %

Quelle Statistisches Bundesamt (Destatis 2020), Deutsche Bundesbank (2020) sowie eigene Gruppierungen

in gemieteten Wohnimmobilien leben. Auf das Gebrauchsvermögen wie hochwertige Möbel oder Kraftfahrzeuge entfallen 10 % des Sachvermögens. Zieht man von dem Finanzvermögen die Verbindlichkeiten in Form von Hypotheken-/Konsumentenkrediten von Banken ab, ergibt sich ein (Netto-)Finanzvermögen von über € 4600 Mrd. Dieses ist zu großen Teilen in Bankguthaben mit Zinsgarantien angelegt. Auch Ansprüche gegenüber Versicherungen und Pensionsansprüchen weisen Garantieverzinsungen auf. Der Anteil von kurzfristig riskanten aber langfristig rentablen Anlagen, wie börsengehandelten Aktien, Unternehmensbeteiligungen oder Investmentanteilen macht mit € 1382 Mrd. lediglich ein Fünftel des Finanzvermögens aus.

Grundsätzlich erfolgt der Aufbau von Vermögen durch Sparen von Teilen des Erwerbseinkommens, durch geerbtes Vermögen sowie durch Wertzuwächse der Vermögenswerte. Weiterhin fördert der Staat den individuellen Vermögensaufbau durch Zuschüsse und steuerliche Begünstigungen. Neben der allgemeinen Vermögensbildung für Arbeitnehmer (Vermögensbildungsgesetz), der Gewährung von Prämien zu Erwerb von Wohnungseigentum wird insbesondere der Aufbau einer kapitalgedeckten Altersversorgung durch verschiedene Programme unterstützt. So haben über 16 Mio. Arbeitnehmer einen staatlich geförderten privaten Altersversorgungsvertrag abgeschlossen, auch bekannt als „Riesterrente". Hierbei können Arbeitnehmer freiwillig Beiträge bis zu € 2100 p. a. in spezielle Altersversorgungsprodukte einzahlen, die von Lebensversicherungen, Banken, und Investmentgesellschaften angeboten werden. Die vom Staat gewährten Zuschüsse (€ 175 Grundzulage zzgl. € 300 pro Kind) sind besonders für kinderreiche Familien mit geringem Einkommen sehr attraktiv. Weitere 2,5 Mio. Haushalte verfügen einen Basisrentenvertrag, ebenfalls eine steuerlich geförderte individuelle kapitalgedeckte Altersversorgung, die insbesondere für selbstständige Erwerbspersonen attraktiv ist. Über eine betriebliche Altersversorgung verfügen über 22 Mio. Erwerbstätige (vgl. [8]) Dabei ist in der Privatwirtschaft die betriebliche Altersversorgung freiwillig, für Arbeitsnehmer in öffentlichen Unternehmen dagegen verpflichtend.

Wie in den meisten Ländern ist das Finanz- und Sachvermögen zwischen den verschiedenen Bevölkerungsgruppen ungleich verteilt. Das Reinvermögen der 10 % ärmsten Haushalte ist nahezu Null, wogegen die 10 % reichsten Haushalte über ein Reinvermögen von € 470.000 verfügen (vgl. [6]). Die Höhe des Vermögens ist dabei stark mit dem Ausbildungsniveau und der sozialen Stellung der Personen korreliert. Personen mit Hochschulabschluss und Selbständige (Unternehmer, Freiberufler) verfügen über das höchste Sach- und Finanzvermögen (vgl. [6]).

Eine aktuelle Herausforderung im Rahmen der Eigenvorsorge ist das seit geraumer Zeit sehr geringe Zinsniveau auf den Kapitalmärkten. Dies macht die traditionell weit verbreiteten verzinslichen Bankeinlagen unattraktiv für einen langfristigen Vermögensaufbau. Anbieter von Finanzprodukten mit über langfristigen Zeiträumen garantierten Mindestrenditen, wie Lebensversicherung-, Rentenversicherungs- oder Altersversorgungsverträgen, ziehen sich aufgrund der hohen regulatorischen Solvabilitätsanforderungen aus dem Markt zurück. Vielmehr werden zunehmend Produkte angeboten, vor allem in Form von Investmentfonds, bei denen die Privathaushalte die Chancen- und Risiken der internationalen Kapitalmärkte tragen. Die zunehmende Digitalisierung des Finanzsektors in Verbindung mit einer steigenden Aufgeschlossenheit der jungen Generation gegenüber dem Kapitalmarkt zeigt eine zunehmende Partizipation in den (international diversifizierte) Aktienanlagen erwarten. Dabei wird insbesondere von der jungen Generation die Einhaltung von ökologischen Kriterien (ESG-Investments) gefordert.

4 Schlussbetrachtung

In einer Sozialen Marktwirtschaft sind staatliche organisierte Sicherungssysteme ein zentraler Pfeiler, um Armut in der Bevölkerung zu vermeiden und vor allem für Arbeitnehmer (und deren Familien) die Absicherung der finanziellen Konsequenzen zentraler Lebensrisiken (Alter, Arbeitslosigkeit, Krankheit) zu gewährleisten. In Deutschland sind diese solidarischen Sicherungssysteme weit ausgebaut und damit ein wichtiger Bestandteil des Wohlstands der Nation. Allerdings ist auch klar, dass die staatlichen Sozialversicherungssysteme aufgrund der hohen Finanzierungskosten keine allumfassende Lösung darstellen. Die lohnabhängigen Beiträge machen mittlerweile 40 % des Bruttolohns aus. Darüber hinaus fließen mehr als ein Drittel der Steuereinnahmen in Sozialleistungen. In Zeiten des demographischen Wandels ist damit die Grenze der Belastbarkeit vor allem der jungen Generation erreicht.

Der zweite Pfeiler der sozialen Sicherung ist die Eigenvorsorge durch die Bildung von individuellen Finanz- und Sachvermögen. Für die nicht von der gesetzlichen Sozialversicherung erfassten selbständigen Erwerbspersonen steht die Eigenvorsorge traditionell im Vordergrund, um die Kosten von Krankheit, Ruhestand und Pflege zu finanzieren. Doch auch für die Arbeitnehmer wird die Eigenvorsorge eine immer wichtigere Rolle spielen, vor allem im Bereich der Alterssicherung. Dabei sollte der Staat die Eigenvorsorge durch geeignete Maßnahmen fördern und nicht durch einen übermäßigen Ausbau staatlicher Sicherungssysteme zurückdrängen. Nur so wird auch (vgl. [1]) „im sozialen Leben der Nation ein Höchstmaß an Freiheit (…) gewährleistet."

Literatur

[1] Erhard, L. (1957). *Wohlstand für Alle*. (Jubiläumsausgabe 2000)
[2] Statistisches Bundesamt (2020). Volkswirtschaftliche Gesamtrechnungen: Anlagevermögen nach Sektoren. https://www.destatis.de/DE/Themen/Wirtschaft/Volkswirtschaftliche-Gesamtrechnungen-Inlandsprodukt/Publikationen/Downloads-Vermoegensrechnung/vermoegensbilanzen-pdf-5816103.html. Zugegriffen: 7. Febr. 2021.
[3] Bundesministerium für Arbeit und Soziales (BMAS) (2020). Ergänzender Bericht der Bundesregierung zum Rentenversicherungsbericht 2020 gemäß § 154 Abs. 2 SGB VI (Alterssicherungsbericht 2020). www.bmas.de. Zugegriffen: 7. Febr. 2021.
[4] Deutschland in Zahlen (2020). www.deutschlandinzahlen.de/tab/deutschland/soziales/sozialbudget-sozialausgaben/sozialbudget. Zugegriffen: 29. März 2021.
[5] OECD (2017). Pension at a glance 2017: OECD and G20 indicators, OECD Publishing, Organisation für wirtschaftliche Zusammenarbeit und Entwicklung, Paris. https://www.

oecd-ilibrary.org/social-issues-migration-health/pensions-at-a-glance-2019_b6d3dcfc-en. Zugegriffen: 1. Apr. 2021.
[6] Deutsche Bundesbank (PHF) (2016). Vermögen und Finanzen privater Haushalte in Deutschland: Ergebnisse der Vermögensbefragung 2014. www.bundesbank.de/resource/blob/604904/bb345ad5999c923eebdbd4fcce69914d/mL/2016-03-vermoegen-finanzen-private-haushalte-data.pdf. Zugegriffen: 1. Apr. 2021.
[7] Bundesbank (2020). Deutsche Bundesbank Monatsbericht. Geldvermögen und Verbindlichkeiten (unkonsolidiert). www.bundesbank.de/resource/blob/848024/7ab0532feb03d57b3986ea87cb8167c7/mL/2020-10-16-geldvermoegen-anlage-data.pdf. Zugegriffen: 7. Febr. 2021.
[8] Arbeitsgemeinschaft für betriebliche Altersversorgung (aba) (2018). Prozentuale Aufteilung der Deckungsmittel in der betrieblichen Altersversorgung im Jahr 2018. https://www.aba-online.de/deckungsmittel-a-prozentuale-aufteilung. Zugegriffen: 9. Febr. 2021.

Shared Space – ein Weg zur Fußgänger-Stadt

Prof. Dr. habil. Sabina Kauf

Zusammenfassung

Die negativen Auswirkungen des Autoverkehrs in Städten nehmen trotz der Ziele, die das Paradigma der nachhaltigen Mobilität vor fast drei Jahrzehnten verfolgt hat, weiter zu. Maßnahmen zu ihrer Verringerung konzentrieren sich hauptsächlich auf die Verbesserung der Verkehrssicherheit durch Verringerung der Fahrzeuggeschwindigkeit und Verringerung des Verkehrs (Verkehrsberuhigung). Das übergeordnete Ziel der Verkehrsberuhigung ist es jedoch, das gewünschte Kommunikationsverhalten der Bewohner und solche Räume in der Stadt zu schaffen, in denen die Bedürfnisse von Fußgängern und Radfahrern Vorrang haben. Das Shared Space-Projekt ist eine ungewöhnliche, völlig innovative und immer beliebter werdende Lösung, mit der das Verkehr beruhigt werden kann. Es bedeutet einen Raum, der zwischen PKWs, Lieferfahrzeugen und den Fußgängern geteilt wird. In diesen Aufsatz wollen wir der Frage nachgehen, ob solche Lösung ein Gemeinsinn aufbauen und eine Stadt für Fußgänger fördern und solche Räume schaffen, die zu dort zu verweilen anregen.

Abstract

Shared Space – A Way to the Pedestrian City

The negative effects of car traffic in cities continue to grow, despite the goals that the sustainable mobility paradigm put forward almost three decades ago. Measures to reduce them mainly focus on improving road safety by reducing vehicle speed and reducing traffic (traffic calming). However, the overriding goal of calming traffic is to create the desired communication behavior of residents and to create such spaces in the city where the needs of pedestrians and

© Der/die Autor(en), exklusiv lizenziert durch Springer Fachmedien Wiesbaden GmbH, ein Teil von Springer Nature 2022
C. Renker, T. Nikitina (Hrsg.), *Pandemie als nicht alltägliches Event-Risk*,
https://doi.org/10.1007/978-3-658-36504-2_8

cyclists are a priority. The Shared Space project is an unusual, completely innovative and increasingly popular solution that allows you to calm traffic. It means a space shared between individual vehicles, delivery vehicles and pedestrian traffic. In this paper, we address the question of whether such a solution to build a sense of community and promote a city for pedestrians and create such spaces that encourage to stay on there.

Schlüsselwörter/Keywords

Stadtlogistik, öffentliche Räume, shared space, Raum für alle, City logistics, public space, shared space.

1 Die Stadt als ewiges Spektakel

Die Stadt ist ein ständiges Phänomen der Gesellschaft, der praktisch seit Anbeginn der Zeit die Menschen begleitet. Die ähnelt einem nicht endenden Spektakel, indem Individuen Schauspieler sind und die Gebäude und Räumer die Kulissen darstellen [12, S. 9]. Solche Betrachtungsweise regt zum Nachdenken an und lässt die Frage zu: wer der Regisseur der Bühne ist? Sind das die Stadtverwaltungen, verschiedene Interessengruppen oder wir – Stadtbewohner? Unabhängig von der Zeit des Geschehens die menschlichen Emotionen bleiben konstant. In einem Kultbuch „*Die Unsichtbaren Städte*" Clavino betrachtet die Stadtgebilden in Bezug auf Erinnerungen, Wünschen, Zeichen und Austausch. Er beschreibt die Stadt als „ein Ganzes, wo kein Wunsch verlorengeht und deren Teil du bist, und da sie im Genuß all dessen ist, was du nicht genießt, bleibt dir nur, in diesem Wunsch zu wohnen und dich damit zu bescheiden" [1, S. 8]. Er bemerkt auch, dass die Wahrnehmung und Gestalt der Stadt von der Sichtweise des Individuums abhängig sind und schreibt: „Gehst du pfeifend hindurch, die Nase in der Luft hinter dem Pfiff, lernst du sie von unten nach oben kennen: Fenstersimse, wehende Vorhänge, Springbrunnen. Gehst du hindurch mit dem Kinn auf der Brust, die Fingernägel in die Handflächen gegraben, verfangen sich deine Blicke den Boden entlang an Rinnsteinen, Gullys, Fischgräten, Papierabfällen. Du kannst nicht behaupten, daß ein Aspekt wahrer sei als der andere" [1, S. 40]. Diese Überlegung nach ist die Stadt ein „Ort", d. h. einer Existenzweise im Raum, die uns ermöglicht unsere Gefühle und Erfahrungen gegenüber dem Raum zu artikulieren.

Diese Wahrnehmung der Stadt ist uns heutzutage fremd. Das was wir heute als Stadt verstehen prägten im 19. Jahrhundert die Urbanisierung und die industrielle Revolution. Sie bildeten den Rahmen für die städtische Zivilisation und Kultur, drängten tief in alle Lebensbereiche ein und verändern radikal die Stadtgebilde. Nach A. Giddens wurde die moderne Ära, die die Städte den Ereignissen des menschlichen Handelns, der Herrschaft der industriellen Zivilisation und der Marktwirtschaft durch die Postmoderne ersetzt. Die Städte, die raffiniertesten menschlichen Werke sind Hauptquellen der kognitiven und kulturellen Entwicklungsdynamik, die jedoch an der Schwelle des 21. Jahrhunderts eine Wandels Phase erleben. Die ist noch nicht vollständig definierbar und wird metaphorisch als „Wiedergeburt der Städte" bezeichnet [2]. Nach M. Foucault [3, S. 37] „die Unruhen betreffen grundlegend den Raum – viel mehr als die Zeit Die Zeit". Es gibt viele Hinweise darauf, dass diese Worte von Michel Foucault, obwohl sie 1967 gesprochen wurden, bis heute gültig sind. Paradoxerweise gewinnt der Raum in einer Zeit, in der eine der Errungenschaften darin besteht, die Rolle dieser Kategorie (oder zumindest ihre physische Dimension) erheblich zu schwächen, immer mehr an Bedeutung. Die Beseitigung der uralten Distanzbarriere (aufgrund der Entwicklung von Kommunikationsmitteln) führten nicht zu einer menschlichen Herrschaft über den Raum. Im Gegenteil, die Realität, der sich das Individuum jetzt stellen muss, widersetzt sich zunehmend den Versuchen, den Raum zu organisieren und zu integrieren, Der Mensch wird ständig mit anderen Räumen, sowohl im kulturellen als auch im existenziellen Sinne konfrontiert.

Die aufgeführte Argumentation führt zu der Überlegung nach den Chancen der Städte zu der Idee der Bühne und des Spektakels zurückzukehren, zur solchen, in dem die Schauspieler bereit sind für ein kurzes Moment inne zu halten, und nicht ständig in Bewegung zu sein und eilen nur in ihn bekannte Richtung. In einer Stadt langsamer zu werden bedeutet – um es einfach ausdrücken zu können – aus den Fahrzeugen auszusteigen und die Stadt zu Fuß zu genießen. Auf dieser Art und Weise kann die Wahrnehmung der Stadt verändert werden – nach Oben schauen und sehen was durch die Autoscheibe nicht sichtbar ist. Die Stadt und die Menschen sehen: „Auf dem Marktplatz ist das Mäuerchen der Alten, die der Jugend nachschauen, die vorbeigeht; er sitzt mit ihnen in einer Reihe. Die Wünsche sind schon Erinnerungen" [1, S. 5]. Diese Perspektive beeinflusst die Tätigkeiten der Stadtlogistiker, da sie in gewisse Weise Bühnenbildner und Regisseure des Stadtspektakels sind. Deswegen sind sie immer auf der Suche nach neuen Szenarien (Konzepten) des Straßenverkehrs, und zwar solchen, die den Stadtbewohnern den Austausch und die Begegnung mit der Stadt zu pflegen helfen. Der fußgängerfreundliche Raum scheint das wertvollste zu sein. Der von Fußgängern und Radfahrern genutzte Raum wird jedoch am häufigsten mit dem Straßenverkehr geteilt, der unabdingbar ist, um die Bedürfnisse der Stadt zu befriedigen. Nichtsdestotrotz wird er negativ empfunden: die Lastwagen verstopfen die Straßen, verlangsamen das Verkehr, verschmutzen die Umwelt und stellen eine ernsthafte Bedrohung für andere Verkehrsteilnehmer dar. Darüber hinaus machen sich die Autos den ohnehin begrenzten Stadtraum zu eigen.

Dennoch sind sie unentbehrlich und eine Fußgängerstadt immer noch eine Utopie ist, die einer vollständige Umstrukturierung der Städte benötigt. Aber es gibt bereits Projekte, die einer Stadt für Fußgänger näherbringen. Eine davon ist die Shared Space, die die Verlangsamung des Verkehrs zum Ziel hat. Der Stadtraum wird auf Hinblick auf Freundlichkeit und Komfortabilität der Einwohner gestaltet, ohne die Effizienz des Verkehrs zu beeinträchtigen.

2 Verlangsamung des Verkehrs – Rückeroberung der Stadt

Lange haben Stadtplane die Menschen vergessen und sich auf Straßen und Gebäude konzentriert. Doch immer mehr Einwohner wollen den öffentlichen Raum wieder für sich gewinnen. Immer öfter wird die Frage aufgeworfen: was macht eine Stadt zu Stadt? Sind das Straßen, breite Fahrbanen, Parkplätze, Große Gebäuden oder moderne Einkaufsmeilen? Welche Rolle spielen überhaupt die Menschen, die in der Stadt leben, lieben laufen und quatschen? Seit Beginn des Konstrukts Stadt vor ca. 8000 Jahren waren Metropolen ein Humus für Kreativität und Entwicklungen ohne Masterplan. Doch mit der Moderne, Industrialisierung und Globalisierung setzte sich die Vorstellung der Stadt als Maschine durch. Um die Lebensqualität der Einwohner zu steigen (vor Lärm und Gestank der Fabriken zu schützen) sollten Arbeits- und Wohnviertel getrennt werden. Dem Verkehr wurde eine Schlüsselfunktion zugeschrieben. Der Einflussreiche französische Architekt Le Corbusier sagte 1933, dass die alten Stadtstrukturen dem modernen Stadtgeschehen nicht mehr angemessen sind und die nah beieinander liegenden Kreuzungen dem Tempo der Kraftfahrzeuge nicht entsprechen [4, S. 210]. Auf diese Weise bestimmte das Auto die Stadtplanung. Die Straßenbaulichen Komponenten rechtfertigten sowohl den Abriss alte Bausubstanz als auch die Veränderung der bisherigen Prioritäten bei der Stadtentwicklung. Nach und nach wurde das Auto zum Symbol der Freiheit und Wohlstands. Die Straßen machten die Stadt interessant. Die Bedeutung der Straße verdeutlicht die Aussage von Jacobs [5, S. 27]: „Was fällt dir ein, wen Du über eine Stadt denkst? Die Straßen. Wenn die Straßen eine Stadt interessant aussehen, ist auch die Stadt interessant; sind sie langweilig, ist auch die Stadt langweilig". Diese Feststellung scheint auch im 21. Jahrhundert an Relevanz nicht verloren zu haben. Der Straßenraum umfasst einen großen Teil des täglich genutzten Raums und prägt immer noch die Wahrnehmung eine Stadt. Nichtsdestotrotz fordern immer mehr die Menschen die Stadt für sich zurück und sehen den Reichtum eine Stadt in einer Urbanität, die sich aus der Vielfalt des Individuums, Ideen und Lebensweisen zusammensetzt. Infolgedessen wird eine Verkehrs- und Mobilitätswende gefordert.

Seit dem letzten Jahrzehnt des 20. Jahrhundert wurde das reibungslose und uneingeschränkte Autoverkehr immer heftiger kritisiert. Die Herausforderung der Stadtplaner und -logistiker besteht darin, die Nachfrage nach mehr persönliche Mobilität und wirtschaftlichen Wachstum in Einklang zu bringen. Gleichzeitig ist es wichtig die Umwelt zu respektieren und allen Bürgern eine akzeptable Lebensqualität zu bieten. Während es klar ist, dass die Bereitstellung von Mobilität weiterhin ein wichtiger Bestandteil der Verkehrsmanagementplanung sein wird, ist das Ziel einer nachhaltigen Stadtpolitik, Wege zu finden, um die Nutzung alternativer Verkehrsträger (öffentlicher Verkehr, Radfahren und Wandern) zu fördern. Wenn der Straßenraum begrenzt ist, kann die Bereitstellung eines ausreichenden Platzes für diese alternativen Mobilitätsformen eine Neuzuweisung der Straßenkapazität erfordern. Zu den nachhaltigen Veränderungen des Verkehrswesens tragen insbesondere Maßnahmen zur Verkehrsberuhigung bei. Das Konzept soll das Verkehrssystem in städtischen Gebieten verändern und den Transportordnung auf die Grundfunktionen und den Charakter einer Stadt anpassen.

Unter dem Begriff „Verkehrsberuhigung" werden vor allem Maßnahmen verstanden, die sowohl zu einer Verlangsamung des motorisierten Verkehres als auch zur Verdrängung ortsfremden Verkehrs führen sollen. Zu den Hauptzielen der Verkehrsberuhigung zählen die Erhöhung der Verkehrssicherheit und die Verbesserung der Lebensqualität in der Stadt. Die Verkehrsberuhigungsmaßnahmen sind vor allem in Stadträumen mit historischer Bebauung besonders sinnvoll und an den Standorten, an denen die Unfallgefahr besonders hoch ist, z. B. Straßen mit angrenzenden Schulgebäuden, Kitas, in den Wohlviertel mit jungen Familien. Zur den Häufigsten Maßnahmen gehören bestimmte Verkehrsverbote, wie z. B. 20- oder 30-Zonen, Mautgebühren für die Innenstadteinfahrt, Geschwindigkeitskontrollen. Diese Maßnahmen reichen aber oft nicht, um das Tempo des Straßenverkehrs zu verringern. In solchen Fällen kann auch auf verschiedene Straßenbauliche Maßnahmen ergriffen werden. Das Spektrum ist groß und reicht von Errichtung von Kreiseln, Temposchwellen oder Verkehrsinseln (Abb. 1).

Das übergeordnete Ziel der Verkehrsberuhigung liegt jedoch in der Veränderung des Mobilitätsverhalten der Einwohner und Schaffung von Öffentlichen Räumen, die sowohl das Erleben eine Stadt ermöglichen und zu den Begegnungen anregen als auch Bedürfnisse der Radfahrer und Fußgänger in den Vordergrund stellen. Den Vortritt den Fußgängen zu gewährleisten kann als erste Schritt in Richtung Autofreie Stadt gesehen werden. Die 30-Zonen und anderen Verkehrsberuhigung Maßnahmen sind auch die Voraussetzung für die Einrichtungen von Begegnungszonen in der Stadt und stellen den ersten Schritt in Richtung der Rückeroberung der Stadt dar.

Abb. 1 Verkehrsinseln. (Quelle: S. Kauf)

3 Shared Space – Chaos oder Lebensqualität?

Eine noch ungewöhnliche, völlig innovative und immer beliebter Lösung die Städte für die Einwohne wieder zu erobern ist das Konzept von Shared Space. Es ist ein neue Planungsansatz, der ein Umdenken erfordert und bedeutet einen „geteilten Raum" oder „Raum für aller". Shared Space stellt eine Begegnungszone dar, in der sich die Stadtbewohner aufhalten, und unterhalten können, auch ohne zu konsumieren und Geld auszugeben. Der Verkehr soll sich hier dem Raum anpassen und nicht der Raum dem Verkehr. Stadtlogistiker und Mobilitätsexperte sehen in Shared Space eine Weiterentwicklung der 30-Zonen. Shared Space ist ein Raum, in dem der Fußgänger bevorzugt und der Bewegungskomfort erhöht wird [6, S. 130]. Die Dominanz der Kraftfahrzeuge soll verringert werden und durch die Mischung der Verkehrsteilnehmer und die Aufhebung der Regeln soll auf ausgewählten Stellen eine Verlangsamung des Verkehrs erreicht werden. Verkehrsplanerisch wird auf Eigenverantwortung, Rücksichtnahme und soziale Miteinander gesetzt.

Das Konzept des geteilten Raums wurde von Monderman[1] entwickelt und erstmal in den Niederlanden in Form eine Gemeinschaftsstraße (ohne Trennung von Fahr- und Gehweg) eingeführt [Local Transport Note]. Auf den Straßen wurden Temposchwellen aufgebaut, die das Verkehrstempo auf 10–15 km/h reduzieren sollten. Der Zweck der Räume für alle besteht darin die Vorrechte für den Verkehr abzubauen zugunsten von Kommunikation und Miteinandersein der Bevölkerung. Der Hintergedanke Modermans war aller Verkehrsteilnehmer zu überzeugen zueinander zu respektieren. Auf diese Art und Weise sollte die Anzahl der Unfälle und Staus reduziert und die Lebensqualität erhöht werden. Demzufolge sind die Grund-

---

[1] Hans Monderman war ausgebildeter Straßenverkehrsingenieur.

Shared Space – ein Weg zur Fußgänger-Stadt

Abb. 2 Shared Space als Begegnungsort. (Quelle: S. Kauf)

prinzipien von Shared Space simple: (1) wenige vorgeschriebene Regeln, stattdessen mehr Kommunikation miteinander, (2) gemeinsame Nutzung des Raumes als Verkehrs- und Aufenthaltsraum, (3) die Verständigung auf ein gleichberechtigtes Miteinander alle Verkehrsteilnehmer [7, S. 13]. In den Shared Space sollen sich alle auf Augenhöhe begegnen und den gleichen Platz bekommen.

Shared Space ist ein Raum ohne Verkehrszeichen und Bordsteine. Die Raumfunktionen werden nicht durch direkte, sondern diskrete Raumgestaltungselemente aufgezeigt, z. B. verschiedene Farben der Fahrbahn. Der Verkehrsberuhigung dienen natürliche Barrieren wie Bäume, Bänke, Stühle oder Plätze, an denen gespielt werden kann. Schilder gibt es so wenig wie nur möglich, Parkplätze sind gar nicht vorgesehen. Bei der Schaffung eine Shared Space oder Begegnungszone orientieren sich die Stadtplaner an dem Prinzip der Kollisionsfreien Begegnung, der sich auf dem gegenseitigen Sichtkontakt der Raumbenutzer stützt. Die gemeinsamer Raumnutzung basiert auf der Hauptregel „Rechts-vor-links". Die Fußgänger sind immer vortrittsberechtigt, dürfen jedoch die Fahrzeuge nicht unnötig behindern. All das führt zu einem lebendigeren Stadtraum. Der Weg dahin kann sehr unterschiedlich sein, sowohl im Hinblick auf die Gestaltung als auch Prozesse und Rahmenbedingungen. Es gibt keine universellen Lösungen. Fest steht nur, dass das Design von Shared Spaces sich der Umgebung anpassen muss. Die Innovationsansatz liegt hierbei bei der Entwicklung von Kommunikationswegen, die das reibungslose Funktionieren der Stadt ermöglicht und ein Raum für alle bitten, wo die Menschen die Möglichkeit haben andere zu treffen – nicht unbedingt, um mit ihnen in Kontakt zu treten. Im Miteinander sein spiegelt sich die Urbanität wider. Aufgrund dessen soll die Stadt als Treffpunkt gestaltet werden, die die Gelegenheit bietet, die zwischenmenschlichen Relationen aufzubauen und zu pflegen. Somit stellen die geteilten Räume die Begegnungszonen dar, die eine inspirierende Funktion übernehmen und die Menschen zu Erlebnissen anregen [8, S. 132]. Sie sind gleichzeitig Straße, Promenade, Parkplatz, Spielplatz und ein Treffpunkt (Abb. 2).

Rys. 14. Vor und nach der Shared Space Einführung in Laweiplein, Drachten, Niederland. (Quelle: [Urbansignature 2016])

Die Umsetzung des Shared Space-Konzepts ist nicht einfach. In einigen Fällen beruht es auf der Entfernung vertikaler oder horizontaler Markierungen und der Einführung eines einheitlichen Wegmusters. In anderen muss die Straße komplett neugestaltet werden, einschließlich der Abbau oder Einbau von Architekturelementen. Wenn die Grundprinzipien berücksichtigt werden, können die Lösungen vor Ort sehr unterschiedlich sein. Es sind sowohl Mischflächen möglich als auch Abschnitte mit unterschiedlicher Gestaltung. Es gibt schon viele Beispiele, wie Shared Space in der Praxis funktioniert und zeigen, dass dem Weg zu einem lebendigeren Stadtraum eigentlich keine Grenzen gesetzt sind. Viele Projekte wurden im Rahmen des Interreg IIIB-Nordsee-Programms umgesetzt, die meisten davon in den Niederlanden, Österreich, England, Schweden, Neuseeland und Deutschland. Viele von denen haben die erwarteten Ergebnisse gebracht, wie z. B. in dem Ort Drachten in den Niederlanden. Dort wurde ein innerstädtischer und signalgeregelter Knotenpunkt zu einem Platz Kreiselverkehrsanlage umgestaltet (Rys. 14).

Durch die neue Raumgestaltung sollte der zentrale Platz mit dem Theatergebäude in seine Qualität aufgewertet werden. Den Fußgängern und Radfahrern wurde Priorität gegenüber dem motorisierten Verkehr gewährleistet. Alle Ampeln und Markierungen wurden entfernt und dadurch konnten die seitenräume und neuentstandenen Platzflächen von allen genutzt werden. Das Befahren des Platzes ist ohne jegliche Restriktionen für Radfahrer möglich. Der Platz hat eine attraktive Gestaltung mit Aufenthaltsflächen und Brunnenanagen bekommen, die dort zu verweilen anregen. Die Umgestaltung hat zu Steigerung der Verkehrssicherheit und Reduzierung der Verkehrsunfälle beigetragen.

Ein weiteres, positives Beispiel kommt aus London. Die Exhibition Road ist das bedeutendste Beispiel für ein Raum für alle. Seit der großen Ausstellung vom 1851 ist die Ausstellungsstraße ein wichtiges Ziel und zieht jedes Jahr über 11 Mio. Be-

Shared Space – ein Weg zur Fußgänger-Stadt

Abb. 3 *Exhibition's Road* vor und nach der Einführung von *Shared Space*. (Bechtler et al. [7])

suche an. Obwohl der öffentliche Raum von Millionen von Besuchern, Studenten, Arbeitern und Anwohnern genutzt wurde, war er voller Straßenunordnung und Fahrzeugverkehr, für Besucher verwirrend und für Fußgänger unfreundlich. Durch die Einführung des Shared Space Konzepts wurde diese unattraktive Straße ein Bild von Weltklasse verwandelt – ein eigentlich atemberaubender Öffentliche Raum, den alle genießen können (Abb. 3). Den Fußgängen wurde die Priorität eingeräumt und gleichzeitig ein gewisser Fahrzeugverkehr mit reduzierter Geschwindigkeit ermöglicht. Es wurden unzureichenden Gehwege und unbequemen Übergänge entfernt. Stattdessen wurde der künstlerische und architektonische Wert der Straße und deren einzigartige Rolle aufgehoben.

Shared Space kann durch Schaffung von geteilten Räumen und Verlangsamung des Verkehrs zur Steigerung der Lebensqualität in der Stadt beitragen. Das Konzept stößt jedoch auf viele Widerstände, vor allem seitens des motorisierten Verkehrs. Die Autofahre sehen nicht ein, dass sie langsamer fahren sollen, die Radfahrer geben das Tempo vor und die Fußgänger füllen sich oft von Autos bedroht. Die Mentalität im Straßenverkehr zu verändern ist eine sehr große Herausforderung. Nichtdestotrotz Shared Space scheint ein sehr gutes Konzept zu sein, und einer großen Chance hat, wenn es von allen Beteiligten gewollt und angenommen wird.

4 Shared Space – eine Chance für die Stadtbewohner

Shared Space lässt die Städte menschliche werden, regt die Begegnungen an und gibt den Menschen die Stadt zurück. Der französische Philosoph Lefebvre [9, S. 161] schrieb über das „Recht auf Städtische Leben", er setzte die Existenz und Funktionsweise der Stadt mit seiner menschlichen Dimension gleich. Ähnlich der britische Geograph und Soziologe Harvey [10], für den der Begriff „Stadt" eine Abkürzung „für eine bessere Gesellschaft" ist. Seine Vision einer neuen Stadt basiert auf den zwischenmenschlichen Beziehungen in eine Humanistischen Gesellschaft. Demnach soll sich einer Stadt an ihre Bewohne orientieren und stellt gleichzeitig eine perfekte Form der Stadtentwicklung dar. Shared Space kann zu dieser neuen Form der Stadt beitragen und Städte städtische werden lassen.

Literatur

[1] Calvino, I. (2013). Die unsichtbaren Städte, deutsch von Reidt H., Fischer Verlag. https://docplayer.org/110400877-Die-unsichtbaren-staedte.html
[2] Giddens, A. (1991). *Modernity and self-identity. Self and society in the late modern age.* Stanford University Polity Press.
[3] Foucault, M. (1992). Andere Räume. In K. Barck, et al. (Hrsg.), *Aisthesis. Wahrnehmung heute oder Perspektiven einer anderen Ästhetik* (S. 34–46).
[4] Frank, S. (2003). *Stadtplanung und Geschlechterkampf.* Wiesbaden Springer.
[5] Jacobs, J. (1961). *The death and life of great American cities*
[6] Hamilton-Baillie, B. (2008). Towards shared space. *Urban Design International, 13*(2), 130.
[7] Bechtler, C., Hänel, A., Laube, M., Pohl, W., & Schmidt, F. (2010). *Shared Space. Beispiele und Argumente für lebendige öffentliche Räume*
[8] Kauf, S. (2016). Logistyczny kontekst kreowania przestrzeni publicznej. In J. Szołtysek, H. Brdulak & S. Kauf (Hrsg.), *Miasto dla pieszych. Idea czy rzeczywistość.* Warschau Texter.
[9] Lefebvre, H. (2016). *Das Recht auf Stadt. Aus dem Französischen von Birgit Althaler. Mit einem Vorwort von Christoph Schäfer.* Hamburg Edition Nautilus.
[10] Harvey, D. (2013). *Rebellische Städte.* Berlin Suhrkamp.

Weiterführende Literatur
[11] Department for Transport, The Stationery Office (2011). *Local transport note, Nr 1*
[12] Szoltysek, J. (2016). *Determinants of Quality of Life in Building City Green Mobility* Concept doi:10.1016/j.trpro.2016.11.047

Sicherheit und Wohlstand durch internationale regionale Zusammenarbeit

Dr. Gabriele Kötschau

Zusammenfassung

Der Artikel beleuchtet Organisationen, die benachbarte Länder vereinen, um gemeinsam erfolgreicher zu sein. Dies gilt für Herausforderungen wie geopolitische Veränderungen, die Folgen des Klimawandels, Katastrophen aller Art und die Bekämpfung der organisierten Kriminalität, vor allem aber für die Entwicklung der eigenen Region und damit auch des Landes selbst. Nicht immer sind gute Beziehungen zwischen diesen Staaten Voraussetzung, damit diese Organisationen zu mehr Stabilität und gleichzeitig zur Friedenssicherung führen können. Eine klare Struktur und verlässliche Kriterien führen zu einer erfolgreichen Umsetzung.

Abstract

Security and Prosperity Through International Regional Cooperation

The article highlights organizations uniting neighboring countries in order to be more successful together. This applies to challenges such as geopolitical changes, the consequences of climate change, catastrophes of all kinds and combating organized crime, but in particular the development of the country's own region and thus also of the country itself. Good relations between these states are not always a prerequisite, so that these organizations can lead to more stability and peacekeeping at the same time. A clear structure and reliable criteria lead to successful implementation.

© Der/die Autor(en), exklusiv lizenziert durch Springer Fachmedien Wiesbaden GmbH, ein Teil von Springer Nature 2022
C. Renker, T. Nikitina (Hrsg.), *Pandemie als nicht alltägliches Event-Risk*,
https://doi.org/10.1007/978-3-658-36504-2_9

Schlüsselwörter/Keywords

Internationale regionale Zusammenarbeit, ASEAN, Organisationen im Ostseeraum, CBSS-Strukturen, EU-Strategien, International regional cooperation, ASEAN, organisations in the Baltic Sea Region, CBSS-structures, EU-Strategies.

Der Anlass, in einer Region enger zusammenzuarbeiten, kann vielfältig sein: gemeinsame Herausforderungen wie Naturkatastrophen, Sicherheits- oder wirtschaftliche Interessen, die zusammen effektiver durchgesetzt werden können, oder auch geopolitische Veränderungen, die einer Antwort bedürfen.

Deutlich wurde uns kürzlich vor Augen geführt, wie eine mächtige wirtschaftliche Allianz entstehen und andere Regionen zum Umdenken bewegen kann: das Freihandelsabkommen für den asiatisch-pazifischen Raum, RCEP („Regional Comprehensive Economic Partnership") [1], das 15 Staaten umfasst und mit dem den USA die Stirn geboten werden soll. Neben den zehn Mitgliedern der ASEAN-Staaten, „Association of South-East Asian Nations" [2] zählen Australien, China, Japan, Neuseeland und Südkorea zu den Gründungsmitgliedern.

Die Gründungsstaaten von ASEAN (Thailand, Singapur, Indonesien, Malaysia und die Philippinen) hatten 1967 unter dem Eindruck des Vietnamkriegs die Bangkok-Deklaration unterzeichnet, vor allem zur Stabilisierung und Befriedung der Region. Nach ersten wirtschaftlichen Kooperationen verpflichteten sich die Mitglieder zur Schaffung einer Zone des Friedens, der Freiheit und der Neutralität, „Zone of Peace, Freedom and Neutrality", ZOPFAN [3] und garantierten sich gegenseitige Achtung der Unabhängigkeit, Souveränität und Gleichheit, territoriale Integrität und nationale Identität. Im Laufe der Zeit folgten Zoll- und weitere Abkommen. Die Mitglieder verstärken vor allem ihre wirtschaftliche Zusammenarbeit, bauen Handelsbarrieren ab, treiben die Digitalisierung in ihrer Region voran und nutzen hierbei den Vorteil der Größe ihrer Organisation.

Die Staats- und Regierungschefs treffen die wichtigsten Entscheidungen, die Außenminister als Mitglieder entscheiden über das politische Tagesgeschäft, und der Ständige Ausschuss stellt die Arbeitsebene dar. Spezielle Entscheidungen in den verschiedenen Fachbereichen treffen die Fachminister, und spezialisierte Expertenkommissionen unterstützen die inhaltliche Arbeit. Ein ständiges Sekretariat – seit 1976 mit Sitz in Jakarta, Indonesien – koordiniert die Arbeit und ist das „institutionelle Gedächtnis" der Organisation.

Dies ist die normale Grundstruktur einer internationalen regionalen Organisation. Auf dem Gebiet der Mitgliedsstaaten von ASEAN, nach der EU eine der erfolgreichsten Organisationen der Welt, leben (Stand 2017) 650 Mio. Menschen [4] (EU 2017: 512 Mio.) in einer der wichtigsten wirtschaftlichen Wachstumsregionen der Erde.

Seit 1994 arbeitet die Organisation im ASEAN Regional Forum, ARF [5] mit der EU, Russland, China und den USA zusammen. Ziel der Organisation ist eine „präventive Diplomatie" zum Abbau von Konflikten im asiatisch-pazifischen Raum. Mehr als in anderen Regionen liegt das Hauptproblem für die Integration in der Verschiedenheit der Mitgliedsstaaten in den Bereichen Wirtschaft, Kultur und Regierungsform.

Eine internationale Organisation, die zunächst aus wirtschaftlichen Motiven heraus gegründet wurde, ist die Europäische Union [6]. Mit ihren 450 Mio. Einwohnern in 27 europäischen Ländern (inzwischen ohne Großbritannien) ist die EU nicht nur der größte gemeinsame Wirtschaftsraum, sondern spielt auch in Kooperationen mit Nicht-EU-Staaten eine bedeutende Rolle. Die EU fungiert daher in vielen regionalen Organisationen als volles, zumindest aber als beratendes Mitglied.

Mein Augenmerk soll auf der Gesamtentwicklung einer überschaubaren Region liegen, die die wirtschaftlichen Belange einbezieht, aber weit darüber hinausgeht. Ich werde Ihnen einige große und kleinere regionale Kooperationen vorstellen, ohne den Anspruch einer vollständigen Bestandsaufnahme. Vielmehr möchte ich die Chancen aufzeigen, die eine solche Zusammenarbeit den Mitgliedsstaaten bietet und darlegen, was es zu einer erfolgreichen Umsetzung bedarf. Das Entscheidende ist der politische Wille – und eine definierbare Region, mit der sich die Mitglieder identifizieren (können). Am besten definiert sich eine Region um ein Gewässer herum. Es kann ein regionales Meer sein, aber auch ein Fluss: die Ostsee, das Schwarze Meer, das Mittelmeer, die Donau. Muss es aber nicht.

Im nördlichen Mittelmeer hatten sich frühzeitig regionale grenzüberschreitende Organisationen etabliert: Die „Zentral-Europäische Initiative", CEI [7] war 1989, in der Zeit der politischen Umbrüche in Europa, gegründet worden. Ihr Ziel: ein vereinigtes Europa ohne Trennlinien, mit gemeinsamen Werten und guter Regierungsführung in den Mitgliedsstaaten, nachhaltiger wirtschaftlicher Entwicklung und Stabilität, Sicherheit und Wohlstand in den 17 Mitgliedsländern. Dies sollte gefördert werden durch EU-Projekte mit dem Fokus auf transnationaler und regionaler Kooperation.

Auch die Gründung der „Adriatisch-ionischen Initiative", AII [8] war politischen Veränderungen geschuldet: Um die Auswirkungen der Balkankrise der neunziger Jahre zu bewältigen, förderte die Europäische Union den so genannten „Stabilitätspakt für Südosteuropa" in Bezug auf alle südosteuropäischen Länder, die einen zukünftigen Beitritt zur Union anstreben. Im Rahmen dieses Vertrages entstand 1999 die „Adriatisch-Ionische Initiative".

Die Deklaration über die Schwarzmeer-Kooperation („Black Sea Economic Cooperation"), BSEC [9] wurde 1992 in Istanbul, ebenfalls in der Zeit der Umbrüche in Europa, unterzeichnet. Die EU hat in der BSEC den Status eines „Ständigen Beobachters".

Die Organisation vertritt 350 Mio. Einwohner und verfügt über die zweitgrößten Öl- und Gasreserven nach dem Persischen Golf. Die Mitgliedsländer sahen ihre regionale Zusammenarbeit als einen Beitrag zum Integrationsprozess und zum Frieden in Europa und darüber hinaus. Wie auch andere regionale Organisationen hat sie sich inzwischen reformiert und konzentriert sich auf konkrete Ziele, zu denen unter anderem eine engere Zusammenarbeit der Universitäten in der Schwarzmeer-Region („Black Sea Universities Network"), BSUN [10] gehört. Ihr Ziel ist der gegenseitige Erfahrungsaustausch in Forschung und Lehre, die gegenseitige Anerkennung von Bildungsabschlüssen, die Förderung der Mobilität von Lehrkräften und Studenten sowie die Nutzung internationaler Förderprogramme zum Studentenaustausch. Eine Zusammenarbeit mit dem Netzwerk der Balkanuniversitäten ist im Aufbau; ebenso gibt es Kontakte zu dem Universitäts-Netzwerk im Ostseeraum („Baltic Sea Region University Network"), BSRUN [11], einem Strategischen Partner des Ostseerats. Seit 2003 haben die BSEC-Mitglieder zahlreiche konkrete Projekte in unterschiedlichen Bereichen wie Landwirtschaft, Umweltschutz, Gesundheit, Wissenschaft, Technologie und mittelständische Wirtschaft umgesetzt.

Zukunftsträchtig klingt das geplante Projekt einer Ringautobahn „Straße der Argonauten", die auf 7100 km das gesamte Schwarze Meer umrunden soll. Angebunden an das europäische Autobahnnetz, könnte diese Verbindung sowohl den Überlandtransport von Gütern als auch den Tourismus und den Handel in der gesamten Region fördern. Durch die Steigerung der wirtschaftlichen Entwicklung würde sie gleichzeitig zur Stabilität beitragen. Die „Straße der Argonauten" würde zudem die Infrastrukturen Europas und Asiens miteinander verbinden.

Ein gutes und anschauliches Beispiel einer regionalen internationalen Zusammenarbeit ist der Ostseeraum, zu dem auch St. Petersburg gehört. Die Ostsee ist ein relativ junges und überschaubares Meer, das die Anrainer miteinander verbindet, ein Überqueren bereits in der Wikingerzeit mit kleinen Schiffen erlaubte und so dem Handel vor vielen Jahrhunderten schon zu großer Blüte verhalf.

Bereits im Mittelalter hatten sich 200 Städte im Nord- und Ostseeraum zusammengeschlossen zur sog. „Hanse" [12], einem losen Bund von Städten, die sich ein einheitliches Stadtrecht schufen, abgeleitet von dem damals sehr fortschrittlichen Stadtrecht der Stadt Lübeck. Trotz aller Unruhen versuchten die Anrainerstaaten an der Ostsee bis zum 2. Weltkrieg, den Handel in der Region voranzutreiben.

Am Beispiel des Ostseeraums und konkret des Ostseerates möchte ich Ihnen im Einzelnen Voraussetzungen und Kriterien, Chancen und Erfolge regionaler Kooperationen über Grenzen hinweg erläutern.

Durch den 2. Weltkrieg wurde die Ostsee geteilt. Das Meer, das über die Jahrhunderte bis dahin eine Verbindung dargestellt hatte, bildete jetzt die Grenze zweier politischer und militärischer Machtblöcke, die auf beiden Seiten hochgerüstet waren. In diesem Zustand der politischen Eiszeit kamen dann in den 70-er Jahren des letzten Jahrhunderts erste Veränderungen dadurch, dass Deutschland die durch den 2. Weltkrieg geschaffenen Grenzen anerkannte und damit für die Völker im Osten Ruhe und Sicherheit schuf. Einen großen Schritt in Richtung Dialog und erster Zusammenarbeit leitete Willy Brandt 1972 ein mit seiner „neuen Ostpolitik" und dem Motto „Wandel durch Annäherung". Die großen Umwälzungen erfolgten schließlich 1989 bis 1991 durch den Fall der Berliner Mauer, die Auflösung der Sowjetunion und die Bildung neuer unabhängiger Staaten. Von diesen Umbrüchen waren fünf Staaten in der Ostsee-Region betroffen: die DDR, Polen, Litauen, Lettland und Estland und natürlich die Russische Föderation, das größte Land in der Region.

Doch solche Veränderungen in einem so hochgerüsteten Gebiet mit starren Grenzen und festen Feindbildern bergen auch erhebliche Risiken. Vor diesem Hintergrund initiierten der deutsche Außenminister Hans-Dietrich Genscher und sein dänischer Amtskollege Uffe Elleman-Jensen auf einer Außenministerkonferenz in Kopenhagen im März 1992 die Gründung des Ostseerats („Council of the Baltic Sea States"), CBSS [13], den Zusammenschluss der Außenminister der Staaten im Ostseeraum; ein politisches Forum für den Dialog der Regierungen im Ostseeraum. Es war die Antwort auf die geopolitischen Veränderungen mit dem Ziel, gegenseitiges Vertrauen aufzubauen und die Region gemeinsam zu entwickeln. Die Mitglieder dieses Rates sollten Herausforderungen, aber auch Chancen identifizieren, auf friedliche Lösungen hinarbeiten und so dazu beitragen, künftig gewaltsame Auseinandersetzungen zu vermeiden. In den ersten Jahren nach der Gründung des Ostseerates spielte der Abzug der russischen Truppen aus Estland, Lettland, Litauen und Polen eine große Rolle. Der Stand des Truppenabzugs fand stets Erwähnung in den Kommuniqués der Außenminister. Auch die Vorbereitung Estlands, Lettlands, Litauens und Polens auf ihre Mitgliedschaft in der EU sowie eine frühzeitige Ratifizierung des Partnerschafts- und Kooperationsabkommens (PKA) zwischen der EU und der Russischen Föderation standen auf der Agenda und waren Teil der Zusammenarbeit und gegenseitigen Unterstützung im Ostseeraum. Eine Stärkung der EU im Ostseeraum sowie eine verlässliche Zusammenarbeit zwischen der EU und der Russischen Föderation auf einer soliden Basis lagen im Interesse der gesamten Region. Darüber hinaus unterstützte der Ostseerat die frühe Umsetzung des Freihandelsabkommens zwischen Estland, Lettland und Litauen (1994) sowie deren und später Russlands Vorbereitungen zum WTO-Beitritt.

Die Voraussetzungen für die Schaffung eines Netzwerks im Ostseeraum waren denkbar günstig: eine überschaubare Region, starke Länder im Norden Europas, gute Voraussetzungen für Seetransport mit hervorragenden Häfen um die ganze Ostsee herum. So stellten die Mitglieder des Rates wiederholt mit Zufriedenheit den Fortschritt in der regionalen Zusammenarbeit fest und hoben hervor, dass die verstärkte Zusammenarbeit im Ostseeraum substantiell zu Stabilität und einem demokratischen, sich positiv entwickelnden und ungeteilten Europa beiträgt. Die Gründung des Ostseerates war also eine wichtige Grundlage für die Europapolitik des künftigen 21. Jahrhunderts, die über den reinen Ostseeraum hinausgeht. Nicht ohne Grund wird der Ostseerat der „kleine EU-Russland-Dialog" genannt. So unterstützten die Regierungschefs auch die Anerkennung des neuen Gesetzes für die Sonderwirtschaftszone für das Kaliningrader Gebiet, als Beitrag zu Handelserleichterungen und wirtschaftlicher Entwicklung in der Ostseeregion.

Die Bedeutung des Ostseerats macht nicht zuletzt die Einbeziehung von Nicht-EU-Staaten aus: die Russische Föderation und, im erweiterten Ostseeraum, Norwegen und Island. Weshalb Norwegen und besonders Island, das im Atlantik liegt? Norwegen war als Teil Skandinaviens und durch seine lange Grenze zu Schweden bereits Teilnehmerstaat der Außenministerkonferenz der Ostseeanrainer und 1992 an der Gründung des Ostseerats beteiligt. Island liegt offenkundig nicht an der Ostsee, doch gibt es gute Gründe, das Land in die Kooperation einzubeziehen: mit den anderen skandinavischen Ländern verbindet Island eine enge Zusammenarbeit bis zu einem gemeinsamen Sozialsystem sowie eine Passunion. Mit allen nordischen Staaten an der Ostsee und darüber hinaus ist Island in der Bekämpfung des Klimawandels, aber auch in zahleichen weiteren Themenfeldern verbunden.

Zu einer positiven Entwicklung in der Region trugen in hervorragender Weise zahlreiche Organisationen bei, die die konkrete Aufbauarbeit unterstützten und die Entwicklung einer gemeinsamen Identität förderten. Was zunächst als Technologie-Transfer von West nach Ost begann, entwickelte sich schnell zu einer partnerschaftlichen Zusammenarbeit auf den unterschiedlichen Gebieten. Der damalige UNO-Generalsekretär José Manuel Barroso hatte den Ostseeraum einmal als die „dynamischste Region Europas" bezeichnet. In der Tat gab es immer wieder Anfragen und Besuche von Delegationen, die sich informieren und von den Erfahrungen des Ostseerats profitieren wollten.

Sehen wir uns einmal an, was sich zur Zeit der politischen Umbrüche um 1990 im Ostseeraum getan hat:

Neue Strukturen mussten aufgebaut werden; die neuen unabhängigen Staaten brauchten eine eigene Staatsregierung, ein nationales Parlament, eine eigene Gerichtsbarkeit. Auf der staatlichen Ebene waren Partner gefragt, aber auch die kommunalen Ebenen waren aktiv an der neuen Zusammenarbeit beteiligt und hatten ihrerseits ihre eigenen Partner. Das Ziel dieser sich neu gründenden Organisationen war es nun, grenzübergreifend neue Kontakte herzustellen und Netzwerke zu errichten zwischen den entsprechenden Partnern wie den nationalen und regionalen Parlamenten, den Städten und Subregionen, Unternehmen, Gewerkschaften, Universitäten und NGOs im Ostseeraum. Es galt, Foren zu schaffen für Politik, Wirtschaft und Wissenschaft, um Informationen und Erfahrungen auszutauschen und voneinander zu lernen.

Zahlreiche Organisationen hatten sich in diesem Zeitraum gebildet.

Die elf nationalen und elf regionalen Parlamente haben sich 1991 in der Ostseeparlamentarierkonferenz („Baltic Sea Parliamentary Conference"), BSPC [14] zusammengeschlossen, als Forum für den politischen Dialog zwischen den Parlamentariern im Ostseeraum. Die Abgeordneten, darunter aus der St. Petersburger Gesetzgebenden Versammlung (Законодательное собрание Санкт-Петербурга), ЗакС [15], befassen sich mit aktuellen politischen Themen der Region. Sie unterstützen und ergreifen Initiativen für eine nachhaltige Umwelt-, Sozial- und Wirtschaftsentwicklung im Ostseeraum. Sie bauen so eine Brücke zwischen den EU- und Nicht-EU-Ländern in der Region und können in den nationalen Parlamenten überprüfen, ob und ggf. wie ihre Regierungen die beschlossenen Maßnahmen der Räte im Ostseeraum umsetzen und können diese in ihren jeweiligen Parlamenten zur Berichterstattung zitieren.

Daneben gab es in den westlichen Staaten bereits spezielle Organisationen wie „HELCOM" [16]. Das Helsinki-Abkommen für den Schutz der Ostsee und der Meeresumwelt aus dem Jahr 1974 wurde 1992 erweitert um die neuen unabhängigen Staaten im Ostseeraum. Ihr Ziel ist die Säuberung und Reinhaltung der Ostsee von Schadstoffen (Emissionen aus Industrie, Landwirtschaft, Abwasser) und von militärischen und anderen Altlasten.

Auch innerhalb einer „Makroregion" wie der Ostseeregion können sich zusätzlich regional operierende Organisationen gründen. So hatten die Nordischen Länder frühzeitig eine Zusammenarbeit mit den drei Baltischen Staaten gesucht. Seit 1992 besteht die offizielle Zusammenarbeit der „5 + 3"-Staaten zur Förderung des politischen Dialogs und der praktischen Zusammenarbeit. Durch die Abstimmung politischer Standpunkte und die Erarbeitung einheitlicher Positionen, durch eine Bündelung der Kräfte, steigen die Chancen, sich mit eigenen Positionen in den verschiedenen internationalen Gremien durchzusetzen. In der Praxis wird die Zusammenarbeit durch Austauschprogramme im Bildungs- Kultur-, Sozial- und Wirtschaftsbereich umgesetzt.

Ich lasse es bei diesen Beispielen bewenden. Es gibt ein breites Spektrum von Themen und Aufgaben, die ein einzelnes Land nicht bewältigen kann, und die Zusammenarbeit der Experten funktioniert auch dann, wenn politisch einmal „Sand im Getriebe" ist. An der Lösung gemeinsamer Probleme und effizienter Beseitigung von Gefahren sind normalerweise alle Mitgliedsstaaten gleichermaßen interessiert.

Welches sind die Grundlagen und Voraussetzungen für eine erfolgreiche internationale regionale Kooperation?

Zunächst muss die Region definiert werden: Welche Staaten gehören ihr an? Welches sind ihre gemeinsamen Interessen, welches die Stärken und Schwächen der Region? Und das Wichtigste: gibt es die Bereitschaft der Anrainerstaaten, sich aktiv einzubringen und gemeinsame Entscheidungen auch umzusetzen?

Dann muss geklärt werden: wer vertritt die Mitgliedsstaaten in der jeweiligen Organisation? Hier entscheidet der Aufgabenschwerpunkt. So sind es im Ostseerat die Außenminister, weil ihnen die internationale Zusammenarbeit obliegt; bei HELCOM sind es die Umweltminister, weil die Aufgaben von HELCOM im Umweltbereich liegen.

Es folgt die Klärung der Präsidentschaft der Organisation. Um die Akzeptanz aller Mitglieder zu erhalten, muss die Präsidentschaft in überschaubaren Zeiträumen rotieren. In den internationalen regionalen Organisationen wechselt die Präsidentschaft in der Regel zum 1. Juli eines jeden Jahres.

Ein wichtiger Punkt ist die Regelung der Finanzierung. Die festen Kosten der Organisation müssen ermittelt und der Verteilungsschlüssel für das Budget ausgehandelt werden. Kosten für konkrete Projekte können als „freiwillige Beiträge" erbracht werden, als zusätzlicher finanzieller Beitrag oder auch „in kind", als Sachmittelbeitrag, von den Mitgliedsstaaten oder von Partnern.

Für die konkrete Arbeit im Rat entsenden die Mitgliedsstaaten Vertreter in den ständigen Arbeitsausschuss, der in regelmäßigen Abständen zusammenkommt, themenorientiert arbeitet und die Deklarationen für die jährlichen Ministertreffen und Summits vorbereitet. Als sinnvoll erweisen sich neben den Sitzungen im jeweiligen Land der Präsidentschaft auch regelmäßige Gespräche in Brüssel, um mit relevanten Generaldirektionen der Europäischen Kommission Lösungen für konkrete Herausforderungen zu erörtern.

Es empfiehlt sich, ein ständiges Sekretariat als „Dienstleister" und „institutionelles Gedächtnis" zu errichten. Hierfür müssen sich die Mitglieder auf den Sitz des Sekretariats einigen; das internationale Personal rekrutiert sich aus den Mitgliedsländern. Die Stellung der Leitung des Sekretariats sollte hoch angesiedelt sein und, wie auch die international rekrutierten „Senior Adviser", einen zeitlich befristeten Vertrag erhalten, um eine Rotation innerhalb des Sekretariats zu erreichen. Dieses Sekretariat unterstützt inhaltlich und logistisch die Arbeit des Rates und bereitet die Arbeitssitzungen des Ständigen Ausschusses sowie der gegebenenfalls eingerichteten Expertengruppen vor.

Sollen die Abstimmungen im Rat einstimmig oder mehrheitlich erfolgen? Wer entscheidet über die Festsetzung der zu behandelnden Themen? Haben die Mitglieder ein Vetorecht?

Wichtig für eine reibungslose interregionale Zusammenarbeit sind klare Strukturen und Abläufe, die ich am Beispiel des Ostseerats aufzeigen möchte:

Die elf Außenminister und ein Mitglied der Europäischen Kommission sind die Mitglieder des Rates. Sie legen in ihren alle zwei Jahre im Land der jeweiligen Präsidentschaft stattfindenden Außenministertreffen die nächsten Schwerpunkte und konkreten Projekte fest.

Die Regierungschefs der Mitgliedsstaaten und die Präsidentschaft der Europäischen Kommission beschließen im Rahmen des „Summit" in den Jahren zwischen den Außenministertreffen die Richtung der weiteren Arbeit des Rates. Nicht zu unterschätzen sind gerade bei diesen Begegnungen die informellen Gespräche.

Auch, wenn diese internationalen Organisationen keine bindenden Entscheidungen treffen, sondern lediglich „Empfehlungen" abgeben können, haben diese doch eine Art „moralischer Bindungskraft" und werden normalerweise auch eingehalten. Die Arbeitsebene, der „Ausschuss der Höheren Beamten", besteht aus je einem Mitglied des entsenden Ministeriums, das relevante Beschlüsse vor der Abstimmung mit seinem Ministerium abstimmen muss. So geschieht es nicht selten, dass Sitzungen unterbrochen werden, da Vertreter der Mitgliedsstaaten sich die Rückendeckung bzw. einen Spielraum für Entscheidungen holen müssen. Gibt es keine Einigung, so wird weiterverhandelt – oder das Thema wird vertagt oder ganz abgesetzt. Es gilt das Prinzip der Einstimmigkeit – und jedes Land ist gleichberechtigt.

Es gibt heute kaum noch Gefahren oder Herausforderungen größeren Umfangs, die ein Land allein bewältigen kann. In zahlreichen Gebieten haben sich daher Expertengruppen/Task Forces gebildet, in denen Fachleute nach gemeinsamen Lösungen suchen. Diese Expertengruppen bestehen aus Fachleuten aus den zuständigen Ministerien und aus entsprechenden Nichtregierungsorganisationen.

Einige Beispiele aus dem Ostseeraum:

Schutz der Umwelt: Alle Länder der Region haben großes Interesse an einer sauberen Ostsee, deren Verschmutzung aus der Luft durch die Industrie und die Schiffsemissionen, aus der Landwirtschaft (Nitratbelastung) sowie aus ungeklärten Abwässern der Anrainerstaaten stammen. Hierbei geht es nicht nur um die Ostsee selbst, sondern auch um die in die Ostsee einleitenden Flüsse. So kommen hier auch Nachbarstaaten ins Spiel, deren Flüsse ebenfalls zur Verschmutzung er Ostsee beitragen. Dazu gehören im Ostseeraum zum Beispiel Belarus und die Ukraine. Dafür gibt es auch die Möglichkeit, kooperierenden Staaten einen sogenannten „Beobachterstatus" einzuräumen. Bei allem Interesse an einer sauberen Ostsee gibt es aber durchaus gegensätzliche wirtschaftliche Interessen zu beachten. Gemeinsame Herausforderungen gibt es viele, und kaum eine kann von einem Land allein gelöst werden. Das gilt zum Beispiel für den Schiffsverkehr mit etwa 3000 Schiffen, die gleichzeitig auf der Ostsee fahren. Etwa 25 % hiervon sind Öltanker. Zu der „normalen Verschmutzung", die vom Schiffsverkehr ausgeht, kommt die Gefahr von Schiffsunfällen hinzu, die verheerende Auswirkungen auf die Ostsee und die gesamte Küste haben könnten. Gemeinsam wurde durchgesetzt, dass für Öltransporte auf der Ostsee nur noch „Doppelhüllentanker" eingesetzt werden dürfen. Auch die verstärkte Überwachung des Schiffsverkehrs auf der Ostsee ist ein Beitrag zu mehr Sicherheit.

Bildung: So wie steigender Wohlstand ist auch die Erhöhung des Bildungsstandards in allen Mitgliedstaaten ein gemeinsames Anliegen, aber auch die Harmonisierung und gegenseitige Anerkennung von Bildungsabschlüssen. In Deutschland gibt es seit einiger Zeit ein Info-Portal zu ausländischen Bildungsabschlüssen. Ein herausragendes Projekt des Ostseerats im Bildungsbereich war zum Beispiel die „EuroFaculty", eine finanzielle und akademische Unterstützung bei der Transformation der Curricula, der Aus- und Fortbildung des Lehrkörpers und der Einführung moderner Lehrmethoden in Universitäten in Estland, Lettland, Litauen, Kaliningrad und Pskow.

Ebenso nur in gemeinsamen Anstrengungen und enger Zusammenarbeit der Fachleute kann der grenzüberschreitenden Kriminalität begegnet werden, an Land und auf See, sei es ein terroristischer Angriff, eine Schiffshavarie mit unbekannten toxischen Substanzen oder illegale Migration oder auch die Bekämpfung von Menschen-, Drogen- und Waffenhandel.

Neben den genannten großen Organisationen gibt es inzwischen auch kleinere regionale Kooperationen. So bringt sich die EU verstärkt in die Zusammenarbeit auch mit Nicht-EU-Staaten auf der grenzüberschreitenden Ebene ein und hat inzwischen fünf EU-Strategien für vier Makroregionen auf den Weg gebracht. Ziel dieser makro-regionalen Strategie ist es, die Zusammenarbeit von nationalstaatlichen, regionalen und lokalen Kräften zu optimieren, einschließlich privater Partner, und vorhandene Strukturen, Instrumente und Finanzierungsprogramme und -mittel effizienter zu nutzen. Die EU koordiniert die verschiedenen Aktionen, die Partner aus dem öffentlichen und dem privaten Sektor einschließen. Am weitesten fortgeschritten in der Zusammenarbeit der Anrainerstaaten ist der Ostseeraum und damit auch die erste Makroregion, für die die EU eine Strategie erarbeitet hat. Der Raum umfasst zwölf Staaten: die acht EU-Mitglieder in der Region sowie die Nachbarstaaten Norwegen und Island, die Russische Föderation und Belarus. Die drei Ziele der EU-Ostseestrategie [17] sind der Schutz der Ostsee, die Anbindung der Region und die Steigerung des Wohlstandes in der Region.

Weitere Strategien hat die EU inzwischen für den Donauraum [18], die EU-Strategie für die Adriatisch-Ionische Region [19] und die Alpenregion [20] entwickelt.

Brauchen wir mehr regionale Kooperationen?

Ein ganz klares: Ja! Da nicht erforderlich ist, dass die Beziehung der potentiellen Mitgliedsstaaten zueinander ein freundschaftliches ist, kann ein schwieriges Verhältnis zwischen ihnen durchaus eine Stärke der entsprechenden Organisation sein.

Wenn sich Staaten, die sonst kaum näheren Kontakt zueinander haben, auf das Gemeinsame fokussieren und bestehenden Herausforderungen in Abstimmung und Kooperation miteinander begegnen, steigen die Chancen der Region zum allseitigen Nutzen und die Mitgliedsstaaten lernen, miteinander umzugehen. Eine Win-win-Situation – auch für den Frieden.

Literatur

[1] EastAsiaForum Why RCEP is a big deal. https://www.eastasiaforum.org/2020/11/30/why-rcep-is-a-big-deal/
[2] ASEAN https://asean.org/
[3] ZOPFAN https://www.pmo.gov.my/wp-content/uploads/2019/07/ZOPFAN.pdf
[4] Bevölkerung ASEAN. https://crp-infotec.de/organisationen-asean/
[5] ASEAN Regional Forum https://aseanregionalforum.asean.org/
[6] EU https://europa.eu/european-union/index_de
[7] Central European Initiaive, CEI https://www.cei.int/
[8] Adriatisch-ionischen Initiative, AII https://www.aii-ps.org/
[9] Baltic Sea Economic Cooperation, BSEC http://www.bsec-organization.org/
[10] Black Sea Universities Network, BSUN http://www.bsun2015.rect.bg.ac.rs/about-bsun.php
[11] Baltic Sea Region University Network, BSRUN https://bsrun.org/
[12] Froese, W. (2008). *Die Hanse. Geschichte der Ostsee* (2. Aufl.). (S. 137–158). Casimir Katz.
[13] Council of the Baltic Sea States, CBSS https://cbss.org/
[14] Baltic Sea Parliamentary Conference, BSPC https://www.bspc.net/
[15] HELCOM, Baltic Marine Environment Protection Commission https://helcom.fi/
[16] EU-Ostseestrategie. https://ec.europa.eu/regional_policy/en/policy/cooperation/macro-regional-strategies/baltic-sea/
[17] EU-Donaustrategie. https://ec.europa.eu/regional_policy/en/policy/cooperation/macro-regional-strategies/danube/
[18] EU-Strategie für die Adriatisch-Ionische Region. https://ec.europa.eu/regional_policy/en/policy/cooperation/macro-regional-strategies/adriatic-ionian/
[19] EU-Strategie für die Alpenregion. https://ec.europa.eu/regional_policy/en/policy/cooperation/macro-regional-strategies/alpine/

Aus kleinen Quellen entspringt ein großes Meer der Freundschaft

Prof. Dr. Vyacheslav Kruglov

Das russisch-deutsche Seminar zu Fragen der globalen Finanz- und Kreditwirtschaft ist ein wunderbares Beispiel dafür, wie etablierte Hochschulbeziehungen eine neue Dimension eröffnen und zu einem intensiven regelmäßigen Austausch wachsen können. Allgemeine Erklärungen über den Nutzen der Zusammenarbeit zwischen unseren Ländern sind notwendig, doch der konkrete Inhalt unserer Beziehungen findet seine Verwirklichung in einem ständigen Dialog zwischen konkreten Teams in Wissenschaft, Lehre und Industrie und zwischen Einzelpersonen, die die Beziehungen mit hohem Engagement leben.

An dem Seminar nehmen Wissenschaftler teil, die im Rahmen des Partnerschaftsvertrages zwischen unserer Universität und der Hochschule für Wirtschaft und Recht Berlin schon lange und fruchtbar zusammenarbeiten.

Unser erster Kontakt zu deutschen Kollegen entstand bereits vor der deutschen Wiedervereinigung. 1989 wurde unserem Voznesensky-Institut für Finanz- und Wirtschaftswissenschaften von dem zuständigen Ministerium in Moskau der Vorschlag unterbreitet, eine Partnerschaft mit einer Universität in West-Berlin aufzunehmen. Damals war Juri Lawrikow Rektor unseres Instituts, ein Mann herausragender Qualitäten, ich war damals Vizerektor für internationale Beziehungen. Wir beschlossen einstimmig, die Beziehungen aufzunehmen. Zufälligerweise waren unsere Schicksale – in unterschiedlichem Maße – mit Deutschland und der deutschen Sprache verflochten. Juri Lawrikow arbeitete unmittelbar nach dem Krieg, in den er als ganz junger Mann gezogen war, in der sowjetischen Militäradministration in Deutschland. Ich studierte damals intensiv die deutschsprachige Literatur zur westeuropäischen Landwirtschaft.

Nach der Unterzeichnung der Vereinbarung dauerte es einige Zeit, bis wir uns auf die konkreten Prinzipien und Details unserer Zusammenarbeit geeinigt hatten

© Der/die Autor(en), exklusiv lizenziert durch Springer Fachmedien Wiesbaden GmbH, ein Teil von Springer Nature 2022
C. Renker, T. Nikitina (Hrsg.), *Pandemie als nicht alltägliches Event-Risk*,
https://doi.org/10.1007/978-3-658-36504-2_10

(damals lief der Vereinbarungsprozess über „diplomatische Kanäle" und hing sehr stark von der jeweils aktuellen politischen Situation ab). Schließlich waren alle grundsätzlichen Fragen geklärt und unsere Delegation reiste über den Flughafen Schönefeld- auf dem Gebiet der in den letzten Zügen liegenden DDR- nach West-Berlin. Wir wurden von Vertretern der Hochschule für Wirtschaft und Recht abgeholt und fuhren über die bereits in Schließung begriffenen Grenzübergangsstellen zwischen den einzelnen Besatzungszonen nach West-Berlin, direkt zum Ku'damm. Unsere Delegation bestand aus drei Personen: dem Rektor, Professor Juri Lawrikow, dem Vizerektor für internationale Beziehungen, Professor W. W. Kruglow und, als Dolmetscherin, Frau Prof. L. B. Kalininskaja, Dozentin am Lehrstuhl für Fremdsprachen (die inzwischen deutsche Staatsbürgerin ist). Wir wurden in einem kleinen Privathotel in der Nähe des Kurfürstendamms und unweit unserer Partneruniversität in der Berliner Straße 50/51 untergebracht. Am nächsten Morgen wurde unsere Delegation von fast der gesamten Belegschaft der Hochschule für Wirtschaft und Recht begrüßt, angeführt vom damaligen Rektor, dem wunderbaren Edgar Uherek, sowie dem Prorektor, Prof. Hartmut Rieb, und als Dolmetscherin der Diplomandin Nicole Nettelmann. Da alle Details der Kooperationsvereinbarung im Voraus vereinbart worden waren, führten wir eine Reihe von Gesprächen, bei denen wir Informationen über unsere Universitäten und die Hochschulbildung in unseren Ländern austauschten und allgemeine Fragen diskutierten.

An einem Abend unseres kurzen Aufenthalts in West-Berlin wurden wir von einer lärmenden Demonstration auf dem Kurfürstendamm überrascht – Autos hupten, Menschen schrien vor Freude. Wir erfuhren, dass der Grund für diesen Jubel der Sieg der deutschen Fußballmannschaft bei der Weltmeisterschaft 1990 war.

Einige Zeit später reiste eine Delegation der HWR ins damalige Leningrad und stattete uns einen Gegenbesuch ab. Der Delegationsaustausch fand also zu einem für beide Seiten historisch sehr bedeutsamen Zeitpunkt statt: auf der einen Seite die Wiedervereinigung Deutschlands, auf der anderen Seite der bevorstehende Zerfall der Sowjetunion und die innenpolitischen Spannungen in unserem Land. Zum Zeitpunkt des Besuchs unserer deutschen Kollegen gab es in Russland nichts zu kaufen, Lebensmittel bekam man auf Marken, in den Landwirtschaftsmärkten waren die Schlangen endlos und auf den Fluren der Hochschulen wurde schwarz mit Jeans gehandelt. Die Perestroika war also in vollem Gange.

So seltsam es auch sein mag, doch begannen sich die internationalen Beziehungen unserer Universität nach dem Zusammenbruch der UdSSR sehr schnell zu entwickeln und wir etablierten Partnerschaften mit Hochschulen in Deutschland, Frankreich, England, den USA, Finnland und Schweden. Auch die Zusammenarbeit mit der HWR Berlin wurde vertieft, und auf den Dozentenaustausch folgte ein erster Austausch von Studenten und Referendaren. Zu den ersten deutschen

Studenten des Austauschprogramms gehörten auch die Kinder der Dozenten der HWR: der Sohn von Prof. Kwielisch, Kai Siewert und die Tochter von Prof. Nettelmann, die bereits erwähnte Nicole Nettelmann, die die russische Sprache sehr bald fließend beherrschte. Die ersten Vertreter der alten Bundesländer verteidigten ihre Dissertationen, darunter drei aus West-Berlin. Immer mehr Menschen engagierten sich an unserer Hochschule für den Austausch mit Deutschland. Zu ihnen gehören seit 30 Jahren der erste russische Lehrstuhlinhaber für Marketing Prof. Georgi Bagiev. Er vertiefte die wissenschaftlichen Beziehungen durch Lehre, Forschung und zahlreichen gemeinsamen Publikationen auch durch Initiative und Mitarbeit von Prof. Clemens Renker (Zittau/Görlitz in Kooperation mit TU Dresden) mit nahezu 20 deutschen Universitäten und Hochschulen – insbesondere mit dem Vater des deutschen Marketing Prof. Heribert Meffert (Universität Münster), mit dem international renommierten Prof. Christian Homburg (Universität Mannheim), mit Prof. Bodo Abel (kooperativer Master mit Universität Hamburg), mit Prof. Wolfgang Fritz (kooperativer Master mit Universität Braunschweig), mit Rektor Prof. Georg Plate (MBA-Studiengang mit der Nordakademie Schleswig-Holstein/Hamburg und Visiting-Professor Clemens Renker) und Prof. Harald Seythal, Prof. Cornelia Scott (Hochschule Sachsen-Anhalt). Die wissenschaftlichen Publikationen von Prof. Renker zu einem ganzheitlichen Marketingverständnis als Treiber von Transformationen übertrug Prof. Bagiev kurzgefasst in russischer Sprache Ende der 90-er Jahre in ein Buch. Groß engagierten sich für Hochschulpartnerschaften die ehemalige Direktorin des Instituts für Fremdsprachen Viktoria Jamschanowa, Prof. Irina Eliseeva, Prof. Tatjana Fedorowa, die derzeitige Leiterin der Kooperationsprogramme Prof. Tatjana Nikitina, die ihre Doktorarbeit während eines vom Berliner Senat finanzierten Praktikums in Berlin schrieb, Prof. Grigory Feigin, der seine erste Dissertation in Deutschland verteidigte und nun einer der aktivsten Teilnehmer des Seminars ist, die Dozentin Anna Kurochkina und viele unserer ehemaligen Studenten, die an Austauschprogrammen mit der HWR und anderen deutschen Hochschulen teilgenommen hatten. Je mehr Austausch es gab, desto mehr Familien wurden auch gegründet. Es ist schön zu sehen, dass die Kinder der ersten Teilnehmer der Austauschprogramme nun die Arbeit ihrer Eltern fortsetzen. Die meisten dieser Kinder sind zweisprachig und sprechen noch eine weitere Sprache, meistens Englisch oder Französisch. Sie sind eine wichtige Ressource für die zukünftige deutsch-russische Zusammenarbeit.

Inzwischen kooperieren wir mit zahlreichen deutschen Bildungseinrichtungen, doch die Beziehungen zu unserem ersten westlichen Partner, der HWR, standen für uns immer im Vordergrund. Wir erinnern uns mit Dankbarkeit an unsere Berliner Kollegen, die sich um die Zusammenarbeit verdient gemacht haben – die Rektoren Edgar Uherek, Juergen Kunze, Franz Herbert Rieger, Bernd Reissert, Andreas Zaby, sowie die zu unterschiedlichen Zeiten für die internationale Zusammenarbeit verantwortlichen Kollegen H. Meyer, H. Rib, M. Kwielisch, P. Siewert und M. Kronauer. Doch auch zu DDR-Zeiten stand es gut um die deutsch-russischen Beziehungen. Zwei Studentinnen aus der ehemaligen DDR, die unsere Hochschule 1964 absolvierten, unterhalten nach wie vor freundschaftliche Beziehungen zu ihren Kommilitonen aus St. Petersburg. Eine Kommilitonin von mir kommt aus Berlin. Ihre Tochter wurde in Leningrad geboren. Sie ist schon Großmutter und besucht von Zeit zu Zeit St. Petersburg, ihre zweite Heimat.

Das klingt nach einer sehr persönlichen Erzählung, doch alle diese privaten Freundschaften und Verbindungen sind die Quellen, die sich zu einem mächtigen Strom gegenseitiger Sympathie verbinden und den Wunsch unserer Völker ausdrücken, die Beziehungen zwischen unseren Ländern zum Nutzen der europäischen Harmonie und eines dauerhaften Friedens in unserer Welt zu vertiefen.

Aktuelle Probleme der Wirtschaft: Gesundheit – ein Wirtschaftsfaktor?

Prof. h.c. Barbara Lachhein

Zusammenfassung

Globale Veränderungen und technischer Fortschritt kennzeichnen die Arbeitswelt 4.0. Die Corona-Pandemie verstärkt die permanent erforderlichen Lern- und Anpassungsprozesse. Gesundheitsförderung im Betrieb kann eine mögliche Lösung der damit einhergehenden Herausforderungen sein. Beschäftigte wollen mehr selbstbestimmt arbeiten, sinnstiftende Aufgaben erfüllen, sie erwarten eine gesundheitsorientierte Unternehmenskultur, einen kooperativen Managementstil, flache Hierarchien und eine gute Arbeitsatmosphäre. Dem Aufwand für Betriebliches Gesundheitsengagement steht offensichtlich ein Nutzen gegenüber jedoch scheuen Unternehmen vor einer systematischen Verankerung im Betrieb zurück. In einem deutsch-russischen Forschungsprojekt wurde die Einführung von Standards Betrieblicher Gesundheitsförderung in einem Globalunternehmen im russischen Markt untersucht.

Abstract

Current Problems of the Economy: Health – An Economic Factor?

Global changes and technical progress characterize the working world 4.0. The Corona pandemic intensifies the permanently required learning and adaptation processes. Workplace health promotion can be a possible solution to the challenges this poses. Employees want to work in a more self-determined manner, perform meaningful tasks, and expect a health-oriented corporate culture, a cooperative management style, flat hierarchies and a good working atmosphere.

The cost of corporate health commitment is obviously offset by the benefits, but companies shy away from systematically anchoring it in their operations. In a German-Russian research project, the introduction of standards for workplace health promotion in a global company in the Russian market was investigated.

Schlüsselwörter/Keywords

Salutogenese, WHO-Gesundheitsstrategie, Gesundheitsförderung im Unternehmen, ROI, Corona, Digitalisierung, Salutogenesis, WHO health strategy, corporate health promotion, ROI, Corona, digitalization.

Wenn die Arbeit ein Vergnügen ist, wird das Leben zur Freude. Maxim Gorki (1868–1936) russischer Schriftsteller

When work is a pleasure, life becomes a joy. Maxim Gorky (1868–1936) Russian writer

1 Globale Herausforderungen der Gegenwart

Aus den durch globale gesellschaftliche Wandlungen und technischen Fortschritt hervorgerufenen Veränderungen der Arbeitswelt resultieren für die Industrieländer weltweit ähnliche Herausforderungen. Die Arbeit ist zunehmend agil, hierarchiefrei und selbstorganisiert. Prozesse werden digital unterstützt oder komplett automatisiert, die Weltwirtschaft ist global vernetzt. Menschen können erstmalig seit Beginn der industriellen Revolution die Arbeit nach eigenen Wünschen und Bedürfnissen gestalten, sie zeit- und ortsunabhängig ausführen, begleitet von permanenten Lern- und Anpassungsprozessen – für die einen Ansporn und persönliche Weiterentwicklung, für andere eine psychische Belastung. Um die Sozialsysteme nach dem in Deutschland zugrundeliegenden Solidaritätsprinzip zu sichern bedarf es bei einer stetig steigenden Lebenserwartung und einer an das Arbeitseinkommen gebundenen Beitragszahlung einer Anpassung der Lebensarbeitszeit. Der Erfolg moderner Industriegesellschaften wird zunehmend davon abhängen, wie es gelingt, Menschen über die Arbeit einen sinnstiftenden und gesunderhaltenden Aspekt zu vermitteln.

Entsprechend liegen gesundheitsfördernde Merkmale einer *Arbeitswelt 4.0*, international nach dem Konzept des amerikanischen Philosophen Prof. Frithjof Bergmann als *New Work* [1] deklariert, in

- zunehmender Kooperation und Selbstorganisation,
- der Erweiterung der Fach- um die Sozialkompetenz,
- der Bedeutung sinnstiftender Aufgaben und einem kollektiven Zugehörigkeitsgefühl.

Sie gelten als Bedingungen, um langer gesund zu arbeiten [2].

Vollzeitbeschäftigung, unbefristete Arbeitsverträge, Integration in die sozialen Sicherungssysteme lösen sich zunehmend in sogenannten atypischen Beschäftigungsverhältnissen auf. Sie sind durch häufig wechselnde Arbeitszeiten, Arbeitsorte gekennzeichnet und haben vielfältige Erwerbsbiografien zur Folge. Eine bessere Vereinbarkeit von beruflichen und privaten Interessen zählt zu deren Vorzügen. Eine Ungleichheit in den Arbeitskollektiven zwischen den Festangestellten und freien Mitarbeitern hinsichtlich Arbeitszeit, Entlohnung und Bestandssicherheit können sich nachteilig auf die psychische Gesundheit auswirken.

Die weltweite Corona-Pandemie beschleunigt die Zunahme atypischer Beschäftigungsverhältnisse, die Digitalisierung verstärkt sie.

Eine Umfrage unter ca. 1200 Führungskräften deutscher Unternehmen, durchgeführt vom ifo Institut – Leibniz-Institut für Wirtschaftsforschung an der Universität München [3] im Juli 2020, bestätigt den Trend der Verlagerung von Präsenzarbeitsplätzen hin zu digitalen im häuslichen Bereich. 76 % der Unternehmen haben während der Pandemie verstärkt auf Homeoffice umgestellt, unter den Großunternehmen, mit mehr als 500 Mitarbeitern sogar 93 %. Aber auch 64 % der Kleinunternehmen mit weniger als 50 Mitarbeitern nutzten Arbeitsplätze im häuslichen Umfeld.[1] Zwei Drittel der befragten Unternehmen (62 %) gehen von anhaltenden Veränderungen auch nach dem Ende der Pandemie aus. 27 % sehen sich veranlasst, ihren Beschäftigten Angebote zum Thema Gesundheit zu unterbreiten.

Bestrebungen zur Gesundheitsförderung im Betrieb sind nicht neu.

2 Gesundheit im Fokus der Weltgesundheitsorganisation (WHO)

Arbeitsschutz und Arbeitssicherheit lassen sich innerhalb gesetzlicher Regelungen schon im 19. Jahrhundert im Zusammenhang mit der industriellen Revolution nachweisen – 1802 in Großbritannien, 1845 in Deutschland, 1888 in Belgien, 1902 in Russland.

Die heutigen Grundlagen basieren auf dem durch den israelisch-amerikanischen Soziologen Aaron Antonovsky[2] eingeleiteten Paradigmenwechsel von der medizinischen, krankheitsorientierten zur gesunderhaltenden Perspektive, also von der Pathogenese zur Salutogenese. Dahinter steht die Erkenntnis, dass zwischenmenschliche Beziehungen und soziale Umwelt die Gesundheit beeinflussen.[3] Somit wechselte der

---

[1] Vgl. [4].
[2] Vgl. [5].
[3] Vgl. [20], [6, 7].

Fokus vom Krankheits- zum Gesundheitspotenzial mit der zentralen Frage: Was erhält Menschen gesund?[4] Dieser Ansatz prägte maßgeblich die 1977 beschlossene Strategie der WHO „Gesundheit für alle" und ihre weitere Definition von Gesundheit als: „Fähigkeit und Motivation, ein wirtschaftlich und sozial aktives Leben zu führen."[5] Widmete sich die WHO seit ihrer Gründung vorrangig medizinischen Fragen, so leiteten die Teilnehmer der Konferenz von Alma Ata im Jahre 1978 eine programmatische Erweiterung um die gesellschaftspolitische Komponente ein. Folglich lieferte die Debatte neben bevölkerungsmedizinischen auch ökonomischen, politischen, kulturellen und sozialen Impuls. Mit direktem Bezug zur Agenda von New Public Health wurden *Gesundheit* zu einem grundlegenden Menschenrecht und die *Primäre Gesundheitsversorgung* zu einem Schlüsselkonzept der WHO erklärt und mündeten schließlich in das Konzept der *Gesundheitsförderung* (Health Promotion).

Die Charta der WHO-Konferenz von Ottawa 1986 gilt seit ihrer Verabschiedung als Ausgangspunkt und Leitfaden für Gesundheitsförderung, fußend auf den Grundsätzen:

- Gesundheit statt Krankheit (Salutogenese)
- Befähigung zu gesundheitsbewusstem Verhalten (Empowerment)
- Schaffung gesundheitsfördernder Lebenswelten (Setting-Ansatz)

Diese Zielvorgaben wurden für Settings, wie Städte, Schulen, Hochschulen oder Betriebe weiterentwickelt. Daraus sind WHO-Konzepte entstanden, wie „Gesunde Städte" oder Projekte, wie „Gesundheitsmanagement an Hochschulen".

Im Ergebnis der Jakarta-Erklärung der WHO zur Gesundheitsförderung im 21. Jahrhundert[6] 1997 erfolgte eine Fortschreibung der globalen Strategie *Gesundheit für alle* und der Beschlüsse von Ottawa.

Die Einflussfaktoren auf Gesundheit wurden neu bewertet. Sie resultieren aus:

- *demografischen Trends:* Verstädterung, älter werdende Gesellschaften, Zunahme chronischer Krankheiten und Verhaltensänderungen (Gewaltbereitschaft, Drogenmissbrauch),
- *veränderten Gefahren für Gesundheit:* Infektionskrankheiten und psychische Probleme,
- *transnationalen Faktoren:* Globalisierung, Umweltzerstörung, breite Verfügbarkeit von Medien und Informationstechnologien.

---

[4] Vgl. [5].
[5] Resolution der WHO 30.43 [8].
[6] Vgl. [9].

Diese Gegebenheiten beeinflussen, so der Konsens der Konferenzteilnehmer, weltweit Wertvorstellungen, Lebensweisen und Lebensbedingungen, mit sowohl positiven als auch negativen Auswirkungen auf die Gesundheit. Ein vorgelegter Handlungsrahmen wies erstmals explizit die Mitverantwortung des privaten Sektors aus. Die Forderungen schlossen des Weiteren

- Information und Aufklärung,
- Schaffung regionaler und länderübergreifender Netzwerke,
- Ausbau von Führungsqualitäten,
- Gesundheitsförderung als kontinuierlichen Verbesserungsprozess ein.

3 Gesundheit im Fokus der Europäischen Union

Die Erkenntnisse der Konferenz von Jakarta fanden ihren Niederschlag in der Gesundheitspolitik der EU. Das Augenmerk richtete sich nun auf die Risiken für die Bevölkerungsgesundheit, hervorgerufen durch den demografischen Wandel und die Überalterung der Bevölkerung, grenzüberschreitende Gesundheitsgefahren wie Pandemien, größere Unfälle, biologische Zwischenfälle sowie Bioterrorismus und gleichzeitig auf die Chancen für die Gesundheitsförderung sowie die Prognose, Prävention und Therapie von Krankheiten durch Informations- und Kommunikationstechnologien, Gentechnik, Bio- und Nanotechnologie [10]. Um die fachliche Kompetenz zu sichern, wurden Ausbildungsprojekte zur Einführung neuer Studiengänge wie *European Master in Health Promotion, European Master in Public Health Nutrition* sowie ein EU-Weiterbildungscurriculum *Öffentliche Gesundheit* für Pflegekräfte initiiert. In Deutschland führte dies zur Weiterentwicklung der modernen Gesundheitswissenschaften sowie Bachelor- und Master-Abschlüssen auf den Gebieten Public Health oder Gesundheitsmanagement. Neue Berufe wie Gesundheitstrainer oder Unternehmensberater mit Schwerpunkt Gesundheitsförderung beleben seitdem den Arbeitsmarkt.

Die Forderungen von Jakarta flossen 1997 in die Deklaration von Luxemburg ein, mit der das europäische Herangehen an die Gesundheitsförderung im betrieblichen Setting seinen Ausgangspunkt fand. Darin heißt es: „Betriebliche Gesundheitsförderung umfasst alle gemeinsamen Maßnahmen von Arbeitgebern, Arbeitnehmern und Gesellschaft zur Verbesserung von Gesundheit und Wohlbefinden am Arbeitsplatz."[7]

Der Kerngedanke der Betrieblichen Gesundheitsförderung (BGF) beruht auf einer fach- und berufsübergreifenden Zusammenarbeit von Experten mit der Vision

---

[7] Luxemburger Deklaration, Version 2007 [11].

Tab. 1 Konzept der „Gesunden Organisation" Merkmale *gesunder* und *ungesunder* Organisationen. (Badura und Hehlmann [12, S. 54])

Merkmale	Gesunde Organisationen	Ungesunde Organisationen
Ausmaß sozialer Ungleichheit (Bildung, Status, Einkommen)	Moderat	Hoch
Vorrat an gemeinsamen Überzeugungen, Werten, Regeln („Kultur")	Groß	Gering
Identifikation der Mitglieder mit übergeordneten Zielen und Regeln ihres sozialen Systems („Wir-Gefühl", „Commitment")	Stark ausgeprägt	Gering ausgeprägt
Vertrauen in Führung	Hoch	Gering
Ausmaß persönlicher Beteiligung an systematischer Willensbildung, Entscheidungsfindung (Partizipation)	Hoch	Gering
Gegenseitiges Vertrauen, Zusammenarbeit unter Mitgliedern	Hoch	Gering
Umfang sozialer Kontakte jenseits primärer Beziehungen	Hoch	Gering
Stabilität, Funktionsfähigkeit primärer Beziehungen (Familie, Arbeitsgruppe etc.)	Hoch	Gering
Soziale Kompetenz	Stark ausgeprägt und verbreitet	Gering ausgeprägt und verbreitet
Sinnstiftende Betätigung	Stark verbreitet	Weniger stark verbreitet

„gesunder Mitarbeiter in gesunden Unternehmen".[8] Das Modell wurde an der Universität Bielefeld unter Leitung des Soziologen und Mitbegründers der Fakultät für Gesundheitswissenschaften der Universität Bielefeld Prof. Dr. Bernhard Badura erarbeitet und folgt der Annahme, dass auch Unternehmen sich als eine Form sozialer Systeme in einem unterschiedlichen Zustand befinden. Entsprechend sind Merkmale einer *ungesunden Organisation* Nährboden für Mobbing, Burnout, innere Kündigung mit negativen Folgen für Gesundheit, Qualität und Leistungsvermögen [6, S. 32 f.]. Dem Gedanken der *gesunden Organisation* folgend stehen deshalb die Entwicklung einer mitarbeiterorientierten Führung, gesundheitsförderliche Organisations- und Arbeitsgestaltung, Förderung persönlicher Gesundheitspotenziale

---

[8] Ebenda.

und gesundheitsbewussten Verhaltens im Mittelpunkt betrieblicher Gesundheitsarbeit. Nach Ansicht Baduras folgt das Verhalten von Belegschaften vorgegebenen Strukturen und Prozessen. Deshalb sind zunächst Voraussetzungen durch die Organisation, deren Arbeitsbedingungen und gesundheitsförderliche Gestaltung zu schaffen. Danach folgt die Befähigung der Mitarbeiter zu gesundheitsbewusstem Verhalten [12, S. 19].

Zur europaweit einheitlichen Umsetzung von BGF wirkte das Europäische Netzwerk für Gesundheitsförderung (ENWHP) von 1996 bis 2017 [11]. Gemäß dessen Leitlinien sind die qualitätssichernden Anforderungen an BGF-Maßnahmen folgende:

- Partizipation – Einbeziehung aller Mitarbeiter,
- Integration – Berücksichtigung von BGF bei allen wichtigen Entscheidungen im gesamten Unternehmen,
- Projektmanagement – systematische Durchführung aller Maßnahmen und Programme
- Ganzheitlichkeit – verhaltens- und verhältnisorientierte Maßnahmen, Verknüpfung von Risikoreduktion mit Ausbau von Schutzfaktoren und Gesundheitspotenzialen [11].

Als prioritäre Handlungsfelder stehen die arbeitsbedingten körperlichen Belastungen, Betriebsverpflegung, psychosozialer Stress sowie Genuss- und Suchtmittelkonsum im Fokus.

Die systematische Verankerung von Gesundheitsförderung im betrieblichen Setting führte schließlich zum Konzept des Betrieblichen Gesundheitsmanagements.

4 Betriebliches Gesundheitsmanagement (BGM)

Wurden in der Vergangenheit Gefährdungen am Arbeitsplatz durch Maßnahmen des Arbeitsschutzes, der Arbeitssicherheit und Arbeitsmedizin betreut, kommen gegenwärtig Maßnahmen zur Verbesserung des Wohlbefindens hinzu. Beschäftigte wollen mehr selbstbestimmt arbeiten, sinnstiftende Aufgaben erfüllen, sie erwarten eine gesundheitsorientierte Unternehmenskultur, einen kooperativen Managementstil, flache Hierarchien und eine gute Arbeitsatmosphäre.

Betriebliches Gesundheitsmanagement ist ein Konzept, welches die Entwicklung einer ganzheitlichen, gesundheitsgerechten Arbeitswelt unterstützt und damit nachhaltig zum wirtschaftlichen Erfolg beiträgt.

Betriebliches Gesundheitsmanagement, so wie es besonders in den deutschsprachigen Ländern Verbreitung findet, gewann sein heutiges Profil aus den Erkenntnissen der modernen Sozial-, Organisations- und Gesundheitswissenschaften, der Qualitäts- und Managementlehre, dem Wissen überbetrieblicher Akteure und Institutionen ebenso wie aus den praktischen Erfahrungen in den Unternehmen. Definitionen des Begriffs **Betriebliches Gesundheitsmanagement** sind, je nach Fokus, zahlreich vorhanden. Etabliert hat sich die Definition der Forschergruppe Badura:

„Unter Betrieblichem Gesundheitsmanagement verstehen wir die Entwicklung betrieblicher Strukturen und Prozesse, die die gesundheitsförderliche Gestaltung von Arbeit und Organisation und die Befähigung zum gesundheitsfördernden Verhalten der Mitarbeiterinnen und Mitarbeiter zum Ziel haben" [13, S. 33].

Als Marksteine der Entwicklung von betrieblicher Prävention und Gesundheitsförderung zum BGM sind festzuhalten:

Mit dem **konzept**uellen Ansatz von der Pathogenese zur Salutogenese erfolgte ein Paradigmenwechsel vom belastungs- und symptombezogenen Standpunkt zur gesunderhaltenden, kompetenzfördernden Perspektive.

Mit der **Schwerpunkt**verschiebung vom Individuum zur Organisation vollzog sich ein Wechsel von personenbezogenen, verhaltenspräventiven Maßnahmen und Strategien zu organisationsbezogenen.

Im **Vorgehen** erfolgte ein Wechsel von Einzelmaßnahmen zum Managementsystem, indem die Maßnahmen durch den Aufbau des Systems zum Bestandteil umfassender Prozesse geworden sind [14].

Führungskräfte nehmen dabei eine wichtige Rolle ein. Einerseits haben sie durch ihr Verhalten einen wesentlichen Einfluss auf die Motivation, Zufriedenheit und Gesundheit der Beschäftigten. Andererseits tragen sie die Verantwortung für gesundheitsfördernde Rahmenbedingungen und sind Vorbild für gesundheitsbewusstes Verhalten. Den Zusammenhang zwischen Motivation und Leistungsfähigkeit von Personen, gemessen mit dem Gallup-Engagement-Index offenbart einen jährlichen Schaden für die deutsche Volkswirtschaft von rund 99 Mrd. € durch unzureichende Motivation von Beschäftigten [15].

Die systematische Verstetigung einer betrieblichen Gesamtkonzeption in Deutschland umfasst die drei Säulen Arbeitssicherheit und Gesundheitsschutz, Betriebliche Gesundheitsförderung und das Betriebliche Eingliederungsmanagement, abgestimmt auf die Unternehmenspolitik, Personal- und Organisationsentwicklung. Damit ist BGM ein auf den Betrieb spezifisch abgestimmter Prozess.

Ein weiterer, wichtiger Schritt, Gesundheit als festen Bestandteil moderner Unternehmensführung zu etablieren, war die 2018 eingeführte Norm *Managementsystem für Sicherheit und Gesundheit bei der Arbeit in Organisationen*, ISO 45001:2018. Erstmalig werden Anforderungen an den Arbeitsschutz um BGF ergänzt. Die bis dahin, auch in Russland verbreitete Norm *Occupational Health and*

Safety Assessement Series Standard (OHSAS), wird davon abgelöst. Damit verbunden ist ein Paradigmenwechsel von der rein risikoorientierten zur risiko- und ressourcenorientierten Bewertung von Arbeit.

5 Gesundheit im Betrieb zwischen Motivation und Wirklichkeit

Die fortschreitende Globalisierung erzeugt permanenten Handlungsdruck, der in hochentwickelten Gesellschaften mit einer älter werdenden Bevölkerung bewältigt werden muss. Beschäftigte werden immer mehr zum kritischen Erfolgsfaktor.

Betriebswirtschaftliche Kennziffern zur Erfolgsmessung reichen heute nicht mehr aus, weil maßgeblich nichtökonomische Bedingungen, einschließlich des Faktors Gesundheit, die Entwicklung eines Unternehmens beeinflussen. Neben den harten Faktoren (quantifizierbar, nichtbefragungsbasiert), z. B. Fehlzeitenquote, Absentismus, Arbeitsunfallrate, Fluktuationsrate, Altersstruktur, Präsentismus, Produktivität, Return on Investment gewinnen die sogenannten weichen Faktoren (personenspezifisch, befragungsbasiert), z. B. Zufriedenheit, Motivation, Akzeptanz, Wohlbefinden, Arbeitsfähigkeit zunehmend an Bedeutung.

Positiv kann gegenwärtig konstatiert werden, dass Unternehmen in Deutschland durch traditionelle und modernisierte gesetzliche Regelungen im Arbeits- und Gesundheitsschutz für das Thema Mitarbeitergesundheit sensibilisiert sind. Sie können auf Vorhandenem, wie Arbeitsschutz und Arbeitsmedizin aufbauen. Darüber hinaus gibt es umfangreiche finanzielle Anreize durch den Staat und die Sozialsysteme [16, S. 9]:

Staat: Steuerbefreiung für gesundheitsfördernde Maßnahmen

Seit 2009 können Arbeitgeber Maßnahmen für Mitarbeiter anbieten, die thematisch dem Präventionsleitfaden des GKV-Spitzenverbandes zuzuordnen sind und in der Beurteilung ihrer Qualität, des Zwecks und Ziels den Anforderungen gem. §§ 20 und 20a SGB V entsprechen.

Krankenkassen: Analysen und Bonusprojekte

Krankenkassen stellen zur Bedarfsermittlung im Unternehmen Analysedaten zur Verfügung, beteiligen sich an Maßnahmen der Betrieblichen Gesundheitsförderung mit einem festgelegten Jahresbetrag je Versicherten (§§ 20 und 20b, Abs. 2 SGB V) und können satzungsmäßig Boni für Arbeitgeber und -nehmer vorsehen (§ 65 a, Abs. 2 SGB V).

Unfallversicherungsträger: Prämien für Arbeitsschutzmaßnahmen

Um Arbeitsunfälle und Berufskrankheiten zu verhüten sowie arbeitsbedingte Gesundheitsgefahren zu vermeiden, können Unfallversicherungsträger auf der Grundlage des § 162, Abs. 1 SGB II Prämien zahlen. Damit honorieren sie Maßnahmen des Arbeitgebers mit entsprechender Wirksamkeit.

Die Unfallversicherungsträger können BGF durch unterschiedliche Anreize, wie Gütesiegel, Auszeichnungen oder Prämien unterstützen. Auch die **Deutsche Rentenversicherung** erbringt kostenfrei Beratungsangebote und Leistungen für Arbeitgeber und Arbeitnehmer.

BGM dient der Verbesserung des Betriebsergebnisses und ist somit wichtiger „Bestandteil moderner Unternehmensstrategien" [17, S. 92]. Verknüpft mit dem Ziel, Fehlzeiten, Krankenstand und folglich Kosten zu senken und die Produktivität zu erhöhen, sprechen wirtschaftliche Bestrebungen für BGM [18, S. 166]. Mitarbeitergesundheit wird mit sozialem Nutzen verknüpft, Unternehmenskultur mit Fokus auf alternde und multikulturelle Belegschaften als eine Aufgabe der Personalentwicklung gesehen. Ein verbessertes Image soll im *War of Talents* Wettbewerbsvorteile verschaffen.

Einer Studie der Initiative Gesundheit und Arbeit (IGA) aus dem Jahr 2009 zufolge erklärten 88 % der befragten 500 Betriebe die soziale Verantwortung als Hauptgrund, weshalb sie BGM befürworten. An zweiter Stelle wurde die Unterstützung der Krankenkassen genannt, wodurch eine Einführung eines Gesundheitsmanagements im Betrieb erleichtert würde (46 %). Für 44 % war ein hohes Fehlzeitenniveau ausschlaggebend für eine Implementierung.[9] Der Studie sind als Gründe, sich gegen ein BGM zu entscheiden, zu entnehmen: Vorrang des Tagesgeschäftes (88 %), unzureichende Ressourcen (76 %), Priorisierung anderer Themen (73 %), fehlende Mitarbeitermotivation (52 %), keine Notwendigkeit (51 %), mangelndes persönliches Engagement (51 %), zu hohe Kosten (48 %) [19, S. 20] .

Dem Aufwand für Betriebliches Gesundheitsengagement steht offensichtlich ein Nutzen gegenüber, der sowohl aus höherer Leistungsbereitschaft, Motivation und Zufriedenheit als auch aus Kostensenkungen, höherer Produktivität und Wettbewerbsfähigkeit resultiert.[10]

Kosten-Nutzen-Analysen bestätigen einen positiven Return on Investment (ROI), z. B. für Einsparungen medizinischer Kosten bei 1:3,27$ und für die Senkung krankheitsbedingter Fehlzeiten bei 1:2,73$. Fehlzeiten, Kosten für die Berufsunfähigkeit und medizinische Kosten können durch Programme der Gesundheitsförderung um durchschnittlich 26 % reduziert werden.[11] Höhere Aktienwerte [22] und Kundenzufriedenheit [23] wurden ebenso nachgewiesen. Bei Untersuchungen von Towers Watson in 350 Großunternehmen konstatierten Unternehmen mit An-

---

[9] Vgl. [19, S. 14] .

[10] Vgl. [21, S. 77 ff.] .

[11] Vgl. iga-Report 28, 2015, S. 64 .

geboten zur Gesundheitsförderung eine um 40 % höhere Mitarbeiterbindung, Umsatzsteigerungen pro Mitarbeiter durch effektive Gesundheitsmaßnahmen um 11 %, Unternehmen mit einer guten Bewertung der Gesundheit der Belegschaft einen Anstieg der Rendite von 14,8 % innerhalb von fünf Jahren, wohingegen sie bei Unternehmen mit einer schlechten Bewertung um 10,1 % sank [24].

Besonders US-amerikanische Unternehmen haben großes Interesse am Nachweis des Nutzens, da die Krankenversicherung für Beschäftigte durch den Arbeitgeber erfolgt und die Beitragshöhe direkt von den Krankheitskosten abhängt. Relevante Studien belegen eine Senkung der Krankheitskosten um durchschnittlich 26 %[12] und krankheitsbedingter Fehlzeiten um ca. 27 %.[13] Ein entsprechender Return on Invest (ROI) lag zwischen 1:2,5 und 1:4,85.[14]

Den Zusammenhang zwischen Gesundheit und Zufriedenheit mit dem Arbeitgeber konnten auch Badura et al. im Rahmen einer Repräsentativbefragung 2016 aufzeigen. 80 % der „sehr gesunden" Beschäftigten sind mit ihrem Arbeitgeber zufrieden, bei den „sehr ungesunden" nur 8 % [25].

Trotz zahlreicher Bemühungen von WHO, Europäischer Union, nationaler Anreizsysteme und statistischer Erhebungen ist die Einführung von BGM in deutschen Unternehmen noch keine Selbstverständlichkeit.

Die Vorteile scheinen zu überwiegen, gesündere Mitarbeiter scheinen grundsätzlich zufriedener und motivierter zu sein [26, S. 7 f.]. Dennoch gibt es Gründe, sich gegen ein BGM zu entscheiden, wie Vorrang des Tagesgeschäftes (61 %), unzureichende Ressourcen (56 %), fehlende Kenntnisse zur Umsetzung von BGM (38 %), mangelndes persönliches Engagement (37 %), zu hohe Kosten (34 %) oder fehlende Mitarbeitermotivation (33 %) [26, S. 16].

2019 nahmen in Deutschland 5 % der Beschäftigten an BGF-Maßnahmen teil, am häufigsten in Betrieben mit 100 bis 250 Mitarbeitern [27, S. 61 f.].

Im Vergleich dazu sollen nach den Vorgaben des Nationalen Projektes *Demografie* der Russischen Föderation innerhalb von drei Jahren bis 2022 mindestens 33,2 Mio. Arbeitnehmer an Maßnahmen der Betrieblichen Gesundheitsförderung teilnehmen. Das entspricht einem Anteil von fast 40 % der Beschäftigten.[15]

---

[12] Vgl. Kreis, Bödeker, 2003, S. 32 f., Sokoll et al., 2008, S. 58 f..
[13] Vgl. Sokoll et al., 2008, S. 59 f..
[14] Vgl. Kramer, Bödeker, 2008, S. 5
[15] Нацпроект Демография [29] 2019–2024, с. 58.

6 „Die WHO Strategie Gesundheit für alle am Arbeitsplatz" – Ein deutsch-russisches Forschungsprojekt

In dem durch die Bildungsministerien Russlands und Deutschlands geförderten Projekt wurde die Anpassung eines systematischen BGM in Kooperation mit dem Koch-Metschnikow-Forum, Berlin, der Nord-West Medizinischen Metschnikow-Universität, Sankt Petersburg (SZGMU), der Universität Bielefeld, den Praxispartnern Siemens Gasturbinenwerk, Gorelowo und Allianz-Leben, St. Petersburg, im Zeitraum 2015 bis 2018 untersucht. Die zentrale Frage lautete: Wodurch ist Gesundheitsförderung von Beschäftigten in ausländischen Unternehmen in der Russischen Föderation gekennzeichnet?

Besonders Sozial-, Wirtschafts-, Gesundheitswissenschaften aber auch deutsche Großunternehmen, gestalten die Entwicklung der BGF seit nunmehr 30 Jahren. Wenn also Firmen Produktionsstätten im Ausland errichten, bringen sie ihre Standards mit, einschließlich die im Bereich des Arbeits- und Gesundheitsschutzes. Diese müssen an die lokalen Gegebenheiten angepasst werden.

Der Vergleich der Rahmenbedingungen machte deutlich: Während die EU und Deutschland seit den 1980-er Jahren auf der Basis etablierter Maßnahmen des Arbeitsschutzes und der -sicherheit dem von der WHO beschrittenen Weg der Gesundheitsförderung folgen, wurde das umfassende System von Arbeits- und Gesundheitsschutz der UdSSR durch den Transformationsprozess zum Erliegen gebracht. Die Forschung in Russland konzentrierte sich in den Folgejahren zwangsläufig auf die Risiken und die Frage, welche Faktoren die Gesundheit am Arbeitsplatz beeinträchtigen.

Das abgestimmte europäische Vorgehen und die daraus abgeleitete nationale Gesetzgebung führte in Deutschland zu einem System des Arbeits- und Gesundheitsschutzes mit den Säulen

- Arbeitsschutz und Arbeitssicherheit als gesetzlich zu erfüllender Pflicht der Arbeitgeber,
- BGF als gesetzlich zu erfüllender Pflicht der Krankenkassen, und freiwillige Leistung der Arbeitgeber
- Betriebliche Wiedereingliederung als Antwort auf eine älter werdende Belegschaft und Angebotspflicht der Arbeitgeber

Arbeitsschutz und Arbeitssicherheit sind in Deutschland also **ein** Bestandteil des staatlichen Arbeits- und Gesundheitsschutzsystems.

Für die Russische Föderation wurde festgestellt, dass die Vorgaben im Arbeitsschutz und Arbeitssicherheit als gesetzlich zu erfüllender Pflicht der Arbeitgeber umfangreich gegeben, die Gesundheitsförderung durch nationale Projekte und entsprechende Angebote auf der Populationsebene vorhanden sind.

Das Nationale Projekt „Demografie" (01.01.2019–31.12.2024) sieht zur Umsetzung von Zielen u. a. Programme zur gesunden Lebensweise am Arbeitsplatz vor. Ab 15.08.2019 ist, lt. Dokument, die verstärkte Publikation von Best Practice vorgesehen. Erhalt, Förderung und Verbesserung des Gesundheitssystems zählen zu den vorrangigen Aufgaben des russischen Staates, manifestiert im 2006 verabschiedeten nationalen „Projekt Gesundheit" und 2019 in Kraft getretenen nationalen Projekt „Demografie".

Im Ergebnis hat das Siemens Gasturbinenwerk nach zweijähriger, projektverbundener Vorbereitungszeit 2018 mit der Einführung eines Betrieblichen Gesundheitsmanagements begonnen. Die Firma Allianz-Leben unterbreitet im Rahmen der Freiwilligen Krankenversicherung Angebote für Betriebe zur Gesundheitsprävention und hat damit einen Paradigmenwechsel vom Pathogenese- zum Salutogeneseansatz eingeleitet.

Das Projekt sichert als deutsch-russisches Gemeinschaftswerk Resultate nach interkulturellem Ansatz mit hoher Akzeptanz. Deutsche Firmen im russischen Markt können die langjährigen Erfahrungen und hohen Standards adaptiert einbringen, verbunden mit einer entsprechenden Wahrnehmungswirkung.

Auch russische Firmen können mit BGF Qualitätsmerkmale im internationalen Wettbewerb einbringen.

7 Die Auswirkungen der Corona-Pandemie auf die Gesundheitsförderung im Betrieb

Unter den Bedingungen von Corona lässt sich für BGF konstatieren:

Waren die Maßnahmen zur Gesundheitsförderung vor der Pandemie analog und direkt mit dem Arbeitsplatz im Betrieb verknüpft, sind sie während der Pandemie auf die Bereitstellung von Informationen, einen Austausch auf Distanz und Gesundheitsförderung verstärkt auf der individuellen Verhaltensebene ausgerichtet.

Unter den Bedingungen von Homeoffice müssen neue gesundheitsfördernde Strukturen und Prozesse erforscht werden.

Die Rolle der Führungskräfte und Führungskonzepte hin zu einer verstärkten kollektiven Führung/Shared Leadership ist zu überdenken. Liegen doch die Vorteile in einer „höheren Flexibilität, Wandlungs- und Anpassungsfähigkeit an komplexe Umwelten, einer verbesserten Entscheidungsqualität sowie auch einer geringeren Anfälligkeit im Falle der Abwesenheit eines Führenden". Entsprechend dem Inhalt der Luxemburger Deklaration gelingt dadurch mehr Partizipation für

Mitarbeiter und Teams, da selbst Führungs- und Gestaltungsverantwortung übernehmen.[16]

Mit Blick auf die Studie des ifo Instituts haben die erforderlichen Anpassungen in der Coronakrise auch Auswirkungen auf den Führungsstil. 33 % der Firmen beobachten eine Veränderung hin zu einer partizipativeren bzw. vertrauensorientierteren Führungskultur, 9 % zu einer autoritäreren bzw. kontrollierenden und 58 % stellen keine Veränderung fest. 83 % bzw. 14 % aller Teilnehmer erwarten, dass diese Veränderungen auch nach der Krise teilweise bzw. vollständig erhalten bleiben. Neben der Zunahme von Homeoffice-Arbeitsplätzen sind 82 % der Teilnehmer überzeugt, dass virtuellen Meetings zur Routine werden; 72 % gehen von einer Reduzierung von Dienstreisen aus. Infolgedessen steigt die Nachfrage nach Online-Tools, Webmeetings, -konferenzen und -schulungen an. Auch hierin sehen die Studienauswertungen einen deutlichen Hinweis auf eine stärker digitalisierte und dezentral organisierte Arbeitswelt mit entsprechenden Investitionen in Schulungen zu Themen wie „Virtuelle Zusammenarbeit" (40 %) oder „Digitale Führung" (40 %).

8   Ausblick

2019 sind lt. Präventionsbericht der Krankenkassen mit BGF-Maßnahmen im Vergleich zum Vorjahr 6 % mehr Beschäftigte, also 2.280.653 von insgesamt 33,41 Mio. sozialversicherungspflichtigen Beschäftigten in Deutschland[17] und 19 % mehr Betriebe (insgesamt 23.221 Betriebe), überwiegend im 29 % verarbeitenden Gewerbe und mit im 17 % im weiteren Dienstleistungsbereich erreicht werden. 2019 gaben die Krankenkassen 239.911.574 € für die BGF aus. Das entspricht 3,28 € je Versicherten. Dabei stiegen die Ausgaben im Vergleich zum Vorjahr um 39 %.[18]

Die Unternehmensberatung Roland Berger geht davon aus, dass durch die Corona-Pandemie BGM einen wesentlichen Impuls erfährt und Vorbehalte gegenüber einer betrieblichen Gesundheitsförderung abgebaut werden müssen.

Inwieweit die Absichten der Arbeitgeber tatsächlich zu einem verstärkten Angebot an gesundheitsfördernden Maßnahmen führen, bleibt abzuwarten, da trotz langjähriger Forschung, entwickelter Strukturen und Anreizen die bisherige Inanspruchnahme nicht überzeugt.

---

[16] Weibler, [30].
[17] Statista, [31].
[18] Präventionsbericht, [32], S. 39.

Gemeinsame deutsch-russische Forschungsvorhaben können sich auf das Potenzial und die Optimierung der Versicherungswirtschaft ausrichten sowie auf die Umsetzung und Analyse des Nationalen Projektes „Demografie".

Gesundheit ist nicht alles – aber ohne Gesundheit ist alles nichts. Arthur Schopenhauer (1788–1860) Philosoph

Literatur

[1] Müller-Friemauth, F., & Kühn, R. (2019). New Work-Challenge – Die schöne neue Arbeitswelt aus zukunftsforscherischer Sicht. In *Arbeitswelten der Zukunft*. Springer. https://doi.org/10.1007/978-3-658-23397-6_21.
[2] Bundesministerium für Wirtschaft und Soziales (2015). Glossar. https://www.arbeitenviernull.de/dialogprozess/gruenbuch/glossar.html. Zugegriffen: 22. Febr. 2021.
[3] Demmelhuber, K., et al. (2021). *Die Arbeitswelt vor und nach Corona: Ergebnisse einer Befragung unter Entscheidungsträgern der deutschen Wirtschaft, ifo Forschungsbericht.* ifo Institut. im Erscheinen
[4] Bertschek, I., & Erdsiek, D. (2020). *Soloselbstständigkeit in der Corona-Krise. Digitalisierung hilft bei der Bewältigung der Krise.* ZEW expert brief. (S. 20–8).
[5] Antonovsky, A. (1979). *Health, stress and coping: new perspektives on mental and physical well-being.* Jossey Bass.
[6] Badura, B. (1981). *Soziale Unterstützung und chronische Krankheit. Zum Stand sozialepidemiologischer Forschung.* Suhrkamp.
[7] House, J. S., Landis, K., & Umberson, D. (1988). Social relationships and health. *Science, 241,* 540–545.
[8] WHO – Weltgesundheitsorganisation (1986). Ottawa-Charta zur Gesundheitsförderung. http://www.euro.who.int/data/assets/pdf_file/0006/129534/OttawaCharterG.pdf. Zugegriffen: 23. Aug. 2019.
[9] WHO – Weltgesundheitsorganisation (1997). Jakarta declaration on leading health promotion into the 21st century. www.dngfk.de/downloads/?eID=dam_frontend_push&docID. Zugegriffen: 31. Sept. 2019.
[10] Europäische Kommission (2008). Gemeinsam für die Gesundheit: Ein strategischer Ansatz der EU für 2008–2013. In *Weißbuch 2008/2115(INI).*
[11] Europäisches Netzwerk für Betriebliche Gesundheitsförderung, ENWHP (1996, Version 2007) Luxemburger Deklaration. http://www.enwhp.org/fileadmin/rs-dokumente/dateien/Luxembourg_Declaration.pdf. Zugegriffen: 20. Mai 2017.
[12] Badura, B., & Hehlmann, T. (2003). *Betriebliche Gesundheitspolitik. Der Weg zur gesunden Organisation.* Springer.
[13] Badura, B., Ritter, W., & Scherf, M. (1999). *Betriebliches Gesundheitsmanagement. Ein Leitfaden für die Praxis.* Edition Sigma.
[14] Münch, E., Walter, U., & Badura, B. (2004). *Führungsaufgabe Gesundheitsmanagement.* edition sigma.
[15] Gallup (2009). Gallup engagement index. www.gallup.de/183104/engagement-index-deutschland. Zugegriffen: 17. Dez. 2017.

[16] Verband deutscher Betriebs- und Werksärzte, VdbW (2009). *Betriebliches Gesundheitsmanagement Gesunde Mitarbeiter in gesunden unternehmen. Betriebliche Gesundheitsförderung als betriebsärztliche Aufgabe. Ein Leitfaden für Betriebsärzte und Führungskräfte*. Verband deutscher Betriebs- und Werksärzte e. V. Berufsverband deutscher Arbeitsmediziner.

[17] Reiter, P. (2011). *Das Ganzheitliche Betriebliche Gesundheitsmanagement im Krankenhaus. Standortbestimmung und Handlungsempfehlungen für Einführung und Umsetzung.* ibidem.

[18] Bödeker, W. (2017). Lohnt sich Betriebliche Gesundheitsförderung? Ökonomische Indikatoren und Effizienzanalysen. In G. Faller (Hrsg.), *Lehrbuch Betriebliche Gesundheitsförderung* (S. 165–170). Huber.

[19] Bechmann, S., et al. (2010). *IGA-Report 20. Motive und Hemmnisse für Betriebliches Gesundheitsmanagement (BGM). Umfrage und Empfehlungen*. AOK-Bundesverband, BKK Bundesverband.

[20] Cobb, S. (1976). Social support as a moderator of life stress. *Psychosomatic Medicine, 38*, 300–314.

[21] Lück, P., Eberle, G., & Bonitz, D. (2009). Der Nutzen des betrieblichen Gesundheitsmanagements aus Sicht von Unternehmen. In B. Badura, H. Schröder & C. Vetter (Hrsg.), *Fehlzeitenreport 2008* (S. 77–84). Heidelberg: Springer.

[22] Grossmeier, J., et al. (2015). Linking workplace health promotion best practices and organizational financial performance. *Journal of Occupational and Environmental Medicine, 58*(1), 16–23.

[23] Boyce, A. S., et al. (2015). Which comes first, organizational culture or performance? A longitudinal study of causal priority with automobile dealer-ships. *Journal of Organizational Behaviour, 36*(3), 339–359. https://doi.org/10.1002/job.1985

[24] Towers Watson (2010). The health and productivity advantage. www.towerswatson.com/assets/pdf/648/The%20Health%20and%20Productivity%20Advantage%20-%20Staying@Work%20Study.pdf. Zugegriffen: 20. März 2017.

[25] Badura, B., et al. (2016). *Fehlzeiten-Report 2016*. Springer.

[26] Rong, O., & Neumann, K. (2020). *Gesundheit im Unternehmen weiter gedacht*. Bd. 3. Roland Berger.

[27] Bauer, S., et. al. (2020). *Präventionsbericht der gesetzlichen Krankenkassen // Medizinischer Dienst des spitzenverbandes Bund der Krankenkassen*. https://www.gkv-spitzenverband.de/media/dokumente/krankenversicherung_1/praevention__selbsthilfe__beratung/praevention/praeventionsbericht/2020_GKV_MDS_Praeventionsbericht.pdf Zugegriffen: 28. März 2021.

[28] Schneider, T. (2020). Agil, hierarchiefrei und selbstorganisiert im New Work oder überwältigt von Systemstrukturen und unterdrückten gruppendynamischen Prozessen im New Office. *Gr Interakt Org, 51*, 469–479. https://doi.org/10.1007/s11612-020-00546-6.

[29] Правительство Российской Федерации, Министерство труда и социальной защиты РФ (2019) *Паспорт Национального проекта "Демография"*. http://static.government.ru/media/files/Z4OMjDgCaeohKWaA0psu6lCekd3hwx2m.pdf. Zugegriffen: 28. März 2021.

[30] Weibler, J. (2016). *Personalführung* (3. Aufl.). Vahlen.

[31] Statista (2021). https://de.statista.com/statistik/daten/studie/39187/umfrage/sozialversicherungspflichtig-beschaeftigte-seit-2000/. Zugegriffen: 28. März 2021.

[32] GKV-Spitzenverband, Medizinischer Dienst des Spitzenverbandes Bund der Krankenkassen e. V. (Hrsg.). (2020). *Präventionsbericht 2020 Leistungen der gesetzlichen Krankenversicherung: Primärprävention und Gesundheitsförderung. Leistungen der sozialen Pflegeversicherung: Prävention in stationären Pflegeeinrichtungen Berichtsjahr 2019*

Weiterführende Literatur
[33] Verband der Ersatzkassen e. V. (vdek) (2020) *Gesetzliche Unfallversicherung (DGUV)*
[34] Sigmar, G. et al. (2015). *Jahreswirtschaftsbericht. Investieren in Deutschlands und Europas Zukunft.* https://www.bmwk.de/Redaktion/DE/Publikationen/Wirtschaft/jahreswirtschaftsbericht-2015.pdf?__blob=publicationFile&v=10 Zugegriffen: 28. März 2021.
[35] Gallup (2019). What high-performance workplaces do differently. https://www.gallup.com/workplace/269405/high-performance-workplaces-differently. Zugegriffen: 17. Dez. 2017.
[36] Hurrelmann, K., Klotz, T., & Haisch, J. (2010). *Lehrbuch Prävention und Gesundheitsförderung*. Programmbereich Gesundheit. Huber.
[37] Pieper, C., & Schröer, S. (2015). *Ökonomischer Nutzen betrieblicher Gesundheitsförderung und Prävention. Wirksamkeit und Nutzen betrieblicher Gesundheitsförderung und Prävention – Zusammenstellung der wissenschaftlichen Evidenz 2006 bis 2012* (1. Aufl.). iga.Report, Bd. 28.

Die Pandemie und die Fruchtbarkeit: Neue Herausforderungen und Perspektiven (am Beispiel der Volksrepublik China)

Dr. Elena Leonova, Dr. Tatiana Ljasovich

Zusammenfassung

In diesem Artikel wird versucht, die Probleme im Zusammenhang mit den sinkenden Geburtenraten in der VR China und weltweit zu analysieren und deren Zusammenhang mit der durch die Coronavirus-Pandemie COVID-2019 verursachten epidemiologischen Situation auf der Grundlage der neuesten statistischen Daten zu ermitteln.

Abstract

Pandemic and Birth Rate: New Challengers and Perspectives (by the Example of People's Republic of China)

In the article the attempt is taken to analyze problems connected with the decline in the birth rate in China and in the whole world based on new statistical data and to find out the interaction with the epidemic situation caused by the pandemic of Coronavirus COVID-19.

Schlüsselwörter/Keywords

Coronavirus-Pandemie, COVID-2019, Pandemie und Fertilität, Bevölkerungspolitik, „Ein-Kind-Politik", staatliche Regulierung von Familien- und Rechtsbeziehungen, demografische Situation in der VR China, Pandemic of Coronavirus, COVID-19, pandemic and birth rate, demographic policy, policy ‚one family- one child', state regulation of legal relations in family, demographic policy in China.

© Der/die Autor(en), exklusiv lizenziert durch Springer Fachmedien Wiesbaden GmbH, ein Teil von Springer Nature 2022
C. Renker, T. Nikitina (Hrsg.), *Pandemie als nicht alltägliches Event-Risk*,
https://doi.org/10.1007/978-3-658-36504-2_12

„Pandemie" und „Fruchtbarkeit" sind zwei Begriffe, die scheinbar nichts miteinander zu tun haben. Dies ist jedoch nicht ganz richtig. Obwohl die aktuelle epidemiologische Lage und die damit einhergehende Wirtschaftskrise die wirtschaftlichen Probleme in den Vordergrund gerückt haben, hat die weltweite Coronavirus-Pandemie alle Bereiche des menschlichen Lebens berührt, auch den intimsten und persönlichsten Bereich, die Familienplanung. So stellen Experten weltweit den allgemeinen Trend zu einem Rückgang der Geburtenrate fest und argumentieren, dass die erzwungenen Kontaktbeschränkungen, entgegen den Erwartungen der Regierungen einiger Länder, nicht nur nicht zu einer steigenden Geburtenrate geführt haben, sondern zu einer steigenden Scheidungsrate [1, 2].

Gleichzeitig war der Abwärtstrend der Geburtenrate schon vor dem Auftreten des Coronavirus zu beobachten und ist zweifellos zu einem Markenzeichen der demografischen Situation in den meisten von der Pandemie betroffenen Ländern geworden. So wurden beispielsweise in Deutschland mit 83 Mio. Einwohnern im gesamten Jahr 2019 nur 778.000 Kinder geboren, 10.000 weniger als 2018. Nur Migrantenfamilien haben mehr als zwei Kinder, im Durchschnitt jedoch hat jede Frau in Deutschland 1,54 Kinder. Nur 16 % der deutschen Familien (unabhängig von der Staatsangehörigkeit) haben drei oder mehr Kinder.

Auch Japan rechnet mit einem Rückgang der Geburtenrate aufgrund der Auswirkungen der Pandemie. Im Jahr 2019 wurden in dem Land mit 127 Mio. Einwohnern erstmals weniger als 900.000 Kinder geboren. 2021 droht diese Zahl unter die 700.000-Marke zu fallen, was der jetzige japanische Abgeordnete Masaji Matsuyama, der früher für Gegenmaßnahmen gegen den Geburtenrückgang zuständig war, als „Notsituation" bezeichnete [3].

In Russland ist laut dem Nationalen Statistikamt die Geburtenrate in den ersten sechs Monaten des Jahres 2020 um 5,4 % gesunken und die Sterblichkeit um 3,1 % gestiegen, was zu einem natürlichen Bevölkerungsrückgang um mehr als 265 Tausend Menschen führte. Nach Ansicht der Demographen ist es nur dann möglich, diesen Trend umzukehren und ein natürliches Bevölkerungswachstum zu erreichen, wenn die Geburtenrate ein Niveau von 2,1 erreicht. Doch leider sinkt dieser Indikator: im Jahr 2019 betrug er 1,5 (gegenüber 1,62 – im Jahr 2017) [4].

Das Nationale Statistikamt verzeichnete ebenfalls einen deutlichen Rückgang der Eheschließungen (und Scheidungen) in der ersten Hälfte des Jahres 2020. Diese Indikatoren sanken um 25 % bzw. 25,7 % im Vergleich zum gleichen Zeitraum des Vorjahres. Sicherlich haben die Pandemie und die Kontaktbeschränkungen, die auch in den Standesämtern galten, dazu beigetragen.

In diesem Zusammenhang ist es interessant und nützlich, die Erfahrungen der staatlichen Regulierung der familiären Rechtsbeziehungen des vermutlichen Heimatlandes der Coronavirusinfektion, der Volksrepublik China (im Folgenden VRC) zu studieren.

Die VR China ist seit langem ein herausragendes Beispiel für einen Staat, der seit vielen Jahren den Anspruch erhebt, korrigierend auf die privatrechtliche Sphäre des Lebens seiner Bürger einzuwirken. Und das ist kein Zufall.

Das Hauptproblem Chinas seit dem 17. Jahrhundert war die Überbevölkerung und der damit verbundene Mangel an den Ressourcen Land, Nahrung, Wasser etc. [5, 6]. Daher strebte die staatliche Politik lange Zeit nach einer Geburtenkontrolle mit dem Ziel einer schrittweisen Reduzierung der Geburtenrate. Um diese Idee umzusetzen, wurde ein gesetzlicher Rahmen und ein Mechanismus zu seiner praktischen Umsetzung geschaffen, außerdem wurde eine Ideologie beworben, die den chinesischen Bürgern die vom Staat aufgestellten demografischen Regeln und die Folgen ihrer Anwendung erklärte [7, 8].

So konnte durch die „Ein-Kind-Politik", die in der VR China von 1979 bis 2015 in Kraft war, eine demografische Krise infolge der Überbevölkerung vermieden werden. Aber so entstand ein neues Problem. Die Geburtenrate sank. Die Geburtenrate in der VR China lag im Jahr 2019 bei durchschnittlich 10,48 Kindern pro 1000 Menschen (laut einem veröffentlichten Bericht des Nationalen Statistikbüros). Nach Angaben der UN ist dies die niedrigste Bevölkerungswachstumsrate des Landes seit der Gründung der VR China im Jahr 1949 [9, 10].

Damit hat sich die demografische Situation in der VR China deutlich verändert. Regelmäßig durchgeführte Studien zeigen zahlreiche Probleme auf, die sich in den letzten Jahren akkumuliert haben. Dazu gehören ein geringes Bevölkerungswachstum und eine hohe Sterblichkeitsrate [9, 11]. Zum Beispiel lag die Geburtenrate in der VR China im Zeitraum von 1950 bis 1955 bei etwa 42,5 Geburten pro 1000 Menschen (fast viermal so hoch wie heute). Im Jahr 2015 lag die durchschnittliche Geburtenrate bereits bei 12,7 Neugeborenen pro 1000 Einwohner.

Eine weitere Herausforderung ist die „geschlechtsspezifische Verzerrung", die mit dem dramatischen Anstieg der männlichen Bevölkerung in der VR China aufgrund der langfristigen Umsetzung der Ein-Kind-Familienpolitik und dem aktiven Wunsch der Eltern verbunden ist, ein männliches Kind als ihren potenziellen zukünftigen Ernährer zu gebären und großzuziehen.

Die soziale Unreife und Egozentrik der jungen Generation der Chinesen ist ein weiteres Problem: Die ersehnten Einzelkinder, die es gewohnt sind, von ihren Eltern verwöhnt zu werden, haben es nicht eilig, erwachsen zu werden und eine eigene Familie zu gründen. Sie fühlen sich (egal, welchen Alters und Geschlechts) sehr wohl in der Position des „ewigen Kindes" [12, 13].

Die traditionelle Einmischung der Eltern in das Privatleben ihrer Kinder und ihr Wunsch, den erwachsenen Sohn oder die erwachsene Tochter zu verheiraten, verschlimmern die Situation nur. Das chinesische Familienrecht mit seinen Traditionen und Bräuchen gehört allmählich der Vergangenheit an; junge Chinesen ziehen ein freies, emanzipiertes und kinderloses Leben den auf Empfehlung der Eltern arrangierten Ehen mit vielen Kindern vor [12].

Wie die Agentur „Reuters" feststellt, „wollen viele junge Paare in der VR China keine Kinder haben, weil es an realistischen Möglichkeiten mangelt, die Kosten für Gesundheitsversorgung, Bildung und Wohnung zu tragen" [9, 14].

Die Kontaktbeschränkungen und die erzwungene Selbstisolierung waren der Entscheidung der vorsichtigen und verantwortungsbewussten Chinesen, sich fortzupflanzen, auch nicht eben förderlich.

Mit Blick auf die aktuelle demografische Situation in der Welt zitierten Experten des Institute for Health Metrics and Evaluation (University of Washington, USA) eine aktuelle Studie, die einen Rückgang der Geburtenrate bis zum Ende des 21. Jahrhunderts (außer für afrikanische Länder) prognostiziert. Die Bevölkerung von 23 Ländern (darunter Japan, Thailand, Spanien, Italien, Polen) wird sich bis dahin voraussichtlich halbieren. Selbst das heute 1,4 Mrd. zählende China riskiert einen Bevölkerungsrückgang bis zum Ende des Jahrhunderts auf 732 Mio. Menschen [15, 16].

Die obigen Angaben werden durch die Statistiken des Ministeriums für öffentliche Sicherheit der Volksrepublik China und des Nationalen Statistikbüros der Volksrepublik China bestätigt. Im Jahr 2020 sank die Geburtenrate im Vergleich zu 2019 um 30 %. Die Anzahl der Neugeborenen, die von den Behörden für öffentliche Sicherheit an ihrem ständigen Wohnsitz registriert wurden, betrug im Jahr 2020 10,35 Mio. (davon 5,29 Mio. oder 52,7 % Jungen und 4,74 Mio. oder 47,3 % Mädchen). Nach Angaben des National Bureau of Statistics wurden 2019 in China 14,65 Mio. Kinder geboren, während es 2018 – 15,23 Mio., im Jahr 2017 – 17,23 Mio., im Jahr 2016 – 17,86 Mio. waren. 2020 wurden demnach 30 % weniger Kinder geboren als im Vorjahr [3, 11].

Die Pandemie hat, ob wir es wollen oder nicht, dazu beigetragen, dass jahrhundertealte soziale und kulturelle Bindungen unterbrochen wurden. Die lange Selbstisolation der älteren Generationen führte zu einer beschleunigten Emanzipation der jungen Menschen [5, 17], und sie selbst standen vor einem noch nie dagewesenen Problem der Überkommunikation in geschlossenen Räumen. Junge verheiratete Chinesen, die in der Zeit der Kontaktbeschränkungen auf engem Raum allein mit ihrem Ehepartner blieben, hatten Schwierigkeiten, Kompromisse bei der Lösung häuslicher Probleme zu finden und entschieden sich folglich für die Auflösung ihrer Ehe, da sie ihres Partners überdrüssig wurden und von ihm enttäuscht waren [18].

Die hohe Scheidungsrate ist für die chinesische Öffentlichkeit ein Grund zur Sorge geworden. In den ersten drei Quartalen des Jahres 2019 haben 7,1 Mio. Paare geheiratet und 3,1 Mio. haben die Scheidung eingereicht, was als recht hoch angesehen wird. 2020 stieg die Scheidungsrate weiter.

Fassen wir die obigen Ausführungen zusammen, so kommen wir zu folgenden Schlussfolgerungen.

Erstens: Die Coronavirus-Pandemie hat sich weltweit negativ auf Ehe- und Familienbeziehungen ausgewirkt. Die VR China ist in dieser Hinsicht keine Ausnahme. Die negativen Trends, die das Familienrecht der VR China bereits erlebte, entwickeln sich weiter. Das Virus beeinträchtigt nicht nur die Gesundheit der Bürger, sondern führt nicht nur zu direkter Kinderlosigkeit, sondern auch zu sozialer und wirtschaftlicher Kinderlosigkeit. Arbeitsplatzverlust, niedrigere Löhne, Scheidungen – all diese Faktoren führen zu einem Rückgang der Geburtenrate in der VR China.

Zweitens führt der Rückgang der Geburtenrate in Verbindung mit der steigenden Lebenserwartung in der VR China zu einer alternden Bevölkerung und einem Anstieg des Anteils der nicht erwerbstätigen Bürger im Verhältnis zur Bevölkerung im erwerbsfähigen Alter. Dies führt zu politischen und wirtschaftlichen Problemen, insbesondere für die Regierung der VR China, die der Bevölkerung stabile Renten und eine verbesserte Gesundheitsversorgung (trotz der Verlangsamung des Wirtschaftswachstums) versprach.

Drittens gibt es trotz einer Reihe negativer Trends, die sich in den letzten Jahren im familiären und rechtlichen Bereich im modernen China herausgebildet haben, eine sehr wichtige positive Entwicklung. Die Gesetzestreue der Chinesen und ihr tiefer Respekt vor den eigenen Traditionen haben nicht nur geholfen, die Pandemie in kurzer Zeit zu überwinden, sondern auch das erreichte hohe Niveau der wirtschaftlichen Entwicklung des Landes und sein wirtschaftliches Potenzial zu bewahren. Und dies wird sich zweifellos in absehbarer Zeit positiv auf die Geburtenrate sowie auf die Ehe- und Familienstatistik insgesamt auswirken.

Literatur

[1] Website der Daily Mail Kann das Coronavirus die Zahl der Ehescheidungen steigen? https://www.bfm.ru/news/439282. Zugegriffen: 1. März 2021.
[2] Antonova, E. A. (2010). *Entwicklung der russisch-chinesischen Handels- und Wirtschaftsbeziehungen im Öl- und Gassektor* (S. 6). Ph. Cand. of Sci. in Economics. – SPb
[3] Portiakova, H. „Familienpflichten: wie die Pandemie die Mutterschaftspläne beeinflusste und was aus der Bevölkerung der Erde bis zum Ende des Jahrhunderts werden wird", Izvestia website. https://iz.ru/1056311/nataliia-portiakova/po-semeinym-obiazatelstvam-kak-pandemiia-skazalas-na-planakh-materinstva. Zugegriffen: 2. März 2021.
[4] Nationales Statistikamt Die Geburtenrate ist in Russland 2020 um 5,4 % gesunken. https://regnum.ru/news/society/3031620.html. Zugegriffen: 2. März 2021.

[5] Leonova, E. V., & Lyasovich, T. G. (2020). Probleme der rechtlichen Regelung der ehelichen Beziehungen im modernen China im Kontext der politischen, sozio-ökonomischen und epidemiologischen Situation. *Journal of Legal and Economic Research*, *3*, 79.

[6] Bazhenova, E. S. (2003). *Population und Ökologie – Schlüsselfaktoren der Reformen* (S. 95). Institut für Fernost RAS.

[7] Site Window to China Gesetz „Das Eherecht der VR China". http://www.chinalawinfo.ru/civil_law/law_marriage.rg.ru. Zugegriffen: 2. März 2021. Verabschiedet auf der 3. Sitzung der 5. Einberufung des Nationalen Volkskongresses am 10. September 1980; das Gesetz wurde in Übereinstimmung mit dem Beschluss „Über Änderungen des Gesetzes der VR China","Über die Ehe" auf der 21. Sitzung des Ständigen Ausschusses der 9. Einberufung des Nationalen Volkskongresses am 28. April 2001 geändert).

[8] Website der Regierung von China PRC law on population and birth planning. http://www.gov.cn/banshi/2005-08/21content_25059.htm. Zugegriffen: 1. Juni 2021.

[9] RBC website Die Fruchtbarkeit in China sank auf den niedrigsten Stand seit Mitte des 20. Jahrhunderts. https://www.rbc.ru/society/17/01/2020/5e213eab9a79471dc86cc3ef. Zugegriffen: 5. März 2021.

[10] Kupriyanova Yu, A., & Yanishevskaya, A. I. (2017). „New demographic policy in China:"„one family – two children". *Demographic Review*, *4*(2), 55.

[11] Bazhenova, E. S. (2018). „Chinese family under the new demographic policy"//Der 13. Fünfjahresplan (2016–2020) – die wichtigste Etappe im Aufbau der Wohlfahrtsgesellschaft „Xiaokang" in China. In A. V. Ostrovskii, A. V. Ostrovskii & P. B. Kamennov (Hrsg.), *Proceedings of the Conference of the Center for Socio-Economic Studies of China of IDEA RAS, April 1, 2017*. Föderales Institut des Fernen Ostens der Russischen Akademie der Wissenschaften.

[12] Chens, J. (2015). *Veränderte Familienstrukturen in China*. GBtimes.

[13] Widder, P. (1980). Zwei aufeinanderfolgende Motivationen für die sinkende Geburtenrate im Westen. *Population and Development Review*, *6*(1), 646.

[14] Xu, A., & Je, W. (2000). Marital stability in contemporary China. In *Meeting of the Population Association of America* (S. 23–25).

[15] Interfax Webseite Chinas Geburtenrate sinkt 2020 deutlich. https://www.interfax.ru/world/750024. Zugegriffen: 6. März 2021.

[16] Zhong, M. (2005). The only child declaration: a content analysis of published stories by China's only children. *Intercultural Communication Studies*, *14*(1), 14.

[17] Pochagina, O. V. (1999). Die Familie im modernen China. In *China auf dem Weg zu Modernisierung und Reformen* (S. 539).

[18] Kang, L. (2016). Unterschiede und Gemeinsamkeiten zwischen den Generationen: das Aufkommen des Neo-Familismus. In *Sotsiologicheskiy Al'manakh (Soziologischer Almanach)* (S. 473). Institut Sotsiologii NAN Belarusi.

Weiterführende Literatur
[19] Pochagina, O. V. (2002). Neue Ausgabe des Gesetzes der Volksrepublik China über die Ehe. *Probleme des Fernen Ostens*, *3*, 23.

Auswirkungen der Covid-19-Pandemie auf die Entwicklung der Finanz- und Kreditinstitute in Russland

Olga Lesnykh M.Sc., Prof. Dr. Tatiana Nikitina, Maria Skalaban B.Sc.

Zusammenfassung

Der Artikel analysiert die Auswirkungen der Coronavirus-Pandemie auf wichtige Finanzmarktteilnehmer. Die Veränderungen in der Finanzmarktinfrastruktur werden betrachtet, die Hauptgründe für die Verringerung der Anzahl der Finanz- und Kreditinstitute werden ermittelt. Die negativen Folgen von COVID-19 für den Bankensektor werden untersucht. Es werden Möglichkeiten und Perspektiven beschrieben, die durch die Anpassung der Kreditinstitute an die Realitäten der modernen Wirtschaft erreicht werden können.

Abstract

Impact Of The Covid-19 Pandemic On The Development Of Financial And Credit Institutions In Russia

The article analyzes the impact of the COVID-19 pandemic on key financial market participants. The changes in the financial market infrastructure were considered; the main reasons for the reduction in the number of financial and credit institutions were determined. The negative consequences of COVID-19 for the banking sector are revealed and the positive tendencies which could be achieved through the adaptation of credit institutions to the realities of the modern economy are detected.

Schlüsselwörter/Keywords

Finanzmarkt, Bankensektor, Kreditinstitute, Zentralbank, Lizenzentzug, Key words. Financial market, banking sector, COVID-19 pandemic, credit institutions, Bank of Russia, revocation of licenses.

© Der/die Autor(en), exklusiv lizenziert durch Springer Fachmedien Wiesbaden GmbH, ein Teil von Springer Nature 2022
C. Renker, T. Nikitina (Hrsg.), *Pandemie als nicht alltägliches Event-Risk*,
https://doi.org/10.1007/978-3-658-36504-2_13

1 Einführung

Die im 1. Quartal 2020 ausgebrochene COVID-19-Pandemie und die damit einhergehenden negativen Folgen hatten weitreichende Auswirkungen auf den Zustand der Weltwirtschaft. Die wirtschaftlichen Folgen der Pandemie betrafen zunächst die Realisierung externer Risiken über den Kanal der Preise für Finanzaktiva und den Zahlungsbilanzkanal, der durch einen Rückgang der Ölpreise und den Abfluss von ausländischen Mitteln aus Russland verursacht wurde. Mit der beschleunigten Ausbreitung der Coronavirus-Infektion in Russland und der Einführung restriktiver Maßnahmen begannen Ende März die internen Risiken über die Einkommens- und Kreditkanäle zu wirken.

Jede Wirtschaftskrise wirkt sich auf die Aktivitäten der Finanz- und Kreditinstitute aus, deren Zusammenbruch die Wirtschaft des Landes und seine Bürger beeinträchtigen kann, da die Wahrscheinlichkeit des Verlusts von Ersparnissen hoch ist. Im Folgenden werden wir die Auswirkungen der aktuellen Krise auf die wichtigsten Teilnehmer des russischen Finanzmarktes betrachten.

2 Struktur und Dynamik der russischen Finanzmarktteilnehmer

Negative Veränderungen in der Wirtschaft des Landes spiegeln sich in allen Teilnehmern des Finanzmarktes wider, vor allem aber an den Kreditinstituten, die die Finanzmittel zwischen den Teilnehmern der Wirtschaftsbeziehungen (Haushalte, juristische Personen, Staat) umverteilen. Kreditinstitute nehmen unter den russischen Finanzinstituten eine dominante Stellung ein, was die Aktiva angeht (Abb. 1; [1]):

Es ist anzumerken, dass zum 01.01.2021 (die Daten werden nicht für alle Finanzmarktteilnehmer veröffentlicht) die Gesamtaktiva der Kreditinstitute 103,8 Billionen Rubel betrugen (Rückgang um 5,7 % im Vergleich zum 01.10.2020), während sich die Aktiva der Versicherungsgesellschaften nicht verändert haben und 3,8 Billionen Rubel betrugen.

Gleichzeitig wurde aufgrund des gestiegenen Interesses der Bevölkerung an Anlageinstrumenten an der Börse (Aktien, Anleihen, strukturierte Produkte) ein Anstieg der Indikatoren professioneller Wertpapiermarktteilnehmer in 2020 beobachtet. So stieg die Zahl der Kunden von Brokerdiensten um das 2,3-fache, der geschätzte Wert der Wertpapiere von Privatpersonen stieg um 45 %, der Anstieg der Zahl der Kunden der Treuhandverwaltung betrug 65 % [2]. Es kann davon ausgegangen werden, dass das Wachstum der Schlüsselindikatoren einen positiven

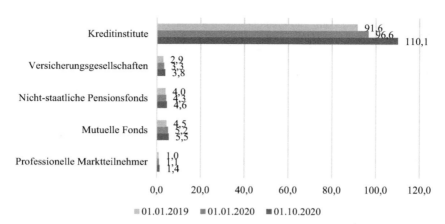

Abb. 1 Struktur des Vermögens der wichtigsten Finanzmarktteilnehmer zum 01.10.2020 (in Billionen Rubel). (Überblick über den russischen Finanzsektor und Finanzinstrumente 2019 [1])

Einfluss auf die Struktur und die Höhe der Aktiva professioneller Wertpapiermarktteilnehmer sowie auf deren Rentabilität und Profitabilität haben wird.

Die kumulative Wirkung externer und interner Faktoren beeinflusst nicht nur die finanzielle Leistungsfähigkeit von Finanz- und Kreditinstituten, sondern auch deren Anzahl (Tab. 1).

Die in Tab. 1 dargestellten quantitativen Indikatoren für die institutionellen Merkmale des russischen Finanzsektors zeugen von einer allmählichen Verringerung der Anzahl aller relevanten Marktteilnehmer. So ist in den letzten 10 Jahren die Zahl der Kreditorganisationen um das 2,5-fache gesunken (von 1012 auf 406 Organisationen), die Zahl der Versicherungsorganisationen hat sich fast vervierfacht (von 625 auf 160 Organisationen), die Zahl der nichtstaatlichen Pensionsfonds hat sich fast um das 3,5-fache verringert (von 149 auf 43 Organisationen) und die Zahl der professionellen Wertpapiermarktteilnehmer ist um mehr als das 2,5-fache gesunken (von 1231 auf 466 Organisationen). Nur die Anzahl der registrierten Investmentfonds zeichnet sich durch Stabilität aus und schwankt innerhalb von 1,5 Tausend (± 100), was durch das ständige Interesse der Kunden an Anlageinstrumenten mit einem relativ geringen Risiko bedingt ist.

Warum also ist der russische Finanzsektor durch eine deutliche Reduzierung der Teilnehmerzahl gekennzeichnet?

Tab. 1 Anzahl der Finanz- und Kreditinstitute in Russland in den letzten 10 Jahren. (Jahresbericht der Zentralbank, [3])

Finanz- und Kreditinstitut	01.01.2011	01.01.2012	01.01.2013	01.01.2014	01.01.2015	01.01.2016	01.01.2017	01.01.2018	01.01.2019	01.01.2020	01.10.2020	01.01.2021
Kreditinstitute	1012	978	956	923	834	733	623	561	484	442	417	406
Versicherungsgesellschaften	625	579	458	420	404	334	256	225	199	178	165	160
Nichtstaatliche Pensionsfonds	149	149	134	120	120	102	74	66	52	47	43	43
Wertpapierhändler	N/A	N/A	1231	1149	1079	875	681	614	537	484	470	466
Offene Investmentfonds	1444	1470	1547	1571	1534	1559	1553	1497	1440	1531	1602	N/A

3 Der Abwärtstrend in der Anzahl der Teilnehmer im russischen Bankensektor. Ursachen und Folgen

Ab 2013 kam es in Russland zu einem massenhaften Entzug von Lizenzen für Kreditinstitute, was auf eine gezielte Sanierung des Bankensektors hindeutete. Dies wird durch die oben angegebene Tabelle der Entwicklung der Anzahl der operativen Kreditinstitute bestätigt.

Während in den Jahren 2015–2016 der Prozentsatz des Lizenzentzugs im Verhältnis zur Anzahl der aktiven Kreditinstitute bei etwa 15 % lag, hat sich das Tempo in den letzten zwei Jahren verlangsamt: Die Anzahl der unkorrekt wirtschaftenden Marktteilnehmer, die von der Aufsichtsbehörde sanktioniert werden mussten, lag 2019 bei etwa 6 % und 2020 bei weniger als 4 % (Abb. 2). Dies ist vor allem darauf zurückzuführen, dass die Zentralbank ihre beratende Aufsichtsfunktion (Beratung

Auswirkungen der Covid-19-Pandemie auf die Entwicklung der Finanzinstitute

Abb. 2 Verhältnis von widerrufenen Lizenzen zur Anzahl der Kreditinstitute (QR). (Jahresbericht der Zentralbank [3], Nachrichten aus dem Bankensektor [4])

des Managements von Kreditinstituten, schriftliche Informationen an die Kreditinstitute) verstärkt hat.

So hat sich in den letzten Jahren die „Säuberungsrate" des russischen Bankensektors verlangsamt, was von einer relativen Gesundung des Finanzmarkts zeugt.

Die Reduzierung der Teilnehmer des Bankensektors aufgrund entzogener Lizenzen hätte durch neu gegründete Kreditinstitute kompensiert werden können, angesichts der schwierigen wirtschaftlichen Situation in Russland und der Welt insgesamt ist die Zahl der registrierten Kreditinstitute jedoch unbedeutend und kann den Ausfall von Marktteilnehmern nicht kompensieren (Tab. 2).

Die Analyse der in Tab. 2 dargestellten Indikatoren lässt den Schluss zu, dass die Anzahl der Teilnehmer im Bankensektor nicht nur durch Lizenzentzug gesunken ist, sondern auch weil Banken von der freiwilligen Liquidation Gebrauch gemacht haben und weniger Kreditinstitute neu gegründet wurden. Noch vor 10–15 Jahren erhielt die Zentralbank etwa 20 Anträge auf staatliche Registrierung eines neu gegründeten Kreditinstituts pro Jahr, während heute 1–2 Anträge pro Kalenderjahr eingehen.

Der derzeitige Rückgang der Zahl der Teilnehmer im Bankensektor hat negative Folgen für die Wirtschaft:

- Der Wettbewerb wird geschwächt, wodurch Kreditinstitute in abgelegenen Regionen zu Monopolisten werden;
- Das Volumen des Zuflusses von Mitteln in die Wirtschaft nimmt ab – das öffentliche Vertrauen in Kreditinstitute sinkt, wodurch Privatpersonen eher zu Kunden großer Kreditinstitute mit staatlicher Beteiligung werden;
- die Zahl kleiner regionaler Kreditinstitute, die nicht nur Motoren der regionalen Wirtschaft waren, sondern auch qualifizierte Arbeitsplätze boten und Projekte regionaler Unternehmen finanzierten, nimmt ab;

Tab. 2 Gründe für Veränderungen der Struktur des russischen Bankensektors von 2014 bis 2020. (Jahresbericht der Zentralbank [3], Nachrichten aus dem Bankensektor [4])

Gründe für Veränderungen im Bankensektor	2014	2015	2016	2017	2018	2019	2020
Entzug der Lizenz	86	93	97	51	60	28	16
Reorganisation	7	8	13	9	11	11	11
Lizenz auf Antrag der Eigentümer annulliert	2	2	3	3	7	3	9
Neu gegründete Kreditinstitute	7	2	4	1	1	1	2

- Kleine regionale Projekte werden seltener finanziert, da sie für große Kreditinstitute nicht ausreichend rentabel sind;
- In einigen schwer zugänglichen Regionen gibt es keine Filialen von Kreditinstituten mehr, so dass man weite Strecken zurücklegen muss, um Bargeld abzuheben oder Bankprodukte zu erhalten.

Die Auswirkungen der COVID-19-Pandemie auf die Entwicklung aller Wirtschaftszweige ist in allen Bereichen ein aktuelles Thema. Welche Auswirkungen hat die Pandemie auf den Bankensektor?

4 Auswirkungen der COVID-19-Pandemie auf den russischen Bankensektor. Negative und positive Folgen, staatliche Unterstützungsmaßnahmen

Die COVID-19-Pandemie verlangsamte den Rückgang der Zahl der Teilnehmer im Bankensektor. Ab März 2020 leitete die Zentralbank Maßnahmen zur Unterstützung der Finanz- und Kreditinstitute im Rahmen der Kontaktbeschränkungen ein (Lockerung der Meldeverfahren, Aussetzung von Inspektionen, Lockerung der Anforderungen an die Rückstellung im Falle möglicher Verluste), einschließlich der Aussetzung des Entzuges von Lizenzen von April bis Juli 2020. 2020 wurde die extreme Maßnahme des Lizenzentzugs nur auf 16 Kreditinstitute (3,9 %) angewandt,

12 von ihnen wurde die Lizenz nach Juli 2020 entzogen. 9 Kreditinstitute gaben ihre Lizenz zurück, was darauf hindeutet, dass die Anteilseigner eine Entscheidung zum freiwilligen Rückzug vom Markt getroffen haben.

Betrachten wir die Dynamik der Veränderungen bei den wichtigsten Indikatoren des Bankensektors im Jahr 2020 (Tab. 3).

Die Bilanz des russischen Bankensektors belief sich zum 01.01.2021 auf 103,8 Billionen Rubel, das sind fast 17 % mehr als zum Jahresende 2019. Die Veränderung der Aktiva ist hauptsächlich auf einen Anstieg des Kreditportfolios zurückzuführen, während die Veränderung der Passiva auf akquirierte Mittel der Kunden zurückzuführen ist.

Die Zentralbank schätzt, dass das Wachstum des Unternehmenskreditportfolios im Jahr 2020 9,9 % (gegenüber 5,8 % für 2019) betrug, das Volumen des Hypothekenkreditportfolios stieg um 25 % (gegenüber 20 % für 2019), das Verbraucherkreditportfolio stieg um 9,2 % (gegenüber 20,9 % für 2019) [5]. Der Betrag der Rücklagen stieg um 15,3 %, was hauptsächlich auf die zusätzliche Bildung von Rückstellungen für neu ausgegebene Kredite sowie auf die Wertminderung von bereits ausgegebenen Krediten zurückzuführen ist. Trotz der Unterstützungsmaßnahmen ist keine signifikante Verschlechterung der Qualität des Kreditportfolios zu verzeichnen.

Die Verbindlichkeiten des Bankensektors belaufen sich auf insgesamt 93,2 Billionen Rubel, deren Gesamtvolumen im Jahr 2020 um 17,6 % wuchs, was vor allem auf den Anstieg der Mittel der Kunden zurückzuführen ist. Bis Ende 2020 gab es Veränderungen in der Struktur der akquirierten Mittel: Die Volumina der akquirierten Mittel von Firmenkunden und Privatpersonen glichen sich an und betrugen jeweils 44 %.

Das Volumen der akquirierten Mittel von Privatpersonen stieg in 2020 um 7,5 %, vor allem durch die Kapitalisierung der Zinsen auf Einlagen und des Eingangs von Boni für Leistungsergebnisse für 2020 auf den Girokonten.

Aufgrund von Veränderungen in der Struktur der akquirierten Mittel in 2020, als Privatpersonen ihre Ersparnisse von den Einlagenkonten abzogen, um sie in anderen Instrumenten zu platzieren, begannen die Banken, anderweitige Ressourcen zu akquirieren: der Anteil der Anleihen auf dem Bankenmarkt stieg um 12 %, die von der Zentralbank gewährten Kredite stiegen um fast das 1,5-fache.

Zum 1. Januar 2021 belief sich der Gesamtbetrag der Eigenmittelquellen auf 10,7 Billionen Rubel und überstieg damit den Wert des Vorjahres um 11,3 %. Das von den Banken akkumulierte Kapital ermöglicht es ihnen, ungeplante Ausgaben zu decken, die durch die Folgen der Ausbreitung der Coronavirus-Infektion verursacht werden.

Tab. 3 Aggregierte Bilanz des russischen Bankensektors für 2020 (in Mrd. Rubel). (Über die Entwicklung des Bankensektors der Russischen Föderation im Dezember 2020 [5])

Bezeichnung des Indikators	Zum 01.01.2020	Zum 01.01.2021	Veränderung in Mrd. Rubel	in %
Vermögenswerte				
Zahlungsmittel und Zahlungsmitteläquivalente	6054	6608	554	9,15 %
Darlehensportfolio, einschließlich:	53.418	61.117	7699	14,41 %
– Kredite an juristische Personen	39.004	44.760	5756	14,76 %
– Kredite an Privatpersonen	17.651	20.044	2393	13,56 %
Rückstellungen für den Fall möglicher Verluste	−5274	−6083	−809	15,34 %
Gesamtvermögen	88.796	103.842	15.046	16,94 %
Verbindlichkeiten				
Kredite von der Zentralbank	2451	3598	1147	46,80 %
Verbindlichkeiten gegenüber Banken	8847	9906	1059	11,97 %
Verbindlichkeiten gegenüber Kunden, einschließlich:	63.435	72.488	9053	14,27 %
– Juristischen Personen	28.147	32.645	4498	15,98 %
– Natürlichen Personen	30.549	32.835	2286	7,48 %
Gesamtverbindlichkeiten	79.203	93.161	13.958	17,62 %
Quellen des Eigenkapitals				
Stammkapital und Emissionsertrag	4873	4812	−61	−1,25 %

Tab. 3 (*Fortsetzung*)

Bezeichnung des Indikators	Zum 01.01.2020	Zum 01.01.2021	Veränderung in Mrd. Rubel	in %
Reingewinn für das laufende Jahr	1715	1608	−107	−6,24 %
Eigenkapitalquellen insgesamt	9593	10.681	1088	11,34 %
Summe der Verbindlichkeiten und Eigenkapitalquellen	88.796	103.842	15.046	16,94 %

Der Gewinn des russischen Bankensektors für das Jahr 2020 betrug etwa 1,6 Billionen Rubel, was nur 6 % unter dem Gewinn von 2019 liegt.

Somit zeigen die analysierten Indikatoren die Fähigkeit des Bankensektors, dem wirtschaftlichen Schock zu widerstehen.

Zu den wichtigsten negativen Auswirkungen von COVID-19 auf den Bankensektor gehören:

- Teilweise Veränderung der Struktur der Ressourcenbasis aufgrund des Abflusses von Kundenmitteln von Bankkonten zu anderen Anlageinstrumenten mit einer potenziell höheren Rentabilität;
- prognostizierter Rückgang des Rentabilitätsniveaus aufgrund des Ausfalls bestimmter Kreditnehmer, die während der Pandemie im Rahmen des Loyalitätskreditprogramms Mittel aufgenommen haben (Kreditrisiko);
- erhebliche Volatilität der ausländischen Währungen, was sich nicht nur auf den Bankensektor, sondern auch auf die Wirtschaft des Landes insgesamt negativ auswirkte (operationelles Risiko);
- zusätzliche Kosten für die Digitalisierung von Bankaktivitäten zur Verbesserung der Kommunikation mit den Kunden und der Vereinfachung des Zugangs zu Bankprodukten und -dienstleistungen;
- Erhöhtes Risiko von zusätzlichen Verlusten aufgrund der Unfähigkeit von Kunden und Korrespondenzbanken, ihre Verpflichtungen fristgerecht und im notwendigen Umfang zu erfüllen;
- erhöhtes Länderrisiko aufgrund der Einführung neuer Sanktionen.

Um die Verluste durch die Pandemie zu minimieren, entwickelte die Regierung der Russischen Föderation für 2020 einen Plan zur Stärkung der Wirtschaft, der die Umsetzung von Stabilisierungsmaßnahmen in drei Stufen vorsieht (die Gesamtkosten der Maßnahmen werden auf 5 Billionen Rubel geschätzt). Der Plan hat das Ziel, die russische Wirtschaft bis Mitte 2021 zu stabilisieren und die Indikatoren von 2019 zu erreichen [6]. Die Unterstützungsmaßnahmen umfassen:

- Hilfszahlungen aus dem Staatshaushalt (Staatliche Garantien, Förderprogramme für Unternehmen, Sozialleistungen an die Bevölkerung, Steuernachlässe);
- Fiskalpolitik mit dem Ziel, die Märkte zu stützen (Senkung des Leitzinses, Ausweitung der Mechanismen zur Liquiditätsversorgung, Programme zur Unterstützung der Kreditvergabe, Dollar-Liquiditätshilfe, Deviseninterventionen);
- Lockerung der Finanzregulierung (Stundung von Schulden, Empfehlungen zur Restrukturierung von KMU- und Privatschulden, vorübergehende Lockerung der Aufschläge und Basler Standards).

Nach Angaben der Zentralbank sollen ca. 7–8 % des BIP als Unterstützungsmaßnahmen in die Wirtschaft fließen, was ein recht kleiner Wert im Vergleich zu Deutschland, Italien und Japan ist, wo geplant ist, mehr als 30 % des BIP für Unterstützungsmaßnahmen bereitzustellen [7].

Die Coronavirus-Pandemie hat allerdings auch einige positive Aspekte für den russischen Finanzsektor mit sich gebracht:

- die zunehmende Digitalisierung in fast dem gesamten Finanzsektor aufgrund der Notwendigkeit, mit potenziellen oder bestehenden Kunden elektronisch zu interagieren. Die Zentralbank hat das Projekt Marketplace initiiert, um Finanzdienstleistungen für Privatpersonen auf elektronischem Wege anzubieten, was den Prozess der Beschaffung eines Produkts/einer Dienstleistung beschleunigt und vereinfacht, die Risiken minimiert und die Zugänglichkeit erhöht. Anfang 2021 wurde dem Parlament ein Gesetzesentwurf vorgelegt, der den Zugang zum Marketplace für kleine und mittlere Unternehmen vorsieht;
- Aufgrund der Senkung des Leitzinses der Zentralbank (während der Leitzins Anfang 2020 noch 6,5 % betrug, wurde er im Juli 2020 auf ein Rekordniveau von 4,25 % gesenkt und liegt seit dem 22.03.2021 bei 4,5 %) und fiskalischen Unterstützungsmaßnahmen der Regierung wurden mehr Kredite vergeben. Die Zinssätze für Kredite an natürliche und juristische Personen wurden aufgrund des Transmissionsmechanismus schrittweise in Anlehnung an den Leitzins der Zentralbank gesenkt;
- Steigendes öffentliches Interesse an neuen Anlageinstrumenten, was die Entwicklung des Finanzmarktes stimuliert und Möglichkeiten zur Verbesserung der finanziellen Allgemeinbildung eröffnet;
- freiwilliger und erzwungener Rückzug von Teilnehmern aus dem Markt, die in der Krisensituation keine Stabilität aufrechterhalten konnten, was auf eine Steigerung der Stabilität des Bankensektors hinweist.

5 Fazit

Die COVID-19-Pandemie hatte weltweit verheerende Auswirkungen auf zahlreiche Wirtschaftszweige: massive Arbeitslosigkeit, Rückgang der Produktion, wirtschaftliche Rezession und Zahlungsausfälle. Auch Russland hat durch die Ausbreitung der Coronavirus-Infektion und die darauffolgende Wirtschaftskrise erhebliche Verluste erlitten. Gegenwärtig nähert sich Russland allmählich dem Stadium der Erholung: Die Produktion beginnt sich zu stabilisieren, zahlreiche Unterstützungsmaßnahmen wurden geplant und umgesetzt. In der Zukunft steht uns eine Phase der langanhaltenden Remission bevor, die zusätzliche Ressourcen erfordern wird.

Vor dem Hintergrund dieser Ereignisse kam es im Finanzsektor zu erheblichen quantitativen und qualitativen Veränderungen: Einige Teilnehmer schieden aus dem Markt aus, da sie die finanziellen Schwierigkeiten nicht schultern konnten, Ressourcen wurden umverteilt, die Dienstleistungserbringung digitalisierte sich zunehmend. Gleichzeitig zeigt die Analyse der Leistungsindikatoren des russischen Bankensektors die Fähigkeit der Finanz- und Kreditinstitute, dem wirtschaftlichen Schock zu widerstehen.

Literatur

[1] Zentralbank (2019). Überblick über den russischen Finanzsektor und Finanzinstrumente. https://cbr.ru/Content/Document/File/107372/overview_2019.pdf
[2] Zentralbank Überblick über die Schlüsselindikatoren der professionellen Wertpapiermarktteilnehmer für 2020. http://cbr.ru/Sammlung/Sammlung/File/32068/review_secur_20.pdf
[3] Zentralbank Jahresbericht der Zentralbank. http://www.cbr.ru/about_br/publ/god/$
[4] Zentralbank Nachrichten aus dem Bankensektor. https://www.cbr.ru/banking_sector/news/
[5] Zentralbank Über die Entwicklung des Bankensektors der Russischen Föderation im Dezember 2020. http://cbr.ru/Sammlung/Sammlung/File/31927/razv_bs_20_12.pdf
[6] President of Russia Treffen des Präsidenten der Russischen Föderation mit dem Premierminister Michail Mischustin. http://kremlin.ru/events/president/news/63445
[7] Zentralbank Finanzstabilitätsbericht für 2–3 Quartale des Jahres 2020. https://cbr.ru/Collection/Collection/File/31582/OFS_20-2.pdf

Corporate Governance: Regulatory Fit als strategisches Marketing für den Automobilmarkt

Lauritz Luttermann B.Sc.

Zusammenfassung

Dieser Beitrag behandelt die Regulatorische Fokus-Theorie nach Higgins im Kontext von Corporate Governance im Automobilmarkt mit einem thematischen Schwerpunkt auf Russland. Hervor tritt dabei die zielgenaue Ansprache des situativen Fokus und der motivationalen Orientierung eines Konsumenten, um ein für effiziente Corporate Governance gewünschtes Verhalten zu initiieren. Gezeigt werden konkrete Gestaltungsmöglichkeiten, um einen Regulatorischen Fit durch strategisches Marketing kommunikativ herzustellen und Gewinn zu erzielen. Hierfür wird speziell das Kommunikationsinstrument des Testimonials diskutiert. Insgesamt werden strategische Implikationen und kritische Aspekte für die Praxis interkulturell aufgezeigt.

Abstract

Corporate Governance: Regulatory Fit as Strategic Marketing for the Car Market

This article deals with the regulatory focus theory according to Higgins in the context of corporate governance in the automotive market with a thematic focus on Russia. The precise addressing of the situational focus and the motivational orientation of a consumer in order to initiate a behavior that is desired for efficient corporate governance comes to the fore. Concrete design options are shown to establish a regulatory fit communicatively through strategic marketing and to make a profit. For this purpose, the communication tool of the testimonial is being discussed in particular. Overall, strategic implications and critical aspects for practice are shown on an intercultural level.

Schlüsselwörter/Keywords

Strategisches Marketing, Regulatorischer Fit, Corporate Governance, Automobilmarkt, Framing, Priming, Testimonial, Globalisierung, Keywords. Strategic marketing, Regulatory Fit, Corporate Governance, Automotive market, Framing, Priming, Testimonial, Glocalization.

1 Einführung: Corporate Governance

Corporate Governance umfasst alle Unternehmensprozesse und Effizienz. Der Interaktion von Corporate Governance mit wirtschaftswissenschaftlichen Disziplinen wird in der Literatur zunehmend Aufmerksamkeit gewidmet. So zeigen Arbeiten verschiedene Bezüge mit Personalgewinnung, Supply Chain Management beziehungsweise Unternehmensfinanzierung [1, S. 456, 2, S. 2]. Die Wechselbeziehungen zum Marketing sind jedoch weithin unerforscht. Hier geht es darum, mittels Corporate Governance durch Regulatory Fit alle Austauschprozesse darauf auszurichten, Güter und Dienstleistungen möglichst gewinnbringend zu vermarkten und Kundenbedürfnisse zu befriedigen.

Die Basis dafür bietet *E. Tory Higgins* [3, S. 1280–1300]. Dazu hat sich ein breites Forschungsfeld entwickelt. Dabei konnte empirisch nachgewiesen werden, dass Menschen spezifisches Kauf- und Preisverhalten zeigen. Gelingt es dem Unternehmen diesbezüglich einen „Regulatorischen Fit" (RFit) herzustellen, kann ein höherer ökonomischer Vorteil erzielt werden. Der RFit ist ein *„match between the manner in which a person persues a goal and his or her goal orientation."* [4, S. 15]. Der RFit umfasst die dominierenden Foki eines Individuums. Das Unternehmen muss also diese Foki ansprechen [5, S. 77ff.].

Damit ist meine Forschungsfrage bezeichnet: Wie lässt sich durch das Zusammenspiel von Corporate Governance und Kommunikationspolitik im Marketing ein RFit herstellen und im Automobilmarkt strategisch nutzen? – Diese Frage beantworte ich in drei Schritten. Zunächst wird das Konzept der regulatorischen Fokussierung konkretisiert (unter Abschn. 2) und die Theorie des RFit erläutert (Abschn. 3); darauf aufbauend kann die Herstellung und Nutzung eines RFit im Marketing am Beispiel des Automobilmarktes entwickelt werden (Abschn. 4). Abschließend sind strategische Implikationen und kritische Aspekte für die Praxis (Abschn. 5) sowie ein Kulturvergleich (Abschn. 6) formuliert. Abrundend steht ein Fazit (Abschn. 7).

2 Ansprache von Bedürfnissen als Konzept

2.1 *Promotions-Fokus* und *Präventions-Fokus*

Menschen können verschieden charakterisiert werden; zwei Kategorien (Foki) sind benannt [3, S. 1280]. Erstrebt das Individuum abstrakte Ziele wie Vollendung oder Selbstverwirklichung (sog. Idealziele), so liegt ein *Promotions*fokus vor. Solche Personen differenzieren zwischen Gewinnen (gains) und Nicht-Gewinnen (non-gains; [3, S. 1282]); trotz Risiken halten sie an den Idealen fest [6, S. 206]. *Prävention*sfokussierte Menschen schließen Risiken soweit wie möglich aus. Sie differenzieren zwischen einer Loss- und Non-loss-Situation. Beide Kategorien sind durch die Schaffung von Anreizen kommunikativ nutzbar für den russischen Automobilmarkt.

Die russischen Erfahrungen aus den Jahren 1920–1990 in Hinblick auf die Landwirtschaft lehren, dass als Folge mangelhafter Koordination im Sinne von Corporate Governance 30 % der Lebensmittelproduktion der Region Tyumen entsorgt werden mussten [7, S. 22]. Dagegen bietet der Regulatorische Fit eine gute Möglichkeit, die Produktion bedarfsgerecht zu planen und auch industrielle Produkte wie Autos durch die Ansprache von Emotionen zielgruppenspezifisch und profitabel zu verkaufen. Insgesamt lassen sich damit wertvolle Ressourcen durch die Unterbindung der Produktion nicht nachfragegerechter Autos einsparen.

Hilfe für die zielgruppenspezifische Ansprache bietet die Maslow'sche Bedürfnishierarchie [8, S. 394 f.]. Sie kennzeichnet fünf Bedürfnisebenen (Existenz, Sicherheit, soziale Kontakte, Anerkennung, Selbstverwirklichung). Unternehmen können damit intern verstehen, welche Ebene durch ihr Produktportfolio angesprochen wird, und extern, auf welcher Stufe die Signale des Konsumenten siedeln. Auch hier zeigt sich die enge Verknüpfung von strategischem Marketing durch Regulatorischen Fit und Corporate Governance. Demgemäß kann zum Regulatorischen Fokus kompatibel argumentiert werden. Die Motivation, Sicherheit zu gewährleisten, ist ein Pflichtziel; dagegen ist der Wunsch nach Selbstverwirklichung ein Idealziel [9, S. 34].

In den mittleren Ebenen (soziale Kontakte, Anerkennung) schwindet die Trennschärfe, falls ein Produkt Merkmale beider Foki beinhaltet. Das führt zu einer hohen Gewichtung der zum Regulatorischen Fokus der Konsumenten passenden Merkmale. Daraus folgend werden weniger kompatible Eigenschaften bewusst ausgeblendet (Levav, Kivetz und Cho 2010, 431). Zudem geht das Streben nach Idealzielen bei Menschen mit *Promotions*fokus so weit, dass diese selbst in der Ausführung widersprüchlicher Handlungen Sinn und Gewinnmöglichkeiten sehen [10, S. 147].

2.2 Strategiewahl mit Annäherung (Match) und Vermeidung (Mismatch)

Higgins definiert sein Konzept des RFit unabhängig von der Trivialität, dass Menschen danach streben, Ergebnisse für sich zu optimieren und zugleich den Aufwand zur Zielerreichung zu minimieren. Er appelliert, eine Entscheidung sei nicht ‚gut', nur weil ein hoher Output erreicht wird. Menschen sollten bei ihrer Entscheidungsfindung der Maxime der moralischen Verantwortung gegenüber sich selbst und anderen Personen folgen [11, S. 1218 f.].

Erfüllt ein Produkt das Wertesystem des Konsumenten, erlebt dieser ein „*feeling-right*"-Gefühl [5, S. 2]. Entscheidend ist die Dosierung der richtigen Mittel [11, S. 1223], damit ein Match für Konsumenten mit *Promotions*fokus erzielt beziehungsweise ein Mismatch für Konsumenten mit *Präventions*fokus vermieden wird [3, S. 1282]. Sind die bei der Entscheidungsfindung eingesetzten Mittel inadäquat, stellt sich ein schlechter RFit ein. Im *Promotions*fokus schaden daher Mittel der Wachsamkeit und Vermeidung der Zielerreichung, im *Präventions*fokus schaden Mittel des Eifers und der Annäherung [11, S. 1223]. Mit dem RFit können Unternehmen also die Einstellung von Konsumenten gegenüber ihrer Marke optimieren [4, S. 16].

2.3 Verhaltensstandards: Chronischer Fokus und situativer Fokus

Mithin geht es für zielgerichtetes Marketing um Verhaltensstandards (Foki). Das Naturell eines Menschen (chronischer Fokus) ist Ergebnis eines langen Lern-, Sensibilisierungs- und Sozialisierungsprozesses durch Interaktion in der Kindheit mit wichtigen Bezugspersonen wie Eltern, Geschwister und Freunde. Nie liegt ein reiner *Promotions*- oder *Präventions*fokus vor [3, S. 1282]. Jedoch dominiert stets einer der beiden Foki als chronischer Regulatorischer Fokus [12, S. 445].

Für Marketing maßgeblich ist darum der situative Fokus [13, S. 1127 f]. In einer konkreten Entscheidungssituation kann das Unternehmen damit den Konsumenten vom Produkt überzeugen: Es muss Übereinstimmung zwischen der regulatorischen Orientierung des Konsumenten und deren Zielerreichung durch die einzelnen Produkt- beziehungsweise Serviceattribute herstellen sowie RFit generieren [3, S. 1281 ff]. Lee, Aaker und Gardner meinen sogar, der situative Fokus könne den chronischen Fokus ganz eliminieren [13, S. 1127 f.]. Ein Beispiel dafür ist die russische Medienlandschaft, die einen kulturellen Wandel hin zum Abruf von Services auf On-Demand-Basis erlebt [14, S. 36].

2.4 Varianten des Framings und ihre Praxisrelevanz

Die Form des *Attribute Framing* eignet sich primär für die Vermittlung von Kommunikationsbotschaften am Point of Sale. Die Gestaltungsoptionen beziehen sich auf die Art und Weise, wie Produktkomponenten (zum Beispiel auf der Verpackung) gezielt betont beziehungsweise verdeckt werden. Der russische Automobilmarkt ist durch eine Transformation hin zur Sharing-Economy geprägt. Anbieter wie Yandex. Drive, Delimobile, Youdrive und Zvezdacar operieren in größeren Städten wie St. Petersburg, Moskau sowie Jekaterinenburg [15, S. 125]. Ziel dieser Anbieter sollte es auf diesem wettbewerbsintensiven Markt sein, den Menschen, die gerade nach einem Car-Sharing Fahrzeug suchen, zur richtigen Zeit die richtigen situativen Argumente, zugeschnitten auf die persönlichen, also promotions- oder präventionsorientierten Bedürfnisse, zu liefern.

Eine zweite Option ist *Goal Framing*, das Konsumenten durch Betonung der positiven beziehungsweise negativen Folgen einer (nicht) durchgeführten Handlung in ihrem Verhalten steuert. Einen konkreten Anwendungsfall bietet „Schockwerbung". Die Hervorhebung negativer Folgen eines bestimmten Verhaltens erwies sich wirksamer als die Kommunikation positiver Folgen. Anti-Tabak-Werbung sollte daher die negativen Folgen benennen und den Konsumenten situativ *prävention*sorientiert ansprechen [3, S. 1282].

Das *Risky Choice Framing* basiert auf der Prospect Theory [16, S. 453 f.]. Es liefert Erklärungsgehalt für die Generierung von RFit und lässt etablierte Marketingstrategien fragwürdig erscheinen. Grundlegend ist die Annahme von Referenzpunkten, an denen sich ein Individuum orientiert. Dies bedeutet, dass eine Preiserhöhung (Verlust) deutlich schwerwiegender aufgenommen wird als ein Rabatt (Gewinn) positiv wahrgenommen wird [16, S. 456]; dazu gleich noch (Abschn. 2.5).

2.5 Priming und strategische Konsequenzen

Priming bezeichnet unterschwellige Beeinflussungsversuche gegenüber Konsumenten durch Ansprache ihres Gedächtnisses. Ein gutes Beispiel dafür liefern Reisebüros. Im Regelfall wird der Interessent bei Gesprächsbeginn über seine Erwartungen, Wünsche und Vorstellungen über einen gelungenen Urlaub befragt. In diesem Moment „primt" der Berater seinen Klienten in dessen Fokus, indem er diesen zum Nachdenken über seine Ziele („goals") anregt.

Mithin empfiehlt sich, *promotions*fokussierten Menschen nur wenige, über das Basisangebot hinausgehende Services kostenlos anzubieten und ihr Streben nach Gewinn nur begrenzt zu erfüllen. Denn diesen Service künftig vergütet zu bekommen, ist schwierig: Aus Unternehmenssicht legt der Konsument einen ‚falschen' Referenzpunkt zugrunde. Eine spätere Rechnungsstellung resultiert daher in schlechter Ansprache des Regulatorischen Fokus und deutlich schwächer ausgeprägtem RFit [3, S. 1285]. Das gefährdet die Geschäftsbeziehung. Besser ist es, bestimmte Extras kurz erlebbar zu machen und so den Konsumentenwillen zu stärken, diese Attribute auch gegen Aufpreis haben zu wollen.

3 Die Regulatorische Fit-Theorie

3.1 Die Basis der Verhaltenspsychologie

Gemäß dem hedonischen Prinzip liegt es in der Natur des Menschen, positiven Zuständen entgegen zu streben und im Umkehrschluss negativ behaftete Zustände soweit wie möglich zu vermeiden [3, S. 1280]. Higgins meint, dass das hedonische Prinzip unzureichend zur alleinigen Erklärung von Motivationen sei. Demgemäß bestehe Ergänzungsbedarf in Hinblick auf die Erreichung beziehungsweise Annäherung an Zustände und die Auswirkungen einer solchen Strategiewahl auf die Entscheidungsfindung [3, S. 1280 f.]. Seinen Erklärungen legt Higgins die menschliche Selbstregulation zugrunde. Konkret forciert dieses System, dem verfolgten Zustand näher zu kommen (approach goal), Abweichungen davon zu minimieren und sich von dem gegensätzlichen Zustand (avoidance goal) zu distanzieren.

3.2 Kundengewinnung durch RFit

Die ökonomische Relevanz des RFits wurde von Aaker und Lee anhand eines Autokaufs aufgezeigt [17, S. 33]. Entscheidend dafür, ob es zum Vertragsschluss kommt, ist die Ansprache des situativen Fokus. Gelingt es dem Marketing in einem Verkaufsgespräch, die zum Fokus des Konsumenten passenden Botschaften (zum Beispiel Vermeidung tödlicher Unfälle bei einem *Präventions*fokus) zu kommunizieren, steigt die Wahrscheinlichkeit, das Auto verkaufen zu können. Grund dafür ist, dass der individuelle Fokus mit der Merkmalsausprägung am Zielobjekt hochgradig übereinstimmt, d. h. RFit (Passung) vorliegt. Konsumenten zeigen dann erhöhte Motivation sowie Leistungsfähigkeit und geben mehr Geld aus [5, S. 6f.].

4 Regulatorischer Fit in der Automobilbranche

4.1 Markenimage und RFit durch *Promotions*fokus

Komplexe kommunikationspolitische Anforderungen kennzeichnen gewinnorientierte Geschäftsfelder, wie die Automobilbranche zeigt. Die Notwendigkeit der Gewinnerzielung erfordert ein hervorragendes Markenimage [18, S. 479] mit klarer Abgrenzung von Wettbewerbern und facettenreichen Kaufanreizen für das Kernprodukt. Dafür kann der RFit kommunikativ optimal hergestellt und genutzt werden. Für Konsumenten mit *Promotions*fokus zum Beispiel durch Aufnahme in einen exklusiven Fahrerclub ab Kauf einer bestimmten Modellklasse sowie weitere Anreize, die das Bedürfnis des Konsumenten nach ‚Gewinnen' stillen [3, S. 1283].

Das Spektrum umfasst etwa: kostenloses Jahresabonnement einer Firmenzeitschrift, exklusiven Zugriff auf Ticketkontingente der Fußballbundesliga, Verlosung von VIP-Paketen zum Besuch eines Spitzenevents (zum Beispiel Formel 1 mit Rennstallführung wie bei Mercedes) und firmeneigene Kundenkarte mit Zusatzfunktionen (zum Beispiel Kreditkarte) und aufsteigendem Bonisystem (Basic, Silber, Gold, Platin, Diamant). Das kann individuelles Kaufverhalten weiter steigern, da der Kunde für seine Einkäufe belohnt und seine Einstellung gegenüber dem Unternehmen optimiert wird.

4.2 Emotionale Ansprache mittels Testimonial-Werbung

Besondere Werbefunktionen im Sinn des RFit bieten Events durch kommunikative Möglichkeiten. *Promotions*fokussierte Menschen (Konsumenten) können dabei gezielt, aber unverfänglich angesprochen werden, d. h. ohne aufdringliche Akquise und emotional geladen: Das Produkt (hier: Auto) wird in angenehmer Umgebung präsentiert mit Auftritt eines Prominenten (Testimonial) etwa aus dem Sport mit Meet&Greet. Zugleich kann das Vertrauen *präventions*orientierter Menschen gefestigt werden. Der Idol- und Identitätscharakter des Testimonials ermöglicht positiven Imagetransfer hin zur eigenen Marke, wie die Kooperation von Audi und dem FC Bayern belegt. Beachtlich sind Risiken wie Reputationsverluste durch einen Skandal beim Partner, was einen negativen Imagetransfer bewirkt.

Werbung mit Personen vermag, wie kaum eine andere Werbemaßnahme, je nach Ausgestaltung, beide Foki zu adressieren. Sie kann emotionale Reize glaubwürdig vermitteln, die mit an Sicherheit grenzender Wahrscheinlichkeit vom Empfänger wahrgenommen werden und mitunter starke Aktivierung. In dieses Muster können Zusatzausstattungen beiläufig einbezogen werden. Akteure im Automobilbereich bedienen zum Beispiel ein Navigationssystem oder setzen sich in bequeme Ledersitze. Das egalisiert hohes kognitives (kritisches) Involvement beim eigentlichen Autokauf durch das überproportional emotionale Involvement bei der Auswahl spezifischer Upgrades. Damit wird Emotionalität kommerziell genutzt, um margenstarke Extras ohne große Überzeugungskraft verkaufen zu können.

Der Beziehungsaufbau zu den Akteuren senkt das Risiko von Reaktanzen, falls Konsumenten mehrfach über (individuell präferierte) Kanäle kontaktiert werden; zum Beispiel durch die personalisierte Hauspost oder breit gestreute Anzeigen in Zeitschriften. Im Extremfall spricht der Prominente den Kunden persönlich an.

4.3 Markenimage und RFit durch *Präventions*fokus

*Präventions*fokussierte Konsumenten können durch Kauf eines exklusiven Fahrzeugs ‚auf Nummer sicher' gehen. Sie mögen im Umfeld stärker als sonst wahrgenommen werden und zwischenmenschliche Enttäuschung vermeiden, indem sie sich über ihr Auto mehr Anerkennung sichern und deprimierende Phobien ausschließen. Der Einsatz eines Testimonials (zum Beispiel Franz Beckenbauer) verliert allerdings an Wirkung beziehungsweise schadet sogar dem Unternehmen, sofern dieses Kommunikationsinstrument (gegebenenfalls mit anderen Prominenten) inflationär und von branchenfremden Unternehmen genutzt wird.

Bei Menschen mit *Präventions*fokus sollte ein Autokonzern bestimmte Aspekte kommunizieren, die Sicherheit vermitteln und helfen, als Verlust empfundene Ereignisse zu eliminieren. Nutzen bieten Maßnahmen, welche die Wahrscheinlichkeit eines selbstverschuldeten Unfalls minimieren (zum Beispiel ABS) und Vertrauen schaffen, dass im Eintrittsfall optimaler Schutz besteht [3, S. 1283]. Wirksam sind als Zugabe beim Autokauf zum Beispiel ein Sicherheitstraining, Pannenservice, Werksführungen und persönliche Gespräche (zum Beispiel mit einem Sicherheitsingenieur) in vertrauensfördernder Atmosphäre. Die Betonung eines qualitativen Produktes senkt Angst vor hohen Folgekosten. Die Kaufentscheidung kann durch attraktive Finanzierungskonditionen gefördert werden (zum Beispiel AUDI-Bank), was auf Unternehmensseite auch Cross-Selling-Potenzial aufbaut [19, S. 77].

5 Strategische Implikationen und Kritik

Entscheidend ist, Argumente kommunizieren zu können, die dem jeweiligen Fokus gerecht werden. Das Verkaufspersonal sollte darauf geschult werden, den Fokus des Konsumenten zu erkennen [17, S. 33]. Möglichkeiten zur operativen Erfassung des Fokus bietet der Regulatory Focus Questionnaire.

Strategisch ist die Balance zu wahren. Unternehmen, die einen Markt zu eng abgrenzen, weil sie sich allein zur Herstellung von RFit auf bessere Zielgruppenansprache konzentrieren, laufen Gefahr, ihr Gesamtwohl wie auch ihre Konkurrenten zu vernachlässigen und in Existenznöte zu geraten. Zudem besteht das Risiko, dass eigene Produkte zu einseitig die Ausprägungsformen der Regulatorischen Foki bedienen, um maximalen RFit herzustellen, während sich Kundenbedürfnisse weltweit angleichen und die Grenze zwischen beiden motivationalen Orientierungen verblasst.

Der RFit betrifft auch moralische Aspekte [11, S. 1218]. Benannt ist eine kulturelle Prädisposition bezüglich des Regulatorischen Fokus [13, S. 1132 f.]. Das birgt moralische Dilemmata bei der gezielten kommunikativen Herstellung und Nutzung eines RFits. So kann RFit selbst bei *prävention*sorientierten Konsumenten natürliche Barrieren überwinden, wie mit Finanzierungsangeboten gezeigt (Abschn. 4.3.3). Das animiert zum Lebensstil über die ‚eigenen Verhältnisse' bis hin zur Schuldenfalle.

6 Kulturvergleich

Das Internet bietet hervorragende Chancen für gezielte Kundenansprache durch strategisches Marketing als wesentliches Element von Corporate Governance. Durch Big Data und maschinelles Lernen kann Regulatorischer Fit passgenauer generiert werden. Denn gerade das Nutzungsverhalten im Internet ermöglicht Rückschlüsse auf die individuelle Fokusorientierung des Nutzers. Zugleich birgt die Digitalisierung transnational die Gefahr der Vereinfachung („One size fits all"): Geografische und kulturelle Grenzen erodieren durch diesen Trend. Zu beachten sind dabei kulturelle Prägungen: So hat die Bezeichnung des Chevrolet Modells Nova in Italien eine andere Bedeutung („no va" = „geht nicht") als im Rest Europas [20, S. 123]. In den USA wurde der Audi 200 baugleich als Audi 5000 verkauft, da dort höhere Zahlen die Konsumenten besonders positiv beeinflussen.

Die sogenannte Glokalisierung [21, S. 122], also die Nutzung globaler Erfahrungen hier für die lokal zu erzielenden Erfolge des Automobilmarktes, ist entscheidend: Der Regulatorische Fit ist das Mittel, den Konsumenten mit dem für ihn passgenauen Fahrzeug nebst Services versorgen zu können. Dadurch lassen sich auf Unternehmensebene durch eine ganzheitliche Strategie der Corporate Governance, die strategisches Marketing nutzt, durch Cross-Selling weitere Gewinne erzielen; sowohl auf der Seite der Konsumenten durch positive Emotionen und Erlebnisse als auch auf Seite der Produzenten durch einen höheren Umsatz (Rendite).

Für die Metro in Moskau wurde eine umfangreiche Datenerhebung zur Verbesserung des Nutzungserlebnisses im Rahmen von Corporate Governance und strategischem Marketing durchgeführt. Ziel war die Ermittlung von Faktoren, die einen wesentlichen positiven beziehungsweise negativen Einfluss auf die Wahrnehmung der Servicequalität ausüben, also den präventions- oder promotionsorientierten Fokus ansprechen [22, S. 381 f.]. Für fairen Wettbewerb und praktischen Erfolg gilt: Auf internationaler und länderübergreifender Ebene bedarf es einheitlicher Regularien in Hinblick auf die rechtlichen Rahmenbedingungen der grenzüberschreitenden Erfassung solcher Nutzerdaten und deren Auswertung.

7 Ergebnis und Ausblick

Strategisches Marketing als Element der Corporate Governance kann Effizienz und mithin Gewinn eines Unternehmens erheblich steigern. Dafür zielt RFit auf die Verhaltenspsychologie von Konsumenten. Im Marketing bietet das ein großes Potential für die Akquise von Kunden sowie für die nachhaltig positive Gestaltung von Kundenbeziehungen. Unternehmen können RFit nutzen, indem sie Symmetrie zwischen der motivationalen Orientierung der Konsumenten und den einzelnen Produkteigenschaften gezielt herstellen. Das geschieht strategisch, wie hier mit konkreten Nutzungs- und Gestaltungsmöglichkeiten für den Automobilmarkt gezeigt.

Unternehmen sollten sich bereits im frühen Stadium der Produkt- und Serviceentwicklung auf die Berücksichtigung und Perfektion der fokusrelevanten Attribute konzentrieren. Dadurch wird Abgrenzung von Wettbewerbern möglich, deren Produkte nur geringe Konsistenz aufweisen. Am Beispiel des Automobilmarktes wurde deutlich, dass sowohl der *Präventions-* als auch der *Promotions*fokus zielgerichtet anzusprechen sind. Dafür bietet das Instrumentarium der Kommunikationspolitik vielfältige Möglichkeiten wie das Engagement eines Testimonials. Er kann RFit herstellen, indem er glaubwürdig Kaufanreize vermittelt und das Risiko von Reaktanzen durch freiwillige Auseinandersetzung des Konsumenten mit der Werbung senkt. Im globalen Geschäftsfeld bleiben interkulturell Gemeinsamkeiten und Besonderheiten zu beachten.

Literatur

[1] Luttermann, C. (2017). Banking on trust as individual responsibility: corporate finance, speculation and global capital markets. In J. J. du Plessis, B. Großfeld, C. Luttermann, I. Saenger, O. Sandrock & M. Casper (Hrsg.), *German corporate governance in international and European context* (3. Aufl. S. 431–475). Springer.
[2] Diefenbach, U., Schnellbächer, B., & Heidenreich, S. (2020). Using regulatory fit in cost reduction announcements. *Journal of Accounting & Organizational Change, Vol. 17, Issue 2*, 1–25.
[3] Higgins, E. T. (1997). Beyond pleasure and pain. *American Psychologist, 52*(12), 1280–1300.
[4] Aaker, J. L., & Lee, A. Y. (2006). Understanding regulatory fit. *Journal of Marketing Research, XLIII*, 15–19.
[5] Avnet, T., & Higgins, E. T. (2006). How regulatory fit affects value in consumer choices and opinions. *Journal of Marketing Research, XLIII*, 1–10.
[6] Lee, A. Y., & Aaker, J. L. (2004). Bringing the frame into focus: the influence of regulatory fit on processing fluency and persuasion. *Journal of Personality and Social Psychology, 86*(2), 205–218.
[7] Griewald, Y. (2016). Institutional economics of grain marketing in Russia: Insights from the Tyumen region. *Journal of Rural Studies, 47*(Part A), 21–30.
[8] Maslow, A. H. (1943). „A Theory of Human Motivation", ursprünglich veröffentlicht in Psychological Review, 50, 370–396. http://psychclassics.yorku.ca/Maslow/motivation.htm. Zugegriffen: 3. März 2021.
[9] Werth, L., & Foerster, J. (2007). How regulatory focus influences consumer behavior. *European Journal of Social Psychology, 37*, 33–51.
[10] Chernev, A. (2004). Goal – attribute compability in consumer choice. *Journal of Consumer Psychology, 14*(1–2), 141–150.
[11] Higgins, E. T. (2000). Making a good decision: value from fit. *American Psychologist, 55*(11), 1217–1230.
[12] Cesario, J., Higgins, E. T., & Scholer, A. A. (2008). Regulatory fit and persuasion: Basic principles and remaining questions. *Social and Personality Psychology Compass, 2*(1), 444–463.
[13] Lee, A. Y., Aaker, J. L., & Gardner, W. L. (2000). The pleasures and pains of distinct self-construals: The role of interdependence in regulatory focus. *Journal of Personality and Social Psychology, 78*(2), 1122–1134.
[14] Milshina, Y., & Vishnevskiy, K. (2019). Roadmapping in fast changing environments – the case of the Russian media industry. *Journal of Engineering and Technology Management, 52*, 32–47.
[15] Kireeva, N., Zavyalov, D., Saginova, O., & Zavyalova, N. (2021). Car sharing market development in Russia. *Transportation Research Procedia, 54*, 123–128.
[16] Tversky, A., & Kahneman, D. (1981). The framing of decisions and the psychology of choice. *Science, 211*, 453–458.
[17] Aaker, J. L., & Lee, A. Y. (2001). „I" seek pleasures and „we" avoid pains: the role of self-regulatory goals in information processing and persuasion. *Journal of Consumer Research, 13*, 33–49.

[18] Casper, M. (2017). Corporate governance and corporate compliance. In J. J. du Plessis, B. Großfeld, C. Luttermann, I. Saenger, O. Sandrock & M. Casper (Hrsg.), *German corporate governance in international and European context* (3. Aufl. S. 477–516). Springer.
[19] Crosby, L. A., Evans, K. R., & Cowles, D. (1990). Relationship quality in services selling: an interpersonal influence perspective. *Journal of Marketing, 54*, 68–81.
[20] Bannenberg, A.-K. (2011). *Die Bedeutung interkultureller Kommunikation in der Wirtschaft*. Kassel University Press.
[21] Großfeld, B. (2019). *Schritte über Grenzen: Rechtsvergleichende Kulturerfahrung*. LIT.
[22] Reshetko, N., Safronova, A., Vakulenko, S., Kurenkov, P., & Sokolova, A. (2021). Quality assessment of management decisions in the system of marketing and public relations of a transport enterprise. *Transportation Research Procedia, 54*, 380–387.
[23] Levatz, J., Kivetz, R., Cho, Ck. (2010). *Motivationl compatility and choice conflict.* Journal of consumer research, 37 (3), 429-442.

Hochschulmanagement in unsicheren Zeiten: Ein Erfahrungsbericht der staatlichen Universität für Wirtschaft Sankt Petersburg

Prof. Dr. Igor Maksimtsev, Dr. Natalia Sirota, Ekaterina Sergeeva M.Sc.

Zusammenfassung

Dieser Artikel beschreibt die Erfahrungen der Staatlichen Universität für Wirtschaft St. Petersburg im Bildungs- und Verwaltungsbetrieb während der Coronapandemie. Vor welchen Herausforderungen stand die Universität, wie erlebte die Universität die Transformation und Anpassung an die neuen Lehrformen, welche neuen Chancen ergaben sich für die Hochschule.

Abstract

University Management in the Face of Uncertainty: The Experience of Unecon

This article describes the experience of UNECON in conducting educational and administrative activities during the coronavirus pandemic. What challenges did the university face, how did UNECON experience transformation and adaptation, what new opportunities did the higher education institution.

Schlüsselwörter/Keywords

Staatliche Universität für Wirtschaft, Verwaltungs- und Führungspersonal, Lehrende, Lernende, Online-Distanzlehre, Bildungsprozess, Massenveranstaltungen, Keywords. UNECON, administrative and managerial staff, teaching staff, students, distance technologies, educational process, mass events.

© Der/die Autor(en), exklusiv lizenziert durch Springer Fachmedien Wiesbaden GmbH, ein Teil von Springer Nature 2022
C. Renker, T. Nikitina (Hrsg.), *Pandemie als nicht alltägliches Event-Risk*,
https://doi.org/10.1007/978-3-658-36504-2_15

Während der Coronapandemie erlebte die St. Petersburger Staatliche Wirtschaftsuniversität eine tiefgreifende Transformation der Lehr- und Managementabläufe. Im Zuge des Transformationsprozesses und der notwendigen Anpassung an neue Arbeitsbedingungen sah sich die Universität mit einer Vielzahl von Herausforderungen konfrontiert.

Wie zahlreiche andere Bildungseinrichtungen weltweit musste auch die St. Petersburger Staatliche Wirtschaftsuniversität innerhalb eines relativ kurzen Zeitraums auf Online-Distanzlehre umstellen. Wir standen vor der Aufgabe, das gesamte Lehrpersonal sowie unsere über 12.000 Studierenden aller Ausbildungsstufen (Bachelor, Spezialist, Master, Zweiter Studienweg, Postgraduate und Fortbildung) zeitnah auf die Nutzung elektronischer Plattformen umzustellen.

Aufgrund der Tatsache, dass die Universität bereits Online-Distanzlehre betrieb und dafür das Moodle-System nutzte, traf uns die Umstellung nicht ganz unvorbereitet. Vor der Pandemie nutzten wir Moodle hauptsächlich für die Unterrichtung von Menschen mit Behinderungen und Fernstudenten. Außerdem wurden auf Moodle Unterrichtsmaterialien systematisiert und Hausarbeiten eingereicht. Allerdings nutzten vor der Pandemie nicht alle Lehrkräfte die Moodle-Plattform. Doch die Digitalisierung der Lehre war im Prinzip nur eine Frage der Zeit, somit beschleunigte die Pandemie lediglich die Digitalisierungsprozesse an den Bildungseinrichtungen.

Da wir die Möglichkeiten von Moodle bereits kannten, war uns klar, welche Herausforderungen das technische Personal der Universität zu bewältigen hatte, um die Kapazität der Plattform innerhalb kürzester Zeit zu erweitern und das System flächendeckend nutzbar zu machen. Um in kürzester Zeit eine Skalierung des Systems zu erreichen, wurden die Arbeitsabläufe der Mitarbeiter der IT-Abteilung neu definiert, Arbeitsplätze mit der entsprechend notwendigen Ausstattung auf dem Universitätscampus eingerichtet sowie die Wartung durch entsprechend geschultem Personal sichergestellt.

Auch der Lehrkörper der Universität befand sich in einer schwierigen Lage. An der Staatlichen Universität für Wirtschaft unterrichten Lehrkräfte unterschiedlicher Altersgruppen, die Moodle vor der Pandemie in ganz unterschiedlichem Maße nutzten. Eine weitere Herausforderung bestand also darin, die Mitarbeiter in kürzester Zeit zu schulen, um das Potenzial der Moodle-Plattform voll auszuschöpfen. Um gleichzeitig sicherzustellen, dass die persönliche Kommunikation zwischen Lehrenden und Studierenden nicht übermäßig litt, wurden die online-Plattformen Zoom und Microsoft Teams für den Online-Unterricht genutzt. Jedem der Lehrenden wurde freigestellt, die Plattform zu wählen, die seinen Anforderungen an die Interaktion mit den Studierenden am besten entsprach. Darüber hinaus konnten die Lehrenden BigBlueButton nutzen, ein bestehendes alternatives Online-Programm innerhalb des Moodle-Systems, welches auch die Organisation von Videokonferenzen ermöglicht.

Es dauerte etwa 2 Monate, bis sich Lehrende und Studierende an die neuen pandemiebedingten Ausbildungsbedingungen angepasst hatten. Wir bewerten diesen Zeitraum als sehr positiv. Zahlreiche andere Universitäten mussten die Lehre unterbrechen oder den Lehrkörper stark reduzieren, da sie nicht in der Lage waren, alle von den Online-Plattformen bereitgestellten Funktionen zu nutzen. Die größte Herausforderung beim Übergang zur Distanzlehre bestand für uns darin, die älteren Lehrkräfte zu schulen und schnell an die neuen Technologien heranzuführen. Im Anfangsstadium mussten zahlreiche individuelle Entscheidungen getroffen und Abläufe angepasst werden, doch schlussendlich hat dies die Kompetenz des gesamten Lehrkörpers der Universität erheblich gesteigert und wir konnten innerhalb kurzer Zeit über 850 Kurse online anbieten.

Als sehr günstig erwies sich, dass die Universität unmittelbar zu Beginn der Pandemie entschied, lizenzierte Firmenpakete verschiedener Software zu erwerben und dem gesamten Lehrkörper nach einem speziell vereinbarten Zeitplan Zugang dazu zu gewähren. Nachdem alle Bedürfnisse der Lehrenden und Studierenden detailliert erhoben worden waren, wurde durch die Universität neue Hardware erworben, installiert und konfiguriert.

Bereits nach kurzer Zeit funktionierten alle Arbeits- und Lehrprozesse der Universität, die in Distanz möglich sind, mit der gewohnten Effektivität, die Kommunikation zwischen Lehrenden, Studierenden und Verwaltungs- und Managementpersonal wurde im notwendigen Umfang sichergestellt. Lehrende und Studierende passten sich schnell an die neuen Bedingungen an und lernten, mit der gewohnten Effektivität zu arbeiten. Die Umstellung von Präsenzlehre auf Online-Distanzlehre war außerordentlich erfolgreich. Als die Kontaktbeschränkungen gelockert wurden, diskutierten die Studierenden die Vor- und Nachteile der beiden Lernformate: das vertraute – offline und das neu entdeckte – online.

Für die Mitarbeiter der Verwaltung der Universität gestaltete sich der Übergang zur Online-Distanzlehre einfacher als für die Dozenten, da der Umgang mit neuen Technologien zu ihren ureigensten Arbeitsaufgaben gehört und sie sich deshalb schnell anpassen konnten.

Nachdem wir nun seit über einem Jahr die Online-Distanzlehre anwenden, werden die sozio-psychologischen Aspekte sichtbar, die besonders in Bildung und Lehre eine wichtige Rolle spielen. Sowohl das Lehrpersonal als auch die Studierenden sahen sich mit verschiedenen sozialen Schwierigkeiten konfrontiert: Die lange Isolierung in der eigenen Wohnung machte es schwer, sowohl zu unterrichten als auch zu studieren. Daraufhin beschloss die Universität, zusätzliche interaktive Pausen einzuführen und die Vorlesungszeit zu verkürzen (15–20 min).

Einer der positiven Aspekte des Übergangs zur Online-Distanzlehre war die Möglichkeit, Gastvorträge eingeladener Experten zu organisieren. So konnten Experten in den Unterrichtsprozess eingebunden werden, die nicht die Zeit oder die Möglichkeit hätten, offline zu unterrichten. Die Studierenden nahmen diese Gastvorträge sehr gut an. Wenn wir zu Beginn der Pandemie nur einzelne Vorträge von Gastdozenten organisierten, so erweiterten sich diese schon sehr bald zu vollwertigen Online-Konferenzen, an denen zahlreiche Experten aus dem In- und Ausland teilnahmen.

Da die meisten unserer Studierenden aus ganz Russland und dem Ausland kommen, waren wir während der Online-Distanzlehre mit dem Problem der zahlreichen Zeitzonen konfrontiert, in denen die Studierenden sich aufhielten. Die Universität beschloss, sich bei der Durchführung der Online-Distanzlehre nach der Heimatzeit der Universität zu richten. Dies war jedoch für besonders für die Studierenden im Hohen Norden und dem Ausland schwierig. Deshalb entschieden wir uns, den Unterricht nur bis 16 Uhr Moskauer Zeit durchzuführen. Außerdem boten wir unseren ausländischen Studierenden Aufzeichnungen, personalisierte Lehrinhalte und separaten Gruppenunterricht an.

Eine weitere Aufgabe, die zu lösen war, war die Identifizierung der Studierenden, sowohl während der Vorlesungen als auch der Prüfungen. Während der Vorlesungen und Zwischenprüfungen beschlossen wir, uns wie auch beim offline-Unterricht auf die Ehrlichkeit der Studierenden und die Professionalität der Dozenten zu verlassen. Bei den Abschlussprüfungen war das jedoch nicht möglich. Um die Authentizität der Prüfungen sicherzustellen, wurden methodische Empfehlungen für einen entsprechenden Ablauf formuliert. Die Studierenden identifizieren sich, indem sie ihren Pass in die Kamera halten und schwenken mit der Kamera den Raum ab, damit sich der Prüfer davon überzeugen kann, dass der Prüfling allein im Raum ist. So vertiefte sich das Vertrauen zwischen den Studierenden und den Lehrenden.

Des Weiteren stellte sich die Frage der Praktika. Zahlreiche Unternehmen stellten auf Homeoffice um, somit mussten auch die Studierenden ihre Praktika online absolvieren, was den Prozess sehr viel zeitaufwändiger machte. Die Studierenden mussten eigenständig den Umgang mit den Unternehmensplattformen erlernen, ohne die Möglichkeit zu haben, im direkten Gespräch Rat bei ihren Vorgesetzten oder Mentoren einzuholen. Doch viele Großunternehmen entwickelten methodische Handbücher für die Studierenden und Auszubildenden, was die Online-Kommunikation enorm vereinfachte. Doch die Studierenden gaben trotzdem den Unternehmen den Vorrang, die ihnen die Möglichkeit gaben, Präsenzpraktika zu absolvieren.

Die Online-Distanzlehre gab uns die Möglichkeit, neue Veranstaltungsformate ins Programm aufzunehmen und enger mit bestehenden und neuen Partnerhochschulen zu kooperieren. Im Rahmen strategischer Sessions wurden Konzepte für neue Kooperationen mit ausländischen Universitäten entwickelt. Zahlreiche Online-Events wurden auf den Plattformen Zoom, MS Teams, YouTube und anderen durchgeführt.

Ein weiterer bedeutender Aspekt ist der Dokumentenumlauf. Die Managementqualität einer jeden Hochschule hängt essenziell von einem gut organisierten Dokumentenumlauf ab. Dank der bereits an der Universität genutzten elektronischen Dokumentenmanagementsysteme und Softwaresysteme wie Thesis und SUP konnten die Abteilungen der Universität auch online effektiv miteinander kommunizieren.

Im vergangenen Jahr bestand die Staatliche Universität für Wirtschaft erfolgreich die staatliche Akkreditierung. Die Vorbereitung darauf erfolgte hauptsächlich online. Dies ist ein Zeichen dafür, dass die gesamte Hochschule und besonders ihr Verwaltungsapparat effektiv zur neuen Online-Kommunikationsform übergegangen sind. Es ist auch ein Beweis für das Engagement, die Flexibilität und Anpassungsfähigkeit unserer Mitarbeiter an die volatilen Bedingungen einer instabilen Welt.

Besonders erwähnenswert ist die Unterstützung durch die Alumni-Vereinigung der Universität, welche nicht nur Geräte zur Ansteckungsprävention erwarb und zur Verfügung stellte, sondern auch eine Jobbörse für die Studierenden entwickelte. Dieses Programm ermöglicht es den Studierenden, in verschiedenen Formaten direkt mit potenziellen Arbeitgebern in Kontakt zu treten – von informellen Online-Masterclasses und offenen Vorlesungen bis hin zu Online-Jobbörsen und Karrieretagen.

In diesem Zusammenhang bekam das im Auftrag der Regierung von Sankt Petersburg erstellte „elektronische Studierendenportfolio" eine neue Bedeutung. Im Rahmen dieses Projekts wurde auf der Unternehmensplattform der St. Petersburger Staatlichen Universität für Wirtschaft eine elektronische Datenbank erstellt, die die von den Studierenden selbst eingestellten Lebensläufe enthält. Besonders während der Kontaktbeschränkungen hat sich die Datenbank als ein bequemes Format für die Interaktion zwischen Studierenden und Unternehmen, die an Studienabgängern interessiert sind, bewährt.

Im März 2021, nachdem die Kontaktbeschränkungen aufgehoben wurden und die Hochschule zu Präsenzvorlesungen unter Berücksichtigung aller Maßnahmen zur Ansteckungsprävention zurückkehren konnte, wechselte die Universität zu einem Hybridformat. Das Hybridformat ist für die Universität am schwierigsten zu implementieren, vor allem, weil die Vorlesungszeiten so geplant werden müssen, dass sie Online- und Offline-Lehre kombinieren. Wir haben diese Aufgabe erfolgreich gemeistert, unter anderem durch die Erstellung eines auf alle Bedürfnisse abgestimmten Zeitplans, der z. B. auch die Wege zwischen Universität und Homeoffice berücksichtigte.

Alle Lehrveranstaltungen auf dem Gelände der Universität finden unter Berücksichtigung der notwendigen Infektionsschutzmaßnahmen zur Eindämmung der Covid-19-Pandemie statt. An den Eingängen zu den Lehr- und Verwaltungsgebäuden sind Thermometrie-Kameras installiert, auf dem gesamten Hochschulgelände stehen Desinfektionsmittelspender bereit, in jedem Raum wird die Luft elektrostatisch gereinigt und ionisiert. Darüber hinaus erfolgen eine regelmäßige Reinigung und Lüftung aller Räume.

An der Universität herrscht Maskenpflicht, bei allen Veranstaltungen werden die Regeln des Social Distancing eingehalten. Mitarbeiter und Studierende erhalten kostenlos Masken, auf dem Universitätscampus gibt es ein medizinisches Zentrum, in dem sich jeder kostenlos gegen das Coronavirus COVID-19 impfen lassen kann.

Zusammenfassend kann gesagt werden, dass die in diesem Artikel beschriebenen Maßnahmen zur Reaktion auf die ungewissen Zeiten, mit denen sich die Hochschule konfrontiert sah, alle Aspekte des Hochschulbetriebs betrafen. Sicherlich hatten die von der Universitätsleitung getroffenen Entscheidungen nicht nur Stärken, sondern auch Schwächen, die jedoch erst im Prozess der Umsetzung erkannt werden konnten. Wir können definitiv sagen, dass wir auf eine positive Erfahrung zurückblicken: Die Universität hat sich nicht nur unter Aufbietung aller Ressourcen schnell auf die neuen digitalen Bedingungen umstellen können, ohne an Qualität der Bildungsinhalte einzubüßen, sondern erlebte auch einen großen Zusammenhalt des Lehrkörpers und der Verwaltungsmitarbeiter unter Extrembedingungen. Wir sind sicher, dass die Fähigkeiten und Erfahrungen der Mitarbeiter von Technik, Management und Lehrkörper der Universität anderen Bildungseinrichtungen dabei helfen können, sich auf die Online-Distanzlehre und hybride Formen umzustellen.

Die Coronavirus-Pandemie schränkt die gewohnten Lebensgewohnheiten weiterhin ein, so dass erneute strengere Kontaktbeschränkungen nicht auszuschließen sind. Die Staatliche Universität für Wirtschaft ist immer bereit, ihre in- und ausländischen Kollegen im Rahmen der universitären Kooperation zu unterstützen und ihre Erfahrungen zu teilen.

Mit einem digitalisierten Geschäftsmodell durch die Krise: Fallstudie Flixmobility

Prof. Dr. Bernd Mühlfriedel CFA

Zusammenfassung

Der Artikel untersucht die Auswirkungen der Digitalisierung des Geschäftsmodells eines plattformbasierten Unternehmens wie FlixMobility als Eigentümer der Marke FlixBus auf sein Wachstumspotenzial sowie seine Stabilität während einer schweren Makrokrise wie der Covid19-Pandemie. Um die Entwicklung des Geschäftsmodells von FlixBus besser zu verstehen, wurde eine Fallstudie über den Gründungsprozess von FlixBus hinzugefügt.

Abstract

Through the Crisis with a Digitized Business Model: Case Study Flixmobility

The article reviews the effect of the digitalization of the business model of a platform-based company such as FlixMobility as the owner of the FlixBus brand on its growth potential as well as its stability during a severe macro crisis such as the Covid19 pandemia. To better understand the evolution of the business model of FlixBus a case study covering the start-up process of FlixBus has been added.

Schlüsselwörter/Keywords

Geschäftsmodell, digitales Geschäft, Unternehmertum, plattformbasierte Wirtschaft, Start-up, Keywords Business model, digital business, entrepreneurship, platform-based economy, start-up.

Stabil trotz des Worst-Case-Szenarios für einen Mobilitätsserviceanbieter: FlixBus heute

Anfang des Jahres 2020 sah noch alles danach aus, dass FlixMobility, wie der Mobilitätsserviceanbeiter mit Marken wie FlixBus (ursprünglicher Firmenname), FlixTrain und FlixCar seit 2016 hieß, nach der Mitte 2019 abgeschlossenen und von renommierten Investoren wie Permira oder TCV angeführten Finanzierungsrunde im Volumen von 500 Mio. € (geschätzter Wert aus den Medien; siehe z. B. Handelsblatt vom 19.07.2019, https://bit.ly/2OSvV8Z) abermals ein Rekordjahr würde liefern können. Nachdem das Unternehmen auf seinem europäischen Heimatmarkt inzwischen unangefochtener Marktführer geworden war, schickte man sich an, auch den nordamerikanischen Markt für Fernbusdienstleistungen zu erobern. Die Expansion nach Asien und Südamerika stand ebenfalls bereits auf der Agenda.

Im Gegensatz zu den meist erst vor wenigen Jahren liberalisierten europäischen Fernbusmärkten wurde der nordamerikanische Markt bereits seit Jahrzehnten durch Greyhound Buses bearbeitet und dominiert. Diese 1914 geborene Marke hatte zwar einen legendären Klang, der nicht zuletzt aus zahlreichen Erwähnungen in Literatur und Film herrührte (z. B. Clark Gable in „It Happened One Night", Horton Foote's „The Trip to Bountiful", Dustin Hoffman in „Midnight Cowboy" oder Jack Kerouac's Roman „On the Road"), stammte aber aus einer rein analogen Welt. So fuhr und fährt Greyhound mit 1700 eigenen, teilweise ziemlich in die Jahre gekommenen Bussen zwischen 2400 nordamerikanischen Destinationen hin und her. Die Routenplanung ist starr, auf eine schlagkräftige Softwareplattform mit der Möglichkeit einer effektiven Datenanalyse und digitale Schnittstellen zu den Kunden wird weniger Wert gelegt. Zudem stand das Unternehmen Greyhound eher im Ruf träge und langsam in seinen Entscheidungsprozessen geworden zu sein. Demgegenüber stand FlixMobility mit seiner leistungsfähigen IT-Plattform, die eine kundenorientierte und flexible Routenplanung, ein effektives Customer Relationship Management und ein dynamisches Pricing ermöglichte. Hinzu kamen die meist neuen, sehr gut ausgestatteten Busse, die zwar in einheitlich grünem FlixBus-Design das frische und innovative Image des Newcomers ausstrahlten, aber nicht vom Unternehmen selbst, sondern von den zahlreichen lokalen Busunternehmen als Partner betrieben wurden. Gepaart mit dem unternehmerischen Mind-Set des weiterhin gründerdominierten Managements der FlixMobility und der finanziellen Unterstützung durch Investoren wie General Atlantic Partners, Holtzbrinck Ventures, Silver Lake, Daimler und den oben erwähnten Permira und TCV schien der Eroberung der dominierenden Position im Fernbusservicemarkt nach Europa auch im Rest der Welt nichts mehr entgegen zu stehen.

Dann allerdings breitete sich ausgehend von China ein neuartiges Virus namens SARS-CoV-2 weltweit aus. Um die dadurch verursachte Pandemie zu begrenzen, wurden in nahezu allen von FlixMobility bearbeiteten Märkten von den dortigen Regierungen Lockdowns unterschiedlicher Dauer und Intensität beschlossen. Bis zur Immunisierung der Bevölkerung durch neu entwickelte Impfstoffe wurde die Kontaktbeschränkung zwischen Menschen das wirksamste Mittel zur Pandemiebekämpfung. Dadurch kam es zu erheblichen Einschränkungen der gewohnten individuellen Mobilität: Ausgangsbeschränkungen, teilweise sogar Ausgangssperren, zeitweise geschlossene Grenzen, erhebliche bürokratische Hürden für Reisetätigkeit wie Antigentestpflichten oder Quarantänevorschriften. Es war der Worst-Case für jeden Anbieter von Mobilitätsdienstleistungen eingetreten. Auch für FlixMobility bedeutete das im März 2020 innerhalb kürzester Zeit einen kompletten Wechsel der Geschäftsgrundlage. Und daran hat sich in unterschiedlicher, zeitlich und geographisch wechselnder Intensität bis weit ins Jahr 2021 hinein wenig geändert.

Ab 17. März 2020 pausierte FlixMobility komplett seinen Geschäftsbetrieb. Über 3000 Tausend Busse blieben in ihren Depots bei den Buspartnern. Auch die FlixTrain-Züge fuhren nicht mehr. Ein Jahr später ist der Betrieb zwar wieder in Gang gekommen, allerdings angesichts der weiterhin bestehenden Mobilitätsbeschränkungen auf einem im Vergleich zum Niveau vor dem Ausbruch der Pandemie deutlich niedrigeren Level. Zudem ist die Planbarkeit immer noch gering.

Bedeutet das nun, dass FlixMobility als noch jungem Unternehmen, das wegen der Anlaufkosten und der raschen Expansion seines Geschäfts noch keine finanziellen Reserven bilden konnte, sondern bisher auf externe Kapitalzufuhr angewiesen war, die Luft ausgeht? Gleich einem Ikarus, der zu schnell und zu hoch gestiegen ist, um dann umso schneller und mit tödlichem Ausgang abzustürzen? Werden am Ende doch die etablierten, teilweise staatlich gestützten Wettbewerber im Fernpersonenverkehr die Oberhand behalten?

Oberflächlich betrachtet könnte man zu dieser Schlussfolgerung kommen. Eine tiefergehende Analyse des Geschäftsmodells von FlixMobility führt aber zum genau gegenteiligen Ergebnis. FlixBus war von Anfang an als digitales Plattformunternehmen aufgesetzt. Schlüsselaktivitäten, um die Diktion des Business Model Canvas von pavel zu verwenden, sind neben der Softwareentwicklung für Plattform und digitaler Kundenschnittstelle, die Analyse der gesammelten Daten über das Nutzerverhalten, die Optimierung der Routenplanung und der Preisgestaltung, das Endkundenmarketing sowie das Management der Buspartner. Nicht aber der Kauf, die Wartung und der Betrieb der Busse selbst. Das übernehmen die etwa 500 Schlüsselpartner von FlixBus – meist lokale, mittelständische Busunternehmer. Diese machen das, was sie teilweise jahrzehntelang erfolgreich gemacht haben: einen regelkonformen und für Kunden attraktiven Busverkehr physisch umzusetzen. Nach den Vorgaben von FlixMobility und unter Nutzung von dessen Größenvorteilen, z. B. beim Einkauf, aber eben auf eigene Rechnung. Als „Spinne im Netz" des FlixBus-Netzwerks kann sich FlixMobility auf die genannten überwiegend digitalen Schlüsselaktivitäten konzentrieren. Zugleich ist ein deutlich schnelleres Wachstum möglich, da der Kapitaleinsatz für die Anschaffung und den Betrieb der Busse wegfällt und die Plattform deutlich schneller an nationale Besonderheiten angepasst werden kann, als dies beispielsweise bei der physischen Erbringung von Mobilitätsdienstleistungen möglich ist.

Eine Ausnahmensituation wie die Covid19-Pandemie mit monatelangen Lockdowns und den damit einhergehenden teilweise sehr erheblichen Mobilitätsbeschränkungen ist für jeden Mobilitätsserviceanbieter ein Problem. Dieses wird aber umso größer, je höher das mit Fixkosten einhergehende Anlagevermögen ist, das man selbst auf der Bilanz hat. Würde FlixMobility selbst alle Busse, die grün lackiert und mit dem Schriftzug FlixBus versehen auf den Straßen fahren, auf seiner Bilanz und deren Fahrer auf seiner Gehaltsliste haben, dann würde das Unternehmen deutlich schwerer unter den damit verbundenen Kosten leiden. So befinden sich die Busse aber im Eigentum der zahlreichen Buspartner. FlixBus selbst nennt lediglich einen Bus sein Eigentum, und auch das nur, weil es gesetzlich gefordert war. Doch wird damit das Problem ungenutzter und fixkostenintensiver Kapazitäten nicht bloß auf die meist mittelständischen Partnerunternehmen verlagert? Das mag in Einzelfällen so sein. Die Mehrheit der Buspartner fährt allerdings nicht nur für FlixBus, sondern ist außerdem im lokalen Nahverkehr, für regionale Unternehmen zum Mitarbeitertransport oder in der Schulkinderbeförderung tätig. Da viele dieser Bereiche auch während Lockdownphasen weiterliefen, half das den Busbetreibern, die Pandemie mit den Umsatzeinbrüchen im Fernbusverkehr zu überstehen. Außerdem sind diese Unternehmen aufgrund ihrer Nähe zum lokalen Markt schnell in der Lage, auf Veränderungen zu reagieren.

Die digitale Aufstellung des Geschäftsmodells von FlixMobility ist also nicht nur Voraussetzung für das rasche Wachstum im Zeitraum bis zum Ausbruch der Covid19-Pandemie, sondern auch für die Resilienz des Unternehmens während dieser schwierigen Zeit. Es wird interessant sein zu verfolgen, wie sich das Unternehmen beim Neustart nach dem Wegfall der Mobilitätsbeschränkungen entwickeln wird. Es könnte durchaus sein, dass FlixMobility schnell aus der Krise herauskommt und am Ende als Gewinner aus der Covid19-Pandemie hervorgeht. Dank des digitalisierten Geschäftsmodells stehen die Chancen dafür gut.

Um ein besseres Verständnis des digitalisierten Geschäftsmodells von FlixMobility zu entwickeln, wird im folgenden zweiten Teil dieses Artikels im Rahmen einer Fallstudie auf die Entstehung des Unternehmens als FlixBus eingegangen:

1 Digitales Geschäftsmodell und Entrepreneurial Mind-Set als Grundlagen: die Entstehung von FlixBus

An einem Abend des Jahres 2010 saßen Daniel Krauss, André Schwämmlein und Jochen Engert wie schon so oft in den letzten Monaten bis tief in die Nacht hinein zusammen und diskutierten intensiv eine Geschäftsidee nach der anderen. Die drei Strategie- und IT-Berater hatten zwar alle eine gut bezahlte Anstellung bei den sehr renommierten Unternehmen Boston Consulting Group und Microsoft, doch hatte sie der Traum, „ihr eigenes Ding zu machen", schon seit längerem gepackt. André und Daniel kannten sich bereits seit der gemeinsamen Schulzeit in Langenzenn bei Nürnberg. Durch ihre gemeinsame Volleyballleidenschaft waren sie enge Freunde geworden. Während Daniel danach Wirtschaftsinformatik in Ansbach und an der Friedrich-Alexander-Universität Erlangen-Nürnberg (FAU) studierte, blieb auch André zunächst in der Region Nürnberg und studierte Wirtschaftsingenieurwesen ebenfalls an der FAU. Um ihre Studentenkasse aufzubessern, gründeten die beiden ihr erstes gemeinsames Unternehmen: eine 2-Mann-IT-Beratung, in der André vor allem für den Vertrieb und Daniel für die IT-technische Umsetzung der Projekte zuständig war. Nach Studienabschluss lockten dann allerdings besser dotierte Angebote: Daniel ging für den Automobilzulieferer Marquardt zunächst in die USA und wurde dann nach seiner Rückkehr und einiger Zeit im deutschen Headquarter von Marquardt 2009 von Microsoft als IT-Consultant nach München abgeworben. Dort kreuzten sich dann auch die Wege mit André wieder. Dieser hatte die ersten Berufsjahre als Unternehmensberater bei der Boston Consulting Group (BCG) verbracht. Dort hatte André auf gemeinsamen internationalen Beratungsprojekten inzwischen Jochen kennengelernt. Auch hier vertiefte sich mit Hilfe des Sports, in diesem Fall die BCG-Fußballmannschaft, die Arbeitskollegenbeziehung zu einer Freundschaft. Da lag es nahe, dass André eines Abends zu einem der „Arbeitswochenendbiere" mit Daniel in der Schwabinger NewsBar plötzlich mit Jochen aufkreuzte. Auf Anhieb mochte man sich. Von da an fanden die Runden, in denen die jeweilige Arbeitswoche aufgearbeitet sowie viele andere Dinge und manchmal auch die allgemeine Weltlage diskutiert wurde, zu dritt statt.

Dabei kristallisierte sich schnell ein gemeinsames Top-Thema heraus: die unternehmerische Sicht auf die Welt und der Wunsch, sich irgendwann mit einem eigenen Unternehmen selbständig zu machen. Dabei schien für alle drei FlixBus-Gründer mit ihren gut bezahlten Jobs eine erfolgreiche Karriere innerhalb etablierter Unternehmen vorgezeichnet. Doch André, Daniel und Jochen hatten anderes vor mit ihrem Leben. Sie wollten nicht weniger arbeiten, aber sie wollten es für sich selbst tun. Und sie wollten mehr Gestaltungsfreiheit haben, wollten ihr eigenes „Ding durchziehen". Der Drang nach beruflicher Selbstständigkeit war also deutlich spürbar, doch womit sollten sie sich selbständig machen? Für eine erfolgreiche Unternehmensgründung bedarf es ja nicht nur motivierter und kompetenter Gründer, sondern auch einer vielversprechenden Geschäftsidee. Denn erst für die Kombination aus beiden werden Investoren dann das notwendige Kapital bereitstellen.

V. l. n. r.: Daniel Krauss, Jochen Engert, André Schwämmlein

Eine der wesentlichen Charaktereigenschaften erfolgreicher Unternehmer ist die Fähigkeit, potenzialträchtige Opportunitäten zu erkennen. Wo viele Menschen Probleme sehen, wittern Unternehmer die Chance, mit deren Lösung Geld zu verdienen. Und auch die drei FlixBus-Gründer hielten permanent Augen und Ohren offen. Ständig machten sie sich Gedanken darüber, was eine ausreichend gute Gelegenheit sein könnte, denn sie wollten ja auch nicht kopflos ihre gut bezahlten Jobs für das Abenteuer Selbständigkeit eintauschen. Ideen tauchten auf, es wurden schnell, aber systematisch Informationen dazu gesammelt, dann erfolgte die Bewertung der Ideen. Die meisten wurden nach intensiver Diskussion rasch wieder verworfen. Daniel Krauss erinnert sich an diese zwei bis drei Monate der Ideenfindungsphase: „Wir haben viele Ideen gewälzt. Es gab viele Personalisierungsplattformen, eine war für Stricksocken. Eine andere war eine Mittelstandsberatungsplattform, sozusagen ein McKinsey oder BCG für KMUs. An ein geriatrisches Produkt erinnere ich mich noch und an ein Kindergartenfranchise. Und noch vieles mehr." Keine diese Ideen kam aber über ein frühes Stadium der Entwicklung hinaus: „Irgendetwas hat immer nicht gepasst. Wir haben eine Back-on-the-envelope-Kalkulation gemacht, uns danach angeschaut und es war klar: so schlecht sind unsere momentanen Jobs auch nicht!" Denn auch wenn die drei FlixBus-Gründer den starken Wunsch hatten, ihr eigenes Start-Up zu gründen, so handelten sie nicht aus einer Notlage heraus. Das Wagnis, das sie einzugehen bereit waren, sollte Hand und Fuß haben und die Chance bieten, richtig groß zu werden.

Eines Tages brachte dann André einen Artikel des Nachrichtenmagazins „Der Spiegel" über die bevorstehende Liberalisierung des Fernbusverkehrs in Deutschland mit. Seit 2009 bildete eine Koalition aus CDU/CSU und FDP die deutsche Bundesregierung. Diese hatte in ihrem Koalitionsvertrag folgendes vereinbart: „Wir werden Busfernlinienverkehr zulassen und dazu § 13 PBefG ändern." Dieser Paragraph des bestehenden Personenbeförderungsgesetzes untersagte bisher die Genehmigung neuer Fernbusverbindungen, wenn die betroffenen Strecken bereits „mit den vorhandenen Verkehrsmitteln befriedigend bedient werden". Diese Regelung, das sog. „Verbot der Doppelbedienung", schützte vor allem die Eisenbahn, aber auch vorhandene Fernbuslinien. Beide hatten dadurch einen Konkurrenzschutz auf bestehenden Strecken. Die neue Bundesregierung plante, diesen abzuschaffen und durch die so zu erwartende Konkurrenz mehr Fernreiseverbindungen zu niedrigeren Preisen zu erzeugen. Den drei FlixBus-Gründern war sehr schnell klar, dass das ein Wertangebot sei, das viele Menschen brauchen, und auch das Timing war sehr gut. Daniel erinnert sich: „Das war was ‚Echtes' und es fühlte sich groß an! Die Qualität der damals bestehenden Fernbuslinien war sehr schlecht und die innerdeutschen Flugpreise sehr hoch. Die Rahmenbedingungen passten also und wir mussten uns jetzt einfach bestmöglich auf den Startschuss vorbereiten."

Dazu war natürlich ein noch größerer zeitlicher Einsatz notwendig. So arbeiteten André, Daniel und Jochen zwar weiterhin als Angestellte bei ihren jeweiligen Arbeitgebern, doch blieben den dreien die Freizeit und ihr Urlaub, um über die nächsten Monate intensiv an der Fernbusidee zu feilen. Dann allerdings folgte der erste Nackenschlag, als die Deutsche Bahn verlauten ließ, dass sie zum Start der Marktliberalisierung auch Fernbusverbindungen anbieten möchte. Zum ersten und letzten Mal keimten Angstgefühle bei den drei Gründern auf. Wie sollte man gegen das Angebot der riesigen Bahn eine Chance haben? In den Monaten, in denen die Gründer aufgrund der Ankündigung der Bahn eher dazu neigten, die Idee wieder ad acta zu legen, entstand allerdings ein kreativer Freiraum, um noch einmal grundsätzlich über das Geschäftsmodell nachzudenken. Dass man sich selbst nicht die

Anschaffung von Bussen leisten konnte, war schon früher nach einer ersten kurzen Kostenabschätzung und der Bewertung von Finanzierungsalternativen wie Leasing schnell klar geworden. Doch wie konnten die benötigten Busfahrer dazu motiviert werden, nicht nur als „Lohnkutscher" für FlixBus zu fahren, sondern sich als unternehmerische Partner zu sehen? Die drei Gründer ersannen dafür u. a. ein Bonus-Malus-System, um die unternehmerische Motivation für die meist mittelständischen Busfirmen zu stärken. Dann kam plötzlich die Nachricht aus dem Aufsichtsrat der Deutschen Bahn, dass die Bahn nun wohl doch nicht Fernbusverbindungen anbieten wolle. Das war ein echter Motivationsschub für die drei FlixBus-Gründer und das Signal, sich noch stärker dem Gründungsvorhaben zu widmen. Ein Büro und am besten auch eine kleine Anschubfinanzierung sollten her!

Nach einem Pitch vor einer Jury des Entrepreneurship-Centers der Ludwig-Maximilians-Universität München war klar: Geld gibt es keines, aber zumindest ein kostenloses Büro in der Giselastrasse in Schwabing. Der erste Raum nur für die GoBus GbR, wie FlixBus damals noch hieß! Dort herrschte Start-Up-Atmosphäre pur. Überall hingen Streckenpläne und klebten Post-Its, Flipcharts wurden beschrieben. Man arbeite bis spät in die Nacht an Excel-Modellen oder Powerpoint-Charts. Ersann neue Ideen, diskutierte diese intensiv, verwarf sie wieder und ersetzte sie durch neue, bessere Gedanken.

Eine Frage stand dabei ganz oben auf der Prioritätenliste: Wie konnte FlixBus geeignete, unternehmerische agierende Buspartner finden, um von Anfang an ein gut ausgebautes Netz an Fernbusverbindungen anzubieten? Die drei Gründer kauften mit eigenem Geld eine Datenbank mit 4800 deutschen Busunternehmen. Nach und nach wurden diese angesprochen, viele davon auf mehreren ausgedehnten Deutschlandtouren besucht. Am Ende blieben 7 Buspartner mit etwa 30 Bussen übrig, die sowohl qualitativ geeignet als auch bereit waren, unter der Marke FlixBus den Markteintritt zu wagen.

Neben den vielfältigen operativen Fragen des Geschäftsaufbaus beschäftigten die Start-Up-Unternehmer noch zwei weitere eher organisatorische Dinge: woher Zeit und Geld nehmen, um das Fernbus-Projekt schneller voran treiben zu können? André und Jochen befanden sich seit Ende 2011 bei BCG im Dissertations-Leave. Daher hatten beide zeitlich erheblich mehr Freiraum, als zu den Zeiten, auf denen sie noch auf Kundenprojekten gearbeitet hatten. Nicht überraschend, dass beide Dissertationen niemals fertig wurden und André und Jochen das erhaltene Gehalt an ihren Arbeitgeber zurückzahlen mussten. Angesichts des späteren überwältigenden Erfolgs von FlixBus ebenfalls nicht überraschend ist, dass dies die beiden nicht stört. André merkte dazu lakonisch an: „Ich habe lieber FlixBus als einen Doktortitel." Blieb also noch Daniel, der von Kundenprojekten kommend meist erst an den Wochenenden zu André und Jochen stoßen konnte. Das war auf Dauer kein tragfähiger Zustand, so dass Daniel im Februar 2012 bei Microsoft in Teilzeit ging. Zwar wurden alle wesentlichen Entscheidungen, wie in jungen Gründerteams üblich, gemeinsam diskutiert, war eine gewisse Arbeitsteilung bereits jetzt sehr wichtig. Daniel war derjenige, der sich in IT-Fragen am besten auskannte. André tauchte stärker in Marketing- und Vertriebsfragen ein und Jochen kümmerte sich um die Geschäftsmodellierung und Finanzplanung.

Zeitlich hatte sich das FlixBus-Gründerteam also in Erwartung der Fernbusmarktliberalisierung freigeschaufelt. Das zum Unternehmensaufbau notwendige Kapital kam jedoch immer noch aus den eigenen, doch sehr begrenzten Rücklagen, die in den ersten Berufsjahren aufgebaut worden waren. Da wurde jeder Euro mehrmals umgedreht, bis er ausgegeben wurde. Auf den Reisen zu den potenziellen Buspartnern übernachteten die Gründer zu dritt in einem Hotelzimmer. Über die Anschaffung eines Farbdruckers für € 400 wurde intensiv nachgedacht. An das Auszahlen eines Gehalts für die Gründer war überhaupt nicht zu denken. Doch die inzwischen benötigten Praktikanten, die Reisen und die Grundgeschäftsausstattung mussten natürlich bezahlt werden. Die finanziellen Reserven der Gründer waren bald erschöpft. Daher wandte man sich im Laufe des Jahres 2012 mit der Bitte um einen Gründerkredit an die staatliche Kreditanstalt für Wiederaufbau (KfW). Dieser wurde in Höhe von € 240.000 auch gewährt, allerdings mussten die drei Gründer persönlich für jeweils € 80.000 bürgen. Damit war zwar erstmal genügend Liquidität für den weiteren Unternehmensaufbau vorhanden, allerdings hätten die Gründer für die gebürgten Summen persönlich geradestehen müssen, falls FlixBus ein Misserfolg geworden wäre. An eine weitere Fremdkapitalfinanzierung, auch wenn diese wie bei der KfW aus einem staatlichen Förderprogramm gewährt wurde, war nicht zu denken. Weiteres Kapital musste in Form von Eigenkapital zufließen, was allerdings bedeutete, dass man die bisher nur von den drei Gründern gehaltenen Anteile auf einen oder mehrere weitere Gesellschafter verteilen müsste. Dieser erste externe

Gesellschafter war dann ein Business Angel aus dem Nürnberger Raum. Heinz Raufer war als Gründer von hotel.de selbst Unternehmer und hatte von FlixBus durch den Businessplanwettbewerb Nordbayern gehört. Das FlixBus-Team hatte unter dem damaligen Namen GoBus an der zweiten Phase des Wettbewerbs teilgenommen und diese auch gewonnen. Heinz Raufer gefiel die Idee so gut, dass er bereits beim zweiten Treffen mit dem Gründerteam einen sechsstelligen Betrag als Beteiligungsfinanzierung zusagte. Damit war zunächst genug Geld vorhanden, um in das erste eigene, aus zwei zusammengelegten Wohnungen bestehende Büro in der Münchener Theresienstraße zu ziehen. Dort blieb man dann bis zum Start des Service im Frühjahr 2013, bevor das Unternehmenswachstum einen weiteren Umzug in größere Räumlichkeiten in der Sandstraße notwendig machte.

Mit der Novelle des PBefG trat nach langwierigen Verhandlungen zwischen Bund und Ländern die Liberalisierung des Personenverkehrsmarkts am 01.01.2013 in Kraft. Auf dieses Ereignis hatten die drei FlixBus-Gründer gesetzt und sich bereits lange vorher in Position gebracht. So konnte man gleich nach dem erfolgten Startschuss Anfang 2013 unter der Marke FlixBus an den Markt gehen. Zu diesem Zweck wurde das Unternehmen, das 2011 als GoBus GmbH gegründet wurde, in FlixBus GmbH umbenannt. Daniel Krauss erinnert sich: „Anfangs hatte ich ein rotes GoBus-Logo designed. Das ist dann aber zum Glück schnell wieder verschwunden und durch ein blaues mit einer Stadtsilhouette ersetzt worden. Das war eigentlich ziemlich cool, aber es gab für GoBus nicht alle Domains. Einige waren zwar zu kriegen, andere aber bereits besetzt. Für eine globale Brand war das auf jeden Fall zu dünn."

Zudem schlug Google immer wieder den Begriff Globus vor, wenn man nach Gobus suchte. In Gesprächen mit dem späteren Venture Capital Investor Holtzbrinck Ventures wurde zudem klar, dass eine ungeklärte Domainrechtesituation für ein B2C-Unternehmen ein echtes Investitionshemmnis darstellt. Daher sah sich das Team nach Alternativen um: Pegabus kam ins Spiel, doch dann entschied man sich für FlixBus. Zum damaligen Zeitpunkt war dies ein reiner Kunstbegriff. Die positive Auflading von „flix" als schnell, kam er später hinzu. Schnell wurden alle wesentlichen Domains für die neue Marke reserviert. Jetzt konnte es also endlich losgehen!

Doch wie konnte die sehr junge und bisher im Wesentlichen aus den drei Gründern, der Schwester eines der Gründer und einigen Praktikanten bestehende FlixBus GmbH einen möglichst großen Teil dieses neu entstehenden Marktes für sich gewinnen? Wie sollte das Geschäftsmodell ausgestaltet werden, damit FlixBus sich gegen die zahlreichen ebenfalls in den Startlöchern stehenden, teilweise sehr kapitalkräftigen Wettbewerber durchsetzen könnte? Und wie sollte die Finanzierung sichergestellt werden, so dass die weitere Entwicklung des IT-Systems, die Investitionen in Marketing und Vertrieb und der sonstige Aufbau des Geschäftsmodells ungebremst weiter gehen konnte?

Auf alle diese Fragen die besten Antworten zu finden, beschäftigt die FlixBus-Gründer praktisch Tag und Nacht. Sie wussten, dass die bevorstehende Fernbusmarktöffnung eine vielleicht einmalige Chance in ihrem Leben darstellte und wollten alles tun, damit ihr „Baby" FlixBus ein Erfolg werden würde.

Literatur

[1] Alemany, L., & Andreoli, J. J. (2018). *Entrepreneurial finance – the art and science of growing ventures*. Cambridge University Press.
[2] Blank, S. (2013). Why the lean start-up changes everything. *Harvard Business Review, 91*(5), 63–72.
[3] Osterwalder, A., & Pigneur, Y. (2011). *Business model generation*. Campus.
[4] Ries, E. (2011). *The lean startup*. Portfolio Penguin.

Banking-Ökosysteme im wissenschaftlichen Diskurs Russlands

Pavel Pimenov M.Sc., Dr. Victor Dostov, Dr. Pavel Shoust

Zusammenfassung

Der Artikel gibt einen Überblick über die Forschung zur Entwicklung von Banking-Ökosystemen. Es wurde festgestellt, dass es zwei Hauptpositionen gibt. Einige Autoren vertreten die erste Position und sind der Meinung, dass die Ökosysteme ein Zeichen für das Ende der Ära des klassischen Bankenwesens sind und die traditionellen Akteure nur noch eine zweitrangige Rolle spielen werden. Eine andere Gruppe von Forschern ist der Meinung, dass Banking-Ökosysteme ein Mechanismus sind, mit dem sich Banken an die Digitalisierung der Branche und den Trend zu sinkenden Gebühreneinnahmen anpassen können. Die Autoren des Artikels bewerten die Tiefe des Diskurses und seine zukünftigen Möglichkeiten. Besonderes Augenmerk wird auf die Untersuchung der Auswirkungen von Blockchains gelegt. Die Ergebnisse vorliegender Arbeit können in der weiteren Forschung über die Auswirkungen von Banking-Ökosystemen auf die Branche genutzt werden.

Abstract

The Problem of Banking Ecosystems in the Russian Academic Discourse

The article provides an overview of research in the field of the development of banking ecosystems. It was determined that there are two main positions of researchers. The authors, who adhere to the first position, consider ecosystems to be the end of classical banking with the transition of traditional players to the performance of secondary roles. Another group of researchers believes that banking ecosystems are a mechanism for banks to adapt to the digitalization of the industry and the trends of falling commission income. The authors of the article attempt to assess the degree of elaboration of the problem and express their position on the ways of the discussion developing. A special role is given to the issue of studying the impact of distributed ledgers. The results of the paper can be used in subsequent studies on the impact of banking ecosystems on the industry.

Schlüsselwörter/Keywords

Banking-Ökosystem, Digitalisierung, Transformation des Bankenmarktes, Bankenstrategie, Blockchains, Keywords. Banking ecosystem, digitalization, transformation of the banking market, banking strategy, distributed ledgers.

Die Entwicklung digitaler Werkzeuge und Algorithmen im letzten Jahrzehnt führt zur Transformation zahlreicher Branchen. Unternehmen führen digitale Zwillinge in der Produktion ein, IT-Firmen transformieren ihre Ansätze im Projektmanagement. Auch der Bankensektor bildet keine Ausnahme. Diese eher konservative Branche implementiert neue Technologien und dringt dank großer Kapitalumfänge in neue Märkte vor. Gleichzeitig treten Akteure, die früher nicht im Finanzsektor tätig waren, in den bisher monopolistischen Markt für Kredit- und Finanztransaktionen ein, um ihre eigenen Ökosysteme zu unterstützen. Das jüngste markante Beispiel dafür war die misslungene Übernahme der „Tinkoff Bank" durch den IT-Riesen Yandex AG [1]. Die klassischen Akteure müssen mit den Veränderungen Schritt halten, um den neuen Spielregeln gerecht zu werden. Sie bilden branchenübergreifende Unternehmenskonglomerate, und schließen diese an einen Banking-„Marketplace" an, ein Banking-Ökosystem.

Die Banking-Ökosysteme als wichtige Faktoren der Transformation der Regeln des Finanzmarktes werden zunehmend wissenschaftlich erforscht. Dabei gehen die Meinungen der Autoren auseinander. In diesem Beitrag sollen die Positionen der Forscher zusammengefasst und ihre Einschätzungen der Situation analysiert werden. Die entsprechenden Schlussfolgerungen können als Grundlage für einen weiteren Diskurs und eine objektive Problembetrachtung dienen. Für die Studie wurden die relevantesten zwischen 2017 und 2020 veröffentlichten Arbeiten untersucht.

1 Markt der Non-Financial Entities

Was die Frage nach dem Einfluss von Unternehmen, die nicht zum klassischen Finanzsektor gehören, auf den Markt betrifft, so lässt sich der vorhandene Forschungsbestand grob in zwei Hauptbereiche unterteilen.

Einerseits wird angenommen, dass der Markteintritt von Non-Financial Entities (NFE) zu katastrophalen Folgen führen kann, da sie zu einer Neuausrichtung der klassischen Banken auf Operationen mit verschiedenen Arten von Kryptowährungen führen können; außerdem zum Kauf und Verkauf von virtuellen Derivaten; digitales Eigentum wird versichert werden müssen etc. [2]. So schreibt zum Beispiel T. V. Nikitina in ihrer gemeinsam mit M. A. Galper verfassten Arbeit „The role of fintech companies and their place in the financial market of Russia", basierend auf der Berechnung des Loyalitätsindex NPS könne davon ausgegangen werden, dass der Markteintritt von NFE zur Verdrängung traditioneller Akteure führen wird [3]. Die russische Erfahrung des Aufbaus von Ökosystemen, die von großen Banken geführt werden, wird als eine Besonderheit der russischen Wirtschaft betrachtet. Es wird angenommen, dass diese Entwicklung durch den Druck westlicher innovativer Unternehmen gestoppt werden wird. Daraus folgt, dass die Autoren des Beitrags den bestehenden Unternehmen eine erfolgreiche Transformation und Anpassung nicht zutrauen und NFE explizit als Bedrohung für den Markt betrachten.

V. E. Kosarev und G. M. Iarajuli vertreten in ihrer Arbeit „Ecosystem as a new model of bank development" eine Position zwischen beiden Extremen [4]. Die Autoren versuchen nicht, sich auf eine Meinung festzulegen, sondern zeigen die Möglichkeit mehrerer Entwicklungsszenarien auf. Das Negativszenario zeichnet eine dem vorherigen Beitrag ähnliche Rolle der Banken im neuen Ökosystemmarkt. Laut diesem Szenario übernehmen die NFE die Vorherrschaft über das Ökosystem. Sie erwirtschaften den größten Teil der Gewinne und bestimmen die Customer Relations, während die Banken miteinander konkurrieren werden müssen, um Bankdienstleistungen und -produkte anbieten zu können. In diesem Szenario agieren die klassischen Akteure als unsichtbare Anbieter von Waren und Dienstleistungen. Der Akteur, in dessen Händen die Customer Relations liegen, wird nicht nur den größten Teil des Gewinns erwirtschaften, sondern auch Zugang zu Kundendaten bekommen, die zur Feinabstimmung und Personalisierung des Marketings und zur Verbesserung von Cross-Selling-Möglichkeiten genutzt werden können. Um ihre These zu stützen weisen die Autoren darauf hin, dass die Banken in jüngster Zeit unter starken regulatorischen Druck stehen und aufgrund langer Veränderungszyklen eher träge sind und nur langsam auf Veränderungen des Umfelds reagieren. Im Wettbewerb mit den NFE kann das zu einem Verlust der Führungsposition führen.

2 Ökosystem als Evolution des Bankenwesens

Den entgegengesetzten Pol bildet die Annahme, die Projekte der NFE könnten sich in den Bankensektor integrieren und die klassischen Akteure dabei zur Anpassung zwingen. Im Prinzip sind die Banking-Ökosysteme selbst ein solcher Anpassungsschritt. V. E. Kosarev und G. M. Iarajuli vermuten, dass im optimistischsten Szenario die Bank der zentrale Akteur des Ökosystems sein wird und die NFE miteinander um den Zugang zu den Kundendaten konkurrieren werden [4]. Im Ergebnis könnte die Bank zwischen verschiedenen Anbietern denjenigen wählen, der ihren Kunden den besten Service und der Bank selbst die besten Konditionen bietet. Ein solches Szenario, so die Autoren, ist möglich, weil die Banken Zugang zu großen Kapitalmengen und umfangreichen Kundendaten haben.

Im letzten Teil der Studie gehen V. E. Kosarev und G. M. Iarajuli davon aus, dass die Bank selbst gleichzeitig sowohl Fintech-Leistungen konsumieren als auch den Bedarf der NFE an Customer Relations bedienen kann [4]. Die Autoren sehen mehrere Szenarien für eine solche Integration: den Beitritt zu einem bestehenden Drittanbieter-Ökosystem oder die Gründung einer Banking-Plattform, die wie eine Werbeplattform und ähnlich wie ein Marketplace als Vermittlungsplattform fungiert.

L. V. Kokh und Y. V. Kokh denken in ihrem Beitrag „Banks and fintech companies: competitors or partners" [5] in eine ähnliche Richtung. Der Artikel analysiert die Beziehung zwischen NFE und Banken in der aktuellen Entwicklungsphase der globalen und russischen Wirtschaft. Die Autoren identifizieren die Hauptmerkmale, die es den NFE potenziell ermöglichen, zu relevanten Konkurrenten der Banken zu werden. Die wichtigsten sind Kostenvorteile bei einer Reihe von Abwicklungen (vor allem bei Überweisungen), die von NFE im Vergleich zu traditionellen Banken kostengünstiger durchgeführt werden können. Der Bericht schlägt vor, dass sich Kreditinstitute in der Zukunft in drei mögliche Richtungen entwickeln: zur klassischen Bank mit einem neuen Geschäftsmodell, zur digitalen Bank und zur Bank, die mit den NFE kooperiert (Banking-Ökosystem).

Der Artikel von T. N. Zverkova „Banks, fintech, ecosystems: new forms of interaction in financial intermediation" sowie die Studie von L.V. Kokh und Y.V. Kokh kritisieren den Ansatz, das Eintreten der NFE in den Markt als das Ende der traditionellen Banken zu betrachten [2]. Gleichzeitig räumt die Autorin generell die Möglichkeit einer radikalen Umgestaltung des Marktes ein, allerdings in einer recht fernen Perspektive. Diese Position wird durch die Tatsache gestützt, dass NFE weder die Funktion einer Bündelung und Teilung von Kapital und Cashflow erfüllen noch finanzielle Ressourcen in Zeit, Raum und zwischen den einzelnen Branchen verteilen. Dabei widerspricht T. N. Zverkova der in der Arbeit von T. V. Nikitina,

M A. Nikitin und M.A. Galper geäußerten Meinung, dass die Tatsache des Entstehens von Banking-Ökosystemen in Russland ein Zeichen für die Rückständigkeit des russischen Wirtschaftssystems darstellt [6]. Die führenden Positionen von Banken bei der Entwicklung und Integration digitaler Produkte werden in dem Artikel nicht als vorübergehendes Phänomen, sondern als objektiver Trend dargestellt.

3   Ursachen für die Entstehung von Ökosystemen

In seinem Artikel „Banking ecosystems as a phenomenon of banking business development in the digital economy" betrachtet N. V. Popov den Prozess der Entstehung von Banking-Ökosystemen als einen natürlichen Prozess, als eine Möglichkeit der Branche, sich an die digitale Transformation der Wirtschaft als Ganzes anzupassen [7]. Das Ökosystem führt zu einer stärkeren Qualitätsorientiertheit der Bank und besserem Kundenservice. Die Vorteile der Transformation sieht der Autor in geringeren Kosten für die Gewinnung neuer Kunden und dem Zugang zu einem Big Data-Massiv über den Kunden aus Quellen, die für klassische Banken unzugänglich sind. Im Ergebnis der Transformation steigt die Loyalität der Kunden. N. V. Popov schlägt die Klassifizierung auf der Grundlage des dominierenden Akteurs vor: Schlüsselrolle des Bigtech (amerikanisches und chinesisches Modell), der NFE (europäisches Modell) oder der Banken (russisches Modell).

Der Autor weist zusätzlich auf die Möglichkeit verschiedener Ansätze zur Ökosystembildung hin. Auf dem russischen Markt bevorzugt z. B. die Sberbank ein aggressives Modell und kauft Unternehmen auf, die Dienstleistungen und Services anbieten, die sich am Markt erfolgreich bewährt haben. Im Gegenzug entwickelt die Tinkoff Bank ihre eigenen Dienste innerhalb des Ökosystems und greift auch auf die Praxis der Integration von Lösungen externer Kontrahenten zurück.

Der Autor erkennt den Erfolg der Marktführer (Sberbank und Tinkoff) an, befürchtet aber, dass langfristig die Entwicklung von Ökosystemen deutlich eingeschränkt sein könnte. Dies ist vor allem auf die Position der Zentralbank zurückzuführen, die darin die Risiken einer Monopolisierung des Finanz- und Nicht-Finanzsektors sieht, welche sich negativ auf die russische Wirtschaft im Ganzen auswirken könnten. Tatsächlich stellte die Leiterin der Zentralbank Elvira Nabiullina im Januar 2021 auf dem Gaidar-Forum fest, dass eine Regulierung notwendig ist, um den Wettbewerb aufrechtzuerhalten und jegliche Diskriminierung von Ökosystemnutzern auszuschließen [6]. „Wir müssen lernen, Ökosysteme zu regulieren, wir haben noch nicht genug Erfahrung darin. Wir sehen sowohl in China als auch in der Europäischen Union, dass bereits entsprechende Gesetze formuliert werden, denn hier geht es um den Schutz von persönlichen Daten, die innerhalb des Ökosystems und außerhalb fließen", sagte sie. „Die Banken investieren die Gelder der Anleger in neue Geschäftsfelder, in ihre Expansion. Die Erträge aus diesen Geschäften können geringer ausfallen und später erwirtschaftet werden, als die Bank, die im Zentrum des Ökosystems steht, erwartet", sagte Nabiullina. Sie sagte, dass der Anleger „das Recht habe zu erwarten, dass, wenn er Geld zur Bank gebracht hat, es nicht sein Problem ist, wie profitabel das der Bank gehörende Online-Kino ist."

4 Auswirkungen von Blockchains auf die Entwicklung der Ökosysteme

Einen wichtigen Treiber für die Entwicklung von Banking-Ökosystemen sehen viele Forscher in den Möglichkeiten, die sich durch die Integration von Unternehmen aus unterschiedlichen Branchen ergeben. Die bereits erwähnten V. E. Kosarev und G. M. Iarajuli gehen zum Beispiel davon aus, dass eine solche Integration den Unternehmen Zugang zu neuen Personalisierungswerkzeugen ermöglicht [4]. N. V. Popov sieht die Vorteile eines Ökosystems darin, dass es den Zugang zu einer Vielzahl von Big Data über den Kunden aus Quellen ermöglicht, die einer klassische Bank nicht zugänglich wären [7].

Unsere Analyse legt nahe, dass der zentrale Mehrwert eines Ökosystems in den Daten besteht. In diesem Zusammenhang scheint es uns wahrscheinlich, dass die Banken Blockchains nutzen werden, um die Integration von Unternehmen mit sich nicht überschneidenden Interessen zu vertiefen und Barrieren des freien Datenaustauschs zu minimieren. In der akademischen Gemeinschaft sind solche Anwendungen der Technologie noch kaum erforscht, doch der Wert von Blockchains als Werkzeug zur Verbesserung der Interaktion und zur Senkung der Transaktionskosten wird von den Forschern anerkannt.

O. M. Korobeinikova, D. A. Korobeinikov, E. V. Golubeva und N. V. Chernova sind überzeugt, dass eine enge Integration im Bankensektor ohne Blockchains nicht möglich ist. In ihrem Beitrag „Digitale Innovationen für die Kreditkooperation" bewerten die Autoren die Möglichkeit der praktischen Anwendung von technologischen Innovationen – Blockchains und offenen Interfaces (Open API) [8]. Die Studie zeigt auf, dass Blockchains die beste praktische Lösung für die Kreditkooperation sein kann, um die Gemeinsamkeit der Mitglieder zu stärken, die Transparenz der Aktivitäten zu erhöhen, die Effizienz der Verwendung von Geldmitteln im gemeinsamen Interesse der Mitglieder zu steigern und die Effizienz der Kontrolle und die Einhaltung der genossenschaftlichen Prinzipien zu verbessern.

Der Artikel „Blockchain-Anwendungen in Geschäftsbanken" von I. I. Vasilyev konzentriert sich auf die praktische Anwendung der Blockchains im Bankenwesen

[9]. Insbesondere zeigt er auf, dass die Technologie erheblich Zeit und Geld bei der Durchführung von Transaktionen sparen und die Anzahl der Vermittler reduzieren kann. Außerdem vereinfachen Blockchains den Informationsaustausch. Der Autor erörtert auch die Anwendung des Tools beim Aufbau eines Banking-Ökosystems am Beispiel der Sberbank. Der Schwerpunkt des Artikels liegt jedoch nicht auf der Nutzung der Blockchain zur Vernetzung von Unternehmen, sondern auf der Verwendung des Tools als Garant für Transaktionssicherheit und Transparenz. Dies wird durch die Speicherung der Daten und die Vernetzung aller Transaktionsteilnehmer gewährleistet.

I. D. Blokhina und O. A. Artemyeva betrachten in ihrem Artikel „Der Einsatz der Blockchain-Technologie in der Marketingaktivität der Bank" die Verwendung von Blockchains im Marketing als eine Möglichkeit, ein aktuelles Problem zu lösen – den Mangel an Transparenz und Nachvollziehbarkeit bei der Bewertung der Ausgaben für das Marketing und die Unmöglichkeit, die Effizienz von Werbung zu bewerten [10]. Die Autoren stellen fest, dass die Banken nicht genügend Daten haben, um sich ein Bild von einem potenziellen Kunden zu machen. Die meisten potenziellen Kunden sind aufgrund von Sicherheitsbedenken nicht bereit, den Banken Informationen zur Verfügung zu stellen. Die Blockchain-Technologie, so die Autoren, kann diese Vorsicht entschärfen, indem den Verbrauchern ein Verständnis dafür vermittelt wird, wie ihre persönlichen Daten von Werbung und Marketing genutzt werden. Die Forscher argumentieren, dass dies zu Märkten für Verbraucherdaten führen wird, bei denen die Kontrolle in den Händen der Verbraucher selbst liegen wird.

Auch die Arbeit von V. L. Dostov, P. M. Shust und A. A. Khorkova „Prospects of decentralized interbank settlements using blockchain" verweist auf die Rolle von Blockchains als Werkzeug zur Erhöhung von Vertrauen und Zuverlässigkeit des Transaktionsprozesses [11]. Darüber hinaus wird der wirtschaftliche Effekt der Einführung der Technologie durch Reduzierung der Transaktionskosten gesondert nachgewiesen. Die Autoren sehen den vielversprechendsten Anwendungsbereich der Technologie in den Verrechnungsoperationen zwischen einzelnen Banken. Die aktuelle Form der inländischen und grenzüberschreitenden Verrechnung ist in der Regel eher schwerfällig und ineffizient. Banken, die einander nicht vertrauen, müssen die Dienste eines zentralen Dritten in Anspruch nehmen, bei grenzüberschreitenden Verrechnungen werden gar mehrere Korrespondenzkonten in Kette genutzt. Das macht Überweisungen zeitaufwendig und relativ teuer. Die Autoren gehen davon aus, dass die Blockchain-Technologie diese Unzulänglichkeiten beheben kann.

Die Effektivität von Blockchains in Bezug auf den freien Datenaustausch, eine tiefere gegenseitige Einbindung in die Geschäftsprozesse der anderen Teilnehmer sowie die potenzielle Kostenreduzierung ist somit völlig offensichtlich. In Anbetracht der Tatsache, dass die Lösung dieser Probleme der Schlüssel zum Erfolg eines Banking-Ökosystems ist, ist es durchaus möglich, dass in naher Zukunft die Blockchains zu dem Werkzeug werden, welches zusätzliche Anreize für die Entwicklung von Ökosystemen bietet und ihren finanziellen Erfolg optimiert.

5 Auswirkungen von Ökosystemen auf das Geschäft der Banken

Es ist klar erkennbar, dass die oben genannten polaren Positionen die Schaffung von Banking-Ökosystemen auf dem russischen Markt als eine Folge der Digitalisierung des Marktes betrachten, und zwar entweder als Form des Widerstands gegen den unvermeidlichen Niedergang der Branche oder als Faktor der Anpassungsfähigkeit der Branche. Gleichzeitig bleibt die Rolle des Banking-Ökosystems als eigenständige Geschäftsstrategie ohne eingehende Betrachtung. Auch unter dem Gesichtspunkt der schrittweisen Anpassung, wie sie in den Arbeiten von T. N. Zverkova und L. V. und Y. V. Kokh [2, 5] angeregt wird, ist es offensichtlich, dass sich der Markt unter dem Druck der neuen Spielregeln in jedem Fall verändern wird. Die Autoren des vorliegenden Artikels gehen davon aus, dass der Diskurs über die destruktive Auswirkung von Banking-Ökosystemen auf den Finanzmarkt weitgehend durch diese Forschungslinie weitergeführt werden kann, wobei extreme Positionen vermieden werden können.

O. Y. Sviridov und B. S. Badmaeva beschreiben in ihrer Arbeit „Entwicklung von Banking-Ökosystemen basierend auf modernen digitalen Technologien" die Auswirkungen von Ökosystemen auf den Markt durch das Prisma signifikanter Wettbewerbsvorteile für die Besitzer der Ökosysteme [12]. Die Forscher untersuchen das gesteigerte Interesse der Banken an Ökosystemen und stellen wie andere bereits zitierte Autoren fest, dass die Ursachen dafür im verstärkten Wettbewerb mit den NFE liegen sowie in der verschärften Regulierung, die große Akteure mit ausreichendem Kapital zwingt, neue Einkommensquellen zu eruieren. Der Artikel stellt zu Recht fest, dass Ökosysteme neben dem Ziel, Risiken durch neu in den Markt eintretende Akteure zu kompensieren, eine Reihe von Vorteilen gegenüber dem traditionellen Banking bietet. Man kann sagen, dass ein Ökosystem eine Verschmelzung von Kompetenzen einer Bank und eines NFE ist, wodurch Synergie entsteht. Diesen Effekt sehen O. Y. Sviridov und B. S. Badmaeva in einer Erhöhung der Einnahmen aus Provisionen sowie einer signifikanten Erhöhung der Loyalität seitens der traditionellen Kunden. Man kann sagen, dass der Artikel Ökosysteme als einen unausweichlichen Trend für das gesamte Bankwesen sieht.

An dieser Stelle schlagen wir jedoch vor, von der rein russischen Forschungspraxis abzurücken und uns den ausländischen Erfahrungen bei der Entwicklung von Ökosystemen auf dem Finanzdienstleistungsmarkt zuzuwenden, um unsere Position besser zu argumentieren. In der Tat sind viele Länder unter den aktuellen Bedingungen der Globalisierung und der weltweiten Digitalisierung mit ähnlichen Transformationsprozessen und ähnlichen Risiken für das Gleichgewicht der Märkte konfrontiert. Diese Prozesse beginnen aufgrund des unterschiedlichen Entwicklungsstandes der Länder in einigen Regionen früher als in anderen. In diesem Zusammenhang empfehlen wir die Beachtung des Artikels „Will FinTech make regional banks superfluous for small firm finance? Observations from soft information-based lending in Germany" von Franz Flögel und Marius Beckamp, der sich mit der Rolle von Fintechs für regionale Banken beschäftigt [13]. Der Artikel zeigt, dass der Wettbewerb zwischen Start-ups und Regionalbanken in Deutschland in naher Zukunft zu einer Verdrängung der Regionalbanken aus dem inländischen Zahlungsverkehr und den Screening- und Monitoringsystemen führen kann. Als Argument werden empirische Daten über Kreditprozesse und die Anwendung eines Ratingsystems auf die regionalen deutschen Sparkassen angeführt. Im Ergebnis der Studie werden die aktuellen Barrieren eines Eintritts von NFE in den deutschen Finanzdienstleistungsmarkt und die Möglichkeiten ihrer Überwindung aufgezeigt. Die Autoren schreiben in ihrer Zusammenfassung, dass das betrachtete Szenario zu einer unbeabsichtigten Verschlechterung des Zugangs der Bevölkerung zu Finanzdienstleistungen durch die Verdrängung von Regionalbanken durch NFE führen kann.

Es ist offensichtlich, dass einer der Gründe für diese Situation die unzureichende Kapitalisierung regionaler Banken sein kann, die es ihnen unmöglich macht, sich auf einem der von L. V. und Y. V. Koch [5] genannten Wege an die neuen Spielregeln anzupassen. Dem stimmen auch V. E. Kosarev und G. M. Iarajuli in der oben beschriebenen Studie zu [4]. Ohne ins Detail zu gehen, stellen die Autoren fest, dass absolute Passivität oder eine unzureichende Beteiligung der Banken an dem Entstehungsprozess von Ökosystemen zu enormen finanziellen Verlusten führen wird.

Wir wollen also darauf hinweisen, dass die komplexe Analyse, einschließlich ausländischer Studien, deutlich macht, dass der destruktive Einfluss von Ökosystemen auf den Markt in verschiedenen Branchen unterschiedlich wirkt. Wir schlagen vor, von der Fähigkeit des Akteurs auszugehen, die von V. E. Kosarev und G. M. Iarajuli [4] hervorgehobenen Vorteile zu nutzen. Verfügt ein Unternehmen nicht über ausreichend Kapital, ist es in der Wahl seiner Strategien stark eingeschränkt. Zu solchen Unternehmen gehören z. B. regionale Banken. Für sie kann das Eintreten von NFE in den Markt der Banking-Ökosysteme ein sehr schmerzhafter Schlag sein, der zur Umsetzung des von T. V. Nikitina, M. A. Nikitin und M. A. Galper vorgeschlagenen Szenarios führen kann [6]. Auf der anderen Seite sind große Banken mit ausreichender Kapazität in der Lage, die Führung im Ökosystemmarkt zu übernehmen. In diesem Fall ist die Position von N. V. Popov am wahrscheinlichsten [7]. Die Dominanz mehrerer großer Akteure wird unweigerlich das Interesse der Zentralbank wecken, was zu einer zusätzlichen Regulierung führen kann.

Es gibt also zwei Positionen zum Thema Ökosystementwicklung, die die Integration neuer Technologien in den Bankensektor aus diametral entgegengesetzten Blickwinkeln betrachten. Einerseits gehen die Autoren davon aus, dass auf die Entwicklung von Ökosystemen vor allem Unternehmen einwirken werden, deren Kerngeschäft außerhalb des klassischen Bankensektors liegt. Gleichzeitig wird das Banking-Ökosystem im Verständnis der Forscher zu einer Bedrohung für die klassischen Akteure, was möglicherweise zum Verschwinden traditioneller Unternehmen oder ihrem Bedeutungsverlust führt.

Die andere Position sieht in der Entstehung von Banking-Ökosystemen einen natürlichen Prozess der Anpassung des Marktes an die Digitalisierung. Sie geht davon aus, dass das Ökosystem eine der vielen Möglichkeiten für Banken ist, fehlende Einnahmen auszugleichen, und keine ernsthafte Bedrohung für den Markt als Ganzes darstellt. Die Analyse der Arbeiten sowie des Publikationsvolumens legt nahe, dass die akademische Gemeinschaft in den letzten Jahren überwiegend zur zweiten Position neigt.

Gleichzeitig konzentrieren sich die meisten der untersuchten Arbeiten nicht auf die finanziellen Aspekte der Markttransformation sowie Kriterien, die die neuen Akteure in einem eigenen Segment platzieren oder sie in der aktuellen Klassifizierung belassen könnten.

Literatur

[1] BBC Russian Service Yandex-Deal zum Kauf von Tinkoff gescheitert. https://www.bbc.com/russian/news-54566542
[2] Zverkova, T. N. (2020). Banken, Fintechs, Ökosysteme: neue Formen der Interaktion im Geschäftsverkehr der Banken. *Azimuth Research: Economics and Management*, 9(2), 159–163.
[3] TASS Nabiullina sagte, dass Russland lernen muss, Ökosysteme zu regulieren. https://tass.ru/ekonomika/10469395
[4] Kosarev, V. E., & Iarajuli, G. M. (2020). Ökosysteme als neue Modelle der Entwicklung von Banken. *Finanzmärkte und Banken*, 1, 58–62.
[5] Kokh, L. V., & Kokh, Y. V. (2019). Banken und Fintech-Unternehmen: Konkurrenten oder Partner. *Vestnik Zabaykal'skogo gosudarstvennogo universiteta*, 6, 111–121.

[6] Nikitina, T. V., Nikitin, M. A., & Galper, M. A. (2017). Die Rolle der Unternehmen des Fintech-Segments und ihr Platz im Finanzmarkt Russlands. *Izvestia der Staatlichen Wirtschaftsuniversität St. Petersburg*, *1–2*(103), 45–48.
[7] Popov, N. B. (2020). Bank-Ökosysteme als Phänomen der Entwicklung des Bankgeschäfts in der digitalen Wirtschaft. *Finance, Money, Investments.*, *2*(74), 29–34.
[8] Korobeinikova, O. M., Korobeinikov, D. A., Golubeva, E. V., & Chernova, N. V. (2020). Digitale Innovationen für die Kreditkooperation. *Scientific Herald: Finance, Banks, Invest*, *1*(50), 63–71.
[9] Wassiljew, I. I. (2018). Anwendungen des Blockchain-Systems in Geschäftsbanken // Moderne Wissenschaft: Aktuelle Probleme der Theorie und Praxis. *Serie: Wirtschaft und Recht*, *5*, 94–98.
[10] Blokhina, I. D., & Artemieva, O. A. (2019). Der Einsatz der Blockchain-Technologie in den Marketingaktivitäten der Bank. *Marketing und Logistik*, *6*(26), 13–18.
[11] Dostov, V. L., Shust, P. M., & Khorkova, A. A. (2018). Perspektiven der dezentralen Verrechnungen zwischen Banken mittels Blockchain. *Strategische Entscheidungen und Risikomanagement*, *2*, 22–25. https://doi.org/10.17747/2078-8886-2018-2-22-25.
[12] Sviridov, O. Y., & Badmaeva, B. S. (2019). Development of banking ecosystems based on modern digital technologies. *State and Municipal Governance. Wissenschaftliche Anmerkungen*, *3*, 176–181.
[13] Flögel, F., & Beckamp, M. (2020). Will FinTech make regional banks superfluous for small firm finance? Observations from soft information-based lending in Germany. *Economic Notes*, *49*(2)., https://doi.org/10.1111/ecno.12159

Weiterführende Literatur
[14] Zverkova, T. N. (2019). Untersuchung der Rolle von Banken und Fintech-Unternehmen im Geschäftsverkehr der Banken. *Intellect. Innovationen. Investitionen*, *6*, 49–54.
[15] Markova, V. D. (2018). Geschäftsmodelle von Unternehmen auf der Basis von Plattformen. *Voprosy ekonomiki*, *10*, 127–135. https://doi.org/10.32609/0042-8736-2018-10-127-135.
[16] Radkowskaja, N. P., & Fomicheva, O. F. (2018). Finanz-Ökosysteme – der Haupttrend der digitalen Transformation des Bankgeschäfts. *Zeitschrift für Rechts- und Wirtschaftsforschung.*, *4*, 186–189.
[17] Rudakowa, O. S. (2018). Banking-Ökosysteme in der digitalen Wirtschaft. In *Public and Private Finance in the Digital Economy: Proceedings of the International Scientific and Practical Conference* (S. 232–238).
[18] Shaker, I. E. (2020). Architektur der Elemente der Bankendigitalisierung: Entwicklungsrichtungen. *Finance, Money, Invest*, *1*, 37–40. https://doi.org/10.36992/2222-0917_2020_1_37.

Staatsfonds der Ölexportierenden Länder: Bedeutung während der Covid-19-Pandemie

Dr. Evgeniya Popova

Zusammenfassung

Die COVID-19-Pandemie stellt eine Herausforderung für alle Staaten dar, besonders jedoch für die Kohlenwasserstoff exportierenden Länder. Der deutliche Rückgang des weltweiten Verkehrsaufkommens aufgrund restriktiver Maßnahmen und die sinkende Nachfrage sorgten für einen Preisverfall auf dem Ölmarkt. Infolgedessen gingen die Staatseinnahmen stark zurück, Haushaltsdefizite mussten aus anderen Finanzierungsquellen gedeckt werden. Vorliegender Artikel untersucht die Rolle der Staatsfonds einiger ölexportierender Länder im Hinblick auf die Finanzierung von Haushaltsausgaben, die aufgrund der Umsetzung groß angelegter Anti-Krisen-Programme deutlich gestiegen sind. In Ländern wie Kolumbien, Norwegen und Peru haben Staatsfonds eine bedeutendere Rolle gespielt als in Ghana und Russland. Im Gegensatz zu Ghana und Russland wurde in diesen drei Ländern die nationale Haushaltsregel ausgesetzt, so dass Finanzmittel aus dem Fonds in einer Höhe entnommen werden konnten, die die Höhe der ausgefallenen Öleinnahmen überstieg. Die große Bedeutung der Staatsfonds zeigt sich zudem darin, dass ihre Mittel eine der ersten Finanzierungsquellen für staatliche Programme wurden. Berechnungen der Höhe der aus den Staatsfonds im Jahr 2020 pro Kopf eingesetzten Mittel ermöglichen objektivere länderübergreifende Vergleiche.

Abstract

Sovereign Funds of Oil Exporters: Significance in the Covid-19 Pandemic

The COVID-19 pandemic became serious challenge to the all countries particularly economics exporting oil. Drastic contraction of global traffic caused by lockdown and oil demand slump triggered oil price decline. As a result oil revenues sharply reduced that made financial resources search for coverage budget deficit actual target. Author reveals the contribution of sovereign funds to budget expenditures financing in several oil exporters. Budget expenditures significantly increased because of implementation of enormous economic recovery plans. In such countries as Colombia, Norway and Peru sovereign funds played more important role compared to Ghana and Russia. Unlike Ghana and Russia above mentioned three countries have suspended budget rule that enabled to withdraw money from the fund in the amount exceeding foregone oil revenues. There is additional confirmation of high significance of sovereign funds, namely, money withdrawn from the funds became one of the first sources of financing government programs. Estimation of financial resources withdrawn from the funds per capita in 2020 enabled to make more unbiased cross country comparison.

Schlüsselwörter/Keywords

COVID-19 Pandemie, Haushalt, Staatsverschuldung, Staatsfonds, ölexportierende Länder, Anti-Krisen-Programme, Keywords. COVID-19 pandemic, budget, public debt, sovereign fund, oil exporters, economic recovery plans.

Einleitung. Die COVID-19-Pandemie machte eine nie dagewesene finanzielle Unterstützung des Gesundheitswesens und der am meisten gefährdeten Personen und Firmen notwendig. Die staatlichen Unterstützungsleistungen überstiegen die Zahlungen im Zusammenhang mit der globalen Finanz- und Wirtschaftskrise 2008 um ein Vielfaches. Laut einem Ende Januar 2021 veröffentlichten Bericht des Internationalen Währungsfonds (im Folgenden IWF) sank das globale BIP im Jahr 2020 um 3,5 % im Vergleich zu 2019, der Gesamtbetrag der weltweit bereitgestellten fiskalischen Unterstützung im Jahr 2020 wird auf 13,8 Billionen USD geschätzt, was 13 % des globalen BIP entspricht (auf die Industrieländer entfallen 11,8 Billionen USD). Laut dem Bericht entfallen 7,8 Billionen USD auf Transfers und Haushaltseinbußen aufgrund von Steuersenkungen und Steuerstundungen; 6 Billionen USD auf den Erwerb von Anteilen an Privatunternehmen und die Bereitstellung von Krediten und staatlichen Garantien [1]. Unter den Bedingungen der Rezession führten die umfangreichen staatlichen Hilfspakete zu einem Anstieg der Haushaltsdefizite und der Staatsverschuldung (siehe Tab. 1).

In der Gruppe der Schwellenländer und Länder mit mittlerem Einkommen identifizierte der IWF ölexportierende Länder, deren Haushaltsdefizit stärker stieg als der Gruppendurchschnitt. Das staatliche Haushaltsdefizit der ölexportierenden Länder stieg im Durchschnitt um 7 % des BIP [1]. Die Besonderheit dieser Länder besteht

Tab. 1 Veränderung des BIP, des Haushaltsdefizits und der Haushaltsverschuldung im Jahr 2020 im Vergleich zu 2019 in verschiedenen Ländern in %

Ländergruppe	BIP-Wachstumsrate	Anstieg des Haushaltsdefizits (in Prozent des BIP)	Anstieg der Staatsverschuldung (in Prozent des BIP)
Entwickelte Länder	−4,9	10 (von 3,3 auf 13,3)	17,9 (von 104,8 bis 122,7)
Schwellenländer und Länder mit mittlerem Einkommen	−2,4	5,5 (von 4,8 bis 10,3)	9 (von 54,3 auf 63,3)
Entwicklungsländer mit niedrigem Einkommen	−2,1	1,7 (von 4 bis 5,7)	5,2 (von 43,3 auf 48,5)

Quelle: Fiscal Monitor Update, Januar 2021. Internationaler Währungsfonds.

darin, dass sie Sonderfonds bilden, die als wichtige Institution der Finanzpolitik fungieren. Die Notwendigkeit, solche Fonds einzurichten, ergibt sich aus der hohen Volatilität und Unvorhersehbarkeit der Kohlenwasserstoffpreise. Weltweit hat sich die Praxis etabliert, zwei Arten von Fonds einzurichten: Stabilisierungsfonds, deren Zweck es ist, die Auswirkungen der Preisvolatilität auf die Staatseinnahmen und die Volkswirtschaft zu reduzieren, und Sparfonds, die finanzielle Reserven für künftige Generationen bilden sollen.

Im Jahr 2017 berechnete das Natural Resource Governance Institute den Resource Governance Index (RGI), der die Qualität des Ressourcenmanagements in 89 Ländern bewertet. Auf diese Länder entfallen 82 % der weltweiten Ölreserven und 78 % der weltweiten Gasreserven [2]. Einer der wichtigsten Aspekte bei der Beurteilung der Qualität des Ressourcenmanagements ist die Bewertung der Effektivität der Verwaltung der Staatsfonds, die aus Öl- und Gaseinnahmen finanziert werden. Der Index untersucht 33 Staatsfonds, deren Vermögen sich auf mehr als 3,3 Billionen USD beläuft. Vorliegender Artikel untersucht die Rolle, die die effektivsten Staatsfonds (Top Ten der Rangliste) während der Pandemie 2020 gespielt haben. Folgende Fonds wurden untersucht:

- Akkumulations- und Stabilisierungsfonds, Kolumbien (Platz 1 im Ranking, 100 Punkte, Management-Qualitätsbewertung „gut");
- Stabilisierungsfonds, Ghana (Platz 2 im Ranking, 93 Punkte, Management-Qualitätsbewertung „gut");

- Staatsfonds, Norwegen (4. Platz im Ranking, 90 Punkte, Management-Qualitätsbewertung „gut");
- Fiskalischer Stabilisierungsfonds, Peru (Platz 9 im Ranking, 69 Punkte, Management-Qualitätsbewertung „befriedigend");

Die oben aufgeführten Fonds wurden aufgrund der Verfügbarkeit aktueller Informationen ausgewählt.

Kolumbien. Von 2000 bis zur Pandemie erfreute sich die kolumbianische Wirtschaft dank hoher Öl- und Kohlepreise und eines soliden makroökonomischen Managements eines stetigen Wachstums. Die COVID-19-Pandemie traf die Volkswirtschaft sehr hart und stürzte sie in eine Rezession. Nach offiziellen Angaben des kolumbianischen Finanzministeriums ist das Haushaltsdefizit auf 8,9 % des BIP gestiegen, das BIP des Landes schrumpfte in 2020 um 8,2 %. Um die Auswirkungen des Coronavirus zu bekämpfen, hat die kolumbianische Regierung ein beeindruckendes Hilfspaket im Wert von etwa 8,6 Mrd. USD bereitgestellt, was fast 3 % des BIP des Landes von 2019 entspricht [3]. Zur Umsetzung der Konjunkturmaßnahmen schuf die Regierung den Emergency Response Fund, wobei die erste Finanzierungsquelle der kolumbianische Spar- und Stabilisierungsfonds war. Der aus dem Fonds entnommene Betrag belief sich auf etwa 4 Mrd. USD, somit wurde fast die Hälfte der 2020 geleisteten Staatshilfen aus dem Staatsfonds finanziert. Dies war aufgrund der Tatsache möglich, dass die Haushaltsregel für 2020 und 2021 ausgesetzt wurde.

Darüber hinaus wurde im September 2020 ein Gesetz verabschiedet, welches den Anteil der Lizenzeinnahmen (von 11 % auf 25 %) verdoppelte, die in die Haushalte der öl- und gasfördernden Gemeinden fließen. Das Gesetz führte zwei zusätzliche Ausgabenposten ein, die durch Lizenzgebühren finanziert werden: die finanzielle Unterstützung für arme Gemeinden und die Finanzierung von regionalen Investitionen (34 % des Gesamtbetrags der Lizenzgebühren). Diese Änderungen reduzierten den Anteil der Lizenzeinnahmen, die zum kolumbianischen Spar- und Stabilisierungsfonds beitragen. Nun werden nur noch 4,5 % der Lizenzgebühren in den Staatsfonds fließen anstatt der bisherigen 25 % [3].

Ghana. Anstatt eines für 2020 prognostizierten Haushaltsdefizits von 4,7 % des BIP stieg das Defizit tatsächlich auf 12 % des BIP. Der Benchmark-Ölpreis im Haushaltsentwurf 2020 wurde zur Jahresmitte revidiert und von 62,6 auf 39 USD pro Barrel gesenkt. Die Öleinnahmen sanken um 57,9 % von 1,57 Mrd. USD auf 660,5 Mio. USD [4].

Ghana hat seine eigenen Regeln für die Finanzierung und Verwendung der Staatsfonds, von denen es zwei gibt: den Stabilisierungsfonds und den Zukunftsfonds. Das aktuelle Finanzierungsverfahren ähnelt dem in Russland bis 2018 angewandten.

Zuerst fließen die Öleinnahmen in den Haushalt, um die jährlichen Ausgaben zu finanzieren, doch dieser Betrag darf 70 % der primären Öleinnahmen des Haushalts nicht überschreiten (Einnahmen im 7-Jahres-Durchschnitt incl. Lizenzgebühren, Gewinnsteuer, Transfers an die Regierung von den staatlichen Ölgesellschaften). Danach fließen mindestens 30 % der verbleibenden Öleinnahmen in den Future Generations Fund. Erst danach wird der Stabilisierungsfonds wieder aufgefüllt.

Die aktuelle Gesetzgebung schreibt vor, dass nur dann Mittel aus dem Stabilisierungsfonds entnommen werden können, wenn die tatsächlichen vierteljährlichen Öleinnahmen 25 % des geplanten Jahresbetrags nicht decken. Entnahmen aus dem Future Generations Fund sind wiederum nur möglich, wenn die Ölreserven erschöpft sein und beide Fonds zu einem einzigen ghanaischen Staatsfonds zusammengelegt werden. Während der Pandemie 2020 wurde der Vorschlag geäußert, den „Petroleum Revenue Management Act" zu ändern, insbesondere um die Verwendung von Mitteln aus dem Future Generations Fund zur Finanzierung des Haushaltsdefizits zu ermöglichen. Diese Initiative wurde abgelehnt.

Dementsprechend bestand die zweite Initiative darin, die Möglichkeiten der Nutzung des Stabilisierungsfonds zu erweitern, nämlich nicht nur zum Ausgleich der fehlenden Öleinnahmen, sondern auch zur Finanzierung von Programmen zur Bekämpfung der Auswirkungen der Pandemie. Die Initiative wurde teilweise unterstützt: Das Parlament genehmigte zwar nicht die Entnahme zusätzlicher Mittel aus dem Fonds (zusätzlich zu den wegfallenden Öleinnahmen), jedoch wurde die Höhe des Transfers, der dem Stabilisierungsfonds im Jahr 2020 gutgeschrieben werden sollte, von 300 Mio. USD auf 100 Mio. USD reduziert. Somit wurden 200 Mio. USD zur Finanzierung von Konjunkturmaßnahmen bereitgestellt.

Norwegen. Norwegen hat den größten Staatsfonds der Welt: Zum 31.12.2020 wurde der norwegische Staatsfonds auf 10.914 Mrd. Kronen bzw. 1,3 Billionen USD geschätzt. Trotz eines schwierigen Jahres, das durch einen deutlichen Rückgang des Ölpreises und erhebliche Schwankungen auf den Finanzmärkten gekennzeichnet war (im ersten Quartal 2020 verlor der Fonds aufgrund des massiven Verkaufs von Aktien auf den Weltmärkten 113 Mrd. USD), betrug das Einkommen des Fonds 10,9 % oder 216 Mrd. USD. Gleichzeitig sind die Einnahmen im Jahr 2020 die zweithöchsten seit 1998. Das positive Finanzergebnis des Fonds ist größtenteils auf das diversifizierte Aktienportfolio zurückzuführen, das 72,8 % des Gesamtwerts des Vermögens ausmacht. Der norwegische Staatsfonds hält Anteile an vielen ausländischen Unternehmen. Während die europäischen Aktienmärkte um 8,2 % gesunken sind, ist der US-Aktienmarkt um 5,7 % und China um 16,7 % gestiegen [5]. Dies lässt sich durch die unterschiedliche Struktur der Aktienmärkte erklären. So wies der Technologiesektor, der einen bedeutenden Anteil am US-amerikanischen und chinesischen Aktienmarkt hat, die höchste Rendite auf (Anstieg der Nachfrage nach

Softwareprodukten, IT-Dienstleistungen im Zusammenhang mit dem Übergang zu Homeschooling und Homeoffice).

Ende Oktober 2020 hielt Zentralbankchef Øystein Olsen bei der jährlichen parlamentarischen Anhörung einen Vortrag über den Staatsfonds. Olsen betonte, dass der norwegische Staatsfonds eine wichtige Säule der Wirtschaftspolitik ist und das letzte Jahr dies anschaulich bestätigt hat. Aus dem Fonds wurden in der ersten Jahreshälfte rund 298 Mrd. Kronen (34,5 Mrd. USD) für Anti-Krisen-Programme bereitgestellt. Dieser Betrag ist höher als der Ausfall der Öleinnahmen aus dem Haushalt, was bedeutet, dass in Norwegen, wie in Kolumbien, die Haushaltsregel ausgesetzt wurde. Während in den Jahren 2016–2017, als die Öleinnahmen aufgrund der weltweit sinkenden Rohstoffpreise zurückgingen, das Haushaltsdefizit durch die jährlichen Fondseinnahmen in Form von Dividenden und Zinsen gut gedeckt wurde, reichte dies zu Beginn der Pandemie nicht aus. In seiner Rede sagte Olsen, dass sich im Zusammenhang mit den jüngsten Ereignissen die Struktur des Aktienportfolios ändern wird, und zwar plant der Fonds den Kauf von Aktien in Nordamerika, vor allem in den Vereinigten Staaten, und den Verkauf von Aktien europäischer Unternehmen [6].

Peru. Die Regierung hat ein Programm zur Abschwächung der negativen Auswirkungen der Pandemie aufgelegt, dessen Gesamtkosten sich auf etwa 39 Mrd. USD belaufen. Das Programm verfolgt zwei Ziele: Die Unterstützung des Gesundheitssystems und die Stärkung der nationalen Wirtschaft. Nach Angaben des peruanischen Finanzministeriums wurden 80 % der Ausgaben des Programms für Aktivitäten zur Stimulierung des Wirtschaftswachstums verwendet. Das Programm wird hauptsächlich durch Kreditaufnahmen finanziert, so dass die Staatsverschuldung von 26,8 % des BIP im Jahr 2019 auf 35,4 % des BIP im Jahr 2020 gestiegen ist. Eine der ersten Finanzierungsquellen für das Regierungsprogramm war jedoch der peruanische Fiskalstabilisierungsfonds, aus dem 5 Mrd. USD bereitgestellt wurden [7]. Trotz der ergriffenen Konjunkturmaßnahmen sank das BIP des Landes jedoch um 12 %.

Russland. Zum Abschluss dieses Artikels wollen wir uns ansehen, wie der russische Staatsfonds während der Pandemie verwaltet wurde (Platz 19 im Ranking, 40 Punkte, die Managementqualität wird mit „schlecht" bewertet). Unser Land hat seit 2018 eine permanente Haushaltsregel, nach der der Basis-Ölpreis bei 40 USD pro Barrel mit einer jährlichen Indexierung von 2 % budgetiert wird. Zusätzliche Öl- und Gaseinnahmen, die durch den Überschuss des tatsächlichen Preises über den Basispreis erzielt werden, werden an den Staatsfonds überwiesen. Zum 1. Januar 2021 belief sich der Nationale Wohlfahrtsfonds auf 13,5 Billionen Rubel (183,36 Mrd. USD) bzw. 11,7 % des BIP [8]. Im Vergleich zu 2019 wuchs der Nationale Wohlfahrtsfonds um 73 % in Rubel (um 46 % in USD).

Der Abzug von Devisen aus dem Nationalen Wohlfahrtsfonds und deren anschließender Verkauf zum Ausgleich der fehlenden Öl- und Gaseinnahmen des Haushalts begann erst im August 2020. Zwischen August und Dezember wurden insgesamt 289,75 Mrd. Rubel aus dem Nationalen Wohlfahrtsfonds zur Deckung des Haushaltsdefizits entnommen, wobei der größte Betrag von 110,33 Mrd. USD im Oktober zu verzeichnen war. Tatsächlich wurde der Nationale Wohlfahrtsfonds jedoch bereits ab April zur Deckung des Haushaltsdefizits verwendet, als das Finanzministerium Devisen verkaufte, die es im ersten Quartal gekauft hatte, um die fehlenden Einnahmen auszugleichen, ohne sie dem Nationalen Wohlfahrtsfonds gutzuschreiben. Von April bis August wurden etwa 9 Mrd. USD verkauft, wodurch das Haushaltsdefizit von mehr als 665 Mrd. Rubel finanziert werden konnte [8]. Somit wurden 2020 mehr als 954,75 Mrd. Rubel aus dem Nationalen Wohlfahrtsfonds entnommen, um das Haushaltsdefizit zu decken.

Trotz der Tatsache, dass in Russland während der Pandemie 2020 die föderalen Haushaltsausgaben um ein Viertel stiegen, wurden die Haushaltsregeln nicht gelockert. Die Mittel des Nationalen Wohlfahrtsfonds wurden nur verwendet, um den Ausfall der Öl- und Gaseinnahmen zu decken, obwohl der Vorsitzende der Rechnungskammer der Russischen Föderation Alexei Kudrin die Aussetzung der Haushaltsregel und die Verwendung von Ressourcen des Nationalen Wohlfahrtsfonds zur Finanzierung von Anti-Krisen-Programmen und zur Unterstützung der Bevölkerung gefordert hatte. Infolgedessen wurde der Staatshaushalt mit einem Defizit von 3,8 % des BIP geschlossen (im Jahr 2019 betrug der Haushaltsüberschuss 1,9 % des BIP), während die Staatsverschuldung von 13,8 % auf 21 % des BIP stieg.

Gemäß der Haushaltsvorschrift können die Mittel des Nationalen Wohlstandsfonds nur in der Höhe investiert werden, die den liquiden Teil übersteigt (Mittel auf Bankkonten bei der Bank von Russland, die 7 % des BIP betragen). Das Volumen der liquiden Mittel des Nationalen Wohlfahrtsfonds wird auf 8,7 Billionen Rubel geschätzt (7,5 % des BIP), was bedeutet, dass nur 1/3 der Mittel des Fonds in anderen genehmigten Vermögenswerten angelegt ist. Im Jahr 2020 wurden aus dem Nationalen Wohlfahrtsfonds über den liquiden Teil hinaus Investitionen im Wert von ca. 2,25 Billionen Rubel finanziert [9]. Unter anderem wurde in die staatlichen Unternehmen DOM.RF, Russian Automobile Roads und Russian Railways investiert und Aktien von Aeroflot und Sberbank erworben.

Eine der Haushaltsregeln wurde jedoch für die Jahre 2016–2024 ausgesetzt: Die Einnahmen aus der Verwaltung des Fonds gehen vollständig in die Finanzierung der Ausgaben des Staatshaushalts. Im Jahr 2020 betrugen die Einnahmen aus der Verwaltung des Vermögens des Nationalen Wohlfahrtsfonds 345,34 Mrd. Rubel [9]. Zuvor wurde festgestellt, dass die Qualität des Managements des Nationalen Wohlfahrtsfonds mit „schlecht" bewertet wurde. Die Rechnungskammer der Russischen

Tab. 2 Pro-Kopf-Betrag aus Staatsfonds während der COVID-19-Pandemie in 2020 in USD

Land	Pro-Kopf-Betrag aus Staatsfonds
Norwegen	6427
Peru	152,3
Russland	87,9
Kolumbien	79
Ghana	6,4

Quelle: durch den Autor zusammengestellt

Föderation weist insbesondere auf die geringe Transparenz und den eingeschränkten Zugang zu den Konten des Nationalen Wohlfahrtsfonds hin. Die Verbesserung der Effizienz des Fondsmanagements und die Risikodiversifizierung gehören zu den Prioritäten. In diesem Zusammenhang wurde die Währungsstruktur des Nationalen Wohlfahrtsfonds geändert: Zwei neue Währungen – der Yuan (15 %) und der Yen (5 %) – wurden eingeführt, die Anteile von Euro und des USD wurden auf 35 % reduziert, der Anteil des Pfund Sterling blieb gleich (10 %).

Fazit. Um einen objektiven länderübergreifenden Vergleich der Verwendung von Mitteln aus staatlichen Fonds während der Pandemie zu ermöglichen, wurde der Pro-Kopf-Betrag der aus den Fonds verwendeten Mittel berechnet (siehe Tab. 2).

Die Ergebnisse zeigen beträchtliche Unterschiede in der Finanzierung des Haushalts aus den Staatsfonds, von 6427 USD in Norwegen bis 6,4 USD in Ghana.

Literatur

[1] Internationaler Währungsfonds Fiscal monitor update, Januar 2021. https://www.imf.org/de/Publikationen/FM/Issues/20/01/20/fiscal-monitor-update-january-2021. Zugegriffen: 18. Febr. 2021.
[2] Natural Resource Governance Institute Resource governance index. https://resourcegovernance.org/sites/default/files/documents/2017-resource-governance-index.pdf. Zugegriffen: 15. Febr. 2021.
[3] Natural Resource Governance Institute Kolumbien: Aktualisierte Bewertung der Auswirkungen der Coronavirus-Pandemie auf den Rohstoffsektor und die Ressourcenverwaltung. https://resourcegovernance.org/analysis-tools/publications/colombia-updated-assessment-impact-coronavirus-extractive. Zugegriffen: 12. Febr. 2021.
[4] Natural Resource Governance Institute Ghana: Aktualisierte Bewertung der Auswirkungen der Coronavirus-Pandemie auf den Rohstoffsektor und die Ressourcenverwaltung. https://resourcegovernance.org/analysis-tools/publications/ghana-updated-assessment-impact-coronavirus-extractive. Zugegriffen: 10. Febr. 2021.

[5] Norges Bank Management des Government Pension Fund Global vor dem Hintergrund der Coronavirus-Pandemie. https://www.nbim.no/en/publications/submissionministry/2020/management-of-the-government-pension-fund-global-gpfg-in-the-light-of-the-coronavirus-pandemic/. Zugegriffen: 6. Jan. 2021.

[6] Das Management des Government Pension Fund Global: Rede von Øystein Olsen. https://www.norges-bank.no/de/news-events/news-publications/Speeches/2020/2020-10-30-olsen/. Zugegriffen: 24. Febr. 2021.

[7] Natural Resource Governance Institute Peru: Aktualisierte Bewertung der Auswirkungen der Coronavirus-Pandemie auf den Rohstoffsektor und die Ressourcenverwaltung. https://resourcegovernance.org/analysis-tools/publications/peru-updated-assessment-impact-coronavirus-extractive. Zugegriffen: 12. Febr. 2021.

[8] Offizielle Website des Finanzministeriums der Russischen Föderation Volumen des Nationalen Wohlfahrtsfonds. https://minfin.gov.ru/ru/nationalwealthfund/statistics. Zugegriffen: 25. Febr. 2021.

[9] Offizielle Website des russischen Finanzministeriums Über die Ergebnisse der Anlagen des Nationalen Wohlfahrtsfonds. https://minfin.gov.ru/ru/press-center/?id_4=37349. Zugegriffen: 26. Jan. 2021.

Weiterführende Literatur

[10] Der Norway Wealth Fund verlor eine Rekordsumme in Höhe von 113 Mrd. USD durch Aktieneinbruch. https://www.bloomberg.com/news/articles/2020-04-02/norway-wealth-fund-lost-record-113-billion-in-stock-slump. Zugegriffen: 13. Jan. 2021.

[11] Norges Bank Starke Ergebnisse in einem volatilen Jahr. https://www.nbim.no/de/the-fund/news-list/2020/strong-results-in-a-volatile-year/. Zugegriffen: 8. Febr. 2021.

Zwei „Jobwunder"? Auswirkungen der Finanzkrise 2008/2009 und der Covid-Krise 2020/2021 auf den Arbeitsmarkt – Deutschland im internationalen Vergleich

Prof. Dr. Bernd Reissert

Zusammenfassung

Trotz eines überdurchschnittlichen Einbruchs des Bruttoinlandsprodukts hatte Deutschland in der Finanzkrise 2008/2009 unter allen OECD-Ländern den geringsten Anstieg der Arbeitslosigkeit zu verzeichnen. Der Beitrag erläutert die Ursachen dieses „deutschen Jobwunders" (Paul Krugman) und fragt, ob sich die Erfolgsgeschichte auf dem deutschen Arbeitsmarkt in der COVID-Rezession wiederholt.

Abstract

Two „Job Miracles"? Effects of the Great Recession 2008–2009 and of the Covid Crisis 2020/2021 on the Labor Market – Germany in International Comparison

In spite of an over-proportional decline of GDP, Germany experienced the smallest increase of unemployment among all OECD countries in the Great Recession of 2008–2009. The article examines the causes behind this „jobs miracle" (Paul Krugman) and asks whether Germany's labor market is able to repeat the success story during the COVID recession.

Schlüsselwörter/Keywords

Covid-Krise, Finanzkrise, Arbeitslosigkeit, Arbeitsmarktanpassung, Arbeitskräftehorten, Kurzarbeit, Arbeitszeit, Covid crisis, Great Recession, unemployment, labor market adjustment, labor hoarding, short-time work, job retention, working time.

1 Die Finanzkrise 2008/2009

Von „Germany's jobs miracle" sprach Nobelpreisträger Paul Krugman im Herbst 2009 mit Blick auf die Auswirkungen der globalen Finanzkrise [1]. In der weltweiten Rezession 2008/2009 hatte Deutschland angesichts seiner Weltmarktabhängigkeit einen tieferen Einbruch der gesamtwirtschaftlichen Leistung erlitten als die Mehrheit der OECD-Länder. Gleichzeitig war die Arbeitslosigkeit hier jedoch in geringerem Umfang gestiegen als in allen anderen OECD-Ländern. Ein Rückgang des realen Bruttoinlandsprodukts (BIP) um 6,7 % (vom Höchststand vor der Krise zum Tiefpunkt in der Krise) hatte in Deutschland nur zu einem Anstieg der Arbeitslosenquote um 0,5 Prozentpunkte geführt; die Zahl der Erwerbstätigen war sogar praktisch unverändert geblieben. Andere Länder, z. B. die USA, hatten trotz eines geringeren Rückgangs der gesamtwirtschaftlichen Leistung einen sehr viel höheren Anstieg der Arbeitslosigkeit verzeichnet (vgl. Abb. 1)[1].

Das von Paul Krugman apostrophierte deutsche „Jobwunder" in der Finanzkrise 2008/2009 war selbstverständlich kein Wunder. Es lässt sich durch besondere Bedingungen des deutschen Arbeitsmarkts gut erklären. Diese Erklärung werden wir im Folgenden erläutern. Anschließend werden wir den Blick auf die aktuelle, durch die COVID-Pandemie verursachte Krise der Jahre 2020/2021 wenden und fragen, ob das deutsche „Jobwunder" sich in dieser zweiten großen Rezession dieses Jahrhunderts wiederholt – oder nicht wiederholt.

Die milde Reaktion des deutschen Arbeitsmarkts auf die Finanzkrise 2008/2009 lässt sich gut erklären [3],wenn man berücksichtigt, mit welchen Parametern der Arbeitsmarkt auf der Nachfrageseite auf Veränderungen der gesamtwirtschaftlichen Leistung reagieren kann:

- mit der Veränderung der Arbeitszeit (Arbeitsstunden) je Beschäftigten
- mit der Veränderung der Arbeitsproduktivität pro Stunde, und
- mit der Veränderung der Zahl der Beschäftigten.

---

[1] Messzeitpunkte sind in jedem einzelnen Land der Höchststand des BIP vor der Krise und sein Tiefpunkt in der Krise bzw. der Tiefpunkt der Arbeitslosigkeit vor der Krise und ihr Höchststand in der Krise.

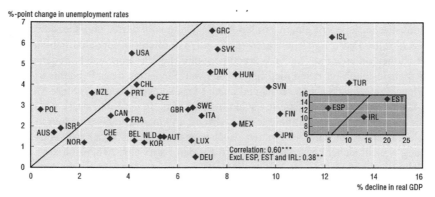

Abb. 1 Rückgänge des realen BIP (%) und Anstiege der Arbeitslosenquoten (Prozentpunkte) in den OECD-Ländern in der Finanzkrise 2008/2009. (OECD [2, S. 23])

Die Daten für das Jahr 2009 zeigen, dass der Einbruch des realen BIP um 5,2 % in diesem Jahr mit einem Rückgang der Arbeitszeit je Erwerbstätigen um 2,9 % und einem Rückgang der Arbeitsproduktivität je Stunde um 2,5 % einhergegangen ist und die Zahl der Erwerbstätigen gleichzeitig nicht gesunken, sondern sogar noch geringfügig (um 0,2 %) gestiegen ist (IAB 2021). Ein Einbruch der Beschäftigung ist also in der Finanzkrise 2009 allein durch interne Flexibilität in den Betrieben vermieden worden, und zwar zu etwa gleichen Teilen durch zwei Faktoren: durch die Verringerung der Arbeitszeit je Beschäftigten und (erstmals in der jüngeren deutschen Wirtschaftsgeschichte) durch die Verringerung der Arbeitsproduktivität je Arbeitsstunde. Die Betriebe behielten („horteten") ihre Beschäftigten, indem sie sie weniger Zeit arbeiten ließen und in ihren Arbeitsstunden auch in geringerem Maße auslasteten als zuvor.

Wodurch lassen sich diese Reaktionen der Betriebe auf die Rezession 2009 erklären?[2] Einen ersten Anhaltspunkt liefert die sektorale Zugehörigkeit der Betriebe, die von der Finanzkrise besonders betroffen waren. Die Finanzkrise wirkte sich in Deutschland in erster Linie durch den großen Einbruch des Welthandels aus

---

[2] Eine denkbare Erklärung, die auf den ersten Blick nahezuliegen scheint, spielt offenbar kaum eine Rolle: der relativ starke Kündigungsschutz in Deutschland. Gegen einen unmittelbaren Einfluss des Kündigungsschutzes auf die Beschäftigungsstabilität 2008/2009 spricht die Tatsache, dass die deutsche Wirtschaft auf frühere Rezessionen durchaus mit scharfen Beschäftigungsrückgängen reagiert hat. Außerdem lässt sich im internationalen Vergleich kein signifikanter Zusammenhang zwischen der Intensität des Kündigungsschutzes in einzelnen Ländern und ihren Anstiegen der Arbeitslosigkeit in der Krise 2008/2009 erkennen [3].

und betraf deshalb vor allem Industriebetriebe, insbesondere stark exportorientierte Industriebetriebe mit einem großen Anteil hochqualifizierter und spezialisierter Fachkräfte. Diese Betriebe waren (und sind) vor allem in wirtschaftlich starken Regionen (allen voran Baden-Württemberg und Bayern) angesiedelt, in denen die Arbeitslosigkeit bis dahin niedrig gewesen war. Sie hatten deshalb bereits vor der Finanzkrise in weit überdurchschnittlichem Maße Schwierigkeiten, für ihre Arbeitsplätze ausreichend qualifizierte Fachkräfte zu finden. In der Finanzkrise war es für sie folglich rational, qualifizierte Beschäftigte im Unternehmen zu halten und sie nicht zu entlassen, denn sie konnten – auch angesichts der demografischen Entwicklung – nicht sicher sein, nach der Krise auf den regionalen Arbeitsmärkten ohne Schwierigkeiten wieder ähnlich qualifizierte Arbeitskräfte zu finden. Aus denselben Gründen nutzten Betriebe Zeiten ohne Produktion auch dafür, ihre Produktionsprozesse zu restrukturieren und ihre Belegschaften weiterzubilden. Auf diese Weise hielten sie ihre Beschäftigten in den Betrieben und setzten sie für Aktivitäten ein, denen zunächst kein unmittelbar messbarer Output gegenüberstand – die also die gemessene Arbeitsproduktivität senkten, aber zukünftige Produktivitätssteigerungen vorbereiteten [3].

Erleichtert wurde den Betrieben das Halten ihrer Arbeitskräfte (wie gesagt) durch Verkürzungen der individuellen Arbeitszeit. Drei Mechanismen waren dafür (zu etwa gleichen Teilen) verantwortlich [3]:

- der Abbau von Überstunden: Angesichts der guten Wirtschaftsentwicklung hatten viele Beschäftigte vor der Krise mehr Stunden gearbeitet als im Arbeitsvertrag vereinbart. Diese bezahlten Überstunden fielen in der Rezession als erste weg.
- der Abbau von Guthaben auf Arbeitszeitkonten: Seit den 1990er Jahren waren Arbeitszeitkonten als Instrumente zur Flexibilisierung der Arbeitszeit in vielen deutschen Betrieben eingeführt worden, in der Regel durch Vereinbarungen zwischen Betriebsleitung und Betriebsrat (der Vertretung der Beschäftigten). Auf den Konten werden für jeden Beschäftigten Abweichungen der tatsächlich geleisteten Arbeitszeit von der vereinbarten (und konstant bezahlten) regulären Arbeitszeit verbucht; dabei werden Zeitguthaben aufgebaut, die bei schwacher Auftragslage durch die Verringerung der geleisteten Arbeit abgebaut werden können. Mit den Konten werden das Interesse des Unternehmens an Arbeitszeitflexibilität und das Interesse der Beschäftigten an Arbeitsplatz- und Einkommenssicherheit in Einklang gebracht. Befördert wurde die Einrichtung der Konten durch starke Mitbestimmungsrechte für den Betriebsrat vor allem in großen Unternehmen und durch staatliche Regelungen, die Arbeitszeitguthaben u. a. bei Insolvenz des Unternehmens schützen. Im Jahr 2009 hatte die Hälfte

aller Beschäftigten (51 %) ein Arbeitszeitkonto; in den von der Rezession besonders betroffenen größeren Industrieunternehmen war die Verbreitung höher als in anderen Bereichen. Angesichts der guten Wirtschaftsentwicklung vor der Finanzkrise waren auf den Konten bis 2008 hohe Arbeitszeitguthaben aufgebaut worden. Sie wurden in der Rezession drastisch (im Durchschnitt um zwei Drittel) reduziert und trugen so in hohem Maße dazu bei, dass in der Krise zwar die Arbeitszeit, nicht jedoch die Zahl der Beschäftigten verringert wurde [4].

- die staatlich finanzierte Kurzarbeit: Seit 1910 existiert in Deutschland ein Instrument, das Beschäftigten einen Teil ihres Lohnausfalls ersetzt, wenn ihr Betrieb aus wirtschaftlichen Gründen vorübergehend die Arbeitszeit (und den Lohn) seiner Beschäftigten reduzieren muss. Dieses Kurzarbeitergeld wird aus der Arbeitslosenversicherung bezahlt, es entspricht einem Teilzeit-Arbeitslosengeld. Der (Netto-)Lohnausfall wird damit in der Regel zu 60 % ersetzt; Arbeitgeber können die Lohnersatzleistung aus eigenen Mitteln aufstocken. Bei einer Reduzierung der Arbeitszeit (und des Lohns) um 50 % ersetzt das Kurzarbeitergeld z. B. 30 % ($0{,}6 \times 0{,}5$) des vorherigen Vollzeitlohns, so dass dem Beschäftigten insgesamt 80 % seines bisherigen Einkommens erhalten bleiben. Kurzarbeit soll in einer konjunkturellen Krise dazu dienen, Beschäftigten ihre Arbeitsplätze zu erhalten und Betrieben ihre betriebsspezifisch qualifizierten und loyalen Arbeitskräfte zu bewahren sowie Entlassungs- und Wiedereinstellungskosten zu vermeiden. Sie hat sich in dieser Funktion in verschiedenen Rezessionen bewährt. In der Finanzkrise bezogen im Jahr 2009 zeitweise 1,5 Mio. Beschäftigte Kurzarbeitergeld (im Jahresdurchschnitt waren es 1,1 Mio. [5]), vorwiegend in der Industrie. Zusammen mit den beiden anderen beschriebenen Mechanismen der Arbeitszeitverkürzung leistete Kurzarbeit damit einen wesentlichen Beitrag zur Stabilisierung der Beschäftigung in der Finanzkrise.

Das deutsche „Jobwunder" in der Finanzkrise 2008/2009 war damit im Wesentlichen darauf zurückzuführen, dass die vor allem betroffenen Industriebetriebe großes Interesse daran hatten, in einer Situation drohenden Fachkräftemangels ihre qualifizierten und spezialisierten Beschäftigten im Betrieb zu halten, und dass ihnen dafür – mit den Arbeitszeitkonten und der Kurzarbeit – erprobte, breit akzeptierte und kostengünstige Instrumente zur zeitweisen Verringerung der individuellen Arbeitszeit zur Verfügung standen. Beide Instrumente hatten ihren Ursprung in langjährigen Kooperationen von Arbeits- und Kapitalseite in Betrieben (Mitbestimmung) und in der staatlichen Arbeitsmarktpolitik.

Die Stabilisierung der Beschäftigung in der Finanzkrise 2008/2009 hatte Effekte, die über den Arbeitsmarkt hinaus gingen. Sie stabilisierte auch die gesamtwirtschaftliche Kaufkraft und erleichterte damit den raschen Weg aus der Rezession heraus: Bereits im Frühjahr 2011 erreichte die gesamtwirtschaftliche Leistung in Deutschland wieder das Niveau, das sie vor der Krise gehabt hatte. In anderen Ländern, in denen das Beschäftigungsniveau tiefere Einbrüche verzeichnet hatte (z. B. USA, Spanien; vgl. Abb. 1), dauerte die Erholung viel länger.

2 Die COVID-Krise 2020/2021

Wenden wir nun den Blick von der Finanzkrise 2008/2009 zur zweiten großen Rezession dieses Jahrhunderts, der aktuellen, durch die COVID-Pandemie verursachten Krise 2020/2021. Wiederholt sich jetzt das deutsche „Jobwunder" – oder nicht? Zur Zeit der Entstehung dieses Beitrags (im März 2021) ist die Datenlage, die diese Frage beantworten könnte, noch unvollständig. International vergleichbare Daten zur gesamtwirtschaftlichen Leistung und zu den Arbeitsmärkten liegen für das Jahr 2020 noch nicht vor. Dennoch sind einige Trends zu erkennen.

Auf den ersten Blick ähnelt die Entwicklung in Deutschland im Jahr 2020 derjenigen im Jahr 2009: Aufgrund der COVID-Krise ist das reale BIP 2020 um 5,0 % geschrumpft. Die Zahl der Erwerbstätigen ist ebenfalls zurückgegangen, wenn auch nur moderat, um 1,1 % (500.000 Personen [5]); die Zahl der Arbeitslosen ist parallel dazu um knapp eine halbe Million gestiegen, was einer Zunahme der Arbeitslosenquote um knapp einen Prozentpunkt entspricht. Ähnlich wie 2009 hat die Rezession bisher also nur moderat auf Beschäftigung und Arbeitslosigkeit durchgeschlagen. Ein schärferer Einbruch der Erwerbstätigkeit ist fast ausschließlich durch die Verringerung der Arbeitszeit je Erwerbstätigen (um 3,7 %) verhindert worden. Im Gegensatz zur Finanzkrise 2009 hat eine Verringerung der Arbeitsproduktivität je Arbeitsstunde (−0,2 %) praktisch keine Rolle gespielt. Im Gegensatz zu 2009 ist die Verringerung der Arbeitszeit nicht gleichgewichtig durch drei verschiedene Mechanismen (Abbau von Überstunden, Abbau von Guthaben auf Arbeitszeitkonten, Kurzarbeit) zustande gekommen, sondern fast ausschließlich (zu 80 %) durch den Einsatz der Kurzarbeit [5]. Im Jahr 2020 haben zeitweise fast 6 Mio. Beschäftigte Kurzarbeitergeld bezogen, im Jahresdurchschnitt waren es knapp 3 Mio., also fast dreimal so viele wie 2009 [5, 6].

Im internationalen Vergleich zeigen sich 2020 Ähnlichkeiten, aber auch Unterschiede zu 2009. Ähnlich wie in der Finanzkrise 2009 bildet auch in der COVID-Krise 2020 der Arbeitsmarkt der USA das Gegenmodell zum deutschen Verlauf mit seinen internen Anpassungsreaktionen der Betriebe. Der US-amerikanische Arbeitsmarkt hat erneut fast ausschließlich mit externer Flexibilität (d. h. Entlassungen und ggf. Wiedereinstellungen) auf die Krise reagiert. In den USA stieg die Arbeitslosigkeit in den USA im Zuge der COVID-Krise allein von Februar bis

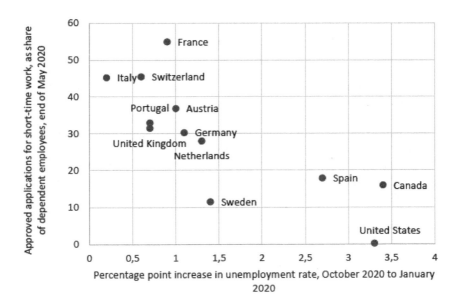

Abb. 2 Anstiege der Arbeitslosenquoten (Prozentpunkte) und Arbeitskräfte in Kurzarbeit (in % aller abhängig Beschäftigten) in ausgewählten OECD-Ländern in der COVID-Krise 2020. (Eichhorst et al. [8, S. 5])

April 2020 saisonbereinigt um 11 Prozentpunkte; im Zuge der vorübergehenden Entspannung der Pandemie im Sommer 2020 nahm sie wieder ab, stieg aber zum Winter wieder und ist im Frühjahr 2021 immer noch fast doppel so hoch wie zu Beginn der Pandemie [7, S. 10]. Einen großen Unterschied zur Finanzkrise 2009 bilden dagegen die aktuellen Reaktionsmuster der Arbeitsmärkte in den meisten europäischen Ländern auf die COVID-Krise: Wie Abb. 2 zeigt, ist es vielen europäischen Ländern gelungen, den Anstieg ihrer Arbeitslosigkeit in der COVID-Krise 2020 ähnlich stark (vielfach sogar noch stärker) zu begrenzen wie Deutschland. In der Finanzkrise 2009 war die Varianz in der Entwicklung der Arbeitslosigkeit unter den europäischen Ländern dagegen noch viel größer gewesen (vgl. Abb. 1).

Man kann deshalb in der aktuellen Krise nicht mehr von einem deutschen „Jobwunder" sprechen, sondern allenfalls von einem europäischen „Jobwunder". Der Grund für die ähnliche Reaktion der Arbeitsmärkte in den meisten europäischen Ländern auf die COVID-Krise liegt – wie Abb. 2 zeigt – in der Tatsache, dass inzwischen fast alle von ihnen in großem Umfang das Instrument der Kurzarbeit einsetzen und damit große Beschäftigungseinbrüche verhindern [7, S. 12–14, 8,

9, 10]. In den zurückliegenden Jahrzehnten, insbesondere seit der Finanzkrise hat vor allem zwischen den Mitgliedstaaten der Europäischen Union ein Prozess des „Politik-Lernens" stattgefunden, in dem einzelne Staaten die in anderen Ländern (allen voran Deutschland) bestehenden Kurzarbeitsregelungen evaluiert und daraus eigene Kurzarbeitsregelungen entwickelt haben. Gefördert worden ist der breite Einsatz der Kurzarbeit in der aktuellen Krise maßgeblich dadurch, dass die EU im Sommer 2020 einen gemeinsamen finanziellen Sicherungsmechanismus für die Realisierung von Kurzarbeit eingerichtet hat: Das Programm SURE (**S**upport to mitigate **U**nemployment **R**isks in an **E**mergency) stellt den Mitgliedstaaten für die Finanzierung von Kurzarbeit in der COVID-Krise Darlehen in Höhe von 100 Mrd. € zur Verfügung, die von allen Mitgliedstaaten gemeinschaftlich abgesichert sind.

In Deutschland hat sich die Reaktion des Arbeitsmarkts auf die COVID-Krise, wie gezeigt, im Wesentlichen durch drei Merkmale von der Reaktion auf die Finanzkrise 2008/2009 unterschieden:

- Obwohl die gesamtwirtschaftliche Leistung 2020 nicht stärker geschrumpft ist als 2009, hat Deutschland 2020 – im Gegensatz zu 2009 – einen (wenn auch moderaten) Rückgang der Beschäftigung und einen parallelen Anstieg der Arbeitslosigkeit nicht verhindern können.
- Im Gegensatz zur Finanzkrise 2009 hat der deutsche Durchschnittsbetrieb bei Auftragsrückgängen in der aktuellen Krise sein Beschäftigungsniveau nur dann gehalten, wenn die Arbeitszeit verringert wurde. Ein Horten von Arbeitskräften ohne Arbeitszeitverkürzung hat (wie die konstante Arbeitsproduktivität je Arbeitsstunde zeigt) nicht stattgefunden.
- Im Gegensatz zu 2009 ist die Verringerung der Arbeitszeit in der COVID-Krise fast ausschließlich durch den Einsatz der öffentlich finanzierten Kurzarbeit zustande gekommen. Rein innerbetriebliche Anpassungen wie der Abbau von Überstunden oder von Guthaben auf Arbeitszeitkonten haben kaum stattgefunden.

Diese Unterschiede zwischen den Anpassungsreaktionen in beiden Rezessionen lassen sich vor allem dadurch erklären, dass von beiden Krisen ganz unterschiedliche Wirtschaftszweige und Personengruppen betroffen (gewesen) sind [7, S. 19-27]. Die Rezession im Zuge der Finanzkrise 2008/2009 betraf in erster Linie die Industrie – und damit vor allem größere Betriebe. Von der COVID-Krise sind in erster Linie Dienstleistungsbetriebe betroffen, vor allem in den Bereichen Gastronomie und Tourismus, Transport und Verkehr, Einzelhandel, Kultur und Messen. In ihnen sind kleinere Betriebe und Selbständige stark vertreten. Damit konzentriert sich die COVID-Krise (wie u. a. die Daten zur Inanspruchnahme der Kurzarbeit zeigen) sehr viel stärker auf kleinere Betriebe und Selbständige als die Rezession

2009 [6]. Mit der Branchenstruktur der Krise einher geht auch eine unterschiedliche Betroffenheit verschiedener Qualifikationsgruppen: Dienstleistungsberufe mit einfachem oder allenfalls mittlerem Qualifikationsniveau sind von der aktuellen Krise weit überproportional bedroht. In der Rezession 2009 waren es dagegen vor allem qualifizierte Facharbeiter. Überproportional betroffen sind von der aktuellen Krise auch Personengruppen, die keinen Anspruch auf Kurzarbeitergeld haben oder für die Kurzarbeit kein wirksames Instrument der Beschäftigungssicherung darstellt. Das sind vor allem Selbständige (die nicht Mitglied der Arbeitslosenversicherung sind) sowie Jugendliche und junge Erwachsene, die auf dem Arbeitsmarkt noch nicht Fuß gefasst haben oder die mit befristeten Arbeitsverträgen beschäftigt sind und ihr Arbeitsverhältnis verlieren, bevor sie für Kurzarbeit in Frage kommen.

Die beschriebenen Abweichungen der Anpassungsreaktionen in der aktuellen Krise von denen des Jahres 2009 lassen sich damit im Wesentlichen wie folgt erklären:

- Der Anstieg der Arbeitslosigkeit in der aktuellen COVID-Krise (im Gegensatz zu 2009) kommt zu einem beträchtlichen Teil dadurch zustande, dass für die überproportional von der Krise betroffenen Gruppen der Selbständigen und Jugendlichen das Instrument der Kurzarbeit keine wirksame Alternative bietet.
- Für die Tatsache, dass Beschäftigungssicherung in den Betrieben in der aktuellen Krise (im Gegensatz zur Finanzkrise 2009) fast ausschließlich durch das Instrument der Kurzarbeit zustande kommt, ist zum einen die überproportionale Betroffenheit kleinerer Dienstleistungsbetriebe verantwortlich: In ihnen ist das Instrument der Arbeitszeitkonten, das 2009 von großer Bedeutung war, kaum verbreitet; außerdem sind sie häufig finanzschwach und können sich (im Gegensatz zu den Industriebetrieben der Krise 2009) ein Horten von Arbeitskräften ohne die Verringerung von Arbeitszeit und Lohn kaum leisten. Zum anderen spielt eine Rolle, dass von der aktuellen Krise überwiegend Beschäftigte mit einfachem oder allenfalls mittlerem Qualifikationsniveau bedroht sind. Derartige Beschäftigte sind (im Gegensatz zu den 2009 betroffenen Facharbeitern) auf dem Arbeitsmarkt in der Regel nicht knapp; für Betriebe besteht deshalb kaum ein Anreiz, sie ohne Verringerung von Arbeitszeit und Lohn im Betrieb zu halten.

3 Fazit

In ihrer Konzentration auf exportorientierte Industriebetriebe passte die Rezession der Jahre 2008/2009 wie maßgeschneidert zum deutschen System der Arbeitsbeziehungen und sozialen Sicherung, das Fachkräften in gutbezahlten Vollzeittätigkeiten besonders großen Schutz bietet. Das System war deshalb sehr erfolgreich darin, mit einer Kombination betrieblich und öffentlich finanzierter Maßnahmen betriebsinterner Flexibilität die negativen Effekte jener Krise für die Beschäftigten zu minimieren. In der aktuellen COVID-Krise, die andere Branchen und Personengruppen betrifft, gelingt die Stabilisierung der Beschäftigung zwar (wie inzwischen in vielen anderen europäischen Ländern) immer noch weitgehend, sie stützt sich nun jedoch fast ausschließlich auf das öffentlich finanzierte Instrument der Kurzarbeit. Angesichts der mit einem langandauernden Einsatz von Kurzarbeit verbundenen Risiken (Behinderung des Strukturwandels) und Belastungen öffentlicher Haushalte kann dies, falls die Krise länger andauert, schnell an seine Grenzen stoßen.

Literatur

[1] Krugman, P. (2009). *Free to lose*. New York Times, 12.11.2009.
[2] OECD (2011). *OECD employment outlook*. OECD.
[3] Möller, J. (2010). The German labor market response in the world recession – de-mystifying a miracle. *Zeitschrift für Arbeitsmarktforschung*, *42*(4), 325–336.
[4] Zapf, I., & Brehmer, W. (2010). *Arbeitszeitkonten haben sich bewährt*. IAB-Kurzbericht, Bd. 22/2010.
[5] IAB (Institut für Arbeitsmarkt- und Berufsforschung) (2021). IAB-Arbeitszeitrechnung. https://www.iab.de/de/daten/iab-arbeitszeitrechnung.aspx
[6] BA (Bundesagentur für Arbeit) (2021). *Tabellen, Realisierte Kurzarbeit (Monatszahlen), April 2021*. Bundesagentur für Arbeit.
[7] Fischer, G., & Schmid, G. (2021). *Unemployment in Europe and the United States under COVID-19: Better constrained in the corset of an insurance logic or at the whim of a liberal presidential system?* Discussion paper, Bd. EME 2021-001. WZB Berlin Social Science Center.
[8] Eichhorst, W., Marx, P., & Rinne, U. (2021). *IZA COVID-19 crisis response monitoring. The second phase of the crisis*. IZA Institute of Labor Economics.
[9] OECD (2020). *Job retention schemes during the COVID-19 lockdown and beyond*. OECD.
[10] Schulten, T., & Müller, T. (2020). *Kurzarbeitergeld in der Corona-Krise. Aktuelle Regelungen in Deutschland und Europa*. WSI policy brief, Bd. 38.

Banken vor epochalen Herausforderungen – was tun?

Prof. Dr. Dr. h. c. Clemens Renker

Zusammenfassung

Die Kapitalmarktverhältnisse zusammen mit den Konsequenzen aus der Pandemie bedrohen die Existenz deutscher Kreditinstitute. Der Zinssatz dürfte auch in den nächsten Jahrzehnten bei 0 % verbleiben. Die Geschäftsmodelle der Banken hätten schon lange auf vier Ebenen komplett neu konfiguriert werden müssen: Hinsichtlich effektiver Produkt-/Marktkombinationen (Effektivität/ Wachstum), in der Generierung der nachhaltigen Erlösmechanik (Gewinntreiber), bei der Effizienz der Wertschöpfungsprozesse (Effizienz/Kosten) und der strategisch wirksamen Unternehmenskultur (Performance-Motivatoren). Gleichzeitig erwächst bereits ein neues Narrativ für die Finanzwelt. Die neuen Leitbegriffe lauten digitale Währung, Negativ-Zinsen, Modern Monetary Theory, FinTechs, Plattformen, Künstliche Intelligenz, Maschinelles Lernen, Crowd, Blockchain und neue Nutzenpotentiale für alle.

Abstract

Banks Face Epochal Challenges – What To Do?

Capital market conditions together with consequences from pandemic pose a threat to the existence of German credit institutions. The interest rate is further expected to be 0 % in the next decades. Banks' business models need to be completely reconfigured at once: in terms of effective product/market combinations (effectiveness/growth), sustainable revenue mechanics (revenue streams), efficiency of value creation processes (efficiency/costs) and corporate culture (performance motivators). At the same time, a new narrative for the financial world is already emerging. Its central terms are digital currency, negative interest rates, Modern Monetary Theory, FinTechs, platforms, artificial intelligence, machine learning, crowd, blockchain, and their potential benefits.

Schlüsselwörter/Keywords

New Business Models, digitale Währung, Negativ-Zinsen, FinTechs, Plattformen, Künstliche Intelligenz, Maschinelles Lernen, Crowd, Blockchain, Moderne Geldtheorie, Keywords. Business Model, digital currency, negative interest rates, FinTechs, platforms, artificial intelligence, machine learning, crowd, blockchain, Modern Monetary Theory.

„Ihrem Ende eilen sie zu, die so stark im Bestehen sich wähnen", singt Loge, der Berater der Götter, am Ende des ersten Teils der Opern-Tetralogie „Ring des Nibelungen" von Richard Wagner. In seinem Roman über den Niedergang der reichen Kaufmannsfamilie „Buddenbrooks" lässt der Nobelpreisträger Thomas Mann einen Protagonisten mit Weitsicht sagen: „Ich weiß etwas, woran du noch nicht gedacht hast, ich weiß es aus Leben und Geschichte. Ich weiß, dass oft die äußeren, sichtbaren und greifbaren Zeichen und Symbole des Glückes und Aufstieges erst erscheinen, wenn in Wahrheit alles schon wieder abwärts geht. Diese äußeren Zeichen brauchen Zeit, anzukommen, wie das Licht eines solchen Sternes da oben, von dem wir nicht wissen, ob er nicht schon im Erlöschen begriffen ist, wenn er am hellsten strahlt." Gilt das auch derzeit für die Kreditinstitute in Deutschland?

1 Ökonomische Situation der Banken in Deutschland

Nun ist spätestens mit der internationalen Finanzkrise im Jahr 2008 allen offensichtlich geworden, dass mit einem „Weiter so" oder mit nur marginalen Anpassungen der Geschäftsmodelle die Zukunft der deutschen Kreditinstitute nicht zu sichern ist. Die Notwendigkeit einer totalen Transformation der Geschäftsmodelle drängte sich schon damals dem Management geradezu auf (siehe [1]). Denn die Begründungen für die Rechtfertigung von Banken erodierten grundlegend: Die Zinsstrukturkurve wurde immer flacher. Das schwächte die Möglichkeiten ab, aus der Fristentransformation wie bisher Gewinne zu generieren. Die Bonitätsrisiken und Marktpreisrisiken nahmen zu und erhöhten die Kosten für die Risikotransformation. Die zunehmende Liquiditätsflut in den Märkten verteuerte die Chancen aus der sogenannten Losgrößentransformation.

Schon von daher waren die negativen Auswirkungen (nach Bilanzzahlen im Bundesanzeiger) auf die vier Treiber des Betriebsergebnisses einer Bank signifikant offensichtlich:

- Der **Zinsüberschuss**, der bis heute etwa 70 % zum Betriebsergebnis der Banken beiträgt, drohte in historischem Ausmaß zu sinken. Nach der Marktzinsmethode war ab dem Jahr 2008 leicht zu erklären, dass im grundlegend sich ändernden Zinsumfeld der Konditionsbeitrag und Strukturbeitrag für den Zinserlös in historischem Ausmaß fallen werden.
- Die **Provisionserlöse** lassen sich wegen der hohen Preiselastizität bei den Konditionen für die Girokonten und dem Wertpapiergeschäft mit Kunden zu wenig steigern, um den großen Rückgang des Zinsüberschusses zu kompensieren. Mit den FinTechs erwächst zudem substitutive Preiskonkurrenz (mit sehr niedrigen Kostenstrukturen), die zu Abwanderung von Kunden führt. Verkaufsgetriebene Umschichtungen von Kundeneinlagen in das Depot B führen nur zu einmaligen Provisionsspitzen.
- Die **Kosten** für Personal und Betriebsausstattung zur Erstellung der Bankleistungen sind zu hoch und reagieren rigide gegen ihren Abbau. Die Cost-/Income Ratio übersteigt bei vielen Banken bis heute 70 %. Angemessen wäre eine Aufwandsquote im Verhältnis zum Ertrag von 40 bis 50 %. Von daher war offensichtlich, dass aus der Sicht des Jahres 2010 selbst bei einer gut geführten Bank das Betriebsergebnis in Prozent der Bilanzsumme bis zum Jahre 2020 sich nahezu halbieren würde.
- Dabei sind die **Risikokosten** mit kalkulatorischen bis zu 0,6 % des Geschäftsvolumens noch gar nicht berücksichtigt.

Die Pandemie lehrt, dass sich Banken gegen unerwartete Risiken und Verluste bei ihren Kundenforderungen wappnen müssen. Und sollten sich entgegen den Argumenten unten die Zinsen doch wieder und unerwartet stark erhöhen (Zinsänderungsrisiko) drohen dramatische Verluste aus Wertberichtigungen und Abschreibungen bei den Eigenanlagen (Depot A).

Infolgedessen fehlt dann auch die Ertragskraft, um aus der Innenfinanzierung über Gewinne das Eigenkapital von Banken insoweit zu erhöhen, dass ausreichend Schutz gegen Risiken besteht. Bis heute liegt die durchschnittliche Eigenkapitalquote bei etwa 5 %. Diese Quote darf nicht verwechselt werden mit der Solvency Ratio, die die Eigenmittel einer Bank ins Verhältnis zu den risikotragenden Aktiva setzt. Diese Eigenkapital beträgt in vielen Banken derzeit auch nur etwa 10–15 %. Der Autor hält eine Eigenkapitalquote von 20 bis 25 % für nötig.

Die Abb. 1 erklärt aus einer normativen Perspektive die Ansprüche an ein gut geführtes deutsches Kreditinstitut. Dabei liegen den dargestellten Erfolgskenn-

	2010	- in % der durchschnittlichen Bilanzsumme - aus Sicht 2015 für **2020** erwartet	für **2020** befürchtet
Zinsspanne	2,50	1,50	1,30
Provisionsspanne	0,70	0,80	0,80
Betriebsaufwand	- 1,90	- 1,60	- 1,70
Betriebsergebnis	1,30	0,70	0,50 - 0,30
Bewertungsergebnis	- 0,20	- 0,20	0,60 - 1,60
Bereinigtes Ergebnis v. St.	1,10	0,50	- 0,0 bis - 1,0
Cost-Income-Ratio CIR	65%	60%	70%

Quelle: Eigene Abbildung. Clemens Renker

Abb. 1 Forecast für gut geführte Kreditinstitute: aus der Perspektive von 4/2015

zahlen (Key Performance Indicator KPI) aus der Sicht des Jahres 2010 Szenarien zugrunde. Aus der Sicht des Jahres 2015 erfolgte ein Forecast mit Blick auf das Jahr 2020 (siehe [2, 3, S. 17] und Bankbilanzen im Bundesanzeiger). Die Spalte ganz rechts zeigt aus den Kenntnissen des Oktober 2020 das wahrscheinliche Ergebnis für dieses Jahr. Die ersten Veröffentlichungen von Bilanzen der Sparkassen und Volksbanken in Deutschland im Februar 2021 bestätigen die für das Jahr 2020 vorausgesagten Verhältnisse.

Nun wirkt seit dem Frühjahr 2020 die Pandemie zusätzlich als Beschleuniger der existenziellen Notwendigkeit einer totalen Transformation der Kreditinstitute in historischem Ausmaß. In Deutschland wird seit Jahren davon gesprochen, dass es ohnehin zu viele Kreditinstitute gibt („overbanked"). Nun trägt die Pandemie mit dazu bei, dass Kunden in großen Zahlen ihre Bankgeschäfte nicht mehr am Schalter, sondern Online durchführen („Veränderung des Nachfrageverhaltens"). Mitarbeiter und Führung müssen veränderte Arbeitsverhältnisse („Home-Office" und „Remote") neu und effizient gestalten. Neue Bankprodukte und neue, von der Digitalisierung getriebene Finanzinstitutionen entstehen („Ersatzproblemlösungen" und „neue Wettbewerber"). Neue Finanz-Servicedienstleister („Macht von Lieferanten") fügen sich in die Wertschöpfungsketten ein. Social Media belebt die interaktive Kommunikation der Marktteilnehmer („Macht von Stakeholdern") jederzeit und weltweit.

Insgesamt bewegt sich ab dem Jahr 2021 die Mehrzahl der deutschen Kreditinstitute in die Zone der Gefährdung ihrer Existenz. Ihr Überleben suchen sie derzeit noch zu sichern, indem sie Zweigstellen schließen, Personal abbauen und indem sie über Fusionen mit anderen Banken Kostendegressionen erzielen wollen.

Aber reicht das, um zu überleben?

Mit dem Blick auf das Jahr 2025 sind keine evidenzbasierten Gründe zu erkennen, die den weiteren Rückgang der Betriebsergebnisse herkömmlich geführter Kreditinstitute beenden könnten. Damit wären nahezu alle Kreditinstitute mit ihren herkömmlichen Geschäftsmodellen nicht mehr sicher.

2 Entwicklung der Zinsen als zentrale Treiber des Erfolges

Auch wenn der Zinsüberschuss seit zehn Jahren signifikant fällt – immer noch ernährt er viele Banken. Im Jahr 2020 dürften in vielen Kreditinstituten erstmals die Personal- und Sachkosten nicht mehr von der Zinsspanne gedeckt werden können. Unter den Rahmenbedingungen von weiterhin Null-Zinsen und Negativ-Zinsen sowie einer flachen Zinsstrukturkurve (die Differenz zwischen kurzfristigen und langfristigen Zinsen tendiert gegen Null) sind Steigerungen des Ergebnisses aus dem traditionellen Zinsgeschäft in Zukunft jedoch kaum möglich. Zudem stellt Professor Paul Schmelzing von der Universität Yale fest, dass die Zinsen ohnehin seit etwa 700 Jahren sehr langsam und in Zyklen sinken. Er geht auch davon aus, dass positive Zinsen, zumindest positive Realzinsen, auch in den nächsten Jahrzehnten nicht zu erwarten sind. Wir können sogar noch weiter argumentieren, dass in der Welt auch künftig zu viel Liquidität vorhanden ist. Negativzinsen bis zu minus 3 % sind vorstellbar.

Warum? Kausal-logisch erscheinen folgende Gründe evident:

- Seit einigen Jahren wächst in Deutschland das Angebot an Ersparnissen stärker als die Nachfrage nach Krediten. Folglich sinkt der Zins als Preis für Geld, wenn das Angebot die Nachfrage übersteigt. Der Zins-Preis wird sogar negativ. Wesentliche Gründe dafür sind eine alternde Gesellschaft, die mehr spart als investiert. Unternehmen finanzieren ihre Investitionen zunehmend aus dem Cashflow anstatt über Kredite. Die Digitalisierung und Künstliche Intelligenz ermöglichen eine höhere Effizienz und Effektivität der Wertschöpfungsprozesse. Die Produktivität steigt. Wir benötigen weniger Ressourcen und Kapital. Die Steigerung der Preise und Löhne sind gering. Wegen des heutigen Überschusses an Geld lehnen derzeit Kreditinstitute schon neue Einlagen von Kunden ab. Teilweise kündigen sie bestehenden Kunden, wenn diese keine Negativ-Zinsen akzeptieren. Oder sie suchen Kundeneinlagen in das Depot B umzuschichten. Das hohe Kreditwachstum 2020 dürfte nur bedingt durch Corona sein.
- In dieser Zeit des Geldüberflusses schöpft die Europäische Zentralbank EZB zusätzlich Liquidität bis auf historischem Höchstniveau (4,6 Billionen Euro,

Stand 10/2020). Die EZB signalisiert derzeit auch die Bereitschaft, weiteres Zentralbankgeld zur Verfügung zu stellen: „What ever it takes", in der Fortsetzung nach Mario Draghi. Die Geschäftsbanken können andererseits ihre überschüssige Liquidität bei der EZB nur bei einem Zinssatz von bis zu minus 0,5 % anlegen oder in Bundesanleihen gegen Negativzinsen anlegen. Die Auswirkungen von TLTRO sind heute noch nicht quantifizierbar.
- Auch die Geschäftsbanken tragen mit der multiplen Schaffung von Geschäftsbankengeld dazu bei, auch weiter zusätzliche Liquidität in die Märkte zu tragen. Anders könnte dies nach Einführung des digitalen Euro werden.
- Schließlich treibt auch die Corona-Krise Institutionen aus der Geldpolitik und Fiskalpolitik dazu an, sogenanntes „Helikopter"-Geld bzw. „Fiat-Geld" (wie von Milton Friedman schon vor 50 Jahren diskutiert) aus politischen Erwägungen bestimmten Marktteilnehmern unentgeltlich zur Verfügung zu stellen.
- Die Modern Monetary Theory (siehe dazu Kelton S.) geht davon aus, dass ein Land, das eine Währung und eine Notenbank hat, dem Markt so viel Geld wie nötig zur Verfügung stellen kann. Voraussetzung ist lediglich, dass die Gelder in produktive Investitionen und innovativ angelegt werden, damit ein Return on Invest verlässlich möglich ist. In Europa erscheint derzeit unter dem Marketingbegriff „Green Deal" bereits eine Variante davon möglich.

Insgesamt sprechen alle fünf genannten Argumente dafür, dass die Geld- und Kapitalmarktverhältnisse in Zukunft kein Treiber für wieder steigende Zinsergebnisse sein werden. Der seit etwa 5 Jahren andauernde signifikante Rückgang des zentralen Erfolgsgaranten „Zinsüberschuss" wird sich wegen der auslaufenden Langfristanlagen bei Krediten und Depot A mit noch 3 bis 4 % p. a. und alternativen Wiederanlagen von nur minus 0,5 bis plus 1,5 % ab 2021 weiter beschleunigen. Jedenfalls deutet sich schon bei einzelnen Banken im 4. Quartal 2020 eine weitere gravierende Senkung der Zinsspanne an. Im Jahr 2020 dürften nahezu alle Kreditinstitute erstmals in ihrer Geschichte mit dem Zinsüberschuss aus dem traditionellen Bankgeschäft ihre Personal- und Sachkosten nicht mehr decken können. Der Provisionsüberschuss lässt sich nur über wenige Jahre wegen der hohen Preiselastizität und dem Druck neuer, alternativer Konkurrenten und nur marginal steigern. Eine nötige Verdopplung des Provisionsüberschusses gibt der Markt nicht her. Zudem können sich als Folge der Pandemie für die Kapitaldienstfähigkeit von Kreditkunden die Wertberichtigungen und Abschreibungen im Jahre 2020 oder dann 2021 verdoppeln. Also bleiben nur eine Halbierung des Betriebsaufwandes und perfektes Risikomanagement als operativer Rettungsweg?

Wie können die deutschen Kreditinstitute nun noch sehr schnell reagieren, um ihre Existenz zu verlängern und zu sichern? Wie könnte die nächste Generation des

Bankgeschäftes ausschauen (siehe [4], auch für den folgenden Abschn. 3)? Und welche Vorteile könnte ein möglicherweise disruptiv transformiertes Finanzsystem für die Kunden, die Volkswirtschaft und Gesellschaft haben?

3 Konsequenzen für nötige Geschäftsmodell-Transformationen

3.1 Ebenen bestehender Geschäftsmodelle optimieren und wandeln

Die radikal geänderten Rahmendaten der Finanzwelt mit den zusätzlichen neuen Auswirkungen aus der Pandemie weisen darauf hin, dass alle Banken auf den vier Ebenen eines ganzheitlichen Geschäftsmodells (siehe Abb. 2) marginale bis totale Neugestaltungen vornehmen müssen:

- Auf der Ebene der zu erbringenden Bank-Marktleistungen muss eine Bank individuell die Fragen beantworten: Welche Bankdienstleistungen mit Netto-Nutzen-Differenzierung tragen bei welchen Zielgruppen zukünftig dazu bei, hinreichende Geschäftsvolumina zu generieren?
- Auf der Ebene der Generierung von nachhaltigen Erlösen geht es darum, neue Preissysteme zu entwickeln, die mehr als nur die Betriebskosten und Risikokosten decken, sondern mit einem durchschlagenden und nachhaltigen Pricing ausreichende Gewinnbeiträge erwirtschaften.
- Auf der Wertschöpfungsebene geht es darum so effizient und gleichzeitig wertvoll zu arbeiten, dass die Kosten für die Mitarbeiter und physischen Ausstattungen so niedrig sind, dass die Bank wettbewerbsfähig und damit überlebensfähig bleibt.
- Das tragende Fundament der bisher genannten drei Ebenen eines erneuerten Geschäftsmodells in einer Bank sind die Handlungskompetenzen von Führung und die Mitarbeiter. Die Effektivität und Effizienz der Zusammenarbeit begründen Wachstum, Ertrag und Konkurrenzvorteile. Es bedarf häufig einer neuen Unternehmenskultur in Banken, die als die strategische Stoßkraft die obigen Ebenen am Markt sichtbar vorteilhaft entfaltet.

Kreditinstitute, die noch schnell die Hausaufgaben auf diesen Ebenen erfüllen, haben die Chance in verkleinerter und veränderter Form weiterhin erfolgreich zu wirtschaften. Andererseits könnte es sich dennoch schon im Sinne des Eingangszitates von Thomas Mann auch damit schon um „erloschene Sterne" handeln. Denn die Corona-Krise gibt der Digitalisierung und Globalisierung einen bedeutenden Schub: eine neue Generation des Bankings wächst heran.

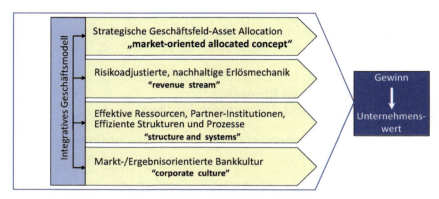

Abb. 2 Vernetzte Ebenen eines Geschäftsmodells für Kreditinstitute. (Quelle: Eigene Abbildung. Clemens Renker)

Es bleibt aber die Hoffnung, dass Banken bei einer konsequenten Transformation zu Geschäftsmodellen, die sich mit Schnelligkeit, Flexibilität, Agilität und Resilienz auszeichnen, zu einem erneuten Aufschwung starten können. Digitalisierte Bankdienstleistungen, individualisierte Preis- und Konditionssysteme, effiziente Wertschöpfungsprozesse und eine total auf Kundenorientierung („customer centricity") hin ausgerichtete Performance-Kultur aller Mitarbeiter – wie es etwa Amazon vorexerziert – lauten die Leitmaximen.

3.2 Narrative des Banking of next Generation

Neben und aus den Resten der alten Bankenwelt könnte sich, und das sei in einem spekulativ explorativen und auf Szenario basierten Ansatz dargestellt, ein neues Narrativ als ein neuer Erzählstrang für eine komplett neue Generation von Finanzinstitutionen nach 200 Jahren Geschichte etablieren. Diese sei noch kurz in einem Szenario, das bisheriges Wissen weiterdenkt, skizziert:

- Aus der Europäischen Zentralbank EZB könnte sich eine Art „Europäisches-Supra-Finanzinstitut" entwickeln, das auf der Kernkompetenz ihrer Geldpolitik auch fiskalpolitisch wirksam wird. Dieses Institut kann die Geldwertstabilität und die Währungsstabilität sichern. Sie kann ausreichend Liquidität bereithalten. Allein die angedachte digitale Euro-Währung dürfte eine echte Innovation sein. Damit greift die EZB direkt in das Geldsystem ein. Sie macht es transparent. Ferner nimmt sie dadurch den Banken teilweise den Zahlungsverkehr ab bzw.

schaltet sie als Intermediäre ganz aus. Der Negativ-Zins kann direkt gesteuert werden. Helikoptergeld kann die EZB direkt überweisen. Auch die Erkenntnisse der Modern Monetary Theory können nach Bedarf und Begründung in die Finanzwelt umgesetzt und in die reale Wirtschaftswelt transformiert werden. Auch das ineffiziente Bargeld könnte weitgehend abgeschafft werden.

- Herkömmliche Banken entwickeln ihre Geschäftsmodelle in der Form weiter, dass sie auf allen vier oben genannten Ebenen die Möglichkeiten der Digitalisierung konsequent realisieren. Alles was auf der technisch-organisatorischen Ebene einer Bank zur Herstellung und dem Vertrieb von Bankdienstleistungen digitalisiert werden kann, wird auch digitalisiert werden. Ein Beispiel stellt in Russland die Wandlung der „Sberbank" hin zu „Sber" dar. Immer mehr Kunden nutzen schon heute in Deutschland bei ihrer Hausbank das Onlinebanking. Bei Kontoeröffnungen kommen Video-Ident-Methoden oder Post-Ident-Verfahren zum Einsatz. Der Zahlungsverkehr und Finanztransaktionen können über Online-Verfahren wie AppTan, SMS-Tan, PhotoTan, ChipTan, QR-Tan oder Best-Sign bequem und sicher durchgeführt werden. Banking-Apps stehen mobil, direkt oder bei Tochterunternehmen herkömmlicher Banken zur Verfügung.
- Auf Plattformen bzw. Market-Places können jede Art von Bankdienstleistungen und Versicherungsdienstleistungen überall erhältlich, zu jeder Zeit für jeden bequem angeboten werden. Ähnlich wie Yandex in Russland können doppelseitige Plattformen zu nahezu Null-Grenzkosten ihre Leistungen anbieten. Die Beziehungen zu den Geschäftspartnern können über die „New Customer Journey" kundenindividuell, intensiv und extensiv gestaltet werden. So startete im Sommer 2020 die Plattform mit russischen Wurzeln „Vivid Money/Tinkoff Bank" einen neuen Finanz- und Lifestyle-Dienstleister. In Deutschland machte in kurzer Zeit besonders der neue Smartphone-Broker Trade Republic mit seinen nahezu Nullkosten für Börsen-Order und Depot auf sich aufmerksam. Auch Justtrade, Gratisbroker und Scalable Capital arbeiten ähnlich. Private Debt-Fonds stellen alternative Formen der Anlage und Finanzierung von Unternehmen dar. Exchange Trade Funds ETF können Anleger bequem über günstigen Online-Vertrieb erwerben.
- Nach der Devise der „Open Source Innovation" können die Kompetenzen von Finanzexperten („Core") in Kreditinstituten um das Wissen der Menschen in der Welt („Crowd") erweitert und optimiert werden. Social Media in Form von „Social Trading" als eine Fortsetzung von Web 2.0 bringt die Erfahrung von sogenannten „Signalgebern" als Influencer mit „Followern" zusammen, um bessere Anlagestrategien zu entwickeln. In Deutschland heben sich hervor Social Media-Finanzakteure wie Wikifolio, Etoro, Ayondo oder Finanzfluss, Aktien mit Kopf, Finanzwesir oder Madame Moneypenny. Neue Crowd-Plattformen ermöglichen

es auch Menschen mit wenig Geld an den Finanzmärkten teilzunehmen durch zahlreiche Formen von Crowdinvesting, Crowdlending oder Crowdfunding.
- Und schließlich können die Technologien wie sie uns die „Künstliche Intelligenz" oder das „Maschinelle Lernen" liefern die Bankberater in ihren Handlungskompetenzen für den Kunden verbessern. Beispielhaft seien nur die neuen Roboterberater als von Algorithmen gesteuerte Robo-Advisor genannt. Kunden können diese Art von Beratung mit unterschiedlicher Servicetiefe wählen. Erste Erfahrungen in Deutschland kann man zum Beispiel mit den Robo-Anbietern Whitebox, Quirion, Scalable, Robin, Vaamo, Ginmon oder fintego machen.
- Besondere Aufmerksamkeit verdient aber die Distributed Ledger Technology (DLT). Sie ist bekannt als Blockchain-Technologie und berühmt geworden durch Bitcoin und Token als sachliche und virtuelle Gegenwerte. Dieser dezentralen Technologie wird die disruptive Energie unterstellt, die gesamte Welt der Banken und Finanzen grundlegend zu verändern (siehe dazu [5, 6]).

Natürlich verunsichern all diese großen und schnellen Veränderungen die Mitarbeiter in den Banken. Viele müssen sich neu orientieren und sich den neuen Herausforderungen stellen. Aber es hilft nichts, wenn derartig starke Stürme des Wandels in der Bankenwelt wehen, dagegen Mauern zur Abwehr zu bauen. Vielmehr ist es angebracht, möglichst schnell Segel zu setzen, um davon zu profitieren.

Denn die Kunden brauchen traditionelle Banken in Zukunft nicht mehr. Der rationale Kunde legt ohnehin nicht mehr als 100.000 € pro Bank (relative Sicherheitsgrenze nach dem Einlagensicherungs- und Anlegerentschädigungsgesetz) als Forderung gegenüber Banken an. Ansonsten ist er in den volatilen Zeiten nur Eigentümer von Gebrauchsgütern und Unternehmen oder Anteilen davon über Aktien.

3.3 Mehr Werte und Wachstum

So wird uns bei allen Ängsten und Widerständen die neue Welt der Banken dennoch mehr Werte in Gesellschaft, Wirtschaft, Umwelt, im Sozialen und Kultur bringen. Wir werden mehr Zeit haben für Familie, für Freunde, für Follower und für uns selbst. Auch Menschen mit geringerem Einkommen werden weltweit Bankkonten haben. Die Kosten für Bankprodukte und die Kosten für Transaktionen werden gering sein bis zu Null-Grenzkosten. Auch die Kompetenz des Bankberaters wird sich verbessern. Er kann individuell eine höhere Qualität in seinen Dienstleistungen für den Kunden erbringen. Und schließlich können Bankprodukte weltweit überall erhältlich, zu jeder Zeit, bequem, angenehm, fair, schneller, begeisterter und mit mehr Zufriedenstellung geleistet werden.[1]

Literatur

[1] Renker, C. (2010). Innovationen von Geschäftsmodellen im Firmenkundengeschäft – auf die stimmige Konfiguration kommt es an. In Euroforum (Hrsg.), *Erfolgsstrategien im Firmenkundengeschäft*.

[2] Renker, C. (2015). Zukunft von Kreditinstituten – auf das Geschäftsmodell kommt es an. nbn-resolving.de/urn:nbn:de:bsz:14-qucosa-186381 (Erstellt: 4. Sept. 2015).

[3] Renker, C. (2018). *Business Model Innovation in Banken – Robustes Geschäftsmodell durch Kunden- und Mitarbeiterzentrierung*. Wiesbaden: Springer Gabler. auf die weiterführende und vertiefende Literatur dort zum Vortrag wird hingewiesen

[4] Renker, C. (2019) *Banken waren gestern. Szenario für eine neue Welt der Finanzen*. ifme-paper, Bd. 12.2019. mit den dort angeführten Literaturverweisen als Basis des Vortrages

[5] Sandner, P., Tumasjan, A., & Welpe, I. (Hrsg.). (2019). *Blockchain Faktor. Wie die Blockchain unsere Gesellschaft verändern wird*

[6] Sandner, P., Tumasjan, A., & Welpe, I. (Hrsg.). (2020). *Die Zukunft ist dezentral. Wie die Blockchain Unternehmen und den Finanzsektor auf den Kopf stellen wird*

Weiterführende Literatur

[7] Kelton, S. (2020). *The deficit myth. Modern monetary theory and how to bulid a better economy*

---

[1] Der Text fasst einen Vortrag vom 06.10.2020 an der Saint Petersburg State University of Economics im Rahmen der Reihe „Wirtschaft und Finanzen" des International Center For Financial Market Research (ICFMR) und des Deutsch-Russischen Zentrum unter der Leitung von Prof. Dr. Tatjana V. Nikitina zusammen. Der Aufsatz erschien mit Genehmigung auch im eigenen IFMEpaper 2021.

Mit Portfolio-Management genial einfach in der Pandemie bestehen – mehr Werte, Erträge und Resilienz im Leben, für Unternehmen und Vermögen

Prof. Dr. Dr. h. c. Clemens Renker

Zusammenfassung

Wie gelingt unser Leben? Das war schon die Kernfrage der klassischen Philosophie. Wie können wir heute in der Pandemie resilient bleiben? Die Portfoliotheorie liefert uns leitende Gedanken dafür wie wir auch unter den Auswirkungen des Corona-Virus ein Vermögen nach den Kriterien Sicherung der Werte bzw. der Risiko-Rendite-Verhältnisse und Wahrnehmung von Chancen individuell optimal strukturieren können. Ihre Erkenntnisse lassen sich auf die effiziente Konfiguration von Geschäftsmodellen für Unternehmen übertragen. Portfolioanalytisch aufgestellte Geschäftsmodelle erweisen sich in der Pandemie als robust und sogar antifragil, d. h. sie werden noch erfolgreicher. Schließlich hat sich das Narrativ der Portfolioanalyse auch für die Gestaltung eines effizient diversifizierten Lebens in der Pandemie bewährt. Wer sein Leben breit und tief aufstellt und damit zwischen Chancen und Risiken ausbalanciert, der trotzt mit Resilienz den derzeitigen epochalen Herausforderungen.

Abstract

Ingeniously Simple to Survive the Pandemic with Portfolio Management – More Value, Revenues and Resilience in Life, for Companies and Assets

How do we succeed in life? That was already the core question of classical philosophy? How can we remain resilient in today's pandemic? Portfolio theory provides us with guiding thoughts on how we can optimally structure assets individually according to the criteria of safeguarding values or risk-return ratios and seizing opportunities, even under the effects of the Corona virus. Their findings can be transferred to the efficient configuration of business models in enterprises. Portfolio-analytically set up business models prove to be robust and even antifragile in the pandemic – they become even more successful. Finally, the narrative of portfolio analysis has also proven itself for the design of an efficiently diversified life in pandemic times. Those who position their lives broadly and deeply, and thus balance between opportunities and risks, defy the current epochal challenges with resilience.

Schlüsselwörter/Keywords

Asset Allocation, Portfolio-Optimierung, Rebalancing, Diversifikation versus Spekulation, Glück und Gestaltung der Lebenszeit, Lifetime Asset Allocation, Resilience, robuste Geschäftsmodelle, effiziente Konfiguration Strategischer Geschäftsfelder, Risikotragfähigkeit, Risikotoleranz, Anlagehorizont, Zeitpräferenz, Antifragilität, Performance, Realrendite, Asset allocation, portfoliooptimisation, rebalancing, diversification versus speculation, happiness and shaping the time of life, lifetime asset allocation, resilience of business models, efficient configuration of strategic business areas, risk-bearing capacity, risk tolerance, investment horizon, time preference, antifragile, performance.

πόλλ' οἶδ' ἀλώπηξ, ἀλλ' ἐχῖνος ἓν μέγα – gar viele Dinge weiß der Fuchs, aber der Igel weiß eine große Sache
Archilochos ca. 650 vor Christus.

1   Der Fuchs, der doch als Igel wirkt

Isaiah Berlin, Vertreter des Liberalismus, schrieb 1953 ein Essay über Lev Tolstoj mit dem Titel „Der Igel und der Fuchs". Dabei fragte Berlin, ob Tolstoj dadurch so ein großer Dichter der Welt geworden ist, weil er als Fuchs vielseitig, flexibel, schnell und agil denken und nahezu überall resilient handeln kann („Diversifikation" im Sinne der Portfoliotheorie) oder ob er wie ein Igel alles auf eine einzige, umfassende Kompetenz (konzentrierte „Spekulation") wie auf eine Aktie als große Wette begründet und davon ableitet? Berlin kommt zu dem Schluss, dass Tolstoj von Natur ein Fuchs war, der aber wie ein Igel wirkte.

Sind wir in unserem Leben, im Unternehmen oder in der Vermögensanlage ein Fuchs, der mit den Irrationalitäten, Widersprüchlichkeiten, Diskontinuitäten, Kontingenz (wie Corona-Virus), Dynamisierung, Volatilität und den Unsicherheiten der Lebens- und Finanzwelt sich zurechtfindet? Oder sind wir ein Igel, der alles auf eine Karte setzt? Sind wir ein Igel, der glaubt, aus einem Prinzip alles zu beherrschen?

Jedenfalls hätte Lev Tolstoj 1846 angesichts mangelnder Lösungswege seitens der Betriebswirtschaft in der Pandemie analog zu seiner Meinung zur Geschichtswissenschaft geschrieben: „Die BWL ist nichts als eine Sammlung von Fabeln und nutzlosen Banalitäten, die von einer Masse unnötiger Kennzahlen und krimineller Manager durcheinander gebracht werden...", dann weiter mit Tolstoj... „die Betriebswirtschaft enthülle keine Ursachen, sie zeige nur eine Folge von unerklärten Ereignissen. Alles wird von den Betriebswirten in ein konstruiertes Schema gezwängt, das diese vorher dazu erfinden." Passend kommentiert dies Prof. Gunther Friedl, Dekan der TU München, am 05.12.2020 in der WirtschaftsWoche: „Die Coronakrise hat einen gewissen Bedeutungsverlust der Betriebswirtschaftslehre in der öffentlichen Debatte offenbart. Volkswirte und Virologen debattieren auf allen Kanälen, die Betriebswirte aber werden und sind kaum gefragt. Das macht mir Sorgen." Wir müssen uns schon fragen in der Betriebswirtschaftslehre, ob wir in den letzten Jahrzehnten nicht mathematisch exakte Berechnungen bis zur zweiten Stelle hinter dem Komma verwechseln mit der kausal-logisch richtigen Annäherung der Wirklichkeitsdiagnose an die Wahrheit. Wir müssen uns fragen, ob wir zu emsig mit einem Rigorismus irrelevante Fragestellungen perfekt durchdringen und darstellen ohne dabei die relevanten Sachverhalte und Entwicklungen in der Wirtschaft zu behandeln, neu und bedeutungsvoll zu lösen.

Vielleicht liegt es auch daran: „Die Blätter eines Baumes gefallen uns mehr als seine Wurzeln" schrieb Nikolaj Nikolajewitsch Apostolov schon 1928 zu Tolstoj's Auffassung zur Wahrheit der Wissenschaft.

2   Narrative der modernen Portfoliotheorie

> Im Leben gibt es vieles unentgeltlich, aber es gibt nichts umsonst. Alles hat seinen Preis als Kosten der Opportunität. Nur die Diversifikation gibt es ohne Preis und ohne Kosten.

Gehen wir zu den Wurzeln der klassischen und modernen Portfoliotheorie als Teil der Theorie über Kapitalmärkte. Ihre grundlegenden Erkenntnisse wurden schon ab 1952 und 1959 von den mit dem Nobelpreis ausgezeichneten Forschern Harry Markowitz, James Tobin und William F. Sharpe 1963, Eugen Fama und in den siebziger Jahren von den Verhaltenswissenschaftlern Daniel Kahnemann und Amos Tversky publiziert (siehe in den Literaturquellen zu den grundlegenden Erkenntnissen der Portfoliotheorie). Bei allen Restriktionen der theoretischen Modelle bezüglich ihrer oft kritisierten Realitätsferne, sind doch ihre Implikationen bzw. Konklusionen für praktische Argumente valide und haben sich bewährt. Derzeit ist uns gerade in der in der Pandemie evidenzbasiert die Relevanz der Portfoliotheorie offensichtlich geworden: portfolioanalytisch ausgerichtete Lebensmodelle, Geschäftsmodelle und Vermögen erwiesen sich als robust, resilient, ja sogar als antifragil (siehe [1]). Obwohl die gesamte Portfoliotheorie auf wissenschaftlich gutem Fundament steht, leuchtet sie den meisten Menschen in der Praxis oft nicht ein. Gefühl und Emotionen widersprechen dem Verstand (kognitive Dissonanz). Demnach sind es nur wenige Unternehmen und Menschen, die sich nach den portfolioanalytischen Gedanken ertragsorientiert und risikogerecht aufstellen. Regelmäßig werden deren mangelnde Beachtung in der Praxis mit Ertragseinbußen, höheren Kosten, Ausfallrisiken, höherem Stress, fehlender Widerstandsfähigkeit bis zum totalen Scheitern bezahlt.

Kurz zum Wesen der Portfoliotheorie:

Ein optimales oder effizientes Portfolio als individuell gelebtes Leben, als Geschäftsmodell im Unternehmen, als effektive und effiziente Faktor-Kombination (TFP Totale Faktor Produktivität) in einer Volkswirtschaft oder als bedürfnisgerecht machbares Vermögens-Portfolio ist individuell in sichere und riskantere, aber relevante Asset-Klassen diversifiziert bzw. konfiguriert (= Configuration). Devise: „Lege nicht alle Eier in einen Korb und streue die Risiken und Ertragspotentiale breit über verschiedene Körbe an Asset-Klassen. Diversifiziere analog auch innerhalb der Asset-Klassen!" Diese Asset-Klassen sind, wenn kaum voll negativ korreliert möglich, zumindest nur sehr niedrig positiv korreliert. Eine Asset-Klasse besteht aus einem Bündel von Anlagetitel, die sich auf abgegrenzten Märkten hinsichtlich Rendite- und Risikoentwicklung gleichen. Auf einem Diagramm-Menü können Rendite-/Risiko- (bzw. Volatilität/Varianz) Kombinationen für die Gestaltung eines individuell optimalen Anlageportfolios veranschaulicht werden. Je höher der Anteil risikoarmer Assets am Gesamtportfolio, umso geringer zwar die Rendite, aber umso stabiler, robuster und resilienter sind Leben, Unternehmen und Vermögen.

Das anfänglich gewählte Portfolio wird im Zeitverlauf regelbasiert oder diskontinuierlich so umgeschichtet, dass die ursprünglich gewünschte und begründete Zielallokation bzw. das Investitionsziel eines Portfolios hinsichtlich der ursprünglichen Rendite-Risiko-Konstellation gewahrt bleibt (= Rebalancing). Diese „Rückgewichtung" begünstigt regelmäßig den Renditeanstieg eines Portfolios bei nur gemäßigtem Risikoverlauf. Tendenziell wächst durch Rebalancing die risikoadjustierte Rendite des gesamten Portfolios.

Etwa 90 % des Erfolges bzw. der Performance (= Realrendite aus der Summe von Dividende und Wertänderung) eines finanziellen Vermögens-Portfolios lassen sich aus der optimal abgestimmten Diversifikation zwischen ihren Asset-Klassen und innerhalb der Asset-Klassen erklären. Die Efficient Asset Allocation durch effektive Auswahl und Gewichtung der im Portfolio enthaltenen Asset-Klassen (siehe dazu u. a. [2, 3, S. 72–76]) bestimmt also Wertzuwachs, Erlöse und Risiko eines Anlageportfolios. Dadurch können die Rendite- und Wertschwankungen bei Wertpapieranlagen, im Leben und in Unternehmen gesenkt werden. Nur etwa 10 % des Anlageerfolges geht auf den geschickten Kauf von Einzeltitel einer Asset-Klasse („stock picking") und/oder deren rechtzeitigen Kauf oder Verkauf („market timing") bzw. sogar nur Zufall zurück. Analog lassen sich diese Erkenntnisse aus den Finanzanlagen evidenzbasiert auf Unternehmen (siehe [4, S. 339–350]) und die Gestaltung des individuellen Lebens übertragen (Renker, C., Coaching und Seminare seit 1989). Bei Unternehmen bezeichnen wir Asset-Klassen als Strategisches Geschäftsfelder. Für die Führung des eigenen Lebens unterteilen wir in Lebens-Asset-Klassen der individuellen Lebensgestaltung.

Aus der DNA der Portfoliotheorie lässt sich für die praktische Umsetzung ableiten: Es wird nicht auf den besten Anlagetitel (Stock Picking) und den besten Anlagezeitpunkt (Market Timing) spekuliert. Die Investition erfolgt, wenn ein fester Anlagegrund vorliegt. Hektische und verteuernde Transaktionen aus vermeintlichen Gewinnmitnahmen werden unterlassen. Eine gute Anlage ist ihren Anschaffungspreis wert. Sie wird gehalten und wird nicht verkauft (= „Buy & Hold"). Da die Zukunft von sozialen Systemen mit keinem wissenschaftlichen Instrument vorhersehbar ist, allenfalls gestaltbar ist, interessieren die medial als eigenes Geschäftsmodell betriebenen Prognosen über die Zukunft von Ereignissen nicht weiter. Dem Finanzjournalismus oder den Crash-Propheten, die nur Angst, Panik, Verlockungen, aber auch falsche Versprechungen propagieren („Investmentpornografie" nach Kommer, G., S. 46–52), gegenüber ist die Portfoliotheorie immun. Märkte sind hinsichtlich Informationsverarbeitung, Organisation und Allokation weitgehend effizient in der Praxis. Wenn kein Betrug oder Täuschung vorliegen, helfen alle Recherchen nichts. Sie sind Zeitverschwendung. Denn im Preis liegt schon die Wahrheit auf dem Markt. Reale Marktrenditen von 2 bis 3 % über lange Zeit sind bescheiden, realistisch, aber sicher. Es besteht daher nicht der Ehrgeiz, aggressiv im Wettbewerb andere zu übertrumpfen, die größten Stücke am Kuchen des Marktes zu erhaschen oder mit riskanten Spekulationen den höchsten Gewinn zu erzielen. Andererseits mangelt es auch am destruktiven Geiz. Vielmehr besteht die Freude an einem machbaren und genussvollen Leben nach der Devise selber leben und leben lassen. Heiterkeit, Geduld, Gelassenheit sind weitere Wesenszüge: eben passiv anstatt hektisch aktiv investieren. Anstatt traurig über in der Vergangenheit gemachte Fehler zu klagen, wird aktiv nach besseren Lösungen für die Zukunft gesucht. Das Anlageverhalten gaukelt nicht mathematische Exaktheit vor, sondern ist kausallogisch nach wissenschaftlichen Regeln begründet. Einfachheit, Klarheit, Offenheit und Transparenz schlägt Komplexität: „Keep It Simple and Stupid – KISS." Schon einfache Portfolio-Ansätze sind oft mindestens genauso erfolgreich wie diejenigen mit komplexen mathematischen Methoden (eigene Erfahrung über 40 Jahre und siehe [24] und [14]).

So gewinnt die moderne Portfoliotheorie, auch „passives" Management genannt regelmäßig in neun von zehn Fällen – ohne sich als Sieger zu fühlen – gegenüber dem „aktiven", hektischen und aufwändigen Management eines Vermögens, Unternehmens oder Lebens sowie dem Verkaufsdruck von Finanzberatern.

Die Moderne Portfolio-Theorie begleitet den Autor implizit und explizit sein ganzes Leben. Nicht nur in der Vermögensanlage. Alle Unternehmen, die seit 40 Jahren als Geschäftsführer, Vorstand, Interim-Manager, Beirat, Aufsichtsrat oder Berater begleitet wurden, sind nach den Prinzipien der Portfoliotheorie aufgestellt. Die meisten davon haben sich zum Marktführer in ihrer Branche entwickelt. Manche sind zum Weltmarktführer aufgestiegen. In der Corona-Krise haben Unternehmen durch ihr portfolioanalytisch gestaltetes, antifragiles und resilientes Geschäftsmodell sogar das beste Jahr ihrer Firmengeschichte geschrieben.

3   Portfolio-Management und gelingende Lebenszeit

Das Ziel der Lifetime Asset Allocation-Methode ist es, in Analogie zu den Modellen für Portfoliooptimierung und Asset Allocation der Kapitalmarkttheorie die eigene Lebenszeit über alle Bedarfslebenszyklen und Beziehungslebenszyklen hinweg optimal zu gestalten. Lifetime Asset Allocation will uns die Frage beantworten: Welche nutzen- bzw. ertragsrelevanten und niedrig korrelierten Felder der Lebensgestaltung kann ich zu welchen Anteilen in welchen Lebensabschnitten mit geringer Volatilität, Varianz bzw. Risiken optimal so konfigurieren und rebalancieren, dass ein individuell zufriedenstellender Gesamtnutzen in Form eines gelungenen Lebens ermöglicht wird?

Nun zeige ich dazu zehn Schritte, nach denen der Leser sein Leben portfolioanalytisch gestalten, die unsystematischen Risiken wegdiversifizieren, sich vor den systematischen Risiken des Lebens nicht ängstigen braucht und ohne übertriebenen Stress ein gelingendes Leben mit Resilienz erreichen kann.

1. Eigenen Zeithorizont vorstellen: Visualisierung der (gewünschten) persönlichen Lebenszeit, in der das individuelle Sein zu einem Vermächtnis gelingen kann. Bei der folgenden Anwendung auf Unternehmen ist das die Haltedauer des Unternehmens bis zum gewünschten Marktwert, bis zum evtl. Verkauf oder der Aufgabe des Geschäftes der Zeithorizont. Für die Vermögensanlage ist dies der Anlagehorizont bis zur Erreichung eines gewünschten Vermö-

gensendwertes und der dann vorgesehenen Verwendung bzw. Verrentung bis zum Ende der Lebenszeit.
2. Eigene Lebens-Maximen aufstellen: Leitbild und Grundsätze als leitende Gedanken zur Orientierung im Alltag, im Unternehmen und im Umgang mit Finanz-Asset-Klassen.
3. Eigene Risikopräferenz einschätzen: Wie groß ist die individuelle Risikobereitschaft und Risikotoleranz tatsächlich. Die Bandbreite von „risk lover" bis „risk averter" betrifft die individuelle Art und den Grad an Willen und Mut, Risiken emotional einzugehen, den Stress zu ertragen, Risikoaversion zu bewältigen, Ängste auszuhalten, Stehvermögen und Resilienz zu erweisen.
4. Eigene Risikotragfähigkeit berechnen: Vorhandenes Vermögen in der Ausgangssituation klären. Nachhaltige Einkommensquellen (Humanpotential, Lohn, Zinsen, Dividenden, Miete, Umsätze, Cashflow) und gesicherten Liquiditätsbedarf, um gegen Risiken geschützt zu sein, errechnen. Dieser Punkt beantwortet auch einen Break-even Point als eine Art Risikoschwelle (siehe Diskussion zum Grundeinkommen) für die Freiheit und Möglichkeit zur eigenen Lebensgestaltung überhaupt.
5. Eigene Zeitpräferenz beachten: Bereitschaft, auf den Gegenwartskonsum zu verzichten, um ein avisiertes höheres Ziel mit wertvollerem Nutzen später zu erreichen. Menschen, die heute verzichten können, die heute sparen für morgen, sind im Beruf und Vermögen tendenziell erfolgreicher.
6. Eigene Zeitinkonsistenz abwehren: Fähigkeit, begründete Pläne konsequent umzusetzen, durchzuhalten und nicht zu verändern. Menschen (gleiches gilt für Unternehmen oder Anlagevermögen), die dem kurzfristigen, schnellen und lustvollen Vergnügen auf ihrem Lebensweg widerstehen können (siehe Odysseus und die Verlockungen der Sirenen) und ihren ursprünglich begründeten Plan einhalten, erzielen durch Disziplin höhere Erfolge.
7. Eigenes Lebensportfolio über Lebens-Asset-Klassen breit konfigurieren: Diversifikation zwischen Lebens-Asset-Klassen und innerhalb der Lebens-Asset-Klassen zu einem effizienten Portfolio an Gestaltungsfelder des individuellen Lebens (Lifetime Asset Allocation im engeren Sinne) zur Stabilisierung der Nutzen-/Ertragspotentiale und Reduzierung von Risiken. Über nahezu vier Jahrzehnte praktische Erfahrung mit dieser Vorgehensweise haben sich bei Führungskräften, Inhabern und kompetenten Klienten folgende Lebens-Asset-Klassen als relevant hervorgetan: Integrierte Persönlichkeit als Quelle des „Humanpotentials" entwickeln, Partnerschaft oder Ehe gestalten, Familie zusammenhalten, Berufsleben entfalten, Freunde finden und pflegen, eigene Lebensleistung als Vermächtnis sehen, nachhaltige Einkom-

mensquellen generieren, diversifizierte Vermögensverhältnisse aufbauen, ehrenamtliche Aktivitäten für die Gemeinschaft ausüben.
8. Eigene Aktivitäten innerhalb der Lebens-Asset-Klassen diversifizieren: Aufgaben und Tätigkeiten in den Lebens-Asset-Klassen so breit vertiefen, dass diese jeweils wiederum von so großer Qualität und Vielfalt sind, dass sie positive Emotionen zu guten Gefühlen vorwiegend generieren. Ein Leben „jenseits von Angst und Langeweile" (= „Flow") ist dann möglich.
9. Eigene Resilienz durch Rebalancing erhalten: Regelmäßiger Ausgleich und Abstimmung der wirksam gewichteten Lebensfelder nach den ursprünglich begründeten Lebensvorstellungen sowie agile und flexible Antworten auf veränderte Rahmendaten, auf neue Ansprüche von Stakeholdern und den Prioritäten in den jeweiligen Lebensphasen und Lebenszyklen.
10. Sich über die kleinen Dinge des Lebens freuen: Die außerordentlich großen Erfolge erfreuen nur kurz, langweilen schnell und machen abhängig, ja süchtig nach noch größeren Erfolgen. Auch Vergleiche mit (möglicherweise) erfolgreicheren und glücklicheren Menschen verleiten zum destruktiven Wettbewerb. Zufriedenstellend wirken in allen Lebens-Asset-Klassen kleine und angenehm erfahrene Fortschritte, fassbare kleine Freuden und kontinuierliche, ja stoische Entfaltungen. Das füttert unser Belohnungssystem ständig. Das führt über sichere Stufen im Leben, stimuliert Geist und Sinne und erfüllt mit Stolz ohne egozentrischen Narzissmus.

Bei den meisten Menschen ist deren „Humanpotential" als Bündel an individuellen Handlungskompetenzen das zentrale Lebens-Asset (oft bis zu 90 %). Die Möglichkeiten und die Entwicklung des Humanpotenzials bedingen nicht nur die Höhe des Barwertes aller über das Leben hinweg erzielbaren Einkommen als Lohn und Rente, sondern beeinflussen auch den Aufbau der dann nicht positiv korrelierten anderen in der Abbildung genannten Lebens-Asset-Klassen.

Die Abb. 1 und die Ausführungen können natürlich nicht als das Patentrezept für ein gelingendes Leben verstanden und angewendet werden. Dazu bleibt uns immer noch unser Leben in seinen Zusammenhängen und Verläufen zu unverständlich. So fühlen wir uns oft gegenüber systematischen Risiken wie sie derzeit als Pandemie teilweise erscheinen machtlos. Aber die Vorgehensweise nach der Abb. 1 wirkt bei individueller, emotional fundierter und kritisch-rationaler Ausarbeitung mit Beratung eines Coachs wie ein Navigationssystem oder wie ein mental implementierter Robo-Advisor, die uns durch auch unbekannte Landschaften des Lebens mit Selbstvertrauen und Vertrauen gut geleitet. Wie ein roter Faden dient uns das einmal begründete Lebensmodell, an dem wir uns orientieren, ausrichten und aufrichten können. Somit können wir mit einem diversifizierten Lebensmodell die extrem be-

Abb. 1 Dynamic Lifetime Asset Allocation: Portfolio-Configuration & Rebalancing. (Quelle: Eigene Abbildung Clemens Renker)

drohlichen Auswirkungen infolge von unsystematischen Risiken des Lebens weitgehend eliminieren.

Nun gehen wir davon aus, dass es universelle Werte für unser Leben gibt. Diese sind aber nicht immer universell gültig. Sie können auch widersprüchlich sein. Jeder Mensch hat seine individuellen Lebensvorstellungen, seine Hierarchie der Werte und seine Prioritäten in den Lebensphasen. So war auch jeder „Lebensentwurf", der in den vergangenen Jahren vom Autor begleitet worden ist, individuell. Generell verfolgten aber alle Kandidaten das obige Muster. In den konkreten Eigenschaften und Ausprägungen der einzelnen Lebensfelder traten die Ereignisse sinngemäß so ein wie am Anfang in der vom Coach geleiteteten Fantasie „gesehen". Signifikante Abweichungen waren zurückzuführen auf Schicksalsschläge, auf im Nachhinein entdeckte Fehler in der ursprünglichen Planung oder aus bewusst herbeigeführte Neuentscheidungen über den Rest des Lebens.

Resümee nach fast einem Jahr Pandemie 2021:

Alle befragten Personen und Familien erlebten das erste Jahr Pandemie als erstmalige und besonders gravierende Herausforderung in ihrem Leben. Wer nicht breit genug diversifiziert war, geriet schnell in eine materielle und psychische Schieflage.

Besonders resilient erwiesen sich jedoch effizient diversifizierte Lebensmodelle. Wer in seinem Leben nicht wie der Igel alles auf eine Karte gesetzt hatte – zum Beispiel nur eng auf berufliche Karriere, auf ein auf Freizeit und Konsum orientiertes Leben, auf eine Institution oder auf ein Leben als Einzelkämpfer, sondern wie der Fuchs sinnvoll sein Leben diversifizierte, der erwies sich sogar als antifragil. Denn finanziell getragen von ausreichend Ersparnissen aus guten Jahren, auf stabiler Lebenspartnerschaft, in lebendiger Familie und stützendem Freundeskreis konnte die Zeit sogar genutzt werden, um in der Krise neue Kompetenzen für die Wahrnehmung späterer Chancen aufzubauen.

Erweist sich der Geist der Portfoliotheorie als Leitschnur für ein robustes Geschäftsmodell eines Unternehmens?

4 Portfolio-Management und robuste Geschäftsmodelle

Erfolgreiche Geschäftsmodelle artikulieren sich auf ineinander verschachtelten simultanen Bühnen und sie entwickeln, gestalten, produzieren, ernten und verzehren sich in vernetzten Welten. Erweitert nach Peter Sloterdijk, in Sphären III, 2004, S. 23.

Analog lässt sich der Portfolioansatz auch auf die Gestaltung von Geschäftsmodellen von Unternehmen übertragen (siehe dazu [4, Seite 339–359] und [5]). Die Asset-Klassen heißen hier Strategische Geschäftsfelder SGF. Ein SGF ist eine eigenständig abgegrenzte Einheit an Produkt-/Marktkombinationen zur Erzielung von Wertbeiträgen für ein Unternehmen. Ein resilientes Geschäftsmodell besteht nun aus einem effizienten Portfolio an ertrags- und risikoadjustierten SGF, die möglichst wenig positiv korreliert sind. Dieses Portfolio an SGF wird permanent entsprechend der Marktbedingungen wie Kundenverhalten und Wettbewerbsverhältnisse zur Stabilisierung der Performance angepasst (= Rebalancing). Gemessen an den Key Performance Indicators KPI wie Umsatzentwicklung, Cash Flow, Mitarbeiterzahl und Eigenkapitalquote übertrafen über einen Analyse-Zeitraum von 15 Jahren begleitete 45 Unternehmen mit effizienten Geschäftsmodellen ihre vergleichbaren Wettbewerber signifikant (siehe Renker, C.: Logik und Methodologie integrativen Marketings, 2001, Seite 158–169). Gleiches gilt für die mehr als 100 über das www.ifme-institut.de seither bis zum Jahre 2019 betreuten Unternehmen aus allen Wirtschaftssektoren.

Beispielhaft sei in der Abb. 2 die 1838 gegründete Künstlerfarbenfabrik Carl Kreul (siehe [6, Seite 269–264]) dargestellt. Nachdem in den achtziger Jahren des vorigen Jahrhunderts ihre Existenz gefährdet erschien, wurde sie auf allen Ebenen ab 1990 total transformiert und ein einzigartiges ganzheitliches Geschäftsmodell konfiguriert und konsequent umgesetzt. Nach acht Jahren war das Unternehmen Weltmarktführer („Hidden Champion") in seiner Branche. Der außerordentliche Erfolg war zu 90 % auf das effiziente Unternehmens-Portfolio zurückzuführen. Die richtigen Produkte waren dann nur die richtigen Konklusionen aus dem Axiom aus wirksamen SGF.

Natürlich konnte das systematische Risiko, dass niemand mehr auf der Welt musisch-kreativ tätig ist, nicht eliminiert werden. Aber die unsystematischen Risiken konnten weitgehend durch die Diversifikation über Strategische Geschäftsfelder hinweg auf null gesenkt werden. Dabei ist auch jedes SGF als eine eigene Markenfamilie am Markt positioniert worden. So wurde dann innerhalb eines SGF als Asset-Klasse wiederum diversifiziert nach Produktgruppen. Das neue SGF „Solo Goya" offeriert als Problemlöser für Künstler und professionell kreative Menschen ca. 2000 Artikel in den Produktgruppen Ölmalerei, Aquarellmalerei, Pastellmalerei, Acrylmalerei, Gouache und Tempera, Kreidemalerei etc. jeweils mit allem Zubehör. Das neue SGF „JAVANA" mit ebenfalls etwa 2000 Artikel als Problemlöser für Fantasie und Farbe auf Textilien diversifiziert in die Produktgruppen Seidenmalerei, Stoffmalerei, Batiken, Färben in der Waschmaschine etc. mit Zubehör. Das neue SGF „HobbyLine" erfüllt mit etwa 2000 Kreativ-Materialien die Ansprüche für Schulkinder, Kunsthandwerker, Bastler und Hobbyisten. Die herausragende Produktgruppe war in diesem SGF das neue Jahrhundertprodukt der Branche „Window Color". Porzellanmalerei, Bauernmalerei, Glasmalerei, Fingerfarbe etc. waren weitere Produktgruppen. Das SGF „marianne hobby" lieferte über den Einzelhandel alle Art von Bastlerartikel, Floristik und Home-Deco in zahlreichen Produktgruppen mit mehreren tausend laufend wechselnden Artikeln. Das neue SGF „Kreul-Consulting" bietet dem Einzelhandel alle Arten von Beratung und Schulungen, die dem Abverkauf der Produkte im Geschäft und damit der Existenzsicherung des Einzelhandels dienen. Im SGF „OEM-Original Equipment Manufacturer" produziert das Unternehmen verschiedene Produktgruppen für Wettbewerber oder großen Einzelhändlern unter deren Marke. Damit können Kapazitäten von C. Kreul ausgelastet und erweitert werden. Das SGF „Christophorus" produziert in Partnerschaft mit dem Herder Verlag Freiburg in verschiedenen Preisgruppen etwa 400 Bücher, die werbend dem Konsumenten kompetente Produktanwendungen in allen Produktgruppen erklären und laufend neue Ideen für den Produkteinsatz liefern. Das SGF „FABER CASTELL" war eine Vertriebs-Kooperation mit dem weltweit renommierten Hersteller im Bereich Trockenfarben (Produktgruppen für Künstler, Kindergarten und Schule). Das SGF „IDEEN in Stoff" offeriert Maluntergründe für verschiedene Produktgruppen in Kooperation mit einem Importeur.

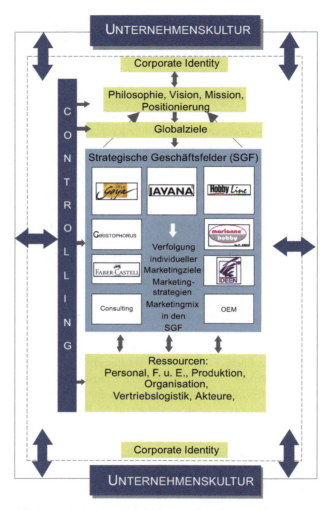

Abb. 2 Portfolio Strategischer Geschäftsfelder. (Quelle. Eigene Abbildung Clemens Renker)

Diese ursprüngliche und über die Zeit fortlaufend gestaltete Geschäftsmodell sicherte vital und resilient eine risikoadjustierte Performance von durchschnittlich 10–20 % jährlich über 10 Jahre hinweg. Rebalancing wurde konsequent gepflegt. Bei disruptiven Marktverhältnissen wird auch eine radikale Neuaufstellung nötig sein. Die handelnden Akteure müssen ansonsten in der Umsetzung ihren strategischen Zielen treu bleiben. Dazu gilt es der Zeitpräferenz und Zeitinkonsistenz zu widerstehen. Ansonsten geht der Unternehmensweg schnell über Under-Performance bis zur Existenzgefährdung (ex post: C. Kreul hat seine Ergebnisse im Vergleich zum Vorjahr im Pandemiejahr positiv stabilisieren können).

Ein weiteres Beispiel zeigt die Anwendung der Portfoliotheorie auf eine neu gegründete kommunale Kooperation über zwei Landkreise hinweg in Bayern. Die zwei mittelgroßen Städte Bamberg und Forchheim gründeten mit insgesamt 33 Gemeinden eine Partnerschaft in wichtigen Treibern von Wertschöpfungen (siehe dazu [7, S. 121–124]). Als Antwort auf nahezu zwei Jahrzehnte stagnierende und rückläufige wirtschaftliche Verhältnisse haben führende Kommunalpolitiker, die Wirtschaftsförderer von Stadt und Landkreis mit der ersten Institution für Regionen-Marketing in Deutschland, der WiR BaFo als Verein, ab dem Jahr 2002 die Gebietskörperschaften in zukunftsgerechte Cluster als Asset-Klassen priorisiert und mit dem Claim „WiR. – die Wirtschaftsregion Bamberg-Forchheim" international positioniert:

- Cluster: Gesundheit und Medizin
- Cluster: Automotiv und Mobilität
- Cluster: Logistik und Supply-Chain
- Cluster: Informatik und Digitalisierung
- Cluster: Tourismus und Kultur

Alle fünf Cluster sind nicht positiv korreliert. Sie sind effizient diversifiziert. Und auch innerhalb der Cluster arbeiten diversifizierte Unternehmen und Institutionen. Synergien können gut genutzt werden z. B. zwischen Universitäten und Wirtschaft. Die Wirtschaftsregion hat bis heute in all diesen Cluster marktführende Positionen bis zur Weltmarktführerschaft erreicht. Laufend hinterfragen die Stakeholder ihre Strategien und Maßnahmen, um Rebalancing notwendigerweise durchzuführen. Gerade Anfang des Jahres 2021 zeigt sich in der Pandemie die hohe Resilienz, Robustheit und Stabilität der Wirtschaftsregion WiR BaFo in Wirtschaft, Arbeit, Gesundheit, Bildung, Sport und Kultur. Und für 2021 zeigen sich gute Wachstumschancen mit nahezu Vollbeschäftigung schon an.

Nun erleben wir in der Corona-Krise wie schnell fragile Geschäftsmodelle scheitern. Andererseits konnten sich in der Pandemie diejenigen Geschäftsmodelle im Jahr 2020 bewähren, die eben robust oder besser noch antifragil nach der Asset

Allocation-Philosophie aufgestellt sind. Antifragile Geschäftsmodelle (siehe [1]; siehe [8]) sind in der Krise der Pandemie noch erfolgreicher geworden. Einige aktuelle Beispiele aus dem eigenen Coachingumfeld:

- Ein IT-Unternehmen für die Medizinbranche hatte bereits im Juli 2020 mehr als den erwarteten Jahresumsatz für 2020 realisiert und steuert auf das beste Ergebnis der Firmengeschichte zu
- Eine Brauerei wird mit ihren 70 Mitarbeitern ein wirtschaftliches Eigenkapital von 100 % und zufriedenstellenden Gewinn erzielen
- Eine stationäre Facheinzelhändlerin für Damenoberbekleidung, die wir seit nunmehr 40 Jahr begleiten, berichtet von Spitzenumsätzen in der Geschichte ihres Einzelhandels
- Ein Handwerksunternehmer, der vor 30 Jahren mit seinem Sohn als Lehrling auf der ersten Baustelle gestartet ist, hat in der Corona-Krise die Zahl seiner Mitarbeiter auf inzwischen 70 erhöht. Die Mitarbeiter erhalten Weihnachten 2020 keinen Urlaub, weil sie die Nachfrage nicht schaffen.

Resümee nach fast einem Jahr Pandemie 2021:

Nach den Erkenntnissen der Portfoliotheorie sinngemäß aufgestellte Unternehmen oder Wirtschaftsregionen erwiesen sich nicht nur robust in der Pandemie. Einige Unternehmen konnten durch ihr Geschäftsmodell das Jahr 2020 sogar noch erfolgreicher abschließen und neue Chancen für die Zukunft erkennen.

5 Portfolio-Management und finanzielles Vermögen

Es gibt nur drei Arten Geld als Zahlungsansprüche gegen andere anzulegen, Vermögen zu speichern und zu vermehren: Forderungen, Gebrauchs- und Investitionsgüter, Anteile an Unternehmen. Nachhaltige reale Renditen von mehr als 2 % sind Schmerzensgeld für das Ertragen von höheren Risiken (erweitert nach [21, S. 31–65]).

Wir übernehmen nun die Grundgedanken zur Frage der optimalen Gestaltung des Lebens (siehe Abb. 1) und wenden diese auf das Gestaltungsfeld der Asset-Klasse „Vermögen" an. Dabei unterstellen wir, dass die in Abb. 1 dargestellten strategischen Entscheidungsschritte schon beantwortet sind. Jetzt diversifizieren wir zuerst über die relevanten Asset-Klassen (siehe Abb. 3) für das Gestaltungsfeld „Vermögen" wie:

- Humanpotential als Barwert aller künftigen Arbeits- und Alterseinkommen,
- Cash und Geldmarktanlagen,
- Immobilien für Wohnen und Gewerbe,
- Anleihen von Staaten und Unternehmen,
- Aktien jeder Art in der Welt,

Abb. 3 Asset Allocation in relevante Asset-Klassen. (Quelle: Eigene Abbildung Clemens Renker)

- Rohstoffe wie Öl, Agrarprodukte, Edelmetalle
- Devisen und Währungen
- Sammelobjekte wie Bilder, Oldtimer, Spirituosen

Dann diversifizieren wir innerhalb der jeweiligen Asset-Klassen die einzelnen Anlagetitel.

In der Asset-Klasse Aktien z. B. kann nach Branchen, Regionen, Technologien, Großunternehmen, Small Caps etc. gestreut werden. Damit können wir zwar das systematische Risiko, also Auswirkungen, die weltweit die Asset-Klasse im Ganzen betrifft, nicht eliminieren. Wir können aber die unsystematischen Risiken, die in einzelnen Anlagetitel auftreten können, durch Diversifizierung weitgehend bis vollständig neutralisieren. Dazu sind die Anlagetitel im Idealfall überhaupt nicht korreliert, also vollständig unabhängig in ihrer Entwicklung voneinander und ansonsten ist die Korrelation möglichst kleiner null.

Innerhalb der durchgeführten Allokation des Vermögens spezialisieren wir uns nun als realistisches Beispiel auf die Anlage in reine Finanzwerte wie Aktien (Unternehmensbeteiligung) und Cash (Forderung).

Wir haben jetzt die Möglichkeit aktives Anlagemanagement oder passives Anlagemanagement zu betreiben. Für die Beurteilung der Qualität der Anlage- Ergebnisse bzw. der Performance, nach der Auswahl und Gewichtung der Asset-Klassen orientieren wir uns an den 3 Ks (siehe Abb. 4):

- **Konfiguration** des Portfolios auf effizient diversifizierte Anlagetitel,
- **Kosten** der einzelnen Anlagetitel im Ankauf und in der Verwaltung,
- **Komplexität** hinsichtlich Transparenz, Verständlichkeit, Zuverlässigkeit, Prognostizierbarkeit.

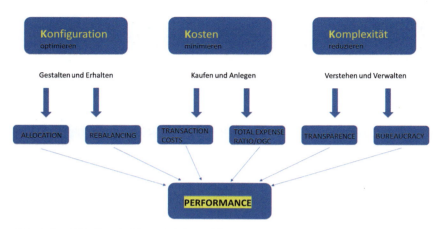

Abb. 4 Portfolio-Entscheidung: Mit Asset Allocation zu mehr Werte, Erträge und Chancen. (Quelle. Eigene Abbildung Clemens Renker)

Das aktive Anlagemanagement sucht letztlich spekulativ durch fundamentale und technische Markt- und Unternehmensdiagnosen in die besten Aktien möglichst zum günstigsten Transaktionszeitpunkt zu investieren, um dadurch eine sogenannte Outperformance (oder Überrendite, Alpha, Excess Return) zu erzielen. Dahingegen bildet das passive Anlagemanagement (regelmäßig nach der Strategie „kaufen und halten" oder „Buy & Hold" anlegen) einen Referenzindex ab. Dieser Index dient als Benchmark-Index zum Vergleich mit dem Ergebnis (Performance: Wertsteigerung plus Dividende) der aktiv gesteuerten Anlagen oder alternativen Anlagen.

Die Überlegenheit des sogenannten passiven Anlagemanagements ist nun mit Markowitz et alii. seit 1952 in vielen wissenschaftlichen Darlegungen schlüssig begründet worden. Das eigene aktive Investment und die Erfahrung als verantwortlicher Depot-A Manager in Kreditinstituten seit 1983 hat schon schmerzlich die suboptimale Performance des aktiven Anlagemanagements bestätigt. Nun hat auch die Auswertung großer Zahlenreihen an den Finanzmärkten in inzwischen kaum mehr zu übersehender Zahl von Untersuchungen (siehe z. B. [3, S. 13–46] und die dort aufgeführten 13 Studien oder [14]) evidenzbasiert folgendes offengelegt:

- Über einen längeren Zeitraum – und je länger umso signifikanter – betrachtet liegen teils mehr als 90 % der aktiv gemanagten Investmentfonds signifikant unter der Performance bzw. den Marktrenditen ihres Index-Benchmarks und damit des vergleichbaren passiven Investmentfonds.

- Die wenigen 10 % der aktiv gemanagten Aktienfonds mit Outperformance sind nicht sicher nachweisbar erfolgreich wegen ihres Könnens und Geschickes. Regelmäßig dürften der Zufall und das Glück die Ursache ihres Erfolges gewesen sein. Somit ist Erfolg nicht im deterministischen Sinne wiederholbar. Da Märkte außerdem nicht zuverlässig prognostizierbar sind, lassen sich Anlagen in erfolgreiche Fonds nicht antizipieren oder eskomptieren. Eine Konstanz vergangener erfolgreicher Performance kann in der Praxis nicht unterstellt werden. Dabei finden sich die zentralen Gründe für die deutliche Under-Performance in der mangelnden Diversifikation bzw. Ineffizienz des Portfolios und den zu hohen Kosten im Ankauf und der Verwaltung,
- Auch die Bankberatung trägt nach eigener Beobachtung über 40 Jahre nur selten zur Verbesserung der Anlage-Performance bei. Grundsätzlich erzielen Anleger ohne Finanzberatung mit Indexfonds und nach der Buy & Hold-Devise höhere Renditen als mit Berater. Die empirischen Befunde von Martin Weber und Maximilian Germann von der Universität Mannheim [13] verweisen darauf, dass 70–90 % der von einem Berater betreuten Anlagen schlechter sind als der Markt gemessen am Index als Benchmark. Denn Berater sind zuerst Verkäufer. Sie stehen in einem Interessenskonflikt (siehe „Principal Agency Theory"): Verkaufe ich dem Kunden einen aktiv gemanagten Fond zu 5 % Agio oder einen passiven Fond zu 0,5 % Provision? Zudem erweist sich die vom Berater nicht zu übersehende Zahl von Anlageprodukten als zu komplex für die Beratung im Alltag vor Ort. Und schließlich sind immer wieder erhebliche Kompetenzmängel in der Beratung offensichtlich.
- Andererseits ist aber auch die Finanzkompetenz der Anleger seit Jahren auf einem erschreckend niedrigen Niveau. Von daher ist es neben den oben aufgeführten Gründen offensichtlich, dass sowohl aktiv privat gemanagte Fonds als auch der private Versuch durch geschickten Einstieg und Ausstieg in vermeintlich richtige Aktien zum richtigen Zeitpunkt (Performance-Chasing) regelmäßig schlechtere Ergebnisse generiert als der entsprechende Benchmark.
- Mit keiner Methode sind die künftigen Gewinne mit Aktien sicher vorherzusehen (Effizienzmarkthypothese). Erfolgreiche Aktienfonds in der Vergangenheit sagen nichts über deren zukünftige Entwicklung aus. Wir können nur versuchen zu erklären, warum Aktien in der Vergangenheit eine besonders gute Performance erreichten. Die Mode-Aktien von gestern müssen nicht die Mode-Aktien von morgen sein. Somit haben wir keine verlässliche Beständigkeit (= „Performance-Konstanz", [3, S. 19–22]) in der Entwicklung der Ergebnisse von Aktien in der Zukunft. Das Wachstum des realen Bruttoinlandsproduktes BIP eines Landes oder der Welt kann als verlässlicher Benchmark für die Performance dienen. So wären reale Renditen bei einer realistischen Abbildung der Wirt-

schaftswelt in Deutschland durch einen Anlagetitel von durchschnittlich etwas mehr als 2 % in den vergangenen Jahren langfristig zu erzielen gewesen. Bei einer Abbildung der wirtschaftlichen Entwicklung der Welt hätte die reale Rendite langfristig zwischen 3 bis 4 % gelegen. Höhere Renditen bedingen höhere Risiken bis zum Totalverlust.

Ein praktischer Vorschlag für ein fundiert konfiguriertes, mehr risikoorientiertes (= Risk Lover) Portfolio, das über einen langfristigen Zeitraum mit hoher Wahrscheinlichkeit eine zufriedenstellende Performance (nach der Idee des Capital Asset Pricing Model (CAPM) und Rebalancing) erzielen wird:

- Der risikofreie/risikoarme Teil soll nach der bevorzugten Risikoneigung und der nachgewiesenen Risikotragfähigkeit 25 % des Portfolios betragen. Dafür legen wir unterhalb der Grenze des Einlagensicherungsfonds bis zu 100.000 € auf Tagesgeld bei einem Kreditinstitut (Forderung) an. Alternativ können auch kurzfristige Staatsanleihen (Forderung) ohne Währungsrisiko mit hoher Bonität gewählt werden. Dieser risikoarme Teil sichert unser Portfolio gegen existenzielle Gefahren nach unten ab. Diese Anlagetitel rentieren zwar in Deutschland derzeit nur mit allenfalls 0 % Zinsen. Dafür ist die Anlage gut strukturiert. Es fallen keine Kosten für den Ankauf und die Verwaltung an. Das Produkt reduziert die Komplexität durch das begründete Vertrauen. Es ist einfach, verständlich, stressfrei, transparent, flexibel und fungibel für sich ändernde Präferenzen.

- Auf den risikoorientierten Anteil entfallen nun 75 % des Portfolios. Hierzu diversifizieren wir rendite- und risikoadjustiert in ein Weltmarkt-Portfolio, das sich zum Beispiel an den MSCI ACWI-Index (Morgan Stanley Capital International All Country World Index) oder an den FTSE-Index (Financial Times Stock Exchange) orientiert. Inzwischen stehen dem Anleger zahlreiche Fonds zur Verfügung, die in bis zu 8000 Aktien anlegen. Wählt der Anleger nun einen passiv gemanagten Fonds, einen ETF (Exchange Traded Fund), und vergleicht ihn mit einem korrespondierenden aktiv gemanagten Aktienfonds (Vergleichszahlen in Klammern) so ergibt sich nach den oben genannten 3 Ks folgendes Bild: Der ETF bildet optimal konfiguriert den Index ab. Er ist dabei nahezu deckungsgleich wie der Markt diversifiziert. Dies ist in der Konfiguration des auf Out-Performance spekulierenden, aktiven Fonds regelmäßig nicht der Fall. In den Ankaufskosten des passiven Aktienfonds liegt mit nur etwa 0,3 bis 0,5 % (5 % und mehr) schon ein weiterer Segen und ein in Niedrigzinsphasen schwer einholbarer Start- und Konkurrenzvorteil. Die laufenden Kosten oder Verwaltungskosten (Total Expense Ratio TER) sind beim passiven Aktienfonds etwa 0,10 bis 0,6 % pro Jahr (1,4 bis 3,0 % pro Jahr). Auf lange Sicht führen diese signifikanten laufenden Kostenvorteile zu einem um ca. 20 bis 40 % höheren Vermögensendwert. Der passive Aktienfonds ist von niedriger Komplexität. Er ist einfach, transparent, verständlich und pflegeleicht. Mit „Built-in-Rebalancing" ist das Portfolio aktiv, indem es ohne Aufwand dem gewünschten Verhältnis von Rendite und Risiko regelmäßig angepasst wird. Auch in all diesen Kriterien unterscheidet er sich grundlegend von aktiven Aktienfonds.

Ein Anleger, der den wissenschaftlichen Erkenntnissen der Portfoliotheorie folgt, braucht also weder einen Berater, noch die suboptimalen Finanzprodukte herkömmlichen Kreditinstitute. Eine jährliche Nominal- und Vorsteuer-Performance von 6 bis 10 % waren in der Vergangenheit gelassen zu erzielen.

Resümee nach fast einem Jahr Pandemie 2021:

Im März 2020 fielen die Aktienkurse weltweit um nahezu 40 %. Mit Beginn des Jahres 2021 haben die effizient diversifizierten passiven Aktienfonds bereits wieder einen Kursanstieg von etwa 60 % zu verzeichnen. Einige Fonds liegen bereits etwa 5 % über ihren Höchstkursen von vor der Pandemie. Gleiches lässt sich von erfolgreich von Banken verkauften aktiven Aktienfonds nicht sagen. Selbst die marktführenden aktiven Fonds notierten Anfang 2021 noch 10–15 % unter ihren früheren Höchstkursen.

6 Glück und Segen dazu

Hoffnung ist nicht die Überzeugung, dass etwas gut ausgeht, sondern die Gewissheit, dass etwas Sinn hat, egal wie es ausgeht. Nach Vaclav Havel

Nun ist dies alles evidenzbasiert in zahlreichen Studien offensichtlich gemacht und kausal-logisch mit dem Verstand nachzuvollziehen. Dennoch kann das alles bisher Geschriebene nur eine Annäherung an die Wahrheit sein. Durch erlittene Irrtümer oder gedanklich belegter Falsifizierung der Modelle gelangen wir näher zur Wahrheit oder müssen disruptiv vollkommen neue Wahrheiten ertragen. Die Wahrheit über die Zukunft kennen wir heute ohnehin nicht. Wir bringen mit der Portfoliotheorie nur mehr Licht zur Orientierung in das Dunkel der Zukunft, mehr Sicherheit und eine vertrauensvolle Plattform für die Wahrnehmung von sich bietenden Chancen im Leben. Die Portfoliotheorie hilft uns frei oder wenigstens mit Gehhilfen zu laufen. Das ist besser. Demütig müssen wir bisweilen feststellen, dass die heute von uns vermeintlich erkannte Wahrheit sich doch nur als der Schein der Wahrheit erweist (siehe das Höhlengleichnis von Platon) oder gar nur als Schein des Anscheins von Wahrheit. Gerade als wissende Wissenschaftler wissen wir umso mehr wie wenig wir eigentlich wissen. Mit der Vergrößerung der Insel unseres Wissens über das Leben in der Wirtschaft nehmen auch die Ufer unseres Nichtwissens über wirtschaftliche Zusammenhänge zu. Daher existiert über unsere erkannten Wahrheiten hinaus ein Überschuss an bisher noch Unbekanntem (Supervenienz).

So brauchen wir im Leben, im Unternehmen und in der Lebensführung dann oft noch die Hilfe des kleinen Zeisigs als Glücksbringer („Tschischik-Pyschik") an der Fontanka in Sankt Petersburg. Oder besser noch: Wir erhalten den Segen der Mutter von Kasan in der gleichnamigen Kathedrale im Zentrum von Sankt Petersburg, damit unser Denken und Handeln gelingen.[1]

Literatur

[1] Taleb, N. N. (2012). *Antifragile. Things that gain from disorders*
[2] Brinston, G. P., Singer, B. D., & Beebower, G. L. (1996). Determinants of portfolio performance II: an update. *Financial Analysts Journal, 47*(3), 40–48.
[3] Kommer, G. (2018). *Souverän investieren mit Indexfonds und ETFs* (5. Aufl.).
[4] Renker, C. (2012). *Marketing im Mittelstand. Anforderungen, Strategien, Maßnahmen* (4. Aufl.).
[5] Renker, C. (2020). *Das macht mittelständische Unternehmen erfolgreich*. IFMEpaper.
[6] Renker, C. (2001). Totalinnovation als Wachstumstreiber in mittelständischen Unternehmen. In J.-A. Meyer (Hrsg.), *Innovationsmanagement in kleinen und mittleren Unternehmen.*
[7] Renker, C. (2018). *Das neue Dorf*
[8] Renker, C. (2020). *Corona-Krise: Zeit für radikale Neuentscheidungen*. IFMEpaper.

Zu Portfoliomanagement

[9] Bruns, C., & Meyer-Bullerdiek, F. (2020). *Professionelles Portfoliomanagement. Aufbau, Umsetzung und Erfolgskontrolle strukturierter Anlagestrategien* (6. Aufl.).
[10] Fama, E. F. (1977). Risk-adjusted discount rates and capital budgeting under uncertainty. *Journal of Financial Economics, 5*, 3–24.
[11] Fama, E. F., & French, K. R. (1993). Common risk factors in the returns on stocks and bonds. *Journal of Financial Economics, 47*, 3–56.
[12] Fama, E. F., & French, K. R. (2008). Dissecting anomalies. *Journal of Finance, 63*(4), 1653–1678.
[13] German, M., & Weber, M. (2019). *Brauchen wir Anlageberatung? Eine Finanzdienstleistung mit Hindernissen*. Bd. 34. Universität Mannheim
[14] Jacobs, H. et al. (2020). *Die genial einfache Vermögensstrategie*
[15] Kahneman, D. (2011). *Thinking, fast and slow.* verhaltensökonomische Grundlagen seiner Forschungen
[16] Lintner, J. (1965). Security prices, risk and maximal gains from diversification. *Journal of Finance, 20*, 587–615.
[17] Markowitz, H. M. (1952). Portfolio selection. *Journal of Finance, 7*, 77–91.

---

[1] Der Aufsatz erschien mit Genehmigung vorab im eigenen IFMEpaper im April 2021.

[18] Markowitz, H. M. (1959) *Portfolio selection, efficient diversification of investments* (S. 159).
[19] Sharpe, F. W. (1964). Capital asset prices: A theory of market equilibrium under conditions of risk. *Journal of Finance, 19*, 425–444.
[20] Spremann, K. (2002). *Portfoliomanagement* (2. Aufl.).
[21] Stark, G. (2005). *Grundsätze der Privatfinanz*
[22] Steiner, M., Bruns, C., & Stöckl, S. (2017). *Wertpapiermanagement. Professionelle Wertpapieranalyse und Portfoliostrukturierung* (11. Aufl.).
[23] Tobin, J. (1958) Liquidity preference as behavior towards risk. *Review of Economic Studies, 25,* 65–87.
[24] Weber, M. (2007). *Genial einfach investieren. Mehr müssen Sie nicht wissen – das aber unbedingt*

Sicherheit als Aufgabe und Rechtsproblem

Prof. Dr. Dr. h. c. Uwe H. Schneider

Zusammenfassung

Es gibt keine Freiheit ohne Sicherheit. Sicherheit ist für alle Bürger ein zeitloser Wunsch. Die Herstellung von Sicherheit ist daher eine politische Aufgabe. Der Ruf nach Sicherheit geht aber weiter. Er ist nicht begrenzt auf die äußere und innere Sicherheit. Er ist nicht nur ein politischer, sondern auch ein sozialer, ein technischer und ein unbestimmter Rechtsbegriff. Für die Rechtspolitik ist Sicherheit eine immerwährende Herausforderung. Und als Rechtsbegriff bedarf er der Konkretisierung durch Auslegung und Fallgruppenbildung. Für das Management ist Sicherheit eine Leitungsaufgabe.

Abstract

Safety as a Task and a Legal Problem

There is no freedom without safety. Safety is a timeless desire for all citizens. Establishing safety is therefore a political task. But the call for safety goes further. It is not limited to external and internal safety. It is not only a political, but also a social, a technical and an undefined legal concept. For legal policy, safety is a perpetual challenge. And as a legal concept, it requires concretization through interpretation and case grouping. For management, safety is a leadership task.

Schlüsselwörter/Keywords

Sicherheit, Sicherheit als unbestimmter Rechtsbegriff, Leitungsaufgabe, technische Sicherheit, IT-Sicherheit, Gesamtverantwortung des Managements,

© Der/die Autor(en), exklusiv lizenziert durch Springer Fachmedien Wiesbaden GmbH, ein Teil von Springer Nature 2022
C. Renker, T. Nikitina (Hrsg.), *Pandemie als nicht alltägliches Event-Risk*,
https://doi.org/10.1007/978-3-658-36504-2_22

Keywords. Safety, safety as an undefined legal concept, management task, technical safety, IT secutity, overall responsibility of management.

Phantasie, Vorsicht und rechtliche Ordnung sind die Eltern der Sicherheit

1 Die Ausgangslage

Der Wunsch nach Sicherheit ist zeitlos. Man wird sich dessen spätestens dann bewusst, wenn Sicherheit fehlt. Daran erinnern die Geschichte und die Erfahrung. In der Erklärung der Menschen- und Bürgerrechte von 1789 (*Déclaration des Droits de l'Homme et du Citoyen*) ging es nicht nur um das Recht auf Freiheit und das Recht auf Eigentum, sondern auch um das Recht auf Sicherheit. Wörtlich heißt es in deren Art. 2: „*Le but de toute association politique est la conservation des droits naturels et imprescriptibles de l'homme. Ces droits sont la liberté, la propriété, la sûreté et la résistance à l'oppression.*"

Sicherheit ist heute ein für demokratische Gesellschaften prägender Wertebegriff.

Der Ruf nach Sicherheit geht aber weiter und deren Grenzen sind zweifelhaft. Er ist nicht begrenzt auf den internationalen und nationalen Bereich, etwa bei der äußeren und inneren Sicherheit, nämlich dem Schutz vor Kriminalität und Notstand. Allerdings gerät man im Weiteren ins Grübeln. Die Energiewende soll sicher, sauber und bezahlbar sein. Was soll das heißen, wenn die Herstellung von Energie, der Verbrauch und die Versorgungssicherheit nicht bezahlbar sind? Wird man sich dann gegen die Sicherheit entscheiden oder verlangt der Ruf nach Sicherheit, dass die Energie zwar bezahlbar ist aber die Versorgungssicherheit nicht besteht? Der Bankkunde wird aufgefordert nach der Sicherheit seiner Einlage zu fragen. Soll er sich im Vertrauen auf die Einlagenversicherung, die von der Gemeinschaft der Bankkunden bezahlt wird, gegen die Sicherheit der Einlage entscheiden, wenn die Verzinsung bei einem Institut über den Marktgegebenheiten liegt? Soll er sich gegen die Einlage entscheiden, wenn das Kreditinstitut nicht nachhaltig investiert? Und weiter: Die Kapitalanlage soll sicher sein. Soll der Anleger sich gegen eine Anlage entscheiden, wenn das Unternehmen seine Lieferketten nicht in gebotenem Maße überwacht? Die Sicherheit für Produkte ist eine selbstverständliche Erwartung. Bei der Impfung gegen Covid-19 geht es auch um die Sicherheit im Blick auf die kurz- und langfristigen Nebenwirkungen der Impfung. Und IT-Sicherheit ist eine Management- Aufgabe. Entstanden ist eine Sicherheitsindustrie, die alle Bereiche der Wirtschaft und der Gesellschaft umfasst, angefangen von den technischen Überwachungsvereinen, über private Wachdienste, die Einrichtung von Einlagensicherungssystemen bis hin zu IT-Back-up-Installationen. In all diesen Fällen bleibt der Zweifel, wie sicher ist sicher genug? Und es stellt sich die Frage, was mit Sicherheit gemeint ist. Gibt es einen einheitlichen Rechtsbegriff für Sicherheit? Für Produktsicherheit? Für IT-Sicherheit? Für Konstruktionssicherheit? Lässt sich Sicherheit im Zweifel statistisch messen? Ist ein Flugzeug erst dann sicher, wenn es mindestens fünf Jahre in der Luft bleibt oder sind andere Bewertungen mit einzubeziehen? Welche sind das? Und was folgt daraus? Wird „Sicherheit" zu einer Herausforderung für Compliance? Oder sind Compliance-Officer überfordert, wenn sie im operativen Geschäft für Sicherheit verantwortlich sind?

2 Was heißt Sicherheit?

Der Begriff Sicherheit ist vieles zugleich, ein Begriff der Umgangssprache, der politischen Sprache, der Wissenschaftssprache, der technischen Sprache und Sicherheit ist ein Rechtsbegriff. In jedem Bereich ist er schillernd, unbestimmt und mit unterschiedlichem Inhalt. Begriffe im Tatbestand sind Rechtsbegriffe, wenn hieran Rechtsfolgen anknüpfen. Ein Rechtsbegriff ist unbestimmt, wenn er zu seiner Anwendung einer weiteren Konkretisierung bedarf, die durch Auslegung und Fallgruppen zu ermitteln ist. Das zeigen die folgenden Beispiele.

Die im Grundgesetz angelegten sicherheitsbezogenen staatlichen Schutzpflichten werden teilweise als „Grundrecht auf Sicherheit" bezeichnet.

Ein derartiger Schutzauftrag überrascht angesichts der historischen Diskussion und den schlimmen Erfahrungen im Dritten Reich nicht. In der Grundrechte Charta der Europäischen Union (GrCh) steht im Gegensatz zum Grundgesetz das „Recht auf Sicherheit" sogar ausdrücklich (Art. 6 GrCh).

Die innere Sicherheit versteht sich als ein Zusammenwirken von staatlichen Institutionen, die durch das öffentliche Gewaltmonopol im Rahmen des demokratischen legitimierten Rechts zur Befriedung führen und den inneren Frieden sichern. Ziel ist der Schutz der Unverletzlichkeit der öffentlichen Ordnung. Bezug genommen wird hierauf in § 7 Paßgesetz. Hiernach ist der Pass zu versagen, wenn bekannte Tatsachen die Annahme begründen, dass der Passbewerber „die innere oder äußere Sicherheit oder sonstige erheblichen Belange der Bundesrepublik Deutschland gefährdet".

Soziale Sicherheit meint die Gesamtheit aller Maßnahmen zur Verwirklichung von sozialer Versorgung und der Sicherung des Existenzminimums von jedermann. Dass dies zu einer vermögensmäßigen Umverteilung führt, ist naheliegend. Streitig sind deren Umfang, die Verteilung der Lebensrisiken und die Beachtung der jeweiligen Chancen. Soziale Sicherheit ist ein politisches Ziel. Individuelle soziale Grundrechte werden in Artt. 20 und 23 GG aber nicht begründet. Und vor allem: Die Umverteilung von Vermögen ist kein normatives verfassungsrechtlich abgesichertes Ziel der sozialen Sicherheit.

Produktsicherheit ist nicht nur eine technische Forderung, sondern auch ein normatives Ziel.

Art. 3 Abs. 1 der Richtlinie 2001/95/EG [1] bestimmt: „Die Hersteller dürfen nur sichere Produkte in Verkehr bringen". Ein Produkt ist nach Art. 2 Buchst. b der Richtlinie dann sicher wenn es „bei normaler oder vernünftiger Weise vorhersehbaren Verwendung, was auch die Gebrauchsanweisung, gegebenenfalls die Inbetriebnahme, Installation oder Wartungsanforderungen mit einschließt, keine oder nur geringe mit seiner Verwendung unvereinbaren oder unter Wahrung eines hohen Schutzniveaus für die Gesundheit und Sicherheit von Personen vertretbaren Gefahren birgt". Maßstab ist demnach ein „hohes Schutzniveau". Und zu berücksichtigen sind u. a. auch die Wartungsanforderungen.

Die IT-Sicherheit hat zum Schutzziel die Vertraulichkeit, die Sicherheit und Verfügbarkeit der Informationen und der Hardware und die Integrität des Systems. Es geht um beides, nämlich die Funktionssicherheit und die Informationssicherheit; denn alles ist heute elektronisch gespeichert, nicht nur die Gesundheitsdaten der Bürger, sondern auch deren gesamtes Vermögen im elektronischen Grundbuch, im elektronischen Bankdepot, bei den Lebensversicherungen die elektronische Speicherung der Lebensversicherungsverträge und, und, und. Entsprechend heißt es in § 2 Abs. 2 BSIG: „Sicherheit in der Informationstechnik im Sinne dieses Gesetzes bedeutet die Einhaltung bestimmter Sicherheitsstandards, die die Verfügbarkeit, Unversehrtheit oder Vertraulichkeit von Informationen betreffen, durch Sicherheitsvorkehrungen

1. in informationstechnischen Systemen, Komponenten oder Prozessen oder
2. bei der Anwendung von informationstechnischen Systemen, Komponenten oder Prozessen."

Bei der Sicherheit der Bankeinlagen, einem der Ziele des Bankenaufsichtsrechts, geht es nicht nur um den Schutz des Vertrauens des Bankkunden in die Geschäftstätigkeit der Kreditinstitute, sondern vor allem auch um den Schutz der Zahlungsfähigkeit des Instituts und die gute Ordnung des Kreditgewerbes.

Aus der Sicht des Bankkunden ist es aber nicht Ziel des Bankenaufsichtsrechts – jedenfalls bisher –, welche Projekte das Institut finanziert, ob diese nachhaltig sind oder nicht.

Die Aufzählung, die nur beispielhaft war, macht deutlich: Es gibt keinen einheitlichen Begriff für die Sicherheit als normatives Ziel. Vielmehr ist jeweils mit Blick auf Sinn und Zweck der Norm der Begriff Sicherheit zu definieren.

3 Kein normativ einheitliches Sicherheitskonzept

Nicht nur das Schutzziel der angestrebten Sicherheit, sondern auch die jeweilige Rechtsgrundlage, das Maß nämlich der normativ angestrebte Umfang der Sicherheit und die Verteilung der Risiken, sind ganz und gar unterschiedlich.

Rechtsgrundlage für die angestrebte Sicherheit sind das Grundgesetz und die Rechtsprechung des Bundesverfassungsgerichts bei der inneren Sicherheit. Das Zivilrecht schützt die Produktsicherheit. Sie wird aber auch breitflächig durch das Gewerberecht gesichert. Das öffentliche Recht bezweckt die IT-Sicherheit und zielt auf die Einlagensicherheit. Und das Strafrecht kriminalisiert die verletzte Sicherheit. Ein gutes Beispiel ist der Erdal-Fall und die Entscheidung des 2. Strafsenats des Bundesgerichtshofs vom 06.07.1990 (BGHSt 37,106). Hinzu kommen eine Vielzahl von Industrie-Standards, Verhaltenskodizes, Verbotszeichen, Brandschutzzeichen, Prüfzeichen, Gerätesiegel, Sicherheitsbeauftragte, Hilfsmittel zur Rettung, usw. Sie alle versuchen, einen Mindeststandard festzuschreiben, angefangen bei den ECE-Prüfzeichen[1] über ISO 26262 bis hin zu den VDE-Prüfzeichen.

Auffällig ist dabei, dass es zwar Bemühungen gibt, einen einheitlichen Sicherheitsstandard zu umschreiben. So heißt es etwa in Nr. 8 der Erwägungsgründe zur Richtlinie RL 2001/95/EG: „Die Sicherheit von Produkten ist unter Berücksichtigung aller relevanten Aspekte und insbesondere der Verbrauchergruppe zu beurteilen, die besonders anfällig für die von den betreffenden Produkten ausgehenden Gefahren sind, wie insbesondere Kinder und ältere Menschen". Wirklich weiterführend ist das aber nicht. Denn es besteht keine Einigkeit über die Frage, wie sicher ist sicher genug. Sind Klappliegestühle sicher, obgleich jeder schon an solchen Klappstühlen seine Finger geklemmt hat? Sind Wasserkocher der Marke T [2] wegen unzureichender Isolierung unsicher? Sind Babygitter der Marke R [3] unsicher, weil die Seitenteile nicht hoch genug sind?

Es gibt einerseits etwa für bestimmte Produkte und Dienstleistungen einen normativen Mindeststandard. So gibt es zwar strenge Vorgaben für elektrische Haushaltsgeräte und Anforderungen für Kinderbetten nach der europäischen Norm EN716. Es fehlen aber entsprechende normative Vorgaben für Gartenzäune. Dabei können sich auch Gartenzäune als höchst unsicher erweisen, wie das tragische Unglück des Sohnes von *Romy Schneider* zeigt. Und vor allem ist der Maßstab der Sicherheitsanforderungen ganz unterschiedlich. So ist die Strahlung, die der Flugpassagier bei einem interkontinentalen Flug ausgesetzt ist, oder die der Wanderer im Schwarzwald auf Grund der natürlichen Strahlung „erleidet", gesetzlich nicht begrenzt. Ganz anders ist das für den Bürger beim Betreten einer kerntechnischen Anlage.

---

[1] Siehe dazu VO (EG) Nr. 661/2009 sowie das Genfer Übereinkommen vom 20. März 1958.

Festzuhalten ist: Es gibt kein einheitliches Sicherheitskonzept. Richtig ist vielmehr, dass sich die normativen Anforderungen an Sicherheit wie ein Gartenzaun verhalten, mit ganz unterschiedlicher Höhe der Zaunlatten.

Damit verbunden ist die Frage nach dem Umfang der vorgeschriebenen und zu erzielenden Sicherheit. Weitgehend Einigkeit besteht darüber, dass etwa die Kosten für die Herstellung eines Produkts oder eines Bauwerks kein Maßstab für die verlangte Sicherheit sein dürfen. Was aber gilt für die statistische Erfahrung? Was gilt für die Mindestdauer, die ein Produkt sicher sein muss? Wie bestimmt sich das von der RL 2001/95/EG geforderte „hohe Schutzniveau"[2]? Geht es dabei um die gesellschaftlichen Erwartungen, die Erwartungen des Durchschnittsverbrauchers, die Erwartungen der Sachverständigen oder die Erwartungen bestimmter Kreise, zum Beispiel der Motorradfahrer oder der Benutzer eines Eiskanals? Wer sich als Bobfahrer in den Eiskanal stürzt, hat wahrscheinlich andere Erwartungen an die Sicherheit als der Spaziergänger im Park von Sanssouci.

4 Fazit

1. Der Begriff Sicherheit ist nicht nur ein Begriff der Umgangssprache, sondern auch ein politisches Ziel, ein technischer Begriff und ein unbestimmter Rechtsbegriff. Er bedarf als Rechtsbegriff der Konkretisierung durch Auslegung und Fallgruppenbildung.
2. Es gibt kein weltweit einheitliches Sicherheitskonzept. Vielmehr bestehen im nationalen, europäischen und internationalen Bereich unterschiedliche Vorstellungen über den Begriffsinhalt und die normativ verpflichtende Sicherheit.
3. Das Dilemma des Begriffs Sicherheit liegt für den Rechtsanwender in seiner Unbestimmtheit, in der unterschiedlichen Bewertung von Sicherheit im internationalen Bereich, im Fehlen eines breitflächigen abgestimmten Sicherheitskonzepts, in den Kosten, um Sicherheit herzustellen und vor allem in der Pflichtenkollision.[3]

---

[2] Diese sich aus Art. 2 Buchst. b RL 2001/95/EG ergebende sog. allgemeine Sicherheitsanforderung wurde im bundesdeutschen Produktsicherheitsrecht nicht rezipiert.

[3] Der Beitrag beruht auf einem Vortrag an der Staatlichen Universität für Wirtschaft Sankt Petersburg im Wintersemester 2020/2021 und den Vorüberlegungen, die bereits in der Festschrift für Ebke, 2021 veröffentlicht wurden.

Literatur

[1] Richtlinie 2001/95/EG des Europäischen Parlaments und des Rates vom 3. Dezember 2001 über die allgemeine Produktsicherheit
[2] RAPEX Meldung A12/0736/19
[3] RAPEX-Meldung A12/1614/16

Auswirkungen der Pandemie auf die Digitalisierung der KMU in Russland, betrachtet durch das Prisma der digitalen Indizes

Dr. Vladlena Zarembo

Zusammenfassung

Der Artikel gibt einen Überblick über die empirische Forschung im Bereich der Bereitschaft der KMU zur Digitalisierung, betrachtet Teilindizes und deren Bewertung in Bezug auf die Auswirkungen der Pandemie. Die Begriffe der Digitalisierung und der digitalen Transformation werden geklärt. Die Verfeinerung der Bewertung durch den Digital Readiness Index wird angeregt. Der Zusammenhang zwischen dem Index der digitalen Kompetenz der Bevölkerung und dem Subindex der digitalen Weiterbildung wird definiert. Die Ergebnisse der Bewertung des Digital Maturity Index für KMU werden berücksichtigt. Es werden Empfehlungen zur digitalen Entwicklung für KMU im Zeitalter der Pandemie formuliert.

Abstract

Pandemics Influence Upon Digitalization of SMEs in Russia

The reviews empirical studies of SME's Business Digitalization Index, the sub-indices and their assessment referred to the pandemics impacts. The terms of digitalization and digital transformation were clarified. Harmonization of the BDI subindex assessment was offered. Interconnection of the Index of Digital Literacy and Subindex of Digital Studies was highlighted. The results of assessment of the Index of Digital Maturity of SMEs was performed. Recommendations on digital development of small and medium size business were made.

Schlüsselwörter/Keywords

Kleine und mittlere Unternehmen, Digital Readiness Index, Digital Maturity Index, Digital Literacy Index, Keywords. Small and medium size enterprises, Business Digitalization Index, Index of Digital Maturity, Index of Digital Literacy.

Heute, im März 2021, erholt sich die Welt langsam von dem seit Jahrzehnten tiefsten Einschnitt. Restriktionen werden gelockert und aufgehoben, Grenzen werden geöffnet und Unternehmen und Institutionen kehren zur gewohnten Tätigkeit zurück. Doch wie nach jeder Krise wird das Leben nicht mehr zur Vorkrisenroutine zurückkehren können: Eine erfolgreich bewältigte Krise zeigt zwar Schwächen auf, weist aber auch immer auf Stärken und Möglichkeiten hin, die zuerst als Nothilfe und Schutzmaßnahme dienten und im Laufe der Zeit zu einem so natürlichen Bestandteil des täglichen Lebens werden, dass man sich nicht mehr vorstellen kann, sie aufzugeben.

Der Lockdown, der im Frühjahr 2020 die ganze Welt erschütterte und in der Folge in einigen Ländern[1] nochmals verhängt wurde, hat ein Bedürfnis in den Vordergrund gerückt, das zuvor von Unternehmern in Russland in den meisten Fällen nicht als grundlegende, sondern als wünschenswerte, aber nicht immer erreichbare Notwendigkeit gesehen wurde – die Digitalisierung der Geschäftsprozesse. Was bis dahin als angenehme und gewinnbringende Ergänzung zur Geschäftstätigkeit wahrgenommen wurde, ist heute fast die einzige relativ erschwingliche Möglichkeit des Überlebens geworden. Das Jahr 2020 hat gezeigt, dass die Bereitschaft zur Digitalisierung zu wünschen übriglässt.

Um die Idee der Digitalisierung von Unternehmen zu verstehen, sollten zuerst Begriffe und ihre elementare Zusammensetzung geklärt werden, beginnend mit den einfachsten Definitionen. Dazu gehören die „Digitalisierung der Geschäftstätigkeit", die Hauptkomponenten der Digitalisierung sowie die „digitale Transformation". Die Standarddefinition der „Digitalisierung" impliziert die Einführung moderner digitaler Technologien in verschiedenen Lebens- und Produktionsbereichen, und im globalen Sinn – eine moderne, auf digitalen Technologien basierende Wirtschaft. Doch schon diese Definition birgt eine Falle: Moderne digitale Technologien veralten sehr schnell, so dass die Implementierung allein nicht ausreicht. Ständige Aktualisierungen und damit verbundene Anpassungen sind notwendig. Die Digita-

---

[1] So wurde in Finnland am 01.03.2021 der Lockdown wieder eingeführt, am 08.03.2021 eine dreiwöchige Ausgangssperre, die zum Stand 19.03.2021 aufgrund der hohen Morbiditätsraten nicht wieder aufgehoben wurde [1].

lisierung ist ein fortlaufender Prozess, der ständige Aufmerksamkeit, regelmäßige Wartung und Investitionen erfordert.

Vor kurzem hat das Institut für statistische Studien und Wissensökonomie der National Research University Higher School of Economics eine Studie zum Business Digitalization Index vorgestellt, der die Geschwindigkeit der Anpassung an die digitale Transformation von Unternehmen in Russland, europäischen Ländern, der Republik Korea, der Türkei und Japan analysiert. Der Index wurde anhand der folgenden fünf Indikatoren berechnet: Grad der Nutzung von Breitband-Internet, Cloud-Diensten, RFID-Technologien, ERP-Systemen und E-Commerce [2]. Die Studie kam zu dem Ergebnis, dass Finnland mit einem Wert von 50 Punkten Spitzenreiter war, Russland erhielt leider nur 28 Punkte und lag damit in der unteren Hälfte des Rankings. Obwohl keine aktualisierten Daten verfügbar sind, kann davon ausgegangen werden, dass sich die Situation seither nicht entscheidend verändert hat.

Etwa zur gleichen Zeit führten die Bank „Otkrytie" und die Skolkovo Moscow School of Management eine weitere Umfrage zur Bereitschaft der russischen KMU zur Digitalisierung durch, wobei sie den Business Digitalization Index (BDI) [3, 4] verwendeten, jedoch andere Subindizes. Dazu gehörten folgende:

1. Erstens: Die Nutzung digitaler Kanäle zur Übertragung und Speicherung von Informationen (Internet, Cloud-Dienste, Kundenautomatisierungssysteme[2] usw.). Dieses Kriterium gehört nach Meinung die Autorin zu den Bewertungsinstrumenten, die in gewissem Maße von ausnahmslos allen Unternehmern verwendet werden. Entsprechend den Forschungsdaten für 2019 (gesamt) und 2020 (Halbjahre) wurde vor der Pandemie nur ein geringes Wachstum verzeichnet. Dieser Subindex ermöglicht eine weitere Klassifizierung im Ergebnis der Pandemie. Erstens wurden digitale Speichermedien nicht erst durch die Pandemie zugänglich – eine große Anzahl von Unternehmen nutzte sie bereits vor der Pandemie im laufenden Betrieb. Andererseits nahm durch die Einführung des Homeoffice die Menge der gespeicherten Informationen dramatisch zu, so dass sich die betroffenen Unternehmen mit der dringenden Notwendigkeit konfrontiert sahen, ihre Informationsspeicher zu erweitern. Doch der Anteil dieser Unternehmen ist gering. Zweitens: digitale Kanäle der Informationsübertragung. Hier kann man von einem starken Anstieg des Traffics durch bestehende (oder bekannte und von Unternehmern genutzte) Kanäle sprechen, aber auch von der Notwendigkeit, neue Wege zu finden.

---

[2] Bemerkenswert ist, dass gerade im Bereich der Automatisierung des Kundenservice das größte Wachstum zu verzeichnen war: 23 % im Jahr 2019 im Vergleich zu 33 % im Jahr 2020 (Studie des ersten Halbjahres 2020) [4].

Was schriftliche Informationen betrifft, so nutzt kaum ein Unternehmen mehr Papier, die fast ausschließliche Verbreitung elektronischer Dokumente ist zur Normalität geworden. Dies lag nicht zuletzt an den nationalen Kontaktbeschränkungen, infolge derer man nur noch auf elektronischem Wege mit den meisten Behörden kommunizieren konnte. Mündliche Kommunikationskanäle werden im nächsten Abschnitt erwähnt. Daraus lässt sich schließen, dass dieser Teilindex in Zukunft bereits durch die Aufteilung in die beiden vorgeschlagenen Komponenten bewertet werden kann, da die verallgemeinerte Veränderungsdynamik ein gemitteltes Ergebnis zeigt, das nicht ganz der Realität entspricht.

2. Integration der digitalen Technologien. Interessant ist die Liste der Punkte, nach denen die integrale Bewertung dieses Teilindex vorgenommen wurde. Zum Beispiel die Anzahl der Unternehmen, die das Internet für ihre Geschäftstätigkeit nutzen, die 2019 bei 92 % lag und im ersten Halbjahr 2020 auf 94 % anstieg. Das bedeutet, dass nur 6 von 100 KMU das Internet nicht für ihr Geschäft nutzen. Zu den am häufigsten genutzten Formen gehören eine eigene App, die von der Hälfte der befragten Unternehmen entwickelt wurde, sowie Online-Dienste wie Google Docs, Trello und andere. Beliebt ist das elektronische Dokumentenmanagement, das fast drei Viertel der Befragten erfolgreich implementiert haben, womit sich die Gelegenheit bietet, auf Punkt 1 bezüglich der digitalen Speicherung und Übertragung von Daten zu verweisen. Dieser Teilindex berücksichtigt ebenfalls die Nutzung von künstlicher Intelligenz, Internet der Dinge, 3D-Druck, Automatisierung von Systemen zur Personalverwaltung sowie Online-Tools zur Kommunikation mit Partnern und Kunden. Letztere sind in der Pandemie zu einer Art Allheilmittel geworden, da sie Homeoffice und Kommunikation ermöglichten. So kam es zu dem allseits bekannten sprunghaften Anstieg der (bezahlten) Nutzung von Zoom durch Unternehmen und die verstärkte Nutzung von Discord und anderen Plattformen. Erwähnenswert ist auch, dass fast die Hälfte der Unternehmen das Intranet aktiv nutzt. Diese Technologie ist für Kleinstunternehmen nicht sehr relevant, aber kleine und vor allem mittlere Unternehmen nutzen sie mit Erfolg.

3. Nutzung von Internet-Tools für die Werbung für Produkte und Dienstleistungen. In der Zeit vor der Pandemie nutzten KMU das Internet hauptsächlich für ihre Werbung, einschließlich kontextbezogener Werbung. Im Durchschnitt unterhielt in allen untersuchten Regionen ein Drittel der KMU einen eigenen Account in sozialen Netzwerken. Soziale Netzwerke sind nach Meinung die Autorin der optimale Ort, um Kunden über Waren und Dienstleistungen zu informieren und für Kleinstunternehmen zu werben, da sie im

Vergleich zu anderen Werbeformen relativ kostengünstig sind und außerdem den bedeutenden Vorteil haben, dass auch inaktive Kunden ständig Nachrichten über Aktivitäten des Unternehmens erhalten, wenn sie ihm nach wie vor folgen. Für kleine und mittelständische Unternehmen spielt außerdem eine Website mit detaillierten Informationen über Unternehmen, Produkte und Dienstleistungen eine wichtige Rolle. 2019 unterhielten im Durchschnitt etwas mehr als ein Drittel der Unternehmen in den untersuchten Regionen eine eigene Website. 2020 wurden die bestehenden Websites gepflegt und neue gestartet. Laut den Ergebnissen der in der zweiten Hälfte 2020 durchgeführten Umfrage planen die KMU, weiterhin in die Entwicklung ihrer Websites zu investieren [5]. Darüber hinaus gibt es eine sogenannte „passive" Präsenz im Netz, z. B. auf Karten (2GIS, Google Maps, Yandex.Maps). Auch stieg 2020 der Anteil der Kommunikation mit Kunden über Messengerdienste deutlich an und beträgt nun fast 90 %.

4. Informationssicherheit. Nicht zum ersten Mal erweist sich die Informationssicherheit als Schwachstelle in der Bereitschaft der Unternehmen zur Digitalisierung. Bemerkenswert ist, dass die Anzahl der KMU, die eine eigene Sicherheitspolitik verfolgen, seit 2019 zurückgegangen ist (34 % im Jahr 2019 gegenüber 33 % im Jahr 2020). Zweifellos liegt dies daran, dass neue KMU auf den Markt kommen, die sich zunächst nicht um die Sicherheitspolitik kümmern. Gerade für kleine Unternehmen sind Tools zur Informationssicherheit kein vorrangiger Kostenpunkt, da es aufgrund begrenzter Ressourcen immer dringendere Ausgaben gibt. Das am weitesten verbreitete Sicherheitstool sind Antivirenprogramme für Privatpersonen, obwohl ihr Anteil 2020 im Vergleich zu 2019 um 5 Punkte gesunken ist. Keine Sicherheitssoftware wurde 2019 von 23 % der Befragten genutzt, 2020 sank ihr Anteil auf 17 %. Etwa ein Drittel der Befragten nutzt eigene Datenschutzprogramme, ihr Anteil ist 2020 leicht gestiegen. 2020 hat sich die Zahl der KMU, die eine spezielle Sicherheitssoftware für ihr Unternehmen nutzen, fast verdoppelt, 7 % der Befragten verfügen über Tools zur Verfolgung von Cyberattacken, verglichen mit 1 % im Jahr 2019. Dies kann zum einen daran liegen, dass immer mehr KMU die Bedeutung des Datenschutzes erkennen, zum anderen steigt der Anteil der KMU, deren Geschäftsfeld direkt mit der Speicherung und Verarbeitung von Daten zu tun hat, wodurch auch die Informationssicherheit eine immer größere Rolle spielt. Laut der PwC-Studie „Trust in digital technology" geben 96 % der Befragten an, dass sie aufgrund der Pandemie ihre Informationssicherheitsstrategie ändern werden, fast 50 % werden Cybersecurity-Tools in jede Managemententscheidung einbinden [6].

5. Humankapital. In der Studie von 2019 wurde dieser Teilindex als „Digitale Weiterbildung" bezeichnet. Die Essenz dieses Teilindexes läuft auf zwei Kernpunkte hinaus: die Bereitschaft des Managements zur digitalen Transformation und die digitale Weiterbildung der Mitarbeiter. Da das Homeoffice für fast alle Unternehmen, die nicht als systemrelevant gelten, zur Pflicht wird, hat die Frage der Bereitschaft des Managements zur digitalen Transformation enorm an Bedeutung gewonnen. Während 2019 nur 34 % der Befragten der Meinung waren, dass die Digitalisierung die Geschäftstätigkeit einfacher und schneller macht (33 %), sind diese Zahlen in der ersten Hälfte der Umfrage 2020 bereits auf 57 % bzw. 53 % angestiegen. In der zweiten Hälfte des Jahres 2020 liegt diese Zahl bei fast 70 %. Derweil sank die Zahl der Führungskräfte, die sich nicht direkt für die Digitalisierung interessieren, von 21 % im Jahr 2019 auf 14 % und 12 % in der Halbjahresstudie 2020. Die Pandemie hat gezeigt, wie falsch die Unternehmen lagen, die die Digitalisierung nicht ernst genug nahmen. In einigen Fällen hat dies zum Bankrott der Unternehmen geführt, die die digitale Transformation nicht einleiteten oder verzögerten. Hinsichtlich der zweiten Schlüsselposition wäre eine detailliertere Analyse wünschenswert.

Als Teilindex der Digitalisierungsbereitschaft wurde 2019 die digitale Weiterbildung untersucht [3]. Sie umfasste nicht nur die Schulung der Mitarbeiter, sondern auch die Verfügbarkeit von IT-Experten im Unternehmen sowie die Nutzung des Homeoffice. Damals wurde das Homeoffice in kleinen und mittleren Unternehmen eher optimistisch bewertet: 4 % der Befragten ließen alle Mitarbeiter im Homeoffice arbeiten, 40 % praktizierten einen gemischten Arbeitsmodus. Heute scheint sich die Bewertung des Indikators der physischen Anwesenheit von Mitarbeitern im Büro und die Notwendigkeit einer solchen Anwesenheit radikal geändert zu haben. Die meisten Unternehmen, deren Mitarbeiter zum Teil schon vor der Pandemie von zu Hause aus arbeiten konnten und die sich schnell angepasst und fast alle Mitarbeiter zu Beginn des Lockdowns[3] auf Homeoffice umgestellt haben, begrüßen die Beibehaltung des Homeoffice und die Reduzierung der Anzahl der Mitarbeiter, die in Präsenz arbeiten müssen. Homeoffice spart Geld, welches in die weitere Entwicklung des Unternehmens investiert werden kann, einschließlich der Digitalisierung. Die Autorin ist der Meinung, dass diese Unternehmen zu den 24 % der Befragten

---

[3] Als Beispiel können Übersetzungsbüros betrachtet werden, die ein System zur Annahme und Bezahlung von Aufträgen online haben und bei denen die meisten Übersetzer im Homeoffice arbeiten. Die physische Anwesenheit ist nur für Administratoren erforderlich, die mit denjenigen Kunden kommunizieren, die, aus welchen Gründen auch immer, ihre Aufträge nicht online platzieren.

im Jahr 2019 gehören, die der Meinung sind, dass digitale Schulungen für alle Mitarbeiter unbedingt erforderlich sind. Gleichzeitig gaben jedoch 39 % der Befragten an, dass sie keine Notwendigkeit sehen, Mitarbeiter in neuen Business-Tools und Technologien zu schulen. Dies ist ein Zeichen dafür, dass nicht nur die Führungskräfte kein ausreichendes Interesse an der digitalen Transformation zeigen, sondern auch das Management und die Mitarbeiter über eine geringe digitale Kompetenz verfügen.

Der Digital Literacy Index [7] wird seit 2018 auf Vorschlag einer Expertengruppe des G20-Gipfels jährlich anhand von fünf Indikatoren bewertet: Informations-, Computer-, Kommunikations- und Medienkompetenz sowie Einstellung zu technologischen Innovationen in der Bevölkerung. Laut der Studie ist der Anteil der Russen mit einem hohen Maß an digitalen Kenntnissen und digitalen Schlüsselkompetenzen, einschließlich digitaler Problemlösungsfähigkeiten, über die drei betrachteten Jahre nahezu unverändert geblieben. Das Gesamtniveau der digitalen Kompetenz in Russland liegt bei knapp 60 von 100 Punkten. Einerseits ist dies ein recht guter Indikator, andererseits wird er hauptsächlich von der Bevölkerung der Großstädte mit mehr als 1 Mio. Einwohnern gebildet. Außerdem ist der Index abhängig vom Alter – das höchste Niveau weisen Personen unter 44 Jahren auf, der Spitzenwert wird von jungen Menschen erreicht. Nach Ansicht die Autorin liegt hier das Problem in der mangelnden Bereitschaft von Managern zur Umstellung auf digitale Technologien oder sogar ihr Bemühen, diese zu verzögern und das Geschäft weiterhin so zu führen, wie es schon immer geführt wurde. Obwohl sich das zurzeit negativ auf kleine und mittlere Unternehmen auswirkt, ist ganz offensichtlich, dass sich dies ändern wird, je mehr junge Unternehmer, die mit digitalen Technologien aufgewachsen sind, das Ruder übernehmen.

Zusammenfassend lässt sich als Zwischenfazit festhalten, dass das Niveau des Digital Literacy Index bis zu einem gewissen Grad durch die Indikatoren des Digital Readiness Index bestimmt wird. Digital Readiness bedeutet aber nicht die Umsetzung der digitalen Transformation per se. Daten aus verschiedenen Studien zum digitalen Reifegrad von Unternehmen, einschließlich der Klassifizierung nach dem Entwicklungsstand der digitalen Infrastruktur, weisen eine erhebliche Variabilität auf. So liegen laut der KMDA-Studie [8] die Kosten der digitalen Transformation mit einer Amortisationszeit von ein bis fünf Jahren für russische mittlere und große Unternehmen zwischen 3 und 10 % des Jahresumsatzes. Dieselbe Studie besagt, dass im Vergleich zu 2018 die Zahl der Unternehmen, die die digitale Transformation gestartet haben, um fast ein Viertel gestiegen ist, und die Zahl der Unternehmen, in denen die digitale Transformation systematisch stattfindet, sich verdoppelt hat. Dabei ist jedoch zu berücksichtigen, dass für die KMDA-Studie hauptsächlich mittlere und große Unternehmen befragt wurden, was das Bild in Bezug auf die reinen KMU verzerrt.

Das Beratungsunternehmen KMDA schlägt vor, fünf Ebenen der Entwicklung der digitalen Infrastruktur russischer Unternehmen zu untersuchen [8]:

1. Erstens. Vereinzelte Infrastruktur, es findet eine Digitalisierung einzelner Elemente der Geschäftsprozesse statt. Betrachtet man die großen Unternehmen im Jahr 2020, so befinden sich 36 % der russischen Unternehmen auf dieser Ebene. Offensichtlich handelt es sich um Unternehmen, die aufgrund ihrer Tätigkeit keine digitalen Prozesse organisiert haben, aber durch die Pandemie gezwungen waren, sich schnell umzustellen. Der Anteil der KMU unter ihnen ist nicht bekannt, aber die Autorin vermutet, dass er recht groß ist.
2. Zweitens. Die Infrastrukturelemente sind miteinander verbunden und integriert. 47 % der russischen Unternehmen ordnen sich selbst auf dieser Ebene ein, was darauf hindeutet, dass die digitale Transformation eine systemische Ebene erreicht hat.
3. Drittens. Auf der Basis der Infrastruktur existiert ein digitaler Zwilling des Unternehmens, alle Prozesse sind digitalisiert. Unter den Vertretern der KMU finden wir auf dieser Ebene vor allem IT-Unternehmen und kleine innovative Unternehmen. Insgesamt befinden sich 10 % der Befragten auf der dritten Stufe.
4. Viertens. Prädiktive Selbstkorrektur-Tools wurden bereits implementiert. Auf dieser Ebene, wie auch auf der letzten, befinden sich hauptsächlich mittlere und große Unternehmen. Die Zugehörigkeitsrate liegt hier bei 3 %.
5. Ebene 5. Völlig offene, ausgereifte Infrastruktur. Es ist bemerkenswert, dass dieses Niveau 5 % der Befragten, meist große Unternehmen, umfasst. Bei den KMU liegt der Anteil solcher Unternehmen bei etwa 11 %.

Nach dieser Klassifizierung ist das Ziel der Bestrebungen für jedes Unternehmen, das die digitale Transformation in Angriff nimmt und umsetzt, klar definiert. Der Aufbau einer ausgereiften digitalen Infrastruktur könnte jedoch wichtige Ressourcen binden, die Unternehmen heute zum Überleben benötigen. Das wirft die Frage auf, ob die KMU sich jetzt aktiver für eine digitale Transformation einsetzen müssen. Nach Ansicht der Autorin hängt alles von den verfügbaren finanziellen und personellen Ressourcen ab, sowie vom aktuellen digitalen Entwicklungsstand des Unternehmens. Um bis zur endgültigen Überwindung der Pandemie in einer relativ stabilen Lage zu bleiben, braucht es keine sporadische Digitalisierung. Diese würde nur unnötig Geld und Zeit verschlingen. Unternehmen jedoch, die sich bereits auf der zweiten Stufe befinden, sollten versuchen, in die dritte Stufe aufzusteigen, ohne dabei ihre Möglichkeiten zu überschätzen und zu viele Mittel einzusetzen. Natürlich besteht die Gefahr, dass in dieser Zeit einem Unternehmen, das minimale digitale Anstrengungen unternimmt, die Hauptkonkurrenten schnell in ihrer Entwicklung davoneilen, doch diese Gefahr scheint KMU weniger zu betreffen, denn der Anteil der digital hochentwickelten KMU ist nicht sehr hoch, so dass die Wettbewerber höchstwahrscheinlich aufgeholt werden können (dieser Gedanke betrifft natürlich nicht IT-Unternehmen, diese sind per se auf einer Ebene höher als 2 nach der vorliegenden Klassifizierung einzuordnen.) Die digitalen Herausforderungen der postpandemischen Zeit werden nicht weniger aggressiv sein, als die des Frühjahrs 2020. Und doch müssen CEOs, die nach effizienten Geschäftsabläufen streben, sich dessen bewusst sein, was die Grundlagen der Effizienz sind. Es reicht nicht aus, Geschäftsprozesse zu automatisieren. Innerhalb der Unternehmen müssen Umgebungen geschaffen werden, die die Geschwindigkeit der Entscheidungsfindung und die Bandbreite der generierten Alternativen erhöht und damit neue Wettbewerbsvorteile schafft.

Trotz des Anstiegs des Anteils der Unternehmen, die aktiv digitale Technologien und das Internet nutzen, ist der Index der Digitalisierung der Wirtschaft in den letzten sechs Monaten auf dem gleichen Niveau geblieben [9]. Das liegt daran, dass es in den Bereichen, die für die Digitalisierung bereit sind, ein sehr aktives Wachstum gibt, andere Indikatoren jedoch rückläufig sind. Die Barrieren in Bezug auf die digitale Transformation haben sich nicht verändert. 2019 gaben die Unternehmer zwei Hauptgründe für die Ablehnung der Digitalisierung an: fehlende Ressourcen und mangelnde Bereitschaft des Managements oder der Mitarbeiter [6, 10]. Überraschenderweise ist seit Beginn der Pandemie die Zahl der Unternehmen [9], die die digitalen Kompetenzen ihrer Mitarbeiter fördern, zurückgegangen. Dies ist höchstwahrscheinlich auf den Mangel an Ressourcen zurückzuführen, den wichtigsten Grund für die Verzögerung von Digitalisierungsprozessen, d. h. hier besteht ein Teufelskreis.

Dennoch ist laut Studien [5] eine Verfünffachung der Investitionen von Unternehmen in ihre Websites geplant, außerdem soll in Internetwerbung und Hardware investiert werden. Jedoch stimmen Plan und Möglichkeiten nicht immer überein: nur 11 % der KMU planen, ihre Ausgaben für digitale Technologien zu erhöhen, das sind 4 % weniger als 2019. Das wirft einerseits Fragen auf, denn es scheint, dass nicht viel nötig ist, um die Vorteile der Digitalisierung zu realisieren: es bestehen bereits Cloud-Speicher und Tools, um viele Vorgänge in die Cloud zu verlagern und dort auszuführen, Analytics- und Big-Data-Plattformen wurden geschaffen, das Internet der Dinge funktioniert recht gut und vereinfacht Prozesse durch Automatisierung, und Smartphones mit Internetzugang, die einen Zugriff auf solche Speicher und Plattformen bieten, sind allgemein verfügbar. Andererseits erfordert der Einsatz dieser Werkzeuge eine Feinabstimmung der Anwendungsprozesse, d. h. die Investition von Zeit und Geld, um reibungslose Ergebnisse zu gewährleisten. Die Autorin glaubt, dass dies einer der Gründe dafür ist, dass es immer noch viele nicht digitalisierte Unternehmen gibt.

Zusammenfassend kann gesagt werden, dass der Mittelstand heute viel stärker als sonst vor der Frage steht, ob er in das Überleben oder in die Digitalisierung investieren soll. Wie die Praxis zeigt, ist das eine ohne das andere kaum noch möglich. Wenn ein KMU es also geschafft hat, die Pandemie zu überleben, sollte die nächste Investition zweifellos in die digitale Transformation fließen. Einmal begonnen, sollte der Prozess aufrechterhalten und kontinuierlich umgesetzt werden, ansonsten absorbiert das sich schnell ändernde Umfeld alle positiven Ergebnisse schnell wieder.

Literatur

[1] Delovoy Peterburg (2021). Finnland verlängert den Lockdown wegen hoher Erkrankungsraten. https://www.dp.ru/a/2021/03/19/Finljandija_prodlit_dejstvi. Zugegriffen: 19. März 2021.
[2] Kevesh, M. A., & Filatova, D. A. (2019). Index der Unternehmensdigitalisierung, Digitale Wirtschaft. https://issek.hse.ru/news/244878024.html. Zugegriffen: 26. März 2021.
[3] Analytisches Zentrum NAFI Bank „Otkrytie": Digitalisierungsindex der KMU. https://nafi.ru/projects/predprinimatelstvo/bank-otkrytie-indeks-tsifrovizatsii-malogo-i-srednego-biznesa/. Zugegriffen: 28. März 2021.
[4] Analytisches Zentrum NAFI Bank „Otkrytie": Digitalisierungsindex der KMU. https://nafi.ru/projects/predprinimatelstvo/indeks-peremen-gotovnost-rossiyskikh-kompaniy-ktsifrovoy-ekonomike/. Zugegriffen: 29. März 2021.
[5] Analytisches Zentrum NAFI Wetten auf Online: Unternehmer werden mehr für die Websites ihrer Unternehmen ausgeben. https://nafi.ru/analytics/stavka-na-onlayn-predprinimateli-stanut-bolshe-tratit-na-sayty-svoikh-kompaniy/. Zugegriffen: 29. März 2021.
[6] LOGIRUS (2020). Die Coronavirus-Pandemie beschleunigte die Digitalisierung der russischen Wirtschaft. https://logirus.ru/news/infrastructure/pandemiya_koronavirusa_uskorila_tsifrovizatsiyu_bizne-sa_v_rf.html. Zugegriffen: 25. März 2021.
[7] Analytisches Zentrum NAFI Die digitale Kompetenz der Russen: Studie 2020. https://nafi.ru/analytics/tsifrovaya-gramotnost-rossiyan-issledovanie-2020/. Zugegriffen: 20. März 2021.
[8] Pankow, V. N. (2020). Die Pandemie beschleunigte die Digitalisierung der Wirtschaft, RBC, Bd. 12. https://plus.rbc.ru/news/5f8f191f7a8aa930ddd3c511. Zugegriffen: 28. März 2021.
[9] Expert-Online Nord-West (2020). Die Pandemie hat den Digitalisierungsindex kleiner und mittlerer Unternehmen nicht verändert. https://expertnw.com/news/pandemiya-ne-izmenila-indeks-tsifrovizatsii-kompaniy-malogo-i-srednego-biznesa/. Zugegriffen: 19. März 2021.
[10] Butusov, A. V. Die Pandemie beschleunigte die digitale Transformation und Entwicklung der Innovationskultur in Russland. https://iot.ru/promyshlennost/issledovanie-dell-technologies-pandemiya-uskorila-tsifrovuyu-transformatsiyu-i-razvitie-kultury-inno. Zugegriffen: 30. März 2021.

Psychologische Betreuung der Bevölkerung während der Covid-19-Pandemie

Prof. Dr. Yury Zinchenko

Zusammenfassung

Der Beitrag thematisiert die Initiativen russischer Psychologen zu Beginn der COVID-19-Pandemie 2020. Die Initiativen beinhalteten die Erarbeitung von Empfehlungen zur Förderung des psychologischen und sozialen Wohlbefindens verschiedener Bevölkerungsgruppen. Insbesondere konzentrierten sich die Empfehlungen auf die Situation der Aufhebung der Einschränkungen, auf das Verhalten der Menschen nach dem Abklingen der Pandemie, Fragen des social distancing und des persönlichen Schutzes. Diese Initiativen legten den Grundstein für Studien, die kognitive und emotionale Veränderungen bei Studenten, Hochschulabsolventen und Doktoranden sowie bei Universitätsprofessoren und anderen sozialen und beruflichen Gruppen während des Lockdowns untersuchten. Die Studie beschrieb ebenso mögliche Risiken und Folgen der Selbstisolation.

Abstract

Psychological Support of Population During the Covid-19 Pandemic

The paper discusses the initiatives of Russian psychologists in 2020 during the COVID-19 pandemic. The initiatives were aimed at the development of guidelines to support psychological and social wellbeing of different groups of population. In particular, the guidelines focused on lifting the lockdown, behavioral patterns of citizens once the pandemic was on the decline, social distancing and personal protection. These initiatives laid the foundation for the studies that explored cognitive and emotional changes in undergraduate, graduate and doctoral students as well as university professors and other social and professional groups during the lockdown. The study also identified possible risks and consequences of self-isolation.

Schlüsselwörter/Keywords

COVID-19-Pandemie, Stresssituationen, psychisches Wohlbefinden, soziale Risiken, Selbstisolation, Fernstudium, Keywords. COVID-19 pandemic, stressful situations, psychological well-being, social risks, self-isolation, distance learning.

Die COVID-19-Pandemie hat die Arbeitsbelastung zahlreicher Berufsgruppen enorm erhöht – vor allem von Ärzten und Psychologen, die der Bevölkerung helfen, ihre emotionalen Reaktionen auf das Virus zu bewältigen (Angst vor der Krankheit, Sorge um das eigene Wohlbefinden, Sorge um Angehörige usw.), sich an die veränderten Lebens- und Arbeitsbedingungen anzupassen (Isolation, Störung der bewährten Familienroutinen usw.) und die Ungewissheit auszuhalten, sowohl bezüglich des Virus, als auch bezüglich des Lebensnach der Pandemie. Zu den schwerwiegenden Risiken einer längeren Selbstisolation gehören die Häufung von häuslicher Gewalt, die Vernachlässigung von Kindern, akute Stress- und depressive Störungen und auch Suizide. Hieraus ergab sich die Notwendigkeit, die Bevölkerung während und nach der Pandemie methodisch zu unterstützen und Empfehlungen zur psychologischen Bewältigung der schwierigen Situation zu formulieren.

Zu folgenden Themen sollten die Bevölkerung informiert und Ärzte unterstützt werden: Interaktion innerhalb der Familie, Bewältigung des Homeschooling, Umgang von Alleinstehenden und älteren Menschen mit der Isolation sowie Schulung grundlegender Fähigkeiten zur Selbstregulierung, um Stress, Angst und Anspannung zu reduzieren. Um entsprechende Empfehlungen zu formulieren, führten russische Psychologen eine umfassende, groß angelegte Untersuchung der entsprechenden im Ausland angewandten Maßnahmen durch. Die Untersuchung kann in 3 Etappen unterteilt werden:

1) *Analyse der Maßnahmen zur Eindämmung der Ausbreitung des Coronavirus sowie* der Maßnahmen zur *Aufrechterhaltung des psychischen Wohlbefindens der Menschen in* Verbindung mit Quarantänemaßnahmen.

Im Rahmen dieser Arbeit wurden die Erfahrungen bei der Bekämpfung des Coronavirus und entsprechende Maßnahmen und Empfehlungen solcher Länder wie Australien, Belgien, Brasilien, Kanada, China, Kolumbien, Kuba, Dominikanische Republik, Frankreich, Deutschland, Hongkong, Italien, Korea, Libanon, Nepal,

Nicaragua, Nigeria, Portugal, Nordirland, Spanien, Sri Lanka, Türkei, Ukraine, USA, Venezuela und Großbritannien analysiert. In einer gesonderten Untersuchung wurde die Arbeit der psychologischen Verbände folgender Staaten analysiert: Australien, Brasilien, Kanada, Caribbean Alliance of Psychological Associations (CANPA), China, Kolumbien, Kuba, Dominikanische Republik, European Federation of Psychological Associations (EFPA), International Council of Psychologists (ICP), Deutschland, Korea, Libanon, Nepal, Nicaragua, Nigeria, Portugal, Südafrika, Sri Lanka, Türkei, Vereinigtes Königreich, Vereinigte Staaten, Venezuela.

Darüber hinaus wurden die Empfehlungen der WHO zur Unterstützung des geistigen und psychischen Wohlbefindens während der COVID-19-Pandemie für verschiedene Gruppen von Bürgern analysiert. Ausgewählte psychologische Übungen, die von der WHO empfohlen werden, um Stress und Ängste während der Quarantäne und Selbstisolation zu reduzieren, wurden ins Russische übersetzt.

Der Analyse lag eine Reihe von Kriterien zugrunde, die sich auf bestimmte Zielgruppen konzentrieren, die am meisten von der aktuellen epidemiologischen Situation betroffen sind: Mitarbeiter des Gesundheitswesens, Psychologen, Kinder, Eltern, ältere Menschen, alleinlebende Menschen, Pflegepersonal, Journalisten, Medienmitarbeiter und andere.

2) Analyse der psychologischen, sozialen und kulturellen Risiken im Zusammenhang mit der Verbreitung von COVID-19.

Zu den wichtigsten psychologischen und sozialen Risiken der Verbreitung von COVID-19 gehören ein erhöhtes Maß an Stress oder Angst sowie ein erhöhtes Maß an Einsamkeit, Depressionen, Alkohol- und Drogenkonsum und selbstverletzendem oder suizidalem Verhalten; es besteht ein erhöhtes Risiko für zunehmende häusliche Gewalt, einschließlich Kindesmisshandlung.

3) Analyse der Aufhebung der Beschränkungen im Zusammenhang mit COVID-19.

In dieser Arbeitsphase wurde die Situation im Ausland bezüglich der Aufhebung der Beschränkungen im Zusammenhang mitCOVID-19, darunter die Erfahrungen der USA, der Europäischen Union, Großbritanniens, Australiens und Neuseelands, Südafrikas, Hongkongs und anderer Staatenanalysiert.

Auf der Grundlage der Analyse wurden entsprechende Empfehlungen für die Aufhebung der Beschränkungen sowie für das Verhalten der Bürger im Zusammenhang mit der abklingenden Ausbreitung des Coronavirus erarbeitet, die auf soziale Distanzierung und individuellen Schutz abzielen.

Die Pandemie verursachte einen beispiellosen Anstieg des Informationsaustauschs zwischen den psychologischen Vereinigungen und Verbänden. Fast wöchentlich hielten mehr als 40 Länder im Rahmen der International Union of Psychological Science bei der UNESCO, der European Federation of Psychological Associations und der BRICS-Länder Konsultationen ab und tauschten Erfahrungen aus. Auf bilateraler Ebene gab es laufende Konsultationen mit der American Psychological Association, der Spanish Psychological Association und der Chinese Psychological Society sowohl auf Führungs- als auch auf Arbeitsebene. Diskutiert wurden Wege und Möglichkeiten der psychologischen Hilfe, verschiedene Probleme und ihre Lösungen sowie die Durchführung wissenschaftlicher Untersuchungen. Die Russische Psychologische Gesellschaft beteiligt sich aktiv an der Zusammenarbeit und dem Austausch von Best Practices mit ausländischen Kollegen. Sie verbreitet Ideen und Empfehlungen russischer Psychologen und adaptiert ausländische Materialien, initiiert Forschungsprojekte und beteiligt sich an internationalen Kooperationen. Nicht nur europäische Länder, sondern auch Vertreter aus Nepal und Indonesien nehmen aktiv an den Forschungen der Russischen Psychologischen Gesellschaft teil.

Mit Unterstützung der Russischen Rektorenunion und des Ministeriums für Wissenschaft und Hochschulbildung der Russischen Föderation haben die Fakultät für Psychologie der Staatlichen Universität Moskau und die Russische Akademie für Bildung gemeinsam mit den führenden Universitäten des Landes ein Forschungsprojekt mit dem Titel „Exploring Home" gestartet. Dies ist eine groß angelegte Untersuchung der Veränderungen im emotionalen und kognitiven Bereich bei Studenten, Doktoranden, Lehrern und anderen sozialen und beruflichen Gruppen während der Selbstisolation. Mehr als 100.000 Menschen nahmen an der Studie teil. Für diese Studie entwickelten und adaptierten Wissenschaftler der Fakultät für Psychologie spezielle Techniken, um die psychologischen, emotionalen und kognitiven Reaktionen auf die Pandemie und die Selbstisolation zu erfassen. Ausländische Kollegen der European Federation of Psychological Associations und der International Union of Psychological Science bei der UNESCO führten eine parallele Studie durch, die diese Techniken bei verschiedenen sozialen Gruppen in ihren Ländern anwandte.

Führende russische Psychologen haben im Zusammenhang mit der Verbreitung der Coronavirus-Infektion eine Reihe von Empfehlungen zur Prävention von psychischen Belastungen der Gesellschaft entwickelt [1].

Es wurden Empfehlungen für einzelne soziale Gruppen formuliert, die unter den Bedingungen der Pandemie und der Selbstisolierung psychischen Belastungen ausgesetzt waren. Zum Beispiel für Familien, die gemeinsam mit Kindern zu neuen Routinen finden mussten. Ihnen wird empfohlen, wie sie die Routinen zu Hause so organisieren können, um Kindern unterschiedlicher Altersstufen Rechnung zu tragen, wie sie einer psychischen Überlastung der Kinder entgegenwirken und sie gleichzeitig körperlich auslasten können, wie sie an der Beziehung zu ihren

Kindern arbeiten können, um sich auch in dieser schwierigen Situation Vertrauen und Autorität zu bewahren, aber gleichzeitig jedem einzelnen Familienmitglied gerecht zu werden und Raum zu geben. Menschen, die mit Senioren in Isolation waren, wurden über die emotionalen und kognitiven Besonderheiten von Senioren informiert und es wurden Empfehlungen ausgesprochen, wie die Kommunikation strukturiert werden kann und durch Angst und Unsicherheit ausgelöste Konflikte vermieden werden können.

Auch Alleinlebende waren besonderen Risiken ausgesetzt. Die Empfehlungen für Alleinlebende konzentrieren sich vor allem auf die Quellen von Unterstützung und Beistand, um Ängste und Stress abbauen zu können.

Eine der wichtigsten Herausforderungen der Pandemie war die Organisation des Fernunterrichts. Obwohl die Schulen zeitweise geschlossen wurden, hielt man es nicht für zweckmäßig, den Bildungsprozess zu unterbrechen und die obligatorischen Prüfungen zu verschieben. Der Fernunterricht gestaltete sich jedoch für Schüler und Lehrer gleichermaßen schwierig – die Unterrichtszeiten mussten auf die Bedürfnisse und Möglichkeiten aller abgestimmt werden, Schüler motiviert und zu selbständiger Arbeit angeleitet werden. Kinder und Eltern waren zahlreichen Ängsten ausgesetzt, was einer systematischen Vorbereitung auf die anstehenden Prüfungen nicht förderlich war. In Reaktion darauf erarbeiteten Studenten der Fakultät für Psychologie der Staatlichen Lomonossow-Universität Moskau 46 Online-Webinare und Seminare für Schüler der 8.–11. Klassen, um ihnen die psychologische Vorbereitung auf die Prüfungen zu erleichtern, den Lernstress zu verringern und selbstregulierende Maßnahmen im Homeschooling zu vermitteln. Besonderes Augenmerk wurde auf die Förderung von Motivation und Engagement von Schülern und Studenten gelegt. Die entsprechenden Empfehlungen formulieren wirksame Strategien für Lehrer und Erzieher, die ihnen den Übergang zu neuen Lernformen, eine neue Form von Interaktion mit den Schülern und deren Einbeziehung in den Bildungsprozess erleichtern.

Ein weiterer Empfehlungszyklus wurde speziell für Ärzte, medizinisches Personal und Manager von Gesundheitseinrichtungen entwickelt. Die Tatsache, dass eine Pandemie ausgerufen wurde, die täglich sprunghaft steigende Zahl von Erkrankungen und Todesfällen sowie der Mangel an Behandlungsmethoden wurden zu einer Herausforderung für die Gesundheitssysteme aller Länder. Angehörige der Heil- und Pflegeberufe sind in einer besonderen psychischen Situation, in der Stress und Angst sowohl ihr persönliches psychisches Wohlbefinden als auch die Atmosphäre im Team negativ beeinflussen können. Von Anfang Mai bis Ende Juni 2020 wurde eine Online-Umfrage in medizinischen Einrichtungen Russlands durchgeführt, um die Reaktion des medizinischen Personals auf Stresssituationen und das Ausmaß des wahrgenommenen Stresslevels in der Pandemiesituation sowie die Reaktion auf die ungewisse Zukunft zu untersuchen [2]. Die Experten strebten an, alle Besonderheiten der Situation zu berücksichtigen, und formulierten in ihren Empfehlungen praktische Ansätze und Techniken, die der Stabilisierung des psychologischen Zustands sowohl derer, die Leben retten, als auch derer, die krank sind und um ihr Leben kämpfen, dienten. Zur Unterstützung von Ärzten, die in den „roten Zonen" arbeiten, und für Mediziner, die Patienten in den „grünen Zonen" der Krankenhäuser betreuen, wurden kostenlose psychologische Beratungen für medizinisches Personal, Patienten und deren Angehörige organisiert.

Führende Experten der Fakultät für Psychologie der Staatlichen Lomonossow-Universität Moskau und der Russischen Psychologischen Gesellschaft haben gemeinsam mit der Föderalen Medizinischen und Biologischen Agentur Russlands ein sogenanntes „psychologisches Thermometer" für Ärzte und Pflegekräfteentwickelt, die mit COVID-19-Patientenarbeiten. Mit Hilfe des „Thermometers" kann der entsprechende Mitarbeiter online seine „emotionale Temperatur" messen und erhält sofortige Rückmeldung über Selbsthilfemaßnahmen, mögliche Unterstützung durch Kollegen oder die Empfehlung, professionelle psychologische Hilfe in Anspruch zu nehmen.

Ein solches innovatives psychodiagnostisches Instrument ermöglichte es auch unter den Bedingungen der Isolation, als persönlicher Kontakt zu den in der roten Zone arbeitenden Ärzten kaum möglich war, ihr psychisches Wohlbefinden und ihre psychische Gesundheit zu überwachen, gezielte psychologische Hilfe zu leisten und dank dem ständigen Feedback ihre Arbeitsbedingungen zu verbessern. Mehr als 2000 Mitarbeiter des Gesundheitswesens aus 50 Gesundheitseinrichtungen im ganzen Land nahmen an diesem Projekt zur psychologischen Selbsteinschätzung teil.

Gemeinsam mit dem Moskauer Forschungszentrum für die Gesundheit der Kinder des russischen Gesundheitsministeriums wurden spezielle psychologische Techniken entwickelt und getestet, um den emotionalen Zustand von minderjährigen Patienten in den roten Zonen zu diagnostizieren und zu behandeln. Projektive Techniken ermöglichen es Ärzten und Psychologen, eine Expressdiagnostik bei Kindern und Jugendlichen durchzuführen und im Laufe des Gesprächs die negativen Emotionen der kleinen und jugendlichen Patienten zu reduzieren.

Die anderthalb Jahre seit Beginn der Pandemie zeigen uns, dass das Coronavirus nicht nur Auswirkungen auf die körperliche Gesundheit hat, sondern auch viele soziale und psychologische Veränderungen in unserem Leben bewirkt hat, deren Auswirkungen auf unsere Zukunft zum jetzigen Zeitpunkt schwer abzuschätzen sind. Maßnahmen zur Aufrechterhaltung des psychischen Wohlbefindens und der emotionalen Stabilität in einer Situation der Unsicherheit sind die Grundlage für die körperliche und geistige Gesundheit der Bevölkerung nach der Pandemie. Die Forschung zur psychischen Gesundheit, die in einem so kurzen Zeitrahmen durchgeführt wurde, liefert kein vollständiges Bild der Auswirkungen der Krankheit und der Komplexität der Isolation, macht es jedoch möglich, den Anstieg von Depressionserkrankungen, Angststörungen, Selbstmorden und Alkoholismus zu prognostizieren. Es bleibt eine langfristige Herausforderung für alle Expertenweltweit – Psychologen, Ärzte und Wissenschaftler –, Wege zu finden, um die negativen Auswirkungen der COVID-19-Pandemie zu bekämpfen und der Bevölkerung in ihren Ländern zu helfen.

Literatur

[1] Russische Psychologische Gesellschaft Offizielle Seite der Berufsvereinigung der Psychologen Russlands. http://рпо.рф/. Zugegriffen: 30. März 2021.

[2] Zinchenko, J. P., Salagai, O. O., Shaigerova, L. A., Almazova, O. V., Dolgikh, A. G., & Vakhantseva, O. V. (2021). Das Stresslevel bei verschiedenen Kategorien von Ärzten und Pflegepersonal während der ersten Welle der COVID-19-Pandemie in Russland. *Wissenschaftliche und praktische Zeitschrift „Public Health"*, *1*(1), 65–74.

Cryptocurrencies in Poland and Russia – Similarities and Differences

Dr. hab. Marta Maciejasz, Dr. Robert Poskart

Abstract

This article presents a comparative analysis of the perception of the cryptocurrency phenomenon based of the results of the research conducted synchronously in two countries, Poland and Russian Federation. Its aim was to capture the similarities and differences in the perception of the cryptocurrency phenomenon among representatives of both countries. The results of the research allow to conclude that among the respondents from Poland and Russia there are significant differences in terms of the subjective perception of the cryptocurrency market and the level of trust in the current financial system.

Keywords

Virtual money, cryptocurrency, financial market.

1 Introduction

Changes that have been taking place in the global financial system are caused by the processes of its financialization [1]. Their catalyst was the outbreak of the global financial crisis that the symbolic start was marketed in September 15, 2008 by the bankruptcy of the oldest investment bank in the USA – Lehman Brothers. It initiated a number of processes that irreversibly changed the face of not only the American but also the global financial system. The Federal Reserve's actions taken at that time aimed at saving the existing system, manifested in the application of non-standard tools of monetary policy, known as the quantitative easing process (QE). This resulted in increasing money supply in order to purchase assets. The

© Der/die Autor(en), exklusiv lizenziert durch Springer Fachmedien Wiesbaden GmbH, ein Teil von Springer Nature 2022
C. Renker, T. Nikitina (Hrsg.), *Pandemie als nicht alltägliches Event-Risk*, https://doi.org/10.1007/978-3-658-36504-2_25

process caused an unprecedented loss of confidence in central banks and the entire existing monetary system. The consequence of this was the creation of a completely private decentralized digital currency or cryptocurrency known as bitcoin (BTC), created by an anonymous creator (or group of creators) known under pen names Satoshi Nakamoto [2]. This initiated the emergence and dynamic development of a completely new market, which is the market of private, non-institutional digital currencies, based on blockchain technology. This is a global, geographically unrestricted market open 24 h a day [3–5]. Its entry into the financial mainstream, caused, inter alia, by the dynamic and spectacular increase in the value of bitcoin and other cryptocurrencies resulted in an explosive increase in the interest of potential investors, initially mainly individual, often unprofessional encouraged by spectacular increases in cryptocurrency pricing, in particular bitcoin [6].

Taking account abovementioned we stared to wondering whether what is the perception of the phenomenon of cryptocurrencies, the level of their acceptance among potential users and the degree of trust in cryptocurrencies and in the classic financial system. Thus we initiated the research which was conducted simultaneously among university students in Poland and Russian Federation – two different country when it comes to the currency, the level of interest rate and accession to European Union.

The aim of the article is an attempt to identify the differences of the perception of cryptocurrencies, as well as the level of their acceptance among potential users and the level of trust both in them and in the classic financial system. This aim of the article arises from the assumption that there is significant international differentiation in the perception of the phenomenon which is the subject of the study and the level of trust in the current financial system.

This paper consists of several parts and it is organized as follow: at the beginning, the methodology of the research was presented, next, the characteristics of the research sample was described. The further part of the article focuses on the results of the research. The paper ends with a summary and the crucial conclusions.

2 Methodology

Authors have conducted a pilot study in Poland and the Russian Federation, which was supposed to be an introduction to the bigger and wider survey. It was done within December 2019 and January 2020 with 62 surveyed persons. These were students of financial studies in chosen countries. Such a group was chosen for a few reasons. Firstly, as young persons are thought to be more open to new technologies and thus more likely to use virtual money. Secondly, students of financial fields are even more likely to be prepared for using new forms of money. And thirdly they were supposed to be a group that has some professional background and easily understands questions. The paper questionnaire used in the survey consisted of 26 questions connected with virtual money plus 5 demographic questions. It was provided personally by teachers during the classes. This article includes details, results and analysis of the data collected via questionnaires. A pilot study also enabled to make a preliminary verification of questions and their utility.

Research questions stated at the beginning of study were:
- Q1: Are there any differences between countries concerning perception and use of virtual money?
- Q2: What are the differences in using virtual money by respondents from different countries?

As answers for these questions were 2 hypotheses stated:
- H1: There are differences between countries in perception and use of virtual money.
- H2: There are differences in using virtual money for payment and for savings within countries.

3   Characteristics of sample

A first group of questions was a demographic one. According to them the structure of respondents looks like at the Fig. 1.

According to the Fig. 1 it is visible that people from Russia (N = 47) stem rather from the huge cities while in Poland (N = 15) are rather from the small ones and

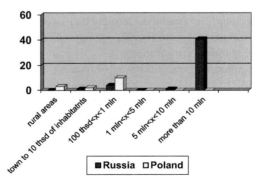

Fig. 1 Respondents structure according to a place of residence. (Source: Own elaboration)

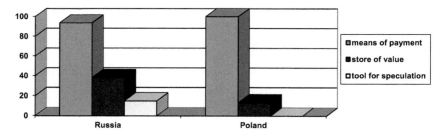

Fig. 2 Answers to question 2: How do you treat traditional money issued by the central bank? (Source: own elaboration)

from rural areas. Age structure shows that the majority of respondents were very young (16–18 and 19–24 years) and rather young (25–30 years). This is an effect of methodological assumptions. Gender analysis shows that majority are women. All persons marked higher level of education.

4   Results of survey

Main questions concerned different issues. The first question was connected with general confidence of surveyed persons of traditional financial system. This was a Likert scale where 1 meant lack of trust and 10 total trust. For chosen countries simple average was:

- Poland – $x = 7.4$, $d = 1.40$
- Russia – $x = 7.28$, $d = 1.81$

This shows that persons from Poland declare that they know more about traditional financial system than persons from Russia. Although difference is very small but shows higher trust to financial institutions.

The second question was about the way of treating traditional money issued by the central bank (Fig. 2). Theoretically these answers should correspond with functions of money and all three functions should be treated equally. Russia and Poland are quite similar when treating traditional money as a means of payment rather than store of value, and almost not a tool for speculation at all. But in Russia traditional money is more a store of value than a tool for speculation than it is thought in Poland. This may be due to the fact that respondents in Poland and Russia know from parents or grandparents of inflation in the 1980s and 1990s practically depriving their savings.

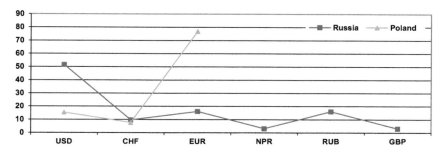

Fig. 3 Answers to question 3: What traditional currency issued by the central bank do you trust the most? (Source: own elaboration)

Next question was concerning the trust to different currencies (Fig. 3). In both countries USD is highly trusted currency. Such an attitude towards USD stems from communist time, as a kind of inheritance of it, where all major private transactions were settled in USD and parents and grandparents saved in USD. But in Poland, it is EUR which is more trusted due to the trade (mainly from Germany) and imports from the euro zone, holidays spent in the eurozone, but also because of transfers from work abroad. Poles pointed also CHF as a highly trusted. In Russia respondents were more varied and pointed also NPR, RUB and GBP.

Question 4 was about a preferred form of payment and it seems that online bank transfers are the most popular among respondents and there were almost no differences between countries in this field.

Next group of questions concerns cryptocurrencies as a financial tool. Fifth question regards knowledge about cryptocurrencies. Average knowledge was assessed in Russia at 4.51 and in Poland 4.27. It sounds that Russian students are the more convinced of their knowledge about cryptocurrencies than Polish ones. In general, average knowledge about cryptocurrencies is lower than about a traditional financial system, which is not that surprising. But notably Polish respondents, who declared higher confidence in how traditional financial system works, at the same time were less persuaded with new tools in a financial system.

The sixth question provided some characteristics of cryptocurrencies to be chosen. It appeared that a digital asset and medium of exchange were the most often selected. Some persons decided that all characteristics are adequate. Generally, answers were diffused which suggests that respondents are not sure about the specifics of cryptocurrencies. The same conclusions can be drawn from the next question about characteristics of a blockchain technology.

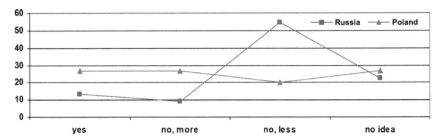

Fig. 4 Answers to question 8: Do you agree with the opinion that cryptocurrencies are worth as much as traditional money? (in %, by countries). (Source: Own elaboration)

Table 1 Answers for the question 10: Would you accept the payment of part of your salary in the form of cryptocurrency? (in %). (Source: Own elaboration)

	Russia	Poland
Yes	8.51	0
No	76.6	40.0
It depends	4.25	6.67
I don't know	10.64	53.33
Average part of salary accepted	11.83	10.0

The eight question was supposed to verify how respondents perceive the value of cryptocurrencies in comparison with traditional money (Fig. 4). It sounds as if people think that cryptocurrencies are not equal to traditional money and mainly are treated as worth less.

According to the next question Bitcoin seems to be the most trustworthy currency as majority of respondents marked it. It is quite similar within countries, because in all of them Bitcoin is the most often indicated answer. In fact, in Poland it is the only answer (100%).

Respondents were asked about the acceptance for payments of their salary in cryptocurrencies (Table. 1). Only small part of them (and only in Russia) declared that they would accept a payment of their salary in such a form. Majority of respondents would not accept payments of salary in cryptocurrencies, and some declare that it depends on the currency and some do not know.

It sounds to be fairly interesting as in Russia people are more willing to accept payments in cryptocurrencies although they declare quite low knowledge in this field. Not such definite answers were given to the next question about acceptance

Table 2 Answers for the questions 12, 13, 14, 15 (%). (Source: Own elaboration)

	Yes		No		I don't know	
	RU	PL	RU	PL	RU	PL
Have you ever used cryptocurrencies as a mean of payment?	8.51	13.33	94.74	91.49	–	
When you consider buying an item using cryptocurrencies, do you convert its value into traditional currency?	46.51	20.00	23.26	20.00	30.23	60.00
Have you had commitment in cryptocurrencies?	13.04	6.67	86.96	93.33	–	
Have you ever settled liabilities using cryptocurrencies?	8.70	6.67	91.30	93.33	–	

for making transactions with cryptocurrencies (Table. 2). This may be due to the unprecedented digitization of the most spheres of life and for making most transactions by a smartphone, which is connected to the user's personal profile and not to cash. At this level of virtualization and absorption of modern technologies, it is not necessary to understand its nuances, but it becomes natural that in the opinion of the average user there is no greater difference between electronic money used on a daily basis on mobile platforms through smartphones and cryptocurrencies, which may be in the opinion of users another (alternative) form of money.

Next questions were connected with experience in using cryptocurrencies.

Answers to these questions show that respondents have very small experience in using cryptocurrencies, and despite there are small differences between countries where such general tendency is repeated.

Question 16 was about willing to use cryptocurrencies for speculative purposes. Answers "yes", "no" "I don't know" were different in Russia (32.56 %; 48.84 %;

Table 3 Answers to questions 20, 21, 22 (%). (Source: Own elaboration)

	RU	PL
To what extent, do you agree with the statement that cryptocurrencies are safer than traditional money issued by the central bank?	3.09	4.00
To what extent, do you agree with the statement that cryptocurrencies are less vulnerable to inflation than traditional money issued by the central bank?	4.82	5.40
To what extent, would you agree with the statement that cryptocurrencies store value better than traditional money issued by the central bank?	3.72	3.73

18.60 %) than in Poland (7.14 %; 35.71 %; 57.15 %), where people seem to be uncertain about using cryptocurrencies for speculating.

The next question testified readiness of respondents for keeping savings in cryptocurrencies. It seems that people are not ready for that, because majority marked "no". Although, there are some differences in number of answers between countries, such a tendency is confirmed, but in Poland respondents were much more uncertain. Even 40% did not know if they were ready for storing savings in cryptocurrencies.

The next group of questions (Table. 3) was about possible changes that can happen at the financial market because of introducing cryptocurrencies. When asked about replacing traditional money with cryptocurrencies respondents were quite unanimous. Majority was against such a suggestion. It was quite similar within countries, but in Russia people were even more definite as 73.33 % marked "no", while in Poland only 46.66 %.

The next three questions were at the Likert scale and concerned the level of acceptance for some relations between traditional money and cryptocurrencies.

The table shows that in general there is little acceptance for suggested relations, which means that respondents rather think that cryptocurrencies are not safer than traditional money, do not store value much better than traditional money, but can be less vulnerable to inflation.

Table 4 Answers to question 26: Which currencies do you think are the most trustworthy? (in %). (Source: Own elaboration)

	Which currencies do you think are more trustworthy? (%)	
	RU	PL
Traditional, issued by the central bank, the so-called paper	80.49	78.57
Decentralized cryptocurrencies independent of the central bank	4.88	0
Based on the gold standard	14.63	21.43

The final question was about the trust for currencies and it seems that traditional currencies, issued by the central bank are still the most trustworthy form of money (Table. 4). Respondents also trust the money based on the gold standard, but only few decentralized cryptocurrencies independent on the central bank.

5 Conclusions

Although money is very old issue it is still an object of interest. Because it is constantly developing, the attitudes towards money and money perception have evolved. The purpose of this paper was to answer research questions stated at the beginning and testify two hypotheses. The first one was: There are differences between countries in perception and use of virtual money. This hypothesis was confirmed because several contrasts were seen between respondents from the chosen countries. These discrepancies can have cultural or historical background.

Furthermore, the second hypothesis, that there are differences in using virtual money for payment and for savings within countries, was confirmed. It seems that respondents from Russia are more willing to accept payments of salary in a new form of money, although they do not have much experience in using virtual money and declare that they do not know much about it. They also more often agree that it is a good means of storing value. These discrepancies also can have cultural or/ and historical background.

It must be clearly stated that Authors are fairly aware of the fact that all results are not representative, and conclusions are far from the possibility of generalizing at the whole population. What was done is just the introduction to a wider and a bigger survey. This survey is now in progress and expanded on other countries as well. The practical usefulness of the whole study is that gathered information will permit to examine the economic and financial literacy of the respondents and their preferences for the use of innovative financial instruments. Thus, it can help to protect people from serious mistakes and their consequences in using virtual money.

Acknowledgment: Authors would like to thank Professor Detlev Hummel and Professor Boris Rubtsov for helping to conduct the survey.

Bibliography

[1] Dembinski, P. H. (2008). *Finance: servant or deceiver?: Financialization at the crossroads* (2009th edn.). Fribourg Palgrave Macmillan.
[2] Satoshi, N. Bitcoin: a Peer-to-Peer electronic cash system. https://bitcoin.org/bitcoin.pdf. Accessed 29 Oct 2008.
[3] European Central Bank (2012). *Virtual currency schemes*
[4] Carstens, A. (2018). *Money and payment systems in the digital age.* Basel Bank of International Settlements.
[5] Carstens, A. (2019). *The future of money and payments.* Basel Bank of International Settlements.
[6] Bank of International Settlements (2018). *Cryptocurrencies: looking beyond the hype, BIS annual economic report 2018*

Further Readings
[7] Rotman, S. (2014). Bitcoin versus electronic money. CGAP brief; World Bank, Washington. https://openknowledge.worldbank.org/handle/10986/18418 License: CC BY 3.0 IGO.
[8] IMF (2016). *Virtual currencies and beyond: initial considerations.* Staff discussion notes, Vol. 16/3.

Cryptocurrencies or Digital Money – How do we pay in the Future?

Prof. Dr. Jürgen Seitz

Abstract

The term "cryptocurrency" is widely used nowadays. Although there are many very different definitions people are often talking about cryptocurrencies without knowing that they use different definitions. There are not only homonyms, but also synonyms with often slightly different meanings. Misunderstandings are not only the result of using terms with different definitions, but also in the context of different cultural and linguistic backgrounds. Depending on this, a term can be used or not. Independent of definitions of terms, there exist many approaches of digitalization of currencies and money to make payments faster and cheaper, and therefore more efficient and more effective. Research projects and pilot implementations lead to working systems and mean increasing knowledge and fundamentals for policy makers in central banks for continuous development of central bank issued money.

Keywords

Cryptocurrency, virtual currency, digital money.

1 Introduction

Meanwhile, the term "cryptocurrency" is widely used. For the first time, the term was used in the context of the development of Bitcoin, which was created by Satoshi Nakamoto in 2009 as a decentralized cryptocurrency [1]. Mid of 2018, a report of the European Parliament, which discusses and summarizes the subject of cryptocurrencies as it has been scrutinized by several policy makers like the

European Central Bank, the International Monetary Fund, the Bank for International Settlements or the European Banking Authority. The definitions go back to the year 2012. The definitions are very different [2]. At the beginning of 2018 Lansky came up with a more technical definition of cryptocurrencies [3]. In March 2018, the word "cryptocurrency" was added to the Merriam-Webster Dictionary [4]. In China, it is forbidden to Chinese financial institutions to deal and fund with cryptocurrencies [5, 6]. The Indian government plans to ban all private cryptocurrencies [7].

Searching for the term "digital money" in Google, there are on April 1st, 2021 more than 4 bn results. However, the majority of top ranked websites are commercial websites. But there are also websites of the European Central Bank listed in the top 10 websites, which use the term "Electronic Money (e-money)". The European Central Bank defines it "as an electronic store of monetary value on a technical device that may be widely used for making payments to entities other than the e-money issuer. The device acts as a prepaid bearer instrument which does not necessarily involve bank accounts in transactions" [8]. Depending on the technology used to store the monetary value, e-money products are hardware-based, software-based or even hybrid [8]. E-money is available since 1997 [9]. However, this is only the perspective of the European Central Bank and in 1997, the blockchain technology was not known.

From a global perspective the different meanings of terms are even more confusing. Terms are used with different definitions and most the time a term is not explicitly defined before it is used, which means that misunderstandings are common. It seems that there is a high consensus for the term "payment", which is one of the most common economic transactions. It means on a high level of abstraction the exchange of values. Therefore, often money is used. Money exists in form of cash, book money and money surrogate.

2 Definitions

The European Central Bank has classified cryptocurrencies as a subset of virtual currencies and defines it "as a form of unregulated digital money, usually issued and controlled by its developers, and used and accepted among the members of a specific virtual community" [10, p. 13]. Cryptocurrencies can be bought using traditional money as well as sold against traditional money. They can be used for buying digital and real goods and services [10]. The European Banking Authority considers cryptocurrencies also as virtual currencies, which are digital representations of value that are neither issued by central banks or public authorities nor

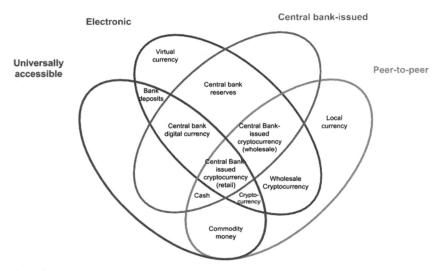

Fig. 1 Money Flower. (Adapted from [14, p. 60])

necessarily attached to a fiat currency. They are used by natural or legal persons as a means of exchange. They can be transferred, stored and traded electronically [11, p. 11, 2, p. 21]. The International Monetary Fund categorizes cryptocurrencies like the European Central Bank and the European Banking Authority as a subset of virtual currencies [12]. The Bank for International Settlements has classified cryptocurrencies as digital currencies or digital currency schemes, which neither need intermediaries, nor are operated by specific individuals or institutions [13]. This means that cryptocurrencies can be issued by central banks, too, as it is shown in Fig. 1.

Like the Bank for International Settlements, the World Bank has classified cryptocurrencies as digital currencies. However, contrarily to other policy makers they say that digital currencies rely on cryptography to achieve consensus. This means that there is no central authority needed [15].

Depending which definition is used, statements can have totally different meanings and implications. However, there are not only definitions from a more economic focus. There are also definitions from a more technical perspective like the definition of Lansky. He formulates the following conditions, which cryptocurrencies have to fulfil: There is no central authority, like a central bank needed, because of a consensus mechanism. The system itself is consistent and has an overview of all cryptocurrency units and their owners. The system defines the process and the conditions of creating new cryptocurrency units. The ownership of cryptocurrency units can solely be proved using cryptographic algorithms. The system allows transactions. A transaction means that the ownership of a cryptocurrency unit is changed. Therefore, the current ownership has to be proved. If there are two different transactions initiated at the same time concerning a single cryptocurrency unit, the system performs only one of them [3]. Lansky has in mind, like Satoshi Nakamoto when he described the concept of Bitcoin, that there are inherent problem in the system of central banks and their dependencies from governments. The idea is to solve these problems by eliminating non-trustworthy intermediaries using and fully trusting on cryptographic algorithms and blockchain technology [1]. By nature, central banks and governments cannot agree with this approach. However, they can benefit from developing such techniques to improve existing payment systems and make them more efficient and affective.

Central Bank Digital Currency (CBDC) is a digital fiat currency or digital base money, which is issued and controlled by central banks. It is different from balances in traditional accounts. It is like bank notes, where each unit is uniquely identifiable to prevent counterfeit. However, blockchain technology is not required because it is centrally controlled [14, 16, 17]. Cryptographic techniques are only needed for privacy and security issues like the double spending problem.

3 Historical Development

For more than 25 years, there were many ideas of electronic payment systems developed and implemented. Some of them have never left the status of a research project or a pilot project like Netcash and Netcheque from University of Southern California [18, 19]. In 1983 Chaum published a paper about the idea of anonymous electronic money [20]. The concept was implemented in a system called ecash. Ecash stored electronic money in a digital format on the user's computer. Electronic coins were signed by banks. The coins could be spend in any shops accepting ecash without the need of an account. The security of the systems bases on public key digital signature schemes and the anonymity on blind signatures [21]. The technical challenge was the double spending problem. Before accepting a virtual coin, it has to be checked, if the coin was not already spent [22]. However, there was also an acceptance problem. In the US, there was only one bank, which implemented and tested the system. In Europe, Japan and Australia, the system was launched by several banks in 1998 [23]. DigiCash, the company, which has developed the system, went bankrupt in 1998 [24].

The idea of cryptocurrencies was born after the financial crisis in 2007 when the financial industry and especially banks lost trust. The idea was to develop a currency, which does not need institutions to care about trust. Cryptographic algorithms should replace trust [1]. The idea of currencies, which are not issued by central banks, is not new. Von Hayek questioned the control of currencies by central banks already in 1976 [25]. The Bitcoin concept was the first completely described approach of a payment system for digital money, which bases fully on cryptography and does not need institutions to guarantee trust [26]. That there is no risk of inflation, the number of coins in the Bitcoins system is limited. The idea is to limit the number of Bitcoins like the existence of the gold [27]. However, economists agree that the gold standard does not guarantee economic stability [28, p. 154, 29, p. 22].

There are many technical arguments that are against a cryptocurrency like Bitcoin. The number of Bitcoin transactions reached in 2021 on some days its highest value with around 400,000 transactions globally per day. Ethereum reached 1.1 million transactions globally per day [30]. VISA was able to authorize 65,000 transaction messages per second in June 2019 [31]. This means more than 2 trillion transaction messages per year. The size of the Bitcoin blockchain reached 327.99 GB by March 27, 2021 [32]. The University of Cambridge estimates that Bitcoin consumed more than 135 TWh in 2019, which means that the Bitcoin system consumed more energy than Argentina [33, 34].

By April 3rd, 2021, 18,673 million bitcoins were in circulation [35], which means a market capitalization of 1076 trillion USD [36] or around 915 billion EUR. The amount of money M3 is 14,607 trillion EUR [37]. To map the money aggregate M3 of the European Central Bank in Bitcoin, the value of a Bitcoin must increase sixteen times. Based on a Bitcoin rate of almost 50,000 EUR, this means that it must increase to nearly 800,000 EUR. However, then the amount of Bitcoins still cannot increase. In contrary, the number of available Bitcoins is decreasing because of lost data storages, lost password or death of the owner. Therefore, 20 per cent of available Bitcoins are already considered lost [38, 39].

4 Approaches of Digital Central Bank based Money

China has announced a digital version of the Yuan in 2020. There are already tests in different cities. This digital version of the Yuan will neither use blockchain technology nor be totally anonym [40]. Blockchain technology and consensus mechanism are not necessary because the concept provides for central control by the Chinese central bank and for monitoring illegal activities such as money laundering. The

Fig. 2 Direct access by end users to central bank accounts [41, p. 38]

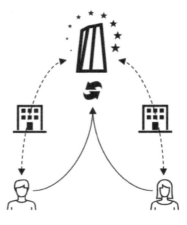

Fig. 3 Intermediated access by end users to central bank accounts [41, p. 39]

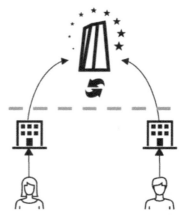

European Central Bank is also discussing a digital versions of the Euro. So far there are only vague ideas with direct (cf. Fig. 2) or intermediated (cf. Fig. 3) access by end-users to central bank accounts, direct end-user access to a bearer digital euro (cf. Fig. 4) or account-based and bearer infrastructure (cf. Fig. 5; [41]).

Fig. 4 Direct end-user access to a bearer digital euro [41, p. 40]

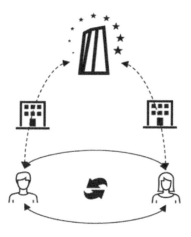

Fig. 5 Hybrid bearer digital euro and account-based infrastructure [41, p. 41]

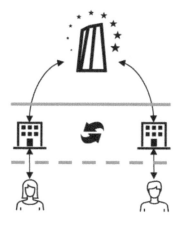

5   Conclusions

Terms are used differently in different regions of the world. While in Europe a cryptocurrency is most the time unregulated and issued by its developers, and used and accepted among the members of a specific community, countries like India follow the definition of the Bank of International Settlements, which differentiate between cryptocurrencies issued by central banks and private issuers. Issuers of private cryptocurrencies, who do not want to have intermediaries have to implement trust using cryptographic algorithms. However, it is necessary to trust these algorithms. So far, there are only solutions for implementing trust within the system. But there are still challenges with getting access to the system. This part of the whole ecosystem does not totally work without trustworthy intermediaries. Nevertheless, the different approaches and projects lead to an increase of knowledge, which is fundamental for central banks to develop digital versions of money and guidelines for payment systems.

Bibliography

[1] Nakamoto, S. (2009). Bitcoin open source implementation of P2P currency. http://p2pfoundation.ning.com/forum/topics/bitcoin-open-source (Created 11 Feb 2009). Accessed 3 Apr 2021.
[2] Houben, R., & Snyers, A. (2018). *Cryptocurrencies and blockchain – Legal context and implications for financial crime, money laundering and tax evasion.* https://doi.org/10.2861/263175.
[3] Lansky, J. (2018). Possible state approaches to cryptocurrencies. *Journal of Systems Integration, 9*(1), 19–31.
[4] Merriam-Webster (2018). The dictionary just got a whole lot bigger. https://www.merriam-webster.com/words-at-play/new-words-in-the-dictionary-march-2018. Accessed 3 Apr 2021.
[5] Zhou, X. C. (2018). Future regulation on virtual currency will be dynamic, imprudent products shall be stopped for now. http://www.xinhuanet.com/finance/2018-03/10/c_129826604.htm (Created 10 Mar 2018). Accessed 3 Apr 2021.
[6] The Law Library of Congress (2018). Regulation of cryptocurrency around the world. https://www.loc.gov/law/help/cryptocurrency/cryptocurrency-world-survey.pdf. Accessed 3 Apr 2021.
[7] Swastik, P. (2021). Govt committee recommended to ban all cryptos except those issued by govt: FM. inshorts. https://inshorts.com/en/news/govt-committee-recommended-to-ban-all-cryptos-except-those-issued-by-govt-fm-1612876290307?utm_source=news_share (Created 9 Feb 2021). Accessed 3 Apr 2021.
[8] European Central Bank (2021a). Electronic money. https://www.ecb.europa.eu/stats/money_credit_banking/electronic_money/html/index.en.html. Accessed 1 Apr 2021.
[9] European Central Bank (2020a). Electronic money – Total reported by MFI excluding ESCB in the euro area (stock). https://sdw.ecb.europa.eu/quickview.do?SERIES_KEY=117.BSI.M.U2.N.A.LE0.A.1.Z5.0000.Z01.E (Created 17 Feb 2021). Accessed 1 Apr 2021.
[10] European Central Bank (2012). Virtual currency schemes. https://www.ecb.europa.eu/pub/pdf/other/virtualcurrencyschemes201210en.pdf. Accessed 3 Apr 2021.
[11] European Banking Authority (2014). EBA opinion on "virtual currencies". https://www.eba.europa.eu/sites/default/documents/files/documents/10180/657547/81409b94-4222-45d7-ba3b-7deb5863ab57/EBA-Op-2014-08%20Opinion%20on%20Virtual%20Currencies.pdf?retry=1 (Created 4 July 2014). Accessed 2 Apr 2021.

[12] He, D., Habermeier, K., Leckow, R., Haksar, V., Almeida, Y., Kashima, M., et al. (2016). Virtual currencies and beyond: initial considerations. https://www.imf.org/external/pubs/ft/sdn/2016/sdn1603.pdf. Accessed 3 Apr 2021.

[13] Committee on Payments and Market Infrastructures (2015). Digital currencies. Bank for International Settlements. https://www.bis.org/cpmi/publ/d137.pdf. Accessed 3 Apr 2021.

[14] Bech, M., & Garratt, R. (2017). Central bank cryptocurrencies. BIS Quarterly Review, pp. 55–70. https://www.bis.org/publ/qtrpdf/r_qt1709f.htm. Accessed 3 Apr 2021.

[15] Natarajan, H., Krause, S., & Gradstein, H. (2017). Distributed Ledger Technology (DLT) and blockchain. Washington D. C.: World Bank Group. http://documents.worldbank.org/curated/en/177911513714062215/pdf/122140-WP-PUBLIC-Distributed-Ledger-Technology-and-Blockchain-Fintech-Notes.pdf. Accessed 3 Apr 2021.

[16] European Central Bank (2017). Digital base money: an assessment from the ECB's perspective. https://www.ecb.europa.eu/press/key/date/2017/html/sp170116.en.html (Created 16 Jan 2017). Accessed 2 Apr 2021.

[17] ITU (2021). Focus group on digital currency including digital fiat currency. https://www.itu.int/en/ITU-T/focusgroups/dfc/Pages/default.aspx. Accessed 2 Apr 2021.

[18] Information Sciences Institute of the University of Southern California (1995a). NetCash: The USC Anonymous network payment research prototype. http://www.netcheque.org/netcash/. Accessed 2 Apr 2021.

[19] Information Sciences Institute of the University of Southern California (1995b). Netcheque. http://gost.isi.edu/info/netcheque/demo.html. Accessed 2 Apr 2021.

[20] Chaum, D. (1983). Blind signatures for untraceable payments. Advances in Cryptology Proceedings, 82(3), 199–203. http://www.hit.bme.hu/~buttyan/courses/BMEVIHIM219/2009/Chaum.BlindSigForPayment.1982.PDF. Accessed 3 Apr 2021.

[21] Chaum, D. (1990). Untraceable electronic cash. In S. Goldwasser (Ed.), Advances in cryptology – CRYPTO '88 (pp. 319–327). Berlin, Heidelberg: Springer. http://blog.koehntopp.de/uploads/chaum_fiat_naor_ecash.pdf. Accessed 3 Apr 2021.

[22] Schoenmakers, B. (1997). Basic security of the ecash payment system. In B. Preneel, & V. Rijmen (Ed.), State of the art in applied cryptography, course on computer security and industrial cryptography (pp. 338–352). Leuven: Springer. https://www.win.tue.nl/~berry/papers/cosic.pdf. Accessed 3 Apr 2021.

[23] Clark, T. (1998). DigiCash loses U.S. toehold. https://www.cnet.com/news/digicash-loses-u-s-toehold/ (Created 2 Sept 1998). Accessed 3 Apr 2021.

[24] Pitta, J. (1999). Requiem for a bright idea. https://www.forbes.com/forbes/1999/1101/6411390a.html (Created 1 Nov 1999). Accessed 3 Apr 2021.

[25] von Hayek, F. A. (1976). *Denationalisation of money – the argument refined: an analysis of theory and practice of money and concurrent currencies*. Institute of Economic Affairs.

[26] Nakamoto, S. (2008). A Peer-to-Peer electronic cash system. https://bitcoin.org/bitcoin.pdf. Accessed 4 Apr 2021.

[27] Ross, A. (2018). Bitcoin Anzahl – Wie viele Bitcoin gibt es? https://www.btc-echo.de/bitcoin-anzahl-wie-viele-bitcoins-gibt-es/ (Created 17 Dec 2018). Accessed 4 Apr 2021.

[28] Montiel, P. J. (2009). *International macroeconomics*. John Wiley & Sons Ltd.

[29] Parker, R. E. (2003). *Reflections on the great depression*. Edward Elgar.

[30] Statista (2021a). Number of daily Bitcoin transactions worldwide from January 2017 to March 28, 2021. https://www.statista.com/statistics/730806/daily-number-of-bitcoin-transactions/. Accessed 4 Apr 2021.
[31] VISA (2019). VISA fact sheet. https://www.visa.de/dam/VCOM/global/about-visa/documents/visa-fact-sheet-july-2019.pdf. Accessed 4 Apr 2021.
[32] Statista (2021b). Size of the Bitcoin blockchain from January 2009 to March 27, 2021. https://www.statista.com/statistics/647523/worldwide-bitcoin-blockchain-size/. Accessed 4 Apr 2021.
[33] University of Cambridge (2021). Cambridge Bitcoin electricity consumption index. https://cbeci.org/cbeci/comparisons. Accessed 4 Apr 2021.
[34] U. S. Energy Information Administration (2021). Electricity. https://www.eia.gov/international/data/world/electricity/electricity-consumption. Accessed 4 Apr 2021.
[35] Blockchain.com (2021a). Total circulating Bitcoin. https://www.blockchain.com/charts/total-bitcoins. Accessed 4 Apr 2021.
[36] Blockchain.com (2021b). Market capitalization. https://www.blockchain.com/charts/market-cap. Accessed 4 Apr 2021.
[37] European Central Bank (2021b). Statistical data warehouse. https://sdw.ecb.europa.eu/reports.do?node=1000003478 (Created 25 Mar 2021). Accessed 4 Apr 2021.
[38] Damm, C. (2021). Dieser Mann hat eine Festplatte mit 7.500 Bitcoins weggeworfen – nun zahlt er der Gemeinde 70 Millionen, wenn sie im Müll danach sucht. https://www.businessinsider.de/wirtschaft/finanzen/bitcoin-mann-wirft-festplatte-weg-und-will-nach-230-millionen-euro-graben-e/ (Created 30 Jan 2021). Accessed 4 Apr 2021.
[39] Bormann, J. (2019). Bitcoin Millionär und dann plötzlich tot – Das Risiko der verlorenen Keys. https://cryptomonday.de/bitcoin-millionaer-und-dann-ploetzlich-tot-das-risiko-der-verlorenen-keys/ (Created 19 Dec 2019). Accessed 4 Apr 2021.
[40] Fanusie, Y. J., & Jin, E. (2021). China's digital currency. https://www.cnas.org/publications/reports/chinas-digital-currency (Created 26 Jan 2021). Accessed 4 Apr 2021.
[41] European Central Bank (2020b). Report on a digital Euro. https://www.ecb.europa.eu/pub/pdf/other/Report_on_a_digital_euro~4d7268b458.en.pdf. Accessed 4 Apr 2021.

«Справедливое распределение финансового бремени» во время пандемии коронавируса: социоэкономический и этический взгляд на оптимизацию налогов транснациональными компаниями

Marcus Conrad M.Sc., Prof. Dr. Dirk Holtbrügge

Аннотация

Оптимизация налогов транснациональными компаниями, такими как Amazon, Delivery Hero, Netflix или Zalando, представляют угрозу государственным инвестициям в сферу государственных услуг, а именно в образование, инфраструктуру или здравоохранение. В особенности во времена глобальных кризисов, таких как пандемия, вызванная коронавирусом, зачастую представляется несправедливым, если компании получают выгоду от сокращенной мобильности населения и при этом не отдают «справедливую часть» заработанного в качестве налогов обратно. Налоги нужны для поддержания экономики и снижения тяжелых негативных последствий от пандемии COVID-19. Даже если оптимизация налогов во всем мире за счет перераспределения прибыли компании является законным, обычные граждане и малые предприятия, которые не могут пользоваться специфическими преимуществами отдельных стран в международной системе налогообложения, зачастую воспринимают данные действия как неэтичные. Основываясь на упомянутом феномене, в статье приводится анализ того, что конкретно общество подвергает критике в отношении налогообложения международных компаний и какие социальные и экономические последствия могут наступить. Кроме того, данный феномен рассматривается в статье с этической точки зрения. Высказанные предположения наглядно показывают, каким образом международная налоговая система может быть изменена для того, чтобы обеспечить справедливое распределение финансового бремени. В статье разъясняются методы сохранения легитимности транснациональных компаний и показываются подходы к дальнейшему изучению данной тематики.

Abstract

"Fair Burden Sharing" in Times of Covid-19: Socio-Economic and Ethical Considerations on Corporate Tax Avoidance of MNCs

Corporate Tax Avoidance of Multinational Corporations like Amazon, Delivery Hero, Netflix or Zalando is considered a menace to governmental investments into public services like education, infrastructure or health care. Especially, in times of global crises like the COVID-19 pandemic, it is often considered unfair if corporations that benefit tremendously from the decreased mobility of people do not pay their fair share of taxes. These taxes are needed to support the economic system in order to diminish the severe negative consequences of COVID-19. Even if this tax strategy that aims to minimize the corporate tax globally is not illegal, it is often considered as unethical by other tax payers like citizens and smaller corporations that cannot leverage the advantages of country-specific legislations in the international tax system. Our paper analyses what society criticizes in regards to MNCs' tax strategies from a socio-economic and an ethical perspective. We present policy implications about how the international tax system could be reformed to ensure "fair burden sharing." Moreover, we discuss strategies of MNCs to maintain their legitimacy and offer avenues for future research in regards to this topic.

Ключевые слова/Keywords

Оптимизация налогов компаниями, транснациональные компании, пандемия COVID-19, налоговая справедливость, офшоры, международная система налогообложения, справедливая доля, справедливое распределение финансового бремени, Corporate Tax Avoidance, Multinational Corporations, COVID-19, Fair Share, Fair Burden Sharing, Tax Fairness, Tax Havens, International Tax System.

Актуальная пандемия COVID-19 ведет к существенным социально-экономическим преобразованиям в нашем обществе и глубоко меняет поведение потребителей. Крупные компании (Amazon), службы доставки (Delivery Hero) и стриминговые сервисы (Netflix) получают выгоду от того, что пандемия ограничила индивидуальную мобильность граждан и увеличила время их нахождения перед экраном. Малый бизнес и микропредприятия: магазины розничной торговли, рестораны или кинотеатры, напротив, страдают от последствий глобальной пандемии. У них значительно снизились либо полностью выпали доходы, но они должны выполнять свои обязательства перед государством – платить налоги. Многие транснациональные компании, получающие выгоду от пандемии, напротив могут снизить налоговое бремя, использую офшоры. Однако, магазины розничной торговли, кинотеатры под управлением одного собственника, рестораны по соседству или сотрудники компании не могут воспользоваться международными налоговыми преимуществами.

1 Оптимизация налогов крупными компаниями

Международные компании могут оптимизировать налоги, перераспределяя прибыль в страны с более низкой эффективной налоговой ставкой, чем в стране нахождения головного офиса. Подобная оптимизация налогов обсуждается в политических, экономических и научных кругах и частично подвергается жесткой критике. ОЭСР в 2015 году оценила потери налоговых поступлений в результате *размывания налоговой базы и вывода доходов из-под налогообложения (BEPS)* для ЕС в размере до 240 миллиардов долларов США в год, а в мировом масштабе до 650 миллиардов долларов США в год [1, 2]. Эта сумма соответствует ВВП таких стран как Турция, Швейцария или Польша. Поэтому вопрос об участии транснациональных компаний в справедливом распределении финансового бремени или бесплатном использовании общественных благ имеет экономическую и общественную значимость. Сниженные налоговые поступления приводят к отсутствию инвестиций в систему образования, здравоохранения или инфраструктуру и могут в дальнейшем усилить неравенство. Интернациональные компании, прибегающие в широких масштабах к оптимизации налогов, могут одновременно потерять легитимность, клиентов и сотрудников [3–5].

2 Уклонение от уплаты налогов versus оптимизация налогов

С юридической точки зрения существует четкая граница между уклонением от уплаты налогов и оптимизацией налоговых обязательств, основанная на правомерности и неправомерности действий. Уклонение от уплаты налогов незаконно и уголовно наказуемо. Это означает нарушение налогового законодательства путем обмана или недобросовестных сведений, которое влечет за собой наложение уголовно-правовых санкций [6]. Оптимизация же налоговых обязательств законна и включает в себя сокращение, устранение или отсрочку задолженности по уплате налогов [7]. В качестве примера можно привести ошибочный расчет переводов, перераспределение международных долгов, сложные финансовые соглашения, отсрочка по уплате налогов или перераспределение лицензий. Существенным условием для этого является возможность использования технических аспектов налоговой системы или расхождений между двумя или несколькими налоговыми системами. Агрессивное налоговое планирование может принимать различные формы, такие как двойное списание (например, один и тот же убыток списывается в стране происхождения и стране местонахождения) или двойное избежание налогообложения (например, доход, не облагаемый налогом в стране происхождения, в месте фактического нахождения также не облагается налогом) [8, 9].

Оптимизация налогов происходит в основном в результате искусственного перераспределения прибыли компании в пользу стран с меньшими налоговыми ставками, то есть налоги возникают искусственно там, где нет операционной прибыли или оборота. В Германии ставка налога на прибыль компаний составляет 30 процентов. Для таких компаний как BASF и E.on налоговая ставка на прибыль в 2020 году составила от шести до семи процентов. В целом эффективное налоговое бремя большинства транснациональных компаний в Германии снизилось с установленных на законодательном уровне 30 до 20 процентов и меньше. Для этих целей компании переносят свою деятельность в страны с меньшей процентной ставкой, например, в Ирландию. Ирландская дочерняя компания выставляет материнской организации в счет услуги, такие как ПО или лицензии, уменьшающие прибыль в Германии и повышающие ее в Ирландии. В результате общая налоговая нагрузка существенно снижается. Еще более привлекательным выглядит перераспределение прибыли не в Ирландию, а в налоговые офшоры на Бермудских или Каймановых островах, на которых иностранные концерны не облагаются налогом. Если включить в эту цепочку еще Голландию как одну немногих из стран ЕС, в которой не удерживается налог на источник дохода при переводах денежных средств за рубеж («Двойная ирландская с голландским сэндвичем»), то общая налоговая нагрузка снизится до нуля. Многие американские цифровые концерны, такие как Apple, Amazon или Alphabet отлично этим пользуются. Но и немецкие концерны – BASF, Volkswagen и Siemens – участвуют в подобных операциях.

3 Государственные меры

Европейская Комиссия рассматривает справедливое и эффективное налогообложение как наивысший политический приоритет и подтверждает нарастающее давление как со стороны граждан ЕС, так и со стороны компаний изменить существующие налоговые нормы с целью предотвращения оптимизации налогового бремени [10]. Исследования показывают, однако, существенную пропасть между ожиданиями граждан и фактическими мерами со стороны ЕС. В качестве реакции на растущее общественное давление Европейская Комиссия запустила в 2015 году кампанию за справедливые налоги в составе пакета мероприятий по обеспечению налоговой прозрачности [10], а также предложила план действий против размывания налоговой базы и вывода доходов из-под налогообложения, нацеленный против налоговых действий транснациональных компаний [11]. Целью обеих инициатив является повышение справедливости налогообложения с точки зрения малого бизнеса, микропредприятий и граждан. Помимо ЕС и США укрепление налогового единообразия со времен финансового кризиса 2008 года стало приоритетным также во многих развивающихся экономиках таких стран как Россия, Китай или Индия [12]. Пандемия коронавируса скорее всего еще сильнее подтолкнет эти стремления.

4 Оптимизация налогов с этической точки зрения

Ввиду общественно-политической и социо-экономической значимости в последние годы все больше внимания уделяется налоговой политике транснациональных компаний [13]. При этом можно зафиксировать различные позиции и аргументы по данному вопросу со стороны СМИ [14], неправительственных организаций [15], консультационных компаний [16, 17] и политиков [18]. Со одной стороны, стратегии оптимизации налогов приветствуется участниками рынка такими как консультационные компании, налоговые консультанты или акционеры, так как с экономической точки зрения подобные действия увеличивают *акционерную стоимость* за счет увеличения прибыли [19]. Сокращение налогового бремени с экономической точки зрения зачастую неизбежно, чтобы устранить конкурентные недостатки собственной компании. С другой стороны, агрессивное налоговое планирование зачастую подвергается критике из-за использования пробелов в законодательстве и считается аморальным, так как оно нарушает концепцию справедливого распределения финансового бремени. Пейн и Рейборн [20] определили, что оптимизация налогов транснациональными компаниями в качестве инструмента рационального планирования бизнеса и связанного с этим использования пробелов в законодательстве является спорным с моральной точки зрения. Ленц [21] подчеркивает, что оптимизация налогов подрывает «моральные обязательства следовать букве закона» и, согласно мысли Канта о рациональности, является аморальным и неэтичным.

5 Справедливость в системе налогообложения

За прошедшие годы в отношении налогового поведения появилось два направления исследования. Первое направление опирается на экономическую теорию единообразия налогообложения, которая концентрируется на устрашении как на основной определяющей налоговой оптимизации [22, 23]. Налогоплательщик воспринимается как лицо, пытающееся увеличить чистый доход, но не склонное к риску, у которого есть возможность указать меньший доход, в результате чего (с определенной долей вероятности) будет наложен штраф (в дополнение к полной оплате налоговой задолженности).

Второе направление исследований, представленное, например, Андреони, Эрардом и Файнштайном [24] определяет три моральных и социальных фактора, имеющие значение в данном контексте:

- моральные правила и чувства;
- восприятие налогоплательщиком справедливости системы налогообложения и налогового бремени;
- а также удовлетворенность налогоплательщика предоставлением общественных благ и услуг.

На основе данных наблюдений в литературе появилось понятие *справедливой доли (Fair Share)*, которое продолжает часто использоваться в научном мире. С тех пор оптимизация налогов компаниями была проанализирована многочисленными учеными – в основном с точки зрения компаний и законодательства [3, 5, 25–27]. Но помимо компаний есть иные участники, обязанные платить налоги, например, сотрудники. В большинстве стран они вносят в бюджет страны больший вклад, уплачивая подоходный налог, чем компании в результате уплаты корпоративных налогов. Индивидуальный подоходный налог, налог на прибыль предприятий, НДФЛ, НДС, земельный и налог на доход с капитала являются самыми большими источниками налоговых поступлений в государстве, предназначенных для финансирования системы здравоохранения, инфраструктуры и образования. Налоги используются также на оказание помощи развивающимся странам, на меры по перераспределению, фискальный федерализм или, что актуально в нынешней ситуации с пандемией COVID-19, на поддержку пострадавших компаний [8, 28]. Справедливая система налогообложения, в которой все участники (работники, индивидуальные предприниматели, малый бизнес, транснациональные компании, а также государство) действуют с осознанием своей ответственности, смогла бы способствовать развитию сильной и устойчивой экономики, процветающей предпринимательской среды, а также социальной справедливости. Помимо этого, справедливое налогообложение структур гарантирует постоянные поступления в бюджет, конкуренцию среди компаний, социальную справедливость и соблюдение существенных этических принципов (таких как принципы «добропорядочного коммерсанта» [10]). Именно поэтому вопрос о единой для всех системе налогообложения является общественно значимым, на который невозможно получить ответ без учета международной перспективы.

6 Возможности по совершенствованию международной системы налогообложения

Существует несколько возможностей более справедливо выстроить международную налоговую систему. Во-первых, на крупные международные компании может быть оказано давление со стороны заинтересованных групп: клиентов, неправительственных организаций или общества, с целью соблюдать взятые на себя обязательства по уплате налогов на местном уровне. Подобное уже хорошо работает в сфере безопасности труда и прав трудящихся. Общественное давление ставит под сомнение легитимность компаний и их налоговую политику и уже смогло принести первые позитивные результаты [5–7, 29].

Во-вторых, ученые и практики ищут возможности по реструктуризации глобальной системы налогообложения, чтобы противостоять компаниям использовать лазейки или офшоры. Макгохи и Раймондос [4] предлагают, использовать глобальный доход компании в качестве основы налогообложения. В качестве альтернативы Фосс, Мудамби и Муртину [3] предлагают полностью отказаться от налогообложения прибыли компаний и вместо этого облагать налогом дивиденды, расходные материалы или сбыт. Однако, Тинг и Грей [27] критикуют данные предложения по причине существенных теоретических и практических препятствий и приводят аргументы в пользу распределения мирового консолидированного дохода на основе оборота с целью преодоления *размывания налоговой базы и вывода доходов из-под налогообложения*. Они, однако, подчеркивают, что «идентифицировать проблему не сложно, намного сложнее ее решить». Это соответствует наблюдениям о том, что сложно провести регуляторные изменения в глобальной системе налогообложения ввиду (1) сложности самой системы, (2) недостаточной готовности компаний к изменению своего поведения, (3) расходов на создание и реализацию новой глобальной налоговой системы, (4) недостаточной поддержке многих правительств и государств. Акама, Хоп и Томас [25] установили, что транснациональные компании применяют технику оптимизации налогов, снижают свою прозрачность для всех участников, сильно упрощая и объединяя географические данные, существенные для налогообложения. Деверо и Велла [26] полагают, что инициатива ОЭСР по предотвращению *размывания налоговой базы и вывода доходов из-под налогообложения* и реализуемые в ее рамках мероприятия не смогут устранить ни проблему перераспределения прибыли, ни создать новую глобальную систему налогообложения. Кроме того, бизнес-модели многих транснациональных компаний, получающих выгоду от пандемии коронавируса, основываются на цифровых технологиях. Налогообложение трансакций в интернете представляет собой особую сложность и поэтому Фосс и другие [3] выступают за введение цифрового налога. Ольберт и Шпенгель [30] добавляют, цифровые товары и услуги представляют «большую проблему для международной системы налогообложения», так как действующие нормы и законы были созданы еще во времена, когда налогооблагаемый товар был физически осязаем и привязан к месту.

7 Сфера исследований в будущем

Третьей возможностью по совершенствованию системы налогообложения мог бы быть эмпирический подход. Он рассматривает вопрос о том, что конкретно граждане как акционеры транснациональной компании понимают под *справедливой долей*. Исследователи пока анализировали в первую очередь влияние агрессивных налоговых действий транснациональных компаний на клиентов и акционеров – в частности курс акций [31], сбыт [32], бойкот клиентов и репутация [33], восприятие корпоративной социальной ответственности [34], а также готовность больше платить за продукцию, подлежащую справедливому налогообложению [35–37]. Оптимизация налогов компаниями оказывает влияние не только напрямую на клиентов и акционеров, но и особенно на общество, его граждан и трудящихся, а также на государство. Когда различные причастные стороны начнут воспринимать транснациональную компанию не только как крупного работодателя и престижную марку, а также как поддержку институциональной и общественной системы в кризисные времена, то общественные нормы, говорящие о том, что «каждый должен платить свою справедливую долю» могут приобрести особое позитивное значение [3, 5, 25–27]. Пока размер *размывания налоговой базы и вывода доходов из-под налогообложения* для различных географических единиц до определенной степени можно экономически просчитать [38], исследователи должны провести более специфичный анализ того, что люди понимают под *справедливой долей* и какие социо-экологические и культурно-когнитивные аспекты могут на это повлиять. Результаты данных исследований могли бы предоставить государству возможность формировать налогообложение компаний таким образом, чтобы граждане, трудящиеся, а также малые предприятия не чувствовали себя брошенными во времена глобальной пандемии или будто с ними несправедливо обошлись.

8 Резюме и выводы

Пандемия COVID-19 представляет для общества во всем мире тяжелое испытание на прочность. Для его преодоления мы должны обеспечить справедливое распределение поступающей нагрузки. Важным инструментом в этом является система налогообложения, которая нацелена на то, чтобы те, кто от данной пандемии получает выгоду, осознавали свою ответственность перед обществом, отчисляя соответствующие налоговые платежи. Восприятие справедливости налогового бремени важно не только с экономической точки зрения, но оно повышает легитимность действий со стороны компании и государства. Данной статьей мы хотели обратить внимание на проблему *справедливого распределения финансового бремени*, показать отправную точку в процессе формирования справедливой системы налогообложения, а также раскрыть академическим исследователям возможности по дальнейшему анализу данной тематики.

Литература

[1] Crivelli, E. (2016a). *Base erosion, profit shifting and developing countries*. IMF working papers.
[2] Crivelli, E. (2016b). Trade liberalization and tax revenue in transition: an empirical analysis of the replacement strategy. *Eurasian Economic Review*, 6(1), 1–25.
[3] Foss, N. J., Mudambi, R., & Murtinu, S. (2019). Taxing the multinational enterprise: On the forced redesign of global value chains and other inefficiencies. *Journal of*

International Business Studies, *50*(9), 1644–1655. https://doi.org/10.1057/s41267-018-0159-3.
[4] McGaughey, S. L., & Raimondos, P. (2019). Shifting MNE taxation from national to global profits: A radical reform long overdue. *Journal of International Business Studies*, *50*(9), 1668–1683. https://doi.org/10.1057/s41267-019-00233-9.
[5] Nebus, J. (2019). Will tax reforms alone solve the tax avoidance and tax haven problems? *Journal of International Business Policy*, *2*(3), 258–271. https://doi.org/10.1057/s42214-019-00027-8.
[6] Panayi, C. H. (2015). Is aggressive tax planning socially irresponsible? *Intertax*, *43*(10), 544–558.
[7] Freedman, J. (2004). Defining taxpayer responsibility: In support of a general anti-avoidance principle. In *British tax review* (pp. 332–357).
[8] Europäische Kommission (2013). *Fighting tax evasion and avoidance: a year of progress*. European Commission.
[9] Ramboll Management Consulting and Corit Advisory (2015). *Study on structures of aggressive tax planning and indicators final report*. https://doi.org/10.2778/240495.
[10] Europäische Union (2018). *A fair share: taxation in the EU for the 21st century*. Publications Office of the European Union.
[11] OECD (2015). BEPS 2015 final reports. https://www.oecd.org/ctp/beps-2015-final-reports.htm
[12] International Monetary Fund (2015). *Current challenges in revenue mobilization: improving tax compliance*. International Monetary Fund.
[13] Oats, L., & Tuck, P. (2019). Corporate tax avoidance: is tax transparency the solution? *Accounting and Business Research*, *49*(5), 565–583.
[14] Bergin, T. (2012). Reuters special report: how Starbucks avoids UK taxes. https://www.reuters.com/article/us-britain-starbucks-tax/special-report-howstarbucks-avoids-uk-taxes-idUSBRE89E0EX20121015
[15] Jamaldeen, M. (2016). *The hidden billions: how tax havens impact lives at home and abroad*. Melbourne: Oxfam.
[16] Deloitte (2013). *Responsible tax sustainable tax strategy*
[17] PricewaterhouseCoopers (2013). 6th Annual global CEO survey: Dealing with disruption focus on tax. www.pwc.com/ceosurvey
[18] House of Commons Committee of Public Accounts (2013). *Tax avoidance: the role of large accountancy firms*. House of Commons.
[19] Khurana, I. K., & Moser, W. J. (2013). Institutional shareholders' investment horizons and tax avoidance. *Journal of the American Taxation Association*, *35*(1), 111–134. https://doi.org/10.2308/atax-50315.
[20] Payne, D. M., & Raiborn, C. A. (2018). Aggressive tax avoidance: A conundrum for stakeholders, governments, and morality. *Journal of Business Ethics*, *147*(3), 469–487.
[21] Lenz, H. (2018). Aggressive tax avoidance by managers of multinational companies as a violation of their moral duty to obey the law: a kantian rationale. *Journal of Business Ethics*, *165*(4), 1–17.
[22] Becker, G. S. (1968). Crime and punishment: an economic approach. *Journal of Political Economy*, *76*(2), 1–13. https://doi.org/10.1086/259394.
[23] Allingham, M. G., & Sandmo, A. (1972). Income tax evasion: a theoretical analysis. *Journal of Public Economics*, *1*(3–4), 323–338.

[24] Andreoni, J., Erard, B., & Feinstein, J. (1998). Tax compliance. *Journal of Economic Literature*, *36*(2), 818–860.
[25] Akamah, H., Hope, O. K., & Thomas, W. B. (2018). Tax havens and disclosure aggregation. *Journal of International Business Studies*, *49*(1), 49–69. https://doi.org/10.1057/s41267-017-0084-x.
[26] Devereux, M. P., & Vella, J. (2014). Are we heading towards a corporate tax system fit for the 21st century? *Fiscal Studies*, *35*(4), 449–475. https://doi.org/10.1111/j.1475-5890.2014.12038.x.
[27] Ting, A., & Gray, S. J. (2019). The rise of the digital economy: Rethinking the taxation of multinational enterprises. *Journal of International Business Studies*, *50*(9), 1656–1667. https://doi.org/10.1057/s41267-019-00223-x.
[28] Szarowská, I. (2014). Personal income taxation in a context of a tax structure. *Procedia Economics and Finance*, *12*, 662–669.
[29] Dyreng, S. D., Hoopes, J. L., & Wilde, J. H. (2016). Public pressure and corporate tax behavior. *Journal of Accounting Research*, *54*(1), 147–186. https://doi.org/10.1111/1475-679X.12101.
[30] Olbert, M., & Spengel, C. (2017). International taxation in the digital economy: challenge accepted. *World tax journal*, *9*(1), 3–46.
[31] Hanlon, M., & Slemrod, J. (2009). What does tax aggressiveness signal? Evidence from stock price reactions to news about tax shelter involvement. *Journal of Public Economics*, *93*(1–2), 126–141. https://doi.org/10.1016/j.jpubeco.2008.09.004.
[32] Gallemore, J., Maydew, E. L., & Thornock, J. R. (2014). The reputational costs of tax avoidance. *Contemporary Accounting Research*, *31*(4), 1103–1133. https://doi.org/10.1111/1911-3846.12055.
[33] Graham, J. R., Hanlon, M., Shevlin, T., & Shroff, N. (2014). Incentives for tax planning and avoidance: evidence from the field. *Accounting Review*, *89*(3), 991–1023. https://doi.org/10.2308/accr-50678.
[34] Hardeck, I., Harden, J. W., & Upton, D. R. (2019). Consumer reactions to tax avoidance: evidence from the United States and Germany. *Journal of Business Ethics*. https://doi.org/10.1007/s10551-019-04292-8.
[35] Hardeck, I., & Hertl, R. (2014). Consumer reactions to corporate tax strategies: effects on corporate reputation and purchasing behavior. *Journal of Business Ethics*, *123*(2), 309–326. https://doi.org/10.1007/s10551-013-1843-7.
[36] Asay, H. S., Hoopes, J. L., Thornock, J. R., Wilde, J. H., Klassen, K., Holley, C., Lang, M., Llewelyn, C., Omer, T., Pickerd, J., Spilker, B., & Williams, B. (2018). Consumer responses to corporate tax planning. https://krannert.purdue.edu/academics/Accounting/bkd_speakers/papers/asay.pdf
[37] Antonetti, P., & Anesa, M. (2017). Consumer reactions to corporate tax strategies: The role of political ideology. *Journal of Business Research*, *74*, 1–10. https://doi.org/10.1016/j.jbusres.2016.12.011.
[38] Álvarez-Martínez, M., Barrios, S., d'Andria, D., Gesualdo, M., Nicodeme, G., & Pycroft, J. (2018). *How large is the corporate tax base erosion and profit shifting? A general equilibrium approach*. Munich: Munich Society for the Promotion of Economic Research – CESifo.

Дополнительная литература
[39] Setyonugroho, H., & Sardjono, B. (2012). Factors affecting willingness to pay taxes on individual taxpayers at pratama surabaya tegalsari tax office. *The Indo Accounting Review*, *3*(1), 77–88.

Реакция рынка капитала на сообщения о дополнительном размещении акций после начала пандемии коронавируса

Johannes de Wall, Eduard Gaar M.Sc., Prof. Dr. Dirk Schiereck

Аннотация

Разразившаяся в начале 2020 года пандемия коронавируса оказывает серьезное воздействие на мировую экономику за счет широкомасштабного замедления общественной жизни. Глобальное сокращение объемов производства привело к значительному падению на рынке капитала. Событийный анализ, проведенный в данной работе, позволяет понять, как пандемия меняет реакцию рынка на дополнительное размещение акций. Нами были проанализированы статистические данные о совокупной аномальной доходности 178 компаний из Европы и США, которые объявили об увеличении акционерного капитала после 20 февраля 2020 года. Результаты демонстрируют отсутствие существенных изменений в реакции рынка, связанных с пандемией. При этом на значения аномальной доходности серьезно влияют другие дополнительные факторы: отрасль, рынок, момент объявления о размещении и выбор ускоренного способа размещения акций.

Abstract

Market Impact of Seasoned Equity Offerings Following the Outbreak of the Corona-Pandemic

The Corona pandemic has been shaking up the global economy since the beginning of 2020 with a widespread shutdown of public life. Capital markets experienced a very sharp decline due to the reduction of economic output around the world. This paper uses an event study to investigate whether the pandemic also has an impact on the capital market reaction after capital increases. For this purpose, the cumulative abnormal returns of 178 companies from Europe and the U.S. after announcing a seasoned equity offering since February 20, 2020 are examined. The study does not reveal a strong change in responses due to the pandemic. However, a significant impact of other ancillary conditions, namely the industry, the market, the timing of the announcement and of accelerated capital increases on the post-announcement abnormal returns is shown.

> **Ключевые слова/Keywords**
>
> увеличение акционерного капитала, ускоренное размещение акций, размещение с ускоренным формированием книги заявок, блок-трейд, Seasoned Equity Offerings, Accelerated Transactions, Accelerated Bookbuilt Offerings, Block Trades.

1 Пандемия коронавируса и ее экономические последствия

Глобальная пандемия коронавируса, начавшаяся в 2020 году, продолжает держать весь мир в напряжении и сохраняет существенное влияние на экономику. Уже в первом квартале 2020 года внутренний валовой продукт Германии снизился на 2,2 %, хотя ограничения вступили в полную силу лишь в марте. «Очищенный индекс промышленного производства в марте упал на 9,2 % по сравнению с февралем» [1]. Экономика США упала в первом квартале примерно на 4,8 %. В других странах также наблюдался серьезный спад. Начала расти безработица: только в США в марте 2020 года лишились работы около 10 миллионов человек. В Испании было подано более 300 000 заявок на пособие по безработице, а в Австрии количество безработных достигло рекордного значения в 504 000 человек [2]. За первый квартал 2020 года индекс Доу-Джонса потерял примерно 23 %, показав худший квартальный результат с 1987 года. Индекс DAX за это время упал на целых 25 % [3].

Стремясь компенсировать негативный эффект пандемии, многие страны развернули программы стимулирования и стабилизации экономики. Они оказали значимое влияние, в том числе на рынки капитала. За два месяца, прошедшие с падения в середине марта, DAX сумел отыграть 23 % [4], а NASDAQ Composite превысил докризисный уровень уже к началу июня. Восстановление американских индексов в общем случае шло быстрее, чем в Европе. Для поддержания своей платежеспособности многим компаниям пришлось искать новые источники фондирования. Увеличение акционерного капитала путем дополнительного размещения акций – это надежный инструмент, открывающий доступ к ликвидности. В рамках настоящего статистического исследования мы рассчитываем выяснить, изменилась ли реакция рынка на сообщения о дополнительном размещении с момента начала пандемии коронавируса. Данные по всей выборке компаний и показатели отдельных подгрупп позволят получить ответ на основной вопрос этой статьи: «Повлияла ли пандемия на то, как рынок реагирует на увеличение акционерного капитала?» Для отдельного анализа в особую подгруппу выделены компании, которые провели дополнительную эмиссию по ускоренной процедуре.

2 Дополнительное размещение акций

Компании могут размещать дополнительные акции по целому ряду причин: для финансирования своей инвестиционной программы, для снижения уровня закредитованности (т.е. соотношения заемного и собственного капитала) или для привлечения ликвидности. Во время пандемии многие компании сталкивались с падением продаж и прибыли, что часто приводило к отсутствию средств на счетах. Для восстановления своей платежеспособности они прибегали не только к ссудам и другим инструментам, но и к дополнительной эмиссии акций.

Одним из объяснений того, почему компании выбирают тот или иной момент для размещения акций, служит так называемая теория приспособления к рынку (market timing). Она исходит из того, что менеджмент всегда знает текущую стоимость компании, поэтому проводит допэмиссию, если наблюдает фундаментальную переоцененность своих акций, тем самым стремясь извлечь максимальную выгоду из ситуации. Тем не менее, в периоды кризиса компаниям часто приходится привлекать внешний капитал, чтобы сохранять платежеспособность (это мы наблюдали в пандемию), поэтому иногда у предприятия нет возможности выбрать оптимальный момент для размещения.

2.1 Реакция рынка капитала на дополнительное размещение акций

Реакции рынка на допэмиссию посвящено множество работ, которые приходят к схожим выводам. Основным объектом этих исследований является аномальная доходность (abnormal return, AR), то есть разница между фактической и ожидаемой доходностью, рассчитываемой различными способами.

Сразу после объявления о допэмиссии значение совокупной средней аномальной доходности (cumulative average abnormal return, CAAR) на короткий период становится отрицательным. Согласно исследованию Экбу, Масулиса и Норли во временном диапазоне [– 1; + 1] до и после объявления (то есть в период со дня, предшествующего корпоративному событию, до дня после опубликования) CAAR составляет примерно −3 % [5], согласно расчетам Эксвита и Маллинса – −1 % [6], а в работе Эллиота, Прево и Рао приведено значение в −2,34 % [7]. Приведенные исследования оперируют только данными по американским компаниям. В некоторых работах, основанных на котировках европейских эмитентов, показано, что CAAR в момент публикации сведений о допэмиссии составляет −2,2 % [8], однако Бортолотти, Меггинсон и Смарт в своем исследовании приходят к выводу, что среднее значение совокупной аномальной доходности для европейского рынка составляет всего −0,23 % [9]. Венгнер и соавторы, исследовавшие период финансового кризиса 2008 года, также приходят к выводу, что подобные пертурбации на рынке способствуют росту и длительному сохранению аномальной доходности, так как компании, использующие рискованные финансовые модели, могут вынужденно привлекать новый капитал в невыгодный момент – например, чтобы избежать снижения кредитного рейтинга [8].

2.2 Ускоренное дополнительное размещение акций

В последнее время получил популярность особый вид увеличения акционерного капитала, который называется ускоренным размещением (accelerated transaction) и позволяет быстро привлечь необходимую ликвидность. Ускоренное размещение осуществляется всего за один день, что отличает его от традиционной допэмиссии, которая в среднем занимает 15 дней с момента объявления [9]. Кроме того, для ускоренной эмиссии требуются меньшие синдикаты андеррайтеров: в традиционной модели синдикат в среднем насчитывает 3,1 банка, а в случае блок-трейда (одного из видов ускоренной эмиссии) – 1,09 банка [9]. Еще одним отличием является уровень занижения цены: традиционные размещения в среднем производятся при занижении в 4,8 %, в то время как новые методы позволяют добиться значения чуть ниже 3 % [9].

Ускоренная эмиссия акций может проводиться двумя способами. В случае блок-трейда, получившего распространение уже в 80-е годы [9], компания продает фиксированное число акций (т.н. «блок») банку, предложившему наибольшую цену. Приняв решение об увеличении акционерного капитала, компания сама сообщает об этом банкам и продает акции сразу же после того, как будет выбран партнер (андеррайтер). После этого банк может с прибылью продать эти акции в рынок, принимая на себя соответствующий риск [9].

Схожая система под названием bought deal («купленная сделка») параллельно развивалась в Канаде, и оба наименования теперь часто используются в литературе как синонимы, хотя «купленные сделки» встречаются исключительно на канадском рынке.

Второй вариант ускоренного размещения акций называется размещением с ускоренным формированием книги заявок (Accelerated Bookbuilt Offering) и появился в 90-е годы. От двух названных выше он отличается тем, что цена продажи не устанавливается заранее. Вместо этого банки имеют возможность предлагать свою цену в течение короткого периода (обычно – в течение двух или менее дней). После того как один из банков выиграл эти торги, он создает книгу заявок и получает право определять цену итогового предложения для биржи [9]. Это позволяет банку разделить ценовой риск с компанией, а компании – разместить сразу большое количество акций.

Преимущество новых методов размещения для компании состоит в том, что она может значительно быстрее и дешевле увеличить свой капитал, как было показано выше. Кроме того, это позволяет снизить ценовой риск, так как его берут на себя андеррайтеры, а цена не может сильно измениться, ведь транзакция проходит достаточно быстро. Меньшее число андеррайтеров означает, что инвестиционным банкам не приходится конкурировать за размещение, хотя андеррайтинг в таких случаях более рискован, так как банки принимают на себя больший ценовой риск.

Исследование Меггинсона, Бортолотти и Смарта [9] демонстрирует, что средняя совокупная аномальная доходность за трехдневный период [− 1; + 1] при ускоренном размещении составляет −1,22 % против −1,16 % для традиционного размещения. Таким образом, разница незначительна и составляет всего 0,06 процентных пункта. Кроме того, значения варьируют в зависимости от рынка: CAAR при ускоренном размещении в США достигает −1,34 %, а в Европе составляет −0,79 %. Тем не менее, для обоих рынков можно утверждать, что их краткосрочная реакция на ускоренную эмиссию несущественно отличается от реакции на традиционное размещение.

3   Выборка и методы исследования

Для данного статистического исследования были отобраны 43 европейские и 135 американских компаний, которые провели дополнительное размещение акций после 19.02.2020 и по которым есть данные за год, предшествующий сообщению об увеличении акционерного капитала.

Для расчета ежедневной доходности использовались курсы закрытия (closing prices) и данные о котировках и индексах (S&P 500, EuroStoxx 50, DAX 30) с сайта finance.yahoo.com.

Аномальная доходность рассчитывается для трех периодов: со дня, предшествующего объявлению о размещении, до дня после объявления [− 1; + 1], а также для более длинных периодов [− 3; + 3] и [− 5; + 5].

В ходе анализа по каждой компании рассчитывалась аномальная доходность для каждого дня периода [− 5; + 5], то есть доходность за каждый из пяти дней до объявления о размещении, за день размещения (день 0) и за каждый из пяти последующих дней. После этого компании были разбиты на категории по различным дополнительным признакам, чтобы выявить возможное влияние этих признаков на значение CAAR. При этом исследовались четыре признака: место, отрасль, момент и способ размещения. Местом размещения могла быть Европа или США, способ размещения мог быть традиционным или ускоренным. При распределении по моменту размещения мы разделили компании на две группы: компании, разместившие акции непосредственно после или во время биржевого краха (с 20 февраля по 20 апреля 2020 года), и компании, которые провели размещение позже. В части отраслей мы выделяли укрупненные группы: туризм, авиатранспорт, автомобильная промышленность, финансы, недвижимость, здравоохранение и энергетика.

4 Анализ результатов и выводы

Влияние дополнительного размещения акций на доходность компаний поддается измерению, несмотря на эффект пандемии. В Табл. 1 приведены средние значения аномальной совокупной доходности, значения по каждому из дней для всех компаний, а также различные дополнительные условия.

При анализе общей статистики бросается в глаза, что совокупная средняя аномальная доходность для трехдневного диапазона остается отрицательной даже после начала пандемии, однако реакция рынка в среднем не настолько сильна, как показывали предыдущие исследования. Проверка по критерию Стьюдента показывает, что результаты настоящего исследования статистически не отличаются от выводов Эсквита и Маллинса. Хуже всего рынок отреагировал на размещение компаний, проведенное вскоре после падения рыночных котировок, что особенно заметно по статистике за период [− 1; + 1]. Это можно объяснить тем, что увеличение акционерного капитала в этом случае скорее рассматривается как вынужденное решение для поддержания платежеспособности, и рынок реже принимает во внимание возможные позитивные

Табл. 1 Результаты исследования

Aufteilung	CAAR [-1;1]	CAAR [-3;3]	CAAR [-5;5]	AAR -5	AAR -4	AAR -3	AAR -2	AAR -1	AAR 0	AAR 1	AAR 2	AAR 3	AAR 4	AAR 5	Davor	Tag 0	Danach
nach Branchen																	
Gesamtuntersuchung	-0,657%	0,294%	1,099%	0,077%	0,414%	0,252%	0,311%	0,621%	-0,036%	-1,242%	0,387%	0,350%	-0,442%	0,406%	1,675%	-0,036%	-0,540%
Immobilien	-0,688%	0,099%	-1,142%	-0,076%	0,632%	0,701%	0,414%	-0,047%	0,282%	-0,923%	-0,328%	-0,333%	-0,637%	-0,837%	1,623%	0,282%	-3,047%
Automobil	-3,759%	-1,511%	5,662%	1,920%	3,286%	-1,958%	3,905%	1,927%	-3,007%	-2,679%	0,302%	1,499%	0,266%	0,201%	9,080%	-3,007%	-0,410%
Tourismus und Luftfahrt	2,697%	4,070%	10,652%	1,507%	0,659%	1,335%	-1,123%	6,141%	-2,199%	-1,245%	1,161%	1,792%	1,119%	1,505%	8,519%	-2,199%	4,332%
Gesundheit	0,519%	1,006%	0,631%	-0,341%	-0,364%	-0,201%	-0,418%	-0,346%	1,032%	-0,167%	1,106%	0,105%	-0,735%	0,960%	-1,669%	1,032%	1,268%
Finanzen	-4,364%	-5,537%	-7,792%	0,256%	-1,293%	0,535%	-1,100%	1,139%	-1,063%	-4,441%	-0,608%	-1,908%	-0,321%	1,010%	-0,462%	-1,063%	-6,267%
Energie	-2,325%	-1,185%	-0,934%	-0,071%	1,034%	-0,475%	2,759%	0,429%	-2,617%	-0,136%	-1,145%	0,462%	-1,019%	-0,154%	3,676%	-2,617%	-1,993%
nach Markt																	
Gesamtuntersuchung	-0,657%	0,294%	1,099%	0,077%	0,414%	0,252%	0,311%	0,621%	-0,036%	-1,242%	0,387%	0,350%	-0,442%	0,406%	1,675%	-0,036%	-0,540%
Europa	1,864%	0,211%	1,269%	-0,283%	0,641%	-0,914%	0,458%	1,129%	0,302%	0,433%	-1,197%	0,100%	0,220%	0,380%	1,031%	0,302%	-0,064%
USA	-1,454%	0,320%	1,045%	0,191%	0,342%	0,621%	0,265%	0,460%	-0,143%	-1,771%	0,888%	0,429%	-0,652%	0,414%	1,879%	-0,143%	-0,691%
nach Zeitraum																	
Gesamtuntersuchung	-0,657%	0,294%	1,099%	0,077%	0,414%	0,252%	0,311%	0,621%	-0,036%	-1,242%	0,387%	0,350%	-0,442%	0,406%	1,675%	-0,036%	-0,540%
20.02.20 - 20.04.20	-3,233%	-2,370%	-1,327%	-1,218%	1,078%	-0,304%	0,551%	-1,333%	0,101%	-2,201%	0,616%	0,021%	-0,485%	1,646%	-1,026%	0,101%	-0,402%
Ab 21.04.2020	-0,005%	0,965%	1,699%	0,391%	0,253%	0,388%	0,253%	1,047%	-0,069%	-1,099%	0,332%	0,430%	-0,432%	0,105%	2,332%	-0,069%	-0,574%
nach Verfahren																	
Gesamtuntersuchung	-0,657%	0,294%	1,099%	0,077%	0,414%	0,252%	0,311%	0,621%	-0,036%	-1,242%	0,387%	0,350%	-0,442%	0,406%	1,675%	-0,036%	-0,540%
Traditionell	-0,834%	-0,679%	-0,052%	0,595%	0,323%	-0,817%	0,524%	0,135%	0,746%	-1,715%	0,448%	0,541%	-0,711%	-0,121%	0,761%	0,746%	-1,559%
Beschleunigt	0,230%	0,094%	3,687%	1,231%	0,554%	0,807%	-0,737%	1,582%	-0,801%	-0,550%	-0,206%	0,067%	0,238%	1,502%	3,437%	-0,801%	1,051%

причины размещения. Кроме того, данные показывают, что реакция рынка в первый день после объявления о размещении была очень сильно выражена в течение первых двух месяцев после биржевого краха – в среднем в два раза интенсивнее остальных периодов.

Чем дольше выбранный период наблюдения, тем выше становится CAAR. Перед объявлением о размещении аномальная доходность в общем случае положительна, в течение пяти дней после объявления – отрицательна. Таким образом, факт размещения всё еще расценивается как негативная новость. Значения CAAR на американских и европейских рынках существенно разнятся: в США аномальная доходность всегда отрицательна, а в Европе оказалась слабо положительной. В первые два месяца после падения котировок реакция рынка на размещения имела ярко выраженный негативный характер во всех временных диапазонах и манифестировалась значительно интенсивнее, чем при размещениях впоследствии, что подтверждает выводы Венгнера и соавторов [8], указывающих на усиление негативной реакции в кризисные периоды.

Различия есть и по отраслям: положительные значения демонстрируют предприятия из сферы здравоохранения, туризма и авиатранспорта, а ярко выраженные отрицательная реакция наблюдается для финансового сектора, энергетики и недвижимости. Последние названные отрасли (особенно – финансовый сектор) показали наименьшее значение CAAR во всех периодах и отрицательную сумму AAR со дня 0 по день 5. CAAR при традиционном размещении оказывается ниже, чем при ускоренном, однако разница статистически несущественна. Это подтверждает выводы более ранних исследований, которые указывают на отсутствие статистически значимой разницы между традиционным и ускоренным способом размещения. Идентичность реакции рынка при наличии множества других преимуществ объясняет большую популярность ускоренного размещения акций.

В общем случае объявление об увеличении акционерного капитала всё ещё трактуется рынком как негативный факт, что делает аномальную доходность отрицательной. Результаты этого исследования также показывают, что пандемия коронавируса не оказала влияния на аномальную доходность после дополнительного размещения акций, а реакция рынков на подобное размещение типична для любого экономического кризиса.

Литература

[1] Zeit.de (2020). Deutschlands Wirtschaft stürzt in Rezession. https://www.zeit.de/wirtschaft/2020-05/statistisches-bundesamt-bip-sinkt-im-ersten-quartal-um-2-2-prozent-coronavirus-krise. Accessed 30 Mar 2021.

[2] Tagesspiegel.de (2020). Fast 10 Millionen Amerikaner beantragen binnen zwei Wochen Arbeitslosenhilfe. https://www.tagesspiegel.de/politik/corona-loest-historische-krise-am-us-arbeitsmarkt-aus-fast-10-millionen-amerikaner-beantragen-binnen-zwei-wochen-arbeitslosenhilfe/25677474.html. Accessed 30 Mar 2021.

[3] manager magazin (2020). Dax und Dow beschließen historisch schwache Quartale. https://www.manager-magazin.de/finanzen/boerse/dax-aktueller-bericht-von-der-boerse-mit-aktien-und-eurokurs-a-1305844.html. Accessed 30 Mar 2021.

[4] Spiegel.de (2020). Warum in dieser Krise die Aktionäre gewinnen. https://www.spiegel.de/wirtschaft/service/corona-warum-in-dieser-krise-die-aktionaere-gewinnen-a-00000000-0002-0001-0000-000170923509. Accessed 30 Mar 2021. (Abruf kostenpflichtig (Spiegel+)).

[5] Eckbo, B. E., Masulis, R. W., & Norli, Ø. (2000). Seasoned public offerings: resolution of the 'new issues puzzle. *Journal of Financial Economics, 56*(2), 251–291.

[6] Asquith, P., & Mullins, D. W. (1986). Equity issues and offering dilution. *Journal of Financial Economics, 15*(1–2), 61–89.

[7] Elliott, W. B., Prevost, A. K., & Rao, R. P. (2009). The announcement impact of seasoned equity offerings on bondholder wealth. *Journal of Banking & Finance, 33*(8), 1472–1480.

[8] Wengner, A., Burghof, H.-P., Steurer, E., & Tennert, J. (2014). *Die kurz- und langfristige Aktienkursentwicklung nach Kapitalerhöhungen: Eine empirische Studie für europäische Unternehmen [The short-and long-term stock returns following seasoned equity offerings – empirical study for European firms]*. https://doi.org/10.2139/ssrn.2378026.

[9] Megginson, W., Bortolotti, B., & Smart, S. B. (2007). *The rise of accelerated seasoned equity underwritings*

Рынок коммерческой недвижимости до, во время и после пандемии Covid-19

Prof. Dr. h. c. Rudolf Faltermeier

Аннотация

В статье рассматриваются различные возможности инвестиций в коммерческую недвижимость. Особое внимание уделяется различным видам инвестиционных объектов (отели, квартиры, бюро, торговые центры). Учитываются географические и временные аспекты инвестиций в коммерческую недвижимость. Также обсуждаются изменения на рынке коммерческой недвижимости, вызванные пандемией COVID-19.

Abstract

Commercial Real Estate Markets Before, During, After Covid-19

The article discusses different ways to invest in commercial real estate. Particular attention is paid to the types of investment objects (hotels, apartments, offices, shopping centers). Geographical and temporal aspects of investing in commercial real estate are considered. In addition, the changes in the commercial real estate market caused by COVID-19 are discussed.

Ключевые слова/Keywords

Рынки недвижимости, время недвижимости, циклы инвестиций, портфель имущественных активов, Real estate markets, real estate clock, investment cycles, asset allocation.

В первую очередь рассмотрим значение слова **«недвижимость»** (по-латински так же, как и по-русски = недвижимый).

© Der/die Autor(en), exklusiv lizenziert durch Springer Fachmedien Wiesbaden GmbH, ein Teil von Springer Nature 2022
C. Renker, T. Nikitina (Hrsg.), *Pandemie als nicht alltägliches Event-Risk*,
https://doi.org/10.1007/978-3-658-36504-2_29

Инвестиционный объект нельзя быстро перенести с одного места на другое. Необходимость нотариального документального подтверждения и регистрация в государственном реестре прав собственности обеспечивает перед государством полную прозрачность, которая приобретает большее значение с ростом размера инвестируемого капитала в недвижимость, будь то частная или коммерческая недвижимость. К этому добавляются дополнительные расходы на вознаграждение брокера, гонорар за юридическую экспертизу и налоги на приобретение недвижимости, составляющие в сумме в зависимости от страны до 10 %.

Можно сделать промежуточный вывод, что в случае с инвестициями в недвижимость речь идет о высокозатратном, но также прозрачном размещении капитала, для которого требуется положительный долгосрочный горизонт инвестирования.

Прежде чем перейти к рассмотрению класса активов недвижимости, следует взглянуть на альтернативу капиталовложений (= **Asset Allocation**), с помощью которой можно альтернативно или кумулятивно сформировать **портфель имущественных активов**. В целом существуют следующие опции: банковские вклады, облигации государств и компаний, акции, недвижимость, сырье, в особенности ценные металлы такие как золото и серебро, также инвестиции в человеческий капитал, иностранную валюту и с недавнего времени в криптовалюту.

Данные опции представлены на **диаграмме соотношения между доходностью и риском**. Оценка с учетом этих позиций в данный момент приводит к следующему результату:

Банковские вклады и многие государственные облигации повышенной надежности имеют в данный момент отрицательный процент или в лучшем случае не приносят дохода. Далее различные классы активов можно сократить до двух групп, а именно с **рисками невыполнения обязательств контрагентом** и с отсутствием подобных рисков. К первой группе относятся банковские вклады и долговые обязательства государств и компаний. У инвестора есть обязательственно-правовое требование на выплату денежной суммы. К последней группе относятся недвижимость, золото и акции, в отношении которых инвестор занимает позицию собственника, то есть с правовой точки зрения это более сильная позиция. В результате можно сделать вывод, что в нынешние времена падающей доходности и повышающихся рисков инвестиции в активы без риска невыполнения обязательств контрагентом становятся более привлекательными, а именно инвестиции в недвижимость.

После принятия этого основного решения по инвестированию в недвижимость в качестве дополнения портфеля инвестиций возникает вопрос:

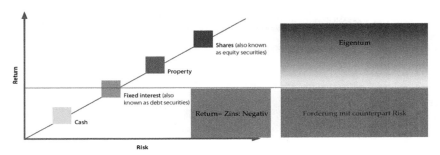

Рис. 1 Распределение активов. Диаграмма соотношения между доходностью и риском

Где следует инвестировать с учетом глобального спектра инвестиционных возможностей?

На глобальной карте рисков международной организации кредитного страхования Coface [1] (см. ниже) можно увидеть две вещи. С одной стороны, понятно, что несмотря на наличие на карте 160 стран долгосрочные и юридически надежные крупные инвестиции с учетом рисков оправданы только в небольшом круге государств (выделено зеленым цветом). Временное сравнение между 2016 (сверху) и 2020 годом (снизу) показывает, с другой стороны, тенденцию к ухудшению глобальной ситуации с рисками только за последние 4 года.

Если принято решение об инвестировании в государстве, в котором долгосрочное и юридически надежное инвестирование для инвестора является оправданным, возникает следующий вопрос:

Какой вид пользования недвижимости с учетом новой информации о пандемии является правильным?

Среди классических видов пользования встречаются отели, офисы, квартиры, торговые центры и логистика. На данный момент существует следующая оценка ситуации участниками рынка:

Спрос на **отели** во времена глобализации оставался неизменным. Во время пандемии вследствие ограничений по передвижению бронирования существенно сократились. В будущем следует делать различие между отелями для бизнеса и для туризма. Туризм верит, что после окончания пандемии появится желания путешествовать и ситуация восстановится до уровня до COVID-19. В период ограничений передвижения компании, которые до этого пользовались услугами бизнес-отелей, получили положительный опыт использования бюджетных и экономящих время видео-конференций. Следует исходить из того,

Рис. 2 Карта распределения рисков по странам, 2020 год

что после пандемии возникнет новое сочетание обычных и видео-конференций, что в свою очередь отразится на снижении заполняемости бизнес-отелей.

Потребность в **квартирах** в целом не изменится в период пандемии. Впрочем, с учетом опыта работы из дома (см. ниже) изменится распределение индивидуального жилого пространства и произойдет перемещение рабочей жизни из центра города в пригороды.

Спрос на **офисные помещения** после пандемии будет пересмотрен. Существующий тренд на небольшие помещения, совместное использование офисных площадей и открытое офисное пространство приобретет совершенно новые размеры после полученного опыта работы из дома. В зависимости от отрасли, в которой работает компания, и положения сотрудника за время пандемии будет накоплен опыт, который предоставит больше возможностей работать из дома, чем это было до пандемии. Поэтому в будущем возможно уменьшится потребность в офисной недвижимости.

Торговые центры больше всего пострадали от карантинных мер. Даже клиентам, которые не предпочитали покупать через интернет, пришлось в период пандемии совершать покупки таким образом, и возможно такой способ покупок будет частично практиковаться в дальнейшем. Поэтому предприниматели в торговых центрах должны будут пересмотреть свою существующую концепцию работы. Больше стиля жизни (еда & напитки & семья), больше подвижности (фитнес-центры), больше смешанной работы (использование пространства для совместной работы) — это тезисы для развития новых торговых центров или переустройства существующих.

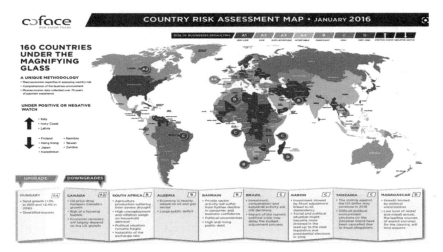

Рис. 3 Карта распределения рисков по странам, 2016 год

Какое время будет подходящим для инвестирования в недвижимость в нынешней ситуации?

Так называемое **«время недвижимости»** *Джонса, Лэнга и Ласаля* [2] возможно дает ответ на данный вопрос. Они основываются на долгосрочном опыте **инвестиционных циклов в недвижимость** и конкретных знаниях региональных рынков недвижимости, отличающихся друг от друга.

Фонды недвижимости REITS и сделки с акциями недвижимости как альтернативная правовая форма

Фонды недвижимости чаще всего имеют правовую форму торгового товарищества. Преимуществом этой формы является то, что инвестор вместе с остальными инвесторами оформили недвижимость в собственность и особенно по причине налогообложения получают прибыль со сдачи ее в аренду. Недостатком такой формы собственности является то, что часть совместной собственности сложно продать.

Альтернативой являются фонды недвижимости REITS (Real Estate Investment Trusts) или участие в акционерных компаниях, инвестирующих преимущественно в недвижимость. Инвестор в этом случае получает прибыль из капитала, может продать на бирже часть своего капитала, в первую

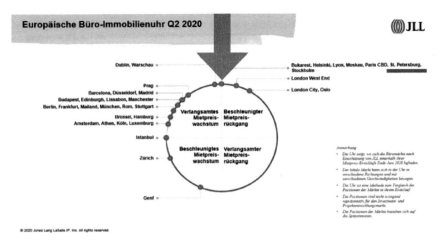

Рис. 4 Инвестиционный горизонт: время недвижимости

очередь является участником общества и только опосредовано участником недвижимости.[1]

Литература

[1] Coface Карта рисков международной кредитной организации. www.coface.com. Accessed 1 Feb 2021.
[2] JLL Время недвижимости, Джонса, Лэнга и Ласаля. www.jll.de. Accessed 1 Feb 2021.

---

[1] Данный текст представляет собой краткое содержание доклада, представленного в Санкт-Петербургском государственном экономическом университете 02.02.2021 в рамках серии лекций «Экономика и финансы» Международного центра исследования финансовых рынков и Германо-российского центра под руководством профессора Татьяны Никитиной.

Реформирование пенсионной системы в России: тенденции и противоречия

Prof. Dr. Grigoriy Feigin

Аннотация

В статье рассматриваются основные причины актуальности проблемы реформирования российской пенсионной системы. Основное внимание уделено параметрам, характеризующим уровень благосостояния российских пенсионеров: размеры пенсионных выплат, особенности их динамики с учетом инфляции, размеры пенсий в сравнении с другими странами. Обозначены возможные направления реформирования российской пенсионной системы в ближайшие годы.

Abstract

Reforming the Pension System in Russia: Trends and Contradictions

In the article the main causes of actuality of pension system reform are considered. The focus is on the indexes characterizing the welfare of pensioners: the level of pension payments, dynamic of pension payments, comparison of pension payments in Russia with other countries. Some directions of pension payments in the next future are pointed out.

Ключевые слова/Keywords

пенсионная система, пенсионная реформа, пенсионные выплаты, государственные и частные пенсионные фонды, Pension system, pension reform, pension benefits, public and private pension funds.

На протяжении всего периода рыночных реформ в России предпринимаются попытки усовершенствовать пенсионную систему [1]. Процесс модернизации системы пенсионного обеспечения нацелен на решение комплекса взаимосвязанных задач [2, 3]. Прежде всего необходимо разработать и внедрить финансовые схемы и принципы финансирования, которые позволили бы найти путь к повышению реальных размеров пенсионных выплат. При наличии значительной дифференциации доходов населения пенсии остаются относительно невысокими. Неработающие пенсионеры, не имеющие других источников дохода, фактически обречены на бедственное положение. Кроме того, в ходе пенсионных реформ наблюдается стремление учесть новейшие тенденции развития рынка пенсионных продуктов в различных странах. Речь идёт о развитии элементов капитализации при финансировании пенсионных выплат, а также о развитии частных пенсионных программ. Наконец, при утверждении правил выхода на пенсию и расчета размеров пенсионных выплат нельзя не учитывать текущую ситуацию в пенсионном фонде и общее состояние государственного бюджета в стране. Также крайне важным представляется индексирование пенсионных доходов в соответствии с темпами инфляции.

Острота проблемы модернизации пенсионной системы России становится очевидной с учетом реальных размеров пенсионных выплат, имеющих место на протяжении всего периода рыночных реформ. На Рис. 1, 2 представлена динамика размеров минимальных и средних пенсионных выплат в 1999–2019 годах. Как следует из этих рисунков, в 2019 году размеры минимальных пенсионных выплат немного превышали 8000 руб., в то время как размеры средних пенсионных выплат – 14 000 руб. Подобная ситуация свидетельствует о недостаточной материальной обеспеченности российских пенсионеров.

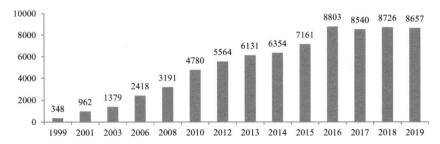

Рис. 1 Размеры минимальных пенсионных выплат в России в период с 1999 по 2019 год, руб. (Ист: www.goskomstat.ru)

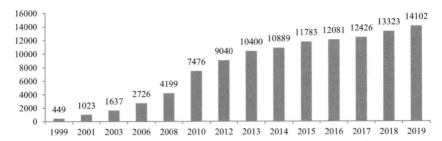

Рис. 2 Размеры средних пенсионных выплат в России в период с 1999 по 2019 год, руб. (Ист: www.goskomstat.ru)

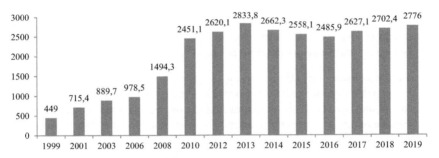

Рис. 3 Средний размер пенсионных выплат с учетом инфляции (1999 год–100 %). (Ист: www.goskomstat.ru, собственные расчеты)

На Рис. 3 представлена динамика пенсионных выплат с учетом фактора инфляции, которая показывает, что размеры пенсий фактически не изменяются, начиная с 2010 года.

О низких размерах пенсионных выплат в России свидетельствует и сравнение с другими странами (Рис. 4). В развитых индустриальных странах (Нидерланды, Австрия, Швейцария, Швеция, США, Германия) размеры пенсий многократно превышают российский уровень. В ряде бывших социалистических стран (Чехия, Польша) средние размеры пенсий также значительно выше. Несмотря на то, что уровень пенсий в России выше, чем в ряде других стран (Белоруссия, Индия, Армения, Украина), проблема жизненного уровня российских пенсионеров требует безотлагательных решений.

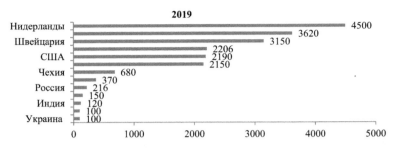

Рис. 4 Средние размеры пенсий (долл.), 2019 г. в избранных странах. (Ист: www.goskomstat.ru)

Кроме того, российская пенсионная система сталкивается с рядом специфических проблем, существенно усложняющих задачу при выборе правильного направления реформ. К таким задачам относятся:

- *Напряженная демографическая ситуация в стране.* Особенности демографического развития страны проявляются в постепенном увеличении числа лиц пенсионного возраста при одновременном сокращении числа работающих, так что на плательщиков пенсионных взносов выпадает всё большая нагрузка. Как следует из Рис. 5, число зарегистрированных пенсионеров в 2019 году более, чем на 6 млн. превышало аналогичный показатель 1996 года.

В ближайшие десятилетия прогнозируется дальнейшее увеличение числа лиц старше трудоспособного возраста. К 2050 году число таких лиц может превысить 50 млн. человек, что составит более 30 % от общей численности населения (Рис. 6).

- *Определённый дефицит средств в пенсионном фонде Российской Федерации (ПФРФ).* Средства пополняются за счет взносов работающих граждан. В настоящее время в России доминирует способ перераспределения (pay as you go) при фиксированных пенсионных выплатах. На Рис. 7 показано, что в последние годы (начиная с 2013 года) расходы ПФРФ устойчиво превышали его доходы (исключение составил лишь 2019 год). Недостающая сумма должна была быть выделена из государственного бюджета России, что отрицательно сказывалось на его состоянии.

Таким образом, вопрос о реформировании пенсионной системы России остаётся актуальным и требует безотлагательных мер. В 2018 году в рамках пенсионной реформы был сделан шаг, вызвавший широкий общественный

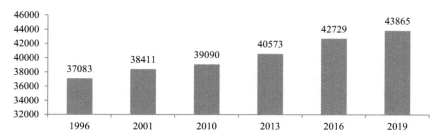

Рис. 5 Число зарегистрированных пенсионеров в России, тыс. чел. (Ист: www.goskomstat.ru)

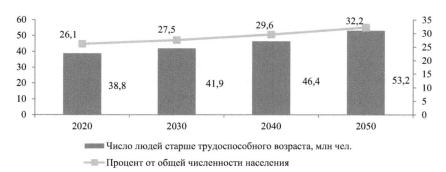

Рис. 6 Прогнозные значения численности лиц, старше трудоспособного возраста в России. (Ист: www.goskomstat.ru)

Рис. 7 Доходы и расходы пенсионного фонда Российской Федерации. (Ист: www.goskomstat.ru)

резонанс: принят закон «О повышении пенсионного возраста» – ФЗ № 350 от 03.10.2018. Закон предусматривает постепенное повышение пенсионного возраста с 01.01.2019 года. В перспективе выход на пенсию должен составить 65 лет для мужчин и 60 лет для женщин. Закон должен решить несколько задач. Прежде всего изменить соотношение числа пенсионеров и количество работающих плательщиков пенсионных взносов. Нагрузка на последних должна уменьшиться. Будет ослаблено негативное влияние демографического фактора и будут созданы определённые предпосылки для улучшения финансового положения ПФРФ. Размеры пенсионных выплат в результате подобных мер должны увеличиться.

В чем же причина негативного общественного резонанса? В развитых индустриальных странах и многих развивающихся странах (в том числе и на постсоветском пространстве) пенсионный возраст уже многие годы значительно выше. Во многих странах он колеблется в диапазоне 65–68 лет и для мужчин, и для женщин. Принимая закон о повышении пенсионного возраста, Россия учитывала мировые тренды, так как с учетом обозначенных выше проблем сохранение пенсионного возраст на прежнем уровне стало крайне неэффективным. Однако ситуация на российском рынке труда имеет свою специфику. Во многих случаях трудовые договора имеют срочный характер и могут быть прекращены по инициативе работодателя. Положение многих людей, приближающихся к пенсионному возрасту, становится рискованным и неустойчивым. Лицам, потерявшим работу за 2–3 года до достижения пенсионного возраста, непросто найти новое место. Поэтому их доходы становятся менее стабильными. Именно этот фактор и обусловил значительное общественное недовольство принятием закона о повышении пенсионного возраста.

По мнению автора, существуют две потенциальные возможности изыскать ресурсы для повышения размеров пенсионных выплат в ближайшие годы. Первая возможность состоит в постепенном переходе к «принципу нуждаемости» в пенсионной политике. В настоящее время очевиден тот факт, что достаточное количество людей получают пенсии, не нуждаясь в них практически, так как имеют иные доходы. В то же время идентифицировать таких людей не всегда просто. Определённым шагом в реализации «принципа нуждаемости» является предусмотренное законодательством увеличение базовой пенсии лицам, отказавшимся от выхода на пенсию сразу же после достижения пенсионного возраста. Тем самым у работающих пенсионеров появляется некоторый стимул в течение ряда лет отказаться от оформления пенсии. Высвобожденные средства могли бы использоваться для дополнительных выплат неработающим пенсионерам.

Вторая возможность заключается в постепенном возвращении к накопительной модели пенсионного обеспечения, которая существовала на протяжении 12 лет (2002–2013 годы) и затрагивала лиц, родившихся после 1967 года. Формирование индивидуальных пенсионных накоплений несомненно представляет собой путь к повышению благосостояния лиц, достигших пенсионного возраста.

Таким образом, можно предположить, что дальнейший поиск вариантов совершенствования российской пенсионной системы в ближайшие годы будет продолжен. Сравнительно низкие размеры пенсионных выплат в настоящее время не могут не вызывать беспокойство. Очевидно, что российской экономике требуется некоторое время для комплексной адаптации к повышению пенсионного возраста, начавшегося в 2018 году. Данный процесс существенно изменяет структурные соотношения в российской пенсионной системе, но полностью не решает проблему существенного роста реального благосостояния пенсионеров. Последнее возможно исключительно при реализации глубоких реформ, основанных на сочетании государственного финансирования и инструментов капитализации пенсионных накоплений.

Литература

[1] Гурвич, Е. Т. Развилки пенсионной реформы: международный и российский опыт. *Вопросы экономики*, *9*, 5–39.2020
[2] Фейгин, Г. Ф., Дятлов, С. А., & Лебедева, Л. Ф. (2017). Трансформация пенсионных систем стран Евразийского экономического союза. *Экономика региона*, *4*, 1151–1163.
[3] Feiguine, G., Lebedeva, L., & Emelianov, S. (2016). Investing pension funds facilities: world and russian practice. *Indian Journal of Science and Technology*, *9*, 403–410.

Реализация выручки с оборота в рамках долгосрочных договорных обязательств в соответствии с немецкими стандартами ведения бухгалтерского учета

Prof. Dr. Christoph Freichel, Dr. Jörg Wasmuth LL.M.

Аннотация

Поддержание платежеспособности во время пандемии стало центральной задачей для многих компаний. Входящие платежи часто осуществляются во исполнение долгосрочных обязательств компании перед клиентом. Темой данной статьи является вопрос о том, как отражать подобные денежные поступления в учете, если компания потеряла возможность оказывать услуги из-за пандемии.

Abstract

Revenue Recognition of the Long-Term Obligations in Pandemic Periods Under German Accounting Principles

In the corona pandemic, maintaining solvency has become of existential importance for many companies. Payments often take place on the basis of long-term obligations between customer and entrepreneur. This article analyzes the accounting of such payments in the event that the entrepreneur cannot or is not allowed to provide his obligations due to the pandemic.

Ключевые слова/Keywords

бухгалтерский учет, долгосрочные договорные отношения, невозможность оказания услуг, Keywords. Accounting, long-term obligations, impaired performance.

1 Актуальность

Отношениями по долгосрочным обязательствам называются отношения по срочным или бессрочным договорам с автоматическим продлением, которые подразумевают постоянное возобновление взаимных обязательств. В отсутствие внешних препятствий подобные долгосрочные обязательства обеспечивают компании регулярные денежные поступления и дают уверенность при финансовом планировании. Примером таких отношений может служить договор клиента с фитнес-клубом, заключенный на длительный срок и предусматривающий предоплату на год или месяц вперед. Долгосрочные договоры характерны и для сектора B2B, например договоры об использовании программного обеспечения (особенно – по модели Software as a Service [SaaS][1]) или договоры со службами клининга.

В условиях сохраняющихся коронавирусных ограничений встает вопрос о том, как правильно отразить в учете ситуацию, когда предприниматель не способен оказать услугу по договору, так как его компания закрыта в связи с требованиями государственных ведомств или возникли иные обстоятельства, препятствующие исполнению договорных обязательств. В частности, следует определить, может ли придерживающийся принципа реализации предприниматель отражать выручку в учете, в какой момент, а также как именно он должен это делать в соответствии с правилами надлежащего бухгалтерского учёта.

2 Законодательное регулирование договорных отношений при невозможности выполнения долгосрочных обязательств

В случае, если должник не может оказать требуемую услугу, то в соответствии с ч. 1 пар. 275 Гражданского кодекса ФРГ (ГК ФРГ) его обязательство прекращается невозможностью исполнения.[2] При этом обязательство оказать исходно согласованную услугу (т.н. обязанность главного должника) прекра-

---

[1] Определение термина см в. [1, пар. 109а].

[2] Ср. [2, пар. 5 и далее]. Временная невозможность исполнения также приравнивается к полной невозможности, ср. [2, пар. 141]. Реформа обязательственного права 2002 года приравняла субъективную невозможность исполнения (т.е. неспособность должника оказать согласованную услугу) к объективной невозможности (т.е. неспособности обеих сторон выполнить свои обязательства), ср. [3, пар. 31]. К вопросу о невозможности исполнения см. [4, пар. 45–51].

щается вне зависимости от того, явилась ли невозможность исполнения следствием виновных действий должника или нет.[3] Одновременно с этим ч. 1 пар. 326 ГК ФРГ освобождает кредитора от встречного обязательства по уплате согласованного вознаграждения за исключением случая, описанного в ч. 2 пар. 326 ГК ФРГ (который, впрочем, вряд ли применим к ситуации пандемии).

Вопросы, связанные с правом на возмещение убытков, в данной статье не рассматриваются, так как маловероятно, что невозможность исполнения в условиях пандемии вызвана виновными действиями должника. Важен тот факт, что предприниматель не обязан оказывать услугу, если это невозможно.

Тем не менее, предприниматель может и далее получать денежные средства по этому договорному обязательству, если ранее выданное долгосрочное банковское поручение или разрешение на безакцептное списание средств продолжает действовать. Должник не вправе удерживать поступившие таким образом средства и обязан вернуть их плательщику, что проистекает из ч. 4 пар. 326 ГК ФРГ или ч. 1 пар. 812 ГК ФРГ.[4]

Более сложными на практике оказываются случаи, когда должник способен исполнять свои обязательства лишь частично (если частичное предоставление услуги принципиально возможно).[5] Согласно ч. 1 пар. 326 и ч. 3 пар. 441 ГК ФРГ, оказанная частично услуга подлежит соразмерной оплате.[6] Примером такой ситуации могут служить договорные отношения по модели SaaS, если программное обеспечение предоставлено согласно договору, однако в связи с противоэпидемиологическими мерами невозможно провести его обслуживание на рабочем месте. Та часть обязательств, которая была исполнена в рамках «обычной» предпринимательской деятельности, подлежит оплате. Вопрос о том, действительно ли в конкретном случае обязательства невозможно выполнить и в какой их части, не имеет универсального ответа и подлежит отдельному рассмотрению.

Во время пандемии особую важность приобрели некоторые договорные положения, прежде всего т.н. положения о форс-мажоре и наступлении существенных неблагоприятных условий. Эти пункты должны быть явным образом

---

[3] Ср. [2, пар. 60, 4, пар. 56].

[4] Дискуссия о юридической обоснованности этого обязательства не является предметом рассмотрения в данной статье; ср. [5, пар. 103, 6, пар. 11]. Упомянутые нормы пока не находили применения во время пандемии, а положения пар. 814 ГК ФРГ могут осложнить возврат средств по пар. 812. Подробнее об этом см. [7, стр. 1141 и далее].

[5] Ср. BGH NJW 1992, стр. 1036 (1037). Ср. также [2, пар. 130] со ссылками на другие источники.

[6] Ср. также [5, пар. 19–34, 6, пар. 29–32].

предусмотрены в договоре, и их применение зависит от конкретной формулировки, поэтому они не затрагиваются в данной статье.

Мы также оставляем за рамками нашего рассмотрения возможные варианты прекращения договорных отношений, зафиксированные условиями договора или законодательными нормами, так как они, как правило, описывают расторжение договора только в будущем. То же справедливо и для права на отказ от договора, так как оно неприменимо к ситуации долгосрочных договорных отношений, что подтверждается ч. 3 пар. 313 ГК ФРГ.[7]

3 Отражение в учете денежных поступлений по неоказанным из-за пандемии услугам

3.1 Постановка проблемы

В описанной выше ситуации перед предпринимателем встает вопрос о том, необходимо ли отражать ее в учете и если да, то как именно[8], то есть вопрос о необходимости и моменте отражения выручки с соблюдением принципа реализации и требований надлежащего бухгалтерского учета.[9] Теоретически возможны два варианта: с одной стороны, поступления могут отражаться как выручка с оборота или прочие (производственные) доходы и влиять на финансовый результат. С другой стороны, такие поступления можно отразить как полученные авансовые платежи, прочие задолженности или доходы будущих периодов, не влияющие на финансовый результат. Ответ на вопрос о размере отражаемых поступлений обычно однозначен и не представляет большой трудности.[10] Для целей настоящего рассмотрения принимается, что услуги по договору оказываются раз в месяц («стандартный сценарий»).

3.2 Соблюдение принципа реализации

Принцип реализации, сформулированный в п. 4 ч. 1 пар. 252 Торгового кодекса ФРГ (ТК ФРГ), призван предотвращать отражение нереализованной прибыли в учете. При возникновении обстоятельств, препятствующих исполнению

---

[7] Комментарий к пар. 313 ГК ФРГ см. в [8].
[8] Общее описание особенностей учета см. в [9, стр. 262 и далее].
[9] К вопросу о принципах надлежащего бухгалтерского учета см. [10, стр. 11 и далее].
[10] К вопросу о трактовке с учетом положений пар. 253 Торгового кодекса ФРГ см. [11].

долгосрочных договорных обязательств, этот принцип приобретает особую важность для определения финансового результата.

Ч. 1 пар. 277 ТК ФРГ причисляет к выручке с оборота любую выручку, полученную от продажи или сдачи в аренду продуктов, а также от оказания услуг, причем под сдачей продуктов в аренду также подразумевается сдача в аренду с последующим отчуждением.[11] Выручкой с оборота также следует считать выручку от патентных и лицензионных платежей.[12]

Согласно пояснительной записке к правительственному законопроекту о применении директивы о составлении баланса, при определении выручки от продажи продуктов можно руководствоваться использовавшимися ранее определениями терминов «товары» и «изделия».[13] Выручка от оказания услуг в соответствующих бизнес-моделях также требует отражения как выручка с оборота, если услуга была оказана за плату.[14]

При определении момента реализации важен вопрос о том, была ли согласованная в договоре услуга оказана полностью, то есть возникло ли у компании право на получение оплаты.[15] В более сложных договорных конструкциях следует ориентироваться на момент оказания услуги.[16] Определяющее значение в общем случае имеет момент перехода права распоряжаться, т.е. момент перехода риска, хотя этот аспект определяется положениями договора, что создает риск двоякости трактовок.[17] Институт немецких аудиторов считает прибыль реализованной в том случае, если взаимные обязательства были исполнены: товар или услуга были поставлены или оказаны и оплачены.[18]

На практике реализация прибыли часто отождествляется с отражением в учете выставленного счета на оплату. Такой подход соответствует принципу реализации только в том случае, если к моменту отражения счета соответствующие услуги были оказаны полностью и в оговоренном объеме. Суммы по предварительным счетам-фактурам и фиктивные обороты не могут считаться выручкой с оборота. Таким образом, для определения момента реализации

---

[11] Ср. [12, § 277, пар. 52, 13, пар. 47–53].

[12] Ср. [13, пар. 55].

[13] Ср. [13, пар. 49] со ссылками на другие источники.

[14] Ср. [13, пар. 52].

[15] Ср. [14, с. 233]; сходная позиция см. [15, пар. 939].

[16] Ср. [16, § 252 HGB, пар. 82].

[17] Ср. [14, стр. 233].

[18] Ср. IDW ERS HFA 13, ч. 6 и сл.

(и связанного с ним финансового результата) не имеет значения ни сам факт выставления счета[19], ни срок его оплаты, ни платежеспособность должника.[20]

Услуги не имеют материального выражения, что открывает большой простор для толкований и затрудняет определение момента реализации.[21] Для рассматриваемых в данной статье отношений по долгосрочным обязательствам реализация дохода происходит постоянно, так как обязательства по предоставлению услуг ежемесячно «возобновляются».[22]

3.3 Возможные варианты учета с влиянием на финансовый результат

3.3.1 Балансовая статья «Выручка с оборота»

Мы исходим из того, что коронавирусные ограничения не позволяют предпринимателю вести свою деятельность. Услуга не оказана, поэтому отразить поступления как выручку с оборота невозможно.

Если предприниматель может исполнить свое договорное обязательство лишь частично, то выручка в отношении этой части считается выручкой с оборота и подлежит отражению как влияющая на финансовый результат компании. Поступления в части неоказанных услуг не могут считаться выручкой с оборота. Отразить всю поступившую сумму как выручку с оборота можно в том случае, если услуга оказана не полностью, однако не оказанный объем пренебрежимо мал.

3.3.2 Балансовая статья «Прочие (производственные) доходы»

Рассматриваемые поступления теоретически могут отражаться в учете по статье «Прочие (производственные) доходы». В зависимости от размера компании отражение доходов регулируется положениями п. 4 ч. 2 пар. 275, п. 6 ч. 3 пар. 275, п. 2 ч. 5 пар. 275 ТК ФРГ.

Прочими (производственными) доходами признаются все остальные доходы, не указанные ни в предшествующих строках ч. 2–3 пар. 275 ТК ФРГ, ни в последующих пунктах.[23]

---

[19] Ср. [15, пар. 940a] со ссылками на многочисленные примеры из судебной практики Федерального финансового суда.
[20] Ср. [15, пар. 940a].
[21] Ср. [14, стр. 234].
[22] Ср. [15, пар. 944].
[23] Ср. [13, пар. 90].

Если плательщик осознанно отказывается от оговоренной услуги, то подход к отражению в учете зависит от его поведения. Рассмотрим ситуацию, когда клиент явным образом заявляет, что отказывается от услуги и не будет требовать возврата уже уплаченных за нее средств. Определяющими здесь являются два фактора: когда именно клиент заявил об отказе и был ли уже осуществлен платеж.

Если клиент отказался от услуги уже после оплаты, то это следует квалифицировать как договор об освобождении от обязательств согласно пар. 397 ГК ФРГ. Для того, чтобы такой договор вступил в силу, требуется наличие совпадающих волеизъявлений сторон.[24] На практике таковыми можно считать заявление плательщика и принятие другой стороной его отказа от права требования возврата согласно пар. 151 ГК ФРГ. Условием для вступления в силу договора об освобождении от обязательств является наличие таких обязательств: в нашем случае этим обязательством является обязанность вернуть уплаченные средства плательщику.

Ситуации, когда клиент заявляет об отказе от возврата средств еще до или во время оплаты, требуют иного подхода. С юридической точки зрения такие действия можно расценить либо как исключение условия согласно ч. 1 пар. 326 ГК ФРГ, либо как дарение согласно пар. 516 и 518 ГК ФРГ[25], однако вне зависимости от правовой квалификации предприниматель имеет право оставить себе уплаченные средства без оказания услуг.

Каким бы образом ни осуществлялся «отказ», у предпринимателя не возникает обязательств по возврату полученного платежа несмотря на то, что услуга не была оказана[26], однако правовое содержание ситуации определяет момент отражения дохода в учете. В случае договора об освобождении от обязательств доход отражается только в тот момент, когда плательщик заявляет о своем отказе от права требования возврата; до этого момента учет платежа с влиянием на финансовый результат недопустим. Если же плательщик заявил о своем отказе от услуги уже в момент платежа или до него, то прирост имущества компании происходит сразу по поступлении денежных средств. Приведенные выше рассуждения позволяют лишь ответить на вопрос о моменте реализации, но не объясняют, какой из выбранных вариантов учета корректен.

Ни одна из описанных ситуаций не соответствует требованиям к выручке от оборота, так как услуга во всех случаях остается неоказанной. Исходя из этого, единственным возможным вариантом учета подобных поступлений с

---

[24] Ср. [17, пар. 1].

[25] Разграничение этих ситуаций не является предметом рассмотрения данной статьи.

[26] О дарении см. [18, пар. 58]; об освобождении от обязательств [11, пар. 124].

влиянием на финансовый результат представляется отражение по позиции «Прочие (производственные) доходы».[27]

3.4 Возможные варианты учета без влияния на финансовый результат

3.4.1 Балансовая позиция «Полученные авансы»

Одним из вариантов учета является балансовая позиция «Полученные авансы по заказам» (п. 3 ч. 3C пар. 266 ТК ФРГ). Платежи, связанные с заключением договора купли-продажи или принятием оферты и уплаченные контрагентом компании, которая оказала или будет оказывать оговоренные услуги, отражаются как полученные авансы по заказам до тех пор, пока компания не выполнит свои обязательства, при условии, что обязательство не фиксировано по времени исполнения.[28] Предл. 2 ч. 5 ст. 268 ТК ФРГ дает право не включать в авансы по заказам авансы, уплаченные в счет запасов.

Особенность рассматриваемых в данной статье договорных отношений заключается в том, что они предусматривают долгосрочные обязательства, которые возобновляются с определенной периодичностью, что обычно делает невозможным оказание ранее не оказанной услуги постфактум не по инициативе должника. Таким образом, в рассматриваемой ситуации отражение полученных денежных средств как авансов по заказам возможно только в том случае, если стороны договора в момент возникновения неблагоприятных обстоятельств условились о «компенсационной услуге», не привязанной ко времени и месту. В случае с фитнес-клубом такой компенсацией может служить договоренность о том, что всем клиентам, продолжающим вносить регулярные платежи, клуб предоставляет ваучер на 10 посещений солярия или сауны, если такие посещения не входят в стандартный объем услуг, предоставляемых по данному договору. Когда клиент использует свой ваучер, полученные от него авансовые платежи следует отразить как выручку с оборота, так как именно она реализуется в этот момент. Если у ваучера есть срок действия и он не подлежит обмену на деньги, то после истечения этого срока авансовые платежи становятся для компании прочими (производственными) доходами.

3.4.2 Балансовая статья «Доходы будущих периодов»

Отражение по статье «Доходы будущих периодов» возможно при соблюдении двух условий: во-первых, договорные обязательства должны предполагать

---

[27] О прощении долга см. также [13, пар. 91].
[28] Ср. [9, стр. 290].

оказание услуг, фиксированных по времени, а, во-вторых, оказывающий услуги предприниматель должен был в истекшем финансовом году получить платежи в счет услуг следующего финансового года или лет.[29]

Если в долгосрочных договорных отношениях практикуется внесение авансового платежа на год вперед, то финансовый результат в обычной ситуации подлежит помесячному разнесению, поэтому поступившие средства отражаются как доход будущих периодов, а потом каждый месяц проводятся как выручка с оборота.

При возникновении обстоятельств, препятствующих оказанию услуги, проводить доход будущих периодов как выручку с оборота нельзя, так как услуга не оказывается. Таким образом, возникает вопрос, как в этом случае следует поступать со средствами, проходящими по статье «Доходы будущих периодов».

Продолжать отражать эти средства по той же статье можно только, если не оказанную в согласованное время и согласованном месте услугу можно будет оказать впоследствии. Это исключительный случай, который подразумевает, что контрагент заявил о предстоящем расторжении договора, но еще до его расторжения возникли обстоятельства, препятствующие оказанию услуги, и стороны условились продлить договорные отношения на период действия этих обстоятельств. В качестве примера можно привести долгосрочный договор, сторона которого заявила о желании расторгнуть его с 30 июня. В период с 1 апреля до 30 июня из-за распоряжения властей деятельность компании приостанавливается, что делает оказание услуг невозможным. Если стороны договорятся о том, что изначально согласованный объем услуг будет бесплатно предоставлен в период с 1 июля до 30 сентября, то это позволит «компенсировать» уже оплаченный период пользования услугами.

3.4.3   Балансовая позиция «Прочие задолженности»

Если предприниматель освобожден от обязательства по оказанию услуги согласно пар. 275 ГК ФРГ и одновременно потерял право на получение вознаграждения за эту услугу согласно ч. 1 пар. 326 ГК ФРГ, то он обязан вернуть полученные от плательщика средства (за исключением описанных выше ситуаций). Таким образом, если поступление нельзя признать ни доходом (ср. п. 3.3), ни полученным авансом (ср. п. 3.4.1), ни доходом будущих периодов (ср. п. 3.4.2), то у предпринимателя возникает обязанность возврата, которую следует трактовать как задолженность согласно п. 3С пар. 266 ТК ФРГ.

---

[29] Ср. [9, стр. 232].

При этом платеж не может быть отражен по позиции «Задолженности по поставкам и услугам» (№4 п. 3С пар. 266 ТК ФРГ), так как она предполагает факт оказания услуги, который в данном случае как раз отсутствует.

Единственной возможностью отражения в учете остается позиция «Прочие задолженности» (№8 ч. 3С пар. 266 ТК ФРГ). К ней относятся поступившие платежи, которые не связаны с какими-либо поставками или услугами, оказанными в ходе предпринимательской деятельности, или которые были сделаны по договору, исполнение которого стало невозможным.[30] В отсутствие иных договоренностей с контрагентом такой платеж будет считаться для предпринимателя неправомерным обогащением. Так как предприниматель не может оказать оговоренную услугу, контрагент имеет право на возврат платежа, то есть у предпринимателя возникает задолженность, которую он должен отразить как прочую.

Если средства поступили в рамках ежегодного авансового платежа, который изначально был отражен как доход будущих периодов, то сумму, относящуюся к периоду невозможности оказания услуги, следует перевести в «Прочие задолженности» (при условии, что к ситуации не применимы описанные в пп. 3.3, 3.4.1 или 3.4.2 обстоятельства).

4 Вывод

При возникновении обстоятельств, препятствующих выполнению долгосрочных договорных обязательств (например, эпидемиологических ограничений), денежные поступления в оплату этих обязательств должны отражаться в учете следующим образом:

- Если контрагент не приостановил оплату по долгосрочному договору и стороны не заключили дополнительное соглашение, то контрагент имеет право потребовать возврата платежа, и поступившие средства необходимо отражать как прочие задолженности.
- Если предприниматель предоставляет компенсацию в форме ваучеров, которые дают право на получение услуг, не ограниченных по месту и времени, а контрагент принимает эту компенсацию, то поступившие средства следует отражать в учете как полученный аванс. В момент реализации ваучера средства проводятся как выручка с оборота; если же срок действия ваучера истечет раньше, то их следует провести как прочие (производственные) доходы.

---

[30] Ср. [9, стр. 291 и далее].

- Если контрагент отказывается от права требовать возврата уплаченной суммы, то в зависимости от момента отказа поступившие средства считаются прочими (производственными) доходами.
- Если услуга была полностью или частично оказана несмотря на возникшие обстоятельства, то соответствующая доля поступлений отражается в учете как выручка с оборота.
- Если вынужденно не оказанную услугу можно оказать впоследствии, то поступившие средства продолжают отражаться как доходы будущих периодов.

Литература

[1] Brösel, G., Freichel, C., & Wasmuth, J. (2019). Informationstechnik – Hardware, Software und Internet in der Rechnungslegung (73/1). In H. Kußmaul & S. Müller (Eds.), *Handbuch der Bilanzierung, 206. EL.*
[2] Ernst, W. (2019a). § 275 BGB. In F. J. Säcker, R. Rixecker, H. Oetker & B. Limperg (Eds.), *Schuldrecht Allgemeiner Teil I (§§ 241–310)* 8th edn. Münchener Kommentar zum Bürgerlichen Gesetzbuch, Vol. 2.
[3] Dörner, H., & Staudinger, A. (2002). *Schuldrechtsmodernisierung*
[4] Lorenz, S. (2020). § 275 BGB. In W. Hau & R. Poseck (Eds.), *Beck'scher Online-Kommentar BGB.* 56. Ed. 1.11.2020.
[5] Ernst, W. (2019b). § 326 BGB. In F. J. Säcker, R. Rixecker, H. Oetker & B. Limperg (Eds.), *Schuldrecht Allgemeiner Teil II (§§ 311–432)* 8th edn. Vol. 3.
[6] Schmidt, H. (2020). § 326 BGB. In W. Hau & R. Poseck (Eds.), *Beck'scher Online-Kommentar BGB,* 56. Ed. 1.11.2020.
[7] Freichel, C., & Wasmuth, J. (2020). Die Bilanzierung gestörter Dauerschuldverhältnisse – Umsatzrealisation in Zeiten der Corona-Krise. *Deutsches Steuerrecht, 58,* 1141–1146.
[8] Finkenauer, T. (2019). § 313 BGB. In F. J. Säcker, R. Rixecker, H. Oetker & B. Limperg (Eds.), *Schuldrecht Allgemeiner Teil II (§§ 311–432)* 8th edn. Vol. 3.
[9] Schildbach, T., Stobbe, T., Freichel, C., & Hamacher, K. (2019). *Der handelsrechtliche Jahresabschluss.* Vol. 11.
[10] Mindermann, T., & Brösel, G. (2020). *Buchführung und Jahresabschlusserstellung nach HGB.* Vol. 7.
[11] Brösel, G., Freichel, C., & Wasmuth, J. (2020). § 253 HGB. In K. Petersen & C. Zwirner (Eds.), *Systematischer Praxiskommentar Bilanzrecht* Vol. 4.
[12] Baumbach, A., & Hopt, K. J. (2021). *Handelsgesetzbuch* (40th edn.).
[13] Schmidt, S. F., & Kliem, B. (2020). § 275 HGB. In B. Grottel, S. Schmidt, W. J. Schubert & U. Störk (Eds.), *Beck'scher Bilanz-Kommentar* 12th edn.
[14] Freichel, C. (2016). *Skalierte Jahresabschlussprüfung*
[15] Krumm, M. (2020). § 5 EstG. In W. Blümich (Ed.), *Einkommensteuergesetz, 154. EL.*
[16] Adler, H., Düring, W., & Schmaltz, K. (2001). *Rechnungslegung und Prüfung der Unternehmen Teilband 1* (6th edn.).

[17] Schlüter, M. (2019). § 397 BGB. In F. J. Säcker, R. Rixecker, H. Oetker & B. Limperg (Eds.), *Schuldrecht Allgemeiner Teil II (§§ 311–432)* 8th edn. Vol. 3.
[18] Richter, L., Künkele, K. P., & Zwirner, C. (2020). § 255 HGB. In K. Petersen & C. Zwirner (Eds.), *Systematischer Praxiskommentar Bilanzrecht* 4th edn.

Возможности цифровых услуг для организации проектной деятельности

Prof. Dr. Elena Gorbashko, Prof. Dr. Elena Vasilieva, Vladislav Luzgin M.Sc.

Аннотация

Статья посвящена влиянию цифровизации на развитие проектной деятельности. В работе проанализированы возможности пользовательских цифровых сервисов для проектного менеджмента.

Abstract

Opportunities of Digital Services for the Organization of Project Activities
The article devoted the impact of digitalization on the development of project activities. This paper analyzed the possibilities of user digital services for conducting the project management.

Ключевые слова/Keywords

Проектная деятельность, менеджмент проектов, цифровые услуги, Project activities, project management, digital services.

Кульминацией Третьей промышленной революции стала глобализация и появление транснациональных корпораций, но в реалиях Четвертой промышленной революции (Индустрии 4.0) реальное присутствие по всему миру не требуется и часто идет в ущерб как деятельности, так и продуктам и услугам, предоставляемых в рамках деятельности. Стержнем Индустрии 4.0 являются цифровые платформы, а «платформенные» компании приходят, являющиеся более мобильными и адаптированными к текущим реалиям, приходят на замену транснациональным компаниями с их огромными бюрократическими системами.

На сегодняшний день можно точно утверждать, что именно цифровые технологии наиболее активно воздействуют на устоявшуюся структуру экономических отношений. Это является причиной всех изменений, связанных с развитием человеческих ресурсов, изменением потребностей, трансформацией логистических, финансовых и иных процессов, и, как следствие, изменения парадигмы взаимоотношений между поставщиком и потребителем услуг и прежде всего цифровых.

Цифровая услуга – это осуществление взаимодействия между поставщиком и потребителем посредством сети Интернет на специально разработанной цифровой платформе.

Цифровая платформа – цифровое пространство, адаптированное под определенные задачи, в частности удовлетворение потребностей участников рынка, повышения качества услуги и формирование единой информационной среды (цифровой экосистемы). На современном этапе развития экономических отношений цифровая платформа также выступает в качестве точки входа в цифровую экономику [1].

В новых экономических условиях базы данных являются ресурсом для создания услуг, а цифровые платформы – интегратором этих услуг.

Несмотря на активное внедрение цифровых услуг в повседневные процессы, понятие цифровой услуги не сформировано. В. И. Лузгин рассматривает цифровую услугу, как полезное действие, осуществляемое в цифровой среде и направленное на достижение следующих целей:

- Удовлетворение потребностей;
- Синхронизация различных процессов;
- Сокращение временных потерь и человеческого фактора;
- Формирование единого (агрегированного) цифрового портрета процесса, клиента, компании и т.д.
- Возможность получения как материального, так и нематериального эффекта [2].

Используя данную постановку целей, предлагается использовать следующее определение цифровой услуги. Цифровая услуга – это механизм, ориентированный на удовлетворение потребностей различных лиц, позволяющий синхронизовать и адаптировать процессы формирования материальных и нематериальных ценностей, сократив временные, производственные и иные риски при помощи использования цифровых технологий.

Цифровые услуги динамично развиваются в последние годы и становятся все более интегрирована в современные социально-экономические отношения. На сегодняшний день авторами предлагается классифицировать цифровые услуги по двум категориям:

1. Услуги цифровой инфраструктуры (инфраструктурный уровень);
2. Потребительские цифровые услуги (прикладной уровень).

Под услугами цифровой инфраструктуры понимается предоставление доступа к необходимой цифровой (вычислительной, сетевой и иной) инфраструктуре. Примером служит то, что на сегодняшний день доставка сигнала из одной точки в другую больше не зависит от классических телекоммуникационных сетей (за исключением удаленных, труднодоступных территорий) и полностью перешло в CDN-сети (широкополосный доступ в Интернет).

Инфраструктурные цифровые услуги включат в себя:

- Обработку данных (SBCloud Business Data (SBData));
- Доступ в интернет (широкополосный доступ в Интернет, мобильный Интернет);
- Хостинг (Google);
- IT-инфраструктура (облачные вычисления: SaaS, PaaS, IaaS).

Под потребительскими цифровыми услугами понимаются традиционные услуги, которые предоставляются по сети Интернет и составляют основную часть современных цифровых услуг. К ним можно отнести онлайн-телесмотрение, в том числе видео по запросу (video-on-demand), онлайн-игры, онлайн-кредитование, онлайн-платежи и многое другое. Цифровые услуги могут быть отнесены ко всем секторам традиционных услуг, определенных Генеральным соглашением по торговле услугами ВТО, вступившего в силу в январе 1995 года [3].

Ввиду того, что цифровая услуга нематериальна, но содержит важную информацию, что позволяет интегрировать процесс оказания цифровых услуг в проектную деятельность, где одним из важнейших элементов является цифровое местоположение соказания данной услуги. На современном этапе в этой роли выступает цифровая платформа, как выполняющая отдельные функции (на основе цифровых технологий), так и включающая элементы цифровой инфраструктуры.

Использование цифровых платформ и развитие цифровой инфраструктуры – это основное преимущество Четвертой промышленной революции, нашедшее отражение возможности сбора, обработки, хранения и использования огромных объемов данных, направленных на повышения качества и эффективности цифровых услуг, снижения финансовых и временных издержек, реализации политики устойчивого развития и повышения конкурентоспособности [4].

На текущей момент ключевым элементов реализации цифровых услуг является развитие цифровых платформ. Платформа, на которой базируется цифровая услуга, решает сразу целый пул задач: получение доступа, аутентификация и авторизация, обеспечение безопасности данных, функциональное развитие цифровой услуги, повышение качества предоставляемой услуги и много другое. А саму платформизацию цифровых услуг следует охарактеризовать как отдельный этап цифровой трансформации, определяющий положение и функциональность цифровой услуги в цифровом пространстве и обеспечивающий эффективное взаимодействие между участниками цифровых процессов. Высокий уровень платформизации социально-экономических процессов привел к таким факторам, как повышение качества услуг, повышения уровня мобильности и доступности услуг, а также создание цифровых экосистем [5].

Выбор цифровой платформы для управления проектной деятельностью определяется поставленными задачами, профессиональной спецификой, имеющимися ресурсами и используемым подходом к управления проектами. К числу наиболее популярных относятся:

- «Битрикс24» (Bitrix24) – это цифровая платформа, позволяющая оптимизировать и автоматизировать процесс ведения бизнеса и контроля за ним. Ориентирована как на внутренние процессы, так и на взаимодействие с клиентом.
- Trello – цифровая платформа по управлению проектами, чей функционал выстроен по принципу подхода Kanban – эффективного распределения задач между сотрудниками.
- Basecamp – плафторма управления проектами, включающая в себя задачи, календарь, дискуссии, профайлы, вики-документы, файлы, лог проекта.
- Asana – цифровая платформа, ориентированная на управления проектами, над которыми работает большая команда. Особенностями является возможность формировать различные рабочие пространства внутри и мгновенно актуализировать статус задач.
- Wrike – цифровая платформа, ориентированная на формирование рабочих процессов путем постановки задачи, группировки их по проектам и отслеживания хода их выполнения.
- Genius Project – цифровая платформа по управлению проектами, имеющая широкие возможности кастомизации (настройки под особенности конкретного коллектива) сервисов.

Табл. 1 Преимущества и недостатки цифровых платформ для управления проектной деятельностью

№	Инструмент	Преимущества	Недостатки	Предпочитаемый подход
1.	Bitrix	многофункциональная; работа с документами внутри сервиса (doc, pdf, xls и т.д.); видеочаты; элементы геймификации (бейджи); интеграция с соцсетями, google-календарём и другими сервисами; интеграция с 1С-битрикс и другими известными CRM-системами	сложность в обучении; перенасыщенный интерфейс; слабая проработка CRM (отсутствует возможность работать с договорами, контрактами, создавать документы из шаблона и тд)	Kanban, Классический проектный менеджмент, PRINCE2
2.	Trello	Безопасность; Простое обучение; Доступный интерфейс; Гибкость настройки	Платформа ограничена с точки зрения CRM-функционала	Kanban, Классический проектный менеджмент
3.	Basecamp	Простой интерфейс; Легкая настройка и оперативная поддержка; Автоматические чекины; Интеграция с Google Docs	Нет возможности отслеживания времени выполнения задач; Сложности в работе с документами и вложениями; Нет тегов	Agile, Scrum
4.	Asana	Организацию процессов сильно облегчает возможность редактирования отдельных рабочих пространств, проектов, секций, задач и подзадач; Легко создавать повторяющиеся задачи. Удобный календарь, который синхронизируется со всеми вашими задачами	Невозможно назначать задачи нескольким пользователям сразу; Снижение производительности при большом количестве задач. Отсутствие возможности отслеживания времени выполнения задач	Agile, Scrum, Lean

Табл. 1 (*Продолжение*)

№	Инструмент	Преимущества	Недостатки	Предпочитаемый подход
5.	Wrike	Офлайн-функционал; Автоматизированный функционал; Простой интерфейс; Высокая функциональность для работы большого количества участников	Платформа ограничена с точки зрения CRM-функционала	Классический проектный менеджмент, PRINCE2
6.	Genius Project	Безопасность; Широкий набор функций; Гибкая настройка; Чаты; Работа с графическими элементами	Платформа ограничена с точки зрения CRM-функционала	Классический проектный менеджмент, Kanban
7.	MS Project	Мощный аналитический инструментарий; Визуализация процессов и задач; Автоматизированный функционал	Сложность в обучении; Перенасыщенный интерфейс;	PRINCE2, Kanban
8.	Jira	Доступный интерфейс; Наличие функционала по контролю за постановкой и выполнением задач; Наличие времени выполнения поставленной задачи	Ограниченный функционал; Платформа ограничена с точки зрения CRM-функционала	Agile, Scrum, Lean
9.	Notion	Доступный интерфейс; Наличие функционала по контролю за постановкой и выполнением задач; Работа с таблицами и графическими элементами	Низкая функциональность; Платформа ограничена с точки зрения CRM-функционала	Agile, Scrum, Kanban, Lean
10.	Favro	Возможность интегрировать в неё другие сервисы: Google Drive/Calendar, Slack, Dropbox, Jira и тд; работа с документами внутри сервиса (doc, pdf, xls и т.д.); Широкий функционал	Сложность в обучении; Перенасыщенный интерфейс	Классический проектный менеджмент, PRINCE2

- MS Project – это комплексная платформа по управлению проектами, включающая в себя не только функционал по планированию и взаимодействию, но и мощный аналитический инструмент.
- Jira – цифровая платформа, в основе которой лежит прозрачность и простота в использовании. Функционал определяется фактами постановки и выполнения задачи.
- Notion – цифровая платформа, объединяющая множество инструментов и приложений, в том числе позволяет работать с таблицами, базами данных, задачами, канбан-досками, заметками и так далее.
- Favro – цифровая платформа, чей функционал схож с Битрикс 24. Особенностями является возможность создавать группы и команды для работы, работать с графиками и досками проектов, а также вести деловую переписку.

В Табл. 1 показаны преимущества и недостатки, которые нужно учитывать при выборе платформы в рамках менеджмента проекта.

Таким образом реализация проектной деятельности на основе возможностей цифровых услуг позволяют организовать и вести проект в виртуальном пространстве благодаря профессиональным платформам согласно выбранному для управления подходу.

Вместе с тем цифровые услуги дают возможность реализовать разноплановую проектную деятельность, включая аналитическую, поисковую, исследовательскую, работу с текстами, изображением, таблицами и пр. в рамках интернет широко доступных сервисов, в том числе википия-технологических.

ВИКИ – совместные интернет-сайты создаются и управляются установленными пользователями. Характерными отличительными чертами вики являются:

1. Возможность привлекать несколько участников к работе над проектом в вики-среде единолично или в группе.
2. Возможность многократно редактировать содержание в вики-среде, без применения технологий программирования.
3. Возможность структурировать содержание на блоки (страницы)
4. Возможность размещать фотографии и загружать файлы.
5. Возможность контролировать все процессы изменения содержания и вернуться к ранней версии проекта путем возврата внесенных изменений [6].

Вики также прекрасно подходит и для выполнения групповых заданий, для планирования проекта, обмена выводами и заключениями исследований, сбора информации, создания справочников и т.д. Различные сервисы WEB 2.0. в числе которых облачные системы Яндекс, Mail, карты Google, таймлайны (Free TimeKine, TimeRime) виртуальные доски (JamBoard, Miro, Idroo) и др. позволяют вести совместную работу над проектными документами и создать виртуальную среду для совместного выполнения проекта поэтапно. Социальные сети, мессенджеры, виджеты и др. позволяют создать коммуникационную среду для удаленной работы в рамках реализации сетевого проекта. Кроме того, социальные сети играют большую роль в диссеминации результатов проекта. Такие цифровые конструкторы как Googl Site, Tilda, WorldPress, Wix.com и др. позволяют сформировать информационное поле для широкого круга участников проекта [7].

Для проведения совещаний в сети ИНТЕРНЕТ возможно использовать Twiddla. Данный сервис позволяет организовать голосовые беседы, одновременно создавать текст и рисовать схемы, размещать иллюстрации, текст, различные файлы и форумы, кроме того, просматривать информацию на других Webсайтах, быстро делиться заметками и файлами. Несмотря на то, что сервис Twiddla на английском языке, он прост и понятен в использовании. Сервисы Vyew, ZOOM создан для проведения семинаров, онлайн дискуссий и конференций, с поддержкой данных сервисов можно обеспечить демонстрацию проектных документов через прямой доступ к рабочего стола на компьютере для всех участников проекта. Кроме того, бесплатная версия Vyew обеспечивает виртуальный эффект присутствия 20 человек и бесплатная версия ZOOM не ограничивает кол-во присутствующих. Для массовой рассылки информации в интернет часто используются Usenet и Списки рассылки (maillists) [8].

Благодаря Usenet проектная информация рассылается, дублируясь в сети интернет всем участникам телеконференций Usenet. Согласно анализам UUNET technologies, число новейших уведомлений, прибывающих в телеконференции каждый день, собирают приблизительно около миллиона.

Списки рассылки (maillists) – инструмент рассылки, не имеющий собственного протокола и программы-клиента, который работает через электронную почту. Концепция деятельности перечня рассылки заключается в том, что имеется определенный адрес электронной почты, который в действительности считается единым адресом множества людей – подписчиков данного перечня рассылки.

Для организации Мозгового штурма (брейншторма) наиболее удобным пользователи считают браузер MindMeister, которые отмечают легкость в применении, доступность в режимах онлайн/оффлайн в режиме реального времени и совместный доступ. Данный сервис позволяет планировать проекты рационализируя записи групповой работы в рамках мозговой штурм. Бесплатная версия включает только 3 проект-карты. Другой очень простой сервис для проектной работы в команде-Teamer. Особенность данного веб-сервиса в том, что его интерфейс на русском языке, важно, что работа строится через руководителя или руководителей проекта, которые формируют задачи для исполнителей и исполнителей, которые имеют доступ, только к тем задачам и действиям проекта, которые касаются только их непосредственно. Все участники проекта на этом сервисе могут писать сообщения в рамках проектных заданий и прикладывать к ним документы. Очень важно, что этот сервис позволяет ввести календарь проекта и управлять достижением результатов проекта на основе показателя «сроки выполнения проекта» [9].

С целью обмена проектной информацией и ее обсуждения часто применяются блоги. Преимущества блогов в том, что через них легко обновлять информационные данные и систематизировать их в форме журнала [10].

Виртуальные столы сервиса STIXY позволяют подключить к работе над проектными документами неограниченное кол-во пользователей. Для управления любым проектом можно использовать бесплатные и достаточно простые в использовании офисные сервисы. К ним относится Google Docs, в состав которого входит: текстовый редактор, электронные таблицы, редактор презентаций. Приложения этого сервиса позволяют создать единую систему для общей организации хранения проектных документов, публикации файлов и настройки совместной работы пользователей.

Незаслуженно мало в проектной деятельности используется сервис Zoho Online Office, который содержит 19 бесплатных офисных приложений. Zoho по своему стилю напоминает сервис iGoogle, где можно разместить блоки со списками документов, календарь, планировщик и другие необходимые для управления проектом материалы. Zoho Office Online включает такие удобные приложения как систему управления проектами, систему управления личным временем, систему управления клиентами CRM, систему создания опросов и голосований, онлайновый чат, систему статистики для вашего сайта, система управления базами данных. А также базовый пакет: текстовый редактор, презентации, электронные таблицы. Функционал сервиса позволяет провести конвертацию электронных таблиц в БД, построить связи методом Drag and Drop, обеспечить поддержку синтаксиса SQL, провести совместную работу над БД. Пользователи отмечают высокое качество Zoho Office и на практике хорошо работающую интеграцию 19 приложений.

Если анализировать цифровые сервисы с точки зрения эргономики и комфортности использования в Интернет в контексте создания виртуального офиса, то «настольный» пакет ThinkFree Office и серверная версия, позволят в собственной сети создать кабинет проекта. В состав ThinkFree Online включен блок редакторов, необходимых для ведения проектной деятельности, а интерфейс этих редакторов данного сервиса максимально приближен к «настольным» аналогам Microsoft (Microsoft Office).

Необходимо отметить, что интернет сервисов достаточно много, в настоящей работе приведены цифровые услуги, наиболее широко применяемые для ведения проектной деятельности в удаленном режиме.

Кроме того, выбор и применение разнообразных цифровых сервисов в проектной деятельности связано с теми задачами, которые ставит перед командой руководитель проекта. Специальных знаний и навыков для работы с приведенными в настоящей работе цифровыми услугами для обеспечения проектной деятельности уверенному пользователю ПК не требуется. Из этого следует, что сегодня цифровые услуги доступны для ведения проектной деятельности не только в реальном пространстве, но и в виртуальной социально-экономической среде, они могут обеспечить работу проектной группы как онлайн, так и офлайн.

Литература

[1] Jacobides, M. G., Lang, N., & von Szczepanski, K. What does a successful digital ecosystem look like? https://www.bcg.com/ru-ru/publications/2019/what-does-successful-digital-ecosystem-look-like. Accessed 2 June 2021.

[2] Васильева, Е. В., & Лузгин, В. И. Цифровые услуги и проектная деятельность в условиях «Индустриализации 4.0» //Евразийский юридический журнал. – 2020. – №11. https://eurasialaw.ru/2020g/11-150-2020g/. Accessed 27 May 2021.

[3] General agreement on trade in services. https://www.wto.org/english/docs_e/legal_e/26-gats.pdf. Accessed 17 May 2021.

[4] Записка секретариата ЮНКТАД Цифровые платформы и создание стоимости в развивающихся странах: последствия для политики стран и международной политики. https://unctad.org/meetings/en/SessionalDocuments/tdb_ede4d2_ru.pdf. Accessed 3 June 2021.

[5] Месропян, В. Р. Цифровые платформы – новая рыночная власть. https://www.econ.msu.ru/sys/raw.php?o=46781&p=attachment. Accessed 1 June 2021.

[6] Белолобова, А. А. Сетевая проектная деятельность и и цифровые инструменты для ее реализации. https://cyberleninka.ru/article/n/setevaya-proektnaya-deyatelnost-i-tsifrovye-instrumenty-dlya-eyo-realizatsii/viewer. Accessed 29 May 2021.

[7] Strommen-Bakhtiar, A. Digital economy, business models and cloud computing. IGI Global. https://www.researchgate.net/publication/329416432_Digital_economy_business_models_and_cloud_computing. Accessed 3 June 2021.

[8] Bughin, J., Catlin, T., & Dietz, M. The right digital-platform strategy. https://www.mckinsey.com/business-functions/mckinsey-digital/our-insights/the-right-digital-platform-strategy. Accessed 25 May 2021.

[9] Управление проектами в эпоху цифровизации. Конференция Аналитического Центра при Правительстве РФ «Практика применения проектного управления: проектный ОЛИМП 5.0». https://www.itweek.ru/gover/article/detail.php?ID=204420. Accessed 3 June 2021.
[10] IMCO Committee New Developments in Digital Services. https://www.europarl.europa.eu/RegData/etudes/BRIE/2020/652716/IPOL_BRI(2020)652716_EN.pdf. Accessed 16 May 2021.

Государственное социальное обеспечение и самообеспечение в социальной рыночной экономике Федеративной Республики Германия

Dr. Barbara Kaschützke, Prof. Dr. Raimond Maurer

Аннотация

В данной статье взаимодействие государственных систем социального обеспечения и самообеспечения путём формирования активов рассматривается как краеугольный камень социальной рыночной экономики в Германии. Ежегодные расходы на различные государственные социальные пособия составляют около трети валового национального продукта страны, причём на распределительные пенсионные системы для наёмных работников приходится наибольшая доля этих расходов. Имущественные активы в виде занимаемой владельцами жилой недвижимости, а также финансовые активы в виде банковских вкладов и требований к частным страховым компаниям составляют бóльшую часть средств в рамках самообеспечения. Из-за низкого уровня процентных ставок и демографических изменений в обществе самообеспечение за счет инвестиций на международных рынках ценных бумаг становится все более важным как для самозанятых, так и для наёмных работников.

Abstract

Social Security Programs And Individual Provision In The Social Market Economy Of Germany

This article considers the interaction between the of statutory social security systems and individual wealth-creating provisions as a cornerstone of the social market economy in Germany. The annual expenditures of several statutory social security systems amount to about a third of the gross national product, whereby the pay-as-you-go pension systems for employees make up the largest

© Der/die Autor(en), exklusiv lizenziert durch Springer Fachmedien Wiesbaden GmbH, ein Teil von Springer Nature 2022
C. Renker, T. Nikitina (Hrsg.), *Pandemie als nicht alltägliches Event-Risk*,
https://doi.org/10.1007/978-3-658-36504-2_33

part of these expenditures. Real assets in the form of owner-occupied property as well as financial assets in the form of bank deposits and claims against private insurance companies make up the largest share of individual wealth-creating provisions. Due to the low interest rate levels and the demographic change in the society, provisions by means of investments in the international capital markets gain more and more importance for both the self-employed and the employees.

> **Ключевые слова/Keywords**
>
> Социальная рыночная экономика, социальное обеспечение и государственные пенсии, сбережения домохозяйств, демографические изменения в обществе, Social market economy, social security and public pensions, individual wealth provision, demographic changes.

(Версия от 31-го марта 2021 г.)

1 Основные элементы социальной рыночной экономики

Социальная рыночная экономика это одна из важных характеристик экономического и социального устройства Федеративной Республики Германии. В своих основных программах ведущие политические партии Германии заявляют о своей приверженности социальной рыночной экономике, хотя и расставляют при этом различные акценты. В Лиссабонских договорах для государств-членов Европейского Союза социальная рыночная экономика также упоминается как экономическая система, к которой необходимо стремиться государствам-членам Европейского Союза.

Для немцев концепция социальной рыночной экономики тесно связана с именем Людвига Эрхарда, который был министром экономики с 1949 по 1963 год, а затем с 1963 по 1966 год и федеральным канцлером. В своей книге «Благосостояние для всех» (1957) он утверждает свое убеждение, […] что только в условиях свободной конкуренции дают себя знать силы, которые действуют в том направлении, чтобы достижения экономического прогресса и улучшение в методах труда не находили свое отражение в повышенных прибылях, пенсиях или синекурах, но чтобы все успехи шли на пользу потребителю. Социальный смысл рыночного хозяйства в том и заключается, что любой успех экономики, любое достижение рационализации, любое повышение производительности труда идет на благо всему народу и служит лучшему удовлетворению нужд потребителей [1, с.169]; русский перевод по: Эрхард Л. Благосостояние для всех [2, с. 130]. В отношении социального обеспечения он продолжает: «Свободный экономический порядок может существовать в долгосрочной перспективе только в том случае, если и пока гарантируется максимум свободы, частной инициативы и самообеспечения в социальной жизни нации» [1, с. 246]; русский перевод по: Эрхард Л. Благосостояние для всех [2, с. 183].

Таким образом, основными столпами социальной рыночной экономики являются участие в экономическом успехе широких слоев населения посредством рыночной конкуренции, защита свободной конкуренции путем недопущения концентрации экономической власти и система социального обеспечения. Основная цель рассматриваемого в этой статье социального обеспечения – избежать бедности среди населения, будь то путём помощи конкретным людям, находящимся в бедственном экономическом положении, или уменьшение финансовых последствий основных житейских рисков, таких как старость, безработица, болезнь, несчастные случаи и потребность в уходе. Помимо поддержки со стороны собственной семьи, эти житейские риски могут покрываться государственными пособиями или за счет самообеспечения путем накопления активов. Оба элемента и анализ основных проблем будут представлены ниже.

2 Системы государственного социального обеспечения

Системы социального обеспечения в Германии хорошо развиты и включают большой комплекс предоставляемых услуг, которые финансируются либо за счет общих налоговых поступлений, либо за счет специальных членских взносов, зависящих от заработной платы. Главной правовой основой является «Кодекс социального права» (SGB), где перечисляется большое количество чётко установленных прав, которыми граждане могут воспользоваться при конкретных условиях. Целью является претворение в жизнь социальной защищенности и социальной справедливости среди населения. Различные вспомоществования можно разделить на *базовое обеспечение*, *обязательное социальное страхование* и *другие социальные выплаты*.

A. *Базовое обеспечение:* пособия по базовому обеспечению всегда выплачиваются на основании подтверждённой нуждаемости. Это значит, что осуществляется проверка того, являются ли существующие активы человека, его доходы и правопритязания к лицам, состоящим в родстве (супругам, родителям, детям), недостаточными для финансирования определенного *прожиточного минимума*. В таком случае это лицо получает государственные пособия в денежной и натуральной форме, финансируемые за счет налоговых поступлений. Наиболее важными элементами базового обеспечения являются социальная помощь, базовое материальное обеспечение для лиц, ищущих работу, и жилищные пособия для семей с низкими доходами. В 2019 году эти три позиции составляли 77 миллиардов евро.

B. *Обязательное социальное страхование и обеспечение государственных чиновников.* Обязательные системы социального страхования подразделяются на медицинское страхование, страхование от несчастных случаев, пенсионное страхование и страхование в рамках системы долговременного ухода, и традиционно являются основными сферами социального обеспечения. Для большинства наёмных работников страхование обязательно, чем достигается охват большей части занятого населения. По данным Федерального статистического ведомства, в 2019 году из 44,3 миллионов занятого населения 81 % были членами государственной системы обязательного социального страхования. Еще 3,7 % работающих являются добровольными участниками системы социального страхования (например, самозанятые). Кроме того, к этому добавляются бесплатно совместно застрахованные члены семей, а также более 21 миллиона пенсионеров, уже получающих пособия по обязательному социальному страхованию.

Право на получение пособия возникает при наступлении страхового случая и, в отличие от базового обеспечения, без проверки нуждаемости. Пособия в системе государственного страхования здоровья, долгосрочного ухода и от несчастных случаев предоставляются в основном в виде товаров и услуг, которые являются одинаковыми для всех участников (*принцип солидарности*). В системе медицинского страхования члены семьи застрахованы без дополнительных взносов. Выплаты по пенсионному страхованию и страхованию от безработицы обычно предоставляются в денежной форме и зависят от индивидуально заслуженных прав (*принцип выработки*), зависящих, например, от времени пребывания в системе страхования, уплаченных взносов или доходов от работы. Однако и там есть элементы солидарности, такие как зачёт периодов обучения и воспитания детей без уплаты взносов в рамках пенсионного страхования.

Финансирование обязательного социального страхования осуществляется в рамках распределительной системы за счет членских взносов, но частично также и из налогов. Взносы рассчитываются как процент от валовой заработной платы (до определённого законом максимума) независимо от индивидуальных факторов (возраст, пол, семейное положение, состояние здоровья и т. д.). На конец 2020 года текущие ставки взносов на медицинское страхование составляют 14,3 %, на пенсионное страхование 18,6 %, на страхование от безработицы 2,4 %, на страхование по долгосрочному уходу 3,05 % (3,30 % для бездетных) и 1,3 % на страхование от несчастных случаев, т.е. всего 39,65 % от валовой заработной платы. За исключением страхования от несчастных случаев, взносы работодателя и работника уплачиваются поровну. Работодатели должны удерживать соответствующие взносы на социальное страхование из ежемесячной заработной платы и переводить их в агентство социального обеспечения.

По данным Федерального статистического управления [3], в 2019 году, то есть до вспышки пандемии коронавируса, расходы на обязательное социальное страхование составили € 720 млрд, что соответствует примерно 20 % валового национального продукта за соответствующий период размером в € 3450 млрд. Самые крупные статьи расходов включают расходы на пенсионное страхование в размере € 330 млрд и медицинское страхование в размере € 255 млрд. В 2020 году расходы увеличились до € 778 млрд, в основном из-за значительного увеличения расходов на пособия по безработице/краткосрочной работе в результате вызванного коронавирусом кризиса.

Кроме того, € 66 млрд были израсходованы на обеспечение 1,9 млн чиновников на государственной службе и 1,3 млн государственных чиновников, вышедших на пенсию, судей и солдат. Ещё € 2,8 млрд были потрачены на пенсионное обеспечение около шестисот тысяч фермеров. Две последние статьи расходов проистекают из особых систем: Выплаты в них сопоставимы с выплатами по обязательному социальному страхованию, но финансирование значительно отличается от последнего. В целом обязательное социальное страхование (включая равноценные специальные системы) и обеспечивание государственных чиновников охватывают около 90 % работающего населения, включая и их семьи.

Для примерно четырёх миллионов самозанятых членство в государственной системе социального страхования не является обязательным. Они могут стать членами на добровольной основе. Однако для тех самостоятельно занятых, которые принадлежат к свободным профессиям, требующим специального образования и квалификации, таким как врачи, фармацевты, юристы, аудиторы, архитекторы и т. д., обязательно страхование в специальных пен-

табл. 1 Расходы на государственные социальные пособия в 2019 году

	Затраты в € млрд	Затраты в % от ВВП
Базовое обеспечение	77	2,2
Обязательное социальное страхование	758	21,7
Обеспечние государственных чиновников	66	1,9
Прочие социальные пособия	111	3,1
Всего	1011	28,9

Примечания: Обязательное социальное страхование включает страхование от безработицы, медицинское страхование, страхование в рамках системы долговременного ухода, пенсионное страхование и страхование от несчастных случаев для наёмных работников, подлежащих обязательному социальному страхованию (включая специальные системы). Обеспечение государственных чиновников включает в себя выплаты пенсий и других пособий. Источник: Deutschland in Zahlen [5].

сионных фондах для этих профессий. Такие пенсионные фонды насчитывают около 1,4 млн членов[1].

C. *Другие социальные пособия*. Базовое социальное обеспечение и обязательное социальное страхование (включая пособия государственным чиновникам) направлены на достижение цели социальной уверенности. Другие социальные льготы нацелены в первую очередь на установление социальной справедливости, хотя разграничение здесь не может быть четко проведено. Они включают поддержку инвалидов, семей (пособия на ребенка, на воспитание детей, аванс по выплате алиментов), пособия для молодёжи и молодых семей, стипендии на обучение, пособия по реабилитации или компенсации жертвам войны и насилия. В 2019 году на это было потрачено около € 111 млрд.

В нижеприведённой табл. 1 показан весь объём государственных социальных пособий на 2019 год в миллиардах евро и в процентах от валового внутреннего продукта размером в € 3500 млрд.

Почти 30 % валового национального продукта, производимого в Германии, расходуется на меры социального обеспечения. Основная проблема – это финансирование государственного пенсионного страхования и страхования по

---

[1] См. [4].

долговременному уходу в период демографических изменений. OECD [6] прогнозирует, что из-за низкой рождаемости и увеличения продолжительности жизни коэффициент старости (население от 15 до 64 лет/население + 65 лет) увеличится с 39 % в настоящее время до 59 % к 2050 году. В результате увеличатся взносы и налоговые субсидии, снизится уровень пособий или повысится стандартный возраст выхода на пенсию.

3 Добровольное пенсионное обеспечение путём формирования активов

В рамках добровольного пенсионного обеспечения граждане формируют финансовые и материальные активы, которые могут быть при необходимости использованы как для финансирования основных житейских рисков (безработица, болезнь, потребность в уходе, материальный ущерб и т. д.), так и для финансирования пенсии по старости. Финансовые активы включают в себя наличные деньги, вклады в банках, инвестиции в компании, ценные бумаги, претензии к частным страховым компаниям и в рамках пенсионных схем компаний. Имущественные активы – это в первую очередь жилая/коммерческая недвижимость, движимое имущество (автомобили, мебель, драгоценные металлы/драгоценности) и патенты. Как финансовые, так и имущественные активы могут использоваться для получения дохода в виде дивидендов, арендной платы, процентов, пенсионных выплат или дохода от продажи. В отличие от финансовых активов, имущественные активы, такие как занимаемая владельцами жилая недвижимость или имущество длительного потребления, например, автомобили, могут использоваться непосредственно и для личного потребления[2]. Задолженность домохозяйств, в основном в форме потребительских и жилищных кредитов, вычитается из активов этих домохозяйств.

Количественные показатели частных домохозяйств в Германии по имущественным активам предоставляются Федеральным статистическим управлением [3], а по финансовым активам – Центральным банком Германии [8], см. табл. 2.

Как видно из таблицы, в 2019 году чистые активы немецких частных домохозяйств составляли около € 15 000 млрд, 69 % из которых составляли имущественные активы. Среди имущественных активов жилая недвижимость является наиболее важной категорией. При этом следует учитывать, что доля владения жилой недвижимостью, занимаемой собственниками, составляет

---

[2] См. [7].

табл. 2 Финансовые и имущественные активы частных домохозяйств на 2019-й год

	Всего, в € млрд	в % от чистых активов
1. Имущественные активы Дома и квартиры Нежилые постройки Имущество длительного потребления Прочее	10 479 8334 704 1095 346	69 %
2. Финансовые активы Наличные деньги и вклады в банках Облигации Акции и инвестиции в компании Инвестиционные паи Требования к частным страховым компаниям и в рамках пенсионных схем компаний Прочие требования	6505 2597 121 702 680 2374 30	43 %
3. Кредиты и прочие обязательства	1858	−12 %
4. Чистые активы (= 1 + 2 − 3)	15 126	100 %

Источник: Statistisches Bundesamt [3], Deutsche Bundesbank [8], рассчёты авторов

всего около 45 %. Это означает, что большинство домохозяйств проживают в арендуемой жилой недвижимости. Имущество длительного поребления, такое как высококачественная мебель или автомобили, составляет 10 % от имущественных активов. Если вычесть обязательства в форме ипотечных/потребительских банковских кредитов из финансовых активов, получится чистый финансовый актив в размере более € 4600 млрд. Этот чистый актив инвестируется в основном в банковские вклады. Требования к частным страховым компаниям и в рамках пенсионных схем компаний также имеют гарантированные процентные ставки. Доля краткосрочно рискованных, но долгосрочно доходных инвестиций таких как биржевые акции, инвестиции в компании или в инвестиционные паи, с общей суммой в € 1,82 млрд составляет только пятую часть финансовых активов.

В основном, акитвы создаются за счет сбережения части заработанного дохода, за счет унаследованного состояния и за счет роста стоимости уже существующих активов. Кроме того, государство способствует накоплению индивидуальных активов за счет субсидий и налоговых льгот. Помимо общего накопления состояния для наёмных работников (Vermögensbildungsgesetz –

«Закон о Накоплении Состояния») и выплаты субсидий за покупку жилой недвижимости, особенно развитие накопительных пенсионных схем поддерживается различными программами. Более 16 млн наёмных работников подписали спонсируемый государством договор о негосударственной пенсии, также известный под названием «Riesterrente». В рамках этой схемы наёмные работники могут добровольно платить взносы размером до € 2100 в год в специальные пенсионные продукты, предлагаемые компаниями по страхованию жизни, банками и инвестиционными компаниями. Предоставляемые государством субсидии (€ 175 базовая субсидия плюс € 300 на каждого ребенка) особенно привлекательны для многодетных семей с низкими доходами. Еще 2,5 млн домохозяйств имеют договор о базовой пенсии, которая, являясь также негосударственной накопительной схемой, особенно привлекательна для самозанятых. Более 22 млн наёмных работников участвуют в пенсионных схемах своих компаний[3]. Участие в схеме пенсионного обеспечения компании является добровольным в частном секторе, но обязательно для сотрудников государственных компаний.

Как и в большинстве стран, финансовые и имущественные активы неравномерно распределены между группами населения. Чистые активы 10 % самых бедных домохозяйств почти равны нулю, тогда как чистые активы 10 % самых богатых домохозяйств составляет 470 000 евро[4]. Уровень благосостояния сильно связан с уровнем образования и социальным положением человека. Люди с высшим образованием и самозанятые, такие как предприниматели и лица свободных профессий, имеют самые высокие имущественные и финансовые активы[5].

Актуальная проблема в контексте самообеспечения – это уже достаточно долго наблюдаемый очень низкий уровень процентных ставок на рынках капитала. Он делает широко распространенные банковские вклады непривлекательными для долгосрочного накопления активов. Поставщики финансовых продуктов с долгосрочно гарантированной минимальной доходностью, таких как страхование жизни, аннуитетное страхование или контрактов на пенсионное обеспечение, уходят с рынка из-за высоких нормативных требований к платежеспособности. Все чаще предлагаются такие продукты, в которых частные домохозяйства несут на себе риски международных рынков капитала, особенно продукты в форме инвестиционных паёв. Растущая дигитализация финансового сектора вместе с увеличивающейся открытостью молодого по-

---

[3] См. [9].

[4] См. [7].

[5] См. [7].

коления по отношению к рынку капитала ведёт к нарастающему распостранению международно-диверсифицированных инвестиций в акции. При этом в особенности молодое поколение требует соблюдения экологических критериев инвестиции (ESG-Investments).

4 Заключение

В социальной рыночной экономике организованные государством системы социального обеспечения являются центральной опорой для предотвращения бедности среди населения и, прежде всего, защиты наёмных работников и их семей от финансовых последствий таких основных житейских рисков как старость, безработица, болезнь. В Германии эти, основанные на принципе солидарности, системы социального обеспечения хорошо развиты и, следовательно, являются важной частью благосостояния нации. Однако также очевидно, что системы государственного социального обеспечения не являются универсальным решением из-за высоких финансовых затрат. Зависящие от заработной платы взносы в данный момент составляют 40 % от валовой заработной платы. Кроме того, более трети налоговых поступлений направляется на социальные выплаты. В нынешнюю эру демографических изменений тем самым уже достигнут предел допустимой нагрузки на общество, в особенности на молодое поколение.

Вторая опора социального обеспечения – это самообеспечение путём формирования индивидуальных финансовых и материальных активов. Для самозанятых, которые не охвачены государственным социальным страхованием, самообеспечение традиционно имеет большое значение для покрытия расходов на лечение, пенсию по старости и уход. Однако самообеспечение будет также играть все более важную роль для наёмных работников, особенно в области обеспечения в старости. При этом государство должно способствовать самообеспечению соответствующими мерами, а не подавлять его чрезмерным расширением систем государственного социального обеспечения. Это единственный способ гарантировать[6] «высшую степень свободы (…) в общественной жизни нации».

---

[6] Ср. [1].

Литература

[1] Erhard, L. (1957). *Wohlstand für Alle*. (Jubiläumsausgabe 2000)
[2] Эрхард, Л. (1991). *Благосостояние для всех [1957]*. Начала-Пресс. [Репринт с издания: Посев, [1960.] http://orel.rsl.ru/nettext/foreign/erhard/erhsod.htm; http://ek-lit.agava.ru/erhsod.htm]
[3] Statistisches Bundesamt (Destatis) (2020). Vermögensbilanzen. Sektorale und gesamtwirtschaftliche Vermögensbilanzen 1999–2019. https://www.destatis.de/DE/Themen/Wirtschaft/Volkswirtschaftliche-Gesamtrechnungen-Inlandsprodukt/Publikationen/Downloads-Vermoegensrechnung/vermoegensbilanzen-pdf-5816103.html. Accessed 7 Feb 2021.
[4] Bundesministerium für Arbeit und Soziales (BMAS) (2020). Ergänzender Bericht der Bundesregierung zum Rentenversicherungsbericht 2020 gemäß § 154 Abs. 2 SGB VI (Alterssicherungsbericht 2020). https://www.bmas.de. Accessed 7 Feb 2021.
[5] Deutschland in Zahlen (2020). https://www.deutschlandinzahlen.de/tab/deutschland/soziales/sozialbudget-sozialausgaben/sozialbudget. Accessed 29 Mar 2021.
[6] OECD (2017). *Pension at a glance 2017: OECD and G20 indicators*. OECD Publishing.
[7] Deutsche Bundesbank (2016). Deutsche Bundesbank Studie zur wirtschaftlichen Lage privater Haushalte (PHF). Vermögen und Finanzen privater Haushalte in Deutschland: Ergebnisse der Vermögensbefragung 2014. März 2016, S. 61–86. https://www.bundesbank.de/resource/blob/604904/bb345ad5999c923eebdbd4fcce69914d/mL/2016-03-vermoegen-finanzen-private-haushalte-data.pdf. Accessed 1 Apr 2021.
[8] Bundesbank (2020). Deutsche Bundesbank Monatsbericht. Geldvermögen und Verbindlichkeiten (unkonsolidiert). https://www.bundesbank.de/resource/blob/848024/7ab0532feb03d57b3986ea87cb8167c7/mL/2020-10-16-geldvermoegen-anlage-data.pdf. Accessed 7 Feb 2021.
[9] Arbeitsgemeinschaft für betriebliche Altersversorgung (aba) (2018). Prozentuale Aufteilung der Deckungsmittel in der betrieblichen Altersversorgung im Jahr 2018. https://www.aba-online.de/deckungsmittel-a-prozentuale-aufteilung. Accessed 9 Feb 2021.

Дополнительная литература
[10] https://www.oecd-ilibrary.org/social-issues-migration-health/pensions-at-a-glance-2019_b6d3dcfc-en. Accessed 1 Apr 2021.

«Общее Пространство» (shared space) – путь к пешеходному городу

Prof. Dr. habil. Sabina Kauf

Аннотация

Автотранспорт оказывает всё более негативное воздействие на города – даже несмотря на цели, сформулированные в рамках парадигмы устойчивой мобильности почти 30 лет назад. Меры по разгрузке городов от автотранспорта направлены, преимущественно, на повышение безопасности движения за счёт введения скоростных ограничений и сокращения транспортного потока в целом. Однако цель более высокого порядка заключается в том, чтобы сформировать новую парадигму взаимодействия горожан и создать такие городские пространства, в которых приоритетными были бы потребности пешеходов и велосипедистов. Проект «Shared Space» представляет собой неординарное, инновационное и набирающее популярность решение по ограничению транспортного потока в городской среде. Речь идёт о пространстве, которое делят между собой легковые автомобили, автомобили для доставки готовой продукции и пешеходы. В данной статье мы задаёмся вопросом о том, может ли проект «Shared Space» сформировать у горожан чувство солидарности, послужить стимулом для развития городов в направлении пешеходной среды и для создания пространств, в которых человеку приятно проводить свободное время.

Abstract

Shared Space – A Way to the Pedestrian City …

The negative effects of car traffic in cities continue to grow, despite the goals that the sustainable mobility paradigm put forward almost three decades ago. Measures to reduce them mainly focus on improving road safety by reducing vehicle speed and reducing traffic (traffic calming). However, the overriding goal of calming traffic is to create the desired communication behavior of residents and to create such spaces in the city where the needs of pedestrians and cyclists are a priority. The Shared Space project is an unusual, completely innovative and increasingly popular solution that allows you to calm traffic. It means a space shared between individual vehicles, delivery vehicles and pedestrian traffic. In this paper, we address the question of whether such a solution to build a sense of community and promote a city for pedestrians and create such spaces that encourage to stay on there.

Ключевые слова/Keywords

Городская логистика, общественные пространства, shared space, общее пространство, пространство для всех, city logistics, public space, shared space.

1 Город как сценическое пространство для бесконечного спектакля

Город – это феномен общественной жизни, возникший практически с момента появления человека на Земле. Город можно сравнить со сценическим пространством, на котором разыгрывается бесконечный спектакль – люди в нём актёры, а здания и общественные пространства декорации (Szołtysek 2016, с. 9). Данная метафора заставляет задуматься и наводит на мысль: «А кто же режиссёр происходящего?». Представители городской администрации? Группы влияния? Или, может быть, мы – городские жители? Какую эпоху ни возьми, человеческие эмоции во все времена были и остаются неизменными. В своей культовой книге «Невидимые города» Итало Кальвино рассматривает городское пространство через призму воспоминаний, желаний, знаков и обменов. Он описывает город как «единое целое, где не пропадает втуне ни одно желание, и поскольку этот город наслаждается всем тем, чем ты не наслаждаешься, то остается тебе лишь довольствоваться тем, что ты объят желанием» [1, с. 8]. Он также замечает, что восприятие и образ города определяются настроением смотрящего: «Коль ты идешь по нему насвистывая, а твой нос парит за свистом, ты познаешь его снизу вверх: трепещущие занавески, подоконники, фонтаны. Если ж ты идешь, повесив голову и сжав до боли кулаки, то взгляд твой будет упираться в землю, видеть то, что расположено на уровне земли, – канализационные люки, сточные канавки, грязные бумажки, рыбью чешую. Нельзя сказать, что та или иная картина верней другой» [1, с. 40]. В соответствии с данным размышлением город является «местом», то есть образом жизни в пространстве, по отношению к которому мы можем артикулировать собственные чувства и впечатления.

Подобное восприятие города чуждо нам в современной жизни. Бытующее сегодня восприятие города было сформировано в XIX веке по итогам индустриальной революции и процесса урбанизации. Данные события создали рамочные условия для становления городской цивилизации и культуры, проникли глубоко во все сферы жизни и радикальным образом изменили структуру города. Согласно А. Гидденсу в городах из-за человеческих действий, нахождения у власти промышленно-развитой цивилизации и механизмов рыночной экономики на смену эпохе модерна пришёл постмодернизм. Города – самое утончённое творение человека – являются главными источниками когнитивного и культурного развития, однако с наступлением XXI века города претерпевают серьёзные изменения. Эти изменения пока ещё не поддаются полноценному определению, образно их можно охарактеризовать как «возрождение городов» [2]. По мнению М. Фуко, «изменения в большей степени затрагивают пространство, чем время» [3, с. 37]. Многое указывает на то, что эти слова Мишеля Фуко, произнесённые в 1967 году, актуальны и по сей день. Парадоксальным образом, пространство приобретает всё большее значение именно в эпоху, к достижениям которой относится значительное ослабление роли данной категории (по крайней мере, в её физическом измерении). Преодоление извечного барьера человечества – больших расстояний – за счёт развития средств коммуникации не привело к господству человека над пространством. Напротив, реальность, с которой сегодня приходится сталкиваться человеку, постоянно сопротивляется попыткам организации и интеграции пространства. Человеку приходится снова и снова взаимодействовать с новыми пространствами – как в культурном, так и в экзистенциальном смыслах.

Приведённые выше аргументы заставляют задуматься о том, какова вероятность, что города снова станут воплощением идеи сцены и театрального действа, в котором актёры готовы на мгновение замедлить свой бег, а не беспрестанно нестись в одном и том же направлении. Говоря простым языком, замедлиться в городском пространстве обозначает выйти из автомобиля и пройтись по городу пешком. Таким образом можно изменить восприятие города – взглянуть наверх и увидеть то, чего не видно сквозь лобовое стекло. Увидеть город и живущих в нём людей: «На площади сидят бок о бок старики, глядят на молодежь, которая проходит мимо; среди них сидит и он. А о желаниях теперь он только вспоминает» [1, с. 5]. Именно этой перспективой руководствуются специалисты по городской логистике, так как они в определённом смысле и есть декораторы и режиссёры городского спектакля. Поэтому они и пытаются разработать всё новые сценарии (концепции) городского движения, призванные помочь горожанам в процессе знакомства и взаимодействия с городом. Самым ценным представляется городское пространство, удобное для пешеходов. Однако пешеходы и велосипедисты чаще всего вынуждены делить пространство с городским транспортом – неотъемлемым элементом удовлетворения потребностей города. Тем не менее, этот элемент воспринимается отрицательно: грузовики создают пробки, замедляют движение транспортного потока, загрязняют окружающую среду и представляют серьёзную опасность для других участников дорожного движения. Более того, автомобили практически присваивают и так сильно ограниченное городское пространство. И всё же жизнь современного города без автомобилей невозможно себе представить, пешеходный город до сих пор кажется утопией, для претворения которой в жизнь потребуется полная реструктуризация городского пространства. Однако уже появляются проекты, нацеленные на то, чтобы сделать города более дружелюбным пространством для пешеходов. Один из таких проектов называется «Shared Space», его цель заключается в том, чтобы замедлить движение в городе. Городское пространство меняется в сторону повышения удобства и комфорта горожан, не теряя при этом эффективности с точки зрения городского движения.

2   Замедление городского движения – возвращение города пешеходам

Долгое время при составлении планов развития городского пространства архитекторы и проектировщики делали упор на дорогах и зданиях, забывая о живущих в городе людях. Однако появляется всё больше горожан, заинтересованных в том, чтобы вновь вернуть себе общественное пространство. Всё чаще звучит вопрос: «Что делает город городом?». Улицы? Широкие проспекты? Высокие здания? Современные торговые центры? Какую роль играют в городской среде люди, которые в ней живут, ходят, любят и разговаривают? Когда идея города только зарождалась (ок. 8000 лет назад), крупные метрополии возводились с полётом фантазии и развивались без всякого генплана. Однако с наступлением эпохи модерна, индустриализации и глобализации на передний план вышло представление о городе как о машине, о слаженном механизме. Для повышения качества жизни горожан (защита от заводского шума и вони) жилые кварталы нужно было отделять от рабочих. Ключевая роль отводилась при этом системе городского движения. Влиятельный французский архитектор Ле Корбюзье заявил в 1933 году, что старые городские структуры больше не отвечают потребностям современной городской жизни, а расположенные близко друг к другу перекрёстки не соответствуют темпу движения городского транспорта [4, с. 210]. Таким образом, автомобиль стал определяющим параметром городского планирования. Дорожно-строительными работами начали оправдывать как снос старых зданий, так и изменение прежних приоритетов развития городского пространства. Автомобиль постепенно превратился в символ свободы и благосостояния. Улицы сделали городское пространство более интересным. Значение улиц можно проследить, вспомнив слова Джекобса [5, с. 27]: «Представьте себе город – что первым придет на ум? Его улицы. Если улицы города интересны на вид, интересен на вид и сам город, если скучны – он скучен». Данное утверждение не потеряло своей актуальности и в XXI веке. Уличное пространство занимает значительную часть городской среды, оно используется горожанами каждый день и продолжает быть определяющим фактором для восприятия города. Несмотря на это всё больше людей хотят вернуть города себе. Им кажется, что именно урбанистическая составляющая обогащает город, позволяя развиваться самым разным идеям, людям и образам жизни. В результате возникает требование провести транспортную революцию и пересмотреть систему городской мобильности.

Начиная с последнего десятилетия XX века, идея ничем не ограниченного автомобильного движения в городском пространстве подвергается всё более сильной критике. Перед проектировщиками и специалистами по городской логистике встаёт непростая задача: как повысить уровень личной мобильности горожан, сохранив условия для экономического роста? При этом необходимо учитывать фактор защиты окружающей среды и обеспечить для всех горожан высокий уровень качества жизни. Вопросы мобильности и впредь будут оставаться важной задачей транспортного проектирования и управления, но цель устойчивой городской политики заключается в том, чтобы найти способы поддержки альтернативных средств передвижения (общественный транспорт, велосипед, пешеходный туризм). В условиях ограниченного уличного пространства обеспечение необходимого простора для альтернативных форм мобильности потребует пересмотра системы загруженности улиц. В контексте устойчивого изменения дорожно-транспортной системы особая роль отводится мерам по ограничению дорожного движения. В соответствии с данной концепцией необходимо изменить транспортную систему в городской среде и адаптировать правила перевозки грузов под особенности и ключевые функции города.

Понятие «ограничение дорожного движения» включает в себя, прежде всего, меры по замедлению скорости движения моторизованного транспортного потока, а также меры по вытеснению «приезжего транспорта» за

Рис. 1 Островки безопасности для пешеходов. (Источник: С. Кауф)

черту города. Основные цели концепции ограничения дорожного движения заключаются в повышении транспортной безопасности и качества жизни в городе. Меры по ограничению дорожного движения, в первую очередь, целесообразны для городских кварталов с исторической застройкой и для районов города с повышенной опасностью возникновения аварий – например, на улицах, к которым прилегают школы и детские сады, или в жилых кварталах, населённых преимущественно молодыми семьями. К наиболее распространённым мерам относятся различного рода запреты для транспортных средств: зоны ограничения скорости движения до 20 или 30 км/ч, платный въезд в исторический центр города, контроль соблюдения скоростного режима. Однако зачастую этих мер оказывается недостаточно для замедления транспортного потока. В таких случаях можно прибегнуть к дорожно-строительным мерам. Они достаточно разнообразны – к примеру, к ним относятся участки с круговым движением, «лежачие полицейские», островки безопасности для пешеходов (Рис. 1) и многие другие.

Однако целью более высокого порядка, лежащей в основе концепции ограничения дорожного движения, является изменение паттерна мобильности горожан и создание общественных пространств, которые позволяли бы погрузиться в городскую среду, стимулировали встречи людей друг с другом и ставили на первое место потребности велосипедистов и пешеходов. Предоставление преимущественного права движения пешеходам можно рассматривать как первый шаг в направлении города без автомобилей. Создание зон ограничения скорости движения до 30 км/ч и прочие меры ограничения дорожного движения являются предпосылкой для формирования новых мест встречи в городе и позволяют сделать первый шаг в сторону возвращения городского пространства горожанам.

3   Shared Space – хаос или качество жизни?

Концепция «Shared Space» – это ещё более необычное, абсолютно инновационное и набирающее популярность решение, направленное на возвращение городского пространства горожанам. Данная концепция предполагает подход к проектированию, требующий изменения парадигмы мышления. Её название можно перевести как «общее пространство» или «пространство для всех». Shared Space – это место встречи для горожан, где они могут просто остановиться, поговорить друг с другом, при этом ничего не покупая и не тратя денег. В таких местах дорожный транспорт адаптируется к пространству, а не пространство к нуждам дорожного транспорта. Специалисты по городской логистике и эксперты в сфере мобильности рассматривают пространство «Shared Space» как следующий этап в развитии зон ограничения скорости движения до 30 км/ч. Shared Space – это пространство, в котором приоритет отдаётся пешеходам и повышается уровень комфорта движения [6, с. 130]. Данная концепция предполагает изменение доминирующей роли автомобилей и замедление скорости транспортного потока на отдельных участках городского пространства за счёт смешения различных участников движения и отмены всех правил. С точки зрения дорожно-транспортного проектирования, упор делается на чувстве личной ответственности, предупредительном отношении и социальном взаимодействии горожан друг с другом.

Концепция «пространства для всех» была разработана Мондерманом[1] и впервые апробирована в Нидерландах в формате «общей улицы» (без разделения на проезжую и пешеходную части) [Local Transport Note]. На дороге были установлены «лежачие полицейские», ограничивающие скорость движения на данных участках 10–15 км/ч. Цель создания подобных пространств заключается в том, чтобы избавиться от привилегий водителей, заменив их форматом взаимодействия и сосуществования горожан. Предлагая данную концепцию, Мондерман стремился к тому, чтобы все участники городского движения научились уважать друг друга. Тем самым он планировал снизить количество аварий, несчастных случаев и пробок, а также повысить уровень жизни в городской среде. Основные принципы концепции «общего пространства» очень просты: (1) меньше правил, больше взаимодействия друг с другом,

---

[1]   Ханс Мондерман был дорожно-транспортным инженером по образованию.

Рис. 2 Пространство Shared Space как место встречи. (Источник: С. Кауф)

(2) совместное использование городского пространства для перемещения и времяпрепровождения, (3) взаимодействие всех участников городского движения на равных [7, с. 13]. В «пространстве для всех» все должны взаимодействовать на равных и иметь одинаковые права.

Shared Space – это пространство без знаков дорожного движения, разметки и тротуаров. Функциональное предназначение пространства обозначается не напрямую, а при помощи дискретных элементов оформления – например, дорожное покрытие разных цветов. В целях ограничения дорожного движения используется система «естественных препятствий» – деревьев, скамеек, стульев или игровых площадок. Применяется минимально допустимое количество знаков и табличек, парковочных мест не предусмотрено. Создавая «пространство для всех», проектировщики руководствуются принципом «встречи с исключением столкновения», предполагающим, что все люди, находящиеся в данном пространстве, видят друг друга. Совместное использование пространства основано на правиле «у двигающихся справа приоритет перед двигающимися слева». У пешеходов всегда наивысший приоритет, при этом они не имеют право без причины мешать проезду транспортных средств. В результате складывается более живое городское пространство. Путь к реализации данной концепции может складываться по-разному – как с точки зрения формирования такого пространства, так и с точки зрения выстраивания процессов и рамочных условий. Универсальных решений нет. Важно, чтобы при оформлении «общего пространства» учитывались особенности прилегающей территории. Инновационный подход заключается в разработке способов коммуникации, обеспечивающих слаженную работу городских механизмов и формирующих пространство для всех, в котором у людей появляется возможность встретить других людей, совсем не обязательно вступая с ними в контакт. Урбанизм находит отражение в совместной бытности людей. Поэтому города должны

Рис. 14 До и после оборудования «общего пространства» в Лавейплейн, Драхтен, Нидерланды. (Источник: [Urbansignature 2016])

превращаться в места встречи, в которых складываются и развиваются межчеловеческие отношения. Таким образом, общее пространство позволит людям встречаться, получать заряд вдохновения и новые впечатления [8, с. 132]. «Пространство для всех» является одновременно улицей, тротуаром, парковкой, игровой площадкой и местом встречи (Рис. 2).

Реализовать концепцию «Shared Space» на практике непросто. Иногда для этого нужно избавиться от вертикальной и горизонтальной маркировки, заменив её единой системой оформления поверхности улицы. Иногда улицу приходится целиком переиначивать, удаляя старые и добавляя новые архитектурные элементы. Даже при соблюдении базовых принципов концепции конкретные решения на местах могут сильно отличаться друг от друга. Могут возникать смешанные пространства, а могут возникать участки с различным оформлением. На сегодняшний день есть целый ряд примеров реализации концепции «общего пространства» на практике, и они свидетельствуют о том, что не существует границ для превращения городской среды в более живое и подвижное пространство. В рамках программы Интеррег III-B региона Северного моря было реализовано несколько подобных проектов в Нидерландах, Австрии, Англии, Швеции, Новой Зеландии и Германии. Многие из них привели к желаемым результатам – к примеру, в местечке Драхтен (Нидерланды). Там регулируемый перекрёсток в центре города был переоборудован в площадь с круговым движением (Рис. 14).

В процессе благоустройства была проведена реконструкция центральной площади и стоящего на ней здания театра. Пешеходам и велосипедистам был предоставлен приоритет перед моторизированным транспортом. Все светофоры и элементы разметки были демонтированы, что позволило использовать освободившееся пространство всем участникам городского движения.

Рис. 3 *Выставочная улица* до и после реорганизации пространства по принципу *Shared Space*. (Источник: Publicspace 2021)

Велосипедисты могут пересекать площадь без каких-либо ограничений. В результате качественно нового благоустройства на площади появились привлекательные для горожан места для проведения досуга и фонтаны. Проведённая реконструкция повысила безопасность движения и снизила количество аварий.

В Лондоне находится ещё один успешный пример реализации данной концепции. Улица Exhibition Road – самый яркий пример «пространства для всех». После проведения Всемирной выставки в 1851 году улица Exhibition Road вошла в список популярных туристических объектов Лондона – ежегодно её посещает более 11 миллионов человек. Несмотря на то, что через это общественное пространство проходили миллионы посетителей, студентов, рабочих и местных жителей, улица была довольно хаотичной с точки зрения дорожного движения и малопригодной для пешеходов. Благодаря реконструкции в соответствии с концепцией общего пространства эта малопривлекательная улица превратилась в образцово-показательный объект, известный на весь мир. Поистине захватывающее дух общественное пространство, насладиться которым теперь может каждый (Рис. 3). У пешеходов на этой улице приоритет, но, в то же время, здесь разрешено движение автотранспорта с существенными ограничениями скоростного режима. С улицы убрали тротуары и неудобные переходы, что позволило выгодно подчеркнуть её художественную и архитектурную ценность и уникальность.

Общим пространством могут пользоваться все без исключения, оно позволяет снизить скорость транспортного потока в городе и повысить уровень жизни горожан. Однако далеко не все поддерживают идею общего пространства. Главными её противниками являются водители, не готовые мириться с тем, что им придётся ездить по городу медленнее, а скорость движения будет определяться велосипедистами. Часто пешеходы боятся автомобилей и не чувствуют себя в безопасности. Изменение менталитета в вопросах городского движения – очень сложная задача. Тем не менее, концепция «Shared Space» представляется перспективной. Если все участники городского движения будут готовы изменить своё поведение и принять предложенные «правила игры», у этой концепции довольно неплохие шансы на успех.

4 Общее пространство – шанс для горожан

Благодаря общему пространству города становятся более человечными – у горожан появляются возможность чаще встречаться и шанс вернуть город себе. Французский философ Лефевр [9, с. 161] писал о «праве на доступ к городской жизни». Он ставил знак равенства между фактом существования и функционирования города и его человеческим измерением. В схожем русле мыслил и британский географ и социолог Харви [10], для которого понятие «город» является синонимом «стремления к более справедливому обществу». В основе нового города, согласно его представлениям, лежат межчеловеческие отношения в гуманистическом обществе. Городское пространство должно быть ориентировано на потребности его жителей, именно это направление городского развития Харви считает идеальным. Концепция общего пространства может внести вклад в формирование нового вида городов, сделав их более привлекательным местом для горожан.

Литература

[1] Calvino, I. (2013). Die unsichtbaren Städte, deutsch von Reidt H., Fischer Verlag. https://docplayer.org/110400877-Die-unsichtbaren-staedte.html
[2] Giddens, A. (1991). *Modernity and self-identity. Self and society in the late modern age.* Polity Press.
[3] Foucault, M. (1992). Andere Räume. In K. Barck, et al. (Ed.), *Aisthesis. Wahrnehmung heute oder Perspektiven einer anderen Ästhetik* (pp. 34–46).
[4] Frank, S. (2003). *Stadtplanung und Geschlechterkampf.* Springer.
[5] Jacobs, J. (1961). *The death and life of great American cities*
[6] Hamilton-Baillie, B. (2008). Towards shared space. *Urban Design International*, 13(2), 130.
[7] Bechtler, C., Hänel, A., Laube, M., Pohl, W., & Schmidt, F. (2010). *Shared Space. Beispiele und Argumente für lebendige öffentliche Räume*

[8] Kauf, S. (2016). Logistyczny kontekst kreowania przestrzeni publicznej. In J. Szołtysek, H. Brdulak & S. Kauf (Eds.), *Miasto dla pieszych. Idea czy rzeczywistość*. Texter.
[9] Lefebvre, H. (2016). *Das Recht auf Stadt. Aus dem Französischen von Birgit Althaler. Mit einem Vorwort von Christoph Schäfer*. Edition Nautilus.
[10] Harvey, D. (2013). *Rebellische Städte*. Suhrkamp.

Дополнительная литература
[11] Department for Transport (2011). *Local Transport Note, Nr 1*. The Stationery Office.

Достижение безопасности и благосостояния путём международного регионального сотрудничества

Dr. Gabriele Kötschau

Аннотация

Данная статья посвящена организациям, в состав которых входят соседствующие страны, нацеленные на совместный успех. Речь идёт о поиске ответов на такие вызовы как геополитические и климатические изменения, всевозможные катастрофы и катаклизмы, борьба с организованной преступностью, но, прежде всего, развитие собственного региона и собственной страны. Хорошие взаимоотношения между этими государствами не являются обязательным условием для успешной работы организаций межрегионального сотрудничества – они могут повышать стабильность в регионе и выступать в роли миротворцев. Чёткая структура и прозрачные критерии способствуют реализации проектов.

Abstract

Security and Prosperity Through International Regional Cooperation

The article highlights organizations uniting neighboring countries in order to be more successful together. This applies to challenges such as geopolitical changes, the consequences of climate change, catastrophes of all kinds and combating organized crime, but in particular the development of the country's own region and thus also of the country itself. Good relations between these states are not always a prerequisite, so that these organizations can lead to more stability and peacekeeping at the same time. A clear structure and reliable criteria lead to successful implementation.

Ключевые слова/Keywords

Международное региональное сотрудничество, АСЕАН, Организации региона Балтийского моря, структуры СГБМ, стратегии ЕС, International regional cooperation, ASEAN, organisations in the Baltic Sea Region, CBSS-structures, EU-Strategies.

Есть множество поводов для сотрудничества в каком-либо регионе: это могут быть общие вызовы (как, например, природные катаклизмы, экономические интересы или интересы безопасности), справиться с которыми получается более эффективно сообща, а могут быть геополитические изменения, требующие ответных действий.

Недавно мы столкнулись с примером того, как формируется сильный экономический альянс, заставляющий задуматься представителей других регионов: Соглашение о зоне свободной торговли в Азиатско-Тихоокеанском регионе, ВРЭП (Всеобъемлющее региональное экономическое партнерство) [1], объединившее 15 государств и призванное дать отпор США. Наряду с 10 государствами-членами АСЕАН (Ассоциация государств Юго-Восточной Азии) [2] данное соглашение было подписано также Австралией, Китаем, Японией, Новой Зеландией и Южной Кореей.

Находясь под впечатлением от войны во Вьетнаме, страны-основательницы АСЕАН (Таиланд, Сингапур, Индонезия, Малайзия и Филиппины) в 1967 году подписали Бангкокскую декларацию с целью установления мира и стабильности в регионе. После установления первых экономических контактов государства-члены АСЕАН взяли на себя обязательство по созданию «Зоны мира, свободы и нейтралитета в Юго-Восточной Азии» (ЗМСН) [3], гарантируя тем самым взаимное признание независимости, суверенитета, равенства, территориальной целостности и национальной идентичности друг друга. Со временем были заключены таможенное и другие соглашения. Страны-члены этой организации укрепляют сотрудничество в экономической сфере, отменяют торговые барьеры, продвигают внедрение цифровых технологий в регионе и пользуются преимуществами размера АСЕАН.

Ключевые решения принимаются высшим органом АСЕАН – саммитом глав государств и правительств стран-участниц, в рамках совещаний министров иностранных дел принимаются решения о политической повестке дня, а повседневное руководство осуществляется постоянным комитетом. Решения по отдельным вопросам принимаются профильными министрами государств-участниц, работу которых с содержательной точки зрения поддерживают специализированные экспертные комиссии. Постоянный Секретариат с 1976 года расположен в г. Джакарта (Индонезия). Он координирует работу организации и является её «институциональной памятью».

Так выглядит типичная структура международной региональной организации. По состоянию на 2017 год, на территории государств-участниц АСЕАН (одной из самых успешных организаций в мире после ЕС) проживает 650 миллионов человек [4] (по состоянию на 2017 год в ЕС проживало 512 миллионов человек). Данный регион считается одним из ключевых в мире с точки зрения экономического роста. С 1994 года государства-участницы АСЕАН начали сотрудничество с ЕС, Россией, Китаем и США в рамках Регионального форума АСЕАН (АРФ) [5]. Цель данного формата заключается в «превентивной дипломатии» для упразднения конфликтов в азиатско-тихоокеанском пространстве. В отличие от многих других регионов, основные трудности в интеграции возникают из-за различий в экономической и культурной сферах, а также в формах управления государств-членов АСЕАН.

Европейский союз [6] – это международная организация, изначально основанная из экономических соображений. В 27 странах-членах ЕС (из состава которого на данный момент вышла Великобритания) проживает 450 миллионов человек, таким образом, данная международная организация является крупнейшим единым экономическим пространством, и в сотрудничестве со странами, не входящими в его состав, играет важную роль на международной арене. Таким образом, ЕС является полноценным членом целого ряда региональных организаций, а в ряде других организаций выступает в совещательной функции.

Я хотела бы более подробно остановиться на истории развития не самого большого региона с географической точки зрения и рассмотреть не только экономические, но и многие другие аспекты. Я представлю Вашему вниманию несколько проектов регионального сотрудничества – как крупных, так и небольших, не претендуя при этом на истину в последней инстанции. Мне бы, скорее, хотелось продемонстрировать, какие возможности открываются перед странами-участницами таких проектов сотрудничества, и что требуется для их успешной реализации. Главный фактор – это наличие политической воли и регион с понятными границами, с которым участники проекта сотрудничества себя идентифицируют. Проще всего определить регион, граничащий с каким-либо водным пространством. Это может быть небольшое море, а может быть река – например, Балтийское море, Чёрное море, Средиземное море или Дунай. Но не обязательно.

Не так давно в северной части Средиземного моря сформировалось несколько организаций межрегионального сотрудничества. Так, в 1989 году, в эпоху политических преобразований в Европе, была основана Центральноевропейская инициатива (CEI) [7]. Цель данной инициативы заключалась в формировании единого европейского пространства без разделительных линий с общими ценностями. Под чутким руководством правительств 17 стран-членов участники данной инициативы стремились добиться устойчивого экономического развития и стабильности, безопасности и благосостояния. Поддержка данных направлений оказывалась в рамках проектов ЕС, направленных на транснациональное и региональное сотрудничество.

Адриатико-Ионическая Инициатива (AII) [8] также появилась на свет благодаря политическим преобразованиям: чтобы справиться с последствиями Балканского кризиса 1990х, Европейский союз выступил с инициативой так называемого «Пакта стабильности для Юго-Восточной Европы», направленного на поддержку всех юго-восточных стран Европы, которые стремились к вступлению в ЕС в будущем. В рамках данного договора в 1999 году появилась «Адриатико-Ионическая Инициатива».

Декларация о Черноморском экономическом сотрудничестве (Организация черноморского экономического сотрудничества (ОЧЭС)) [9] была подписана в Стамбуле в 1992 году – также в эпоху многочисленных изменений в Европе. В ОЧЭС Европейский союз находится в статусе «постоянного наблюдателя».

Данная организация представляет интересы 350 миллионов человек и обладает вторыми по объёму запасами природной нефти и газа после стран Персидского залива. Страны-члены ОЧЭС рассматривали сотрудничество на региональном уровне как вклад в интеграционный процесс и миротворчество в Европе и за её пределами. Как и многие другие региональные объединения, данная организация претерпела ряд изменений и сконцентрировалась на конкретных целях, к которым среди прочего относится тесное сотрудничество университетов черноморского региона (Сеть Черноморских университетов, BSUN) [10]. Её цель заключается в обмене научным и практическим опытом, взаимном признании дипломов об образовании, поддержка академической мобильности студентов и преподавателей, а также использование международных стипендиальных программ для студенческих обменов. Сотрудничество с объединением балканских университетов находится на стадии становления. Также существуют налаженные контакты с Сетью университетов региона Балтийского моря (BSRUN) [11], стратегическим партнёром Совета государств Балтийского моря. С 2003 год страны-члены ОЧЭС реализовали множество конкретных проектов в самых разных сферах – сельском хозяйстве, защите окружающей среды, здравоохранении, науке, технологии и экономике малых и средних предприятий.

Многообещающим и перспективным представляется запланированный проект «Дорога аргонавтов» – магистраль длиной 7100 км, опоясывающая

Чёрное море. После объединения с европейской сетью автомагистралей данный проект может не только увеличить объём наземных грузоперевозок, но и положительно сказаться на туристической отрасли и торговле во всём регионе. Внося вклад в экономическое развитие, данный проект также повысит и стабильность в регионе. Кроме того, «Дорога аргонавтов» могла бы стать связующим звеном между инфраструктурными объектами Европы и Азией.

Положительным и наглядным примером международного регионального сотрудничества является регион Балтийского моря, к которому относится также и Санкт-Петербург. Балтийское море возникло относительно недавно. Оно небольшого размера и связывает государства, расположенные на его побережье. Уже в эпоху викингов его можно было пересечь на корабле, что привело к расцвету торговых отношений в этом регионе уже много веков назад.

Уже в Средние века 200 городов на северном и восточном побережьях Балтийского моря объединились в так называемую «Ганзу» [12] – свободный союз городов, сформировавших единую правовую систему, в основе которой лежали законы на тот момент исключительно развитого города Любек. Государства, расположенные на берегах Балтийского моря, вплоть до Второй мировой войны пытались развивать торговые отношения в регионе – даже несмотря на местами смутные времена.

На примере региона Балтийского моря в целом и Совета государств Балтийского моря в частности мне хотелось поговорить о предпосылках и критериях, возможностях и успехах регионального сотрудничества, выходящего за пределы отдельных государств.

В результате Второй мировой войны произошёл раздел Балтийского моря. Море, на протяжении столетий служившее объединяющим фактором, превратилось в границу между двумя политическими и военными блоками, образовавшимися по обе его стороны. В эпоху «политического ледникового периода» первые изменения начали происходить лишь в 1970е годы, когда Германия признала границы, возникшие по итогам Второй мировой войны. Данный шаг вызвал у восточноевропейских народов ощущение мира и безопасности. Вилли Брандт в 1972 году совершил первый большой шаг в сторону диалога и сотрудничества, запустив проект «Новой восточной политики» под девизом «Изменения через сближение». Серьёзные изменения в регионе произошли в 1989–1991 годах: падение Берлинской стены, распад Советского союза и образование новых независимых государств. Перемены затронули 5 государств в регионе Балтийского моря: ГДР, Польшу, Литву, Латвию и Эстонию, а также Российскую Федерацию, самую большую страну региона.

Однако подобного рода изменения в регионе со стабильными границами и сложившимися в головах людей образами врага связаны также с огромными рисками. В этой связи Министр иностранных дел Германии Ганс-Дитрих Геншер и его датский визави Уффе Эллеманн-Йенсен на конференции министров иностранных дел, проходившей в марте 1992 года в Копенгагене, инициировали создание Совета государств Балтийского моря („Council of the Baltic Sea States") [13] – объединения министров иностранных дел государств региона Балтийского моря, ставшего политическим форумом для межправительственного диалога стран данного региона. Этот шаг послужил ответом на геополитические изменения, нацеленным на установления взаимного доверия и совместного развития региона. Члены данного Совета стремятся к тому, чтобы вовремя распознавать вызовы и шансы, вырабатывать совместные мирные решения и не допускать возникновения насильственных конфликтов в регионе. В первые годы существования Совета государств Балтийского моря важную роль играла тема вывода российских войск из Эстонии, Латвии, Литвы и Польши. Ситуация с выводом войск постоянно упоминалась в коммюнике министров иностранных дел. Подготовка Эстонии, Латвии, Литвы и Польши к вступлению в ЕС, а также досрочная ратификация Соглашения о партнёрстве и сотрудничестве между ЕС и Россией относились к повестке дня и воспринимались как элементы сотрудничества и взаимной поддержки в регионе Балтийского моря. Усиление позиций ЕС в регионе Балтийского моря, а также устойчивое сотрудничество между ЕС и Российской Федерацией были в интересах всего региона. Кроме того, Совет государств Балтийского моря оказывал поддержку в заключении Соглашения о свободной торговле между Эстонией, Латвией и Литвой (1994), а также в подготовке этих стран и позднее России к вступлению в ВТО.

Предпосылки для создания сетевого объединения в регионе Балтийского моря были настолько благоприятными, насколько это только возможно: относительно небольшой регион, сильные государства в его северной части, хорошие условия для морских перевозок и превосходная портовая инфраструктура по всему побережью Балтийского моря. Поэтому члены Совета снова и снова с удовлетворением отмечали прогресс в региональном сотрудничестве и подчёркивали, что укрепление сотрудничества в регионе Балтийского моря вносит существенный вклад в стабильность и развитие демократической, неразделённой Европы.

Таким образом, основание Совета государств Балтийского моря стало важной предпосылкой для формирования европейской политики грядущего XXI века, выходящей за рамки региона Балтийского моря. Не случайно Совет государств Балтийского моря называют «малым диалогом России и ЕС». Так, главы правительств поддерживают признание нового закона об особой экономической зоне в отношении Калининградской области как вклад в упрощение торговых отношений и экономическое развитие региона Балтийского моря.

Значение Совета государств Балтийского моря не в последнюю очередь возрастает за счёт вовлечения в его работу стран, не входящих в состав ЕС: Российской Федерации, а также Норвегии и Исландии в расширенном регионе Балтийского моря. Как же туда попали Норвегия и, главное, Исландия, находящаяся в Атлантическом океане? Норвегия, будучи частью Скандинавии и обладая протяжённой границей со Швецией, уже и так принимала участие как в работе Конференции министров иностранных дел государств, граничащих с Балтийским морем, так и в процессе основания Совета государств Балтийского моря в 1992 году. Исландия, как известно, не имеет выхода к Балтийскому морю, однако существуют веские причины для привлечения этого государства к сотрудничеству: Исландия тесно взаимодействует с другими скандинавскими государствами – их объединяет общая социальная система и паспортный союз. Исландия вовлечена в процесс борьбы с изменением климата и в ряд других процессов совместно со всеми северными государствами Балтийского региона.

Вклад в положительное развитие региона внесли многочисленные организации, созданные для поддержки конкретных проектов и формирования общей идентичности. Начавшись как трансфер технологий с запада на восток, данный процесс быстро перерос в партнёрские отношения и сотрудничество в самых разных сферах. Генеральный секретарь ООН того времени Жозе Мануэль Баррозу однажды назвал регион Балтийского моря «самым динамичным регионом Европы». И вправду, различные делегации регулярно подавали заявки на посещение и приезжали в Совет государств Балтийского моря, чтобы получить интересующую их информацию и поучиться на опыте коллег.

Давайте же посмотрим, что за изменения происходили в регионе Балтийского моря во времена политических трансформаций на рубеже 1990х годов.

Необходимо было выстраивать новые структуры – перед новыми независимыми государствами стояла задача формирования собственных правительств, национальных парламентов и правовых систем. Конечно, партнёрские отношения складывались на межгосударственном уровне, но и представители муниципального уровня управления также активно включились в процесс построения новых отношений. Цель появляющихся организаций заключалась в том, чтобы выстраивать новые контакты на межгосударственном уровне и создавать сетевые объединения между такими партнёрами как национальные и региональные парламенты, города и области, предприятия, профсоюзы, университеты и НКО региона Балтийского моря. Необходимо было создавать новые форумы для представителей политики, экономики и науки, чтобы обмениваться опытом и информацией, а также учиться друг у друга.

За этот период возникло множество организаций:

В 1991 году 11 национальных и 11 региональных парламентов объединились в Парламентскую конференцию Балтийского моря (ПКБМ, [14]). Она была создана как форум для политического диалога между парламентариями государств региона Балтийского моря. Кстати, депутаты Законодательного собрания Санкт-Петербурга (ЗакС [15]) принимают активное участие в обсуждении актуальных политических вопросов региона. Они поддерживают и предлагают инициативы по устойчивому развитию окружающей среды, социальной и экономической системы региона Балтийского моря. Таким образом, они выстраивают мосты между странами-членами ЕС и государствами, не входящими в ЕС, в этом регионе. Парламентарии имеют возможность проверять, насколько их правительства реализуют меры, принятые членами Совета в регионе Балтийского моря, а также включать цитаты из решений Совета в тексты отчётов перед национальными парламентами.

Кроме того, в западных государствах уже существовали такие специализированные организации как ХЕЛКОМ [16]. После появления новых независимых государств в регионе, в 1992 году был подписан новый вариант Хельсинкской конвенции по защите морской среды региона Балтийского моря 1974 года. Цель конвенции заключается в устранении источников загрязнения Балтийского моря (опасные вещества, попадающие в морскую среду в результате промышленной и сельскохозяйственной деятельности, а также через сточные воды), а также защита от неутилизированных военных и прочих отходов.

Внутри «макрорегиона» Балтийского моря удалось основать несколько организаций, работающих на региональном уровне. Так, скандинавские страны довольно быстро проявили интерес к сотрудничеству с тремя прибалтийскими странами. С 1992 года официальное взаимодействие между этими государствами осуществляется в формате «5 + 3», оно направлено на поддержку политического диалога и практическое сотрудничество. Благодаря согласованию политической повестки, выработки единой позиции и объединению усилий повышаются шансы отдельных государств на то, что их позиция будет услышана и принята во внимание международными органами. На практике сотрудничество реализуется посредством программ обмена в образовательной, культурной, социальной и экономической сферах.

Пожалуй, этих примеров уже достаточно. Существует множество тем и задач, с которыми отдельно взятым странам не справиться в одиночку. Эксперты же продолжают сотрудничать друг с другом даже тогда, когда на политическом уровне не всё так гладко. Как правило, все государства-члены организации межрегионального сотрудничества в равной степени заинтересованы в решении общих проблем и устранении опасностей.

Каковы же предпосылки и условия для успешного межрегионального сотрудничества?

Для начала необходимо определиться с регионом: Какие государства к нему относятся? Какие у них общие интересы? В чём сильные и слабые стороны региона? И самое главное: готовы ли государства, граничащие с данным регионом, принимать активное участие в принятии и реализации совместных решений?

Затем нужно определиться с тем, кто будет представлять интересы стран-членов в той или иной организации? Тут решающим фактором являются задачи, которые стоят перед организацией. В случае с Советом государств Балтийского моря это министры иностранных дел, так как вопросы международного сотрудничества находятся в их ведении. В случае с ХЕЛКОМ это министры по вопросам защиты окружающей среды, так как задачи ХЕЛКОМ лежат в сфере защиты окружающей среды.

Важно прояснить механизм назначения и смены председателя организации. Для того чтобы все члены организации согласились с положением дел, важно проводить ротацию председателей в заранее обговоренные периоды времени. Как правило, в международных организациях межрегионального сотрудничества ротация председателя происходит каждый год 1 июля.

Важный момент – механизм финансирования. Необходимо установить уровень постоянных издержек организации и договориться о механизме расчёта при их распределении. Расходы на конкретные проекты возможны в форме «добровольных взносов», дополнительных финансовых взносов или взносов стран-членов или партнёров в неденежной форме.

Для практической работы в Совете страны-члены направляют своих представителей в постоянный рабочий комитет, заседающий с регулярной периодичностью. На заседаниях обсуждаются конкретные темы, а результаты работы фиксируются в форме деклараций для ежегодных встреч министров и глав правительств. Целесообразно не только проводить заседания в стране, которая на данный момент председательствует в Совете, но и регулярно проводить встречи в Брюсселе, чтобы обсуждать решения по конкретным вопросам с соответствующим генеральным директоратом Европейской Комиссии.

Имеет смысл создать постоянный Секретариат, который выполнял бы функцию «обслуживания работы Совета» и «институциональной памяти». Важно, чтобы страны-члены организации договорились о месте расположения штаб-квартиры Секретариата, а его сотрудники были родом из разных стран. Руководитель Секретариата должен обладать авторитетом в глазах стран-участниц, на данный пост важно также назначать представителей разных стран по принципу ротации (как и в случае со «старшими советниками»). Секретариат обеспечивает техническую и содержательную подготовку заседаний Совета, рабочих заседаний Постоянного комитета и Экспертных групп.

Как должны приниматься решения в Совете – единогласно или мнением большинства? Кто определяет, какие темы будут обсуждаться на заседаниях? Есть ли у членов Совета право на вето?

Для слаженной работы на межрегиональном уровне нужны чёткие и выверенные структуры и процессы, которые я хотела бы описать на примере Совета государств Балтийского региона:

В состав Совета входит 11 министров иностранных дел и один член Европейской Комиссии. Сессии министров иностранных дел проводятся раз в два года в государстве, являющемся на данный момент председателем Совета, чтобы определить темы обсуждения и конкретные проекты для следующего заседания.

На «саммите», проходящем в период между запланированными сессиями министров иностранных дел, главы правительств государств-членов и президент Европейской Комиссии определяют направления дальнейшей работы Совета. Нельзя недооценивать неформальные беседы, проходящие на полях этих встреч.

Даже несмотря на то, что подобного рода международные организации не принимают решений, носящих обязательный характер, а лишь формулируют «рекомендации», эти «рекомендации» относятся к разряду «моральных обязательств», поэтому их, как правило, придерживаются. Текущими вопросами работы Совета занимается «Комитет старших должностных лиц», в состав которого входит по одному делегату от каждого министерства. При принятии важных решений делегаты перед голосованием должны согласовать свою позицию с министерством, которое они представляют. Поэтому довольно часто заседания прерываются, так как представителям государств-членов необходимо удостовериться, что у них есть поддержка или пространство для манёвра для принятия того или иного решения. Если не удаётся добиться консенсуса, переговоры продолжаются, либо же обсуждение темы переносится на другое заседание или вообще снимается с повестки. Решения принимаются на основе консенсуса, и каждая страна обладает равными правами.

На сегодняшний день уже практически не осталось серьёзных угроз или вызовов, с которыми какая-либо страна могла бы справиться в одиночку. Поэтому в различных регионах были сформированы рабочие или экспертные группы, занимающиеся поиском совместного решения той или иной проблемы. В состав таких групп входят эксперты профильных министерств и соответствующих НКО.

Рассмотрим несколько примеров из региона Балтийского моря.

Защита окружающей среды: Все страны данного региона заинтересованы в том, чтобы сохранить Балтийское море чистым и защитить его от загрязнения, возникающего в результате деятельности промышленных и сельскохозяйственных предприятий (нитраты), вредных выбросов судов и сточных вод неизвестного происхождения из прибрежных государств. При этом речь идёт не только о самом Балтийском море, но и обо всех впадающих в него реках. Таким образом, в процесс оказываются вовлечёнными и соседние государства, по территории которых протекают реки, являющиеся источником загрязнения Балтийского моря. К примеру, в случае с регионом Балтийского моря – это Украина и Белоруссия. Такие государства обладают в Совете «статусом наблюдателя». Несмотря на общие интересы по сохранению чистоты Балтийского моря, экономические интересы государств-членов Совета часто расходятся. Существует множество общих вызовов, и практически ни с одним из них в одиночку справиться невозможно. К примеру, это касается сферы судоходства. В Балтийском море постоянно находится около 3000 судов. Примерно четверть из них – нефтяные танкеры. Риск «обычного загрязнения» от судоходства, таким образом, расширяется за счёт угрозы аварий на море, которые могут привести к катастрофическим последствиям для Балтийского моря и всего его побережья. Общими усилиями удалось добиться того, что для транспортировки нефти через Балтийское море допускаются только «двухкорпусные танкеры». Усиленный контроль над судоходством на Балтийском море также является вкладом в общую безопасность.

Образование: Общим интересом прибрежных государств Балтийского моря является не только повышение благосостояния, но и повышение образовательных стандартов, а также гармонизация образовательных систем и взаимное признание дипломов о высшем образовании. В Германии уже на протяжении нескольких лет действует информационный портал, посвящённый зарубежным дипломам о высшем образовании. Выдающимся проектом Совета государств Балтийского региона в сфере образования стала инициатива «EuroFaculty», которая обеспечила финансовую и академическую поддержку в процессе изменения учебных планов, системы образования и повышения квалификации педагогического состава и внедрению современных методик обучения университетам Эстонии, Латвии, Литвы, Калининграда и Пскова.

Точно так же, лишь общими усилиями и в тесном взаимодействии экспертов возможно противодействие организованной преступности на суше и на море – будь то теракт, авария судна с неизвестными ядовитыми веществами, нелегальная миграция или борьба с торговцами людьми, наркотиками и оружием.

Наряду с вышеупомянутыми крупными организациями за последние годы сформировалось также несколько проектов регионального сотрудничества меньшего масштаба. Так, ЕС прикладывает значительные усилия к сотрудничеству с государствами, не входящими в состав ЕС, в результате чего возникло 5 стратегий ЕС в четырёх макрорегионах. Цель Макрорегиональной стратегии ЕС заключается в том, чтобы оптимизировать взаимодействие государственных, региональных и локальных игроков (включая частных партнёров) и более эффективно использовать имеющиеся структуры, инструменты, финансовые средства и программы финансирования. Европейский союз координирует различные программы, объединяющие партнёров на государственном и частном уровнях. Регион Балтийского моря является самым продвинутым с точки зрения сотрудничества прибрежных стран, поэтому для этого макрорегиона была разработана первая подобная стратегия ЕС. Данный регион объединяет 12 государств: 8 стран-членов ЕС, Норвегию и Исландию, Российскую Федерацию и Белоруссию. Стратегия ЕС для региона Балтийского моря определяет следующие три новых цели сотрудничества [17]: «Защита Балтийского моря», «Объединение региона» и «Повышение благосостояния»

На сегодняшний день приняты еще три стратегии ЕС: для Дунайского региона [18], для Адриатического и Ионического региона [19] и для Альпийского региона [20].

Нужны ли нам новые программы межрегионального сотрудничества?

Безусловно, да! Так как отношения потенциальных государств-членов таких организаций совсем не обязательно должны быть дружественными, можно даже говорить о дополнительном преимуществе организаций межрегионального сотрудничества. Если государствам, у которых отсутствуют близкие контакты друг с другом, удастся сфокусировать внимание на общих вызовах и найти для них решение совместными усилиями, повысится вероятность того, что регион будет развиваться во имя общего блага, а государства-члены могут научиться взаимодействовать друг с другом. Ситуация «win-win» – в том числе, и для установления мирных отношений.

Литература

[1] East Asia Forum Why RCEP is a big deal. https://www.eastasiaforum.org/2020/11/30/why-rcep-is-a-big-deal/
[2] ASEAN. https://asean.org/
[3] ZOPFAN. https://www.pmo.gov.my/wp-content/uploads/2019/07/ZOPFAN.pdf
[4] Bevölkerung ASEAN. https://crp-infotec.de/organisationen-asean/
[5] ASEAN Regional Forum https://aseanregionalforum.asean.org/
[6] EU https://europa.eu/european-union/index_de
[7] Central European Initiative, CEI https://www.cei.int/
[8] Adriatisch-ionischen Initiative, AII https://www.aii-ps.org/

[9] Baltic Sea Economic Cooperation, BSEC http://www.bsec-organization.org/
[10] Black Sea Universities Network, BSUN http://www.bsun2015.rect.bg.ac.rs/about-bsun.php
[11] Baltic Sea Region University Network, BSRUN https://bsrun.org/
[12] Froese, W. (2008). *Die Hanse, Geschichte der Ostsee* (2nd edn.). (pp. 137–158). Casimir Katz.
[13] Council of the Baltic Sea States, CBSS https://cbss.org/
[14] Baltic Sea Parliamentary Conference, BSPC https://www.bspc.net/
[15] Законодательное собрание Санкт-Петербурга, ЗакС https://www.gov.spb.ru/gov/legis/
[16] HELCOM, Baltic Marine Environment Protection Commission https://helcom.fi/
[17] EU-Ostseestrategie. https://ec.europa.eu/regional_policy/en/policy/cooperation/macro-regional-strategies/baltic-sea/
[18] EU-Donaustrategie. https://ec.europa.eu/regional_policy/en/policy/cooperation/macro-regional-strategies/danube/
[19] EU-Strategie für die Adriatisch-Ionische Region. https://ec.europa.eu/regional_policy/en/policy/cooperation/macro-regional-strategies/adriatic-ionian/
[20] EU-Strategie für die Alpenregion. https://ec.europa.eu/regional_policy/en/policy/cooperation/macro-regional-strategies/alpine/

Из маленьких родников – большое море дружбы

Prof. Dr. Vyacheslav Kruglov

From Small Springs – A Great Sea of Friendship

Российско-германский семинар по совместному обсуждению финансово-кредитных проблем современного мирового развития представляет собой любопытный пример того, как установившиеся связи между однопрофильными высшими учебными заведениями приобрели новое звучание и встали на рельсы совместной регулярной работы. Общие декларации о сотрудничестве наших стран полезны и необходимы, но конкретное наполнение наших связей находит свою реализацию в постоянном диалоге научных, учебных, производственных коллективов и отдельных лиц – энтузиастов в наших странах.

В названном семинаре активное участие принимают ученые, которые давно и плодотворно сотрудничают в рамках партнерского договора между нашим вузом и Высшей школой экономики и права Берлина.

Начало нашим контактам с объединенной Германией началось еще до её воссоединения. В 1989 году нашему Финансово-экономическому институту им. Н.А. Вознесенского из нашего министерства в Москве поступило предложение установить партнерские связи с вузом Западного Берлина. В то время ректором нашего института был редкий по своим деловым и душевным качествам человек Юрий Александрович Лавриков, а я занимал тогда пост проректора по международным связям. Мы единодушно дали свое согласие на установление таких связей. По стечению обстоятельств наши судьбы (в разной, конечно, степени) были связаны с Германией и немецким языком. Ю.А. Лавриков непосредственно после войны (на которую он ушел подростком) работал в советской военной администрации в Германии. Я в это время активно изучал германоязычную литературу по состоянию западноевропейского сельского хозяйства.

После нашего согласия прошло некоторое время на согласование конкретных принципов и деталей нашего сотрудничества (тогда процесс согласования проходил по «дипломатическим каналам» и очень зависел от складывавшейся политической конъюнктуры). Наконец, все принципиальные вопросы были согласованы, и наша делегация прибыла в Западный Берлин через аэропорт «Шёнефельд», тогда еще на территории отживавшей последние дни ГДР. Нас встретили представители ВШЭиП на автомобиле, и мы, через уже закрывавшиеся пункты перехода между различными оккупационными зонами, прибыли в Западный Берлин, прямо на Кудамм. В составе нашей делегации было 3 человека: Ректор, профессор Ю. А. Лавриков, проректор по международным связям профессор В. В. Круглов и, в качестве переводчицы, доцент кафедры иностранных языков Калининская Л. В. (ныне гражданка ФРГ). Нас разместили в небольшом частном отеле неподалеку от Курфюрстендамм и недалеко от вуза-партнера на Берлинер штрассе 50/51. На следующее утро нашу делегацию приветствовал почти весь коллектив Высшей школы экономики и права во главе с Ректором, которым тогда был милейший Эдгар Ухерек, проректором – профессор Хартмут Риб, а переводчицей со стороны партнера была дипломантка Николя Неттельманн. Поскольку все детали договора о сотрудничестве были согласованы заранее, состоялся цикл «узких» встреч, на которых мы обменивались информацией о наших вузах, проблемах высшего экономического образования в наших странах и нашей жизни.

В один из вечеров нашего недолгого пребывания в Западном Берлине нас ошеломила шумная манифестация на Курфюрстендамм: с гудением автомобильных клаксонов, радостным гулом пешеходов. Нам с большим удовольствием сообщили, что причина этого ликования – победа сборной футбольной команды Германии в мировом чемпионате 1990 года.

Через некоторое время состоялся ответный визит делегации ВШЭиП к нам, тогда еще в Ленинград. Так что обмен делегациями происходил в очень значимое историческое время для обеих сторон: с одной стороны, воссоединение Германии, с другой – назревающий раскол Советского Союза и накал внутриполитических «коллизий». В момент визита в России все было «дефицитно» во всем: талонная система распределения продовольствия, толкучка на колхозных рынках, торговля дефицитными джинсами прямо в учебных заведениях, и т. д. В общем, «перестройка» была в «полном разгаре».

Как ни странно может показаться, после развала СССР международные связи нашего вуза стали развиваться очень быстро; к списку вузов-партнеров добавились высшие учебные заведения той же Германии, Франции, Англии,

США, Финляндии, Швеции. Бурное развитие сотрудничества с ВШЭиП Берлина тоже пополнилось новыми формами: последовал обмен делегациями преподавателей, состоялись первые обмены студентами и преподавателями-стажерами. В числе первых немецких студентов по программе обменов приняли участие дети преподавателей ВШЭиП: Кай Зиверт, сын проф. Квилиша, дочь проф. Неттельманна – уже упоминавшаяся Николя Неттельманн, сделавшая потрясающие успехи в свободном владении русским языком. Состоялись первые защиты кандидатских диссертаций гражданами «старых» земель ФРГ, в т. ч. 3 – из Западного Берлина, а также один из энтузиастов нашего семинара Клеменс Ренкер из Виттенберга. В ЛФЭИ сложилась группа энтузиастов по развитию сотрудничества с Германией. В их числе профессор Георгий Леонидович Багиев, бывший директор Института иностранных языков Виктория Александровна Ямшанова, профессор Елисеева Ирина Ильинична, профессор Федорова Татьяна Аркадьевна, нынешний руководитель программ сотрудничества с Германией профессор Татьяна Викторовна Никитина, подготовившая докторскую диссертацию в период стажировки в Берлине на стипендию Сената Берлина, профессор Фейгин Григорий Феликсович, защитивший свою первую диссертацию в Германии и ныне один из наиболее активных участников семинара, доцент Курочкина Анна Юрьевна и много из тех бывших студентов нашего вуза, которые участвовали в программах обмена с ВШЭиП и другими учебными заведениями Германии. На основе программ обмена и знакомств их участников с обеих сторон появились и первые совместные семьи. Отрадно отметить, что дети первых участников программ сотрудничества вузов Санкт-Петербурга и Берлина, а также и других городов Германии, продолжают дело своих родителей. Это, как правило, «двуязычные» дети, владеющие еще, как минимум, английским либо французским языками. Это большой ресурс для германо-российского сотрудничества в будущем.

Теперь мы имеем внушительный список учебных заведений Германии, с которыми мы осуществляем различные программы сотрудничества, но связи с нашим ПЕРВЫМ западным партнером – Высшей школой Экономики и Права всегда стояли у нас на первом плане. Мы благодарно вспоминаем наших берлинских коллег, внесших большой вклад в наше сотрудничество: ректоров разных лет: Э. Ухерека, Х. Кунце, Ф. Ригера, Б. Райссерта, А. Цаби, а также тех наших коллег, которые в разные годы отвечали за развитие международного сотрудничества: Х. Майера, Х. Риба, М. Квилиша, П. Зиверта, М. Кронауэра. Следует сказать, что германо-российские связи были достаточно широки и во времена существования ГДР. Так, две выпускницы ЛФЭИ из экс-ГДР 1964 г. поддерживают дружеские связи со своими однокурсниками из экс-СССР, в т. ч. и из Петербурга. Эта моя однокурсница из Берлина. Её дочь родилась в Ленинграде, а в настоящее время она уже является бабушкой; время от времени она посещает Санкт-Петербург – свою вторую родину, где она появилась на свет.

Это, казалось бы, очень частный факт, но, если учесть все эти факты и ниточки дружеских симпатий с обеих сторон, то окажется, что очень много родников питают мощный поток взаимных симпатий и взаимное желание наших народов упрочить союз наших стран на благо европейского согласия и достижения прочного мира на нашей планете.

Актуальные проблемы экономики: здоровье – экономический фактор?

Prof. h.c. Barbara Lachhein

Аннотация

К отличительным чертам «мира занятости 4.0» относятся глобальные изменения и технический прогресс. В контексте коронавирусной пандемии всё важнее становится процесс постоянного обучения и адаптации. Меры по укреплению здоровья на рабочем месте могут стать одним из решений связанных с этим сложностей. Трудящиеся заинтересованы в том, чтобы работать по собственному усмотрению и выполнять смыслообразующие задачи. При выборе предприятий им важен подход, ориентированный на укрепление здоровья сотрудников, стиль управления, основанный на сотрудничестве, плоская иерархия и благоприятная рабочая атмосфера. Однако предприятия не торопятся систематически внедрять концепцию укрепления здоровья, так как требующиеся для выстраивания подобной системы усилия перевешивают соображения потенциальной пользы. В рамках германо-российского проекта было проведено исследование, посвящённое внедрению стандартов укрепления здоровья на примере глобальной корпорации, работающей на российском рынке.

Abstract

Current Problems of the Economy: Health – An Economic Factor?

Global changes and technical progress characterize the working world 4.0. The Corona pandemic intensifies the permanently required learning and adaptation processes. Workplace health promotion can be a possible solution to the challenges this poses. Employees want to work in a more self-determined manner, perform meaningful tasks, and expect a health-oriented corporate culture, a cooperative management style, flat hierarchies and a good working atmosphere. The cost of corporate health commitment is obviously offset by the benefits, but companies shy away from systematically anchoring it in their operations. In a German-Russian research project, the introduction of standards for workplace health promotion in a global company in the Russian market was investigated.

Ключевые слова/Keywords

Салютогенез, Стратегия ВОЗ в области систем здравоохранения, укрепление здоровья на предприятии, окупаемость инвестиций, коронавирус, цифровизация, Salutogenesis, WHO health strategy, corporate health promotion, ROI, Corona, digitalization.

Когда труд – удовольствие, жизнь – хороша!. Максим Горький (1868–1936), русский писатель

When work is a pleasure, life becomes a joy. Maxim Gorky (1868–1936), Russian writer

1 Глобальные вызовы современности

Глобальные общественные перемены и технический прогресс привели к изменениям в системе трудовой занятости и поставили промышленно развитые страны перед похожими вызовами. Отличительными чертами трудовой занятости стали скорость и оперативность, отсутствие иерархии и самоорганизованность. Происходит переход ряда процессов в цифровой формат или полная их автоматизация, существует тесная взаимосвязь мировых экономических процессов на глобальном уровне. Люди впервые с начала индустриальной революции получили возможность самостоятельно определять формат занятости в зависимости от собственных предпочтений и потребностей, а также работать без привязки к времени и месту. Эти изменения сопровождались постоянным процессом обучения и адаптации, что стало стимулом к личностному развитию для одних и дополнительной психической нагрузкой для других. Для того чтобы гарантировать работу социальных систем в Германии, в основе которых лежит принцип солидарности, потребуется адаптация общего трудового стажа граждан – в особенности с учётом постоянно возрастающей предполагаемой продолжительности жизни и привязке страховых взносов к уровню заработка. Успех современного общества в развитых странах будет всё больше зависеть от того, насколько работодателю удастся транслировать сотрудникам мысль о том, что работа наполняет их жизнь смыслом и поддерживает состояние их здоровья.

В теории американского философа проф. Фритьофа Бергманна под названием *New Work* [1] следующие признаки *мира занятости 4.0* характеризуются как признаки, направленные на укрепление здоровья трудящихся:

- Возрастающий уровень сотрудничества и самоорганизации,
- Расширение профессиональных и социальных компетенций,
- Возрастающее значение смыслообразующих задач и коллективного чувства принадлежности к определённому сообществу.

Они являются предпосылками для того, чтобы работать дольше, сохраняя здоровье [2].

Полная занятость, бессрочные трудовые договоры, интеграция в системы социального обеспечения постепенно отодвигаются на второй план, уступая место так называемым атипичным формам занятости, которые характеризуются часто меняющимися графиком и местом работы, что приводит к возникновению разнообразных трудовых биографий. К преимуществам атипичных форм занятости относится возможность более успешно совмещать профессиональные и личные интересы. Различия в уровне заработной платы, графиках работы и гарантий по сохранению рабочего места между штатными и внештатными сотрудниками могут отрицательно сказаться на психическом здоровье.

Пандемия COVID-19 ускоряет процесс распространения атипичных форм занятости, а благодаря цифровизация они могут применяться во всё большем количестве сфер занятости.

Опрос, проведённый Мюнхенским институтом экономических исследований им. Лейбница [3] в июле 2020 года среди 1200 руководителей немецких предприятий, показал, что существует тенденция по переходу от работы в офисе к удалённой работе из дома с использованием цифровых технологий. 76 % предприятий перестроились за время пандемии на удалённый формат работы из дома, а среди крупных компаний с численностью сотрудников более 500 человек данный показатель составляет 93 %. В то же время, 64 % малых предприятий с численностью сотрудников менее 50 человек обратились к формату работы из дома[1]. Две трети респондентов (62 %) исходят из того, что после завершения пандемии произошедшие изменения останутся частью

---

[1] См. [4].

нашей жизни. 27 % вынуждены предлагать своим сотрудникам программы по укреплению здоровья.

Стремление к внедрению мер по укреплению здоровья на предприятии – явление отнюдь не новое.

2   Здоровье в центре внимания Всемирной Организации Здравоохранения (ВОЗ)

Понятия охраны и безопасности труда уже в XIX веке закрепляются в законодательстве таких стран как Великобритания (1802 г.), Германия (1845 г.), Бельгия (1888 г.) и Россия (1902 г.) в контексте индустриальной революции.

В основе современного подхода лежит идея о смене парадигмы, предложенная израильско-американским социологом Аароном Антоновским[2]. Речь идёт о переходе от медицинской перспективы, ориентированной на излечение болезней, к перспективе, направленной на сохранение здоровья, иначе говоря о переходе от патогенеза к салютогенезу. За этим скрывается осознание того, что межчеловеческие отношения и социальное окружение влияют на здоровье человека[3]. Таким образом, фокус сместился с потенциала заболеваемости на потенциал сохранения здоровья, и ключевой вопрос в данном контексте звучит так: «Что позволяет человеку оставаться здоровым?»[4]. Данный подход нашёл отражение в стратегии ВОЗ «Здоровье для всех», принятой в 1977 году, в которой содержится следующее определение понятия «здоровье»: «Способность и мотивация к тому, чтобы жить продуктивно в социальном и экономическом плане» [8].

Если с начала основания ВОЗ преимущественно занималась медицинскими вопросами, то на Алма-Атинской конференции 1978 года участники предложили расширить направление деятельности за счёт общественно-политического измерения. Таким образом, наряду с вопросами медицинской помощи населению на заседаниях ВОЗ стали обсуждать также и вопросы экономического, политического, культурного и социального характера. С включением в повестку дня программы New Public Health *здоровье* стало рассматриваться как основное право человека, а *первичная медико-санитарная помощь* была объявлена ключевой концепцией ВОЗ, что в итоге привело к появлению концепции *укрепления здоровья* (Health Promotion).

---

[2] См. [5].

[3] См. [20]., [6, 7].

[4] См. [5].

Оттавская хартия по укреплению здоровья, принятая на конференции ВОЗ в 1986 году, считается отправной точкой и главным руководством по укреплению здоровья. Данная хартия основана на следующих принципах:

- Здоровье вместо болезни (салютогенез)
- Побуждение к поведению, учитывающему интересы здоровья (создание возможностей)
- Создание благоприятной среды, направленной на укрепление здоровья (принцип формирования среды)

Данные цели были расширены и адаптированы для применения на уровне городов, школ, ВУЗов или предприятий. В итоге появились такие концепции ВОЗ как «Здоровые города» или такие проекты как «Организация здравоохранения в высших учебных заведениях».

Джакартская декларация ВОЗ о продолжении деятельности по укреплению здоровья в XXI веке[5], принятая в 1997 году, стала новым витком в реализации глобальной стратегии «Здоровье для всех» и решений Оттавской конференции.

Произошла переоценка основных определяющих здоровье факторов. Данные факторы подвержены воздействию:

- *демографических тенденций:* урбанизация, увеличение доли пожилых и престарелых, высокий уровень распространённости хронических заболеваний и изменения в поведении (склонность к насилию, потребление наркотиков);
- *изменившихся угроз для здоровья:* инфекционные заболевания и психические проблемы;
- *транснациональных факторов:* глобализация, ухудшение состояния окружающей среды, широкое распространение средств массовой информации и информационных технологий.

Участники конференции сошлись в том, что эти изменения влияют на ценностные ориентации людей и их образ жизни на протяжении всей жизни, а также на условия жизни вообще во всём мире, причём некоторые из них таят в себе большой потенциал в плане здоровья, тогда как другие сопровождаются отрицательными последствиями.

В описании приоритетных направлений деятельности по укреплению здоровья впервые открытым текстом говорится об ответственности частного сектора. Кроме того, к приоритетам относятся:

---

[5] См. [9].

- Информирование и просвещение;
- Создание сетевых объединений по укреплению здоровья как внутри стран, так и на межгосударственном уровне;
- Расширение управленческих компетенций в сфере укрепления здоровья;
- Укрепление здоровья как непрерывный, постоянно совершенствующийся процесс.

3 Здоровье в политике Европейского союза

Рекомендации Джакартской конференции нашли отражение в политике здравоохранения ЕС. В центре внимания европейской политики, с одной стороны, находятся риски для здоровья населения, вызванные демографическими изменениями и старением населения, а также трансграничными опасностями для здоровья (например, пандемии, крупные аварии, биологические катастрофы и биотерроризм), а, с другой стороны, шансы для сферы укрепления здоровья, а также прогнозирование, предотвращение и лечение болезней с применением информационных и коммуникационных технологий, генной инженерии, био- и нанотехнологий [10]. Для повышения профессиональной компетенции были запущены образовательные проекты и новые направления обучения, например, *Европейская магистерская программа «Укрепление здоровья» (Health Promotion), Европейская магистерская программа «Питание из системы общественного здравоохранения»* (*Public Health Nutrition*) и Программа дополнительного профессионального образования ЕС для медперсонала *«Общественное здоровье»*. В Германии это привело к развитию современных наук в сфере здравоохранения, а также к появлению бакалаврских и магистерских программ по направлениям «Общественное здравоохранение» и «Управление в сфере здравоохранения». На рынке труда возникли новые профессии, например – тренер по здоровью или бизнес-консультант со специализацией на вопросах укрепления здоровья.

Требования Джакартской декларации 1997 года легли в основу Люксембургской декларации, в которой были определены принципы европейского подхода к укреплению здоровья на рабочем месте. Декларация даёт следующее определение: «Меры по укреплению здоровья на рабочем месте предполагают объединенные усилия работодателей, работников и общества по улучшению здоровья и благосостояния людей на работе» [11, редакция 2007 г.].

Ключевая идея концепции укрепления здоровья на рабочем месте заключается в сотрудничестве экспертов из различных отраслей и профессий, направленном на достижение цели «здоровые сотрудники на предприятиях со здоро-

табл. 1 Концепция «здоровой организации». Признаки организации *со здоровой* и *с нездоровой средой*. (Badura und Hehlmann [12, с. 54])

Признаки	Организации со здоровой средой	Организации с нездоровой средой
Степень социального неравенства (образование, статус, доход)	Средняя	Высокая
Общий культурный уровень (убеждения, ценности, правила)	Высокий	Низкий
Идентификация членов коллектива с целями и правилами социальной системы, в которой они находятся (общность, вовлечённость)	Сильно выраженная	Слабо выраженная
Доверие к управлению компании	Высокое	Низкое
Степень личного участия в систематическом процессе формирования воли и поиска решений (вовлечённость в жизнь компании, партиципация)	Высокая	Низкая
Взаимное доверие, сотрудничество среди работников	Высокое	Низкое
Социальные контакты за пределами первичных межличностных отношений	Сильно выраженные	Слабо выраженные
Стабильность, жизнеспособность первичных отношений (семья, трудовой коллектив и т.п.)	Высокая	Низкая
Социальные компетенции	Сильно выраженные и широко распространённые	Слабо выраженные и слабо распространённые
Смыслообразующая деятельность	Широко распространена	Слабо распространена

вой средой»[6]. Данная модель была разработана в университете г. Билефельд под руководством социолога и со-основателя факультета медико-санитарных

---

[6] Там же.

наук университета г. Билефельд проф. д-ра Бернхарда Бадуры. В основе модели лежит гипотеза о том, что предприятия как один из видов социальных систем находятся в разных состояниях. В *организациях с нездоровой средой* зарождаются такие явления как издевательства, выгорание и внутреннее увольнение, ведущие к негативным последствиям для здоровья, качества работы и трудоспособности [6, с. 32 и далее]. В соответствии с концепцией *организации со здоровой средой*, в основе деятельности по укреплению здоровья на предприятии лежат такие факторы как формирование стиля управления, ориентированного на нужды сотрудников, условия труда, укрепляющие здоровье, поддержка индивидуального потенциала здоровья и осознанное поведение в отношении здоровья сотрудников. С точки зрения Бадуры, поведение коллектива работников зависит от того, как выстроены структуры и процессы на предприятии. Поэтому, в первую очередь, необходимо создать предпосылки для формирования структуры, направленной на укрепление здоровья, и соответствующие условия труда. После этого можно стимулировать работников к осознанному поведению, направленному на укрепление здоровья [12, с. 19].

Европейская сеть по укреплению здоровья на рабочем месте (ENWHP) отвечала за унифицированный подход к реализации Концепции укрепления здоровья на рабочем месте на территории всей Европы с 1996 по 2017 годы [11]. В соответствии с руководящими принципами данной организации, следующие требования к мерам по укреплению здоровья на рабочем месте должны гарантировать их качество:

- Участие – вовлечение всех сотрудников;
- Интеграция – меры по укреплению здоровья на рабочем месте должны учитываться при принятии всех важных решений на уровне предприятия;
- Управление проектом – систематическая реализация всех мер и программ;
- Целостность – меры, ориентированные на поведение и отношение к данной теме, создание взаимосвязи между снижением рисков и расширением факторов охраны труда и потенциала здоровья [11].

К главным приоритетам относятся физическая нагрузка на рабочем месте, организация питания для работников предприятия, психосоциальный стресс, а также употребление возбуждающих и наркотических средств.

Систематическая интеграция мер по укреплению здоровья на рабочем месте в корпоративную среду привела к возникновению Концепции управления здравоохранением на предприятии.

4 Управление здравоохранением на предприятии

Если раньше для профилактики опасностей, возникающих на рабочем месте, применялись меры по охране труда, организации безопасности на рабочем месте и производственной медицины, то сегодня данный список пополнился за счёт мер по улучшению самочувствия. Трудящиеся заинтересованы в том, чтобы работать по собственному усмотрению и выполнять осмысленные задачи. При выборе предприятий им важен подход, ориентированный на укрепление здоровья сотрудников, стиль управления, основанный на сотрудничестве, плоская иерархия и хорошая рабочая атмосфера.

Управление здравоохранением на предприятии – это концепция, направленная на разработку единого безопасного и здорового подхода к трудовой деятельности, что в долгосрочной перспективе вносит вклад в достижение устойчивого экономического успеха.

В основу концепции управления здравоохранением на предприятии в немецкоязычных странах легли данные, полученные социологами, специалистами по организации производства и здравоохранению, экспертами по качеству труда и управлению, а также практический опыт различных предприятий, межзаводских учреждений и институтов.

Разные исследователи дают разные определения понятию «**управление здравоохранением на предприятии**». Одно из основополагающих определений было предложено группой исследователей под руководством проф. Бадуры:

«Под управлением здравоохранением на предприятии мы понимаем разработку и создание структур и процессов на предприятии, нацеленных на укрепление здоровья на рабочем месте и в компании, а также на формирование укрепляющего здоровье поведения сотрудников» [13, с. 33].

Необходимо отметить следующие этапы на пути перехода от профилактики заболеваний и укрепления здоровья на рабочем месте к концепции управления здравоохранением на предприятии:

Переход от концепции патогенеза к концепции салютогенеза привёл к смене парадигмы: фокус внимания сместился с реагирования на нагрузку на здоровье и симптомы заболеваний в сторону сохранения и укрепления здоровья.

Со **смещением фокуса** с индивидуума на организацию меры и стратегии, направленные на профилактику здоровья отдельных сотрудников, уступили место мерам и стратегиям, направленным на ситуацию со здравоохранением на предприятии в целом.

Что касается **подхода к здравоохранению** на предприятии, произошёл переход от отдельных, точечных мер к системе управления, что привело к выстраиванию единой структуры из комплексных процессов [14].

При этом важную роль играют руководители компании. С одной стороны, они своим поведением оказывают значительное воздействие на степень мотивации, удовлетворённости и здоровья своих сотрудников. С другой стороны, они несут ответственность за рамочные условия системы укрепления здоровья и являются примером осознанного поведения с точки зрения здоровья. Сотрудники исследовательского института Гэллапа выявили тесную связь между мотивацией и работоспособностью сотрудников (измеряется при помощи Индекса вовлечённости персонала), а также установили, что недостаточный уровень мотивации сотрудников в Германии ежегодно приводит к потерям для экономики в размере 99 миллиардов евро [15].

Систематическая работа по внедрению единой концепции на предприятиях Германии ведётся по трём основным направлениям – безопасность труда и здравоохранение, укрепление здоровья на предприятии и программа интеграции сотрудников в коллектив, а также связана с политикой предприятия, развитием персонала и организации. Таким образом, система управления здравоохранением на предприятии представляет собой процесс, выстроенный под специфические нужды каждого отдельного предприятия.

Следующим важным этапом на пути становления здоровья как обязательного элемента современной системы управления предприятием стало принятие в 2018 году стандарта *ISO 45001:2018 Системы менеджмента безопасности труда и охраны здоровья*. Впервые требования к охране труда были расширены за счёт мер по укреплению здоровья на рабочем месте. Данный стандарт пришёл на смену предыдущей серии стандартов, содержащих требования и руководящие указания к разработке и внедрению систем менеджмента промышленной безопасности и охраны труда (OHSAS), которые раньше применялись и в России. Это, в свою очередь, привело к смене парадигмы от оценки труда, основывающейся исключительно на рисках, к оценке труда, основывающейся на рисках и ресурсах.

5 Здоровья на предприятии: между мотивацией и реальностью

Набирающая обороты глобализация является постоянным фактором давления для высокоразвитых стран, которым приходится искать решение для проблемы стареющего населения. Значение работников для достижения успеха постоянно растёт.

Одних лишь экономических показателей сегодня уже недостаточно для оценки успешности предприятия. Развитие компаний всё в большей степени определяется неэкономическими условиями, к которым относится и фактор здоровья. Наряду с объективными факторами (поддающимися количественной оценке, не основанными на результатах опросов), такими как совокупное время отсутствия сотрудников на рабочем месте, отсутствие без веской причины, несчастные случаи на производстве, текучесть кадров, возрастная структура, презентеизм, производительность, рентабельность инвестиций (ROI), всё большее значение приобретают так называемые «мягкие» факторы (индивидуальные, основанные на результатах опросов), такие как удовлетворённость работой, мотивация, принятие, хорошее самочувствие, работоспособность.

На сегодняшний день можно отметить положительную тенденцию, в соответствии с которой теме здоровья сотрудников в немецких компаниях уделяется значительное внимание за счёт традиционных и усовершенствованных правовых норм по охране труда и здоровья. Немецкие компании ориентируются на уже существующие нормы, например охрана труда и производственной медицины. Кроме того, существует целый ряд механизмов финансовой поддержки со стороны государства и социальных систем [16, с. 9]:

Государство: Освобождение от уплаты налогов при внедрении мер по укреплению здоровья на рабочем месте

С 2009 года работодатели могут предлагать своим работникам программы, по сути своей восходящие к превентивному подходу, лежащему в основе руководящих принципов Ведущего союза государственного медицинского страхования, и соответствующие по качеству, целям и задачам требованиям параграфов 20 и 20а Кодекса социального обеспечения, части V.

Больничные кассы: Аналитические данные и бонусные программы

Для выявления потребностей на предприятии больничные кассы могут предоставить доступ к аналитическим данным, принимать участие в мерах по укреплению здоровья на предприятии в рамках фиксированного годового взноса на каждого страховщика (параграфы 20 и 20а Кодекса социального обеспечения, части V), а также предусматривать бонусные программы для работодателей и работников в соответствии с уставом (параграф 65а абзац 2 Кодекса социального обеспечения, части V).

Страховая организация от несчастных случаев: Премии за внедрение мер по охране труда

Во избежание опасностей для здоровья, вызванных условиями труда, и для защиты от производственных травм и профессиональных заболеваний страховые организации от несчастных случаев имеют право выплачивать премии на основании параграфа 162 Кодекса социального обеспечения, части II. Таким образом, происходит премирование работодателя за внедрение соответствующих эффективных мер.

Страховые организации от несчастных случаев могут поддерживать меры по укреплению здоровья на рабочем месте при помощи различных инструментов – например, знаков качества, наград и премий.

В рамках **немецкой системы пенсионного страхования** также существуют бесплатные консультации и предложения для работников и работодателей.

Управление здравоохранением на предприятии позволяет повысить результативность предприятия и, таким образом, является важным «элементом современных стратегий предприятий» [17, с. 92]. Экономические усилия, сопровождающиеся мерами по снижению количества времени отсутствия на рабочем месте и отпусков по болезни, а следовательно и сокращению расходов и повышению производительности, являются аргументами в пользу системы управления здравоохранением на предприятии [18, с. 166]. Возникает взаимосвязь между здоровьем сотрудников и общественным благом, а корпоративная культура, учитывающая интересы стареющего коллектива, в составе которого появляется всё больше представителей разных народов, рассматривается как задача по развитию персонала. Улучшенный имидж компании станет её конкурентным преимуществом в *Войне за таланты*.

Согласно результатам исследования, проведённого в 2009 году организацией «Инициатива «Здоровье и труд»» среди 500 предприятий, 88 % респондентов назвали социальную ответственность основной причиной поддержки концепции управления здравоохранением на предприятии. Вторым по популярности ответом стала поддержка больничных касс, значительно облегчающая процесс внедрения системы управления здравоохранением на предприятии (46 %). Для 44 % респондентов решающим фактором для внедрения системы управления здравоохранением на предприятии стал высокий уровень отсутствия сотрудников на рабочем месте[7]. По результатам опроса

---

[7] См. [19, с. 14].

были выделены следующие причины, по которым компания принимает решение не внедрять концепцию управления здравоохранением на предприятии: повседневные обязательства с более высоким приоритетом (88 %), недостаток ресурсов (76 %), другие задачи с более высоким приоритетом (73 %), отсутствие мотивации среди сотрудников (52 %), отсутствие необходимости (51 %), недостаточная личная вовлечённость (51 %), слишком большие сопутствующие расходы (48 %)[8].

Очевидно, что усилия по внедрению системы управления здравоохранением на предприятии компенсируются тем, что в результате их внедрения повышается работоспособность, степень мотивации и удовлетворённости сотрудников, а также снижаются расходы, повышается продуктивность и конкурентоспособность[9].

Результаты анализов эффективности свидетельствуют о положительной рентабельности инвестиций (ROI), например, если говорить о сокращении медицинских расходов в соотношении 1:3,27$ и сокращению времени отсутствия на рабочем месте по причине болезни в соотношении 1:2,73$. Благодаря программам по укреплению здоровья на рабочем месте возможно сократить время отсутствия на рабочем месте, расходы по случаю утраты профессиональной трудоспособности и медицинские расходы в среднем на 26 %[10]. Также удалось доказать, что существует взаимосвязь между реализацией программ по укреплению здоровья на рабочем месте и повышением стоимости акций компании [21], а также степенью удовлетворённости клиентов [22]. Результаты исследования Towers Watson, проведённого среди 350 крупных компаний, свидетельствуют о том, что реализация эффективных программ по укреплению здоровья на рабочем месте приводит к повышению лояльности сотрудников на 40 %, росту объёма продаж на сотрудника на 11 %, а также о том, что компании с положительным индексом оценки здоровья сотрудников за 5 лет увеличили свою прибыль на 14,8 %, в то время как прибыль компаний с отрицательным индексом снизилась на 10,1 % [23].

В особенности американские компании заинтересованы в том, чтобы доказать эффективность подобных программ, так как в США именно работодатель оплачивает медицинскую страховку для сотрудников, а размер страховых взносов напрямую зависит от расходов, связанных с болезнью. Соответствующие исследования свидетельствуют о снижении расходов,

---

[8] См. [19, с. 20].

[9] См [20, с. 77 и далее].

[10] См. отчёт «Инициативы «Здоровье и труд»» 28, 2015, с. 64.

связанных с болезнью, в среднем на 26 %[11] и сокращении времени отсутствия на работе по причине болезни примерно на 27 %[12]. Соответствующая положительная рентабельность инвестиций находится в диапазоне от 1:2,5 до 1:4,85[13].

Команде исследователей под руководством профессора Бадуры также удалось установить взаимосвязь между здоровьем и удовлетворённостью работодателем по результатам репрезентативного опроса, проведённого в 2016 году. 80 % сотрудников с состоянием здоровья «очень хорошее» довольны своим работодателем, в то время как среди сотрудников с состоянием здоровья «очень плохое» таких лишь 8 % [24].

Несмотря на многочисленные усилия ВОЗ, Европейского союза, национальных систем поощрений и стимулов и сбор статистических данных, внедрение системы управления здравоохранением на предприятии пока ещё не стало само собой разумеющимся явлением для немецких компаний.

На первый взгляд, преимущества данной системы перевешивают её недостатки, а более здоровые сотрудники в целом более мотивированы и довольны своей работой [25, с. 7 и далее]. Тем не менее, существуют причины, из-за которых работодатели предпочитают не внедрять систему управления здравоохранением на своём предприятии – например, повседневные обязательства с более высоким приоритетом (61 %), недостаток ресурсов (56 %), недостаток знаний о внедрении системы управления здравоохранением на предприятии (38 %), недостаточная личная вовлечённость (37 %), слишком большие сопутствующие расходы (34 %) или отсутствие мотивации среди сотрудников (33 %) [25, с. 16].

В 2019 году 5 % сотрудников немецких компаний приняли участие в мерах по укреплению здоровья на рабочем месте. Большинство из них приходится на компании с количеством сотрудников от 100 до 250 человек [26, с. 61 и далее.].

Для сравнения, в соответствии с требованиями Нацпроекта Демография Российской Федерации в период с 2019 по 2022 год в мерах по укреплению здоровья на рабочем месте должны принять участие как минимум 33,2 миллиона работников. Это составляет примерно 40 % всех трудящихся России[14].

---

[11] См. Kreis, Bödeker, 2003, с. 32 и далее, Sokoll и др., 2008, с. 58 и далее.

[12] См. Sokoll и др., 2008, с. 59 и далее.

[13] См. Kramer, Bödeker, 2008, с. 5.

[14] Нацпроект Демография [27] 2019–2024, с. 58.

6 Стратегия ВОЗ «Здоровье для всех» на рабочем месте – германо-российский научно-исследовательский проект

В рамках проекта, получившего финансирование от Министерств образования Российской Федерации и ФРГ, было проведено исследование по систематической адаптации систем управления здравоохранением на предприятии в сотрудничестве с Форумом Коха-Мечникова (Берлин), Северо-Западным Государственным медицинским университетом им. Мечникова (СЗГМУ), Университетом г. Билефельд, ООО «Сименс Технологии Газовых Турбин» в Горелово и страховой компанией «Альянс Жизнь» в Санкт-Петербурге в период с 2015 по 2018 годы. Главный вопрос исследовательского проекта был сформулирован следующим образом: «Чем характеризуется укрепление здоровья сотрудников в иностранных компаниях, работающих на территории Российской Федерации?».

Развитие системы по укреплению здоровья на рабочем месте вот уже на протяжении 30 лет определяется специалистами в сферах социальных, экономических наук и сфере здравоохранения, а также крупными немецкими компаниями. Когда иностранная компания открывает производственную площадку в другой стране, она приходит на новый рынок со своими стандартами, в том числе и в области защиты труда и здоровья. Внутренние корпоративные стандарты должны быть приведены в соответствие с местными условиями и нормами.

Сравнение рамочных условий выявило следующую картину: В то время как страны ЕС и Германия с 1980х годов следуют по пути укрепления здоровья на рабочем месте в соответствии с мерами по охране труда и здоровья, сформулированными ВОЗ, широкомасштабная система охраны труда и здоровья, существовавшая в СССР, практически сошла на нет в ходе трансформационных процессов. В центре внимания исследователей в России на протяжении всех последующих лет вынужденным образом находились сопутствующие риски и вопрос о том, какие факторы отрицательно влияют на состояние здоровья на рабочем месте.

Согласованная европейская политика и основывающееся на ней национальное законодательство Германии привели к возникновению системы охраны труда и здоровья, опирающейся на следующие принципы:

- Охрана труда и безопасность труда являются обязательством работодателя, закреплённым в законе;
- Укрепление здоровья на предприятии является обязательством больничных касс, закреплённым в законе, и добровольным шагом работников;

- Производственная реинтеграция как ответ на проблему стареющего коллектива и обязательство работодателя по реализации соответствующих программ.

Таким образом, охрана труда и безопасность труда являются **одним из элементов** государственной системы охраны труда и здоровья Германии.

Изучение ситуации в Российской Федерации показало, что здесь существует большое количество предписаний в области охраны и безопасности труда, носящих обязательный характер для работодателей, а также программ укрепления здоровья на рабочем месте в рамках национальных проектов и соответствующих проектов, направленных на жителей страны.

Для реализации целей национального проекта «Демография» (01.01.2019–31.12.2024), в числе прочего, предусмотрены программы по мотивации сотрудников к здоровому образу жизни на рабочем месте. Согласно описанию проекта, с 15.08.2019 предусмотрена масштабная публикация материалов, описывающих передовые практические методы в данной сфере. Сохранение, поддержка и совершенствование системы здравоохранения относятся к приоритетным задачам российского государства, зафиксированным в национальном проекте «Здравоохранение», принятом в 2006 году, и национальном проекте «Демография», вступившем в силу в 2019 году.

После двухлетнего этапа подготовки к реализации проекта ООО «Сименс Технологии Газовых Турбин» в 2018 году приступило к внедрению системы управления здравоохранением на предприятии. Компания «Альянс Жизнь» в рамках добровольного медицинского страхования предлагает предприятиям программы по профилактике заболеваний на рабочем месте, что стало началом смены парадигмы от патогенеза к салютогенезу.

Данный совместный германо-российский проект получил высокую оценку, а его результаты были признаны успешным опытом межкультурного сотрудничества. Немецкие компании получили возможность внедрять свой многолетний опыт и высокие стандарты на российском рынке, что соответствующим образом сказалось на их восприятии.

Российские компании смогли повысить качество предлагаемых услуг при помощи мер по укреплению здоровья на рабочем месте, а также повысить конкурентоспособность на международном рынке.

7 Последствия коронавирусной пандемии в сфере укрепления здоровья на рабочем месте

В условиях пандемии ситуация с укреплением здоровья на рабочем месте выглядит следующим образом:

Если до начала пандемии меры по укреплению здоровья носили аналоговый характер и были напрямую связаны с рабочим местом на предприятии, то во время пандемии они оказались направлены на предоставление необходимой информации, взаимодействие в удалённом формате и поиск индивидуальных решений для сотрудников, работающих из дома.

Удалённый формат работы вызвал необходимость проведения дополнительных исследований для выработки новых структур и процессов по укреплению здоровья.

Необходимо пересмотреть роль руководителей и концепции управления компанией в сторону усиления коллективного управления/Shared Leadership. Преимущества данной модели заключаются в «повышении гибкости и развитии навыка меняться и подстраиваться под комплексные условия окружающего мира, повышении качества процесса принятия решений и меньшей уязвимости в случае отсутствия руководителя». В соответствии с текстом Люксембургской декларации, это должно повысить степень вовлечённости сотрудников и коллективов в дела компании, так как они будут брать на себя ответственность за управленческие процессы и процессы организации работы [28].

Результаты исследования, проведённого Мюнхенским институтом экономических исследований, свидетельствуют о том, что вынужденная адаптация к условиям коронавирусной пандемии также повлияла на стиль управления. В 33 % компаний-респондентов произошли изменения в сторону более партиципативной культуры управления, в основе которой лежит фактор доверия, в 9 % компаний-респондентов изменения произошли в сторону повышения авторитаризма и усиления контроля, в 58 % компаний-респондентов не произошло никаких изменений в стиле управления. 83 % респондентов считают, что эти изменения частично сохранятся и после пандемии, а 14 % считают, что изменения сохранятся полностью. Количество людей, работающих в удалённом формате из дома, растёт, и 82 % участников опроса выразили убеждённость в том, что встречи в виртуальном формате станут привычной практикой. 72 % респондентов исходят из того, что количество командировок в их жизни сократится. В этой связи растёт спрос на веб-инструменты, веб-семинары, онлайн-конференции и онлайн-курсы. Результаты проведённых опросов и в этом случае свидетельствуют о том, что будет происходить дальнейшая цифровизация и децентрализация рабочих процессов, что потребует инвестиций в курсы повышения квалификации по направлениям «Виртуальное сотрудничество» (40 %) или «Цифровое управление» (40 %).

8 Перспективы

Согласно Отчёту больничных касс о профилактических мерах, в 2019 году меры по укреплению здоровья на рабочем месте затронули на 6 % больше работников по сравнению с предыдущим годом, то есть 2 280 653 из 33,41 миллионов работников, подлежащих социальному страхованию в Германии [29] и на 19 % больше предприятий (всего 23 221 предприятий), преимущественно речь идёт о 29 % компаний, работающих в обрабатывающей промышленности, и 17 % компаний, занятых в сфере услуг в широком смысле этого слова. В 2019 году больничные кассы выделили сумму в 239 911 574 евро на финансирование мер по укреплению здоровья на рабочем месте. Это соответствует расходам в размере 3,28 евро на одного застрахованного. При этом расходы выросли на 39 % по сравнению с предыдущим годом [30, с. 39].

Корпоративный консультант Роланд Бергер исходит из того, что коронавирусная пандемия послужит толчком к усиленному внедрению систем управления здравоохранением на предприятии и развеет ряд предрассудков в отношении мер по укреплению здоровья на рабочем месте.

Насколько намерения работодателей действительно приведут к расширению спектра мер по укреплению здоровья – покажет время, так как несмотря на многолетние исследования, развитые структуры и существующие стимулирующие механизмы активность их использования не очень высока.

Совместные германо-российские исследовательские проекты могут быть посвящены изучению потенциала и оптимизации страхового бизнеса, а также анализу и реализации национального проекта «Демография».

Здоровье – это еще не всё, но остальное без него уже ничто. Артур Шопенгауэр (1788–1860), философ

Литература

[1] Müller-Friemauth, F., & Kühn, R. (2019). New Work-Challenge – Die schöne neue Arbeitswelt aus zukunftsforscherischer Sicht. In *Arbeitswelten der Zukunft*. Springer. https://doi.org/10.1007/978-3-658-23397-6_21.

[2] Bundesministerium für Wirtschaft und Soziales (2015). Glossar. https://www.arbeitenviernull.de/dialogprozess/gruenbuch/glossar.html. Zugegriffen: 22. Febr. 2021.
[3] Demmelhuber, K., et al. (2021). *Die Arbeitswelt vor und nach Corona: Ergebnisse einer Befragung unter Entscheidungsträgern der deutschen Wirtschaft, ifo Forschungsbericht.* ifo Institut. im Erscheinen
[4] Bertschek, I., & Erdsiek, D. (2020). *Soloselbstständigkeit in der Corona-Krise. Digitalisierung hilft bei der Bewältigung der Krise.* ZEW expert brief. (S. 20–8).
[5] Antonovsky, A. (1979). *Health, stress and coping: new perspektives on mental and physical well-being.* Jossey Bass.
[6] Badura, B. (1981). *Soziale Unterstützung und chronische Krankheit. Zum Stand sozialepidemiologischer Forschung.* Suhrkamp.
[7] House, J. S., Landis, K., & Umberson, D. (1988). Social relationships and health. *Science, 241*, 540–545.
[8] WHO – Weltgesundheitsorganisation (1986). Ottawa-Charta zur Gesundheitsförderung. http://www.euro.who.int/data/assets/pdf_file/0006/129534/OttawaCharterG.pdf. Zugegriffen: 23. Aug. 2019.
[9] WHO – Weltgesundheitsorganisation (1997). Jakarta declaration on leading health promotion into the 21st century. www.dngfk.de/downloads/?eID=dam_frontend_push&docID. Zugegriffen: 31. Sept. 2019.
[10] Europäische Kommission (2008). Gemeinsam für die Gesundheit: Ein strategischer Ansatz der EU für 2008–2013. In *Weißbuch 2008/2115(INI)*.
[11] Europäisches Netzwerk für Betriebliche Gesundheitsförderung, ENWHP (1996, Version 2007) Luxemburger Deklaration. http://www.enwhp.org/fileadmin/rs-dokumente/dateien/Luxembourg_Declaration.pdf. Zugegriffen: 20. Mai 2017.
[12] Badura, B., & Hehlmann, T. (2003). *Betriebliche Gesundheitspolitik. Der Weg zur gesunden Organisation.* Springer.
[13] Badura, B., Ritter, W., & Scherf, M. (1999). *Betriebliches Gesundheitsmanagement. Ein Leitfaden für die Praxis.* Edition Sigma.
[14] Münch, E., Walter, U., & Badura, B. (2004). *Führungsaufgabe Gesundheitsmanagement.* edition sigma. Hans-Böckler-Stiftung
[15] Gallup (2019). What high-performance workplaces do differently. https://www.gallup.com/workplace/269405/high-performance-workplaces-differently. Accessed 17 Dec 2017.
[16] Verband deutscher Betriebs- und Werksärzte, VdbW (2009). *BetrieblichesGesun dheitsmanagement Gesunde Mitarbeiter in gesunden Unternehmen. Betriebliche Gesundheitsförderung als betriebsärztliche Aufgabe.Ein Leitfaden für Betriebsärzte und Führungskräfte.* Verband deutscher Betriebs- und Werksärzte e. V., Berufsverband deutscher Arbeitsmediziner.
[17] Reiter, P. (2011). *Das Ganzheitliche Betriebliche Gesundheitsmanagement im Krankenhaus.Standortbestimmung und Handlungsempfehlungen für Einführung und Umsetzung.* ibidem.
[18] Bödeker, W. (2017). Lohnt sich Betriebliche Gesundheitsförderung? Ökonomische Indikatoren und Effizienzanalysen. In G. Faller (Hrsg.), *Lehrbuch Betriebliche Gesundheitsförderung* (S. 165–170). Huber.
[19] Bechmann, S., et al. (2010). *IGA-Report 20. Motive und Hemmnissemfür Betriebliches Gesundheitsmanagement (BGM). Umfrage und Empfehlungen.* AOK-Bundesverband, BKK Bundesverband.

[20] Cobb, S. (1976). Social support as a moderator of life stress. *Psychosomatic Medicine*, *38*, 300–314.
[21] Lück, P., Eberle, G., & Bonitz, D. (2009). Der Nutzen des betrieblichen Gesundheitsmanagements aus Sicht von Unternehmen. In B. Badura, H. Schröder & C. Vetter (Hrsg.), *Fehlzeitenreport 2008* (S. 77–84). Heidelberg: Springer.
[22] Grossmeier, J., et al. (2015). Linking workplace health promotion best practices and organizational financial performance. *Journal of Occupational and Environmental Medicine*, *58*(1), 16–23.
[23] Boyce, A. S., et al. (2015). Which comes first, organizational culture or performance? A longitudinal study of causal priority with automobile dealer-ships. *Journal of Organizational Behaviour*, *36*(3), 339–359. https://doi.org/10.1002/job.1985
[24] Towers Watson (2010). The health and productivity advantage. www.towerswatson.com/assets/pdf/648/The%20Health%20and%20Productivity%20Advantage%20-%20Staying@Work%20Study.pdf. Zugegriffen: 20. März 2017.
[25] Badura, B., et al. (2016). *Fehlzeiten-Report 2016*. Springer.
[26] Rong, O., & Neumann, K. (2020). *Gesundheit im Unternehmen weiter gedacht*. Bd. 3. Roland Berger.
[27] Bauer, S., et. al. (2020). *Präventionsbericht der gesetzlichen Krankenkassen // Medizinischer Dienst des spitzenverbandes Bund der Krankenkassen*. https://www.gkv-spitzenverband.de/media/dokumente/krankenversicherung_1/praevention__selbsthilfe__beratung/praevention/praeventionsbericht/2020_GKV_MDS_Praeventionsbericht.pdf Zugegriffen: 28. März 2021.
[28] Schneider, T. (2020). Agil, hierarchiefrei und selbstorganisiert im New Work oder überwältigt von Systemstrukturen und unterdrückten gruppendynamischen Prozessen im New Office. *Gr Interakt Org*, *51*, 469–479. https://doi.org/10.1007/s11612-020-00546-6.
[29] Правительство Российской Федерации, Министерство труда и социальной защиты РФ (2019) *Паспорт Национального проекта "Демография"*. http://static.government.ru/media/files/Z4OMjDgCaeohKWaA0psu6lCekd3hwx2m.pdf. Zugegriffen: 28. März 2021.
[30] Weibler, J. (2016). *Personalführung* (3. Aufl.). Vahlen.
[31] Statista (2021). https://de.statista.com/statistik/daten/studie/39187/umfrage/sozialversicherungspflichtig-beschaeftigte-seit-2000/. Zugegriffen: 28. März 2021.
[32] GKV-Spitzenverband, Medizinischer Dienst des Spitzenverbandes Bund der Krankenkassen e. V. (Hrsg.). (2020). *Präventionsbericht 2020 Leistungen der gesetzlichen Krankenversicherung: Primärprävention und Gesundheitsförderung. Leistungen der sozialen Pflegeversicherung: Prävention in stationären Pflegeeinrichtungen Berichtsjahr 2019*

Дополнительная литература
[33] Verband der Ersatzkassen e. V. (vdek) (2020) *Gesetzliche Unfallversicherung (DGUV)*
[34] Sigmar, G. et al. (2015). *Jahreswirtschaftsbericht. Investieren in Deutschlands und Europas Zukunft*. https://www.bmwk.de/Redaktion/DE/Publikationen/Wirtschaft/jahreswirtschaftsbericht-2015.pdf?__blob=publicationFile&v=10 Zugegriffen: 28. März 2021.
[35] Gallup (2019). What high-performance workplaces do differently. https://www.gallup.com/workplace/269405/high-performance-workplaces-differently. Zugegriffen: 17. Dez. 2017.

[36] Hurrelmann, K., Klotz, T., & Haisch, J. (2010). *Lehrbuch Prävention und Gesundheitsförderung*. Programmbereich Gesundheit. Huber.
[37] Pieper, C., & Schröer, S. (2015). *Ökonomischer Nutzen betrieblicher Gesundheitsförderung und Prävention. Wirksamkeit und Nutzen betrieblicher Gesundheitsförderung und Prävention – Zusammenstellung der wissenschaftlichen Evidenz 2006 bis 2012* (1. Aufl.). iga.Report, Bd. 28.

Пандемия и рождаемость: новые вызовы и перспективы (на примере Китайской Народной Республики)

Dr. Elena Leonova, Dr. Tatiana Ljasovich

Аннотация

В статье предпринимается попытка на основе новейших статистических данных проанализировать проблемы, связанные со снижением рождаемости в КНР и в мире, а также выявить их взаимосвязь с эпидемиологической обстановкой, вызванной пандемией коронавируса COVID-2019.

Abstract

Pandemic and Birth Rate: New Challengers and Perspectives (by the Example of People's Republic of China)

In the article the attempt is taken to analyze problems connected with the decline in the birth rate in China and in the whole world based on new statistical data and to find out the interaction with the epidemic situation caused by the pandemic of Coronavirus COVID-19.

Ключевые слова/Keywords

Пандемия коронавируса, COVID-2019, пандемия и рождаемость, демографическая политика, политика «одна семья – один ребенок», государственное регулирование семейно-правовых отношений, демографическая ситуация в КНР, Pandemic of Coronavirus, COVID-19, pandemic and birth rate, demographic policy, policy 'one family- one child', state regulation of legal relations in family, demographic policy in China.

«Пандемия» и «рождаемость» – два термина, которые, казалось бы, никак не связаны между собой. Однако это не совсем так. Несмотря на то, что в условиях современной эпидемиологической ситуации и сопутствующего экономического кризиса на первый план выдвинулись проблемы экономического свойства, всемирная пандемия коронавируса затронула все сферы жизни людей, включая самое сокровенное и личное – сферу деторождения. Так, эксперты отмечают общую тенденцию к снижению рождаемости в мире и утверждают, что именно вынужденные условия карантина и самоизоляции, вопреки ожиданиям правительств некоторых государств, заставили большинство не только отказаться от самой мысли деторождения, но и расторгнуть имеющиеся брачные союзы [1, 2].

В то же время тенденция к сокращению рождаемости наметилась еще до появления коронавируса, и, безусловно, стала «визитной карточкой» демографической ситуации в большинстве зарубежных государств, затронутых пандемией. К примеру, в Германии с населением 83 млн. чел. за весь 2019 г. родилось лишь 778 тыс. детей, что на 10 тыс. меньше, чем в 2018 г. По двое детей воспитывается лишь в семьях живущих в стране мигрантов, тогда как общий коэффициент рождаемости в стране составляет 1,54 на одну женщину. Троих же и более отпрысков воспитывают лишь 16 % немецких семей (независимо от статуса гражданства).

Сокращение числа новорожденных из-за влияния пандемии прогнозируют и в Японии. В 2019 г. число рождений в стране с населением в 127 млн. впервые составило менее 900 тыс. детей. А в 2021 г. этот показатель грозит упасть ниже отметки в 700 тыс., что нынешний японский депутат Масадзи Мацуяма, отвечавший ранее за контрмеры по борьбе со снижением рождаемости, назвал «чрезвычайной ситуацией» [3].

В России, по данным Росстата, рождаемость снизилась на 5,4 % за первые шесть месяцев 2020 г., а смертность выросла на 3,1 %, что привело к естественной убыли населения более чем на 265 тыс. чел. Как утверждают демографы, обратить эту тенденцию вспять и выйти на естественный прирост населения возможно лишь при суммарном коэффициенте рождаемости на уровне 2,1. Но этот показатель, напротив, лишь снижается: в 2019 г. он составил 1,5 (против 1,62 – в 2017 г.) [4].

Росстат также зафиксировал значительное снижение количества заключаемых браков (и разводов) в первой половине 2020 г. Эти показатели снизились на 25 % и 25,7 % соответственно по сравнению с аналогичным периодом прошлого года. Безусловно, этому способствовала пандемия и связанны с ней карантинные меры, действовавшие в том числе и в государственных учреждениях, регистрирующих акты гражданского состояния.

В этом контексте представляется небезынтересным и полезным изучение опыта государственного регулирования семейно-правовых отношений, предпринятого на предполагаемой родине коронавирусной инфекции – в Китайской Народной Республике (далее – КНР).

КНР издавна является ярким примером государства, исторически претендующего на коррекционное воздействие частноправовой сферы жизни своих граждан. И это не случайно.

Основной проблемой китайского общества и государства с XVII в. была перенаселённость и связанный с ней недостаток ресурсов: земельных, пищевых, водных и т.д. [5, 6]. В силу этого основой государственной политики КНР на долгое время стал контроль рождаемости населения, направленный на ее поступательное снижение. Для реализации этой идеи был разработан целый комплекс, включающий как создание нормативной правовой базы и механизма ее практической реализации, так и соответствующие идеологические установки, разъясняющие китайским гражданам демографические правила, установленные государством, и последствия их применения [7, 8].

Таким образом, политика «одна семья – один ребенок», действовавшая в КНР с 1979 г. до 2015 г. позволила избежать демографического кризиса, связанного с перенаселённостью. Но на смену одной проблеме пришла другая. Рождаемость в стране снизилась. Так, в 2019 г. коэффициент рождаемости в КНР составил в среднем 10,48 детей на 1 тыс. человек (как следует из опубликованного отчета Национального бюро статистики). Согласно данным ООН, это самый низкий показатель прироста населения страны с момента основания КНР в 1949 г. [9, 10].

Таким образом, ситуация в демографической сфере в КНР значительно изменилась. Регулярно проводимые исследования стали демонстрировать множество проблем, «накопившихся» за последние годы. Теперь, среди них, прежде всего, называют низкий прирост населения и высокую смертность [9, 11]. К примеру, в период с 1950 по 1955 гг. в КНР фиксировался уровень рождаемости, составлявший около 42,5 новорожденных на 1 тыс. человек (что почти в четыре раза больше современных показателей). К 2015 г. средний коэффициент рождаемости уже соответствовал 12.7 новорожденных детей на 1 тыс. чел.

Еще одной проблемой стал «гендерный перекос», связанный с резким увеличением численности в КНР населения мужского пола, что обусловлено долговременной реализацией семейной политики «одного ребенка» и активным желанием родителей родить и воспитать ребенка мужского пола как их потенциального кормильца в будущем.

Проблемой остается социальная незрелость и эгоцентризм молодого поколения китайцев: желанные единственные дети, привыкшие жить, окруженные заботой родителей, не спешат вырастать и создавать собственные семьи. Они (без привязки к полу и возрасту) достаточно комфортно чувствуют себя и, оставаясь в статусе, «вечного ребенка» [12, 13].

Традиционное для КНР вмешательство родителей в личную жизнь детей и их стремление женить или выдать замуж своего подросшего сына или дочь, лишь усугубляет ситуацию. Китайское семейное право с его традициями и обычаями постепенно уходит в прошлое; молодые китайцы предпочитают свободную эмансипированную и бездетную жизнь, нежели многодетный брак, заключенный по рекомендации родителей [14].

Как отмечает агентство «Reuters», «многие молодые пары в КНР не хотят иметь детей в силу отсутствия реальной возможности платить за медицинское обслуживание, образование и приобрести жилье» [9, 15].

Условия карантина и вынужденной самоизоляции также не способствовали принятию решения о деторождении осторожными и ответственными китайцами.

Комментируя сложившуюся демографическую ситуацию в мире, эксперты Института метрик и оценки здоровья (Вашингтонский университет, США), сослались на недавнее исследование, предсказывающее снижение уровня рождаемости к концу XXI в. (кроме стран Африки). Согласно прогнозам, население 23 стран (включая Японию, Таиланд, Испанию, Италию, Польшу), сократится к этому времени вдвое. Даже ныне 1,4-миллиардный Китай «рискует» остаться к концу века с населением в 732 млн человек [16, 17].

Вышеизложенное подтверждают и статистические данные Министерства общественной безопасности КНР и Национального бюро статистики КНР. В 2020 г. рождаемость снизилась на 30 % по сравнению с 2019 г. Число новорожденных, зарегистрированных по месту постоянного проживания органами общественной безопасности в 2020 г., составило 10 млн. 35 тыс. (из них 5,29 млн., или 52.7 %, – мальчики; 4,74 млн., или 47,3 %, – девочки). По данным Национального бюро статистики в 2019 г. в Китае родилось 14,65 млн. детей, в 2018 г. – 15,23 млн., в 2017 г. – 17,23 млн., в 2016 г. – 17,86 млн. Соответственно, по сравнению с прошлым годом в 2020 году новорожденных было на 30 % меньше [3, 11].

Пандемия, хотим мы этого или нет, способствовала разрыву многовековых социальных и культурных связей. Долгая самоизоляция представителей старших поколений привела к ускоренной эмансипации молодежи [5, 18], а ее саму столкнуло с невиданной ранее проблемой – проблемой переизбытка общения в закрытом пространстве. Молодые семейные китайцы, оказавшись наедине в условиях карантина, с трудом смогли найти компромисс в решении бытовых вопросов и, следовательно, предпочли расторгнуть свой брак, устав от партнера и разочаровавшись в нем [19].

Высокие показатели в сфере разводов стали поводом для тревоги китайской общественности. За первые три квартала 2019 г. вступили в брак 7,1 млн. пар, а подали на развод – 3,1 млн. Это считается довольно высоким показателем. А в последующем 2020 г. эти показатели лишь увеличились.

Таким образом, подводя итог сказанному, сделаем ряд следующих выводов.

Во-первых, пандемия коронавируса негативно повлияла на сферу семейно-брачных отношений в мире. КНР в этом смысле не стал исключением. Негативные тенденции, ставшие «визитной карточкой» семейного права КНР, продолжают развиваться, а ущерб, причиненный вирусом здоровью граждан, может привести не только к бездетности физиологической, но и бездетности социальной и экономической. Потеря работы, снижение заработной платы, разводы, – все эти факторы в совокупности снижают рождаемость в КНР.

Во-вторых, снижение рождаемости при росте продолжительности жизни в КНР ведет к старению населения и увеличению доли неработающих граждан по отношению к занятому в экономических отношениях трудоспособному населению. Это чревато возникновением проблем политического и экономического толка, особенно, для правительства КНР, обещавшего гарантированные выплаты пенсий и повышение качества здравоохранения (несмотря на замедление темпов роста экономики).

В-третьих, несмотря на ряд негативных тенденций, обозначившихся в последние годы в семейно-правовой сфере современного Китая, наблюдается одна очень важная и позитивная особенность. Законопослушность китайцев, их глубокое уважение к законам и собственным традициям, не только помогли в короткие сроки фактически полностью преодолеть пандемию, но и сохранить достигнутый высокий уровень экономического развития страны и ее экономический потенциал. И это, несомненно, в обозримо ближайшем будущем положительным образом скажется и на рождаемости, и на семейно-брачной статистике в целом.

Литература

[1] Сайт Daily Mail Короновирус может увеличить число разводов? https://www.bfm.ru/news/439282. Accessed 1 Mar 2021.
[2] Антонова, Е. А. (2010). *Развитие российско-китайских торгово-экономических отношений в нефтегазовой сфере: автореф. дис. ‹ ... › канд. экон. наук.*. С. 6
[3] Портякова, Н. «По семейным обязательствам: как пандемия сказалась на планах материнства и что станет с населением Земли к концу века», Сайт Известия.

https://iz.ru/1056311/nataliia-portiakova/po-semeinym-obiazatelstvam-kak-pandemiia-skazalas-na-planakh-materinstva. Accessed 2 Mar 2021.
[4] Росстат рождаемость в России в 2020 году понизилась на 5.4 %, Сайт Регнум Ньюз. https://regnum.ru/news/society/3031620.html. Accessed 2 Mar 2021.
[5] Леонова, Е. В., & Лясович, Т. Г. (2020). Проблемы правового регулирования семейно-брачных отношений в современном Китае в контексте политической, социально-экономической и эпидемиологической обстановки. *Журнал правовых и экономических исследований*, *3*, С. 79.
[6] Баженова, Е. С. (Ed.). (2003). *Народонаселение и экология – ключевые факторы реформ*. Ин-т Дальнего Востока РАН. С. 95
[7] Сайт Окно в Китай Закон «О браке КНР». http://www.chinalawinfo.ru/civil_law/law_marriage rg.ru. Accessed 2 Mar 2021. Принят на 3-й сессии Всекитайского собрания народных представителей 5-го созыва 10 сентября 1980 г.; в Закон внесены изменения в соответствии с Решением «О внесении изменений в Закон КНР «О браке» на 21-м заседании Постоянного комитета ВСНП 9-го созыва 28 апреля 2001 г.).
[8] Сайт Правительства Китая Закон КНР о народонаселении и планировании рождаемости. http://www.gov.cn/banshi/2005-08/21content25059.htm. Accessed 1 June 2021.
[9] Сайт РБК Рождаемость в Китае упала до минимума с середины XX века». https://www.rbc.ru/society/17/01/2020/5e213eab9a79471dc86cc3ef. Accessed 5 Mar 2021.
[10] Куприянова, Ю. А., & Янишевская, А. И. (2017). Новая демографическая политика в Китае: «одна семья – два ребенка». *Демографическое обозрение*, *4*(2), С. 55.
[11] Баженова, Е. С. (2018). Китайская семья в условиях новой демографической политики, 13-ая пятилетка (2016–2020 гг.) – важнейший этап построения в Китае общества малого благоденствия «сяокан». In А. В. Островский & М. Каменнов (Eds.), *Материалы Конференции Центра социально-экономических исследований Китая ИДВ РАН от 1 апреля 2017*. Федеральное государственное бюджетное учреждение науки Институт Дальнего Востока Российской Академии наук.
[12] Chens, J. (2015). *Changing family structures in China*. GBtimes, Vol. Febr. 25.
[13] Aries, P. (1980). Two successive motivations for the declining birth rate in the west. *Population and Development Review.*, *6*(1), 646.
[14] Chens, J. (2015). *Changing family structures in China*. GBtimes, Vol. Febr. 25.
[15] Xu, A., & Je, W. (2000). Marital stability in contemporary China. In *Meeting of the Population Association of America* (pp. 23–25).
[16] Сайт Интерфакс В Китае в 2020 году существенно снизилась рождаемость. https://www.interfax.ru/world/750024. Accessed 6 Mar 2021.
[17] Zhong, M. (2005). The only child declaration: a content analysis of published stories by China's only children. *Intercultural CommunicationStudies*, *14*(1), 14.
[18] Почагина, О. В. (1999). *Семья в современном Китае, Китай на пути модернизации реформ*. С. 539
[19] Kang, L. (2016). Differences and sameness between generations: the emergence of Neo-Familism. In *Sotsiologicheskiy Al'manakh (Sociological almanac)* (p. 473). In-t Sotsiologii NAN Belarusi.

Дополнительная литература
[20] Почагина, О. В. (2002). Новая редакция закона КНР о браке. *Проблемы Дальнего Востока*, *3*, 23.

Влияние пандемии Covid-19 на развитие финансово-кредитных институтов в России

Olga Lesnykh M.Sc., Prof. Dr. Tatiana Nikitina,
Maria Skalaban B.Sc.

Аннотация

В статье проведен анализ влияния пандемии коронавирусной инфекции на ключевых участников финансового рынка. Рассмотрены изменения инфраструктуры финансового рынка, установлены главные причины сокращения количества финансово-кредитных институтов. Выявлены негативные последствия COVID-19 для банковского сектора. Определены возможности и перспективы развития, достижение которых является возможным за счет адаптации кредитных организаций к реалиям современной экономики.

Abstract

Impact of the Covid-19 Pandemic on the Development of Financial and Credit Institutions in Russia

The article analyzes the impact of the COVID-19 pandemic on key financial market participants. The changes in the financial market infrastructure were considered; the main reasons for the reduction in the number of financial and credit institutions were determined. The negative consequences of COVID-19 for the banking sector are revealed and the positive tendencies which could be achieved through the adaptation of credit institutions to the realities of the modern economy are detected.

Ключевые слова/Keywords

Банковский сектор, Банк России, кредитные организации, отзыв лицензии, пандемия COVID-19, финансовый рынок, Financial market, banking sector, credit institutions, Bank of Russia, revocation of licenses.

1 Введение

Пандемия COVID-19, начавшаяся в 1 квартале 2020 года, и сопутствующие ей негативные последствия оказали масштабное воздействие на состояние мировой экономики. Первоначально экономические последствия пандемии были связаны с реализацией внешних рисков через канал цен финансовых активов и канал платежного баланса, что было обусловлено падением цен на нефть и оттоком средств нерезидентов с российского рынка. В условиях ускоренного распространения коронавирусной инфекции в России и введения ограничительных мер, в конце марта начали реализовываться внутренние риски через канал доходов и кредитный канал.

Далее рассмотрим, какое влияние оказал текущий кризис на ключевых участников финансового рынка России.

2 Структура и динамика участников финансового рынка России

Негативные изменения в экономике страны отражаются на всех участниках финансового рынка, ключевыми из которых являются кредитные организации, осуществляющие перераспределение свободных денежных средств между участниками экономических отношений (домохозяйствами, юридическими лицами, государством). Кредитные организации занимают доминирующее положение среди российских финансовых организаций по величине активов (Рис. 1; [1]):

Отметим, что, по состоянию на 01.01.2021 (данные опубликованы не для всех участников финансового рынка), совокупный объем активов кредитных организаций составил 103,8 трлн. рублей (на 5,7 % меньше по сравнению с 01.10.2020), в то время как объем активов страховых организаций не изменился и составил 3,8 трлн. рублей.

Одновременно, в связи повышением интереса населения к инструментам инвестирования на фондовом рынке (акции, облигации, структурные продукты), по результатам 2020 года отмечается прирост показателей деятель-

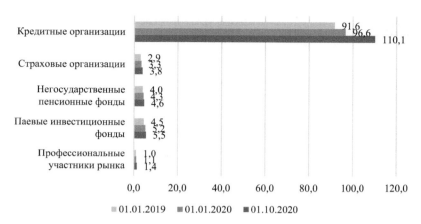

Рис. 1 Структура активов ключевых участников финансового рынка на 01.10.2020 (в трлн. рублей). (Банк России [1])

ности профессиональных участников рынка ценных бумаг. Так, количество клиентов на брокерском обслуживании выросло в 2,3 раза, оценочная стоимость ценных бумаг физических лиц увеличилась на 45 %, прирост количества клиентов доверительного управления составил 65 % [2]. Можно предположить, что рост ключевых показателей положительно скажется на структуре и величине активов профессиональных участников рынка ценных бумаг, их прибыльности и рентабельности.

Совокупное влияние внешних и внутренних факторов сказывается не только на финансовых показателях деятельности финансово-кредитных институтов, но и на их количестве (Табл. 1).

Представленные в Табл. 1 количественные показатели институциональной характеристики финансового сектора России свидетельствуют о поэтапном сокращении численности всех ключевых участников рынка. Так, за последние 10 лет количество действующих кредитных организаций уменьшилось в 2,5 раза (с 1012 до 406 организаций), число страховых организаций сократилось практически в 4 раза (с 625 до 160 организаций), снижение величины негосударственных пенсионных фондов составило почти 3,5 раза (со 149 до 43 организаций), а присутствие на рынке профессиональных участников рынка ценных бумаг сократилось более чем в 2,5 раза (с 1231 до 466 организаций). Только численность зарегистрированных паевых инвестиционных фондов характеризуется стабильностью и варьируется в пределах 1,5 тысяч (± 100 единиц), что обуславливается устойчивым интересом клиентов к ин-

Табл. 1 Динамика количества финансово-кредитных институтов в России за последние 10 лет. (Банк России [3])

Финансово-кредитный институт	01.01.2011	01.01.2012	01.01.2013	01.01.2014	01.01.2015	01.01.2016	01.01.2017	01.01.2018	01.01.2019	01.01.2020	01.10.2020	01.01.2021
Кредитные организации	1012	978	956	923	834	733	623	561	484	442	417	406
Страховые организации	625	579	458	420	404	334	256	225	199	178	165	160
НПФ	149	149	134	120	120	102	74	66	52	47	43	43
ПУРЦБ	н/д	н/д	1231	1149	1079	875	681	614	537	484	470	466
ПИФы	1444	1470	1547	1571	1534	1559	1553	1497	1440	1531	1602	н/д

струментам инвестирования, позволяющим получать доход с относительно невысоким уровнем риска.

Почему же российский финансовый сектор характеризуется существенным сокращением числа участников?

3 Тенденция сокращения количества участников банковского сектора России. Причины и последствия

Начиная с 2013 года, в России происходил массовый отзыв лицензий на осуществление банковских операций у кредитных организаций, что свидетельствовало о целенаправленной санации банковского сектора. Это подтверждает сложившаяся динамика количества действующих кредитных организаций, рассмотренная выше.

Если в 2015–2016 гг. процентное соотношение количества отозванных лицензий к числу действующих кредитных организаций составляло около 15 %, то в последние 2 года темп замедлился: число недобросовестных участников, в отношении которых была применена крайняя мера надзорного реагирования, в 2019 году составило около 6 %, а в 2020 году менее 4 % (Рис. 2). Во многом

Рис. 2 Соотношение отозванных лицензий и числа кредитных организаций. (Банк России [3, 4])

Табл. 2 Причины изменения структуры банковского сектора России с 2014 по 2020 гг. (Банк России [3, 4])

Причины изменения банковского сектора	2014 год	2015 год	2016 год	2017 год	2018 год	2019 год	2020 год
Отзыв лицензии	86	93	97	51	60	28	16
Реорганизация	7	8	13	9	11	11	11
Лицензия аннулирована по заявлению собственников	2	2	3	3	7	3	9
Количество учреждаемых кредитных организаций	7	2	4	1	1	1	2

это обусловлено тем, что Банк России усилил практику консультационного надзора (совещания с руководством кредитных организаций, письменная информация в адрес кредитных учреждений).

Таким образом, в последние годы темпы «расчистки» банковского сектора России сокращаются, что может свидетельствовать об относительном оздоровлении финансового рынка.

Следует отметить, что сокращение участников банковского сектора за счет отозванных лицензий могло бы компенсироваться вновь учреждаемыми кредитными организациями, но, принимая во внимание сложную экономическую обстановку в России и мире в целом, число зарегистрированных кредитных организаций незначительно и не способно покрыть уход участников рынка (Табл. 2).

Анализируя показатели, представленные в Табл. 2, можно сделать вывод, что на количественный состав участников банковского сектора, помимо отзыва лицензии, также влияет добровольная ликвидация, сокращение вновь учреждаемых кредитных организаций. Ещё 10–15 лет назад за год в Банк России поступало около 20 ходатайств о государственной регистрации вновь учреждаемой кредитной организации, тогда как в настоящее время за календарный год поступает 1–2 ходатайства.

Сложившаяся динамика сокращения числа участников банковского сектора влечет за собой негативные последствия для экономики:

- снижается конкуренция, в результате чего отдельные кредитные организация в удаленных регионах становятся монополистами;
- уменьшается объем «вливания» денежных средств в экономику – уровень доверия населения к кредитным организациям падает, вследствие чего физические лица чаще всего становятся клиентами крупных кредитных организаций с государственным участием;
- сокращается число небольших региональных кредитных организаций, которые были не только «двигателями» экономики региона, но и предоставляли рабочие места для квалифицированного персонала, а также являлись источником заемных средств для регионального бизнеса;
- уменьшается финансирование небольших региональных проектов ввиду их низкой рентабельности для крупных кредитных организаций;
- в отдельных труднодоступных регионах отсутствуют подразделения кредитных организаций, в результате чего физическим лицам для получения наличных денежных средств, а также банковских продуктов/услуг приходится осуществлять длительные передвижения.

В настоящее время достаточно остро стоит вопрос о влиянии пандемии COVID-19 на развитие всех отраслей экономики. Каково же влияние пандемии на банковский сектор?

4 Влияние пандемии COVID-19 на банковский сектор России. Отрицательные и положительные последствия, меры поддержки со стороны государства

Пандемия COVID-19 замедлила темп сокращения числа участников банковского сектора. Начиная с марта 2020 года, Банком России предпринимались меры, направленные на поддержку финансово-кредитных институтов в рамках изоляционных мероприятий (послабления в порядке отчетности, отказ от проведения инспекционных проверок, смягчение требований по вопросам формирования резервов на возможные потери), в том числе в период с апреля по июль 2020 года не осуществлялась процедура отзыва лицензий на осуществление банковских операций. За 2020 год крайняя мера была применена всего к 16 кредитным организациям (3,9 %), причем 12 из них лишились лицензий, начиная с июля 2020 года. Кроме того, у 9 кредитных организаций лицензии на осуществление банковских операций были аннулированы по заявлению собственников, что свидетельствует о принятии акционерами (участниками) решения о добровольном уходе с рынка.

Рассмотрим динамику изменений основных показателей деятельности банковского сектора за 2020 год (Табл. 3).

Валюта баланса банковского сектора России на 01.01.2021 составила 103,8 трлн рублей, что почти на 17 % выше значения на конец 2019 года. Изменение активов произошло в основном за счет увеличения кредитного портфеля, пассивов – за счет привлеченных средств клиентов.

По оценкам Банка России, прирост корпоративного кредитного портфеля в 2020 году составил 9,9 % (против 5,8 % за 2019 год), объем ипотечного кредитного портфеля увеличился на 25 % (против 20 % за 2019 год), потребительский кредитный портфель увеличился на 9,2 % (против 20,9 % за 2019 год) [5]. Объем сформированных резервов на возможные потери увеличился на 15,3 %, в основном за счет доформирования по вновь выданным кредитам, а также обесценения ранее выданных ссуд. Существенного ухудшения качества кредитного портфеля не отмечается, в том числе благодаря реализованным мерам поддержки.

Обязательства банковского сектора составляют 93,2 трлн рублей, их совокупный объем за 2020 год вырос на 17,6 %, в основном за счет увеличения средств клиентов. В структуре привлеченных средств к концу 2020 года произошли изменения: объемы привлеченных средств корпоративных клиентов и физических лиц практически сравнялись и составили по 44 % каждый.

Объем привлеченных средств граждан по результатам 2020 года увеличился на 7,5 %, в основном за счет капитализации процентов по вкладам, поступлений на текущие счета бонусов по результатам деятельности за год.

В связи с изменениями в структуре привлеченных средств в течение 2020 года, когда физические лица изымали свои сбережения с депозитных счетов для их размещения в иные инструменты, банки стали привлекать ресурсы через иные средства фондирования: доля заимствований на межбанковском рынке увеличилась на 12 %, кредиты, полученные от Банка России, выросли практически в 1,5 раза.

Совокупный объем источников собственных средств на 01.01.2021 составил 10,7 трлн рублей, что на 11,3 % превышает значение предыдущего года.

Табл. 3 Агрегированный баланс банковского сектора России за 2020 год (в млрд рублей). (Банк России [5])

Наименование показателя	На 01.01.2020	На 01.01.2021	Изменение	
			в млрд рублей	в %
Активы				
Денежные средства и их эквиваленты	6054	6608	554	9,15 %
Кредитный портфель, в т.ч.:	53 418	61 117	7699	14,41 %
– Кредиты юридическим лицам	39 004	44 760	5756	14,76 %
– Кредиты физическим лицам	17 651	20.044	2393	13,56 %
Резервы на возможные потери	−5274	−6083	−809	15,34 %
Итого активов	88 796	103 842	15 046	16,94 %
Обязательства				
Кредиты от Банка России	2451	3598	1147	46,80 %
Средства банков	8847	9906	1059	11,97 %
Средства клиентов, в т.ч.:	63 435	72 488	9053	14,27 %
– Средства юридических лиц	28 147	32 645	4498	15,98 %
– Средства физических лиц	30 549	32 835	2286	7,48 %
Итого обязательств	79 203	93 161	13 958	17,62 %
Источники собственных средств				
Уставный капитал и эмиссионный доход	4873	4812	−61	−1,25 %
Чистая прибыль текущего года	1715	1608	−107	−6,24 %
Итого источников собственных средств	9593	10.681	1088	11,34 %
Итого обязательств и источников собственных средств	88 796	103 842	15 046	16,94 %

Накопленная капитальная база позволяет банкам покрывать незапланированные расходы, вызванные последствиями распространения коронавирусной инфекции.

Прибыль банковского сектора России за 2020 год составила около 1,6 трлн. рублей, что всего на 6 % меньше прибыли по результатам 2019 года.

Таким образом, проанализированные показатели свидетельствуют о способности банковского сектора противостоять экономическому шоку.

К основным негативным последствиям COVID-19 для банковского сектора можно отнести:

- частичное изменение структуры ресурсной базы в связи с оттоком средств вкладчиков с банковских счетов в пользу иных инструментов инвестирования с потенциально более высокой прибыльностью;
- прогнозное сокращение уровня доходности за счет дефолта отдельных заемщиков, получивших заемные средства в период пандемии по лояльной программе кредитования (кредитный риск);
- существенная волатильность иностранной валюты, которая оказала негативное влияние не только на банковский сектор, но и экономику страны в целом (операционный риск);
- дополнительные расходы на цифровизацию банковской деятельности в части улучшения коммуникаций с клиентами, повышения доступности банковских продуктов/услуг;
- повышен риск понесения дополнительных потерь вследствие неспособности контрагентов (клиентов, банков-корреспондентов) исполнять свои обязательства в установленных сроках и объемах;
- увеличение странового риска из-за введения новых санкций.

В целях минимизации потерь от пандемии, Правительством Российской Федерации в 2020 году был разработан план восстановления экономики, предусматривающий осуществление стабилизационных мер в три этапа (совокупная стоимость мероприятий оценивается в 5 трлн рублей). По оценкам авторов данного плана, к середине 2021 года экономика России должна стабилизироваться и достигнуть показателей 2019 года [6]. Комплекс поддерживающих мероприятий предусматривает:

- бюджетную поддержку (правительственные гарантии, программы поддержки бизнеса, социальные выплаты населению, налоговые послабления);
- денежно-кредитную политику, направленную на поддержку рынков (снижение ключевых ставок, расширение механизмов предоставления лик-

видности, программы поддержки кредитования, поддержка долларовой ликвидности, проведение валютных интервенций);
- смягчение финансового регулирования (отложено признание долгов безнадежными, разработаны рекомендации по реструктуризации долгов малого и среднего бизнеса и домохозяйств, временное смягчение надбавок и базельских нормативов).

По данным Банка России, в экономику планируется направить около 7–8 % ВВП в качестве мер поддержки, что является достаточно небольшим значением в сравнении с Германией, Италией и Японией, где запланировано направить более 30 % ВВП [7].

Отметим, что последствия пандемии коронавирусной инфекции привнесли в финансовый сектор России также отдельные положительные моменты:
- усиление роли цифровизации практически во всем финансовом секторе в связи с необходимостью осуществления взаимодействия с потенциальными или действующими клиентами по электронным каналам связи. Банком России инициирован проект «Маркетплейс» для предоставления финансовых услуг физическим лицам в электронном виде, что ускоряет и упрощает процесс получения продукта/услуги, минимизирует риски и повышает доступность. В начале 2021 года был разработан и внесён на рассмотрение законопроект, предусматривающий доступ к маркетплейсу субъектов малого и среднего предпринимательства;
- усиление темпов кредитования за счёт снижения ключевой ставки Банка России (если в начале 2020 года ключевая ставка составляла 6,5 %, то с июля 2020 года она была снижена до рекордных 4,25 %, с 22.03.2021 составляет 4,5 %) и проводимых государством фискальных мер поддержки. Процентные ставки по кредитам, предоставляемым физическим и юридическим лицам, поэтапно снижались вслед за ключевой ставкой Банка России за счёт действия трансмиссионного механизма;
- увеличение заинтересованности населения новыми инвестиционными инструментами, что стимулирует развитие финансового рынка и открывает возможности для повышения уровня финансовой грамотности;
- добровольный и принудительный уход с рынка отдельных участников, финансовые показатели которых не способны обеспечить стабильность в кризисных ситуациях, что свидетельствует о повышении устойчивости банковского сектора.

5 Заключение

Пандемия COVID-19 оказала губительное влияние на многие отрасли экономики во всем мире: масштабная безработица, снижение темпов производства, экономический спад, дефолты. Россия также понесла существенные потери ввиду распространения коронавирусной инфекции и последовавшего экономического кризиса. В настоящее время Россия постепенно приближается к стадии восстановления: начинает стабилизироваться производство, запланированы и реализуются различные поддерживающие мероприятия. В дальнейшем предстоит этап длительной ремиссии, который потребует дополнительных ресурсов.

На фоне этих событий финансовый сектор претерпел существенные как количественные, так и качественные изменения: отдельные участники ушли с рынка, не справившись с финансовыми трудностями, произошло перераспределение ресурсов, изменилась специфика предоставления услуг в сторону цифровых каналов. Вместе с тем, проведенный анализ показателей деятельности российского банковского сектора свидетельствует о возможности финансово-кредитных институтов противостоять экономическому шоку.

Литература

[1] Банк России Обзор российского финансового сектора и финансовых инструментов 2019 год. https://cbr.ru/Content/Document/File/107372/overview_2019.pdf
[2] Банк России Обзор ключевых показателей профессиональных участников рынка ценных бумаг за 2020 год. http://cbr.ru/Collection/Collection/File/32068/review_secur_20.pdf
[3] Банк России Годовой отчет Банка России. http://www.cbr.ru/about_br/publ/god/$
[4] Банк России Новости банковского сектора. https://www.cbr.ru/banking_sector/news/
[5] Банк России О развитии банковского сектора Российской Федерации в декабре 2020 года. http://cbr.ru/Collection/Collection/File/31927/razv_bs_20_12.pdf
[6] Президент России Встреча Президента России с Председателем Правительства Михаилом Мишустиным. http://kremlin.ru/events/president/news/63445
[7] Банк России Обзор финансовой стабильности за 2–3 кварталы 2020 года. https://cbr.ru/Collection/Collection/File/31582/OFS_20-2.pdf

Корпоративное управление: регуляторное совпадение как методика стратегического маркетинга для автомобильного рынка

Lauritz Luttermann B.Sc.

Аннотация

В этой статье применительно к автомобильному рынку России рассматривается теория фокуса регуляции по Хиггинсу, в частности – целенаправленное обеспечение ситуационного фокуса и мотивационная ориентация потребителя, позволяющая добиться поведения, необходимого для эффективного корпоративного управления. В статье демонстрируются практические способы достижения регуляторного совпадения (regulatory fit) средствами стратегического маркетинга, в частности – с помощью коммуникационного инструмента личных рекомендаций. Также уделяется внимание стратегическим соображениям и важности межкультурных особенностей.

Abstract

Corporate Governance: Regulatory Fit as Strategic Marketing for the Car Market

This article deals with the regulatory focus theory according to Higgins in the context of corporate governance in the automotive market with a thematic focus on Russia. The precise addressing of the situational focus and the motivational orientation of a consumer in order to initiate a behavior that is desired for efficient corporate governance comes to the fore. Concrete design options are shown to establish a regulatory fit communicatively through strategic marketing and to make a profit. For this purpose, the communication tool of the testimonial is being discussed in particular. Overall, strategic implications and critical aspects for practice are shown on an intercultural level.

Ключевые слова/Keywords

стратегический маркетинг, регуляторное совпадение, корпоративное управление, автомобильный рынок, фрейминг, прайминг, рекомендация, глокализация, Strategic marketing, Regulatory Fit, Corporate Governance, Automotive market, Framing, Priming, Testimonial, Glocalization.

1   Введение. Корпоративное управление

Корпоративное управление описывает все бизнес-процессы предприятия и их эффективность. Сегодня исследователи уделяют всё больше внимания взаимодействию практик корпоративного управления с экономическими процессами, в том числе взаимосвязи с процессами подбора персонала, управления цепочками поставок или привлечения инвестиций [1 с. 456, 2, с. 2]. Из рассмотрения, однако, часто упускается взаимосвязь с маркетинговыми процессами, то есть возможность средствами корпоративного управления добиться регуляторного совпадения и выстроить все взаимодействия таким образом, чтобы с максимальной прибылью реализовывать товары и услуги, удовлетворяя все потребности клиентов.

Основу для такого рассмотрения дает работа *Э. Тори Хиггинса* [3, с. 1280–1300] и его последователей, которым удалось показать, что люди демонстрируют определенное покупательское поведение и отношение к цене. Те предприятия, которым удается добиться т.н. «регуляторного совпадения» (regulatory fit), получают больший экономический эффект. Регуляторное совпадение определяется как «совпадение того, как человек добивается своей цели, и того, на какую цель он ориентируется» (*«match between the manner in which a person persues a goal and his or her goal orientation»; [4, c. 15]*). Так как регуляторное совпадение описывает доминирующие фокусы регуляции, предприятию необходимо обращаться к этим фокусам [5, с. 7 и далее].

Это позволяет сформулировать основной вопрос моего исследования: как на автомобильном рынке добиться регуляторного совпадения средствами корпоративного управления и коммуникационной маркетинговой политики, а затем стратегически применить его? Ответ на этот вопрос будет сформулирован в три этапа: на первом я конкретизирую концепцию регуляторного фокуса (п. 2) и изложу теорию регуляторного совпадения (п. 3), затем предложу возможные способы достижения и использования регуляторного сопадения на примере автомобильного рынка (п. 4), упомяну несколько стратегических соображений и практических рекомендаций (п. 5), а также уделю внимание межкультурным аспектам (п. 6). Статья завершается выводами (п. 7).

2 Концепция обращения к потребностям

2.1 *Фокус продвижения и фокус профилактики*

В литературе выделяются две мотивационные системы человека [3, с. 1280]. Если он преследует абстрактные цели, например самореализацию или достижение совершенства (т.н. «идеальные цели»), это свидетельствует о наличии у него *фокуса продвижения*. Такие люди делят ситуации на выигрыш (gain) и отсутствие выигрыша (non-gain; [3, с. 1282]), придерживаясь своих идеалов несмотря на риск [6, с. 206]. Люди с *фокусом профилактики*, напротив, стремятся минимизировать все возможные риски, различая ситуации потери и отсутствия потерь (loss и non-loss). Обе эти категории применимы к российскому автомобильному рынку в части создания коммуникативных стимулов.

История развития сельского хозяйства в России 1920–90 гг. показывает, что недостаточная управленческая координация могла приводить к серьезным потерям, например к вынужденной утилизации 30 % всей сельскохозяйственной продукции Тюменской области [7, с. 22]. Достижение регуляторного совпадения дает возможность планировать производство в соответствии со спросом и с должной прибылью продавать промышленные товары, такие как автомобили, обращаясь к эмоциям конкретных целевых групп, а отказ от производства ненужных рынку автомобилей позволяет экономить ценные ресурсы.

Основой для индивидуального подхода к целевым группам служит иерархическая модель потребностей Маслоу [8, с. 394 и далее], в которой выделяется пять уровней: физиологические нужды, потребности в безопасности, социальные контакты, признание, самореализация. В рамках этой модели предприятие может определить для себя, какой уровень потребностей удовлетворяется их продукцией и на каком уровне ведется коммуникация со стороны потребителя. Здесь также становится очевидной тесная связь стратегического маркетинга и корпоративного управления через регуляторное совпадение. Описанный подход можно перенести и на регуляторный фокус: так, мотивация обеспечения безопасности является обязательной целью в отличие от стремления к самореализации, которая является идеальной [9, с. 34].

Если продукт имеет признаки обоих фокусов, то на средних уровнях иерархии (социальные контакты, признание) провести точную границу невозможно, поэтому производителю нужно будет выделить те свойства продукта, которые соответствуют регуляторному фокусу потребителя, намеренно умалчивая о свойствах, не совпадающих с ним (Levav, Kivetz and Cho 2010, 431). Кроме того, стремление к идеальным целям у людей с *фокусом продвижения* может заходить настолько далеко, что они начинают видеть смысл и выгоду даже в противоречивых действиях [10, с. 147].

2.2 Выбор стратегии: приближение (match) или избегание (mismatch)

В своей концепции регуляторного совпадения Хиггинс дистанцируется от постулата о том, что люди стремятся достигать оптимального для себя результата, прилагая к этому минимальные усилия. Он пишет, что принятое решение не может считаться «удачным» лишь из-за того, что произвело большой эффект, так как, принимая решения, люди должны следовать принципу моральной ответственности перед собой и окружающими [11, с. 1218 и далее].

Если продукт укладывается в систему ценностей потребителя, тот ощущает, что «всё сделал правильно» [5, с. 2]. Определяющее значение имеет дозированное применение нужных инструментов [11, с. 1223], позволяющих привлечь потребителей с *фокусом продвижения* и не отпугнуть потребителей с *фокусом профилактики* [3, с. 1282]. Если при принятии решения использовались неподходящие инструменты, то регуляторное совпадение будет неудовлетворительным: достижению цели при *фокусе продвижения* будет мешать обращение к бдительности и осторожности, а при *фокусе профилактики* – обращение к азарту и честолюбию [11, с. 1223]. Таким образом, регуляторный фокус позволяет предприятиям оптимизировать отношение потребителей к своему бренду [4, с. 16].

2.3 Стандарты поведения: доминирующий и ситуативный фокус

Основой для целевого маркетинга служат стандарты поведения, иначе говоря – фокусы. Характер человека (его доминирующий фокус) складывается в результате длительного обучения, осмысления и социализации через взаимодействие с близкими людьми: родителями, братьями, сестрами и друзьями. Он никогда не носит характера чистого фокуса *продвижения* или *профилактики* [3, с. 1282]. Тем не менее, один из этих фокусов является доминирующим регуляторным [12, с. 445].

Маркетинговые мероприятия ориентируются на ситуативный фокус [13, с. 1127 и далее]. Чтобы убедить потребителя приобрести продукт, производитель должен обеспечить соответствие регуляторной направленности человека и способа достижения цели за счет особенностей предлагаемого продукта или услуги, а также добиться регуляторного совпадения [3, с. 1281 и далее]. Более того, Ли, Аакер и Гарднер вообще считают, что ситуативный фокус способен полностью заместить собой доминирующий [13, с. 1127 и далее]. Это можно продемонстрировать на примере российских СМИ, которые сейчас находятся в процессе перехода к модели потребления on-demand [14, с. 36].

2.4 Варианты фрейминга и их применимость

Атрибутивный фрейминг в первую очередь подходит для коммуникации с потребителем в магазинах. Конкретная реализация метода зависит от того, как именно выделяются либо скрываются нужные характеристики продукта (например, на упаковке). Российский автомобильный рынок сейчас претерпевает трансформацию, развиваясь в сторону экономики совместного потребления. В крупных городах (Санкт-Петербург, Москва и Екатеринбург) работают такие операторы, как Яндекс.Драйв, «Делимобиль», Youdrive и Zvezdacar [15, стр. 125]. Их цель на этом высококонкурентном рынке должна заключаться в том, чтобы в нужный момент предложить человеку, ищущему каршеринговый автомобиль, нужные ситуативные аргументы, которые соответствуют его личным потребностям, ориентированным на продвижение или профилактику.

Вторая возможность – это *целевой фрейминг*, который позволяет влиять на поведение потребителя за счет акцента на положительные или отрицательные последствия действия или бездействия. Именно по этому принципу построена «шок-реклама»: так как подчеркивать негативные последствия определенного поведения эффективнее, чем выделять положительные, антитабачная реклама должна концентрироваться на отрицательных последствиях курения, то есть ситуативно обращаться к фокусу *профилактики* [3, с. 1282].

Фрейминг рискованного выбора основан на теории перспектив [16, p. 453 и далее]. Он объясняет процесс достижения регуляторного совпадения и ставит под сомнение традиционные маркетинговые стратегии. Эта методика исходит из того, что суждение человека о ценности всегда субъективно, поэтому люди склонны переоценивать значимость потери (т.е. повышения цены) и недооценивать значимость выгоды (т.е. скидки; [16, p. 456]; см. также п. 2.5.).

2.5 Прайминг и его последствия для стратегии

Под *праймингом* подразумевается попытка оказать подсознательное влияние на поведение потребителя за счет обращения к его памяти. Классический пример такого метода можно наблюдать в туристических агентствах: с самого начала беседы сотрудник узнает у клиента об ожиданиях, пожеланиях и представлениях об удачном отдыхе, побуждая его к размышлению о целях и тем самым «подготавливая» его фокус.

Очевидно, что клиентам с фокусом *продвижения* следует бесплатно предлагать лишь ограниченный набор дополнительных услуг, удовлетворяя их стремление к выгоде лишь частично: в следующий раз оказать им эту же услугу за деньги будет очень сложно, так как с точки зрения компании клиент уже исходит из ложных посылок. Если же впоследствии услуга будет выставлена в счет, то это негативно отразится на регуляторном фокусе и выразится в более слабом регуляторном совпадении [3, с. 1285], что вредит деловым отношениям. Лучшим решением будет кратко, но ярко описать дополнительные услуги, чтобы укрепить клиента в желании приобрести их.

3 Теория регуляторного совпадения

3.1 Основы поведенческой психологии

Согласно гедонистическому принципу, человеку свойственно стремиться к положительным состояниям и по возможности избегать всех негативных обстоятельств [3, с. 1280]. Хиггинс считает, что этот принцип не может служить единственной движущей силой мотивации, так как важную роль играет способ достижения или приближения к этим состояниям, а также влияние выбранной стратегии на принимаемые решения [3, с. 1280 и далее]. Определяющим для теории Хиггинса является процесс саморегуляции человека: эта система побуждает его приближаться к искомому состоянию (т.н. «цель приближения», approach goal), минимизируя отклонения от него, и удаляться от нежелательного состояния (т.н. «цель избегания», avoidance goal).

3.2 Привлечение клиентов с помощью регуляторного сопадения

Аакер и Ли демонстрируют важность регуляторного совпадения в экономике на примере покупки автомобиля [17, с. 33]. Решающим для заключения договора купли-продажи фактором является обращение к ситуативному фокусу: если в ходе разговора продавцу удастся транслировать клиенту нужное сообщение (например, в случае фокуса *профилактики*, рассказать о том, как автомобиль защищает от тяжких ДТП), то вероятность успешной сделки повышается, так как индивидуальный фокус потребителя идеально соответствует характеристикам продукта, то есть достигается регуляторное совпадение. В таких случаях потребители демонстрируют более высокую мотивацию и склонны к большим тратам [5, с. 6 и далее].

4 Регуляторное совпадение на автомобильном рынке

4.1 Имидж бренда и регуляторное совпадение через фокус *продвижения*

Для ориентированных на прибыль отраслей – в частности, для автомобильного рынка – характерна высокая сложность построения коммуникационных процессов. Необходимыми условиями успеха здесь являются безукоризненный имидж бренда [18, с. 479], четкое отграничение от конкурентов и наличие многочисленных стимулов к покупке основного продукта. Добиться этих целей можно за счет должного регуляторного совпадения. Например, при покупке автомобиля определенного класса клиентам с фокусом *продвижения* можно предложить членство в эксклюзивном клубе для водителей и другие привилегии, удовлетворяющие потребность потребителя в «выигрыше» [3, с. 1283]: годовую подписку на корпоративный журнал, возможность приобретения эксклюзивных билетов на футбольные матчи, розыгрыши VIP-пакетов на крупные спортивные соревнования (например, билетов на гонку «Формулы–1» с экскурсией в боксы Mercedes), а также карту лояльности с дополнительными функциями (например, с платежным приложением) и накопительной системой бонусов (Basic, Silver, Gold, Platinum, Diamond). Все эти меры способы стимулировать покупательское поведение, так как клиент получает вознаграждение за свою покупку, а его лояльность к компании повышается.

4.2 Эмоциональная аргументация через личные рекомендации

Рекламные мероприятия открывают дополнительные возможности для достижения регуляторного совпадения. Они позволяют целенаправленно, но без лишней навязчивости обратиться к потребителям с фокусом *продвижения*, апеллируя к их эмоциям: продукт (в нашем примере – автомобиль) презентуется в приятной и приватной обстановке, и его лично рекомендует знаменитость (например, популярный спортсмен). Подобное мероприятие также укрепляет доверие клиентов с фокусом *профилактики*. Успешное сотрудничество Audi и футбольного клуба «Бавария» демонстрирует, что личный характер рекомендации, данной известным человеком, способствует переносу его положительного имиджа на бренд продукта. При этом следует отметить и риски обратного переноса в случае репутационных скандалов с рекламным партнером.

Привлечение известных людей при должном исполнении позволяет охватить клиентов с обоими фокусами лучше, чем другие рекламные инструменты. Такая реклама позволяет убедительно транслировать потребителю эмоциональные стимулы, в которых он практически не сомневается, то есть обеспечивает высокую эффективность. Например, таким образом можно продвигать дополнительное оснащение: когда человек, являющийся лицом бренда, включает в рекламном ролике навигационную систему или садится в удобное кожаное кресло, то повышенная эмоциональная мотивация при выборе комплектации нивелирует общий настрой на сознательную (т.е. критическую) аргументацию при покупке автомобиля. Это позволяет извлечь выгоду из эмоционального фактора и продавать высокомаржинальные дополнительные продукты, не убеждая клиента в их необходимости.

Использование образа известного человека в рекламе снижает риск сопротивления клиентов при повторном контакте через выбранный канал коммуникации (например, с помощью индивидуальных писем или массированной рекламной кампании в прессе), так как реклама по сути становится личным обращением знаменитости к человеку.

4.3 Имидж бренда и регуляторное совпадение через фокус *профилактики*

Клиенты с фокусом *профилактики* могут приобретать эксклюзивный автомобиль, чтобы «перестраховаться»: например, чтобы казаться сильнее и соответствовать окружению, повысив свой социальный статус и избавившись от навязчивых фобий. В то же время привлечение известной персоны теряет действенность и способно навредить марке, если этот коммуникационный инструмент чрезмерно агрессивно используется сторонними компаниями, даже если в рекламе участвует другая знаменитость.

Людям с фокусом *профилактики* автоконцерн должен транслировать идею безопасности и сводить к минимуму эффект от событий, воспринимаемых как потеря. Пользу приносит рассказ о мерах, которые снижают вероятность попасть в ДТП и обеспечивают надежную защиту в экстренных случаях (например, о системе АБС; [3, с. 1283]). В качестве дополнения можно предлагать покупателю курсы противоаварийного вождения, услугу помощи на дорогах, проводить экскурсии по производству, организовывать индивидуальные встречи с сотрудниками (например, с инженерами по автомобильной безопасности), создавая доверительную атмосферу. Акцент на высоком качестве продукта снижает страх перед высокими затратами в будущем. Дополнительным аргументом в пользу приобретения могут служить привлекательные условия кредитования (как это делает AUDI-Bank), которые открывают потенциал внутрикорпоративных перекрестных продаж [19, с. 77].

5 Важные стратегические соображения

Залогом успеха является выбор рекламных сообщений, соответствующих фокусу потребителя, поэтому сотрудники отдела продаж должны уметь определять его [17, с. 33]. Оперативную диагностику регуляторного фокуса можно проводить с помощью соответствующего опросника.

В стратегическом плане важно соблюдать баланс: если компания сужает рынок слишком сильно, так как в попытках обеспечить лучшее регуляторное совпадение ориентируется на ограниченную аудиторию, то рискует потерять из вида конкурентов и попасть в трудное финансовое положение. Кроме того, существует риск того, что направленность продуктов компании на достижение регуляторного совпадения с конкретными фокусами станет чрезмерной, хотя потребности клиентов начнут сближаться, стирая границу между мотивационной ориентацией.

Феномен регуляторного совпадения также затрагивает этические аспекты [11, с. 1218]. Исследователи говорят о культурной предрасположенности к определенным регуляторным фокусам [13, с. 1132 и далее], поэтому компании, целенаправленно работающие над достижением регуляторного совпадения, могут оказаться перед этической дилеммой. В п 4.3 я уже демонстрировал, как регуляторное совпадение (например, возможность покупки автомобиля в кредит) позволяет преодолевать возражения даже у клиентов с фокусом *профилактики*, то есть побуждает к избыточному потреблению и способно привести к негативным последствиям, вплоть до невозможности платить по кредитам.

6 Межкультурные аспекты

Интернет открывает новые возможности корпоративного управления: онлайн-инструменты стратегического маркетинга идеально подходят для индивидуального контакта с клиентом, а большие данные и технологии машинного обучения обеспечивают более точное регуляторное совпадение, так как по поведению людей в Сети можно понять их фокус. В то же время всемирная цифровизация несет опасность упрощения за счет создания универсальных решений, не учитывающих географические и культурные различия. Важную роль здесь играют культурные особенности: например, название модели Chevrolet Nova в Италии было воспринято не так, как в остальной Европе (no va = «не едет»; [20, с. 123]), а модель Audi 200 в США продавалась под обозначением Audi 5000, так как на американском рынке потребителям больше нравятся большие числа в названиях.

Решающим фактором является глокализация [21, с. 122], то есть использование глобального опыта для достижения успеха в локальных продажах автомобилей: регуляторное совпадение следует рассматривать как метод, позволяющий предоставить потребителю подходящий ему автомобиль вместе с необходимыми услугами. Таким образом компания получает дополнительную прибыль за счет перекрестных продаж (при наличии комплексной стратегии корпоративного управления, включающей стратегический маркетинг), потребитель получает положительные эмоции и опыт, а производитель повышает свой оборот и прибыльность.

Для московского метрополитена недавно было проведено обширное исследование для улучшения клиентского опыта, призванное определить факторы, оказывающие существенное положительное или отрицательное влияние на восприятие качества сервиса, то есть затрагивающие фокус профилактики или продвижения [22, с. 381 и далее]. Для обеспечения добросовестной конкуренции и эффективности бизнеса необходимо создать единые национальные и наднациональные стандарты, регулирующие сбор и обработку подобных данных.

7 Выводы и перспективы

Включение стратегического маркетинга в схему корпоративного управления позволяет существенно повысить эффективность и, следовательно, прибыльность компании. Одной из маркетинговых методик является обеспечение регуляторного совпадения. Она имеет большой потенциал для привлечения клиентов и выстраивания долгосрочных отношений с ними. Регуляторное совпадение позволяет компаниям стратегически подстраивать свойства своего продукта под мотивационную ориентацию потребителя, как было продемонстрировано выше на примерах для автомобильного рынка.

Атрибуты, ключевые для различных фокусов, следует учитывать уже на ранних стадиях разработки продуктов и услуг, что будет выгодно отличать их от слабо структурированных предложений конкурентов. Пример автомобильного рынка показывает, что коммуникация должна быть направлена как на фокус *профилактики*, так и на фокус *продвижения*. В этой работе компании могут воспользоваться различными приемами, в том числе инструментом личной рекомендации, который обеспечивает регуляторное совпадение, выстраивая убедительную аргументацию и снижая риск сопротивления за счет того, что потребитель вступает во взаимодействие с рекламой добровольно. При работе за рубежом компаниям следует учитывать особенности целевых культур.

Литература

[1] Luttermann, C. (2017). „Banking on trust as individual responsibility: corporate finance, speculation and global capital markets". In J. J. du Plessis, B. Großfeld, C. Luttermann, I. Saenger, O. Sandrock & M. Casper (Eds.), *German corporate governance in international and European context* (3rd edn., pp. 431–475). Springer.
[2] Diefenbach, U., Schnellbächer, B., & Heidenreich, S. (2020). Using regulatory fit in cost reduction announcements. *Journal of Accounting & Organizational Change, Vol. 17 (2)*, 1–25.
[3] Higgins, E. T. (1997). Beyond pleasure and pain. *American Psychologist, 52*(12), 1280–1300.
[4] Aaker, J. L., & Lee, A. Y. (2006). Understanding regulatory fit. *Journal of Marketing Research, XLIII*, 15–19.
[5] Avnet, T., & Higgins, E. T. (2006). How regulatory fit affects value in consumer choices and opinions. *Journal of Marketing Research, XLIII*, 1–10.
[6] Lee, A. Y., & Aaker, J. L. (2004). Bringing the frame into focus: the influence of regulatory fit on processing fluency and persuasion. *Journal of Personality and Social Psychology, 86*(2), 205–218.
[7] Griewald, Y. (2016). Institutional economics of grain marketing in Russia: Insights from the Tyumen region. *Journal of Rural Studies, 47*(Part A), 21–30.
[8] Maslow, A. H. (1943). A theory of human motivation. *Psychological Review, 50*, 370–396. оригинал доступен на веб-сайте*Университета Йорка (*http://psychclassics.yorku.ca/Maslow/motivation.htm*)*; дата обращения – 3 марта 2021.
[9] Werth, L., & Foerster, J. (2007). How regulatory focus influences consumer behavior. *European Journal of Social Psychology, 37*, 33–51.
[10] Chernev, A. (2004). Goal – attribute compability in consumer choice. *Journal of Consumer Psychology, 14*(1–2), 141–150.
[11] Higgins, E. T. (2000). Making a good decision: value from fit. *American Psychologist, 55*(11), 1217–1230.
[12] Cesario, J., Higgins, E. T., & Scholer, A. A. (2008). Regulatory fit and persuasion: basic principles and remaining questions. *Social and Personality Psychology Compass, 2*(1), 444–463.

[13] Lee, A. Y., Aaker, J. L., & Gardner, W. L. (2000). The pleasures and pains of distinct self-construals: the role of interdependence in regulatory focus. *Journal of Personality and Social Psychology, 78*(2), 1122–1134.
[14] Milshina, Y., & Vishnevskiy, K. (2019). Roadmapping in fast changing environments – the case of the Russian media industry. *Journal of Engineering and Technology Management, 52*, 32–47.
[15] Kireeva, N., Zavyalov, D., Saginova, O., & Zavyalova, N. (2021). Car sharing market development in russia. *Transportation Research Procedia, 54*, 123–128.
[16] Tversky, A., & Kahneman, D. (1981). The framing of decisions and the psychology of choice. *Science, 211*, 453–458.
[17] Aaker, J. L., & Lee, A. Y. (2001). "I" seek pleasures and "we" avoid pains: the role of self-regulatory goals in information processing and persuasion. *Journal of Consumer Research, 13*, 33–49.
[18] Casper, M. (2017). Corporate governance and corporate compliance. In J. J. du Plessis, B. Großfeld, C. Luttermann, I. Saenger, O. Sandrock & M. Casper (Eds.), *German corporate governance in international and European context* (3rd edn., pp. 477–516). Springer.
[19] Crosby, L. A., Evans, K. R., & Cowles, D. (1990). Relationship quality in services selling: an interpersonal influence perspective. *Journal of Marketing, 54*, 68–81.
[20] Bannenberg, A.-K. (2011). *Die Bedeutung interkultureller Kommunikation in der Wirtschaft*. Kassel University Press.
[21] Großfeld, B. (2019). *Schritte über Grenzen: Rechtsvergleichende Kulturerfahrung*. LIT.
[22] Reshetko, N., Safronova, A., Vakulenko, S., Kurenkov, P., & Sokolova, A. (2021). Quality assessment of management decisions in the system of marketing and public relations of a transport enterprise. *Transportation Research Procedia, 54*, 380–387.

Управление университетом в условиях неопределенности: опыт СПбГЭУ

Prof. Dr. Igor Maksimtsev, Dr. Natalia Sirota, Ekaterina Sergeeva M.Sc.

Аннотация

В данной статье описывается опыт Санкт-Петербургского государственного экономического университета по ведению образовательной и административно-управленческой деятельности во время пандемии коронавирусной инфекции. Какие вызовы возникали перед университетом, как СПбГЭУ переживал трансформацию и адаптацию, какие новые возможности возникли перед высшим учебным заведением.

Abstract

University Management in the Face of Uncertainty: The Experience of UNECON

This article describes the experience of UNECON in conducting educational and administrative activities during the coronavirus pandemic. What challenges did the university face, how did UNECON experience transformation and adaptation, what new opportunities did the higher education institution.

Ключевые слова/Keywords

СПбГЭУ, административно-управленческий аппарат, педагогический состав, обучающиеся, дистанционные технологии, образовательный процесс, массовые мероприятия, UNECON, administrative and managerial staff, teaching staff, students, distance technologies, educational process, mass events.

В условиях пандемии, вызванной распространением коронавирусной инфекции COVID-19, Санкт-Петербургский государственный экономический университет провел масштабную трансформацию как в образовательном процессе, так и в системе функционирования вуза в целом. В процессе трансформации Университет столкнулся с большим количеством разнообразных вызовов, связанных с адаптацией к работе в новых условиях.

Как и многие другие учебные заведения по всему миру, СПбГЭУ пришлось экстренно проводить большой комплекс мероприятий для создания благоприятных условий обучения в дистанционном формате. Перед нами стояла задача оперативно перевести весь профессорско-преподавательский состав, а также весь контингент, состоящий более чем из 12 000 обучающихся на всех уровнях образования (бакалавриат, специалитет, магистратура, среднее профессиональное образование, аспирантура, ДПО) на использование ресурсов электронной информационно-образовательной среды Университета.

Благодаря тому, что в Университете уже использовалась система дистанционного образования Moodle, процесс перехода осуществлялся не в авральном режиме. Говоря об эксплуатации системы Moodle в доковидный период, речь шла преимущественно об использовании ее для обучения людей с ограниченными возможностями или обучающихся заочной формы обучения, а также для систематизации материалов педагогов, площадки для отправки студенческих домашних заданий. При этом далеко не весь педагогический состав активно использовал платформу Moodle для адаптации преподаваемых предметов под цифровую среду. Безусловно, вопрос цифровизации учебного процесса являлся только вопросом времени, и коронавирусная инфекция лишь заставила учебные заведения перейти в цифровой формат в кратчайшие сроки.

Зная возможности Moodle, мы понимаем, с какими сложностями пришлось столкнуться техническому персоналу Университета, на чьи плечи легла задача расширения используемых мощностей площадки и выведения системы на новый уровень технического обеспечения учебного процесса в кратчайшие сроки. Для проведения масштабирования системы в кратчайшие сроки были подготовлены и изданы приказы, определившие порядок работы сотрудников управления информационных технологий в новых условиях, в том числе и на рабочих местах, что было обусловлено наличием оборудования, располагающегося на территории университета и требующего присутствия технического персонала.

В сложных условиях оказался и профессорско-преподавательский состав университета. В СПбГЭУ преподают сотрудники различных возрастных групп, поэтому уровни освоения многофункциональной платформы Moodle перед началом пандемии существенно отличались. Это стало еще одним вызовом для Университета – в кратчайшие сроки провести дополнительное обучение персонала для полноценного использования потенциала Moodle. При этом, для того чтобы процесс обучения не утратил аспектов личного общения между преподавателями и обучаемыми, для проведения занятий в онлайн-формате были выбраны онлайн-платформы Zoom.us и Microsoft Teams. Необходимо отметить, что каждый из педагогов мог выбрать платформу, в большей степени удовлетворяющую его потребности по взаимодействию со студентами. Кроме того, преподаватели могли выбрать существующую в рамках системы Moodle онлайн-программу альтернативного вещания BigBlueButton, которая также позволяет организовать общение педагога и обучающихся в режиме видеоконференции.

Адаптация сотрудников университета и обучающихся к новым условиям обучения, обусловленным пандемией коронавирусной инфекции COVID-19 заняла порядка 2 месяцев. Данный показатель можно считать позитивным, так как большое количество вузов было вынуждено прервать свою образовательную деятельность, либо проводить учебный процесс в существенно урезанном составе, ввиду невозможности использования всех функций, предоставляемые онлайн-платформами. Процесс перевода обучения был для нашего Университета достаточно трудоемким и кропотливым, так как особое внимание уделялось обучению новым технологиям преподавателей старшего возраста. Многие процессы в адаптивном периоде пришлось проводить в «ручном режиме», зато проведенные мероприятия позволили существенно расширить компетенции всего педагогического состава университета, а принятые меры позволили произвести онлайн трансформацию более 850 учебных курсов в рамках реализуемых образовательных программ СПбГЭУ.

Необходимо особо подчеркнуть, что в СПбГЭУ решение о приобретении лицензионных корпоративных пакетов различных программ было принято практически сразу после начала пандемии, а доступ всему педагогическому составу Университета был предоставлен по специально составленному расписанию. При этом была произведена дополнительная закупка компьютерной техники с последующей установкой и настройкой оборудования, а также проведением необходимых консультаций для полного удовлетворения потребностей профессорско-преподавательского состава и обучающихся СПбГЭУ.

В кратчайшие сроки все рабочие и учебные процессы Университета, которые было возможно перевести в дистанционный формат, заработали с прежней эффективностью, связь между педагогами, обучающимися и административно-управленческим аппаратом была установлена в необходимом объеме. Студенты и преподаватели быстро адаптировались к имеющимся условиям и научились работать в них с прежней эффективностью. Переход работы СПб-

ГЭУ в дистанционный формат прошел более чем успешно и к моменту ослабления мер самоизоляции в студенческой среде имели место дискуссии на тему достоинств и недостатков двух форматов обучения: привычного – очного и новоприобретенного – онлайн.

Для административно-управленческого состава Университета вопрос перехода к дистанционной форме работы стоял не столь остро, как для преподавательского состава, так как основу коллектива составляют преимущественно информационно-грамотные люди и использование различных программных продуктов являются привычным делом в их рабочем процессе.

За более чем год применения дистанционного формата работы нельзя не сказать о социально-психологическом аспекте, который является одним из важнейших в сфере образования. Как преподавательский состав, так и обучающиеся столкнулись с различными трудностями социального характера: длительное пребывание в условиях собственной квартиры зачастую негативно сказывалось как на подаче материала педагогами, так и на усвоении полученных знаний студентами. Для решения данной проблемы в СПбГЭУ было принято решение о введении дополнительных интерактивных перерывов во время практических занятий и сокращения лекционного занятия (в пределах 15–20 минут).

Одним из положительных моментов в проведении учебных занятий стала возможность организации гостевых онлайн лекций с приглашенными экспертами. Такой формат проведения мероприятий позволил привлечь к образовательному процессу специалистов, ограниченных временными рамками, но имеющими желание передать свой опыт и знания обучающимся. Подобная возможность была очень хорошо воспринята студенческим сообществом и благотворно насытила лекционные и практические занятия Университета. При этом надо отметить, что единичные выступления отдельных спикеров в начале пандемии, в скором времени превратились в разнообразные полноценные научно-практические онлайн-конференции с участием большого количества экспертов из разных стран.

Поскольку большая часть наших студентов – это ребята, приехавшие к нам из разных регионов России и из-за рубежа, то во время пандемии, появилась проблема, связанная с разными часовыми поясами и организацией образовательного процесса для студентов, находившихся на онлайн обучении у себя дома. Руководством СПбГЭУ было принято решение продолжать учебный процесс по расписанию (часовому поясу) непосредственного местонахождения Университета. Наиболее сложным в данном вопросе стали районы Крайнего Севера и студенты иностранных государств. В этой связи было принято решение ограничить количество занятий в день до 16 : 00 часов по московскому времени и была обеспечена возможность записи занятий для иностранных студентов, вплоть до дополнительных персонализированных заданий и отдельно сформированных потоков из групп для их обучения.

Также одной из важнейших задач, вставшей перед Университетом, стал вопрос идентификации студентов как в процессе учебного процесса, так и при проведении проверки уровня знаний. Если в процессе проверки промежуточных знаний можно полагаться на сознательность обучающихся и компетентность педагогического состава, как и в очном формате обучения, то в сессионной период и период защиты выпускных квалификационных работ такой подход недопустим. Для организации контроля процесса проверки итоговых знаний в дистанционном формате были разработаны методические рекомендации, которые позволили существенно повысить уровень достоверности оценки полученных знаний обучающимися, а также упростили сам процесс проведения аттестации. Вкратце используемый алгоритм идентификации в процессе проверки знаний можно описать следующими шагами: идентификация личности обучающегося, при которой студент называл себя, одновременно демонстрируя рядом с лицом в развернутом виде паспорт; осмотр помещения, при котором путем перемещения камеры по периметру помещения преподавателю демонстрировали отсутствие посторонних лиц при прохождении аттестации. Подобная процедура существенно повысила доверие между обучающимися и педагогами.

Отдельного рассмотрения требует вопрос организации и прохождения практики обучающимися. С учетом того, что многие компании перешли на дистанционный формат работы, многие студенты столкнулись с необходимостью осуществлять наработку практических навыков в дистанционном формате, что сделало данный процесс намного более трудоемким. Обучающимся были вынуждены самостоятельно учится взаимодействовать с корпоративными платформами компании, при этом отсутствовала возможность получения консультаций по возникающим вопросам от непосредственных руководителей или наставников в режиме личного общения. Вместе с тем необходимо подчеркнуть, что многие крупные компании разработали для практикантов методические пособия, которые существенно упростили осуществление коммуникации и взаимодействия. Вместе с тем, наиболее позитивно студентами воспринимались компании, которые по различным причинам организовали процесс прохождения практики исключительно в очном формате.

Онлайн-формат учебного процесса открыл новые возможности в сфере организации и проведения различного рода мероприятий с вузами-партнерами, позволил наладить ряд новых контактов. Стратегические сессии, проведенные СПбГЭУ дали возможность разработать новые концепции сотрудничества с университетами разных стран. Также привычными в виде онлайн-трансляций мероприятия, различного уровня, стали зачастую проводиться с использованием таких программных платформ как Zoom.us, Microsoft Teams, Youtube и многих других.

Отдельно необходимо остановиться на таком важном моменте функционирования вуза как документооборот. Жизнедеятельность университета во всех основных административно-управленческих процессах невозможна без грамотно организованного процесса управления и отработки стратегических важных документов. Благодаря возможностям эксплуатируемых в СПбГЭУ систем электронного документооборота Тезиз, СУП, а также иным используемым программным комплексам, взаимодействие между подразделениями университета осталось на уровне, позволяющем успешно функционировать в дистанционном формате.

В прошедшем году СПбГЭУ успешно прошел государственную аккредитацию, подготовка к которой проходила в основном в дистанционном формате. Этот факт как нельзя лучше демонстрирует степень перевода административного аппарата вуза на функционирование в дистанционном режиме и показывает значительный личный вклад, адаптивность и мобильность сотрудников в быстроменяющихся условиях нестабильного мира.

Отдельно хочется упомянуть активную деятельность Ассоциации выпускников СПбГЭУ, которая не только закупила и предоставила оборудование, позволяющее Университету проводить комплексные мероприятия по профилактике коронавирусной инфекции, но и разработала целую программу по трудоустройству для студентов. В рамках этой программы студенты получили возможность прямого взаимодействия с потенциальными работодателями в различных форматах: от неформального общения в виде онлайн мастер-классов и открытых лекций до дистанционных ярмарок вакансий и дней карьеры.

В этой связи новый смысл и важное значение приобрело разработанное по заказу Администрации Санкт-Петербурга электронное портфолио студента. Целью данного проекта было создание на единой корпоративной площадке СПбГЭУ электронной базы, содержащей резюме обучающихся Университета. Данные к портфолио может предоставлять только сам обучающийся через свой личный кабинет. В условиях карантинных мер, когда работодатели, находятся в существенной отдаленности от студенческого общества, это является удобным форматом взаимодействия между студентами и компаниями, заинтересованными в новых молодых сотрудниках.

В марте 2021 года после ослабления противоковидных ограничений и восстановления возможности функционирования Университета в очном режиме с соблюдением установленных эпидемиологических норм, СПбГЭУ перешел на смешанный формат обучения. Смешанный формат обучения является самым труднореализуемым для вуза в первую очередь из-за необходимости формирования графика расписания занятий, таким образом, чтобы он сочетал в себе онлайн и оффлайн занятия. С этой задачей СПбГЭУ успешно справился – был составлен график, который учитывал все необходимые моменты вплоть до длительных перерывов между парами для того, чтобы студенты успевали добраться из Университета до места проведения онлайн занятия.

Все занятия на территории университета проводились и проводятся с соблюдением установленных санитарно-эпидемиологических норм с целью противодействия распространения коронавирусной инфекции: на входе в учебные и административные корпуса установлены камеры термометрии, по периметру зданий университета расположены санитайзеры, в каждом помещении располагаются электростатические очистители-ионизаторы. Помимо этого, проводится регулярная уборка помещений, проветривание по расписанию занятий.

В Университете по настоящее время действует масочный режим, занятия проводятся с учетом социальной дистанции. Сотрудники и студенты бесплатно получают маски, а на территории Университета работает медпункт, в котором все желающие могут бесплатно пройти вакцинирование от коронавируса COVID-19.

Подводя итоги, можно сказать, что описанные в статье меры реагирования на условия неопределенности, с которыми пришлось столкнуться Университету во время пандемии коронавирусной инфекции, можно рассматривать детально по каждому из аспектов жизнедеятельности Университета. Безусловно можно сказать, что предпринятые СПбГЭУ в период пандемии решения имеют как преимущества, так и недостатки, которые можно было выявить только на практике. Однозначно можно утверждать, что полученный опыт является положительным: Университет сумел не только оперативно перестроиться на цифровой формат, сохранив при этом качество реализации образовательных программ при мобилизации всех ресурсов, но и продемонстрировал сплоченность педагогического коллектива и управленческой команды в экстремальных условиях. Уверены, что имеющиеся навыки технических специалистов, административно-управленческого аппарата и педагогического состава вуза смогут помочь другим учебным заведениям в организации учебного процесса с применением дистанционных технологий или смешанного типа обучения.

Пандемия коронавирусной инфекции все еще продолжает накладывать ограничения на привычный образ жизни, поэтому нельзя исключать возможность ужесточения карантинных мер. В таких условиях СПбГЭУ всегда готов поддержать своих отечественных и зарубежных коллег и поделиться своими наработками, а также готов к совместной работе в рамках межсетевого университетского взаимодействия.

Цифровая бизнес-модель в кризисные времена: на примере компании Flixmobility

Prof. Dr. Bernd Mühlfriedel CFA

Аннотация

В статье анализируется влияние цифровизации бизнес-модели компании FlixMobility, работающей на интернет-платформе и являющейся владельцем бренда FlixBus, на потенциал роста, а также на стабильность компании в период тяжелого макрокризиса – пандемии Covid-19. Для лучшего понимания бизнес-модели FlixBus иллюстрируется практический пример процесса основания компании.

Abstract

Through the Crisis With a Digitized Business Model: Case Study Flixmobility

The article reviews the effect of the digitalization of the business model of a platform-based company such as FlixMobility as the owner of the FlixBus brand on its growth potential as well as its stability during a severe macro crisis such as the Covid19 pandemia. To better understand the evolution of the business model of FlixBus a case study covering the start-up process of FlixBus has been added.

Ключевые слова/Keywords

Бизнес-модель, цифровой бизнес, предпринимательство, экономика на интернет-платформе, стартап, Business model, digital business, entrepreneurship, platform-based economy, start-up.

© Der/die Autor(en), exklusiv lizenziert durch Springer Fachmedien Wiesbaden GmbH, ein Teil von Springer Nature 2022
C. Renker, T. Nikitina (Hrsg.), *Pandemie als nicht alltägliches Event-Risk*,
https://doi.org/10.1007/978-3-658-36504-2_42

Стабильность транспортной компании, несмотря на наихудший вариант развития событий: FlixBus сегодня

В начале 2020 года ожидалось, что этот год для компании FlixMobility – это название транспортная компания с брендами FlixBus (первоначальное название компании), FlixTrain и FlixCar получила в 2016 году – после завершенных в середине 2019 года переговоров по финансированию в размере 500 миллионов Евро (оценочная стоимость из СМИ; см. например, Экономический журнал от 19.07.2019, https://bit.ly/2OSvV8Z), в которых участвовали известные инвесторы Permira или TCV, мог стать рекордным. После того как компания стала неоспоримым лидером на европейском рынке появились намерения завоевать североамериканский рынок автобусных междугородних перевозок. Также рассматривался вопрос экспансии в Азию и Южную Америку.

В отличие от европейского рынка автобусных перевозок, либерализованного несколько лет назад, североамериканский рынок несколько десятилетий обслуживала доминирующая на нем единственная компания Greyhound. Основанный в 1914 году бренд являлся хоть и легендарным – не в последнюю очередь благодаря многочисленным упоминаниям в литературе и кино (например, Кларк Гейбл в фильме «Это случилось однажды ночью», Хортон Фут в фильме «Поездка в Баунтифул», Дастин Хоффман в фильме «Полуночный ковбой» или роман Джека Керуака «В дороге»), но корнями уходил в чисто аналоговый мир. В собственности компании Greyhound находятся 1700 частично старых автобусов, которые курсируют между 2400 североамериканскими городами. Отсутствует гибкое планирование маршрутов, а также не уделяется должного внимания ПО с возможностью эффективного анализа данных и подключения приложения для клиентов. Компания Greyhound имеет репутацию инертной и медлительной компании в процессах принятия решений. FlixMobility напротив обладала результативной ИТ платформой, позволяющей гибко и с ориентацией на клиента планировать маршруты, создавать эффективное управление взаимодействием с клиентами и формировать динамическое ценообразование. Помимо этого, компания использует в основном новые хорошо оснащенные автобусы, которые благодаря единому зеленому дизайну излучают свежий и инновационный имидж новичка, но эксплуатируются не самой компанией, а многочисленными партнерскими локальными автобусными компаниями. Благодаря предпринимательскому мышлению менеджмента компании, в котором доминируют ее основатели, и финансовой поддержке инвесторов таких как General Atlantic Partners, Holtzbrinck Ventures, Silver Lake, Daimler и выше упомянутых компаний Permira и TCV отпали какие-либо преграды на пути к завоеванию доминирующих позиций на рынке автобусных перевозок после Европы в остальных уголках мира. Однако затем из Китая по планете стал распространяться новый вирус SARS-CoV-2. Для противодействия пандемии практически на всех рынках, на которых работала компания FlixMobility, правительствами этих стран были введены ограничительные меры различной интенсивности и продолжительности. До полной иммунизации населения и проведения вакцинации новой вакциной ограничение контактов между людьми стало самым действенным средством по борьбе с пандемией. Это привело к существенным ограничениям привычной индивидуальной мобильности: ограничение на выход из дома, частичное введение карантинных мер, периодическое закрытие границ, значительные бюрократические преграды для путешествующих, такие как обязанность сдать тест на антигены или предписания по соблюдению карантина. Ситуация развивалась по наихудшему сценарию для любой компании, предоставляющей услуги по перевозкам. Также для FlixMobility в марте 2020 это означало за короткое время полностью поменять основу бизнеса. В этом отношении до начала 2021 года с разной временной и географической интенсивностью мало что поменялось.

С 17 марта 2020 FlixMobility полностью приостановила свою деятельность. Более 3000 автобусов остались в депо партнеров. Железнодорожное сообщение FlixTrain было приостановлено. Год спустя эксплуатация вновь началась, однако ввиду существующих ограничений она находится на существенно низком уровне по сравнению со временем до пандемии. Планируемость также пока еще ограничена.

Означает ли это, что еще молодая компания FlixMobility, которая из-за расходов на запуск бизнеса и быструю экспансию еще не смогла запастись финансовыми резервами и зависела от внешнего притока капитала, обречена на провал? Подобно Икарусу, который взмыл быстро и высоко, чтобы затем также быстро разбиться насмерть? Выиграют ли в конце только зарекомендовавшие себя конкуренты в сфере междугородних автобусных перевозок, поддерживаемые частично государством?

Взглянув поверхностно на ситуацию, можно прийти к такому выводу. Но глубокий анализ бизнес-модели компании FlixMobility приводит к противоположному результату. С самого начала FlixBus была компанией, работающей на цифровой платформе. Ключевыми сферами в соответствии с пониманием бизнес-модели Остервальдера и Пинье являются помимо разработки ПО для цифровой платформы и цифрового доступа клиентов анализ собранных данных о поведении пользователей, оптимизация планирования маршрутов и ценообразование, маркетинг конечного клиента и менеджмент партнеров по автобусным перевозкам. Но не закупка, а обслуживание и эксплуатация автобусов. Этим занимаются около 500 ключевых партнеров компании FlixBus, представляющих собой локальные автобусные компании. Они занимаются тем же, чем успешно занимались в течение десятилетий: осуществлением автобусных перевозок, привлекательных для клиентов, в строгом соответствии с законодательными нормами. В соответствии с требованиями FlixMobility и используя ее преимущества, например, при закупке за свой счет. Подобно «пауку на паутине» FlixBus компания FlixMobility может концентрироваться на выше названных преимущественно цифровых ключевых сферах. Одновременно возможен существенно быстрый рост, так как капитала для приобретения и эксплуатации автобусов не требуется, а платформа может быть быстро приспособлена к национальным особенностям в сравнении с фактическим оказанием услуг по автобусным перевозкам.

Такая исключительная ситуация как пандемия Covid-19 с многомесячной изоляцией и связанными с этим частично весьма существенными ограничениями передвижений представляет собой проблему для любой транспортной компании. Она становится больше в зависимости от фиксированных расходов на основные средства, находящиеся на балансе. Если бы у FlixMobility были на балансе собственные автобусы, окрашенные в зеленые цвета с надписью FlixBus, а в платежной ведомости числились бы водители, то компания бы сильнее пострадала из-за с этим связанных расходов. Но автобусы находятся в собственности многочисленных партнеров. У компании FlixBus есть в собственности один автобус и то только потому, что этого требует законодательство. Перекладываются ли в этом случае проблемы неиспользованных и дорогостоящих мощностей на партнерские компании? В отдельных случаях это возможно так. Большинство партнеров работает не только на FlixBus, но и на местном уровне, перевозит сотрудников региональных компаний или школьников. Так как многие из этих сфер продолжали работать и в период изоляции, это помогло эксплуатирующим организациям пережить падение доходов на автобусных маршрутах дальнего следования в период пандемии. Привязка данных компаний к локальным рынкам перевозок позволило им быстро реагировать на изменения.

Цифровизация бизнес-модели FlixMobility является не только условием быстрого роста в период до пандемии, но создает устойчивость для компании в тяжелые времена. Будет интересно наблюдать, как компания возьмет новый старт после снятия ограничений по передвижению. Вполне возможно, что FlixMobility быстро выйдет из кризиса и в конце концов останется в выигрыше после пандемии Covid-19. Цифровизация бизнес-модели создала для этого все условия.

Чтобы лучше понять цифровую бизнес-модель компании FlixMobility, в следующей части статьи на практическом примере будет показан процесс появления компании FlixBus:

1 Цифровая бизнес-модель и предпринимательское мышление как основа бизнеса: рождение компании FlixBus

Как и в предыдущие месяцы сидели одним вечером 2010 года Даниель Краус, Андре Швемляйн и Йохен Энгерт до глубокой ночи и горячо обсуждали одну бизнес-идею за другой. Хотя три консультанта по развитию стратегии и сфере ИТ были на хорошо оплачиваемых должностях в известных компаниях Boston Consulting Group и Microsoft, они давно мечтали «развивать что-то свое». Андре и Даниель были знакомы еще со школьной скамьи в Лангенценне под Нюрнбергом. Любовь к волейболу их сдружила. Даниель затем стал изучать прикладную информатику в экономике в г. Ансбах в университете им. Фридриха-Александра в Эрлангене и Нюрнберге, а Андре остался вначале в регионе Нюрнберга и стал учиться на инженера-экономиста в том же университете. Для пополнения студенческой кассы они основали свое первое совместное предприятие: консультационную ИТ компанию, состоящую из 2 человек, в которой Андре отвечал в основном за продажи, а Даниель за техническую реализацию проектов. После окончания учебы их стали привлекать более денежные предложения: Даниель стал работать вначале на поставщика комплектующих для автомобилей компанию Marquardt в США и после возвращения и некоторого времени работы в штаб-квартире Marquardt в Германии был перекуплен компанией Microsoft как ИТ консультант для работы в Мюнхене. Там их пути с Андре снова пересеклись. Первые свои годы он провел в компании Boston Consulting Group (BCG), работая бизнес-консультантом. В этой сфере на совместных международных консультационных проектах он познакомился с Йоханом. В этом случае благодаря спорту, игре в футбольной команде компании BCG, рабочие отношения коллег переросли в дружбу. Не удивительно, что одним вечером на кружку пива в выходной день с Даниелем в баре Schwabinger NewsBar Андре внезапно появился с Йоханом. Между ними сразу же завязалась дружба и с этих пор встречи, на которых обсуждалась рабочая неделя, а также иные вещи и иногда общемировые темы, проходили втроем.

При этом быстро определилась общая центральная тема: предпринимательский взгляд на мир и желание основать свою собственную компанию. Для всех троих основателей FlixBus, работающих на хорошо оплачиваемых должностях, успех их карьеры внутри широко известных компаний был предопределен. Но у Андре, Даниеля и Йохана были иные планы на жизнь. Они стремились работать не меньше, а работать на себя. Они хотели иметь больше свободы действий, желали воплотить свою мечту в жизнь. Стремление к профессиональной независимости ощущалось остро, но в какой сфере начать свое дело? Для успешного старта требуется не только мотивированные и компетентные основатели, но и многообещающая бизнес-идея. Так как только при наличии такой комбинации инвесторы предоставят необходимый капитал.

Слева направо: Даниель Краус, Йохен Энгерт, Андре Швемляйн

Одна из основных особенностей успешного предпринимателя заключается в способности определять потенциальные возможности. Там, где многие видят проблему, предприниматель может распознать шанс заработать на решении данной проблемы. Три основателя FlixBus постоянно прислушивались и присматривались, размышляли о том, где кроются потенциальные возможности, так как не хотели бездумно променять свои хорошо оплачиваемые рабочие места на приключение фриланса. Появлялись идеи, по ним быстро и систематично собиралась информация, после чего происходила их оценка. После интенсивных дискуссий от многих из них приходилось отказываться. Даниель Краус вспоминает те два-три месяца поиска идей: «мы прорабатывали много идей. Существовало множество персонализированных платформ, одна из них была для вязаных носков, другая для консультаций представителей среднего бизнеса, своего рода McKinsey или BCG для малых и средних предпринимателей. Вспоминается еще продукция для гериатрии и франшиза для детского сада. И много другое». Но ни одна из этих идей не вышла за пределы первичной стадии разработки: «Что-то постоянно не складывалось. Мы делали расчеты на коленке, смотрели на них и становилось ясно: наша нынешняя работа не так уж плоха!» Даже если у троицы основателей FlixBus было огромное желание основать свой стартап, они не находились в бедственном положении. Рисковая идея, на которую они готовы были пойти, должны была иметь под собой основание и шансы стать по-настоящему успешной.

Однажды Андре принес статью журнала «Der Spiegel» о предстоящей либерализации автобусных междугородних перевозок в Германии. С 2009 года федеральное правительство формировала коалиция ХДС/ХСС и СвДП. Они сформулировали в коалиционном договоре следующее: «Мы разрешим автобусное сообщение дальнего следования и изменим § 13 Закона о перевозке пассажиров». Данный параграф существующего закона о перевозке пассажиров запрещал создавать новые автобусные сообщения, если на имеющихся маршрутах уже «удовлетворительно работают компании по перевозке пассажиров». Данная норма, запрещающая обслуживание одного маршрута двумя разными компаниями, в первую очередь защищала железную дорогу, но и имеющиеся автобусные маршруты. Тем самым, формировалась защита от конкуренции на существующих маршрутах. Новое правительство планировало отменить данной правило и получить больше маршрутов по более низким ценам в результате ожидаемой конкуренции. Трем основателям FlixBus сразу стало понятно, что это достойное предложение в правильное время, которое нужно людям. Даниель вспоминает: «Это казалось реальным и большим делом! Качество имеющихся на тот момент автобусных сообщений было очень плохим, а цены на внутренние перелеты по Германии очень высокими. Условия были подходящими и мы должны были теперь лучшим образом подготовиться к старту проекта».

Для реализации этой идеи потребовалось еще время. Андре, Даниель и Йохен продолжали работать в своих компаниях, но у них оставалось свободное время и отпуск для того, чтобы в последующие месяцы хорошо продумать идею автобусных перевозок. Затем последовал удар судьбы, когда Немецкие железные дороги анонсировали к началу либерализации рынка предложить автобусные сообщения. В первый и последний раз у троих основателей появился страх. Как можно успешно противостоять предложению огромного железнодорожного концерна? В те месяцы, когда основатели FlixBus после объявления железных дорог о своих планах склонялись вновь распрощаться со своей идеей, появилась креативность для основательного продумывания бизнес-идеи. Уже после первой короткой оценки расходов и альтернативы финансирования через лизинг сразу стало понятно, что самостоятельно невозможно купить автобусы. Но каким образом можно было мотивировать водителей автобусов не ездить только за зарплату на FlixBus, а воспринимать себя как партнеров по бизнесу? Три основателя придумали рейтинговую систему для укрепления предпринимательской мотивации у автобусных компаний, являющихся в большинстве случаев представителями среднего бизнеса. Затем пришла новость из совета директоров Немецких железных дорог о том, что они не будут предлагать рынку междугородние автобусные перевозки. Это подтолкнуло мотивацию ребят и стало толчком для более интенсивной разработки планов по запуску проекта. Требовался офис и небольшое финансирование на начало проекта!

После представления проекта жюри Центра предпринимательства Мюнхенского университета стало ясно, что денег на проект нет, но по крайней мере будет бесплатное офисное помещение на улице Гизелаштрассе в районе Швабинг. Первое помещение только для компании GoBus GbR, как FlixBus тогда назывался! Здесь царила настоящая атмосфера стартапа. Везде развешивались маршрутные планы, расклеивались стикеры и расписывались флипчарты. До глубокой ночи ребята работали над моделями в excel и над презентациями. Рождались новые идеи, активно обсуждались, вновь отбрасывались и замещались новыми лучшими предложениями.

В списке приоритетных на первом месте был следующий вопрос: каким образом FlixBus найдет подходящих предпринимательски действующих партнеров в сфере автобусных перевозок с целью предложить с самого начала хорошо выстроенную сеть автобусных перевозок дальнего следования? Три основателя за собственные деньги приобрели базу данных с 4800 немецкими автобусными компаниями. Постепенно с ними со всеми пообщались, многих из них посетили лично в ходе длительных командировок по Германии. В конце остались 7 партнеров с 30 автобусами, которые подходили по количеству и были готовы рискнуть выйти на рынок под маркой FlixBus.

Помимо разнообразных оперативных вопросов построения бизнеса предпринимателей стартапа беспокоили еще пара организационных моментов: откуда взять время и деньги, чтобы быстрее продвигать проект автобусного сообщения? Андре и Йохен находились с конца 2011 года в компании BCG в отпуске по написанию диссертации. Поэтому у них было намного больше свободы действий, чем во времена работы на клиентских проектах. Не удивительно, что ни одна диссертация в итоге не была написана, а Андре и Йохан вынуждены были вернуть выплаченную зарплату обратно работодателю. Ввиду будущего ошеломляющего успеха FlixBus также не удивительно, что этот факт обоих не беспокоил. Андре лаконично подметил: «Лучше у меня будет FlixBus в качестве научной степени». Оставался только Даниель, которые мог примкнуть к Андре и Йохену только на выходных после рабочей недели на проектах клиентов. Долго это не могло продолжаться и поэтому Даниель перешел с февраля 2012 года в компании Microsoft работать на половину ставки. Хотя все существенные решения обсуждались как это принято в молодой команде основателей совместно, на этом этапе было очень важно определенное распределение работ. Даниель лучше всего разбирался в вопросах ИТ. Андре был сильнее в вопросах маркетинга и продаж, а Йохен занимался бизнес-моделированием и финансовым планированием.

Какое-то время ребята работали в ожидании либерализации рынка автобусных перевозок. Необходимый для создания компании капитал поступал пока еще из собственных, но очень ограниченных резервов, накопленных в первые годы профессиональной деятельности. Экономился каждый Евро. В поездках к потенциальным партнерам они ночевали втроем в номере отеля. Решение о приобретении цветного принтера за 400 Евро хорошо продумывалось. О выплатах зарплаты основателям вообще не было и речи. Но работа практикантов, поездки и основное офисное оборудование, конечно, должны были быть оплачены. Финансовые резервы вскоре подошли к концу. Поэтому в течение 2012 года была направлена заявка на выдачу кредита в банк развития Германии. Кредит был предоставлен в размере 240 000 Евро, однако основатели должны были лично поручиться по 80.000 Евро каждый. Таким образом, ликвидности для дальнейшего построения бизнеса было достаточно, но они должны были лично отвечать за взятые в кредит суммы, если проект FlixBus постигнет неудача. Об ином финансировании с привлечением заемного капитала, даже если бы он был предоставлен банком развития Германии в рамках государственной программы поддержки, не было и речи. Дальнейшее финансирование могло поступать в форме вложения собственного капитала, что означало, что доли трех участников нужно было разделить на одного или несколько дополнительных участников. Первый сторонний участник стал настоящим бизнес-ангелом из пригорода Нюрнберга. Хайнц Рауфер был сам основателем платформы hotel.de и о FlixBus слышал только в рамках конкурса на составление бизнес-плана в северной Баварии. Команда FlixBus тогда приняла участие во втором раунде конкурса под именем GoBus и выиграла его. Хайнцу Рауферу идея настолько понравилась, что он уже на второй встрече одобрил шестизначную сумму в качестве долевого финансирования. Таким образом, у компании было достаточно денег, чтобы переехать в первый собственный офис, представлявший собой две объединенные квартиры на Терезиенштрассе в Мюнхене. Там компания проработала до начала оказания сервисных услуг весной 2013 года, после чего рост компании привел к дальнейшему переезду в большие площади на Зандштрассе.

После изменений Закона о пассажирских перевозках, принятых после длительных переговоров между федеральными и земельными органами, либерализация рынка пассажирских перевозок вступила в силу 01.01.2013. На это событие три основателя компании FlixBus поставили ставку и готовились к нему уже давно. Сразу же после успешного старта в 2013 году можно было выходить на рынок под маркой FlixBus. Для этих целей компания, которая была основана как GoBus GmbH, была переименована в FlixBus GmbH. Даниель Краус вспоминает: «В самом начале я создал дизайн красного логотипа GoBus. Но, к счастью, он быстро пропал и был замещен логотипом синего цвета с силуэтом города. Это было классно, но не все домены были в наличии для GoBus. Одни мы могли получить, другие же были уже заняты. Для глобального бренда это было в любом случае слабовато».

Помимо этого, Google все время предлагал Globus, если в поисковике искать Gobus. В разговорах с венчурным инвестором Хольтцбринк Вентурес стало понятно, что неясная ситуация с доменами может представлять настоящую преграду для инвестиций в B2C компанию. Поэтому команда стала искать альтернативы: рассматривали название Pegabus, но решение было принято в пользу FlixBus. Тогда это было искусственно созданное название. Позитивный заряд слова «flix» как быстрый, появился позже. Все важные домены были быстро зарезервированы для нового бренда. Наконец-то можно было начинать!

Но каким образом очень молодая команда FlixBus GmbH, состоящая в основном из трех основателей, сестры одного из основателей и нескольких практикантов, сможет получить по возможности крупную долю нового рынка? Каким образом должна выглядеть бизнес-модель, чтобы FlixBus смог противостоять многочисленным конкурентам порой с хорошим капиталом, также находящимся на стартовых позициях? И каким образом можно обеспечить финансирование, чтобы далее развивалась ИТ система, и не останавливались инвестиции в маркетинг, продажи и иное построение бизнес-модели?

Основатели компании FlixBus день и ночь искали лучшие ответы на все эти вопросы. Они знали, что предстоящее открытие рынка автобусных перевозок возможно будет единственным шансом в их жизни, и хотели сделать все для того, что их детище FlixBus имело успех.

Литература

[1] Alemany, L., & Andreoli, J. J. (2018). *Entrepreneurial finance – the art and science of growing ventures.* Cambridge University Press.
[2] Blank, S. (2013). Why the lean start-up changes everything. *Harvard Business Review*, *91*(5), 63–72.
[3] Osterwalder, A., & Pigneur, Y. (2011). *Business model generation.* Campus.
[4] Ries, E. (2011). *The lean startup.* Portfolio Penguin.

Проблема банковских экосистем в российском научном дискурсе

Pavel Pimenov M.Sc., Dr. Victor Dostov, Dr. Pavel Shoust

Аннотация

В статье проведен обзор исследований в области развития банковских экосистем. Было определено существование двух основных позиций. Авторы, придерживающиеся первой позиции, считают экосистемы концом классического банкинга с переходом традиционных игроков к выполнению второстепенных ролей. Другая группа исследователей полагает, что банковские экосистемы – механизм адаптации банков к цифровизации индустрии и тенденциям падения комиссионных доходов. Авторами статьи делается попытка оценить степень проработанности проблемы и высказать свою позицию касательно путей развития дискуссии. Особая роль уделяется вопросу изучения влияния распределенных реестров. Результаты работы могут быть использованы в последующих исследованиях по изучению влияния банковских экосистем на индустрию.

Abstract

The Problem of Banking Ecosystems in the Russian Academic Discourse

The article provides an overview of research in the field of the development of banking ecosystems. It was determined that there are two main positions of researchers. The authors, who adhere to the first position, consider ecosystems to be the end of classical banking with the transition of traditional players to the performance of secondary roles. Another group of researchers believes that banking ecosystems are a mechanism for banks to adapt to the digitalization of the industry and the trends of falling commission income. The authors of the article attempt to assess the degree of elaboration of the problem and express

© Der/die Autor(en), exklusiv lizenziert durch Springer Fachmedien Wiesbaden GmbH, ein Teil von Springer Nature 2022
C. Renker, T. Nikitina (Hrsg.), *Pandemie als nicht alltägliches Event-Risk*, https://doi.org/10.1007/978-3-658-36504-2_43

their position on the ways of the discussion developing. A special role is given to the issue of studying the impact of distributed ledgers. The results of the paper can be used in subsequent studies on the impact of banking ecosystems on the industry.

Ключевые слова/Keywords

Банковская экосистема, диджитализация, трансформация банковского рынка, банковская стратегия, распределенные реестры, Banking ecosystem, digitalization, transformation of the banking market, banking strategy, distributed ledgers.

Развитие в последнее десятилетие цифровых инструментов и алгоритмов приводит к трансформации существующих отраслей экономики. Предприятия внедряют на производствах цифровых двойников, IT-компании трансформируют подходы к проектному управлению. Не стала исключением и банковская сфера. Достаточно консервативная отрасль внедряет новые технологии и, благодаря огромным капиталам, выходит на новые рынки. При этом и организации нефинансового сектора для поддержания собственных экосистемных проектов активно выходят на ранее монопольный рынок кредита и экономических транзакций. Последним ярким примером для российского рынка, подтверждающим данный тезис, стала сорвавшаяся сделка поглощения IT-гигантом Яндекс АО «Тинькофф Банк» [1]. Классическим игрокам приходится трансформироваться для соответствия новым правилам игры, развивая межотраслевые конгломераты компаний, объединенных единым банковским «маркетплейсом» – банковской экосистемой.

Проблема банковских экосистем как фактора трансформации правил финансового рынка все чаще находит свое отражение в научных исследованиях. При этом мнения авторов в общем расходятся. Данная статья стремится обобщить позиции исследователей и проанализировать их оценку ситуации. Полученные выводы предлагается использовать в дальнейшем в качестве базы для развития дискуссии и выработки более объективных подходов к проблеме. Для исследования были отобраны наиболее существенные опубликованные работы за период с 2017 по 2020 год.

1 Рынок небанковских игроков

Касательно вопроса влияния нефинансовых компаний на рынок, существующий объем научных работ условно можно разделить на два основных направления.

С одной стороны, предполагается, что выход на рынок нефинансовых компаний может привести к катастрофическим последствиям, связанным с переориентированием классических банков в сферу операций с различными видами криптовалют; сделок по купле-продаже виртуальных деривативов; на операции по страхованию цифровой собственности и т. д. [2]. Так, например, в работе Никитиной Т.В., Никитина М.А., Гальпер М.А «Роль компаний сегмента финтех и их место на финансовом рынке России», основываясь на расчетах показателя лояльности (NPS) выдвигается предположение, что приход на рынок новых нефинансовых компаний приведет к вытеснению традиционных игроков [3]. При этом российский опыт построения экосистем во главе с крупными банками рассматривается как проявление специфики отечественной экономики. Предполагается, что этот тренд исчезнет под давлением западных инновационных компаний. Из этого следует, что авторы отвергают возможность трансформации и адаптации бизнеса и категорично смотрят на нефинансовые компании как угрозу рынку.

Работа Косарева В. Е. и Иараджули Г. М. «Экосистема как новая модель развития банка» занимает промежуточную позицию [4]. Авторы не стремятся придерживаться какого-то одного мнения, декларируя возможность нескольких сценариев развития. В рамках негативного сценария можно проследить схожую с предыдущей работой роль банков на новом экосистемном рынке. Согласно этому сценарию, нефинансовые компании будут лидировать в экосистеме. Они смогут получить большую часть прибыли и управлять отношениями с клиентами, в то время как банки должны будут конкурировать друг с другом, чтобы иметь возможность предложить банковские услуги и продукты. В этом сценарии классические игроки будут выполнять роль невидимых поставщиков товаров и услуг. Сторона, управляющая отношениями с клиентами, будет не только получать большую часть прибыли, но и получит доступ к данным о клиентах, которые могут быть использованы для тонкой настройки, персонализации клиентского опыта и расширения возможностей перекрестных продаж. В подтверждение данного тезиса авторы указывают, что в последнее время банки, находясь под сильным давлением нормативно-правовой базы и в связи с длинными циклами изменений, представляются достаточно неповоротливыми структурами и медленнее реагируют на изменения конъюнктуры. При конкуренции с нефинансовыми компаниями это может привести к потере лидерства.

2 Экосистема как эволюция банкинга

Противоположная точка зрения – предположение, что проекты нефинансовых компаний интегрируются в банковский сектор, заставляя классических игроков адаптироваться. По сути, создание банковских экосистем является проявлением этой адаптации. Косарев В. Е. и Иараджули Г. М. предполагают, что в наиболее оптимистичном сценарии банк будет центральным игроком в экосистеме, а нефинансовые компании будут конкурировать друг с другом за доступ к клиентской базе банка [4]. В результате банк сможет выбрать между различными участниками рынка, ориентируясь на того, кто предложит лучший сервис для клиентов банка; и того, кто предоставит лучшие условия для самой кредитной организации. Подобный сценарий, по мнению авторов, возможен потому, что банки обладают доступом к большому объему капитала, а также уникальными знаниями о клиенте.

В заключительной части исследования Косарев В. Е. и Иараджули Г. М. предполагают, что сам банк может одновременно быть и потребителем финтех услуг, и инструментом обслуживания нужд нефинансовых компаний в части банковского взаимодействия с клиентом [4]. Авторы видят несколько сценариев подобной интеграции: присоединение к существующей сторонней экосистеме, открытие банковской платформы, посредствам реферальной платформы, посредствам предоставления посреднической площадки (по аналогии с маркетплейсами).

В подобном же ключе развивается мысль Кох Л. В. и Коха Ю. В. в работе «Банки и финтех-компании: конкуренты или партнеры» [5]. В статье проанализированы взаимоотношения нефинансовых компаний с банками на современном этапе развития мировой и российской экономики. Авторы выделяют основные черты, которые потенциально позволят нефинансовым компаниям стать существенными конкурентами банкам. Основными из них являются ценовые преимущества ряда операций (прежде всего, денежные переводы), осуществляемых нефинансовыми компаниями в сравнении с банками. Работа предполагает, что в будущем возможна трансформация кредитных организаций по трем возможным направлениям: создание классического банка с другой бизнес-моделью, цифрового банка и банка, кооперирующегося с нефинансовыми компаниями (банковская экосистема).

Статья Зверьковой Т. Н. «Банки, fintech, экосистемы: новые формы взаимодействия в финансовом посредничестве» также, как и исследование Кох Л. В. и Коха Ю. В. критикует подход к рассмотрению появления на рынке нефинансовых компаний в качестве конца традиционных банков [2]. При этом автором в целом допускается возможность радикальной трансформации рынка, однако в достаточно отдаленной перспективе. Подобная позиция подкрепляется тем фактом, что нефинансовые компании не выполняют функции объединения и разделения капитала и потоков денежных средств, не осуществляют распределение финансовых ресурсов во времени, пространстве и между отраслями. Ранее отмеченный в работе Никитиной Т. В., Никитина М. А., Гальпер М. А. тезис о преобладании в России банковских экосистем в качестве фактора, характеризующего несовершенство отечественной экономической системы [6], Зверьковой Т. Н. фактически оспаривается. Передовые позиции банков в вопросе разработки и интеграции цифровых продуктов преподносятся в статье не в качестве временного явления, но в виде объективной тенденции.

3   Причины появления экосистем

Статья Попова Н. В. «Банковские экосистемы как феномен развития банковского бизнеса в условиях цифровой экономики» рассматривает процесс создания банковских экосистем в качестве естественного процесса, одного из путей адаптации индустрии к диджитал-трансформации экономики в целом [7]. Суть экосистемы проявляется в большем акценте банка на качество и бесшовность обслуживания клиента. Преимущества трансформации бизнес-модели автор видит в снижении затрат на привлечение новых клиентов; получении доступа к массиву больших данных о клиенте из тех источников, которые для классической банковской структуры были бы недоступны. Итогом трансформации становится рост лояльности клиентов. Поповым Н. В. предлагается авторская классификация подобных структур исходя из доминирующего бизнеса: с ключевой ролью в организации бигтеха (американская и китайская модель), нефинансовой компании (европейская модель) или банка (российская модель).

Примечательно, что исследователь дополнительно указывает на возможность разного подхода к построению экосистемы в рамках выделенных моделей. Так, применительно к российскому рынку, Сбербанк, например, отдает предпочтение агрессивной модели, скупая компании, предоставляющие услуги и сервисы, успешно зарекомендовавшие себя на рынке. В свою очередь, Тинькофф Банк развивает в рамках экосистемы собственные сервисы, а также прибегает к практике интеграции решений внешних контрагентов.

В рамках российских отраслевых процессов в статье признается успех основных игроков (Сбербанк и Тинькоф), однако выражаются опасения, что в долгосрочной перспективе развитие экосистем может быть в значительной степени ограничено. Главным образом это связано с позицией Банка России, который видит в них риски монополизации финансовых и нефинансовых отраслей, реализация которых недопустима из-за негативного влияния на развитие национальной экономики. Действительно, в январе 2021 года на Гайдаровском форуме глава ЦБ Эльвира Набиуллина отметила, что регулирование необходимо для поддержания конкуренции на рынке и исключения какой-либо дискриминации пользователей экосистем [6]. «Нам нужно научиться регулировать экосистемы, мы пока не умеем их регулировать. Мы видим и в Китае, и в Евросоюзе уже появляются законодательства, потому что здесь и защита персональных данных, которые легко ходят внутри экосистемы и вовне», – сказала она. «Банки инвестируют средства вкладчиков в новый бизнес, в свою экспансию. Отдачи от этих бизнесов могут быть и меньше, и позднее, чем ожидает банк, который находится в центре экосистемы», – отметила Набиуллина. Она заявила, что вкладчик «вправе рассчитывать, что если он принес деньги в банк, то не его проблема, насколько будет прибылен онлайн-кинотеатр или даже сеть онлайн-кинотеатров, которой банк владеет».

4   Влияние распределенных реестров на развитие экосистем

Существенный драйвер развития проектов банковских экосистем многие исследователи видят в возможностях, которые создает тесная интеграция бизнесов из разных отраслей. Так, например, упомянутые ранее Косарев В. Е. и Иараджули Г. М. полагают, что подобная связь позволит компании получить доступ к новым инструментам настройки персонализации [4]. Попов Н. В. видит выгоды от создания экосистемы в получении доступа к массиву больших данных о клиенте из тех источников, которые для классической банковской структуры были бы недоступны [7].

Проведенный анализ показывает, что наивысшей ценностью при создании экосистемы могут стать данные. Нам кажется, что в данном контексте вероятно использование банками распределенных реестров для повышения связанности бизнесов с непересекающимися интересами и преодоления барьеров для свободного обмена данными. В научном сообществе подобное применение технологии малоизучено, однако ценность распределенных реестров как инструмента повышения эффективности взаимодействия и снижения транзакционных издержек исследователями признается.

Коробейникова О. М., Коробейников Д. А., Голубева Е. В. и Чернованова Н. В., уверены, что тесная интеграция в банковском секторе невозможна без применения технологий распределенных реестров. В своей работе «Цифровые инновации для кредитной кооперации» авторы оценивают возможность практического применения технологических инноваций – распределенных реестров (блокчейна) и открытых интерфейсов (Open API) [8]. Исследование доказывает, что распределенный реестр в кредитной кооперации может стать оптимальным практическим решением для укрепления общности членов, усиления прозрачности деятельности, повышения эффективности использования денежных фондов в общих интересах членов, повышения эффективности контроля и соблюдения кооперативных принципов.

Статья «Применения системы «блокчейн» в коммерческих банках» авторства Васильева И. И. делает акцент на практической сфере применения распределенного реестра блокчейн в банковской деятельности [9]. В частности, демонстрируется, что технология способна значительно сэкономить время и средства при осуществлении транзакций, а также сократить число посредников. Кроме того, отмечается, что блокчейн упрощает обмен информацией. Автор также касается применения инструмента при построении банковской экосистемы на примере Сбербанка, однако акцент в статье делается не на применение распределенного реестра для взаимосвязи бизнесов, а на использование инструмента в качестве гаранта безопасности и прозрачности сделок. Подобное обеспечивается благодаря сохранению данных и объединению всех участников транзакции в единую сеть.

В работе Блохиной И. Д. и Артемьевой О. А. «Использование технологии блокчейн в маркетинговой деятельности банка» рассматривается использование распределенных реестров в маркетинговой деятельности как возможность решения актуальной проблемы в банковской системе – отсутствие прозрачности и подотчетности в расходах на рекламный бюджет, а также невозможность отследить эффективность деятельности рекламных служб [10]. Авторы замечают, что для формирования образа потенциального клиента банкам не хватает данных. Большинство потенциальных клиентов не желают предоставлять информацию банкам из-за вопросов безопасности. Появление технологии блокчейн, по мнению авторов, предлагает огромный потенциал для смягчения таких проблем, предоставляя потребителям понимание, как их личные данные использовались и могут использоваться маркетологами и рекламодателями. Исследователи доказывают, что это приведет к появлению рынков потребительских данных, контроль над которыми будет в руках самих потребителей.

Работа Достова В.Л., Шуста П.М., Хорьковой А.А. «Перспективы децентрализованных межбанковских расчетов с использованием блокчейна» также отмечает высокую роль распределенных реестров как инструмента повышения доверия и надежности в процессе транзакции [11]. Кроме того, отдельно демонстрируется экономический эффект от введения технологии, проявляющийся в сокращении цены операций. Во многом поэтому наиболее перспективной сферой применения технологии авторы считают межбанковские расчеты. Действующая модель внутренних и трансграничных расчетов, как правило, довольно громоздка и неэффективна. Банки, не доверяющие друг другу, вынуждены пользоваться услугами центрального контрагента, а при трансграничных расчетах – целой цепочкой корреспондентских счетов. Это делает переводы длительными и относительно дорогими. Авторы предполагают, что технология распределенного реестра сможет устранить эти недостатки.

Таким образом, достаточно очевидной видится эффективность распределённых реестров в части свободного обмена данными между участниками, роста их взаимной вовлеченности в бизнес-процессы друг друга, а также возможности технологии в части сокращения издержек. Учитывая, что решение этих проблем является основной для успешного формирования банковской экосистемы, вполне возможно, что в ближайшем будущем именно распределенный реестр может стать тем инструментом, который обеспечит дополнительные стимулы развития экосистемы и повышение потенциального финансового эффекта от ее использования.

5 Влияние экосистем на бизнес банков

Можно заметить, что отмеченные выше полярные позиции рассматривают создание банковских экосистем на российском рынке в качестве следствия процесса цифровизации рынка либо с точки зрения сопротивления неизбежному угасанию отрасли, либо в качестве фактора адаптации индустрии. При этом без должного глубокого рассмотрения остается роль банковской экосистемы как обособленной бизнес-стратегии. Даже с точки зрения мягкой адаптации, предлагаемой в работах Зверьковой Т.Н. и Кохов [2, 5], очевидным является тот факт, что рынок в любом случае изменится под давлением новых правил игры. Авторы настоящей статьи предполагают, что дискурс о деструктивности банковских экосистем для финансового рынка может быть разрешен во многом именно через данное направление исследования, избегая при этом крайних позиций.

Влияния экосистем на рынок с точки зрения получения их владельцами значительных конкурентных преимуществ касается работа Свиридова О.Ю. и Бадмаевой Б.С. «Развитие банковских экосистем на основе современных цифровых технологий» [12]. Рассматривая причины повышенного интереса банков к экосистемам, исследователи отмечают как уже высказанную в работах других авторов позицию об обострении конкуренции с небанковскими игроками на рынке, так и позицию ужесточения регулирования, что заставляет крупных игроков с достаточным капиталом искать источники дохода в других отраслях экономики. В работе справедливо замечается, что экосистема, помимо цели компенсации рисков от выхода на рынок новых игроков, предоставляет ряд преимуществ по сравнению с традиционным банкингом. Можно сказать, что экосистема – слияние компетенций банка и нефинансовой компании, в результате которого рождается синергия. Этот эффект Свиридов О.Ю. и Бадмаева Б.С. видят в повышении роли комиссионного дохода, а также в значительном росте лояльности к компании со стороны традиционных клиентов. Можно сказать, что работа рассматривает экосистему как неизбежный тренд для всех банковских структур.

Здесь, однако, для более аргументированного выражения нашей позиции, мы предлагаем отойти от исключительно российской исследовательской практики и обратиться к иностранному опыту развития экосистем на рынке финансовых услуг. Действительно, в современных реалиях глобализации и общемировой цифровизации многие страны сталкиваются со схожими процессами трансформации и схожими рисками для рыночного равновесия. Причем зачастую, из-за разницы в уровне развития государств, эти процессы в некоторых регионах планеты могут начаться раньше. В данном контексте мы рекомендуем обратить внимание на работу «Сделает ли финтех региональные банки излишними для финансирования небольших фирм? Замечания о льготном информационном кредитовании в Германии» Ф. Флегеля и М. Бекампа (Flögel, F., Beckamp, M. «Will FinTech make regional banks superfluous for small firm finance? Observations from soft information-based lending in Germany»), которая концентрируется на роли финтеха на региональных банках [13]. Работа демонстрирует, что конкуренция между стартапами и региональными банками в Германии в ближайшем будущем может привести к вытеснению региональных банков из внутригосударственной системы платежей, скрининга и мониторинга. В качестве аргументации приводятся эмпирические данные о кредитных процессах и использовании рейтинговой системы региональных немецких сберегательных банков. Результатом исследования становится выделение текущих барьеров для входа нефинансовых компаний на немецкий рынок финансовых услуг и способы их преодоления. Авторы резюмируют, что рассматриваемый сценарий может привести к непреднамеренному ухудшению доступа населения к финансовым услугам в результате вытеснения нефинансовыми компаниями региональных банков.

Невозможно не согласиться, что одной из причин подобной ситуации могут стать недостаточные объемы капитала региональных банков, что может не позволить им принять новые правила игры посредствам одного из путей, отмеченных Кох Л.В. и Кохом Ю.В [5]. С этим также соглашаются Косарев В.Е. и Иараджули Г.М. в описанном выше исследовании [4]. Не вдаваясь в детали, авторы констатируют, что абсолютная пассивность или недостаточный уровень вовлечения банков в процессы создания экосистем приведут к наибольшим финансовым потерям.

Тем самым мы хотим обратить внимание, что при комплексном анализе, в том числе зарубежных, становится очевидным, что влияние экосистем на рынок с точки зрения их деструктивности неодинаково для разных сегментов индустрии. Здесь нами предлагается исходить из вопроса возможности игроком воспользоваться преимуществами, выделенными Косаревым В.Е. и Иараджули Г.М. [4]. Если компания не обладает достаточным капиталом, то она в высокой степени ограничена в выборе стратегий. К таким компаниям можно отнести, например, региональные банки. Для них появление на рынке банковских экосистем нефинансовых организаций может оказаться достаточно болезненным ударом, что может привести к реализации сценария, предложенного Никитиной Т.В., Никитиным М.А., Гальпер М.А [6]. С другой стороны, крупные банки, обладающие достаточными возможностями, способны стать во главе рынка экосистем. В таком случае наиболее вероятна позиция Попова Н.В. [7]. Доминирование нескольких крупных игроков неизбежно вызовет интерес со стороны Центрального Банка, что может привести к дополнительному регулированию.

Таким образом, в вопросе развития экосистем существует две позиции, рассматривающие проявление процесса интеграции новых технологий в банковский сектор в диаметрально противоположных плоскостях. С одной стороны, авторы полагают, что развитие экосистем будет связано с компаниями, основной вид деятельности которых находится за пределами классического банковского рынка. При этом банковская экосистема в понимании исследователей становится угрозой для классических игроков, потенциально способной привести к исчезновению традиционных бизнесов или их трансформации во второстепенные организации.

Другая позиция говорит о создании банковских экосистем как части естественного процесса адаптации рынка к условиям цифровизации и диджитализации. Предполагается, что экосистема является одним из многих путей восполнения выпадающих доходов банка и не представляет серьезной угрозы для рынка в целом. Анализ работ, а также объемы публикаций позволяют предполагать, что в последние годы научное сообщество склоняется преимущественно ко второй позиции.

При этом рассмотренные работы в большинстве не акцентируют внимание на финансовых аспектах трансформации рынка и критериях хозяйствующего субъекта, способных каким-либо образом обособить новых игроков в отдельный класс или оставить их в рамках существующей классификации.

Литература

[1] BBC Русская служба Сделка «Яндекса» по покупке «Тинькофф» сорвалась. https://www.bbc.com/russian/news-54566542
[2] Зверькова, Т. Н. (2020). Банки, fintech, экосистемы: новые формы взаимодействия в финансовом посредничестве. *Азимут научных исследований: экономика и управление, 9*(31), 159–163.
[3] ТАСС Набиуллина заявила, что России необходимо научиться регулировать экосистемы. https://tass.ru/ekonomika/10469395
[4] Косарев, В. Е., & Иараджули, Г. М. (2020). Экосистема как новая модель развития банка. *Финансовые рынки и банки, 1*, 58–62.
[5] Кох, Л. В., & Кох, Ю. В. (2019). Банки и финтех-компании: конкуренты или партнеры. *Вестник забайкальского государственного университета, 6*, 111–121.
[6] Никитина, Т. В., Никитин, М. А., & Гальпер, М. А. (2017). Роль компаний сегмента финтех и их место на финансовом рынке России. *Известия Санкт-Петербургского государственного экономического университета, 1–2*(103), 45–48.
[7] Попов, Н. В. (2020). Банковские экосистемы как феномен развития банковского бизнеса в условиях цифровой экономики. *Финансы, деньги, инвестиции, 2*(74), 29–34.
[8] Коробейникова, О. М., Коробейников, Д. А., Голубева, Е. В., & Чернованова, Н. В. (2020). Цифровые инновации для кредитной кооперации. *Научный вестник: финансы, банки, инвестиции, 1*(50), 63–71.
[9] Васильев, И. И. (2018). Применения системы «блокчейн» в коммерческих банках. In *Современная наука: актуальные проблемы теории и практики. Экономика и право,* (Vol. 5, pp. 94–98).
[10] Блохина, И. Д., & Артемьева, О. А. (2019). Использование технологии блокчейн в маркетинговой деятельности банка. *Маркетинг и логистика, 6*(26), 13–18.
[11] Достов, В. Л., Шуст, П. М., & Хорькова, А. А. (2018). Перспективы децентрализованных межбанковских расчетов с использованием блокчейна. *Стратегические решения и риск-менеджмент, 2*, 22–25. https://doi.org/10.17747/2078-8886-2018-2-22-25.
[12] Свиридов, О. Ю., & Бадмаева, Б. С. (2019). Развитие банковских экосистем на основе современных цифровых технологий. *Государственное и муниципальное управление. Ученые записки, 3*, 176–181.

[13] Flögel, F., & Beckamp, M. (2020). Will FinTech make regional banks superfluous for small firm finance? Observations from soft information-based lending in Germany. *Economic Notes*, *49*(2)., https://doi.org/10.1111/ecno.12159

Дополнительная литература
[14] Зверькова, Т. Н. (2019). Сущностный подход к исследованию роли банков и финтех-компаний в финансовом посредничестве. *Интеллект. Инновации. Инвестиции*, *6*, 49–54.
[15] Маркова, В. Д. (2018). Бизнес-модели компаний на базе платформ. *Вопросы экономики*, *10*, 127–135. https://doi.org/10.32609/0042-8736-2018-10-127-135.
[16] Радковская, Н. П., & Фомичева, О. Е. (2018). Финансовая экосистема – основной тренд цифровой трансформации модели банковского бизнеса. *Журнал правовых и экономических исследований*, *4*, 186–189.
[17] Рудакова, О. С. (2018). Банковские экосистемы в цифровой экономике. In *Публичные и частные финансы в условиях цифровой экономики: материалы Международной научно-практической конференции* (pp. 232–238).
[18] Шакер, И. Е. (2020). Архитектура элементов цифровизации банка: направления развития. *Финансы, Деньги, Инвестиции*, *1*, 37–40. https://doi.org/10.36992/2222-0917_2020_1_37.

Суверенные фонды стран-экспортеров нефти: значение в период пандемии Covid-19

Dr. Evgeniya Popova

Аннотация

Пандемия COVID-19 стала настоящим вызовом для всех стран, особенно, для тех национальных экономик, которые экспортируют углеводороды. Значительное сокращение мирового трафика вследствие введения ограничительных мер и падение спроса на нефть спровоцировало обвал цен. В результате нефтяные доходы бюджетов резко снизились, что актуализировало задачу поиска финансовых ресурсов для покрытия дефицита бюджета. В статье рассматривается роль суверенных фондов ряда стран-экспортеров нефти в финансировании расходов бюджета, которые существенно возросли из-за реализации масштабных антикризисных программ. В таких странах, как Колумбия, Норвегия и Перу суверенные фонды играли более значимую роль, чем в Гане и России. В отличие от Ганы и России в этих трех странах было приостановлено действие бюджетного правила, что позволило заимствовать финансовые ресурсы из фонда в объеме, превышающем выпадающие нефтяные доходы. Более того, высокая значимость суверенных фондов подтверждается тем, что именно их средства стали одним из первых источников финансирования правительственных программ. Расчеты объема средств, выделенных их суверенных фондов в 2020 г., на душу населения позволили осуществить более объективные межстрановые сравнения.

Abstract

Sovereign Funds of Oil Exporters: Significance in the Covid-19 Pandemic

The COVID-19 pandemic became serious challenge to the all countries particularly economics exporting oil. Drastic contraction of global traffic caused by lockdown and oil demand slump triggered oil price decline. As a result, oil revenues sharply reduced that made financial resources search for coverage budget deficit actual target. Author reveals the contribution of sovereign funds to budget expenditures financing in several oil exporters. Budget expenditures significantly increased because of implementation of enormous economic recovery plans. In such countries as Colombia, Norway and Peru sovereign funds played more important role compared to Ghana and Russia. Unlike Ghana and Russia above mentioned three countries have suspended budget rule that enabled to withdraw money from the fund in the amount exceeding foregone oil revenues. There is additional confirmation of high significance of sovereign funds, namely, money withdrawn from the funds became one of the first sources of financing government programs. Estimation of financial resources withdrawn from the funds per capita in 2020 enabled to make more unbiased cross country comparison.

Ключевые слова/Keywords

Пандемия COVID-19, бюджет, государственный долг, суверенный фонд, страны-экспортеры нефти, антикризисные программы, COVID-19 pandemic, budget, public debt, sovereign fund, oil exporters, economic recovery plans.

Введение. Пандемия COVID-19 имела своим следствием беспрецедентные по объемам меры фискальной поддержки, которые оказывались системе здравоохранения и наиболее уязвимым категориям граждан и фирм. При этом стоит подчеркнуть, что по сравнению с мировым финансово-экономическим кризисом 2008 г. масштабы финансовой поддержки оказались намного шире. Согласно докладу, опубликованному Международным валютным фондом (далее МВФ) в конце января 2021 г., мировой ВВП в 2020 г. по сравнению с 2019 г. сократился на 3,5 %, а общий объем фискальной поддержки, предоставленной в разных странах мира в 2020 г., оценивается в 13,8 трлн долл., или 13 % мирового ВВП (на развитые страны приходится 11,8 трлн долл.). Кроме того, в докладе указывается, что 7,8 трлн долл. – это трансферты и выпадающие доходы бюджетов, обусловленные снижением эффективных налоговых ставок

Табл. 1 Изменение ВВП, дефицита государственного бюджета и государственного долга в 2020 г. по сравнению с 2019 г. в разных странах мира, %. (Источник: Fiscal Monitor Update, January 2021. International Monetary Fund)

Группа стран	Темп роста ВВП	Рост дефицита бюджета (в процентах от ВВП)	Рост государственного долга (в процентах от ВВП)
Развитые страны	−4,9	10 (с 3,3 до 13,3)	17,9 (с 104,8 до 122,7)
Страны с формирующимися рынками и страны со средним уровнем дохода	−2,4	5,5 (с 4,8 до 10,3)	9 (с 54,3 до 63,3)
Развивающиеся страны с низким уровнем дохода	−2,1	1,7 (с 4 до 5,7)	5,2 (с 43,3 до 48,5)

и действием отсрочек по уплате налогов, 6 трлн долл. приходится на расходы бюджетов в форме приобретения акций частных компаний, предоставления кредитов и государственных гарантий [1]. В условиях рецессии национальных экономик крупные пакеты финансовой помощи, инициированные правительствами многих стран, привели к росту дефицита бюджета и государственного долга (см. табл. 1).

В группе стран с формирующимися рынками и среднем уровнем дохода, МВФ выделяет страны-экспортеры нефти, в которых наблюдается более значительное увеличение дефицита бюджета, чем в среднем по группе. Дефицит государственного бюджета в странах-экспортерах нефти вырос в среднем на 7 % ВВП [1]. Особенность данных стран состоит в том, что они формируют специальные фонды, которые выступают важным институтом бюджетно-налоговой политики. Необходимость учреждения таких фондов обусловлена высокой волатильностью и непредсказуемость цен на углеводороды. Согласно сложившейся мировой практике, существует два вида фондов: стабилизационные фонды, цель создания которых заключается в снижении влияния волатильности цен на доходы правительства и национальную экономику, и сберегательные фонды, которые преследуют цель обеспечить финансовый запас для будущих поколений.

Институт управления природными ресурсами в 2017 г. рассчитал Индекс управления ресурсами (RGI), который оценивает качество управления ресурсами в 89 странах. На эти страны приходится 82 % мировых запасов нефти и 78 % мировых запасов газа [2]. Одним из ключевых аспектов оценки качества управления ресурсами является оценка эффективности управления суверенными фондами, которые пополняются за счет нефтегазовых доходов. Индекс охватил 33 Фонда национального благосостояния, активы которых в общей сложности составляют более 3,3 трлн долл. В рамках настоящей статьи предлагаем рассмотреть, какую роль в период пандемии 2020 г. играли суверенные фонды, которые признаны наиболее эффективными (первые десять в рейтинге). Объектом исследования выступили следующие фонды:

- Накопительный и стабилизационный фонд Колумбии (1 место в рейтинге, 100 баллов, оценка качества управления «хорошо»);
- Стабилизационный фонд Ганы (2 место в рейтинге, 93 балла, оценка качества управления «хорошо»);
- Суверенный фонд Норвегии (4 место в рейтинге, 90 баллов, оценка качества управления «хорошо»);
- Фискальный стабилизационный фонд Перу (9 место в рейтинге, 69 баллов, оценка качества управления «удовлетворительно»);

Выбор в пользу выше перечисленных фондов обусловлен наличием актуальной информации.

Колумбия. С 2000 г. до пандемии экономика Колумбии характеризовалась устойчивой траекторией роста, благодаря высоким ценам на нефть, уголь и грамотному макроэкономическому регулированию. Пандемия COVID-19 очень серьезно ударила по национальной экономике, повергнув ее в рецессию. Согласно официальным данным Минфина Колумбии, дефицит бюджета вырос до 8,9 % ВВП, а ВВП страны в 2020 г. сократился на 8,2 %. Для борьбы с последствиями короновируса правительство Колумбии предоставило внушительный пакет финансовой помощи стоимостью около 8,6 млрд долл., почти 3 % ВВП страны в 2019 г [3]. Для реализации стимулирующих мер правительством был создан Фонд ликвидации чрезвычайных ситуаций, первым источником финансирования которого стал Накопительный и стабилизационный фонд Колумбии. Сумма заимствований из фонда составила около 4 млрд долл., то есть, за счет средств суверенного фонда была профинансирована почти половина пакета мер финансовой поддержки в 2020 г. Это стало возможным, благодаря тому, что в 2020–2021 гг. приостановлено действие бюджетного правила.

Кроме того, в сентябре 2020 г. был принят законопроект о реформировании Общей системы распределения роялти, согласно которому удвоилась доля доходов от роялти (с 11 до 25 %), которые поступают в бюджет муниципалитетов, где добываются нефть и газ. Также законом введены две дополнительные статьи расходов, которые финансируются за счет роялти: это оказание финансовой помощи бедным муниципалитетам и финансирование инвестиций на региональном уровне (34 % от общей суммы роялти). Эти изменения привели к сокращению доли доходов от роялти, которые пополняют Накопительный и стабилизационный фонд Колумбии. Теперь в суверенный фонд будет поступать только 4,5 % роялти вместо прежних 25 % [3].

Гана. Вместо прогнозируемого на 2020 г. дефицита бюджета, равного 4,7 % ВВП, фактически дефицит увеличился до 12 % ВВП. Базовая цена на нефть, заложенная в проекте бюджета на 2020 г., в середине года была пересмотрена и снижена с 62,6 до 39 долл. за баррель. Нефтяные доходы сократились на 57,9 %, с 1,57 млрд долл. до 660,5 млн долл [4].

В Гане существует свои правила пополнения и использования средств суверенных фондов, которых два: это Стабилизационный фонд и Фонд будущих поколений. Действующий порядок пополнения схож с тем, который применялся в России до 2018 г. Сначала нефтяные доходы поступают в бюджет для финансирования ежегодных расходов, причем эта сумма не должна превышать 70 % от базовых нефтяных доходов бюджета (средние доходы за 7 лет, которые включают роялти, налог на прибыль, трансферты правительству от государственной нефтяной компании). После как минимум 30 % оставшейся суммы нефтяных доходов поступает в Фонд будущих поколений. В последнюю очередь пополняется Стабилизационный фонд.

В соответствии с действующим законодательством, снять деньги со счета Стабилизационного фонда можно только в том случае, если фактические квартальные нефтяные доходы не покрывает 25 % запланированного годового объема. В то время как из Фонда будущих поколений заимствования возможны только тогда, когда нефтяные резервы будут истощены и оба фонда сольются в единый Фонд национального благосостояния Ганы. В период пандемии 2020 г. было предложено внести изменения в «Закон об управлении нефтяными доходами», в частности, разрешить использовать средства Фонда будущих поколений для финансирования дефицита бюджета. Данная инициатива было отклонена.

Соответственно, вторая инициатива состояла в расширении возможностей использования средств Стабилизационного фонда, а именно, не только для компенсации выпадающих нефтяных доходов, но и для финансирования программ по преодолению негативных последствий, вызванных пандемией. Эта инициатива была поддержана частично: парламент не разрешил заимствовать дополнительные средства из фонда (сверх выпадающих нефтяных доходов), однако в 2020 г. с 300 до 100 млн долл. был снижен размер трансферта, планируемый к зачислению в Стабилизационный фонд. Таким образом, 200 млн долл. были направлены на финансирование стимулирующих мероприятий.

Норвегия. Норвегия располагает самым крупным фондом национального благосостояния в мире: на 31.12.2020 г. Суверенный фонд Норвегии оценивался в 10 914 млрд крон, или 1,3 трлн долл [5]. Несмотря на сложный год, который характеризовался существенным падением цен на нефть и значительными флуктуациями на финансовых рынках (в первом квартале 2020 г. из-за резкой продажи акций на мировых рынках фонд потерял 113 млрд долл.), доход фонда составил 10,9 %, или 216 млрд долл. При этом доходы, полученные в 2020 г., это вторые по величине доходы с 1998 г. Положительный финансовый результат деятельности фонда во многом обусловлен наличием диверсифицированного портфеля акций, которые составляют 72,8 % от общей стоимости активов. Суверенный фонд Норвегии владеет акциями многих зарубежных компаний. Если европейские рынки акций просели на 8,2 %, то рынок акций США вырос на 5,7 %, а Китая – на 16,7 % [6]. Это объясняется разной структурой фондовых рынков. Так технологический сектор, который имеет значительный удельный вес на американских и китайских фондовых рынках, продемонстрировал наиболее высокую доходность (рост спроса на программные продукты, IT-услуги в условиях перехода на дистанционное образование и удаленную работу).

В конце октября 2020 г. на ежегодных парламентских слушаниях с докладом о Суверенном фонде выступил Э. Ольсен, председатель Исполнительного совета Банка Норвегии. Э. Ольсен подчеркнул, что Суверенный фонд Норвегии является важным столпом экономической политики и последний год яркое тому подтверждение. В первой половине года для реализации антикризисных программ из фонда было выделено около 298 млрд крон (34,5 млрд долл.). Эта сумма выше выпадающих нефтяных доходов бюджета, то есть, в Норвегии, как и в Колумбии действие бюджетного правила было приостановлено. Если в 2016–2017 гг., когда доходы от нефти сокращались вследствие падения мировых цен на сырье, недополученные доходы бюджета вполне покрывались ежегодными доходами фонда в форме дивидендов, процентных и рентных платежей, то в начале пандемии этого оказалось недостаточно. В своем выступлении Э. Ольсен сообщил, что в связи с последними событиями будет меняться структура портфеля акций, а именно, Фонд планирует покупать акции в Северной Америки, прежде всего, в США и продавать акции европейских компаний [5].

Перу. Правительством разработана программа, направленная на ослабление негативных последствий пандемии, общей стоимостью около 39 млрд долл. Программа включает два компонента: поддержка системы здравоохранения и восстановление национальной экономики. По данным Минфина Перу 80 % расходов, предусмотренных данной программой, приходится на мероприятия по стимулированию экономического роста. Программа в основном профинансирована за счет заимствований, в результате государственный долг вырос с 26,8 % ВВП в 2019 г. до 35,4 % ВВП в 2020 г. Однако одним из первых источников финансирования правительственной программы стали средства Фискального стабилизационного фонда Перу, из которого было выделено 5 млрд долл [7]. Однако несмотря на предпринятые стимулирующие меры, ВВП страны сократился на 12 %.

Россия. В завершении настоящей статьи рассмотрим, как управлялся в период пандемии Фонд национального благосостояния России (19 место в рейтинге, 40 баллов, оценка качества управления «плохо»). В нашей стране с 2018 г. действует постоянное бюджетное правило, согласно которому в бюджет закладывается базовая цена на нефть, равна 40 долл. за баррель с ежегодной индексацией на 2 %. Дополнительные нефтегазовые доходы, полученные вследствие превышения фактической цены над базовой, поступают в Фонд национального благосостояния. На 01.01.2021 г. объем ФНБ составил 13,5 трлн руб. (183,36 млрд долл.), или 11,7 % ВВП [8]. По сравнению с 2019 г. ФНБ вырос на 73 % в рублях (на 46 % в долларах).

Снятие со счетов ФНБ валюты и ее последующая продажа для компенсации выпадающих нефтегазовых доходов бюджета началась только в августе 2020 г. Всего с августа по декабрь из ФНБ на покрытие дефицита бюджета выделено 289,75 млрд руб., при этом наибольшая сумма в размере 110,33 млрд долл. пришлась на октябрь. Однако фактически использование средств ФНБ для покрытия дефицита бюджета осуществлялось с апреля, когда Минфин для восполнения недополученных доходов продавал валюту, которую он приобрел в первом квартале без зачисления в ФНБ. С апреля по август было продано около 9 млрд долл., что позволило профинансировать дефицит бюджета на сумму более 665 млрд руб [8]. Таким образом, в 2020 г. из ФНБ для покрытия дефицита бюджета было заимствовано более 954,75 млрд руб.

Несмотря на то, что в России во время пандемии 2020 г. расходы федерального бюджета возросли на четверть, бюджетные правила не были смягчены. То есть, средства ФНБ использовались только в части покрытия выпадающих нефтегазовых доходов. Хотя А. Кудрин, председатель Счетной палаты РФ, призывал приостановить действие бюджетного правила и направить средства ФНБ на финансирование антикризисных программ и поддержку населения. В результате федеральный бюджет был исполнен с дефицитом, который составил 3,8 % ВВП (в 2019 г. профицит бюджета составил 1,9 % ВВП), а государственный долг вырос с 13,8 до 21 % ВВП.

Согласно бюджетному правилу, средства ФНБ можно инвестировать только в сумме превышения ликвидной части (средства на банковских счетах в Банке

Табл. 2 Средства, выделенные из суверенного фонда во время пандемии COVID-19 в 2020 г., на душу населения, долл. США. (Источник: составлено автором)

Страна	Средства суверенного фонда на душу населения
Норвегия	6427
Перу	152,3
Россия	87,9
Колумбия	79
Гана	6,4

России, которые составляют 7 % ВВП). Объем ликвидных активов ФНБ оценивается в 8,7 трлн руб. (7,5 % ВВП), это значит, что только 1/3 средств фонда размещена в иные разрешенные активы. В 2020 г. за счет средств ФНБ, которые выше ликвидной части, были профинансированы инвестиции на сумму около 2,25 трлн руб [9]. В частности, инвестиционные проекты государственных компаний «ДОМ.РФ», «Российские автомобильные дороги» и «Российские железные дороги», приобретены акции «Аэрофлота» и «Сбербанка».

Однако все же с 2016 до 2024 г. действие одного из бюджетных правил было приостановлено: доходы от управления фонда в полном объеме идут на финансирование расходов федерального бюджета. В 2020 г. доходы от управления активами ФНБ составили 345,34 млрд руб [9]. Ранее было отмечено, что качество управления ФНБ было оценено как «плохое». В частности, Счетная палата РФ указывает на низкий уровень прозрачности и ограниченный доступ к отчетности ФНБ. Вопросы повышения эффективности управления фондом и диверсификации рисков относятся к числу приоритетных. В связи с чем, была изменена валютная структура ФНБ: были введены две новые валюты – юань (15 %) и иена (5 %), доля евро и доллара снижена до 35 %, доля фунта стерлинга осталась прежней (10 %).

Заключение. В целях проведения объективного межстранового сравнения масштабов заимствований из суверенных фондов в период пандемии рассчитывался такой показатель как объем финансовых ресурсов, выделенных из фонда, на душу населения (см. табл. 2).

Полученные результаты свидетельствуют о значительном разбросе размера финансового обеспечения расходов бюджета за счет средств суверенных фондов: от 6427 долл. в Норвегии до 6,4 долл. в Гане.

Литература

[1] International Monetary Fund (2021). Fiscal monitor update, January 2021. https://www.imf.org/en/Publications/FM/Issues/2021/01/20/fiscal-monitor-update-january-2021. Accessed 18 Feb 2021.
[2] The Natural Resource Governance Institute Resource governance index. https://resourcegovernance.org/sites/default/files/documents/2017-resource-governance-index.pdf. Accessed 15 Feb 2021.
[3] The Natural Resource Governance Institute Colombia: Updated assessment of the impact of the Coronavirus pandemic on the extractive sector and resource governance. https://resourcegovernance.org/analysis-tools/publications/colombia-updated-assessment-impact-coronavirus-extractive. Accessed 12 Feb 2021.
[4] The Natural Resource Governance Institute Ghana: Updated assessment of the impact of the Coronavirus pandemic on the extractive sector and resource governance. https://resourcegovernance.org/analysis-tools/publications/ghana-updated-assessment-impact-coronavirus-extractive. Accessed 10 Feb 2021.
[5] Management of the government pension fund global: speech of Øystein Olsen. https://www.norges-bank.no/en/news-events/news-publications/Speeches/2020/2020-10-30-olsen/. Accessed 24 Feb 2021.
[6] Norges Bank Management of the government pension fund global in the light of the coronavirus pandemic. https://www.nbim.no/en/publications/submissionministry/2020/management-of-the-government-pension-fund-global-gpfg-in-the-light-of-the-coronavirus-pandemic/. Accessed 6 Jan 2021.
[7] The Natural Resource Governance Institute Peru: Updated assessment of the impact of the Coronavirus pandemic on the extractive sector and resource governance. https://resourcegovernance.org/analysis-tools/publications/peru-updated-assessment-impact-coronavirus-extractive. Accessed 12 Feb 2021.
[8] Официальный сайт Минфина России Объем Фонда национального благосостояния. https://minfin.gov.ru/ru/nationalwealthfund/statistics. Accessed 25 Feb 2021.
[9] Официальный сайт Минфина России О результатах размещения средств Фонда национального благосостояния. https://minfin.gov.ru/ru/press-center/?id_4=37349. Accessed 26 Jan 2021.

Дополнительная литература
[10] Norway wealth fund lost record $113 billion in stock slump. https://www.bloomberg.com/news/articles/2020-04-02/norway-wealth-fund-lost-record-113-billion-in-stock-slump. Accessed 13 Jan 2021.
[11] Norges Bank Strong results in a volatile year. https://www.nbim.no/en/the-fund/news-list/2020/strong-results-in-a-volatile-year/. Accessed 8 Feb 2021.

Два «чуда на рынке труда»? Влияние финансового кризиса 2008-09 гг. и пандемии коронавируса 2020-21 гг. на рынок труда: Германия в сравнении с другими странами

Prof. Dr. Bernd Reissert

Аннотация

Несмотря на то, что ВВП Германии в ходе финансового кризиса 2008–09 годов сократился больше среднего, рост безработицы в стране оказался минимальным среди всех стран ОЭСР. Статья раскрывает причины этого «немецкого чуда на рынке труда» (Пол Кругман) и задается вопросом о том, повторяется ли эта история успеха в период постковидной рецессии.

Abstract

Two "Job Miracles"? Effects of the Great Recession 2008–2009 and of the Covid Crisis 2020/2021 on the Labor Market – Germany in International Comparison

In spite of an over-proportional decline of GDP, Germany experienced the smallest increase of unemployment among all OECD countries in the Great Recession of 2008–2009. The article examines the causes behind this "jobs miracle" (Paul Krugman) and asks whether Germany's labor market is able to repeat the success story during the COVID recession.

Ключевые слова/Keywords

коронавирусный кризис, финансовый кризис, безработица, изменения на рынке труда, придерживание рабочей силы, неполная занятость, рабочее время, Covid crisis, Great Recession, unemployment, labor market adjustment, labor hoarding, short-time work, job retention, working time.

1 Финансовый кризис 2008–09 гг.

Осенью 2009 года, говоря о последствиях глобального финансового кризиса, нобелевский лауреат Пол Кругман упомянул о «немецком чуде на рынке труда» [1]. Из-за сильной зависимости от глобального рынка экономика Германии в ходе финансового кризиса 2008–09 гг. сократилась сильнее, чем в большинстве стран ОЭСР, однако рост безработицы оказался минимальным. Падение реального внешнего валового продукта (ВВП) на 6,7 % (разница между минимальным и максимальным значениями) привело к увеличению безработицы всего на 0,5 процентных пункта, то есть число работающих практически не изменилось. В других странах, например в США, ситуация была обратной: несмотря на умеренное падение ВВП там наблюдался скачок безработицы (ср. рис. 1)[1].

«Немецкое чудо», о котором говорил Пол Кругман, конечно, не было чудом, а было напрямую связано с некоторыми особенностями немецкого рынка труда. В этой статье мы раскроем содержание этого феномена, а также обратимся к разворачивающемуся коронавирусному кризису 2020–21 гг. и зададимся вопросом о том, повторяется ли «немецкое чудо» сейчас, в ходе второй крупной рецессии этого века.

Слабая реакция немецкого рынка труда на финансовый кризис 2008–09 гг. становится понятной, если вспомнить, как именно работодатели могут отреагировать на глобальные изменения в экономике [3]:

- сократить рабочее время для сотрудников;
- изменить производительность труда в пересчете на час работы;
- изменить количество сотрудников.

Данные за 2009 год показывают, что сокращение реального ВВП на 5,2 % сопровождалось сокращением рабочего времени на 2,9 % и уменьшением производительности на 2,5 %. При этом количество занятых не уменьшилось, а даже незначительно возросло на 0,2 % [4]. Таким образом, в ходе кризиса 2009 года скачка безработицы удалось избежать исключительно благодаря внутренней гибкости работодателей и в равной степени за счет двух факторов: сокращения продолжительности рабочего дня и уменьшения производительности труда (впервые за всю новейшую историю немецкой экономики). Предприятия при-

---

[1] Приведена разница между максимальным докризисным и минимальным кризисным значением ВВП и между минимальным докризисным и максимальным кризисным уровнем безработицы.

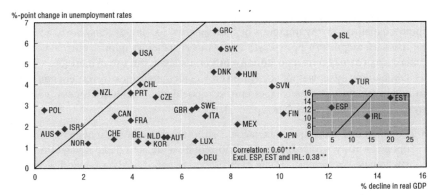

Рис. 1 Падение реального ВВП (%) и рост безработицы (в процентных пунктах) в различных странах ОЭСР в ходе финансового кризиса 2008–9 гг. (Источник: OECD [2, с. 23])

няли решение сохранить («придержать») сотрудников, уменьшив их рабочую нагрузку и сократив часы.

Чем можно объяснить такую реакцию предприятий на рецессию 2009 года?[2] Во-первых, этот финансовый кризис имел ярко выраженную отраслевую специфику: он привел к серьезному падению международной торговли и поэтому прежде всего отразился на немецких промышленных предприятиях с сильной ориентацией на экспорт и большой долей высококвалифицированных сотрудников в штате. Эти предприятия в основном расположены в экономически сильных регионах (прежде всего в Баден-Вюртемберге и Баварии), где безработица прежде была невысокой, то есть еще до кризиса они сталкивались с чрезвычайными трудностями при поиске персонала с должной квалификацией. Этот факт, а также неблагоприятная демографическая ситуация привели к тому, что в 2008–2009 годах предприятия приняли решение удержать квалифицированных сотрудников в компании и не увольнять их, так как не были уверены, что после кризиса сумеют легко найти им замену на региональном рынке труда. По этой же причине компании использовали время простоя для

---

[2] Наличие в немецком законодательстве строгого запрета на необоснованное увольнение на первый взгляд кажется очевидным объяснением, однако, судя по всему, не играет здесь никакой роли: дело в том, что раньше экономика Германии всегда реагировала на рецессии скачком безработицы. Кроме того, динамика занятости в других странах в ходе финансового кризиса 2008–09 гг. не позволяет говорить о том, что наличие существенных гарантий от увольнения как-то отражается на уровне безработицы [3].

перестройки производственных процессов и обучения персонала, что позволило сохранить сотрудников и перенаправить их на деятельность, которая не имела измеримого результата (т.е. за счет падения производительности), однако подготовила их к возобновлению производства в будущем [3].

Описанного удержания сотрудников удалось добиться путем сокращения индивидуального рабочего времени, которое было в равной степени достигнуто за счет следующих факторов [3]:

- Сокращение сверхурочных часов. Экономический подъем перед кризисом привел к тому, что сотрудники работали больше, чем было предусмотрено трудовым договором. Такая сверхурочная работа стала первой жертвой рецессии.
- Обнуление баланса по накопительному счету сверхурочных. В 90-е годы в результате договоренностей руководства и производственного совета (органа, представляющего интересы работников) на многих немецких предприятиях были введены т.н. счета сверхурочных часов (счета рабочего времени, Arbeitszeitkonto), которые делали рабочий день более гибким. На этом счете учитывались все часы, отработанные сверх согласованной в договоре продолжительности рабочего дня, которая оплачивалась в фиксированном размере. При вынужденном снижении объема производства отработанные ранее часы списывались со счета. Такой инструмент отвечал интересам предприятия, так как позволял гибко управлять рабочим временем, и давал сотрудникам уверенность в завтрашнем дне и стабильном доходе. Внедрению счетов рабочего времени способствовало возросшее влияние производственных советов (прежде всего – на крупных предприятиях), а также законодательные нормы, закреплявшие баланс накопительного счета за сотрудником, в т.ч. в случае банкротства предприятия. К 2009 году накопительный счет сверхурочных был открыт у половины всех сотрудников (51 %), а на крупных предприятиях, наиболее сильно затронутых кризисом, эта доля была еще больше. Благоприятная экономическая ситуация, предшествовавшая финансовому кризису, привела к тому, что на этих счетах накопилось большое количество часов, которые теперь начали интенсивно списываться. За месяцы рецессии баланс серьезно уменьшился (в среднем – на две трети), что позволило предприятиям сократить рабочий день, не сокращая сотрудников [5].
- Субсидированная государством неполная занятость. С 1910 года в Германии существует инструмент частичной компенсации дохода сотрудника, который применяется в том случае, если работодатель по экономическим причинам вынужден временно сократить его рабочее время и, со-

ответственно, зарплату. Выплата за неполную занятость равна пособию по безработице для неполной ставки и выплачивается из средств фонда страхования от потери работы. Обычно так компенсируется до 60 % недополученного дохода, причем работодатель может увеличить эту выплату из собственных средств. Так, при сокращении рабочего времени (и зарплаты) на 50 % выплата за неполную занятость равна 30 % (0,6 × 0,5) от прежней зарплаты при работе на полную ставку, то есть сотрудник сохраняет 80 % от привычного дохода. Такая модель неполной занятости создана на случай системного кризиса. Она защищает сотрудника от потери работы, позволяет работодателю не сокращать уже обученных и лояльных сотрудников, экономя на затратах, связанных с увольнением и последующим наймом. Опыт прошлых рецессий доказал эффективность этого инструмента: в 2009 году количество получателей выплаты за неполную занятость доходило до 1,5 млн человек (в среднем по году – 1,1 млн; [4]), преимущественно в производственных отраслях. Таким образом, в условиях кризиса неполная занятость сыграла существенную роль в стабилизации занятости наряду с другими описанными механизмами сокращения рабочего времени.

Получается, что немецкое «трудовое чудо» в ходе финансового кризиса 2008–09 гг. было в значительной мере обусловлено тем, что в условиях нехватки специалистов на рынке труда наиболее пострадавшие производства были крайне заинтересованы в сохранении квалифицированных кадров и могли воспользоваться проверенными, общепризнанными и выгодными инструментами для временного сокращения продолжительности рабочего дня. Оба этих инструмента стали плодом многолетней совместной работы представителей трудового коллектива и менеджмента предприятий с представителями государственной власти.

Стабилизация занятости в 2008–2009 году отразилась не только на рынке труда, но и стабилизировала общеэкономическую покупательную способность, тем самым ускорив выход из рецессии: уже весной 2011 года ВВП Германии вернулся к докризисным значениям. В других странах, где наблюдался скачок безработицы (например, в США и Испании; ср. Рис. 1), восстановление заняло куда большее время.

2 Коронавирусный кризис 2020–21 гг.

От финансового кризиса 2008–09 гг. давайте обратимся ко второй крупной рецессии этого столетия – к нынешнему кризису 2020–21 гг., вызванного пандемией коронавируса. Повторяется ли сегодня «немецкое чудо»? На момент написания статьи (в марте 2021 года) данных для ответа на этот вопрос ещё было недостаточно. Отчетные данные по общей производительности экономики и положению на рынке труда за 2020 год пока не опубликованы, однако некоторые тренды уже заметны.

На первый взгляд события 2020 года в Германии похожи на события 2009 года: в результате пандемии реальный ВВП в 2020 году сократился на 5 %. Количество работающих также сократилось, пусть и незначительно (на 1,1 % или 500 000 человек; [4]); одновременно с этим почти на полмиллиона увеличилось число безработных, что соответствует росту безработицы на 1 %. Таким образом, как и в 2009 году, рецессия не оказала значимого влияния на занятость и безработицу. Серьезное падение уровня занятости удалось предотвратить только за счет сокращения рабочего времени (на 3,7 %): в отличие от кризиса 2009 года, снижение удельной производительности труда (−0,2 %) не сыграло практически никакой роли. Еще одним отличием от 2009 года стало то, что сокращение рабочего времени было обеспечено не тремя различными механизмами (сокращением сверхурочной занятости, списанием сверхурочных часов с накопительного счета и неполной занятостью), а преимущественно за счет неполной занятости (80 %; [4]). В 2020 году число получателей компенсации за неполную занятость доходило до 6 миллионов человек, а среднегодовое значение достигло 3 миллионов, что в три раза выше, чем в 2009 году [4, 6].

Сравнение с другими странами обнаруживает как сходства, так и отличия текущей ситуации от кризиса 2009 года. Американский рынок труда, как и в 2009 году, являет собой полную противоположность немецкой модели, дающей производствам дополнительные возможности: как и раньше, он реагирует на пандемию увольнениями и последующим наймом. Только в период с февраля по апрель 2020 года безработица в США с учетом сезонности подскочила на 11 %, потом немного упала после временного ослабления ограничений летом 2020 года, но зимой снова вернулась к росту и к весне 2021 года всё еще почти вдвое превышает допандемийные значения [7, с. 10]. Большинство европейских стран, однако, реагируют на коронавирусный кризис совсем не так, как в 2009 году. Как показывает Рис. 2, многим странам Европы удалось предотвратить коронавирусный всплеск безработицы столь же эффективно, как Германии (или даже с большей эффективностью). Во время финансового

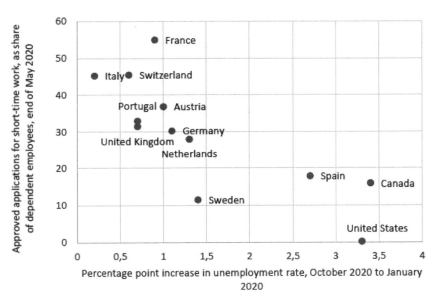

Рис. 2 Рост безработицы (в процентных пунктах) и числа сотрудников с неполной занятостью (в процентах от числа всех работающих) в результате пандемии коронавируса 2021 года в некоторых странах ОЭС. (Источник: Eichhorst et al. [8, c. 5])

кризиса 2009 года динамика безработицы в Европе была значительно более разнонаправленной[3].

Таким образом, сейчас мы можем говорить не о немецком, а о «европейском чуде». Как показывает Рис. 2, причина схожей реакции рынка труда на пандемию в большинстве стран Европы состоит в том, что почти все из них теперь активно применяют инструмент неполной занятости, тем самым препятствуя резкому росту безработицы [7, c. 12–14, 8, 9, 10]. За десятилетия, прошедшие с предыдущего финансового кризиса, многие страны (и особенно – страны ЕС) провели серьезную работу по анализу нормативного регулирования неполной занятости, принятого в других странах (в первую очередь – в Германии), и разработали собственные нормы. Широкому применению инструмента неполной занятости в ходе нынешнего кризиса способствовало и то, что летом 2020 года ЕС создал соответствующий механизм финансовых гарантий. Программа SURE (**S**upport to mitigate **U**nemployment **R**isks in an **E**mergency), поддержива-

---

[3] Ср. Рис. 1.

мая странами-членами ЕС, позволяет им получить ссуду в размере до 100 млрд евро на финансирование схем неполной занятости.

Как было продемонстрировано выше, реакция немецкого рынка труда на пандемию отличалась от кризиса 2008–09 гг. в трех важных аспектах:

- Несмотря на то, что ВВП в 2020 году упал не больше, чем в 2009 году, Германия в ходе пандемии не смогла предотвратить падение занятости (пусть и умеренное) и параллельный рост безработицы.
- В отличие от 2009 года, среднестатистическое немецкое предприятие в пандемию сохраняло уровень занятости только в том случае, если сокращалась продолжительность рабочего дня. Как показывает неизменное значение удельной производительности труда, «придерживания» сотрудников без сокращения рабочего времени не произошло.
- Сокращение рабочего времени в пандемию также происходило исключительно за счет субсидированной государством неполной занятости. Предприятия практически не прибегали к внутренней оптимизации, например, к сокращению сверхурочных часов или списанию часов с накопительных счетов сотрудников.

Различия в подходе к борьбе с рецессией объясняются в первую очередь тем, что кризисы 2008–09 и 2020–21 гг. затронули разные отрасли экономики и группы людей [7, с. 19–27]. Финансовый кризис 2008–09 гг. коснулся главным образом промышленности, то есть крупнейших предприятий. Пандемия же, напротив, ударила по предприятиям сферы обслуживания: ресторанному и выставочному делу, туризму, транспорту, розничной торговле и сфере культуры, где велика доля малых предприятий и индивидуальных предпринимателей, которые и так пострадали от коронавируса значительно сильнее, чем в 2009 году, как показывает статистика неполной занятости [6]. На отраслевую специфику накладывается и зависимость от квалификации сотрудников. Нынешний кризис диспропорционально сильно отразился на людях с низкой и средней квалификацией, занятых в сфере обслуживания, тогда как в 2009 году основной удар пришелся по высококвалифицированным специалистам. В пандемию также сильно пострадали люди, не имевшие права на компенсацию неполной занятости или не способные использовать этот инструмент для сохранения своего рабочего места: индивидуальные предприниматели, не имеющие страховки от потери работы, молодые люди и взрослые, еще не закрепившиеся на рынке труда или работающие по срочным договорам и уволенные до получения права на компенсацию неполной занятости.

Таким образом, описанные отличия мер, предпринятых в нынешний кризис, от ситуации 2009 года можно объяснить следующим образом:
- В отличие от 2009 года, рост безработицы в пандемию в основном продиктован тем, что инструмент неполной занятости неприменим для индивидуальных предпринимателей и молодых людей, которые пострадали от кризиса серьезнее остальных.
- Тот факт, что компенсация неполной занятости в 2020 году стала практически единственным инструментом сохранения рабочих мест, связан с тем, что пандемия в основном ударила по небольшим предприятиям сферы услуг: они крайне редко пользовались накопительными счетами сверхурочных часов, сыгравшими важную роль в выходе из прошлого кризиса, а многие не имели финансовых резервов и не могли позволить себе «придерживать» сотрудников без сокращения рабочего времени и зарплаты, как это делали промышленные производства в 2009 году. Кроме того, нынешний кризис в первую очередь коснулся работников с низкой или средней квалификацией, которые обычно не являются дефицитом на рынке труда (в отличие от высококвалифицированных сотрудников, пострадавших в 2009 году), поэтому предприятия не были заинтересованы в том, чтобы удерживать их в штате без сокращения рабочего времени и заработной платы.

3 Вывод

Рецессия 2008–09 гг., ударившая по экспортно-ориентированным промышленным производствам, была как будто создана для немецкой системы занятости и социального обеспечения, которая гарантирует высокооплачиваемым специалистам высокий уровень защиты. Тогда усилия собственников компаний и государства, а также гибкая корректировка производственной программы позволили свести к минимуму негативные последствия для сотрудников. Несмотря на то, что нынешний кризис затронул другие отрасли и группы сотрудников, немецкому рынку (как и рынкам других стран) пока удается справляться с ним, однако меры реагирования в основном ограничиваются применением инструмента неполной занятости с государственным субсидированием. Длительное использование неполной занятости порождает риски, препятствует структурным изменениям и повышает нагрузку на государственные бюджеты, а в случае продолжения кризиса может быстро исчерпать свой полезный потенциал.

Литература

[1] Krugman, P. (2009). Free to lose. In *New York Times, 12.11.2009.*
[2] OECD (2011). *OECD employment outlook.* Paris: OECD.
[3] Möller, J. (2010). The German labor market response in the world recession – demystifying a miracle. *Zeitschrift für Arbeitsmarktforschung, 42*(4), 325–336.
[4] IAB (Institut für Arbeitsmarkt- und Berufsforschung) (2021). IAB-Arbeitszeitrechnung. Nürnberg. https://www.iab.de/de/daten/iab-arbeitszeitrechnung.aspx
[5] Zapf, I., & Brehmer, W. (2010). *Arbeitszeitkonten haben sich bewährt.* IAB-Kurzbericht, Vol. 22/2010.
[6] BA (Bundesagentur für Arbeit) (2021). *Tabellen, Realisierte Kurzarbeit (Monatszahlen), April 2021.* Bundesagentur für Arbeit.
[7] Fischer, G., & Schmid, G. (2021). *Unemployment in Europe and the United States under COVID-19: Better constrained in the corset of an insurance logic or at the whim of a liberal presidential system?* Discussion paper, Vol. EME 2021-001. WZB Berlin Social Science Center.
[8] Eichhorst, W., Marx, P., & Rinne, U. (2021). *IZA COVID-19 crisis response monitoring. The second phase of the crisis.* IZA Institute of Labor Economics.
[9] OECD (2020). *Job retention schemes during the COVID-19 lockdown and beyond.* OECD.
[10] Schulten, T., & Müller, T. (2020). *Kurzarbeitergeld in der Corona-Krise. Aktuelle Regelungen in Deutschland und Europa.* WSI Policy Brief, Vol. 38.

Банки на пороге исторических перемен: что делать?

Prof. Dr. Dr. h. c. Clemens Renker

> **Аннотация**
>
> Ситуация на рынке капитала и последствия пандемии представляют серьезную угрозу для немецких кредитных учреждений. Следует предполагать, что ключевая ставка останется нулевой и в ближайшие десятилетия. Бизнес-модели банков уже давно нуждаются в полном реформировании: в части подбора продуктов для конкретных рынков (соотношение эффективности и роста), в части долгосрочной генерации прибыли (драйверы дохода), в части эффективности процессов создания добавленной стоимости (соотношение эффективности и затрат), а также в части корпоративной культуры (мотивация сотрудников). Параллельно с этим финансовый мир захватывают новые нарративы: цифровая валюта, отрицательные ставки, современная монетарная теория, финтех, маркетплейсы, искусственный интеллект, машинное обучение, крауд, блокчейн и универсальная полезность.

> **Abstract**
>
> **Banks Face Epochal Challenges – What To Do?**
>
> Capital market conditions together with consequences from pandemic pose a threat to the existence of German credit institutions. The interest rate is further expected to be 0 % in the next decades. Banks' business models need to be completely reconfigured at once: in terms of effective product/market combinations (effectiveness/growth), sustainable revenue mechanics (revenue streams), efficiency of value creation processes (efficiency/costs) and corporate culture (performance motivators). At the same time, a new narrative for the financial

world is already emerging. Its central terms are digital currency, negative interest rates, Modern Monetary Theory, FinTechs, platforms, artificial intelligence, machine learning, crowd, blockchain, and their potential benefits.

Ключевые слова/Keywords

новые бизнес-модели, цифровая валюта, отрицательные ставки, финтех, платформы, искусственный интеллект, машинное обучение, крауд, блокчейн, Business Model, digital currency, negative interest rates, FinTechs, platforms, artificial intelligence, machine learning, crowd, blockchain.

«На погибель сами спешат, эти гордые мнимою силой», – поет полубог Логе в первой части цикла «Кольцо Нибелунга» Рихарда Вагнера, а один из героев романа Томаса Манна «Будденброки», посвященного упадку богатой купеческой семьи и отмеченного нобелевской премией по литературе, говорит: «Мне, в отличие от тебя, известно – из жизни, из истории, – как часто бывает, что внешние, видимые, осязаемые знаки и символы счастья, расцвета появляются тогда, когда на самом деле все уже идет под гору. Для того чтобы стать зримыми, этим знакам потребно время, как свету вон той звезды, – ведь мы не знаем, может быть, она уже гаснет или совсем угасла в тот миг, когда светит нам всего ярче». Можно ли сказать то же самое про немецкие кредитные учреждения?

1 Экономическое положение банков в Германии

Финансовый кризис 2008 года окончательно доказал всем, что немецкие кредитные учреждения не имеют будущего, если продолжат работать как раньше, и одними косметическими изменениями бизнес-модели здесь не обойтись. Острая необходимость тотальной перестройки бизнес-моделей стала очевидной в свете того, что земля стремительно уходила у банков из-под ног (см. [1]): кривая доходности стала более плоской, что сделало невозможным привычный заработок на преобразовании сроков погашения, возросшие кредитные риски и риски изменения рыночных цен повысили затраты на трансформацию риска, а наводнившая рынки ликвидность сузила возможности получения дохода от преобразования размера лота.

Все эти процессы стали оказывать давление на четыре основных драйвера прибыльности банков: возникла угроза схлопывания **чистого процентного дохода**, который и сегодня формирует почти 70 % всей банковской прибыли.

Табл. 1 Прогноз для эффективных кредитных учреждений на основе данных от апреля 2015 г

в % от средней суммы активов			
	2010 г.	Прогноз 2015 г. на 2020 г.	Ожидания на 2020 г.
Процентный доход	2,50	1,50	1,30
Комиссионный доход	0,70	0,80	0,80
Производственные затраты	−1,90	−1,60	−1,70
Операционный результат	1,30	0,70	0,50–0,30
Увеличение балансовой стоимости основных средств	−0,20	−0,20	0,60–1,60
Очищенный доналоговый финансовый результат	1,10	0,50	от 0 до −1,0
Отношение расходов к доходам	65 %	60 %	70 %

Расчеты по методу рыночных ставок начиная с 2008 года наглядно демонстрировали, что в условиях меняющихся процентных ставок как условная, так и структурная часть процентного дохода будут резко уменьшаться. При этом высокая эластичность цен не позволит компенсировать обвал чистого процентного дохода за счет роста **комиссионных доходов** по операциям с текущими счетами и ценными бумагами. **Затраты** на оказание банковских услуг (затраты на персонал и материальное оснащение) слишком высоки и с трудом поддаются сокращению. Вплоть до сегодняшнего дня во многих банках соотношение расходов и доходов достигает 70 %, хотя разумным считается значение в диапазоне от 40 до 50 %. Таким образом, уже в 2010 году прогнозы показывали, что к 2020 году прибыльность снизится почти вдвое даже у эффективных банков (Табл. 1), причем здесь еще не учтены **издержки, связанные с риском**.

Всё это говорит о том, что у банков отсутствуют внутренние доходы, которые могли бы стимулировать прирост собственного капитала, тем самым обеспечив защиту от внешних потрясений. Коэффициент обеспеченности собственным капиталом сегодня составляет в среднем около 5 % (этот показатель не следует смешивать с solvency ratio – коэффициентом платежеспособности, который отражает отношение собственного капитала банка к рисковым активам и во многих банках сейчас составляет примерно 10–15 %). Достаточной автор считает 20–25 %-ную обеспеченность собственным капиталом.

На Табл. 1 представлен прогноз изменения основных показателей среднего кредитного учреждения в Германии, относящегося к числу эффективных. Исходные значения KPI основаны на данных 2010 года. Во втором столбце приведен прогноз 2015 года на 2020 год[1], а в третьем – прогнозный результат по итогам 2020 года, основанный на данных за октябрь 2020 года, который подтверждается уже опубликованными финансовыми отчетами немецких сберегательных касс и народных банков.

Еще одним фактором, ускоряющим неизбежную и полную трансформацию кредитных учреждений, стала пандемия. В Германии уже давно говорят о том, что банков слишком много, а пандемия способствовала тому, что клиенты начали массово проводить банковские операции не в офисах, а онлайн (изменение потребительского поведения). Кроме того, сотрудникам и менеджменту пришлось приспособиться к изменившимся условиям труда (home-office и удаленная работа), на рынке стали возникать новые финансовые продукты и институты (поиск альтернативных решений проблем и новые конкуренты), в цепочки добавленной стоимости начали встраиваться новые поставщики услуг («диктат сервисов доставки»), а социальные сети позволили наладить круглосуточную интерактивную коммуникацию участников рынка из любой точки мира («диктат стейкхолдеров»).

В 2021 году большинство немецких кредитных учреждений приблизились к критической точке. Пока они пытаются спастись, закрывая филиалы, сокращая персонал и объединяясь с другими банками в стремлении сократить издержки.

Хватит ли этого, чтобы выжить?

Прогноз до 2025 года не дает оснований считать, что падение прибыльности традиционных банков может замедлиться.

2 Изменение процентных ставок как основной драйвер финансового результата

Действительно, чистый процентный доход стремительно падает уже 10 лет подряд, однако он всё еще кормит банки. В условиях практически нулевых или отрицательных ставок и плоской кривой доходности (краткосрочные и долгосрочные ставки практически сравнялись) возможности увеличения процентного дохода практически исчерпаны. Помимо всего прочего, как пишет профессор Пол Шмельцинг из Йельского университета, плавное цикличе-

---

[1] См. [2, 3, стр. 17].

ское снижение ставок началось уже примерно 700 лет назад. Он считает, что в ближайшие десятилетия ожидать возврата к положительным ставкам (как минимум к реальным положительным) не приходится. Более того, мы можем утверждать, что избыток ликвидности в мире будет сохраняться и впредь, а отрицательные ставки могут дойти до −3 %. Почему?

- Предложение сберегательных продуктов в Германии растет быстрее, чем спрос на кредиты. Раз предложение превышает спрос, то ставки, то есть стоимость денег, падают. Эта тенденция вызвана несколькими причинами: население стареет и склонно сберегать, а не инвестировать, компании финансируют свою инвестиционную программу из денежного потока, а не с помощью кредитов, цифровизация и искусственный интеллект помогают создавать добавленную стоимость еще эффективнее, растет производительность труда, нам требуется все меньше ресурсов и капитала, нет сильного роста цен и зарплат. Сегодня из-за избытка ликвидности некоторые кредитные учреждения уже не принимают новые вклады, закрывают счета тем клиентам, которые не соглашаются на введение отрицательных ставок, или пытаются перевести депозитные средства в категорию вкладов третьих лиц.
- В условиях избытка денег Европейский центральный банк (ЕЦБ) продолжает насыщать рынок ликвидностью: по состоянию на октябрь 2020 года объем денежной массы достиг рекордного значения в 4,6 триллиона евро. ЕЦБ также демонстрирует готовность и далее снабжать рынок деньгами: «Столько, сколько нужно», как говорит Марио Драги. При этом коммерческие банки могут размещать свою избыточную ликвидность только в ЕЦБ по ставкам, доходящим до −0,5 %, или в федеральных облигациях с отрицательной доходностью.
- Деятельность самих коммерческих банков также генерирует ликвидность и способствует увеличению денежной массы.
- Наконец, важным фактором является и пандемия, которая заставляет налоговые и финансовые регуляторы со всего мира предоставлять определенным участникам рынка так называемые «вертолетные деньги», исходя из политических соображений.
- Современная монетарная теория считает, что страна, обладающая валютой и центральным банком, может предоставить рынку столько денег, сколько необходимо, при условии, что эти деньги будут инвестированы в производительные и инновационные инициативы. Примером подобной инициативы в Европе сегодня стал комплекс мероприятий, объединенный под общим термином green deal.

Все пять названных выше аргументов указывают на то, что ситуация на рынке денег и капитала будет способствовать дальнейшей эрозии процентного дохода – основного драйвера прибыльности кредитных учреждений. Как же должны реагировать немецкие банки, чтобы продлить свое существование и выжить? Как может выглядеть следующее поколение банков[2] и какие преимущества радикальная трансформация финансовой системы дает клиентам, экономике и обществу в целом?

3 Последствия трансформации бизнес-моделей

3.1 Поуровневая оптимизация существующих бизнес-моделей

Процесс радикального изменения рыночных условий, ускорившийся в ходе пандемии, указывает на то, что банкам придется в той или иной мере скорректировать каждый из четырех уровней своей бизнес-модели (см. рис. 1).

- В части оказываемых банковских услуг банку нужно будет определить, какие услуги и в каких целевых группах приносят пользу для клиентов и тем самым способствуют привлечению достаточного оборота.
- Для обеспечения долгосрочной прибыльности кредитным учреждениям предстоит разработать единую и комплексную ценовую политику, позволяющую не только покрывать затраты, но и обеспечивать доход.
- На уровне создания добавленной стоимости банки должны выстроить внутренние процессы таким образом, чтобы затраты на персонал и необходимое оборудование поддерживали конкурентоспособность и стабильность банка.
- Основой для описанных выше уровней новой бизнес-модели служат руководители и сотрудники банка, а также система их эффективной совместной работы. Для создания такой системы может потребоваться новая корпоративная культура, позволяющая раскрыть потенциал всех остальных мер, сделав их привлекательным для рынка.

Если кредитные учреждения сумеют быстро справиться с поставленными задачами на всех четырех уровнях, то у них еще есть шанс продолжить свое существование, пусть и в уменьшенном и измененном виде. В противном случае мы можем увидеть на банковском небосклоне несколько угасших звезд,

---

[2] См. [4], также применительно к п. 3.

Рис. 1 Взаимосвязь уровней в бизнес-модели кредитного учреждения. (Источник: собственная схема. Клеменс Ренкер)

если воспользоваться терминологией Томаса Манна, ведь коронавирус дал серьезный импульс цифровизации и глобализации, и новое поколение финансовых учреждений уже на подходе.

Тем не менее, остается надежда, что последовательный переход на бизнес-модели, обеспечивающие быстроту, гибкость, динамичность и устойчивость, откроет перед банками путь к новому росту. Залогом успеха станут цифровые банковские услуги, персонализированные тарифы и условия, эффективные процессы создания добавленной стоимость и корпоративная философия, всецело ориентированная на клиента, наподобие принятой в компании Amazon.

3.2 Перспективы развития «банкинга нового поколения»

200-летняя история традиционных банков может завершиться тем, что на руинах старого банковского мира или независимо от него зародится совершенно новый класс финансовых институций. Этот сценарий (безусловно, умозрительный и спекулятивный) изложен ниже.

- ЕЦБ может превратиться в своего рода «надъевропейский финансовый институт», определяющий не только денежную, но и налоговую политику. Такой институт будет обеспечивать финансовую и валютную стабильность, предоставляя рынку необходимую ликвидность. Настоящим прорывом может стать реализация проекта по цифровому евро, посредством которого ЕЦБ получает возможность влиять непосредственно на денежную систему и делает ее прозрачной, а также частично исключает банки из системы взаиморасчетов и полностью лишает их посреднической функции, что позволит напрямую управлять отрицательной ставкой и распределять «вертолетные деньги». При необходимости реальностью могут стать и некоторые наработки современной монетарной теории, а неэффективные наличные деньги могут быть полностью выведены из оборота.

- Традиционные банки будут последовательно внедрять цифровые технологии на всех уровнях своих бизнес-моделей. Автоматизации подвергнутся все технические и организационные аспекты деятельности банка, необходимые для разработки и оказания банковских услуг. Прекрасным примером такой трансформации является российский «Сбербанк», сменивший название на «Сбер». Уже сегодня в Германии люди всё чаще пользуются онлайн-банкингом, а счета открываются с помощью видеоидентификации или по почте. Подтверждение платежей и финансовых транзакций станет удобнее и безопаснее, так как будет проводиться удаленно: через приложение, по SMS или фотографии, устройству с чипом, QR-коду или с помощью технологии BestSign. Традиционные банки и их дочерние предприятия разработают и внедрят мобильные приложения.
- Каждый человек получит круглосуточный доступ ко всем банковским и страховым продуктам на платформах и маркетплейсах. Посреднические платформы, подобные российскому «Яндексу» смогут предлагать свои услуги практически с нулевыми издержками. Новый клиентский путь позволит выстраивать индивидуальные отношения с клиентами, поддерживая активную коммуникацию. Примеры таких инициатив существуют уже сейчас: летом 2020 года российский банк Тинькофф запустил новую финансовую и лайфстайл-платформу Vivid Money, а в Германии большую популярность недавно приобрел онлайн-брокер Trade Republic, предлагающий практически нулевую торговую комиссию и бесплатное ведение счета депо, что затем переняли брокеры Justtrade, Gratisbroker и Scalable Capital.
- Следуя тренду на «open source-инновации», компетенции экспертов финансового рынка (core) могут быть расширены и дополнены за счет знаний обычных людей (crowd). Так называемый «социальный трейдинг», служащий продолжением концепции Web 2.0, позволяет подписчикам создавать более эффективные инвестиционные стратегии, опираясь на опыт инфлюенсеров. Это показывает растущая популярность таких каналов в немецких социальных сетях, как Wikifolio, Etoro, Ayondo, Finanzfluss, Aktien mit Kopf, Finanzwesir и Madame Moneypenny. Новые крауд-платформы открывают доступ на рынок даже людям с небольшим капиталом, позволяя участвовать в крауд-инвестициях, крауд-лендинге или крауд-фандинге.

- Наконец, современные технологии (искусственный интеллект или машинное обучение) могут дополнять компетенции банковских консультантов. По такому принципу, например, устроены новые робо-эдвайзеры, управляемые программными алгоритмами. Уровень автоматизации принимаемых ими решений определяется клиентом. В Германии эту услугу уже предоставляют такие компании как Whitebox, Quirion, Scalable, Robin, Vaamo, Ginmon и fintego.
- Особого внимания заслуживает технология распределенного реестра (блокчейн), которая получила известность благодаря биткоину и другим токенам, ставшим виртуальным и физическим средством оплаты. Эта децентрализованная технология, по мнению многих исследователей, способна коренным образом изменить весь банковский и финансовый мир[3].

Скорость этих преобразований вселяет неуверенность в банковских сотрудников, многим из которых, конечно, придется сменить вид деятельности в условиях новых вызовов. Однако нельзя пытаться противостоять столь сильному ветру перемен, окружая себя стеной. Напротив, следует как можно скорее поднять все паруса, чтобы извлечь выгоду из происходящего.

3.3 Больше ценности и развития

Несмотря на все страхи и противодействие, новый банковский мир создаст новую ценность для общества, экономики, природы, культуры и социальной сферы. Он освободит нам время для семьи, друзей, подписчиков и самих себя, даст людям с небольшим доходом доступ к расчетному счету, снизит стоимость транзакций практически до нуля, а также повысит компетентность сотрудников и консультантов, которые смогут создавать для клиентов полезные персонализированные продукты. В результате банковские услуги станут доступными всем, по всему миру и всегда, удобными, приятными, справедливыми, быстрыми и полезными.[4]

---

[3] См. [5, 6].
[4] Der Aufsatz erschien mit Genehmigung auch im eigenen IFMEpaper 2021.

Литература

[1] Renker, C. (2010). Innovationen von Geschäftsmodellen im Firmenkundengeschäft – auf die stimmige Konfiguration kommt es an. In Euroforum (Ed.), *Erfolgsstrategien im Firmenkundengeschäft*.
[2] Renker, C. (2015). Zukunft von Kreditinstituten – auf das Geschäftsmodell kommt es an. nbn-resolving.de/urn:nbn:de:bsz:14-qucosa-186381
[3] Renker, C. (2018). *Business Model Innovation in Banken – Robustes Geschäftsmodell durch Kunden- und Mitarbeiterzentrierung*. Wiesbaden: Springer Gabler.
[4] Renker, C. (2019). *Banken waren gestern. Szenario für eine neue Welt der Finanzen, ifme-paper 12.2019, mit den dort angeführten Verweisen als Basis des Vortrages*
[5] Sandner, P., Tumasjan, A., & Welpe, I. (Eds.). (2019). *Blockchain Faktor. Wie die Blockchain unsere Gesellschaft verändern wird*
[6] Sandner, P., Tumasjan, A., & Welpe, I. (Eds.). (2020). *Die Zukunft ist dezentral. Wie die Blockchain Unternehmen und den Finanzsektor auf den Kopf stellen wird*

Дополнительная литература
[7] Kelton, S. (2020). *The deficit myth. Modern monetary theory and how to bulid a better economy*

Как принципы портфельного менеджмента помогают пережить пандемию: больше ценности, больше дохода и больше устойчивости для жизни, бизнеса и капитала

Prof. Dr. Dr. h. c. Clemens Renker

Аннотация

«Как выстроить свою жизнь?» – это классический философский вопрос, не так ли? Как с честью выдержать испытания пандемии? Портфельная теория дает нам ключ к пониманию вопроса о том, как правильно структурировать собственный капитал в коронавирусную эпоху, обеспечив его защиту, выбрав правильное соотношение риска и доходности и воспользовавшись всеми существующими возможностями. Положения портфельной теории легко переносятся на процесс выстраивания бизнес-модели предприятия. В условиях пандемии такие модели оказываются наиболее устойчивыми и даже антихрупкими, то есть позволяют добиваться роста. Наконец, принципы портфельного анализа также можно распространить и на процесс жизнеустройства: хорошо диверсифицированный, разнообразный и устойчивый образ жизни, в котором сбалансированы шансы и риски, позволит пережить даже нынешние эпохальные трудности.

Abstract

Ingeniously Simple to Survive the Pandemic With Portfolio Management – More Value, Revenues and Resilience in Life, for Companies and Assets

How do we succeed in life? That was already the core question of classical philosophy? How can we remain resilient in today's pandemic? Portfolio theory provides us with guiding thoughts on how we can optimally structure assets individually according to the criteria of safeguarding values or risk-return ratios and seizing opportunities, even under the effects of the Corona virus. Their findings can be transferred to the efficient configuration of business models in enterprises. Portfolio-analytically set up business models prove to be robust and even antifragile in the pandemic – they become even more successful. Finally, the narrative of portfolio analysis has also proven itself for the design of an efficiently diversified life in pandemic times. Those who position their lives broadly and deeply, and thus balance between opportunities and risks, defy the current epochal challenges with resilience.

Ключевые слова/Keywords

распределение активов, оптимизация портфеля, ребалансировка, диверсификация и спекуляции, счастье и устройство жизненного пути, структура долгосрочного портфеля активов, устойчивость, устойчивые бизнес-модели, эффективное структурирование, стратегические направления деятельности, приемлемый риск, толерантность к риску, горизонт инвестирования, предпочтение времени, антихрупкость, доходность, реальная доходность, Asset allocation, portfolio-optimisation, rebalancing, diversification versus speculation, happiness and shaping the time of life, lifetime asset allocation, resilience of business models, efficient configuration of strategic business areas, risk-bearing capacity, risk tolerance, investment horizon, time preference, antifragile, performance.

πόλλ᾽ οἶδ᾽ ἀλώπηξ, ἀλλ᾽ ἐχῖνος ἕν μέγα – «Лиса знает многое, а ёж – одно большое». Архилох, прим. 650 г. до н.э.

1 Лиса, которая действует как ёж

В 1953 году Исайя Берлин, один из основателей либеральной философии, написал эссе о Льве Толстом, озаглавив его «Лисица и ёж». В нем Берлин задается вопросом, что помогло Толстому стать общепризнанно великим писателем: широкий кругозор, быстрое и гибкое мышление и готовность действовать в любых ситуациях подобно лисе (стратегия диверсификации в терминах портфельной теории) или присущее ежу стремление поставить все на одну-единственную компетенцию как на одну карту (стратегия спекуляции). Берлин приходит к выводу, что Толстой по природе своей был лисой, но действовал как ёж.

А как мы действуем в жизни, в бизнесе или в инвестициях? Мы ведем себя как лиса, пытаясь совладать с иррациональностью, противоречивостью, скачкообразностью, непредсказуемостью (как в пандемию), динамичностью, волатильностью и внезапностью событий в социуме и мире финансов, или как ёж, который ставит всё на одну карту и готов подвести всё под единое правило?

Сам Толстой в 1846 году мог бы, по аналогии со своим мнением об истории, сказать об отсутствии действенных решений пандемических проблем экономики так: «Экономика предприятия – не что иное, как собрание басен и бесполезных мелочей, пересыпанных массой ненужных цифр и управленцев-мошенников» и далее – «она не раскрывает причин, а лишь описывает последствия непроясненных событий. Экономика все пригоняет к известной мерке, измышленной экономистом».

Похожий комментарий мы видим и у проф. Гюнтера Фридля, декана Мюнхенского технического университета, опубликованный 5 декабря 2020 года в журнале WirtschaftsWoche: «Экономика предприятия потеряла свою значимость в общественной дискуссии, что еще раз доказал коронавирусный кризис: эксперты в области политической экономии и вирусологи были на всех телеканалах, а вот специалистов по экономике предприятий туда как не приглашали, так и не приглашают. Это меня беспокоит».

Нам как специалистам по экономике и управлению производством стоит задаться вопросом о том, не подменяем ли мы стремление найти достоверное объяснение текущему положению вещей вычислениями с точностью до тысячных. Не слишком ли усердно мы посвящаем себя тщательному рассмотрению второстепенных вопросов? Следим ли мы за происходящим вокруг? Не забываем ли мы предлагать новые и действенные решения возникших проблем?

Может быть, дело вот в чем: «Листья дерева нравятся нам больше, чем его корни» – так еще в 1928 году Николай Николаевич Апостолов писал о том, как Толстой понимает истинность науки.

2 Постулаты современной портфельной теории

> В жизни многое бывает бесплатным, но все имеет свою цену, которая выражается в издержках выбора. Не создает таких издержек и затрат только диверсификация.

Обратимся к истории классической и современной портфельной теории в составе теории рынков капитала. Ее основы были заложены в 1952 и 1959 годах нобелевским лауреатом Гарри Марковицем, Джеймсом Тобином и Уильямом Ф. Шарпом. В 1963 году выходит работа Юджина Фамы, а в 70-е годы бихевиористы Даниэль Канеман и Амос Тверски публикуют теорию в законченном виде (см. ссылки в списке литературы). Эти теоретические модели часто подвергаются критике из-за нереалистичности, однако при всех своих ограничениях они подтвердились на практике и содержат верные посылки и выводы. Пандемия продемонстрировала актуальность портфельной теории: основанные на портфельных принципах стратегии в жизни, бизнесе и инвестициях показали себя как наиболее устойчивые, надежные и даже как антихрупкие .

Из-за когнитивного диссонанса большинство людей часто не обращают внимания на портфельную теорию несмотря на ее серьезный научный фундамент: эмоциональные аргументы берут верх над доводами разума. Неудивительно, что лишь немногие предприятия и компании управляют своими доходами и рисками в соответствии с принципами портфельной аналитики. Остальные регулярно оплачивают их несоблюдение упущенным доходом, завышенными издержками, риском простоя, повышенным уровнем стресса и отсутствием резервов – вплоть до полного банкротства.

Кратко о сути портфельной теории:

По портфельному принципу можно выстроить образ жизни, бизнес-модель предприятия, совокупность влияющих на производство факторов (т.н. общую факторную производительность) или индивидуальный инвестиционный портфель. Оптимальным (эффективным) считается такой портфель, в котором надежные и более рискованные активы диверсифицированы по классам активов. Общий принцип: «Не клади все яйца в одну корзину. Распределяй риски и потенциальный доход по разным классам активов. Проводи диверсификацию внутри каждого из классов!»

Классы активов должны иметь либо отрицательную, либо очень низкую положительную корреляцию и состоять из нескольких инвестиционных инструментов, схожих по уровню доходности и риска на конкретном рынке. При составлении индивидуального инвестиционного портфеля используются кривые, отражающие соотношение доходности и риска (или волатильности и дисперсии). Чем выше доля низкорисковых активов в портфеле, тем меньше доходность, но при этом выше стабильность, надежность и устойчивость жизни, бизнеса и капитала.

Состав портфеля постоянно или время от времени пересматривается (ребалансируется) в соответствии с определенными правилами, чтобы сохранить исходную структуру или инвестиционную цель, то есть соотношение доходности и риска. Это положительно отражается на доходе, сохраняя значение риска на умеренном уровне: в долгосрочной перспективе ребалансировка приводит к росту доходности портфеля с поправкой на риск.

Примерно 90 % финансового результата (то есть реальной доходности, складывающейся из дивидендов и роста стоимости) обеспечивается за счет должной диверсификации классов активов и отдельных инструментов. Та-

ким образом, эффективность распределения активов в портфел[1] определяет прирост его стоимости, доход и риски, минимизируя колебания доходности и стоимости ценных бумаг, повышая стабильность в жизни и бизнесе. Верный выбор инструментов (stock picking) и/или момента их покупки (market timing) отвечает всего за 10 % финансового результата. Описанные принципы инвестирования можно по аналогии перенести на деятельность предприятия[2] и выстраивание личного жизненного пути (Renker, C., коучинг и семинары, проводимые с 1989 года). Применительно к бизнесу под классами активов подразумеваются стратегические направления деятельности компании, а применительно к персональному развитию – ведение определенного образа жизни.

Из портфельной теории можно сделать следующие практические выводы: инвестор не спекулирует, пытаясь выбрать наилучший инструмент (stock picking) или оптимальный момент входа в рынок (market timing), а инвестирует при наличии достаточных оснований, воздерживаясь от хаотичных действий, которые продиктованы желанием не упустить доход, но обычно приводят к излишним тратам. Хороший инвестиционный инструмент стоит своих денег. Его покупают и не продают (принцип «купи и держи»). Так как будущее социальных систем нельзя спрогнозировать научными методами (к нему можно лишь адаптироваться), портфельная теория не принимает в расчет сторонние прогнозы, ставшие сегодня отдельным бизнесом: ни мнения финансовых журналистов, ни апокалиптические пророчества паникеров, наводящие страх и создающие ложные ожидания («инвестиционная порнография» в терминологии Коммера, Kommer, G., стр. 46–52). Рынок представляет собой почти совершенный инструмент обработки, упорядочивания и распределения информации: если это не мошенничество и не обман, то ни одно расследование не поможет найти ничего нового. На них не нужно тратить время, так как рыночная цена уже учитывает все фактические обстоятельства. Долгосрочная реальная доходность в 2–3 % невысока, однако реалистична и надежна, поэтому у инвестора нет цели агрессивно обыгрывать других игроков в надежде захватить больший кусок рынка или идти на рискованные спекуляции в погоне за максимальным доходом. С другой стороны, отсутствуют и деструктивные амбиции: есть лишь стремление к легкой и приятной жизни по принципу «Живи сам и дай жить другим». К важным принципам также относятся добродушие, терпение и спокойствие, позволяющие инвестировать пассивно, без спешки, и не фиксироваться на допущенных в прошлом ошибках, а активно

---

[1] См. в т.ч. [2, 3, S. 72–76].
[2] См. [4, стр. 339–350].

искать лучшие решения для будущего. Действия инвестора не претендуют на математическую точность, но имеют под собой научное обоснование и объясняются причинно-следственными связями. Портфельная теория отличается простотой, ясностью, открытостью и прозрачностью: Keep It Simple and Stupid – KISS. Даже самые простые портфельные стратегии зачастую демонстрируют такую же или большую эффективность, чем стратегии, основанные на сложных математических методах, как показывает собственный опыт автора[3].

Так, современная портфельная теория, то есть «пассивное» управление, в 9 из 10 случаев, даже не соревнуясь, выигрывает у «активного», суетливого и трудоемкого управления капиталом, предприятием или жизнью, а также у навязчивых финансовых консультантов.

Современная портфельная теория явным и косвенным образом сопровождает автора всю его жизнь не только в инвестировании. Все предприятия, которые он сопровождал за 40 лет своей карьеры как генеральный директор, председатель совета директоров, временный управляющий, консультант и член наблюдательного совета, были построены по принципам портфельной теории. Большинство из них стали лидерами в своем сегменте, а некоторые – мировыми лидерами. Во время пандемии их портфельная антихрупкая и устойчивая бизнес-модель даже позволила добиться рекордных показателей за всю историю.

3   Портфельное управление и счастливая жизнь

Цель метода Lifetime Asset Allocation (распределение жизненных активов) заключается в том, чтобы выстроить весь свой жизненный путь в зависимости от возрастных потребностей и циклов взаимоотношений по аналогии с моделями портфельной оптимизации и распределения активов на рынке капитала. Распределение жизненных активов позволяет оптимально совместить и распределить по жизненным этапам приносящие пользу или доход, но не коррелирующие друг с другом занятия или события, и впоследствии ребалансировать их таким образом, чтобы добиться желаемого результата, выраженного в виде счастливой жизни.

Позвольте продемонстрировать 10 шагов, следуя которым, читатель сможет выстроить свой жизненный путь по портфельному принципу, диверсифицируя несистемные и не испытывая страх перед системными рисками, добиваясь устойчивости и удовлетворения от жизни.

---

[3] См. [24] и [14].

1. Обозначьте горизонт планирования: визуализируйте, сколько именно вы хотите прожить, чтобы полностью реализовать себя. Применительно к предприятию горизонтом может быть владение компанией до достижения определенной стоимости, до продажи или до завершения ее деятельности, а в финансовом плане – горизонт инвестирования до достижения определенной конечной стоимости активов и начала их использования или до конца жизни.
2. Сформулируйте собственные жизненные принципы: чем вы будете руководствоваться в повседневной жизни, в бизнесе и в обращении с различными классами активов?
3. Оцените собственный аппетит к риску: какой риск вы готовы принимать на себя и выдерживать? Возможен диапазон от risk lover («люблю риск») до risk averter («избегаю риска»). Выбранное значение будет зависеть от индивидуальных особенностей, силы воли, мужества, эмоциональной готовности, стрессоустойчивости, способности преодолевать стресс, бороться со страхами и сохранять верность принципам.
4. Оцените приемлемый риск: выясните, на какой исходный капитал вы можете рассчитывать, определите долгосрочные источники дохода (человеческий потенциал, зарплата, проценты, дивиденды, арендный доход, обороты, денежный поток) и размер необходимых резервов. Это объясняет, почему данная теория рассматривает точку безубыточности как своего рода пороговое значение риска для личной независимости и свободы в выстраивании собственной жизни (с этим связана дискуссия о безусловном доходе).
5. Обращайте внимание на свои временные предпочтения: готовы ли вы отказаться от сиюминутного потребления, чтобы в будущем достичь более амбициозной цели и большей пользы? Люди, которые склонны экономить на завтрашний день, обычно добиваются больших успехов в карьере и заработке.
6. Боритесь с соблазнами: старайтесь последовательно проводить в жизнь обоснованные решения и не менять их. Дисциплинированные люди (а также предприятия и инвесторы) способны устоять перед быстрыми и преходящими удовольствиями (смотри сюжет об Одиссее и сиренах) и следовать изначальному плану, поэтому добиваются больших успехов.
7. Обеспечьте широкое разнообразие жизненных активов в своем портфеле. Диверсификация активов и отдельных инструментов (то есть распределение активов в узком смысле слова) повышает эффективность жизненного портфеля, оптимизирует потенциальную пользу или доход

и снижает риски. Почти 40-летний практический опыт работы руководителей, собственников компаний и клиентов с описываемой методикой позволяет выделить следующие классы жизненных активов: развитие собственной личности как источника «человеческого потенциала», выстраивание личных отношений или брака, семейная жизнь, развитие карьеры, поиск друзей и поддержание отношений с ними, реализация жизненного призвания, создание источников долгосрочного дохода, диверсификация капитала, волонтерская деятельность на благо общества.

8. Диверсифицируйте свою деятельность внутри классов жизненных активов: расширяйте спектр своих задач и занятий, увеличивая их разнообразие и повышая качество, чтобы они приносили удовлетворение и положительные эмоции. Все это позволит вести жизнь, «которой чужды страх и скука», то есть войти в состояние потока.
9. Обеспечьте собственную устойчивость за счет ребалансировки: регулярно перераспределяйте и согласуйте жизненные аспекты по их значимости в соответствии с изначально заданными представлениями о жизненном пути, быстро и гибко реагируйте на внешние изменения, новые требования близких людей и приоритеты на разных этапах и циклах жизни.
10. Радуйтесь небольшим вещам: крупный успех создает лишь краткий всплеск радости, но быстро приедается и заставляет постоянно повышать ставки. Сравнения с более успешными и счастливыми людьми (вне зависимости от того, успешны или счастливы ли они на самом деле) ведут к деструктивной конкуренции. Удовлетворение в любом из классов жизненных активов приносят небольшие, но персонально значимые победы, ощутимые достижения, постоянные, даже героические свершения. Всё это служит топливом для нашей системы вознаграждений, заставляет принимать безопасные решения, стимулирует дух и чувства, а также наполняет гордостью, лишенной эгоцентричного нарциссизма.

«Человеческий потенциал» как совокупность профессиональных компетенций является основным жизненным активом для большинства людей и часто составляет до 90 % их портфеля. Возможности и пути развития человеческого потенциала определяют не только размер совокупного дохода, полученного на протяжении всей жизни в виде зарплаты и пенсии, но и способствуют формированию других классов жизненных активов, которые на тот момент не имеют положительной корреляции с ним.

Рис. 1 и пояснения к нему, конечно, нельзя рассматривать как готовый рецепт счастливой жизни – для этого наша полная взаимосвязей и новых поворотов жизнь слишком необъяснима. Например, сейчас мы ощущаем свое

Рис. 1 Динамическое распределение жизненных активов: составление и ребалансировка портфеля. (www.clemens-renker.de)

бессилие перед лицом системных рисков (в нашем случае – пандемии), однако при должной эмоциональной подготовке, критически-рациональном подходе и помощи коуча Рис. 1 может стать навигатором или ментальным робо-эдвайзером, который проведет нас даже по еще не знакомым жизненным тропинкам, вселяя в нас уверенность и доверие к другим людям. Диверсифицированная жизненная модель, которую мы однажды выработали для себя, послужит ориентиром, опорой и поддержкой и позволит в значительной мере избежать разрушительного воздействия несистемных жизненных рисков.

Давайте предположим, что существуют универсальные жизненные ценности, которые, однако, не всегда справедливы и могут противоречить друг другу. У каждого человека свои представления об идеальном образе жизни, своя иерархия ценностей и свои приоритеты на разных этапах. Каждый «проект жизни», которые за эти годы довелось сопровождать автору, был индивидуальным, однако все клиенты так или иначе следовали описанной выше схеме. Все сферы жизни имели свои особенности и проявления, однако реализовывались именно так, как было «предсказано» при совместном составлении плана. Существенные отклонения были вызваны серьезными жизненными неурядицами, допущенными при исходном планировании просчетами или осознанными изменениями представлений о жизни.

Резюме по прошествии пандемийного 2021 года:

Все опрошенные люди и семьи восприняли первый год пандемии как исключительное и крайне непростое испытание. Тот, кто не имел достаточной диверсификации, быстро ощутил материальные и психические трудности, однако хорошо диверсифицированные жизненные модели продемонстрировали высокую устойчивость. Если люди не ставили всё на одну карту, наподобие ежа (например, только на узкоспециализированную карьеру, на ярко выраженное потребительское поведение, на одну компанию или на жизнь в одиночку), а осознанно диверсифицировали жизнь, как лиса, проявили антихрупкость. Подушка безопасности из накоплений прошлых лет, стабильные отношения с партнером, гармоничная семья и поддержка друзей позволили им использовать образовавшееся свободное время для того, чтобы освоить новые навыки и открыть для себя новые возможности.

Применима ли концепция портфельной теории к разработке устойчивой бизнес-модели предприятия?

4 Портфельное управление и устойчивые бизнес-модели

> «В условиях взаимосвязанной среды успешные бизнес-модели работают на вложенных друг в друга платформах, развивая, формируя, производя, используя и поглощая друг друга». Цит. по Петеру Слотердайку, «Сферы», т. III, 2004, стр. 23.

Портфельный подход также можно применить к разработке бизнес-моделей[4]. Под классами активов мы будем подразумевать стратегические направления деятельности, то есть независимые друг от друга комбинации продуктов и рынков, нацеленные на рост доходов компании. Устойчивая бизнес-модель понимается как эффективный портфель направлений с минимальной положительной корреляцией, имеющих нужное соотношение доходности и риска. Для оптимизации результата этот портфель направлений постоянно корректируется (ребалансируется) в соответствии с рыночными условиями (например, поведением клиента и конкурентной средой). Как показывает пример 45 предприятий, которые автор сопровождал на протяжении 15 лет, ключевые показатели компаний с такими бизнес-моделями (в частности, оборот, денеж-

---

[4] См. [4, стр. 339–359] и [5].

ный поток, количество сотрудников, коэффициент обеспеченности капиталом и т.д.) при прочих равных оказываются значительно лучше, чем у конкурентов (см. Renker, C.: Logik und Methodologie integrativen Marketings, 2001, стр. 158–169). То же самое справедливо и для более чем 100 предприятий всех секторов экономики, которые сопровождались через сайт института ifme.

В качестве примера рассмотрим Фабрику масляных красок Карла Кройля, основанную в 1838 году[5]. Пережив глубокий кризис в 80-е годы прошлого века, в 1990 году она была полностью реформирована. Для нее была разработана уникальная комплексная бизнес-модель, которая последовательно реализовывалась, и через 8 лет предприятие заняло лидирующие позиции на глобальном рынке в своей отрасли. Невероятный успех на 90 % был обеспечен эффективной структурой корпоративного портфеля, так как продукты разрабатывались на базе исходной выбранных направлений деятельности.

Конечно, при составлении модели было невозможно исключить системный риск того, что люди во всем мире вдруг перестанут творить, однако все несистемные риски удалось свести практически до нуля за счет диверсификации стратегических направлений. При этом для каждого направления как семейства брендов было разработано свое позиционирование, что позволило диверсифицировать группы продуктов в рамках направления (класса активов). Так, в рамках направления Solo Goya компания производит около 2000 продуктов для профессиональных художников: масляные, акварельные, пастельные и акриловые краски, гуашь, темперу, товары для рисования мелом и все необходимые аксессуары. Товары линейки JAVANA предназначены для творчества и рисования на ткани: примерно 2000 продуктов для росписи по шелку, батика, окраски в стиральной машине и т.д. с соответствующими принадлежностями. Линейка HobbyLine – это около 2000 продуктов для школьников, ремесленников и художников-любителей, в том числе революционный для отрасли продукт Window Color, а также товары для росписи фарфора, дерева и стекла, краски для рук и т.д. В рамках направления marianne hobby компания через розничную сеть продает товары для флористики, хобби и домашнего декора общим числом в несколько тысяч наименований. Новое направление Kreul-Consulting – это консалтинговые услуги для розничных сетей, стимулирующие сбыт продуктов компании и тем самым повышающие прибыльность магазинов. Фабрика Кройля также выступает как OEM-производитель различных товаров для конкурентов или собственных торговых марок крупных розничных сетей. Это позволяет загрузить и расширить производственные мощности компании. Направление деятельности Christophorus – книжное партнерство с

---

[5] Рис. 2, см. [6, стр. 269–264].

Рис. 2 Портфель стратегических направлений деятельности. (Фабрика масляных красок Карла Кройля, основана в 1838 году)

фрайбургским издательством «Гердер-ферлаг»: компания опубликовала около 400 книг в различных ценовых группах, которые рассказывают о способах применения продукции и вдохновляют покупателей на творчество. В рамках направления FABER CASTELL фабрика осуществляла совместный сбыт сухих красок (линейки товаров для художников, детских садов и школ) совместно с всемирно известным производителем канцелярских принадлежностей. Под маркой IDEEN in Stoff фабрика совместно с импортером тканевых живописных основ предлагает товары в различных категориях.

Описанная бизнес-модель, которая постоянно видоизменялась, вот уже более 10 лет обеспечивает умеренный риск и высокую годовую доходность, составляющую в среднем 10–20 %. Модель регулярно ребалансируется. При революционных изменениях на рынке она потребует основополагающей перестройки, в остальное время исполнители должны четко придерживаться намеченного плана, избегая соблазна выжидать оптимального момента входа. В противном случае любая компания может быстро стать убыточной и даже оказаться на грани выживания.

Продемонстрируем еще один пример применения портфельной теории – партнерство нескольких муниципалитетов в двух округах Баварии. Оно основано в 2002 году администрациями городов Бамберг и Форххайм и 33 другими муниципальными образованиями по инициативе муниципальных депутатов и представителей регионального бизнеса[6] и стало ответом на почти два десятилетия экономической стагнации и упадка. Партнерство WiR BaFo – первая в Германии инициатива в области регионального маркетинга, которая способствует привлечению инвестиций в несколько перспективных отраслей на территории региона и повышает его привлекательность для производителей со всего мира. Перспективные отрасли объединены в следующие кластеры:

- Кластер «Здравоохранение и медицина»
- Кластер «Автомобильная промышленность и средства мобильности»
- Кластер «Логистика и цепочки поставок»
- Кластер «Информационные технологии и цифровизация»
- Кластер «Туризм и культура»

Все эти кластеры не имеют положительной корреляции, оптимальным образом диверсифицированы, а резиденты кластеров также ведут диверсифицированную деятельность и пользуются существующими синергиями (например, между вузами и бизнесом). Во всех этих кластерах региону Бамберг-Форххайм удалось занять лидирующие отраслевые позиции вплоть до создания

---

[6] См. [7, стр. 121–124].

мировых лидеров. Участники партнерства постоянно поддерживают актуальность своих стратегий, при необходимости проводя ребалансировку. Экономика, рынок труда, здравоохранение, образование, спорт и культура региона демонстрируют устойчивость и стабильность даже во время пандемии, а в 2021 году высока вероятность дальнейшего роста.

Пандемия демонстрирует, как быстро терпят крах хрупкие бизнес-модели: 2020 год пережили только те концепции, которые были выстроены устойчивым или антихрупким образом в соответствии с философией распределения активов. Более того, антихрупкие бизнес-модели[7] в кризис стали еще успешнее. Вот несколько примеров из моей текущей коучинговой практики:

- IT-компания в сфере медицины выполнила план 2020 года по обороту уже к июлю и ожидает получить рекордную прибыль за всю историю.
- Пивоварня с 70 сотрудниками планирует достичь к концу года 100 %-ной достаточности капитала и целевых значений по доходу.
- Владелица розничных магазинов женской верхней одежды, которую мы консультируем уже 40 лет, сообщает о рекордных продажах за всю историю компании.
- Владелец строительной компании, который открыл ее 30 лет назад, взяв в ученики сына, в коронавирусный год расширил штат до 70 человек. Спрос был настолько велик, что в Рождество 2020 года его сотрудникам пришлось работать без отпуска.

Резюме по прошествии пандемийного 2021 года:

Компании и регионы, бизнес-модель которых выстроена в соответствии с портфельной теорией, в условиях коронавируса оказываются не просто устойчивыми, а иногда достигают рекордных результатов, закладывая возможности для будущего развития.

5 Портфельное управление и финансовый капитал

Существует только три способа вкладывать деньги, сохранять и приумножать капитал: долговой рынок, товары длительного пользования и средства производства, а также доли в предприятиях. Долгосрочная реальная доходность, превышающая 2 % – это компенсация за более высокий риск. (Цит. по [21, стр. 31–65]).

---

[7] См. [1]; см. [8].

Рис. 3 Распределение активов по классам. (www.clemens-renker.de)

Давайте вернемся к основным постулатам оптимального устройства жизни[8] и применим их к классу активов «Капитал». При этом мы будем исходить из того, что описанные на Рис. 1 стратегические решения уже приняты. Вначале проведем диверсификацию классов активов, формирующих капитал:

- человеческий потенциал как сумма трудовых и пенсионных доходов в будущем;
- наличные и инвестиции на денежном рынке;
- жилая и коммерческая недвижимость;
- государственные и корпоративные облигации;
- акции любого рода;
- сырьевые товары, например, нефть, сельскохозяйственная продукция или драгоценные металлы;
- валюта;
- объекты коллекционирования, например картины, раритетные автомобили, алкоголь.

После этого необходимо провести диверсификацию отдельных инструментов внутри каждого класса.

Например, в классе активов «Акции» можно распределить вложения по отраслям, регионам, технологиям, крупным и мелким компаниям и т.д. Это не позволит нам застраховаться от системного риска, то есть от событий, которые затронут весь этот класс активов во всех странах мира. Тем не менее, диверсификация позволит практически полностью нейтрализовать несистемные риски, возникающие для отдельных инструментов. Для этого необходимо

---

[8] См. Рис. 1.

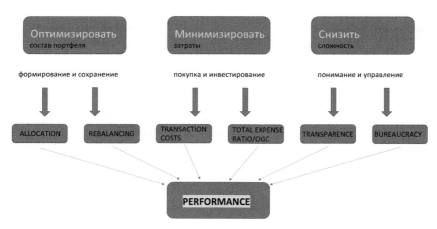

Рис. 4 Портфельное решение: распределение активов способствует повышению ценности, дохода и шансов. (www.clemens-renker.de)

добиться минимальной корреляции инструментов, а лучше – полного ее отсутствия (то есть абсолютной независимости инструментов друг от друга).

В качестве примера распределения рассмотрим вложения в чисто финансовые инструменты: акции (доли в предприятии) и наличные (долговые обязательства).

Каждый из нас может выбрать для себя активное или пассивное инвестирование. Для определения качества и результатов инвестирования при выборе и определении веса классов активов необходимо руководствоваться тремя следующими факторами (Рис. 4):

- **Состав** портфеля из оптимально диверсифицированных инструментов.
- **Затраты** на приобретение и управление инструментами.
- **Сложность** в части прозрачности, понятности, надежности и прогнозируемости.

Цель активного инвестирования (спекуляций) заключается в том, чтобы средствами фундаментального и технического анализа выбрать наиболее перспективный инструмент и совершить транзакцию в оптимальный момент, чтобы обеспечить повышенную доходность (excess return). Пассивные инвестиции осуществляются регулярно по принципу «купи и держи». Их доходность можно использовать как бенчмарк – базу для оценки эффективности активно управляемых портфелей и портфелей альтернативных активов.

Преимущества так называемого пассивного инвестирования были впервые описаны Марковицем в 1952 году и уже неоднократно доказаны в научной литературе. Современные технологии анализа больших данных также подтверждают этот факт. Многочисленные исследования[9] приходят к следующим выводам:

- На долгой дистанции примерно 90 % активно управляемых фондов акций значительно уступают в доходности своим пассивным бенчмаркам.
- 10 % активно управляемых фондов, доходность которых превышает бенчмарк, достигают этого не за счет своего опыта и навыков, а скорее по стечению обстоятельств и счастливой случайности. Основными причинами низких результатов, напротив, служит недостаточная диверсификация или неэффективность портфеля, высокие затраты на приобретение и управление активами.
- Банковские консультанты, по собственным 40-летним наблюдениям автора, тоже редко способствуют повышению доходности вложений. Обычно инвесторы, не пользующиеся услугами консультанта и инвестирующие в индексные фонды по принципу «купи и держи», получают большую доходность, чем инвесторы с консультантами. Результаты эмпирического исследования Мартина Вебера и Максимилиана Германна из Университета Маннгейма [13] указывают на то, что 70–90 % портфелей, управляемых сторонними консультантами, уступают бенчмарку. Этот факт легко объясним, так как консультанты – в первую очередь продавцы с конфликтующими интересами (проблема принципала-агента): продать клиенту активно управляемый фонд с премией 5 % или пассивный фонд за 0,5 % комиссии? Кроме того, большое множество инвестиционных продуктов затрудняет выбор для клиента, да и сами консультанты не всегда обладают должным уровнем компетенций.
- При этом следует отметить, что финансовая грамотность инвесторов вот уже несколько лет находится на пугающе низком уровне.
- Ни один метод не позволяет точно спрогнозировать будущую прибыль от акций (гипотеза эффективности рынка). Прошлая доходность фондов акций ничего не говорит об их будущей доходности. Мы можем только попытаться объяснить, почему эти акции оказались столь выгодным вложением, но популярность акций в прошлом необязательно должна делать их популярными в будущем. Таким образом, мы не можем говорить о стабильности роста стоимости акций (т.е. «постоянстве доходности», [3, см. 19–22]). Надежным бенчмарком доходности может стать рост реального

---

[9] См. напр. Kommer, G., [3, стр. 13–24] и приведенные там 32 исследования или [14].

ВВП страны или общемирового ВВП. С этой точки зрения при реалистичной оценке экономической ситуации в Германии фактическая доходность инвестиционных инструментов за прошлые годы в среднем могла быть чуть выше 2 %, а в ситуации общемирового экономического роста могла бы достигать 3–4 %. Более высокая доходность обуславливает более высокий риск, вплоть до полной потери капитала.

Структурированный по модели ценообразования активов и ребалансировки портфель инвестора, больше ориентированного на риск (risk lover) и стремящегося с высокой вероятностью получить желаемую долгосрочную доходность, будет выглядеть следующим образом:

- Низкорисковая часть в зависимости от склонности и готовности к риску должна составлять примерно 25 % портфеля: это может быть накопительный счет в кредитном учреждении на сумму в пределах гарантии страхования вкладов (100 000 евро) или краткосрочные высоколиквидные государственные облигации без валютного риска. Низкорисковая часть портфеля страхует наш капитал от серьезных потрясений, хотя сегодня в Германии и не приносит никакого дохода. Зато данные вложения хорошо структурированы и не требуют дополнительных затрат на управление. Сложность полученного продукта невысока, он надежен, понятен, не служит источником волнения, прозрачен, гибок и легко преобразуется в другие инструменты.
- Остальные 75 % портфеля отводятся на рисковую часть, которая диверсифицированным образом вкладывается в портфель глобальных бумаг, например, через индексы MSCI ACWI (Morgan Stanley Capital International All Country World Index) или FTSE (Financial Times Stock Exchange). Инвестору доступно целое множество индексных фондов, объединяющих до 8000 акций. Если сравнить пассивный ETF с аналогичным активно управляемым фондом по трем описанным выше параметрам, то мы увидим следующую картину: фонд ETF оптимально, практически один к одному, отражает структуру индекса – в отличие от спекулятивного активного фонда, ориентированного на повышенный доход. Затраты на приобретение долей пассивных фондов составляют 0,3–0,5 % (для активных – 5 % и более), что в эпоху низких ставок обеспечивает инвестору серьезное преимущество с самого начала инвестирования. Текущие затраты на управление (Total Expense Ratio, TER) для пассивных фондов находятся в диапазоне от 0,1 до 0,6 % в год (для активных – 1,4–3,0 % в год). В долгосрочной перспективе эта выгода оборачивается увеличением общей доходности на 20–40 %. Пассивный фонд акций – очень простой, понятный и удобный в обращении инструмент с «автоматической ребалансировкой», так как без дополнительных затрат поддерживает необходимое соотношение доход-

ности и риска. Всё это коренным образом отличает его от активно управляемого фонда.

Таким образом, если инвестор следует научным принципам портфельной теории, то ему не нужен ни консультант, ни малопривлекательные финансовые продукты традиционных кредитных учреждений: годовой номинальной доналоговой доходности в 6–10 % он всегда мог достигать и без них.

Резюме по прошествии пандемийного 2021 года:

В марте 2020 года курс акций по всему миру упал почти на 40 %, но к началу 2021 года хорошо диверсифицированные пассивные фонды акций выросли почти на 60 %, а некоторые даже превысили свои допандемийные показатели примерно на 5 %. Всего этого нельзя сказать об активных фондах, которые столь успешно продавали банковские консультанты: даже ведущие фонды акций с активным управлением в начале 2021 года котировались на 10–20 % ниже допандемийных максимумов.

6 И счастье, и благословение

«Надежда – это не убежденность в том, что все будет хорошо, а уверенность в том, что происходящее будет иметь смысл вне зависимости от исхода». Вацлав Гавел

Все описанные выше принципы многократно доказаны данными исследований и имеют логическое объяснение, однако могут отражать истину лишь частично. Впрочем, допущенные ошибки или осознанные впоследствии заблуждения позволяют нам приблизиться к пониманию реальности и принимать новые истины, потому что мы все равно не знаем наверняка, что произойдет в будущем. Портфельная теория – это всего лишь луч света, дающий нам возможность сориентироваться, источник уверенности и способ увидеть шансы, которые открывает перед нами жизнь. С портфельной теорией мы, по крайней мере, можем без посторонней помощи перемещаться по неизвестности, и это лучше, чем ничего. Время от времени мы будем понимать, что то, что мы раньше считали истиной, оказалось всего лишь ее тенью или даже отсветом тени истины, совсем как в платоновской пещере. Как и любой ученый, мы знаем тем меньше, чем больше мы узнаём, и с расширением круга наших знаний о жизни растет и величина нашего незнания о том, как известное нам взаимодействует с окружающими явлениями – то есть постигнутой нами истины всегда будет меньше чем неизвестности (принцип супервентности).

Вот почему в жизненных планах и устремлениях нам так часто нужна удача, например, помощь Чижика-Пыжика, поселившегося на Фонтанке в Санкт-Петербурге, или благословение у иконы Казанской Богоматери в одноименном соборе.[10]

Литература

[1] Taleb, N. N. (2012). *Antifragile. Things that gain from disorders*
[2] Brinston, G. P., Singer, B. D., & Beebower, G. L. (1996). Determinants of portfolio performance II: an update. *Financial Analysts Journal.*, *May-June*, pp 40-48.
[3] Kommer, G. (2018). *Souverän investieren mit Indexfonds und ETFs* (5th edn.).
[4] Renker, C. (2012). *Marketing im Mittelstand. Anforderungen, Strategien, Maßnahmen* (4th edn.).
[5] Renker, C. (2020). *Das macht mittelständische Unternehmen erfolgreich*. IFMEpaper.
[6] Renker, C. (2001). Totalinnovation als Wachstumstreiber in mittelständischen Unternehmen. In J.-A. Meyer (Ed.), *Innovationsmanagement in kleinen und mittleren Unternehmen*.
[7] Renker, C. (2018). *Das neue Dorf*
[8] Renker, C. (2020). *Corona-Krise: Zeit für radikale Neuentscheidungen*. IFMEpaper.

О портфельном управлении
[9] Bruns, C., & Meyer-Bullerdiek, F. (2020). *Professionelles Portfoliomanagement. Aufbau, Umsetzung und Erfolgskontrolle strukturierter Anlagestrategien* (6th edn.).
[10] Fama, E. F. (1977). Risk-adjusted discount rates and capital budgeting under uncertainty. *Journal of Financial Economics*, *5*, 3–24.
[11] Fama, E. F., & French, K. R. (1993). Common risk factors in the returns on stocks and bonds. *Journal of Financial Economics*, *47*, 3–56.
[12] Fama, E. F., & French, K. R. (2008). Dissecting anomalies. *Journal of Finance*, *63*(4), 1653–1678.
[13] German, M., & Weber, M. (2019). *Brauchen wir Anlageberatung? Eine Finanzdienstleistung mit Hindernissen*. Vol. 34.
[14] Jacobs, H. et alii (2020). *Die genial einfache Vermögensstrategie*
[15] Kahneman, D. (2011). *Thinking, fast and slow*
[16] Lintner, J. (1965). Security prices, risk and maximal gains from diversification. *Journal of Finance*, *20*, 587–615.
[17] Markowitz, H. M. (1952). Portfolio selection. *Journal of Finance*, *7*, 77–91.
[18] Markowitz, H. M.(1959) *Portfolio selection, efficient diversification of investments* (p. 159).
[19] Sharpe, F. W. (1964). Capital asset prices: A theory of market equilibrium under conditions of risk. *Journal of Finance*, *19*, 425–444.
[20] Spremann, K. (2002). *Portfoliomanagement* (2nd edn.).
[21] Stark, G. (2005). *Grundsätze der Privatfinanz*

---

[10] Der Aufsatz erschien mit Genehmigung vorab im eigenen IFMEpaper im April 2021.

[22] Steiner, M., Bruns, C., & Stöckl, S. (2017). *Wertpapiermanagement. Professionelle Wertpapieranalyse und Portfoliostrukturierung* (11th edn.).
[23] Tobin, J. (1958) Liquidity preference as behavior towards risk. *Review of Economic Studies, 25*, 65–87.
[24] Weber, M. (2007). *Genial einfach investieren. Mehr müssen Sie nicht wissen – das aber unbedingt*

Безопасность как ключевая задача руководства

Prof. Dr. Dr. h. c. Uwe H. Schneider

Аннотация

Без безопасности нет свободы. Безопасность для всех граждан – это всегда актуальное стремление. Поэтому обеспечение безопасности является политической задачей. Но призыв к безопасности распространяется дальше. Он не ограничивается внешней и внутренней безопасностью. Это не только политическое, но и социальное, техническое и неопределенное правовое понятие. Для правовой политики безопасность является постоянным вызовом. Правовое понятие требует конкретизации через трактовку и объединение группы случаев. Для управления безопасность – это задача руководства.

Abstract

Safety as a Task and a Legal Problem

There is no freedom without safety. Safety is a timeless desire for all citizens. Establishing safety is therefore a political task. But the call for safety goes further. It is not limited to external and internal safety. It is not only a political, but also a social, a technical and an undefined legal concept. For legal policy, safety is a perpetual challenge. And as a legal concept, it requires concretization through interpretation and case grouping. For management, safety is a leadership task.

Ключевые слова/Keywords

Безопасность, безопасность как неопределенное правовое понятие, задача руководства, техническая безопасность, информационная безопасность,

© Der/die Autor(en), exklusiv lizenziert durch Springer Fachmedien Wiesbaden GmbH, ein Teil von Springer Nature 2022
C. Renker, T. Nikitina (Hrsg.), *Pandemie als nicht alltägliches Event-Risk*,
https://doi.org/10.1007/978-3-658-36504-2_48

общая ответственность управления, Safety, safety as an undefined legal concept, management task, technical safety, IT security, overall responsibility of management.

Phantasie, Vorsicht und rechtliche Ordnung sind die Eltern der Sicherheit.

1 Исходное состояние

Стремление к безопасности не имеет временных границ. Ее начинаешь осознавать, когда ее нет. Об этом нам напоминает история и собственный опыт. В Декларации прав человека и гражданина 1789 года (Déclaration des Droits de l'Homme et du Citoyen) речь шла не только о праве на свободу и праве на собственность, но и о праве на безопасность. Дословно в ст. 2 это звучит следующим образом: «*Цель всякого политического союза – обеспечение естественных и неотъемлемых прав человека. Таковые – свобода, собственность, безопасность и сопротивление угнетению*».

В современном мире безопасность является ценностным понятием, определяющим демократические общества.

Призыв к безопасности распространяется дальше и ее границы не определены. Призыв не ограничивается международной и национальной сферами, как в случае с внешней и внутренней безопасностью, а именно в отношении защиты от криминала и чрезвычайной ситуации. Однако, над остальным начинаешь задумываться. Новая энергетическая политика должна быть безопасной, чистой и оплачиваемой. Что же произойдет, если производство энергии, потребление и надежность поставок будут нам не по карману? Будет ли в этом случае принято решение против безопасности или прозвучит призыв к безопасности, если энергия хоть и доступна по цене, но не гарантирована надежность поставок? Клиент банка вынужден спрашивать про безопасность своего вклада. Доверяя страхованию вкладов за счет клиентов банка, нужно ли отказываться от безопасности вклада, если процент по вкладу повышенный? Нужно ли отказаться от вклада, если кредитная организация не сбалансированно проводит инвестиции? Также капиталовложение должно быть безопасным. Должен ли вкладчик отказываться от инвестиции, если компания не должным образом контролирует свои цепочки поставок? Безопасность в отношении продукции – это естественное требование. В случае вакцинации от Covid-19 речь также идет о безопасности с учетом краткосрочных и долгосрочных побочных действий. Информационная безопасность – это задача руководства. Возникает индустрия безопасности, охватывающая все сферы экономики и общества, начиная с объединений по техническому контролю, частных охранных служб, создания систем страхования вкладов, вплоть до установки информационных резервных систем. Во всех этих случаях сохраняется доля сомнения, достаточно ли такой безопасности?

Возникает вопрос, что подразумевается под безопасностью?

Существует ли единое правовое понятие для безопасности? Для производственной безопасности? Для информационной безопасности? Для безопасности конструкций? Можно ли в случае сомнения безопасность измерить статистическими методами? Следует ли самолет считать безопасным только тогда, когда он не менее пяти лет провел в воздухе или следует ли принять во внимание другие оценки? Какие они? И что из них следует? Станет ли «безопасность» сложной задачей для отдела соблюдения правовых вопросов? Или сотрудники по правовым вопросам будут перегружены, если они будут отвечать в процессе операционной деятельности за безопасность?

2 Что означает безопасность?

Понятие безопасности означает одновременно многое: он встречается в разговорной речи, в политическом и научном лексиконе, в техническом языке, но безопасность это и правовой термин. В каждой сфере он неоднозначный, неопределенный и наполнен различным содержанием. Понятия, применяемые для описания фактического положения дел, являются правовыми, если они имеют правовые последствия. Правовое понятие считается неопределенным, если для него требуется дополнительная конкретизация, определяемая трактовкой и рядом примеров. Это показывается на следующих примерах.

Обязанности государства по защите, прописанные в основном законе страны и связанные с безопасностью, характеризуются как «основное право на безопасность».

Ввиду исторической дискуссии и ужасного опыта времен Третьего Рейха подобная задача по защите, поставленная перед государством, не удивляет. В Хартии Европейского Союза по правам человека в отличие от конституции «право на безопасность» даже прописано отдельно (ст. 6).

Внутренняя безопасность понимается как результат взаимодействия государственных институтов, которые, обладая общественной монополией власти в рамках демократического легитимного права, работают на примирение и обеспечение внутреннего мира.

Целью является защита нерушимости общественного порядка. На данное положение ссылаются в § 7 Закона о паспортах. Согласно данному закону в выдаче паспорта могут отказать, если известные факты обосновывают предположение о том, что заявитель угрожает «внутренней и внешней безопасности или иным существенным интересам ФРГ».

Под социальной безопасностью подразумевается совокупность всех мер по осуществлению социальной поддержки и обеспечению прожиточного минимум каждого человека.

Очевидным является то, что это приведет к имущественному перераспределению. Спорным остается объем, распределение жизненных рисков и учет шансов. Социальная безопасность является политической целью. Индивидуальные социальные основные права не обосновываются в ст. 20 и 23 конституции. И прежде всего: перераспределение имущества не является нормативной конституционно защищенной целью социальной безопасности.

Эксплуатационная безопасность товара является не только техническим требованием, а нормативной целью.

Статья 3 абз. 1 Директивы 2001/95/ЕС [1] гласит: «Производители должны выпускать на рынок только безопасную продукцию». В соответствии со ст. 2 литера b Директивы под безопасной продукцией понимается любая продукция, которая «в нормальных или разумно предсказуемых условиях использования (включая срок службы и, когда уместно, введение в действие, установку или потребности в обслуживании) не представляет никакого риска или представляет только минимальные риски, сопоставимые с использованием продукции и считающиеся допустимыми при соблюдении высокого уровня защиты здоровья и безопасности людей». Масштабом здесь является «высокий уровень защиты». При этом следует учитывать требования по техническому обслуживанию.

Целью информационной безопасности является защита конфиденциальности, безопасность и доступность информации и аппаратных средств, а также целостность системы. Речь здесь идет о двух вещах, а именно о функциональной и информационной безопасности. Так как все сегодня хранится в электронном виде, не только данные по здоровью граждан, но и их все состояние содержится в электронном реестре прав собственности на землю, в электронном банковском депозите, в страховых организациях по страхованию жизни договоры страхования также хранятся в электронном виде, и так далее. В § 2 Абз. 2 Закона о федеральном управлении по информационной безопасности говорится: «По смыслу данного закона безопасность информационных технологий означает соблюдение определенных стандартов безопасности, касающихся доступности, целостности или конфиденциальности информации посредством принятия следующих мер

1. в информационно-технологичных системах, компонентах или процессах или
2. при применении информационно-технологичных систем, компонентов или процессов».

В случае с безопасностью банковских вкладов – одной из целей права банковского надзора – речь идет не только о защите доверия клиентов банка в деятельность кредитных институтов, но в первую очередь о защите платежеспособности института и дисциплине кредитной организации.

С точки зрения клиента банка не является целью права банковского надзора – в любом случае до сих пор – проверять какие проекты финансирует институт и сбалансированы ли они или нет.

Перечисленные примеры показывают отсутствие единого понятия для безопасности как нормативной цели. Понятие безопасности следует скорее определять с учетом смысла и цели нормы.

3 Отсутствие единой нормативной концепции безопасности

Не только цель защиты безопасности, но и соответствующая правовая основа, границы, а именно нормативный объем безопасности и распределение рисков совершенно различны.

Правовую основу желаемой безопасности представляет собой конституция и судебная практика федерального конституционного суда в вопросах внутренней безопасности. Гражданское право защищает эксплуатационную безопасность товара. Она широко гарантирована промысловым правом. Публичное право нацелено на информационную безопасность и безопасность вкладов. А уголовное право криминализует нарушение безопасности. Хорошим примером может послужить дело производителя спрея для кожи Erdal и решение 2-й коллегии по уголовным делам Федерального верховного суда от 06.07.1990 (Решение Федерального суда ФРГ по уголовным делам 37, 106). К этому добавляются многочисленные промышленные стандарты, кодексы поведения, запрещающие знаки, знаки пожарной безопасности, знаки технического контроля, приборные пломбы, уполномоченные по безопасности, вспомогательные средства спасения и т.д. Они все пытаются прописать минимальный стандарт, начиная со знака соответствия правилам ЕЭК ООН[1], стандарта ISO 26262 вплоть до знаков контроля Союза немецких электротехников.

Примечательно, что предпринимаются попытки описать единый стандарт по безопасности. В п. 8 преамбулы к Директиве RL 2001/95/ЕС написано: «Безопасность продукции следует определять с учетом всех важных аспектов и групп потребителей, которые особо уязвимы из-за опасности, исходящей от

---

[1] См. Регламент (ЕС) № 661/2009, а также Женевское соглашение от 20 марта 1958 года.

продукции, в особенности детей и пожилых людей». Но дальше этой мысли продвижения не было, так как нет единого мнения в вопросе, что считать достаточно безопасным. Являются ли складывающиеся шезлонги безопасными, хотя каждый защемлял на них свои пальцы? Являются ли чайники марки Т [2] ввиду недостаточной изоляции небезопасными? Являются ли детская решетка марки R [3] небезопасной, так как боковые ее части недостаточно высоки?

С одной стороны, для определенной продукции и услуг действует нормативный минимальный стандарт. Хотя существуют строгие правила для электрических приборов и требования для детских кроватей в соответствии с европейским стандартом EN716, но соответствующие европейские стандарты отсутствуют для садовой изгороди. При этом садовая изгородь может оказаться в высшей степени небезопасной, как показывает трагический пример несчастного случая с сыном *Роми Шнайдера*. Прежде всего масштаб требований безопасности совершенно различный. Излучение, которое получает пассажир самолета на межконтинентальном перелете, или путешественник в Шварцвальде, «страдающий» от естественного излучения, не ограничены законом. Совершенно иначе дело обстоит, если гражданин заходит на ядерную установку.

Следует признать, что единой концепции безопасности не существует. Вернее сказать, что нормативные требования к безопасности подобны садовой изгороди со штакетником различной высоты.

С этим связан вопрос объема предписанной и достигаемой безопасности. Единое мнение существует в том, что расходы на производство продукции или сооружение не должны быть мерилом требуемой безопасности. А что применимо для статистического опыта? Каким должен быть минимальный срок безопасной работы продукции? Как определяется «высокий уровень защиты»[2] прописанный в Директиве RL 2001/95/EC? Идет ли речь об общественных ожиданиях, ожиданиях среднестатистического потребителя, ожиданиях эксперта или определенных кругов, например, байкеров или спортсменов на ледовой трассе? Если бобслеист падает на ледовой трассе, то у него скорее всего иные ожидания безопасности, чем у пешехода в парке Сан-Суси.

---

[2] Данное общее требование по безопасности в соответствии со ст. 2 b Директивы 2001/95/EC не было перенесено в федеральное немецкое право безопасности продукции.

4 Выводы

1. Понятие безопасности является не только обиходным понятием, но и политической целью, техническим термином и неопределенным правовым понятием. В правовом поле оно требует конкретизации трактовкой и группой случаев.
2. Не существует единой мировой концепции безопасности. На национальном, европейском и международном уровнях существуют различные представления о содержании данного понятия и безопасности, закрепленной в нормативной документации.
3. Для правоприменения дилемма понятия безопасности находится в его неопределенности, в различной оценке безопасности на международном уровне, в отсутствии широко согласованной концепции безопасности, в расходах на обеспечение безопасности и прежде всего в коллизии обязанностей.

Литература

[1] Директива 2001/95/ЕС Европейского. Парламента и Совета от 3 декабря 2001 года об общей безопасности продукции
[2] RAPEX сообщение A12/0736/19
[3] RAPEX сообщение A12/1614/16

Влияние пандемии на цифровизацию малого и среднего бизнеса в России через призму цифровых индексов

Dr. Vladlena Zarembo

Аннотация

В статье проведен обзор эмпирических исследований в области готовности к цифровизации малого и среднего бизнеса, рассмотрены субиндексы и их оценка в связи с влиянием пандемии. Уточнены понятия цифровизации и цифровой трансформации. Предложено уточнение оценки по субиндексу готовности к цифровизации. Определена взаимосвязь индекса цифровой грамотности населения и субиндекса цифрового обучения. Рассмотрены результаты оценки по индексу цифровой зрелости МСП. Даны рекомендации по цифровому развитию для малого и среднего бизнеса в эпоху пандемии.

Abstract

Pandemics Influence Upon Digitalization of SMEs in Russia

The reviews empirical studies of SME's Business Digitalization Index, the sub-indices and their assessment referred to the pandemics impacts. The terms of digitalization and digital transformation were clarified. Harmonization of the BDI subindex assessment was offered. Interconnection of the Index of Digital Literacy and Subindex of Digital Studies was highlighted. The results of assessment of the Index of Digital Maturity of SMEs was performed. Recommendations on digital development of small and medium size business were made.

Ключевые слова/Keywords
Малые и средние предприятия, индекс готовности к цифровизации, индекс цифровой зрелости, индекс цифровой грамотности, Small and medium size enterprises, Business Digitalization Index, Index of Digital Maturity, Index of Digital Literacy.

Сегодня, в марте 2021 года, мир понемногу восстанавливается от серьезнейшего за последние десятилетия сбоя в работе. Послабляются и снимаются ограничения, открываются границы и восстанавливается режим работы предприятий и учреждений. Однако, как после любого кризиса, жизнь уже не сможет вернуться в привычное «доковидное» русло: успешно преодоленный кризис, показав на слабые места, всегда указывает и на сильные стороны и возможности, которые, однажды послужив мерами экстренной помощи и защиты, с течением времени становятся настолько обязательной частью повседневной деятельности, что отказаться от них представляется немыслимым.

Локдаун, потрясший весной 2020 года весь мир, и в дальнейшем возобновляемый в отдельных странах[1], во всем мире вывел на первый план потребность, которая ранее рассматривалась предпринимателями в России в большинстве случаев не как основная, а как желательная, но не всегда достижимая необходимость цифровизации бизнес-процессов. То, что до тех пор воспринималось как приятное и выгодное дополнение к реализации деятельности, превратилось сегодня в едва ли не единственное относительно доступное средство выживания. И практика 2020 года показала, что готовность к внедрению этого средства оказалась в некоторой степени сомнительной.

Для единого понимания идеи цифровизации бизнеса требуется уточнить понятия и их элементный состав, начиная с самых простых определений. К ним будет относится понятие «цифровизация деятельности», основных компонентов цифровизации, а также «цифровая трансформация». Стандартное определение цифровизации деятельности подразумевает внедрение современных цифровых технологий в различные сферы жизни и производства, а в глобальном смысле – концепцию современной экономической деятельности на базе цифровых технологий. Но уже само это определение скрывает в себе ловушку: современные цифровые технологии устаревают очень быстро, так что одно лишь внедрение не будет являться достаточным условием для успеха. Потребуются постоянные обновления и изменения, связанные с этими обнов-

---

[1] Например, в Финляндии с 01.03.2021 снова введен режим чрезвычайного положения, с 08.03.2021 введен трехнедельный локдаун, который, по сведениям на 19 марта 2021 года, не будет отменен из-за высокого уровня заболеваемости [1].

лениями. Другими словами, цифровизацией нельзя воспользоваться как своего рода заплатой для бизнеса, это – постоянный процесс, требующий практически постоянного внимания, регулярного технического обслуживания и инвестирования денежных средств.

Не так давно Институт статистических исследований и экономики знаний НИУ ВШЭ представил исследование индекса цифровизации бизнеса, который характеризует скорость адаптации к цифровой трансформации организаций предпринимательского сектора в России, странах Европы, Республике Корея, Турции и Японии. Индекс был рассчитан по следующим пяти показателям: уровень использования широкополосного интернета, облачных сервисов, RFID-технологий, ERP-систем и включенность в электронную торговлю [2]. Согласно данным исследования, в 2017 году лидером являлась Финляндия с оценкой 50 пунктов, Россия среди всего спектра изученных стран, к сожалению, получила оценку 28 пунктов и находилась в нижней части списка. И хотя обновленные данные отсутствуют, возможно предположить, что с тех пор ситуация изменилась не кардинальным образом.

Примерно в то же время банк «Открытие» и Московская школа управления «Сколково» провели очередное исследование готовности малого и среднего бизнеса в России к цифровой экономике с использованием индекса цифровизации бизнеса (BDI- Business Digitalization Index) [3, 4], однако использовали другие субиндексы. К ним относились следующие:

1. Каналы передачи и хранения информации, т.е. использование цифровых каналов для передачи и хранения информации (интернет, облачные сервисы, системы по автоматизации работы с клиентами[2] и т.д.). Этот критерий, по мнению автора, относится к категории оценки инструментов, в той или иной степени используемых абсолютно всеми предпринимателями. По данным исследований за 2019 (общее) и 2020 (по полугодиям) годы, рост до пандемии был незначительным, хотя и имел место. И по этому субиндексу можно сделать дополнительную классификацию по результату воздействия пандемии. Во-первых, цифровые средства для хранения информации не получили резкого распространения в связи с пандемией, так как большое количество предприятий уже в том или ином виде внедрили и использовали эти средства в своей текущей деятельности. Однако если объем хранимой информации увеличился благодаря именно установлению удаленного режима работы, то те пред-

---

[2] Примечательно, что самый значительный рост был показан именно по автоматизации работы с клиентами: 23 % в 2019 году по сравнению с 33 % в 2020 году (исследование первой половины 2020 г) [4].

приниматели, которых это коснулось, оказались перед лицом срочной необходимости расширять свои хранилища информации. Впрочем, доля таковых коммерсантов в общем числе предпринимателей невысока. Во-вторых, цифровые каналы передачи информации. Здесь возможно говорить о резком увеличении объема трафика через существующие (или известные и используемые предпринимателями) каналы, а также о необходимости поиска новых средств. В отношении каналов передачи письменной информации ситуация в значительной мере трансформировалась в пользу отказа от бумажных и циркуляции исключительно электронных документов. В немалой степени это потребовалось благодаря ограничениям на национальном уровне, в силу которых обращение в большинство органов государственной власти оказалось возможным только в электронном виде. Устные каналы коммуникации упоминаются в следующем пункте. Таким образом, можно сделать вывод о том, что в дальнейшем можно уже оценивать данный субиндекс в разбивке на две предлагаемые составляющие, т.к. обобщенная динамика изменений показывает результат усредненный и не вполне отвечающий реальности.

2. Интеграция цифровых технологий. Интересен состав пунктов, по которым производилась интегральная оценка этого субиндекса. Например, такой пункт, как охват компаний интернетом для ведения бизнеса, оценка по которому составляла еще в 2019 году 92 % и в первом полугодии 2020 года выросла до 94 %. То есть так или иначе всего 6 предпринимателей малого и среднего бизнеса из 100 не используют интернет для своего бизнеса. К наиболее часто используемым относится собственное мобильное приложение, которое разработано половиной из опрошенных компаний, а также документы для совместной работы в сети, такие как Google Docs, Trello и другие. Популярным является электронный документооборот, который успешно внедрило почти три четверти респондентов, что предоставляет возможность сослаться на п. 1 касательно цифрового хранения и передачи данных. Также в этом субиндексе учитывается применение технологий на искусственном интеллекте, интернет вещей, 3D-печать, автоматизация систем по управлению персоналом, онлайн-инструменты общения с партнерами и заказчиками. Последние в пандемию стали своего рода панацеей, обеспечившей возможность удаленной работы практически по всем направлениям коммуникации. Общеизвестен скачок в корпоративном (платном) использовании платформы Zoom, расширении использования инструментов Discord и т.д. Также следует упомянуть, что почти половина компаний активно использует интранет. Эта технология не

является ведущей для микропредприятий, однако малые и особенно средние с успехом и удовольствием ее применяют.
3. Использование интернет-инструментов для продвижения товаров и услуг. В допандемическом пространстве малые и средние предприятия в основном использовали интернет для размещения рекламы, в том числе контекстной, и при этом в среднем по всем опрошенным регионам треть представителей МСБ вели страницу своей организации в социальных сетях. Социальные сети, на взгляд автора, являются оптимальным местом для информирования клиентов о товарах и услугах и размещения рекламы для микропредприятий, т.к. являются относительно дешевым средством по сравнению с другими видами рекламы и имеют следующее значительное преимущество: в случае не отмененной подписки неактивные в текущем периоде клиенты будут получать новости о деятельности. Для малого и среднего бизнеса сайт с подробной информацией о компании, ее товарах и услугах играет немаловажную роль. В 2019 году в среднем чуть больше трети предпринимателей в опрошенных регионах занимались ведением подобных сайтов. В 2020 году ситуация изменилась в сторону развития существующих сайтов и появления новых игроков в этом пространстве. По результатам опроса, проведенного во второй половине 2020 года, именно в ведение и улучшение существующих сайтов представители МСБ планируют вкладывать денежные средства [5]. Кроме того, имеется так называемое «пассивное» присутствие в сети при размещении на картах (2GIS, Google Maps, Яндекс.Карты). Также в 2020 году значительно выросла и составила почти 90 % доля общения с клиентами с использованием мессенджеров.
4. Информационная безопасность. Информационная безопасность уже не впервые оказывается самым слабым пунктом в оценке готовности предприятий к цифровизации. Примечательно, что с 2019 года уменьшилось количество представителей МСБ, располагающих утвержденной политикой безопасности (34 % в 2019 и 33 % в 2020 году). Безусловно, это связано с появлением на рынке новых малых и средних предприятий, которые изначально не заботятся о наличии такой политики. Средства обеспечения информационной безопасности для малых предприятий в особенности не являются приоритетной статьей затрат, так как из-за ограниченности финансов всегда находятся более срочные траты. Самым распространенным инструментом обеспечения безопасности являются антивирусные программы для физических лиц, хотя их доля в 2020 году снизилась на 5 пунктов по сравнению с 2019 годом. Никаких

программ обеспечения защиты не использовали в 2019 году 23 % респондентов, их доля в 2020 году снизилась до 17 %. Примерно треть респондентов использует специально разработанные для организации программы защиты информации, и их доля выросла в 2020 году незначительно. Также в 2020 году почти в полтора раза выросло количество МСП, использующих специализированные программы для защиты бизнеса, и у 7 % респондентов по сравнению с 1 % в 2019 году появились центры мониторинга сетевых атак. Это может быть связано с тем, что МСП начинают осознавать важность защиты данных, а во-вторых, что растет доля МСП, деятельность которых непосредственно связана с хранением и обработкой данных, благодаря чему требуется усиление информационной безопасности на предприятии. Также по данным исследования «Доверие к цифровым технологиям» консалтинговой компании PricewaterhouseCoopers 96 % респондентов заявляют о планах изменения стратегии информационной безопасности вследствие пандемии, почти 50 % собираются использовать инструменты кибербезопасности в совокупности с каждым управленческим решением [6].

5. Человеческий капитал. В исследовании 2019 года этот субиндекс назывался «Цифровое обучение». Суть этого субиндекса сводится к двум ключевым позициям: готовность руководства к цифровой трансформации и цифровое обучение сотрудников. После того, как удаленный режим работы стал обязательным практически для всех коммерческих предприятий, не включенных в перечень поставщиков товаров первой необходимости, вопрос о готовности руководства к цифровой трансформации встал очень остро. Если в 2019 году только 34 % опрошенных считали, что цифровизация повышает удобство бизнеса и увеличивает скорость работы (33 %), то уже по результатам исследования первого полугодия 2020 года эти цифры совершили резкий скачок и достигли 57 % и 53 % соответственно. По результатам исследования второго полугодия 2020 года показатель приблизился к почти 70 %. При этом количество напрямую не заинтересованных в цифровизации руководителей снизилось с 21 % в 2019 году до 14 % и 12 % по полугодиям 2020 года. Пандемия показала, насколько ошибочной была политика компаний, не приветствующих цифровизацию, и в некоторых случаях такая демонстрация привела к прекращению деятельности именно для тех предприятий, где сама процедура перехода либо не организовывалась, либо затягивалась. В отношении второй ключевой позиции хотелось бы провести более подробный анализ.

Как субиндекс готовности к цифровизации цифровое обучение исследовалось в 2019 году [3] и включало в себя не только обучение сотрудников, но и наличие в компании специалистов в работе с цифровыми технологиями, а также использование возможности работать удаленно. Тогда же был сделан достаточно оптимистичный вывод о популярности удаленного режима работы на малых и средних предприятиях: у 4 % респондентов все сотрудники работали удаленно, у 40 % практиковался смешанный тип режима работы. Сегодня оценка показателя физического присутствия сотрудников в офисе и необходимости такого присутствия представляется кардинально иной. Большинство компаний, часть сотрудников которых до пандемии могла работать из дома и которые, быстро адаптировавшись и переведя практически весь персонал на удаленную работу в начале локдауна[3], приветствуют сохранение удаленного режима работы и сокращения количества сотрудников для работы офлайн. Такое положение дел способствует экономии средств и направлении их на дальнейшее развитие компании, в том числе, в части цифровизации. Автор полагает, что именно эти компании вошли в 24 % респондентов в 2019 году, считавших, что цифровое обучение требуется абсолютно всем сотрудникам. Однако тогда же 39 % принявших участие в опросе сообщили, что не видят необходимости в обучении сотрудников новым инструментам и технологиям для бизнеса. В данном случае можно говорить не только о том, что руководители были не заинтересованы в переходе к цифровому формату в работе, но и о том, что руководители и сотрудники обладали низким уровнем знаний навыков в области использования технологий, то есть о низкой цифровой грамотности.

Индекс цифровой грамотности населения [7] оценивался ежегодно с 2018 года по предложению группы экспертов на саммите G20 на основе пяти показателей: информационной, компьютерной, коммуникативной грамотности, медиаграмотности и отношения к технологическим инновациям. По данным исследования, доля россиян, обладающих высоким уровнем цифровой грамотности и ключевыми компетенциями цифровой экономики, включая навыки решения проблем в цифровой сфере, оставалась практически неизменной в течение указанных трех лет. Общий уровень цифровой грамотности в России составляет чуть менее 60 пунктов из 100. С одной стороны, это достаточно неплохой показатель, с другой, он формируется в основном благодаря населению крупных городов с количеством жителей более 1 млн. человек. Нельзя не от-

---

[3] В качестве примера можно привести бюро переводов, в которых большинство переводчиков работает удаленно, имеется система приема и оплаты заказов онлайн, физическое присутствие требуется только от администраторов для общения с клиентами, которым по каким-либо причинам неудобно пользоваться системой размещения заказа онлайн.

метить тот факт, что в зависимости от возраста индекс цифровой грамотности также будет колебаться: наиболее высокий уровень демонстрируют респонденты в возрасте до 44 лет, при этом пик приходится на молодежь. По мнению автора, здесь возникает проблема нежелания или неготовности руководителей переходить на цифровой формат работы: попытка продолжать управлять бизнесом по шаблону предыдущих лет, без инновационного когда-то, а теперь необходимого использования цифровых возможностей. Хотя такая ситуация на сегодняшний день оказывает не самое благоприятное воздействие на малый и средний бизнес, очевидно, что она будет меняться чем дальше, тем быстрее с приходом новых молодых игроков, для которых цифровая среда становится не нововведением, а технологией, сопровождающей их практически с рождения.

Подводя промежуточный итог, можно сделать вывод о том, что уровень индекса цифровой грамотности в некоторой степени определяют показатели индекса готовности к цифровизации. Но готовность к цифровизации не означает реализации цифровой трансформации как таковой. Данные различных исследований в области цифровой зрелости компаний, включая классификацию по уровням развития цифровой инфраструктуры, обладают значительной степенью вариативности. Например, по результатам исследования KMDA [8], затраты российского бизнеса на цифровую трансформацию со сроком окупаемости от одного до пяти лет составляют от 3 до 10 % годовой выручки для средних и крупных предприятий. В том же исследовании говорится, что по сравнению с 2018 годом почти на четверть увеличилось количество компаний, рискнувших начать цифровую трансформацию, и удвоилось количество предприятий, где цифровая трансформация проходит системно. Однако следует учесть, что основными респондентами для KMDA являлись средние и крупные предприятия, что искажает картину в отношении исключительно МСП.

Консалтинговая компания KMDA предлагает рассматривать пять уровней развития цифровой инфраструктуры российских компаний [8]:

1. Первый. Несвязанная инфраструктура, происходит цифровизация отдельных элементов бизнес-процессов. С учетом крупного бизнеса в 2020 году 36 % российских компаний находились на этом уровне. Очевидно, что это предприятия, которые в силу своей деятельности не организовывали никаких цифровых процессов, но из-за пандемии были вынуждены быстро перестраиваться. Доля МСП среди них неизвестна, но автор рискнет предположить, что она достаточно велика.
2. Второй. Элементы инфраструктуры связаны и интегрированы друг с другом. 47 % российских компаний причисляют себя к этому уровню,

что свидетельствует о наличии определенного рода системы в реализации цифровой трансформации.
3. Третий. На базе инфраструктуры выстроена полная цифровая модель компании, все процессы оцифрованы. Следует отметить, что среди представителей МСБ на этом уровне находятся в основном IT-компании, а также малые инновационные предприятия. Всего на третьем уровне находятся 10 % участников опроса.
4. Четвертый. Уже реализованы инструменты предиктивной самокоррекции. На этом уровне, как и на последнем, находятся в основном средние и крупные компании. Показатель принадлежности здесь составляет 3 %.
5. Пятый уровень. Полностью открытая зрелая инфраструктура. Примечательно, что к этому уровню относится 5 % респондентов, преимущественно крупные компании. Среди МСП доля таких компаний составляет порядка 11 %.

По данной классификации четко установлена цель устремлений любой компании, начавшей и реализующей цифровую трансформацию. Создание полностью зрелой цифровой инфраструктуры, однако, может оттянуть важные ресурсы, которые сегодня компаниям нужны для выживания. И возникает вопрос, нужно ли сейчас бороться за систему и если да, то насколько? По мнению автора, все зависит от наличия свободных денежных и человеческих ресурсов, которые могут быть потрачены на это, а также от текущего уровня развития предприятия с цифровой точки зрения. Для обеспечения относительно устойчивого положения компании до момента окончательного урегулирования последствий пандемии спорадическая цифровизация, естественно, не будет способна гарантировать результат, скорее, только отнимет бесполезно деньги и время. Если же предприятие уже находится на втором уровне, то необходимо стремиться к переходу на третий уровень, при этом не истощая фонды и планируя дальнейшее развитие по возможности. Существует опасность того, что за время, которое будет потрачено на подобное поддержание текущего уровня и минимальное развитие, главные конкуренты, находящиеся на более высоких уровнях, уйдут далеко вперед, но эта опасность, казалось бы, для представителей МСБ является в меньшей степени несущей фатальные последствия: доля развитых с точки зрения цифровой среды организаций в МСБ не очень велика, так что разрыв, скорее всего, можно будет наверстать (безусловно, эта рекомендация не применима к компаниям в сфере IT, но эта сфера изначально предполагает присутствие МСП на уровне развития по данной классификации выше второго). Это рассуждение скрывает в себе некую «вилку», потому что цифровые вызовы постпандемической среды окажутся ничуть не менее агрессивными, чем весной 2020 года. Руководители компаний, концентрируясь на вопросах эффективности деятельности, тем не менее должны отдавать себе отчет в том, на чем эта эффективность должна базироваться. Недостаточно просто автоматизировать бизнес-процессы. Уже очевидна необходимость создания внутри компании среды, в которой возрастет скорость принятия решений и увеличится спектр генерируемых альтернатив, благодаря чему будут создаваться новые конкурентные преимущества.

Несмотря на рост доли компаний, активно использующих цифровые технологии и интернет, индекс цифровизации бизнеса за последние полгода остался на прежнем уровне [9]. Это связано с тем, что в сферах, готовых к цифровизации, идет очень активный рост, зато по другим показателям наблюдается определенного рода спад. Наблюдаемая ситуация, как и прежде, обоснована теми барьерами, которые изначально предприниматели видели в отношении цифровой трансформации. В 2019 году предприниматели заявляли о двух основных причинах отказа от цифровизации: недостаток ресурсов и неготовность руководства или человеческие ресурсы [6, 10]. Удивительно, но с начала пандемии уменьшилось количество компаний [9], которые уделяют внимание развитию цифровых компетенций своих сотрудников. Вероятнее всего, причиной тому служит недостаток ресурсов – первая основная причина торможения процессов цифровизации, то есть имеется замкнутый круг.

Тем не менее, по результатам исследований [5], планируется пятикратный рост инвестирования компаний в собственные сайты, а также рост закупки интернет-рекламы и компьютерной техники. План и реальная возможность не всегда совпадают: только 11 % МСП планирует увеличение расходов на цифровые технологии, что на 4 % меньше, чем в 2019 году. И с одной стороны, это вызывает вопросы, поскольку, казалось бы, для реализации преимуществ цифровизации требуется, с одной стороны, не так много: уже изобретены облачные хранилища и инструменты, позволяющие перемещать и выполнять в облаке множество операций, созданы платформы аналитики и больших данных, достаточно отлаженно работает сеть интернета вещей, упрощающая процессы благодаря автоматизации, наконец, общедоступны мобильные телефоны с выходом в интернет, обеспечивающие доступ к таким хранилищам и платформам. С другой стороны, использование этих инструментов требует отлаженности процессов их применения, то есть затрат времени и денег для бесперебойного обеспечения результата. По мнению автора, это является одной и причин того, почему до сих пор осталось много бизнесов, которые не оцифровались.

Подводя итог, можно сделать вывод о том, что представители МСБ сегодня столкнулись с гораздо более острым, чем обычно, вопросом о том, куда вкладывать деньги: в выживание или в цифровизацию? Как показывает практика, теперь эти понятия практически невозможны друг без друга. Поэтому, если МСП смогло пережить пандемию, то первым источником расходов для обновления бизнеса должны стать, безусловно, расходы на цифровую трансформацию. Этот процесс, будучи запущенным однажды, не должен останавливаться и должен в идеале реализовываться постоянно, иначе быстро меняющаяся окружающая среда поглотит позитивные результаты.

Литература

[1] Деловой Петербург (2021). Финляндия продлит действие локдауна из-за высокой заболеваемости. https://www.dp.ru/a/2021/03/19/Finljandija_prodlit_dejstvi. Accessed 19 Mar 2021.

[2] Кевеш, М. А., & Филатова, Д. А. (2019). Индекс цифровизации бизнеса [Электронный ресурс]//Цифровая экономика. https://issek.hse.ru/news/244878024.html. Accessed 26 Mar 2021.

[3] Банк Открытие Индекс цифровизации малого и среднего бизнеса. Аналитический центр НАФИ. https://nafi.ru/projects/predprinimatelstvo/bank-otkrytie-indeks-tsifrovizatsii-malogo-i-srednego-biznesa/. Accessed 28 Mar 2021.

[4] Банк Открытие Индекс цифровизации малого и среднего бизнеса. Аналитический центр НАФИ. https://nafi.ru/projects/predprinimatelstvo/indeks-peremen-gotovnost-rossiyskikh-kompaniy-k-tsifrovoy-ekonomike/. Accessed 29 Mar 2021.

[5] Аналитический центр НАФИ Ставка на онлайн: предприниматели станут больше тратить на сайты своих компаний. https://nafi.ru/analytics/stavka-na-onlayn-predprinimateli-stanut-bolshe-tratit-na-sayty-svoikh-kompaniy/. Accessed 29 Mar 2021.

[6] LOGIRUS (2020). Пандемия коронавируса ускорила цифровизацию бизнеса в РФ. https://logirus.ru/news/infrastructure/pandemiya_koronavirusa_uskorila_tsifrovizatsiyu_bizne-sa_v_rf.html. Accessed 25 Mar 2021.

[7] Аналитический центр НАФИ Цифровая грамотность россиян: исследование 2020. https://nafi.ru/analytics/tsifrovaya-gramotnost-rossiyan-issledovanie-2020/. Accessed 20 Mar 2021.

[8] Паньков, В. Н. (2020). Пандемия ускорила цифровизацию бизнеса. https://plus.rbc.ru/news/5f8f191f7a8aa930ddd3c511. Accessed 28 Mar 2021. РБК, вып. 12.

[9] Эксперт-Online Северо-Запад (2020). Пандемия не изменила индекс цифровизации компаний малого и среднего бизнеса. https://expertnw.com/news/pandemiya-ne-izmenila-indeks-tsifrovizatsii-kompaniy-malogo-i-srednego-biznesa/. Accessed 19 Mar 2021.

[10] Бутусов, А. В. (2021). Пандемия ускорила цифровую трансформацию и развитие культуры инноваций в России. https://iot.ru/promyshlennost/issledovanie-dell-technologies-pandemiya-uskorila-tsifrovuyu-transformatsiyu-i-razvitie-kultury-inno. Accessed 30 Mar 2021.

Психологическое сопровождение населения в период борьбы с пандемией Covid-19

Prof. Dr. Yury Zinchenko

Аннотация

Статья посвящена мероприятиям, проведенным российским психологами в период начала пандемии COVID-19 в 2020 году и направленным на разработку рекомендаций по сохранению психологического и социального благополучия для разных групп населения, по снятию ограничительных мер, а также поведению граждан в условиях ослабления распространения коронавируса, обеспечению социального дистанцирования и индивидуальной защиты. Данная работа способствовала организации научных исследований по изучению изменений в эмоциональной и когнитивной сферах у студентов, аспирантов, преподавателей и других социальных и профессиональных групп в период самоизоляции, а также выявлению возможных рисков и последствий перенесенного опыта.

Abstract

Psychological Support of Population During the Covid-19 Pandemic

The paper discusses the initiatives of Russian psychologists in 2020 during the COVID-19 pandemic. The initiatives were aimed at the development of guidelines to support psychological and social wellbeing of different groups of population. In particular, the guidelines focused on lifting the lockdown, behavioral patterns of citizens once the pandemic was on the decline, social distancing and personal protection. These initiatives laid the foundation for the studies that explored cognitive and emotional changes in undergraduate, graduate and doctoral students as well as university professors and other social and professional groups during the lockdown. The study also identified possible risks and consequences of self-isolation.

Ключевые слова/Keywords

Пандемия COVID-19, стрессовые ситуации, психологическое благополучие, социальные риски, самоизоляция, дистанционное обучение, COVID-19 pandemic, stressful situations, psychological well-being, social risks, self-isolation, distance learning.

В связи с пандемией COVID-19 по всему миру значительно возросла нагрузка не только на врачей, но и на психологов, которые помогают населению справиться, во-первых, с эмоциональными реакциями, связанными с вирусом (боязнь заболеть, тревога за себя и близких и др.), во-вторых, с изменившимися условиями жизни и работы (кабинная лихорадка, нарушение семейного уклада и т.п.), в-третьих, с ситуацией неопределенности по отношению как к вирусу, так и к жизни по окончании пандемии. Также серьезными рисками длительной самоизоляции стали распространение насилия в семье, отсутствие заботы о детях, острые стрессовые, депрессивные расстройства, самоубийства. Данные проблемы привели к необходимости методического сопровождения населения в период пандемии и после нее, и разработки рекомендаций для преодоления возникших трудностей, в том числе, психологического характера.

Для разработки рекомендаций по информированию населения, рекомендаций по работе с врачами и их поддержке, взаимодействию внутри семьи, в том числе – обеспечению домашнего образования и воспитания, организации жизни и досуга одиноких и пожилых, обучение базовым навыкам саморегуляции для снижения стресса, тревоги и напряжения российскими психологами была проведена комплексная масштабная работа по анализу и мониторингу применяемых мер и рекомендаций в зарубежных странах в связи с распространением коронавируса. Условно данную работу можно разделить на 3 этапа:

1. *Анализ и мониторинг мер, применяемых для сдерживания распространения коронавируса*, а также направленных на *поддержание психологического благополучия человека* в связи с принятием карантинных мер.

В рамках данных работ был проанализирован опыт в борьбе с коронавирусом, применяемые меры и рекомендации таких стран, как: Австралия, Бельгия, Бразилия, Великобритания, Венесуэла, Германия, Гонконг, Доминиканская республика, Испания, Италия, Канада, Китай, Колумбия, Корея, Куба, Ливан,

Непал, Нигерия, Никарагуа, Португалия, Северная Ирландия, США, Турция, Украина, Шри-Ланка, Южная Африка, Франция.

Отдельно была проанализирована работа, проводимая психологическими обществами таких зарубежных стран и объединений, как: Австралия, Бразилия, Канада, Карибский Альянс Психологических Ассоциаций (CANPA), Китай, Колумбия, Куба, Доминиканская Республика, Европейская федерация ассоциаций психологов (EFPA), Международный совет психологов (International Council of Psychologists, ICP), Германия, Корея, Ливан, Непал, Никарагуа, Нигерия, Португалия, Южная Африка, Шри-Ланка, Турция, Великобритания, Соединенные Штаты Америки, Венесуэла.

Кроме того, также были проанализированы рекомендации ВОЗ по поддержке психического и психологического благополучия во время вспышки COVID-19 для разных групп граждан. Также были переведены на русский язык примеры нескольких психологических упражнений, рекомендованных ВОЗ, для уменьшения стресса и тревоги в период карантина и самоизоляции.

Анализ и мониторинг проводился на основе ряда критериев, в том числе для разных целевых групп граждан, наиболее подверженных влиянию сложившейся ситуации в связи с эпидемиологической обстановкой: работники здравоохранения, психологи, дети, родители, пожилые люди, одинокие люди, ухаживающий персонал, журналисты и работники СМИ и другие.

2. *Анализ психологических, социальных и культурологических рисков*, связанных с распространением COVID-19.

Среди основных психологических и социальных рисков, связанных с распространением COVID-19, является повышенный уровень стресса или тревоги, а также повышение уровня одиночества, депрессии, употребления алкоголя и наркотиков, а также поведения, связанного с причинением вреда себе или самоубийством; отмечается повышенный риск увеличения случаев насилия в семье, включая жестокое обращение с детьми.

3. *Анализ и мониторинг ситуаций по снятию ограничительных мер* в связи с распространением COVID-19.

На данном этапе работы был проведен анализ и мониторинг ситуаций в зарубежных странах по снятию ограничительных мер в связи с распространением COVID-19. Был проанализирован опыт США, стран Европейского союза, Великобритании, Австралии и Новой Зеландии, Южной Африки, Гонконга и других.

На основе проведенного анализа и мониторинга были подготовлены соответствующие рекомендации по снятию ограничительных мер, а также поведению граждан в условиях ослабления распространения коронавируса, направленных на обеспечение социального дистанцирования и индивидуальной защиты.

Пандемия вызвала небывалый рост включенности и обмена информацией между психологическими сообществами разных стран и ассоциаций, их объединяющих. Практически в еженедельном режиме более 40 стран в рамках Международного психологического союза при ЮНЕСКО, Европейской федерации психологических ассоциаций и стран-участниц БРИКС проводили консультации, обменивались опытом. В двустороннем формате проводились постоянные консультации с Американской психологической ассоциацией, Испанской психологической ассоциацией и Китайским психологическим обществом как на уровне руководства, так и ключевых экспертов. Эта информация касается способов и вариантов психологической помощи, обсуждения возможных проблем и их решений, а также проведения научных исследований. Российское психологическое общество активно включено во взаимодействие и обмен лучшими практиками с зарубежными коллегами: распространяет наработки и рекомендации отечественных психологов, адаптирует зарубежные материалы, инициирует исследовательские проекты и принимает участие в международных коллаборациях. В исследованиях Российского психологического общества принимают активное участие не только европейские страны, но и представители Непала, Индонезии.

При поддержке Российского союза ректоров и Министерства науки и высшего образования РФ, совместно с ведущими вузами страны факультет психологии МГУ и Российская академия образования запустили Всероссийский исследовательский проект под названием «Исследуем дома». Это масштабная работа по изучению изменений в эмоциональной и когнитивной сферах у студентов, аспирантов, преподавателей и других социальных и профессиональных групп в период самоизоляции. В исследовании приняли участие более 100 000 человек. Для проведения данного исследования учеными факультета психологии были разработаны и адаптированы специальные методики, которые позволили выявить психологические особенности эмоциональной и когнитивной сфер человека в условиях пандемии и самоизоляции. Зарубежные коллеги из Европейской Федерации психологических ассоциаций и Международного союза психологической науки при ЮНЕСКО параллельно провели исследование с использованием данных методик на различных социальных группах в своих странах.

Ведущие российские психологи разработали ряд рекомендаций в связи с распространением коронавирусной инфекции по профилактике и предупреждению психологического неблагополучия в обществе [1].

Рекомендации были составлены для отдельных социальных групп населения, которые испытывали психологические трудности и переживания в связи с пандемией и самоизоляцией. Отдельно для тех, кто находится в самоизоляции с детьми – как организовать график жизни детей различных возрастов, чтобы избежать переутомления, как и чем занять подрастающее поколение в условиях ограничений и с учетом сниженной физической активности и в общем, как выстраивать с детьми и подростками взаимоотношения, чтобы сохранить доверие и свой авторитет, но при этом обеспечить личное пространство для каждого члена семьи. Также были представлены рекомендации для тех, кто переживает самоизоляцию с пожилыми людьми, где рассказали об особенностях эмоциональной и когнитивной сфер старшего поколения и о том, как выстраивать общении с ними и как избежать конфликтов в условиях повышенной тревоги и неопределенности.

Еще одна категория – это те, кто переживает самоизоляцию в одиночестве. Здесь тоже есть свои психологические особенности риски, которые отражены в рекомендациях. Крайне важно, чтобы такие люди находили источники поддержки и снижения тревоги и стресса.

Одним из важных вызовов пандемии стала организация дистанционного обучения в образовательных учреждениях. Несмотря на сложившиеся условия, прерывать учебный процесс и отменять обязательные экзамены было нецелесообразно. Дистанционное обучение, особенно для школьников и учителей, вызвало определенные трудности, связанные с организацией учебного времени, мотивацией и самоорганизацией учеников при выполнении самостоятельной работы. Возникшие условия не способствовали планомерной подготовке к предстоящим экзаменам, вызывали излишнюю тревожность у детей и родителей. Для преодоления подобных трудностей студентами факультета психологии Московского государственного университета имени М.В. Ломоносова был подготовлен цикл из 46 онлайн вебинаров и мастер-классов для школьников 8–11 классов по различным темам психологической готовности к ЕГЭ и экзаменам, снижению учебного стресса, повышению уровня самоорганизации и саморегуляции в условиях дистанционного образования. Отдельное внимание в подготовленных рекомендациях было уделено увеличению мотивации и вовлеченности в дистанционный процесс обучения детей и отдельно, студентов. В них представлены эффективные стратегии для учителей и преподавателей, которые помогут избежать проблем, связанных с переходом на новые формы обучения, которые в первую очередь сказываются на взаимодействии с обучающимися и их включенности в образовательный процесс.

Большой цикл рекомендаций был разработан специально для врачей, медицинского персонала и руководителей медицинских учреждений. Объявленная пандемия и вместе с ней ежедневный колоссальный прирост заболевших и умерших, отсутствие методов лечения стали вызовом для системы здравоохранения не только в Российской Федерации, но и в других странах. Медики оказались в особых психологических условиях, где нагрузка и страх могут негативно влиять как на их личное психологическое благополучие, так и на атмосферу в коллективе. С начала мая по конец июня 2020 года в медицинских учреждениях различных субъектов Российской Федерации было проведено онлайн-исследование, позволившее определить отношение медицинского персонала к стрессовым ситуациям и уровень воспринимаемого стресса в существующей эпидемиологической ситуации, а также в ситуации неопределенности и непредсказуемости развития событий [2]. Специалисты постарались учесть всю специфику ситуации и предложили конкретные практические технологии и техники, которые позволят стабилизировать психологическое состояние и тех, кто спасает жизни, и тех, кто болеет и борется за нее. Для поддержки врачей, работающих в «красных зонах», и для медиков, оказывающих помощь пациентам в «зеленых зонах» больниц, были организованы бесплатные психологические консультации медицинскому персоналу, пациентам и их родственникам.

Ведущими специалистами факультета психологии МГУ имени М.В. Ломоносова и Российского психологического общества совместно с ФМБА России впервые были разработаны «психологические термометры» для сотрудников медицинских учреждений, которые оказывают медицинскую помощь пациентам с COVID-19. С помощью таких «психологических термометров» можно самостоятельно в онлайн формате измерить свою эмоциональную температуру и получить мгновенную обратную связь о мерах по самопомощи, требуемой поддержке от коллег, а также о необходимости обратиться за профессиональной психологической помощью.

Такой инновационный психодиагностический инструмент позволил даже в условиях ограничений и сокращения возможностей личного контакта с врачами, работающими в красной зоне, контролировать их психологическое благополучие и психическое здоровье, оказывать адресную психологическую помощь, а также улучшать условия их труда за счет получения руководителями медицинских учреждений постоянной обратной связи от сотрудников. Участие в психологическом самообследовании приняли более 2000 медицинских работников из 50 медицинских учреждений по всей стране.

Совместно с ФГАУ МНИЦ Здоровья детей Минздрава России были разработаны и апробированы специальные психологические методики для диагностики и коррекции эмоционального состояния пациентов-детей в красных зонах. Проективные методики позволяют врачам или психологам проводить экспресс-диагностику детей и подростков и в ходе беседы снижать уровень негативных эмоций пациентов младшего и подросткового возраста.

Полтора года, прошедшие с начала пандемии, показали, что коронавирусная инфекция сказалась не только на физическом здоровье человека, но и принесла в нашу жизнь множество социальных и психологических изменений, влияние которых на наше будущее трудно оценить в данное время. Меры по сохранению психологического благополучия и эмоциональной стабильности в ситуации неопределенности являются основой для физического и психического здоровья населения после пандемии. Проведенные в столь короткий отрезок времени исследования психических состояний не дают полную картину последствий перенесенного заболевания и трудностей изоляции, однако прогнозируют рост числа депрессивных и тревожных расстройств, суицидальных случаев и алкоголизма. Специалистам – психологам, врачам, ученым всего мира – еще предстоит долгосрочная сложная работа по поиску методов противодействия негативным последствия пандемии COVID-19 и оказанию помощи населению в своих странах.

Литература

[1] Российское психологическое общество Официальный сайт профессиональной корпорации психологов России. http://рпо.рф/. Accessed 30 Mar 2021.

[2] Зинченко, Ю. П., Салагай, О. О., Шайгерова, Л. А., Алмазова, О. В., Долгих, А. Г., & Ваханцева, О. В. (2021). Восприятие стресса различными категориями медицинского персонала во время первой волны пандемии COVID-19 в России. *Научно-практический журнал «Общественное здоровье»*, *1*(1), 65–74.

Printed by Printforce, the Netherlands